PETER ZADEK
MY WAY

PETER ZADEK

MY WAY

EINE
AUTOBIOGRAPHIE
1926 – 1969

KIEPENHEUER
& WITSCH

1. Auflage 1998

Umschlaggestaltung: Rudolf Linn, Köln
Umschlagfoto: dpa Bildarchiv, Düsseldorf
Gesetzt aus der Walbaum Standard (Berthold)
bei Kalle Giese Grafik, Overath
Druck und Bindearbeiten:
Graphischer Großbetrieb Pustet, Regensburg
ISBN 3-462-02753-0

*Für Elisabeth
und Michele und Simon
(meine Kinder)
und alle Menschen,
die meinen Weg
so spannend machen*

Man könnte sagen wenn Du
Dich nicht aufs Pferd setzt Dich
ihm also ganz anvertraust so
kannst Du freilich nie abgeworfen werden
aber auch nie hoffen je zu reiten. Und
man kann darauf nur sagen: Du
mußt Dich dem Pferd ganz widmen
und doch gefaßt sein, daß Du
jederzeit abgeworfen werden kannst.

Wittgenstein

INHALT

Zu diesem Buch

Autobiographien haben oft eine lange Entstehungszeit und ungewöhnliche Entstehungsbedingungen. Das erste Gespräch über ein autobiographisches Buch führte ich mit Peter Zadek Ende 1993 im berühmten Intendanz-Zimmer des Berliner Ensembles. Peter Zadek war damals Mitglied des Leitungsgremiums – neben Heiner Müller, Peter Palitzsch und Fritz Marquardt.

Wegen seiner vielfältigen Inszenierungspläne war klar, daß Peter Zadek das Buch nicht Kapitel für Kapitel am Schreibtisch schreiben konnte. (Während der Entstehung dieses Buches entstanden sieben Arbeiten: *Der Ja-Sager und der Nein-Sager*, *Das Wunder von Mailand*, *Antonius und Cleopatra*, *Der Kirschgarten*, *Moonlight*, *Alice im Wunderland* und *Richard III.*). So verabredeten wir jeweils zwischen diesen Inszenierungen Treffen, bei denen Peter Zadek mir und dem Recorder sein Leben erzählte: Zwei Wochen in Hamburg, Atlantic Hotel, zwei Wochen Italien, u. a. in Lucca. Während der Hamburger Sitzung ging das Intendantengremium am BE in die Brüche, so daß es nun mehrere Bänder über das höchst komplizierte Verhältnis Peter Zadeks zu Heiner Müller gibt. Während dieser Hamburger Sitzung passierte noch etwas Interessantes: Peter Zadek bekam Besuch von seiner früheren Lebensgefährtin, der Photographin Roswitha Hecke, von der die meisten Bilder in diesem Buch stammen. Und er reagierte wie bei einer Regiearbeit und nahm dieses Gespräch, in dem es u. a. um Roswitha Heckes abenteuerliche letzte Jahre in Marokko ging, einfach mit in sein Buch auf (s. S. 376ff.). Eine ständige Offenheit für Umwege und Überraschungen ist eins der Geheimnisse von Zadeks Regiearbeit, über die er in diesem Buch an vielen Stellen spricht und die auch die Form dieser Autobiographie geprägt hat.

Nachdem die einen halben Meter dicke Abschrift dieser Gespräche in eine erste Fassung von ca. 1000 Seiten gebracht worden war, begann für Peter Zadek die Knochenarbeit: Satz für Satz

entwickelte er aus diesem Rohmanuskript das nun vorliegende
Buch. Der lebendige Ton der ursprünglichen Gespräche sollte
dabei erhalten bleiben. Daß dies für Peter Zadek letztlich nicht
sehr viel weniger Arbeit bedeutet hat als ein konventionell ge-
schriebenes Buch, wußte ich vorab aus Erfahrung, habe es aber
nicht verraten. Manchmal müssen einem Lektor alle Mittel recht
sein ... Trotz aller List aber wäre dieses Buch niemals entstanden,
wenn sich nicht Peter Zadeks Lebensgefährtin, die Autorin Elisabeth Plessen, dieses Projekt zu eigen gemacht und dem Buch eine
Form gegeben hätte. Ohne ihre endlosen Recherchen, ihre
Beharrlichkeit und ihren Enthusiasmus gäbe es dieses Buch nicht.

Während der Arbeit entstand die erleichternde Idee, aus dem
Material zwei Bücher zu machen. Ein Buch von nahezu 1000 Seiten hätte die Oberarme des Lesers und das Vergnügen an der Lek-
türe gleichermaßen belastet. So aber entsteht hoffentlich Neugier
auf die Zeit von 1970 bis in die Gegenwart, die der zweite Band
behandeln wird.

Helge Malchow, April 1998

Vorwort

von Peter Zadek

Warum habe ich meinen Weg aufgeschrieben? Warum tut man das überhaupt? Genau kann ichs nicht sagen, ich kann aber vermuten:

Weil ich ein paar Antworten auf die Fragen meines Lebens haben will. Insbesondere, warum ich so obsessiv diesen recht absurden Beruf – der mir, wie ich meine, eigentlich gar nicht liegt – ausgesucht und dann verfolgt habe. Ich dachte, daß das Erzählen meines Lebens mir bei der Suche nach einer Antwort helfen könnte. Bei der Gelegenheit könnten ja auch ein paar Dinge erzählt werden, die andere Leute interessieren. Mal sehen. Eigentlich habe ich damit dieses Buch genauso gemacht wie meine Inszenierungen – die sind auch nur da, weil ich etwas rausfinden will, und die Einladung geht an das Publikum, sich zu beteiligen. Wenn ich Glück habe – und das habe ich oft gehabt –, interessiert sich mein Publikum zur selben Zeit wie ich für dieselbe Suche. Manchmal habe ich auch Pech, dann findet mein Publikum das, was ich gemacht habe, für sich nicht wesentlich. Das beschreiben dann manchmal Zeitungsschreiber als »Flops«. So ist das im Theater – es muß in dem Moment, in dem es passiert, interessieren, sonst ist nichts los, und die Sache ist vorbei.

Wie das bei MY WAY sein wird, weiß ich nicht. Ich habe mich vor zu vielen Kommentaren gehütet (wie ich es auch im Theater tue), weil ich meine, daß die Ereignisse und Leute, die ich beschreibe, für sich sprechen. Die Kommentare können und sollen die Leser machen.

Es kommen viele Leute vor, mit denen ich in meinem Leben zu tun hatte. Ich beschreibe sie, wie ich sie damals erlebt habe, und bin sicherlich meistens ungerecht. Aber das soll eine Autobiographie sein, kein Geschichtsbuch, keine Sammlung von Kritiken und Kommentaren wie in meinem anderen Buch DAS WILDE UFER. Daß meine Sicht auf die Welt und das Theater meiner Zeit und auf das Theater, das ich in dieser Zeit gemacht habe, sehr eigensinnig, persönlich und ein bißchen naiv ist, ist wahrscheinlich.

Regisseur sein ist und war ein Privileg und zur selben Zeit eine Tortur. Immer für andere verantwortlich sein, immer anderen vorschlagen, was sie jetzt tun sollen, auch wenn man es selbst nicht so richtig weiß, immer wieder andere anmachen, begeistern, verführen, denselben WAY zu gehen, den ich gerade gewählt habe: herrlich, aufregend, spannend, nervend.

Zwei Menschen haben mir auf diesem Weg mehr als alle anderen geholfen: Wilfried Minks, was die Optik und die Form angeht, Elisabeth Plessen, was das Wort, also auch die Form angeht. An diese beiden meinen ganz großen Dank, auch daß sie meine Phantasie ertragen haben, sie oft umgemünzt und verständlich gemacht haben. Mein Thema war schon immer Sehnsucht, Liebe und die Sehnsucht nach Liebe. Elisabeth und Wilfried haben das begriffen und mir geholfen, es ohne Zynismus zu formulieren.

P. S.: Frank Sinatra, der gestern starb, lieferte mir schon lange den Titel für dieses Buch. Wie die Bergmans und Fellinis, die Strehlers und Brooks begleitete mich Franky Boy mein Leben lang, und er wird es mit seiner »sexy« Stimme weiter tun. Die Mischung aus Verworfenheit, wahrscheinlich krimineller Aktivitäten und Genie – er war für mich der Entertainer überhaupt. Meine Generation ist ohne ihn gar nicht denkbar. Und *Strangers in the Night* bleibt unser aller Liebeslied.

16. 5. 98

1. KAPITEL

Kindheit und Emigration, Berlin und London

Iᴄʜ ʙɪɴ ᴀᴍ 19. Mᴀɪ 1926 ɢᴇʙᴏʀᴇɴ. Ich glaube, um vier Uhr morgens, in der Offenbacher Straße in Wilmersdorf in Berlin. Dritte Etage eines bürgerlichen Mietshauses. Es war eine recht große, schöne Wohnung, glaube ich, erinnere ich so. Mit einem Balkon nach vorne und Pflanzen, einem Wintergarten nach hinten.

Mein Vater war ein Commis voyageur, ein Reisender. Er hat Knöpfe und Gürtel verkauft. Heute nennt man das Vertreter. Und zwar in England. Damals schon. Er arbeitete für eine Berliner Knopffabrik, die Socharszever & Preuss hieß. Und mein Vater ist jedes Jahr ungefähr die Hälfte des Jahres in England gewesen. Er reiste rum und verkaufte die Knöpfe an Kaufhäuser, und dann kam er nach Hause, und den Rest des Jahres machte er dann nichts. Er machte gerne Ferien, war gerne mit seiner Familie zusammen und mit Freunden, reiste gerne und hatte eigentlich nie vor, reich zu werden. Er war nie besonders ehrgeizig, aber er wollte gut leben. Und benutzte die übrigen sechs Monate, um nichts zu tun, das heißt um lauter schöne Sachen zu tun. Wir sind zum Skifahren in die Berge gefahren, und wir sind in den Zoo gegangen. Er verdiente ganz gut. Na ja, nicht sehr gut, aber ganz gut. Gut bürgerlich. Soviel ich weiß, hatten meine Eltern in Deutschland keine Geldsorgen. Wir hatten auch Bedienung, eine Köchin und ein Kindermädchen.

Meine Mutter war zehn Jahre jünger als mein Vater, beide waren schon einmal verheiratet gewesen. Meine Mutter war eine sehr energische Person. Ich weiß nicht, ob sie es immer war, aber ab dem Punkt, wo ich mich an sie erinnere, war sie sehr energisch, eine kleine Person, die nie still sitzen konnte und von morgens bis abends arbeitete. Und wenn nichts zu machen war, erfand sie einfach etwas. Sie war eine sehr, sehr typische jüdische Mutter, würde ich denken. Mein Vater, der viel entspannter war, war eigentlich immer dabei zu sagen: »Ach Suse, setz dich doch mal endlich.« Ich erinnere das als einen permanenten Refrain im Haus. Susi raste rum, in die Küche oder zu irgendwelchen karitativen Veranstaltungen, oder sie traf jemanden, und dann ging sie zu einer Ausstellung, und dann ging sie ins Konzert und so weiter, und es hörte eigentlich nie auf.

Meine Mutter kam sozusagen aus der besseren Familie, einer jüdischen Bankiersfamilie, also relativ hoch angesehen, und mein Vater kam aus einer Kaufmannsfamilie, und das ist ja ein bißchen niedriger im Prestige. Sie lernten sich über eine Heiratsannonce kennen. Wer sie aufgegeben hat, ob mein Vater oder meine Mutter, weiß ich leider nicht. Mein Vater war mit einer Schottin verheiratet gewesen und im Ersten Weltkrieg in England interniert worden, weil er zufälligerweise in England war, als der Krieg ausbrach. Während er interniert war, hatte die Schottin mit irgend jemand anderem ein Verhältnis. Mittlerweile hatte er auch einen Sohn, meinen Halbbruder Douglas. Im Internierungslager konnten die Gefangenen arbeiten, sich aussuchen, was sie tun wollten. Paul, mein Vater, hat sich ausgesucht, einen Spielzeugladen mit selbstgemachtem Spielzeug aufzumachen. Das war seine große Ambition. Er wollte eigentlich gerne

Paul mit seiner Spielzeugfabrik

ein Handwerker sein, das durfte er nicht, weil man in einer guten jüdischen Kaufmannsfamilie kein Handwerker wird, sondern etwas »Besseres«. Aber in der Internierung war er, glaube ich, sehr glücklich. Da gibt es ein Bild, wo er in seinem Laden stolz hinter seinem ausgefrästen Elefanten steht.

Später hat er mir immer alles selber gebaut, Spielsachen, Puppenhäuser, Elefanten oder was auch immer. Und er machte auch alles im Haus, er malte immer alles an und konnte auch den Maltopf nie aus der Hand nehmen. Sowie er eine Küche sah – am nächsten Tag war sie schon grün und rot. Er wollte alles bunt malen, und meine Mutter war verzweifelt, weil sie nicht rundherum alles angemalt haben wollte. Aber er malte. Und als sie dann 1959 starb, dachten wir alle, daß mein Vater zusammenbrechen würde. Es passierte genau das Gegenteil. Er lebte auf und wurde Maler. Er malte Hunderte von Bildern. Er hatte nie Unterricht gehabt und wurde so eine Art Grandma Moses, er malte wunderschöne Bilder, andauernd, hörte nie

Susi und Alfred Lemm

auf zu malen, zehn Jahre lang, bis er starb. Er wurde ja relativ
alt, 89.

Nach dem Krieg, 1919, ging Paul nach Deutschland zurück und
ließ sich dort von der schottischen Dame scheiden. Ich bin 1926
geboren, und irgendwann dazwischen, ich weiß nicht genau
wann, lernte er meine Mutter kennen, wie gesagt, durch eine
Annonce. Ein advert in der Zeitung. Meine Mutter war mit
einem Jugendfreund verheiratet gewesen, Alfred Lehmann, der
dann als Dichter Alfred Lemm hieß. Er war ein junger, deutscher
Expressionist, den sie maßlos liebte. Sie hatten sich in der Tanz-
stunde kennengelernt.

Ich kannte später in London eine Freundin meiner Mutter,
Valerie Dietrich, die mir erzählte, Susi und Alfred seien das glück-
lichste junge Ehepaar gewesen, das sie je gesehen hätte. Daß sie
so »rumschwebten«, wie eine ideale junge Ehe. Lemm war ein
Pazifist, ein Jude und ein Dichter. Es gibt mehrere Werke von
ihm: einen Roman, »Der fliehende Felician«, zwei Bände mit
Kurzgeschichten unter den Titeln »Mord« und »Versuche«, die
Erzählung »Der Herr mit der gelben Brille« (siehe Anhang S. 473)
und ein Pamphlet, das er 1917 geschrieben hat: »Vom Wesen der
wahren Vaterlandsliebe«. Das von einem Juden im Jahr 1917! Er
starb ganz früh während des Krieges, also nach ganz kurzer Ehe,
an der großen Grippeepidemie, an der Tausende starben. Er war
nicht an der Front, er war Sanitäter, er war ja Pazifist, aber er blieb
für meine Mutter irgend so eine idealisierte Figur, ein wunderbarer Idealist, ein großer Künstler, sauber – solche Begriffe. So ein
Parzivalbild habe ich auf jeden Fall mitbekommen, und in irgendeiner Weise glaube ich, daß meine Mutter meinen Vater heiratete,
weil er genau das Gegenteil davon war. Paul war wirklich all dies
nicht. Er war ein einigermaßen cleverer, witziger, lustiger Geschäftsmann und hatte nicht sehr viel Empfinden für Kunst
irgendeiner Art. Ich weiß nicht, was er gelesen hat, aber sicherlich
nicht viel außer Krimis. Ich lese die auch gerne. Musik hörte er,
wenn es sein mußte. Er lebte gerne, war aber kein besonders gei-

stig belasteter Mensch. Ich denke, meine Mutter hat ihn als Kontrastprogramm geheiratet, weil sie sich nicht vorstellen konnte, daß sie je wieder jemanden haben könnte, der erfüllte, was ihr der erste Mann erfüllt hatte. Dadurch blieb Alfred in ihrer Phantasie so intakt.

Die Familie meiner Mutter stellte komplizierte Recherchen über Paul an, um herauszufinden, ob er gut genug für sie sei, weil er aus einer niedrigeren Etage kam. Die Berliner Juden waren auf ihre Weise sehr versnobt und class conscious. Da gab es genaue Abgrenzungen, wer was war und wer was durfte.

Als meine Mutter später über diese Zeit mit Alfred Lemm redete, besonders in der Zeit vor dem Krieg, idealisierte sie diese Zeit – sie war damals eben in »Künstlerkreisen«. Mit meinem Vater war sie nicht mehr in Künstlerkreisen, weil mein Vater sich in Künstlerkreisen furchtbar langweilte, ich glaube, daß sie selbst auch nie so richtig dazugehört hatte. Sie bewegte sich eher an der Peripherie. Sie erzählte mir, daß auch Thomas Mann Erzählungen von Alfred Lemm gelesen hatte und ihn weiter fördern wollte, also er war schon ein junger Dichter, der, wenn er weitergelebt hätte, sicherlich Erfolg gehabt hätte.

Meine Mutter hat sich dann entschlossen, ein Kind zu kriegen. Ich glaube, das war der eigentliche Grund, daß sie meinen Vater geheiratet hat. Und das Kind war dann ich. Und dieses Kind war natürlich von vornherein sehr belastet. Weil es sich als Junge entpuppte, mußte es der Ersatz für Alfred werden. Die Vorstellung, daß der kleine Peter eines Tages ein großer Künstler wird, war für meine Mutter absolut klar und festgelegt. Und das hat mir später natürlich sehr große Probleme gemacht. Wie und was ich werden sollte, war unklar. Als ich alt genug war und wir schon längst in England lebten, wurde entschieden, daß ich Musik studieren sollte, und da wurde meine Tante beauftragt, die im letzten Moment vor dem Krieg aus Deutschland gekommen war, eine Geige mitzubringen, weil ich Geige lernen sollte. Warum gerade Geige? Meine Mutter hatte eben beschlossen, ich sollte jetzt

Erstes Auto, November 1930

Geige lernen. Mich interessierte Musik überhaupt nicht, aber
Susi interessierte es sehr. Ich konnte nicht Klavier spielen, nichts,
überhaupt nichts. Aber ich mußte Geige lernen. Und das war
eine mühsame Angelegenheit, aber nach einer Weile fing es an,
mich doch zu interessieren. Das Üben ging mir ein bißchen auf
den Wecker, aber dann hat es mich immer mehr interessiert, und
ich dachte, weil meine Mutter mit so großem Nachdruck behauptete, ich sei ein großer Geiger, daß ich mindestens Menuhin werden müßte innerhalb kürzester Zeit.

In Berlin führten wir ein sehr beschütztes bürgerliches Leben,
mit Kindermädchen und täglichem Spaziergang. Wir hatten
einen kleinen Schrebergarten, nicht weit weg, um die Ecke in Wilmersdorf.

Da gab es auch eine Sandgrube, in der ich gespielt habe und
von wo ich vom Kindermädchen hin und wieder nach Hause

geführt wurde. Das war alles sehr schön, und dann gibt es die berühmte Geschichte, die mir heute noch vorgehalten wird: Meine Mutter war manisch mit mir beschäftigt, und ich hatte als kleines Kind einen Leistenbruch und durfte deswegen nicht schreien. Der Arzt hatte gesagt, er darf nicht schreien, sonst knallt das hier. (Er meinte die Narbe.) Dadurch konnte ich natürlich, das spürte ich sofort, eine ganz tolle Macht ausüben. Immer, wenn ich irgend etwas wollte, fing ich an zu schreien und bekam es sofort. Ein Schrei, und es war alles da. Ich war wahnsinnig verwöhnt. Und unten hing – das erzählten mir mehrere Leute, die meine Eltern aus der Zeit kannten – an der Haustürklingel, immer wenn ich schlief, ein kleines Schild, auf dem stand: »Ruhe, Peterchen schläft«. Das wurde in der Familie zu einem Sprichwort ... Ruhe, Peterchen schläft. Meine Mutter ging den anderen Leuten mit ihrer Überliebe sicher ganz schön auf die Nerven. Mir natürlich nicht. Ich fand es sehr schön. Ich habe immer auf dem Rüdesheimer Platz gespielt, damals war das ein Platz mit riesigen Steinen und großen Statuen. Es standen Heldenfiguren, wo ich gespielt habe, und in meinem Kopf sind es noch dieselben. Ich bin vor kurzem einmal dagewesen. Es sind ganz kleine Steinchen, zwei kleine Statuen. Und da habe ich mit einem kleinen Jungen, der mein bester Freund war und Dietrich hieß, gespielt. Irgendwann wurde mir das verboten, weil der Vater Nazi war. Und das habe ich natürlich nicht verstanden, warum ich plötzlich mit meinem besten Freund nicht mehr spielen sollte. Und dann wurde mir ein kleiner jüdischer Junge vorgesetzt, den meine Mutter sehr mochte, mit dem sollte ich jetzt spielen. Und den mochte ich überhaupt nicht. Er war ganz klein und viel intelligenter als ich, und meine Mutter sagte immer »klein, aber oho«. Das ging mir furchtbar auf die Nerven. Ich glaube, er hieß Ludwig. Auf jeden Fall spielte die Erinnerung an diese beiden eine große Rolle in meinem Leben. Den einen, den Dietrich, den sehe ich noch sehr genau vor mir, das war so richtig ein kleiner tougher, gutaussehender Berliner deutscher Junge, mit blonden Haaren, kurz geschoren, den fand ich toll, mit ihm habe ich mich sehr gut amüsiert. Das durfte ich dann eben nicht mehr.

Aus der Berliner Zeit erinnere ich mich an eine große Auseinandersetzung mit meinem Onkel Hans Behr, dem Bruder meiner Mutter, den sie heiß liebte. Er war Bankier. Er kam zum Geburtstag und schenkte mir Zinnsoldaten. Und wurde daraufhin aus der Wohnung verwiesen, rausgeschmissen von meiner Mutter. Die Zinnsoldaten auch. Und ich war natürlich sehr deprimiert, weil ich die Zinnsoldaten toll fand, aber es war damals für manche Kreise auch sehr typisch, der Meinung zu sein, daß Kinder nicht mit Kriegsspielzeug spielen sollten. Meine Mutter beschäftigte sich sehr mit moderner Erziehung, Anna Freud und lauter solchen Geschichten. Mir wurden auch Grimms Märchen nicht vorgelesen, weil sie zu böse waren. Mir wurden immer nur liebe und gescheite Sachen vorgelesen.

Einmal bin ich in Berlin ins Theater gegangen und habe »Rosinchens Reise« gesehen. Das war mein erstes Theatererlebnis, und es war ein großes Erlebnis. Im Zirkus Schumann. Ich weiß noch sehr gut, wie der Teufel Rosinchen gekidnappt und in einem kleinen Auto in irgendein Gingerbread Land weggefahren hat. Böse Sachen erinnert man eben mehr. Es hat mich noch lange beschäftigt. Das Kidnappen von kleinen Mädchen fand ich damals sehr gut. Fand ich länger noch gut, aber damals besonders.

Damals war ich zum ersten Mal krank und wurde als kleiner Junge wegen dieses Bruchs operiert. Ich kam ins Krankenhaus. Es war alles beängstigend. Ich kam ins OP, und da sah ich, wie der Arzt, ein riesenlanger Mensch, der auch noch Dr. Lange hieß, sich hinstellte und die Hände wusch. Und als am nächsten Morgen oder nach der Operation, als ich aus der Narkose aufwachte, meine Mutter kam, war das erste, was ich zu ihr sagte: dem Arzt darfst du kein Geld geben. »Warum?« – »Der hat überhaupt nichts getan, er hat sich nur die Hände gewaschen.« Vor der Operation hatte ich gesehen, wie er sich die Hände wusch, und als ich wieder aufwachte, war er immer noch dabei und wusch sich die Hände. Meine Logik sagte mir natürlich, er hätte sich nur die Hände gewaschen, und andere hätten mich aufgeschnitten. Diese Tatsache hat mich sehr beschäftigt. Es kam zu mehreren Auseinandersetzungen zwischen meiner Mutter und diesem Arzt. Er war so ein deutscher, etwas schnodderiger junger Mann, der nicht sehr viel Empfinden hatte, und ich kann mir genau vorstellen, wie meine jüdische Mutter ankam und mich bedudelte und bediddelte. Wahrscheinlich hat der Arzt gesagt, und jetzt gehen Sie doch bitte nach Hause, Frau Zadek, die Sprechzeit ist zu Ende. Das war für mich ein sehr deutsches Erlebnis, dieser Arzt und seine Haltung. Sie ist mir noch genauso deutlich im Kopf als Gegensatz oder Widerstand oder irgend so etwas zu meinem Leben wie (als geliebtes Gegenüber) der kleine Nazijunge Dietrich. Bei uns nannte man das »Gojim Naches«. Für mich war dieser Dr. Lange mein erster Antisemit.

Ich erinnere mich an eine zweite frühe Arzt-Geschichte: Schon als ich vier war, bekam ich, sobald ich nervös war, Magenprobleme. Daran hat sich bis heute nichts geändert. Meinen Eltern ging es auf die Nerven, daß ich ständig sagte, ich hätte Bauchschmerzen. Sie brachten mich zu Professor Meyer, der Internist war und mich in eine Riesenmaschine steckte, die ruckelte, wakkelte und summte und mir eine entsetzliche Furcht einflößte. Zum Schluß sagte der Arzt: Siehst du, jetzt ist alles wieder in Ordnung. Zwei Tage später hatte ich wieder Bauchschmerzen. Das war das Resultat. An diese Geschichte erinnere ich mich sehr gut, weil meine Eltern, was Erziehung anging, eigentlich sehr liebevoll waren. Aber hier begingen sie einen Fehler, der Nachwirkungen hatte. Ich mag bis heute keine Ärzte. Ich kann mit ihnen nicht. Ich glaube ihnen nicht. Ich habe das Gefühl, daß sie mich meistens anlügen. Das Gefühl ist durch solche Erlebnisse entstanden und hat sicherlich auch mit der langen Leidensgeschichte meiner Mutter zu tun, obwohl sie selber eher gute Erfahrungen mit Ärzten gemacht hat.

Über uns im Haus wohnte eine Familie von Tippelskirch. Der Mann war Major. Ich sehe ihn noch in seiner Uniform vor mir. Seine Tochter war vielleicht zehn oder zwölf, also viel älter als ich und blond, und ich fand sie unheimlich hübsch. Die Treppe, die zu der Tippelskirch-Wohnung an der unserigen vorbei raufging, war sehr steil. Und ich weiß noch, wenn ich die Tochter die Treppe raufkommen hörte, marschierte ich ganz schnell raus auf den Flur und guckte ihr hinterher, um ihr unter den Rock zu sehen. Immerhin war ich erst fünf, also das war eine frühe Entwicklung. Das Mädchen faszinierte mich, sie war so ein pralles, deutsches, blondes Mädchen, wie die Statuen am Rüdesheimer Platz.

Unter uns wohnte ein jüdisches Ehepaar, eine ältere Frau und ihr Mann. Die mochte ich nicht, auch weil die Frau so häßlich war, aber beide wurden in unserem Leben wichtig, als die Nazis kamen. Beide wurden nämlich von irgend jemandem angezeigt, weil sie angeblich nachts mit einem Maschinengewehr übten. In Wirklichkeit tippte die Frau nachts auf einer Schreibmaschine Adressen auf Couverts, um etwas Geld zu verdienen. Jemand im Haus hörte es und zeigte sie an, so daß die Polizei kam. Das waren frühe Anzeichen von Dingen.

Eines Tages bat mein Klassenlehrer – ich war gerade eingeschult worden – meine Mutter zu sich. Er war kein Jude, er war ein älterer Herr und hieß Kasprick. Susi ging hin, und er sagte: »Frau Zadek, ich wollte nur sagen, Sie haben doch einen kleinen Jungen, und der ist auch sehr nett und gescheit, und ich würde Ihnen raten, wenn Sie etwas Gutes vorhaben für den Jungen, daß Sie Deutschland verlassen.« Und meine Mutter guckte ihn an, als ob er verrückt wäre, und kam dann ganz aufgeregt nach Hause und erzählte es meinem Vater. »Der ist ja wahnsinnig, völlig verrückt, und was soll das, und Quatsch und absurd.« Mittlerweile war aber schon etwas anderes passiert: Mein Onkel Walter Zadek, der später in Israel gelebt hat, war damals ein kommunistischer Journalist in Berlin. Dem haben sie einen Revolver ins Zimmer gelegt und den Revolver dann gefunden und ihn in den Knast gesteckt.

»Räumung« der Berliner Künstlerkolonie am 15. 3. 1933.
Auf dem Lastwagen ganz links Walter Zadek. Daneben Theodor Balk
und Manès Sperber. Foto im »Illustrierten Beobachter«, Nr. 13, 1933

Und das war gerade passiert. Da dachte Paul, es gibt nur zwei
Zadeks im Berliner Telefonbuch, und einer davon ist er, da ist es
eigentlich an der Zeit, daß man sich in Bewegung setzen sollte.
Es gab zwischen meinen Eltern große Auseinandersetzungen,
über die ich nur vom Hörensagen weiß. Susi weigerte sich wie
viele (auch meine Tante Grete), Deutschland zu verlassen, weil
sie es überhaupt nicht einsah, es würde ja bald vorbeigehen. Und
mein Vater sagte: »Nein, wir müssen weg.« Meine Mutter
mochte England nicht besonders, vor allen Dingen wollte sie
nicht nach England, weil sie es so dreckig fand. Paul dagegen
schwärmte von England. Ich glaube, Susi hatte auch Angst, weil
Paul in England Freundinnen hatte, so daß da auch Eifersuchts-
geschichten mitspielten. Auf jeden Fall sagte Paul am Ende:
»Gut, laß uns doch mal vierzehn Tage nach England fahren, ich
zeig dir England ein bißchen, und dann unterhalten wir uns wieder darüber. Erst machen wir dort mal vierzehn Tage Urlaub.«

Und das taten wir dann. Und als wir da waren, kamen die Möbel nach, das hatte Paul organisiert. Diese Emigration fand gegen den Willen meiner Mutter statt. An die Reise selbst erinnere ich mich nicht. Ich weiß nur noch, daß wir in London zuerst im Regent Palace Hotel wohnten, einem großen Hotel für Commis voyageurs, wo mein Vater immer wohnte. Es war berühmt für seine Nutten, direkt am Piccadilly, wo es immer noch steht. Und ich weiß noch, daß ich von dem Moment, als wir ankamen, bis wir wieder auszogen, immer nur im Aufzug war. Weil ich noch nie einen Aufzug erlebt hatte. Ich bin nur von morgens bis abends mit dem Liftboy rauf- und runtergefahren. Meine Eltern konnten mich da nie rausholen. Das ist die einzige Erinnerung, die ich aus dem Vorgang der Emigration behalten habe, das Hoch- und Runterfahren in einem Aufzug in einem großen Hotel.

Da fällt mir noch eine Geschichte ein, die vor unserer Emigration in Berlin spielte, und zwar auf unserem Balkon in der Offenbacher Straße. Ich hörte da mal Musik und ging raus, und da marschierte die SA die Laubacher Straße herunter, an meiner Schule vorbei. Ich fand es ganz toll – mit Musik und Trallala und Tamtam. Meine Eltern holten mich rein und sagten, das ist was ganz Schreckliches, da darfst du gar nicht hinhören. Ich fand es absurd und blöd, weil ich ja überhaupt keine Vorstellung von irgend etwas hatte. Und ich finde es, wenn ich jetzt zurückdenke, schon kurios, daß man all das miterlebt hat bis 33 und überhaupt nichts begriffen hat.

Ich habe an der Peripherie mitgekriegt, daß wir aus einer ganz beschützten, kleinen Welt in eine wacklige Situation, die ich nicht mehr verstand, geraten waren. Das heißt, wir sind emigriert, doch was hieß das? Eine große Reise nach England (per Schiff nach Harwich), das Regent Palace Hotel, im Lift rauf- und runterfahren, all das war natürlich ganz lustig und wunderbar, aber gleich wurde es nicht so wunderbar, weil dann die Sprache das Problem war. Allerdings am wenigsten für meinen Vater, der sehr anglifiziert war. Er liebte das Land, hatte Freunde und sprach ganz gut Englisch, immer mit Akzent, aber ganz gut, schon damals. Meine Mutter wenig, und ich glaube, für sie war es schlimm. Meine Eltern sahen nur zu, daß solche Probleme nicht vor mir erörtert wurden, bis ich sehr viel älter war. Ich wurde sehr geschützt. Viel zu sehr. (Susi sagte zu dem Thema: Später wird der Junge es schwer genug haben. Also verwöhnen wir ihn jetzt.)

Einen Monat lang saß Onkel Walter im Knast in Spandau. Als er entlassen war und da er den Paß nicht zurückbekam, ist er via Holland schnell nach Palästina abgehauen. Er ist dort ein bekannter Fotograf geworden. Als ich 1984 in Berlin »Ghetto« inszenierte, lud ich ihn ein. Er kam auch, 84 Jahre alt, fand allerdings nicht sehr gut, daß man die Überlebensanstrengungen von Juden aus dem Ghetto in Wilna 1942 wie in Joshua Sobols Stück auf die Bühne brachte. Er war ein sehr konservativer, hochintelligenter, komplizierter Mensch aus Israel. 1992 ist er in Holon, einem Vorort von Tel Aviv, gestorben.

Onkel Hans, der Bruder meiner Mutter, der mir die Soldaten geschenkt hatte, emigrierte mit Frau und Kindern nach Paris. Dort ging es ihnen erst mal relativ gut. Leider blieben sie zu lange in Paris. Als die Deutschen kamen, ist Onkel Hans nach Auschwitz deportiert und umgebracht worden. Der Rest der Familie ist während der Vichy-Zeit nach Südfrankreich marschiert, wie durch ein Wunder haben sie sich dort unten wieder getroffen – Tante Edith, Cousine Ilse und Cousin Knut – und wurden in Gurs interniert. Arthur Koestler, auch ein Gurs-Häftling, beschreibt die Lagerverhältnisse sehr genau. Meine Verwandten sind dort schließlich, ich weiß nicht wie, herausgekommen. Es sollte sie jemand durch die Pyrenäen ins neutrale Ausland schleusen. Der Mann hat sie, wie es so oft passierte, nachdem er Geld kassiert hatte, in den Bergen stehenlassen. So wurden sie in Spanien festgenommen und saßen dort jahrelang in Gefängnissen. Meine Cousine bekam dann Kontakt zum englischen Geheimdienst und ist dadurch mit Edith, ihrer Mutter, rausgekommen. Ilse hat in Frankreich Herbert, auch einen jüdisch-deutschen Emigranten, geheiratet. Der landete zuerst mit ihr in Gurs, kam aber raus, indem er in die französische Fremdenlegion ging. Mein Cousin Knut, den ich sehr mochte, hat sich im Gefängnis eine üble Krankheit geholt, ist auch rausgekommen, dann nach Amerika geflohen. Er war aber gelähmt und ist sehr bald gestorben. Ilse und Tante Edith landeten in New York, Edith wurde Lehrerin, und da sie eine sehr zähe, kleine Frau war, hat sie sich durchgeschlagen. Ilse wurde mit ihrem Mann wieder vereint, doch starb er bald an einem Herzleiden, das er sich durch die Strapazen in der Fremdenlegion geholt hatte. Ilse lebt immer noch in New York. Ich habe sie in den 8oer Jahren mal in München getroffen. Sie war sehr amerikanisiert. Die Frauen der Familie waren sehr zäh, haben wahnsinnige Sachen durchgemacht, erlebt und überlebt.

Mein Vater versuchte ständig, Tante Grete, die älteste Schwester meiner Mutter, die Deutschlehrerin an einem Berliner Gymnasium war, nach England zu holen. Auch meine Mutter versuchte sie zu überreden. Sie wollte lange Zeit nicht und dachte sicher, daß es bald vorbei wäre, warum sollte man das Land verlassen. Dann kam sie ganz kurz vor dem Krieg doch noch raus und hat die berühmte Geige, die ich dann spielen lernen mußte, mitgebracht. Beim Zoll, als sie rausging, wurde sie gefragt, was sie denn dabei hätte, und sie sagte, eine alte Geige. Daraufhin haben sie sie erst einmal 10 Stunden da sitzen lassen, weil sie dachten, sie hätte eine Stradivari. Dabei war sie ins KaDeWe gegangen und hatte eine neue Geige gekauft, meinte aber, eine alte Geige wäre nicht so wertvoll wie eine neue. Aber deutsche Literatur hat sie verstanden. Obwohl sie jüdisch war, war sie wie so viele deutschnational, und sie blieb das auch. Sie lebte dann mit uns in London, ging auch mit uns nach Oxford, als wir dorthin evakuiert wurden, starb dann auch in Oxford. Sie war ganz krank vor Verbitterung und versäuerte auch ein bißchen unseren Haushalt. Es war nicht sehr schön, mit ihr zu leben. Ich mochte sie nicht. Mit Kindern, kleinen Jungs insbesondere, hatte sie nichts am Hut. Eine deutsche Lehrerin eben. Mein Vater konnte nicht mit ihr, sie war irgendwie die arme Verwandte, aber was sollte sie sonst machen. Arbeiten durfte sie nicht, sie hatte ja wie die meisten »refugees« keine Arbeitserlaubnis. Eine der nicht so oft beschriebenen Katastrophen der Emigration war das erzwungene Zusammenleben von Menschen, die sich nicht mochten.

Eine jüngere Schwester meiner Mutter, Lotte, war im Kindbett gestorben. Sie hatte einen Sohn, den ich später in Deutschland lange Zeit zu finden versuchte. Er heißt Rolf Kabus und war ein bißchen zurückgeblieben, hat die ganze Hitlerzeit auf dem Land gelebt. Meine Mutter schickte ihm jahrelang Pakete, auch nach dem Krieg noch.

Spezifische jüdische Rituale gab es in der Familie fast keine. Meine Eltern waren typische Berliner Juden, völlig assimiliert, sie machten all die Sachen, die die Deutschen machten, und befaßten sich nicht mit der jüdischen Religion, außer daß sie zweimal im Jahr, zu Jom Kippur und Rosch ha Schana, in die Synagoge gingen. Es gehörte sich so, wie für die Christen, die zu Weihnachten in die Kirche gehen. Das tat man in der guten jüdischen Gesellschaft. Und sonst war nichts. Im Glauben bin ich nicht unterrichtet worden, und das finde ich eigentlich schade. Ich finde es besser, Kinder wenn möglich in irgendeiner Religion zu erziehen, dann können sie später noch Atheisten oder Buddhisten werden. Aber ganz ohne Information und Kenntnis ist es beängstigend und kann es leicht zur Vergötterung eines der beiden Eltern oder eines Lehrers oder von weiß ich wem führen. Meine Eltern hatten keine Religion, sie waren selber in nicht orthodoxen Familien aufgewachsen. Ein Onkel, Leo Kopf, ein polnischer Jude, war allerdings orthodox. Er leitete einen Chor in der Synagoge und wurde in der Familie immer als »na ja, diese Polen, weißt du« behandelt. Er war schon wieder die Unterklasse, aber mich hat er fasziniert, denn er sprach hebräisch und ein bißchen jiddisch. Er war ganz fremd, hatte etwas mongolische

Backenknochen und war sehr streng und ernst und sehr humorlos, aber ich hatte großen Respekt vor ihm. Er durfte uns besuchen, *obwohl* er ein polnischer Jude war.

Nach der kurzen Zeit im teuren Regent Palace Hotel wohnten wir zuerst in Abingdon Mansions, einem häßlichen, viktorianischen Wohnblock in Kensington in einer sehr dunklen Wohnung ganz in der Nähe von Holland Park. Meine Eltern mußten jetzt finanziell sehr aufpassen. Mein Vater hatte ein bißchen Geld in England, aber er wußte natürlich nicht, wie es mit dem Geschäft von England aus weitergehen würde. Er hatte ein kleines Konto auf einer Londoner Bank, das ihm sein ehemaliger Berliner Chef, Herr Socharszever, überlassen hatte. Meine Mutter ging jeden Tag mit mir im Holland Park spazieren, und das war schön. Ich mag diesen lieblichen Park heute noch sehr. Und ich ging in die Schule, und zwar in eine Volksschule, da irgendwo in der Gegend, wo ich kein Wort verstand und man, hatte ich das Gefühl, auch überhaupt kein Verständnis für mich hatte. Nun war ich wirklich sehr klein. Ich war sieben. Ich erinnere mich an das Ganze nur als einen Horror. Die Kinder wurden mit dem Rohrstock auf die Hand geschlagen, es hat mich sehr beeindruckt, das hatte ich noch nicht erlebt. Es war in England damals normal. Ich wurde allerdings nie geschlagen. Aber ich habe es gesehen, und es hat mich sehr geängstigt. Meine Eltern fanden sehr bald ein Haus im Nordwesten von London, im Hampstead Garden Suburb, wo die meisten Juden und Deutschen und viele Emigranten wohnten. Es war ein besonders schöner und grüner Teil Londons mit kleinen Häusern und vielen Bäumen, eine Art Gartenstadt. Der Grund und Boden gehörte der Kirche. Heute ist es noch genauso, wie es damals war: etwas niedlich, sehr bezaubernd, naturgeschützt, wunderbar für Kinder. Da so viele Emigranten in der Gegend wohnten, war es so etwas wie ein neues Zuhause, auch für meine Eltern. Hier lebten wir, bis wir evakuiert wurden. Das Haus hat mein Vater noch bis zu seinem Tod gehabt, es gehörte uns, er hatte es gekauft, mit einer Hypothek natürlich. Es war ein kleines Häuschen, vier kleine Zimmer oben, zwei größere unten, ein sehr schöner, kleiner Garten nach hinten hinaus. Meine Eltern fühlten sich da auch ganz wohl und ich mich auch.

Ja, dann dachten sie nach, was sie nun mit mir machen sollten, und schickten mich in eine ganz andere Art von Schule, nämlich eine moderne, in Anführungsstrichen »moderne«, sehr große und relativ berühmte Schule für Jungs und Mädchen, die King Alfred School. Es gibt sie immer noch, da gehen jetzt meine Enkelkinder

King Alfred School

hin, eine freie Schule, die sich an den Theorien von Neill orien-
tierte. Die Kinder konnten eigentlich machen, was sie wollten.
Die Schule lag im Grünen, bei einem kleinen Wald, und bestand
aus vielen kleinen Häuschen, in denen die Klassen waren. Ich
fand das Leben in dieser Schule sehr schön. Es gab zwar feste
Fächer, aber wenn man nicht in die Klasse gehen wollte, dann
ging man nicht in die Klasse, dann ging man spazieren oder
spielte oder machte irgendwas anderes, und die Lehrer waren
freundliche Menschen.

Meine erste, sagen wir mal, wichtige Figur in meinem Leben
außerhalb der Familie war eine Lehrerin, Miss Gillett, meine
Klassenlehrerin, die sehr liebevoll war und eine Macke für alles
Indische hatte. Sie lud die Schüler zu sich nach Hause ein zu indi-
schem Essen und indischer Musik. Es war alles sehr weich und
ein bißchen exotisch und ein bißchen phantastisch. Das hat mich
sehr gereizt. Es war in meinem Kopf irgendwie der erste Kontakt
mit Theater, obwohl es nichts mit Theater zu tun hatte – es gab mir
plötzlich ein Gefühl für Exotik, für irgend etwas ganz anderes,
Gerüche zum Beispiel. Sie hatte immer Räucherstäbchen und
ähnliche Dinge, und das war sehr schön. Wir durften auf dem
Boden sitzen, das war ganz toll, man hat auch in der Klasse auf
dem Boden gesessen. Es war das erstemal, daß ich eine Familie
außerhalb meiner echten Familie fand, in der ich mich wohl
fühlte, unangestrengt, und in Miss Gillett, die *Mutter* vons Ganze,
war ich verliebt. Wenn ich jetzt an *Antonius und Cleopatra*
denke, das ich 1994 am Berliner Ensemble inszenierte – an die
erste Szene bei Cleopatra in Ägypten, in der alle Schauspieler auf
dem Boden sitzen –, dann bin ich ganz sicher, daß diese Situation
oder die Idee aus Miss Gilletts Wohnung stammt. Als ich anfing,
die Szene zu probieren, wußte ich noch nicht, wohin ich genau
wollte, und schlug vor, setzen wir uns doch alle im Kreis auf den
Boden bei dieser Probe, um die Szene zu lesen. Eva Mattes, meine
Cleopatra, die sehr gern auf dem Boden sitzt, setzte sich, und wir

setzten uns um sie herum und lasen die Szene. Dann fingen die Schauspieler an, die Szene auf dem Boden zu spielen. Da sagte ich, mir tut der Hintern weh, holt doch mal ein paar Kissen. Sie wurden geholt (und man hat sie noch ein Jahr später bei der Aufführung auf der Bühne gesehen). Wilfried Minks, der Bühnenbildner, sagte irgendwann:»Peter, komm, nimm diese schrecklichen Kissen weg, die sind furchtbar spießig, viel zu klein, sie kommen aus dem lausigsten Kaufhof. Wie kannst du solche Kissen in diesen wunderschönen Raum legen?« Ich hatte fast Krach mit ihm, noch in Wien kurz vor der Festwochen-Premiere des Stücks. Ich sagte, es tut mir leid, ich brauche diese Kissen. Johannes Grützke, der mit Wilfried am Bühnenbild gearbeitet hatte und für Requisiten verantwortlich war, kam mit exotischen, schön gestickten Kissen an, wie aus einem Bazar in Tanger für Touristen. Ich probierte sie aus und schmiß sie wieder raus und legte diese komischen kleinen, blöden Kissen wieder hin, und sie sind in der Inszenierung geblieben, so daß Wilfried seinen Namen als Bühnenbildner im Programmheft zurückzog und nur noch mit dem Bühnenraum drinstehen wollte. Ja, diese kleinen Kissen waren die Kissen, auf denen wir Schüler der King Alfred School bei Miss Gillett indische Musik hörten, und Eva-Cleopatra war die Mutterprojektion.

In der King Alfred School habe ich nicht viel gearbeitet, aber ich habe mich gut amüsiert und meine ersten erotischen Erlebnisse gehabt, als ich acht oder neun war, ganz spannend. Zuerst verliebte ich mich in ein russisches Mädchen, Maruschka, dann in ein irisches, Sheila, bullig mit Sommersprossen,»butch«, wie die Engländer sagen, dann in ein indisches, Dinah. Dinah war einen Kopf größer als ich, ein dickes, liebes, mütterliches Mädchen mit langen schwarzen Zöpfen. Mit der frechen, knabenhaften Maruschka verschwand ich immer in ein Wäldchen und sah mir Sachen an ihrem Körper an, die mich interessierten. Es wurde entdeckt, und die Schule, obwohl sie sehr liberal und offen war, fand es nicht so gut, es gab eine Beschwerde bei meinen Eltern.

Meine Mutter wurde zum Rektor, Mr. Bartlett, zitiert. Er sagte nicht: böser Junge, er sagte meiner Mutter: Sie sollten Ihrem Sohn vielleicht ein Tier schenken. Schenken Sie ihm doch einen Hund. Meine Mutter, die sich ja sehr für moderne Psychologie interessierte, fand die Idee interessant und schenkte mir also einen Terrier, Peggy, und natürlich durfte sie ihn betreuen, weil er mich überhaupt nicht interessierte, dieser Hund. Mich haben Mädchen interessiert, nicht Hunde.

Die Sublimation funktionierte nicht, und ich wurde immer unglücklicher an der King Alfred School, komischerweise. Ich konnte und durfte ja machen, was ich wollte. Ich fühlte mich frei, aber es ließ mich unbefriedigt. Ich sagte irgendwann zu meinem Vater, nimm mich aus der Schule raus, ich lerne da nichts. Er sagte, aber du kannst doch lernen, wenn du willst. Da sagte ich, ja, aber in der Schule will ich nicht. Ich will in eine, wo ich lernen *muß*.

An der King Alfred School – die sich auf schöpferische Dinge, Kunst, Handwerk usw. besonders konzentrierte – habe ich zweimal Theater gespielt. Das erste Mal in meinem Lieblingsstück *Peter Pan* den Captain Hook, den Bösewicht, den Piraten. Da passierte folgendes: Wir spielten und probierten, und es war alles sehr lustig. Dann kam die Vorstellung, und als das Krokodil auf die Bühne kam und Hook vom Krokodil gefressen werden sollte, verließ ich die Bühne und erklärte, ich weigerte mich, von einem Krokodil gefressen zu werden. Ende der Aufführung. Das war mein erstes Theatererlebnis als Schauspieler und mein erster Theaterskandal. Captain Hook ist für mich heute noch das Modell für Shylock. Er gehört zu einer Reihe von Figuren, auch Fagin in *Oliver Twist* – im Film wunderbar von Alec Guinness gespielt – und Rigoletto oder der Alte (Hamsun) in Dorsts *Eiszeit*. Böse alte Outsider, nicht unbedingt Juden. Nicht junge Teufel, sondern häßliche, olle Widerlinge. Warum ich den Captain Hook spielte, ob ich ihn mir selbst aussuchte oder jemand anderes, weiß ich nicht. Ich weiß nur eins: Der Junge, der den Peter Pan spielte, war ein besonders schöner, kleiner, blonder Junge, in den ich verliebt war. Wie man halt in dem Alter verliebt ist. Ich beneidete ihn. Er hieß Gervais, war Franzose, und ich erinnere mich an ihn als meine Hauptprovokation, als meinen Gegensatz und Gegenspieler – und mit diesem Gegensatz bin ich eigentlich durchs Leben gegangen: Diese Menschen, so schöne, blauäugige Menschen, männlich oder weiblich, haben mich immer gereizt, provoziert und manchmal nahezu zerstört. Von Gervais (der Peter Pan spielte) bis zu Ulrich Tukur, Peter Stein, Werner Schröter, Edith Clever und Gert Voss. Die Liste ist lang, und ich identifizierte mich immer entweder mit den Gegnern der Blauäugigen oder mit ihnen selber. Also wurden die Gegenspieler auch manchmal meine Identifikationsfiguren – wenn ich beispielsweise einen Shylock wie Gert Voss habe, werden die Gegensätze miteinander identisch. Es sind komplizierte Projektionen, die vielleicht das Thema dieses ganzen Buches sein werden, denn das ausgesprochene oder unterschwellige Thema des Buches ist Projektion, weil Theater ja nur Projektion ist. Damals war es die Projektion auf diesen Knaben und mich selber als den Bösewicht in der Geschichte, der sich auch noch weigert, als Bösewicht bestraft – aufgefressen – zu werden – das ist schon fast meine ganze Lebensgeschichte.

Anschließend spielte ich in *Christmas Carol* von Dickens den Scrooge, den bösen alten Knauser. Ich habe nur ein Stück von Molière immer wieder inszeniert – den *Geizigen*, es ist dieselbe Figur. Scrooge, Harpagon, Shylock, dieselben Figuren, die sich bei mir wiederholen, mit den entsprechenden Schauspielern, deren Phantasie in diesen Rollen lebt: Wildgruber, Mahnke, Voss und vor ihnen Helmut Erfurth und Norbert Kappen.

Das einzige Kindertheater, das ich inszeniert habe, ist *Alice im Wunderland* (1996 an den Münchner Kammerspielen), obwohl man behaupten könnte, alle meine Inszenierungen seien kindlich. Als ich Anfang der sechziger Jahre mit Tankred Dorst zu arbeiten anfing, sagten wir uns, wenn wir beide einmal sehr, sehr

alt sind, machen wir ein Puppentheater im Grunewald auf. Er
schreibt die Stücke, ich inszeniere sie. Dorst hat als Puppenspieler
angefangen. Wir haben viel darüber rumgesponnen. Vielleicht
machen wirs ja tatsächlich noch. Ich mache ja sehr oft Vorauffüh-
rungen, zum Beispiel von Shakespeare-Stücken, zu denen ich nur
Kinder zwischen zehn und sechzehn Jahren einlade, weil mich
die Phantasie von Kindern dieses Alters fasziniert. Wahrscheinlich ist meine eigene Phantasie über dieses Alter auch nie hin-
ausgekommen. (Wie die von David O. Selznick übrigens, einem
meiner Helden.)

Vielleicht waren der erste Theaterskandal und die erste Provokation auch das Resultat meiner Emigrantenexistenz – das Gefühl
also, benachteiligt zu sein, weil ich Emigrant war. Ich weiß es
nicht. Sicherlich gab es an der Schule noch andere Emigranten, ja,
zum Beispiel das russische Mädchen. Es war wahrscheinlich kein
Zufall, daß meine drei Freundinnen russisch, indisch und irisch
waren. Mit Maruschka, Dinah und Sheila, die ein Kerl war, fühlte
ich mich sehr wohl. Ich finde es heute noch kurios, daß ich aus der
King Alfred School abgehauen bin. Die Schule war paradiesisch,
aber das wollte ich nicht. Ich wollte arbeiten, ich wollte was werden und was lernen und mich durchsetzen, und ich hatte dort das
Gefühl, daß alles zu seicht und zu nett war. Nun fiel in die Zeit ein
anderes Problem: meine Mutter wurde zum ersten Mal krank.
Sie hat Brustkrebs gehabt und wurde in der Schulzeit zum ersten
Mal operiert. Ich erinnere mich so genau daran, weil es für mich
ein traumatisches Erlebnis war: An dem Tag, als sie ins Krankenhaus kam, sollte ich nach Hause kommen, um ihr auf Wiedersehen zu sagen. Die Schule lag – zu Fuß – ungefähr eine halbe
Stunde entfernt. Den Weg ging ich jeden Tag hin und zurück, am
Hampstead Heath entlang, ein sehr schöner Spaziergang. Schule
war in England ja ganztägig. Mittags aß man dort, und nachmittags gab es hauptsächlich Sport. An diesem besonderen Tag sollte
ich vor dem Mittagessen zu Hause sein, um mit meiner Mutter zu
Mittag zu essen, bevor sie ins Krankenhaus ging: Und ich habe es

vergessen. Oder verdrängt. Ich weiß noch, daß mir plötzlich während des Mittagessens in der Schule einfiel, daß ich eigentlich zu Hause sein sollte. Ich sprang auf, und meine indische Freundin Dinah sagte: I look after Peter, und zu mir: ich komme mit dir, und wir rannten den ganzen Weg, einige Kilometer, nach Hause, um meine Mutter noch zu verabschieden. Sie war sehr nervös und sehr ängstlich, und ich hatte ein schrecklich schlechtes Gewissen, daß ich es vergessen hatte. (Im Zusammenhang mit Susis Krankheit habe ich es wahrscheinlich heute noch. Mein Vater hatte mir dummerweise einmal erklärt, daß der Brustkrebs wahrscheinlich davon käme, daß ich als Baby ihre Nippel zu stark gelutscht hätte. Mein Vater war zwar eifersüchtig auf mich, auf die extreme Liebe meiner Mutter, aber er hat sicherlich nicht gewußt, was er mit dieser Erklärung bei mir anrichtete.)

Damals wußte ich natürlich nicht, daß Susi Krebs hatte, nur daß sie krank ist. Nach der Operation kam sie wieder nach Hause, und das Leben ging weiter wie vorher.

Susi fand sich nun langsam damit ab, daß man nicht nach Deutschland zurück konnte, sondern in England blieb, und sie hatte auch bald einen Freundeskreis von Damen, alles Emigrantinnen, teilweise auch aus Berlin. Deutsch-jüdische Frauen ihres Alters, die sie am Nachmittag zum Kaffee besuchten. Sie unterhielten sich meistens über Kunst, Musik, Ausstellungen etc. Wenn mein Vater da war, was manchmal der Fall war, fand er es furchtbar langweilig. Er ging dann in den Garten und buddelte. Dieser Damenkreis war für Susi so eine Art Ersatz für den Verlust ihres intellektuellen Lebens, das sie durch die Flucht aus Deutschland, aber gewissermaßen auch durch meinen Vater verloren hatte. Susi verachtete meinen Vater irgendwo dafür, daß er kein Intellektueller war. So wurde ich als der kleine Intellektuelle aufgebaut, und wie so kleine Jungs sind, habe ich mich auch auf Susis Seite gestellt und Paul mitverachtet. Es gab eine Situation, in der ich Paul vorwarf, daß er nur ein Geschäftsmann war und Geld verdienen würde. Er fragte: Wovon würdet ihr denn leben, wenn ich kein Geld verdiente? Ich sagte, ja, weiß ich nicht, aber man muß Kunst machen und Ideale haben. (Ich denke heute daran, wenn ich bei der Vorbereitung des *Kirschgarten* den »Idealisten« Trofimow und den Geschäftsmann Lopachin betrachte.) Ich war bestimmt ein furchtbarer kleiner Snob. Das war aber teilweise wirklich die Schuld meiner Mutter, die es gefördert hat.

Paul gründete nun in London eine eigene Knopf- und Gürtel-Engros-Firma, Ex- und Import. Er war kein guter Geschäftsmann. Es machte ihm keinen besonderen Spaß, aber es ging so einigermaßen, und wir lebten davon, und wir lebten ganz gut, muß ich sagen. Wir hatten das kleine Häuschen, und für mich – was ich auch anfing – wurde alles getan, da war Geld nie ein Problem. Ich denke, für meine Eltern war Geld sehr oft ein Problem.

Onkel Hannes, der Bruder meines Vaters, ein Ingenieur und Erfinder, hatte in Deutschland bei der AEG eine relativ hohe Position innegehabt. Als er nach England emigrierte, nahm er ein Patent für Schraubköpfe von Flaschen mit, das sich Duplex nannte. Damit machte er eine Firma auf und wurde schnell sehr reich. Er besaß ein großes Büro in der Bond Street, lebte in einer Superwohnung in Berkeley Square und baute sich ein Haus in Surrey mit einem parkähnlichen Garten. Er war also der reiche Onkel Hannes. Und der reiche Onkel Hannes mochte Kinder nicht und hatte eine deutsche, nichtjüdische Frau, Tante Kläre, die als Mannequin in Deutschland gearbeitet hatte und eine blühende Nazisse war. Deswegen verschwand sie auch eines Tages dorthin zurück und verließ meinen Onkel, oder er warf sie raus, wer weiß. Aber ich liebte sie. Tante Kläre war erstens wunderschön, in meiner Erinnerung vermische ich sie mit Stummfilmstars. Ganz lang, ganz blond, rundes Gesicht, große Augen, ganz lange Beine, sehr schlank und doof. Sie kicherte andauernd und sah aus wie irgendwer aus *The Boyfriend*.

Und zweitens war sie wunderbar mit uns Kindern, mit mir und meinen Freunden. Wenn sie nach London kam, gingen wir immer

Douggie, Peter und Tante Kläre

in den Zoo und kriegten Kuchen. Und sie war lustig, eine lachende Frau. Die meisten Frauen, die ich kannte, waren eher depressiv, jüdische Frauen, belastet, Emigrantinnen. Tante Kläre gehörte zu einer anderen Welt, die ich toll fand. Schickse nannte man das. Jüdischer Mann mit Schickse (nichtjüdischer Freundin). Ich habe öfters Schicksen als Freundinnen gehabt. Lachende Frauen mit blauen Augen, die mich anmachten, erotisch waren, wenn auch nicht unbedingt intellektuell. Das Bild vom kleinen, klugen, (reichen?), dicken Juden mit schönem Mannequin am Ku-Damm – man kann die Antisemiten fast verstehen.

Damals hatte ich keine Ahnung, daß Tante Kläre eine Nazisse war, obwohl ich in dieser Zeit schon einiges mitgekriegt hatte. Es kamen Verwandte aus Deutschland an, die gerade emigrierten, und immer brachten sie Nachrichten mit. Die Nachrichten wurden immer gruseliger, und ich sollte sie nicht hören, es wurde alles von mir weggehalten, aber trotzdem habe ich einiges mitgekriegt: daß schreckliche Dinge in Deutschland passierten und Juden raus mußten und verfolgt wurden. Ein entfernter Verwandter meiner Mutter hatte sich in Frankreich umgebracht, weil die Gestapo in der Tür stand, Geschichten derart ... Meine Reaktion darauf war abschalten, mich überhaupt nicht dafür interessieren. Zu diesem Zeitpunkt sagte ich schon, ich bin ja Engländer.

Ich wollte auch nicht mehr Deutsch sprechen, und das paßte gut, weil mein Vater Deutsch zu Hause verboten hatte, damit wir Englisch lernten. Ich ging noch einen Schritt weiter und hatte nur englische Freunde, keine kleinen Emigrantenkinder, obwohl sie ja nebenan lebten. Ich wollte mit denen nichts zu tun haben, nur mit Engländern. Politik interessierte mich nicht, bis ich zwanzig war. Ich las weder Zeitung, noch hörte ich Nachrichten. Statt dessen las ich wie ein Verrückter – Literatur, Romane, Theaterstücke, Gedichte, alles. Mit fünfzehn, als ich mich für die Uni vorbereitete, war ich unsäglich belesen (das bin ich jetzt schon längst nicht mehr), war ich unsäglich gebildet. Ich las den gesamten Balzac im Original und ähnliche Dinge, ich konnte gar nicht genug Literatur in mich reinfressen. Aber nichts, was mit »heute« zu tun hat, nichts, was mit Politik zu tun hatte – ich wollte nicht gestört werden. Ich hatte das Gefühl, daß jetzt all das – das, was auf einen zukommt – mein Leben stören würde. Ich weiß nicht genau, was für Vorstellungen ich hatte, sie hatten wahrscheinlich schon mit Kunst zu tun. Nicht mit Musik. Auf jeden Fall wollte ich lernen.

Ich wollte an eine große Public School. Nicht gerade nach Eton, das ging nicht, aber ich wollte an eine der großen berühmten Schulen. Und das ging nicht so leicht, weil das, was ich an der King Alfred School gelernt hatte, nicht ausreichte, so daß ich in keine Public School aufgenommen wurde. Zwei Jahre lang besuchte ich deshalb eine Zwischenschule, eine Preparatory School, »Prep« School nannte man das. Sie hieß Sunbury House School, lag in Willesden, wo Erich Fried damals schon lebte, war recht miefig, aber man lernte viel und schnell. Der Direktor, Mr. Pilliner, war sehr streng und autoritär, unangenehm. Er hat auch geschlagen. Ich bekam zum ersten Mal Probleme mit großen Jungs, die mich ärgerten und schlugen, they bullied me, wie man das nannte. An dieser Schule fühlte ich mich zum ersten Mal deutlich als Outsider. Was sicherlich damit zu tun hatte, daß ich aus der behüteten King Alfred School kam, wo das überhaupt nicht der Fall gewesen war. In Willesden gab es viele jüdische Jungs – englische jüdische Jungs, fast keine Emigranten. Daraufhin befreundete ich mich mit Rosenkranz, dem einzigen Emigranten in der Klasse. Er war mein erster Freund. Eigentlich passierte es nur aus der Isolierungssituation heraus, weil die anderen mir fremd waren. Es hatte mit Antisemitismus nichts zu tun, weil es an dieser Schule viele Juden gab, da konnte es keinen Antisemitismus geben. Es ging auch nicht gegen mich als Deutschen, ich fühlte mich einfach anders als die anderen. Vielleicht bemerkten sie es gar nicht. Ich wandte mich deswegen auch instinktiv demjenigen zu, der sich auch anders fühlte. Sein Vater war unser Zahnarzt, ein Freund von Susi, also war es alles schon wieder ein bißchen eingepackt, war es so ein bißchen Flucht. Mein Leben ist voll von Fluchten, Fluchten irgendeiner Art. Auf gewisse Weise war der Weg aus der freien King Alfred School in die enge Schule auch eine Flucht. So sehe ich es heute. Mit der Freiheit muß man umgehen können. Mein Instinkt sagte mir, ich kann mit der Freiheit der King Alfred School nicht umgehen. Ich brauche ein Korsett, einen Rahmen. Das hat sich in meinem Leben oft wiederholt. Ich weiß meistens ganz gut, wann der Zustand eintritt, und suche dann schnell nach einer Justierung, einer Veränderung. Am besten lebe ich in einer toleranten (auch tolerierenden) Diktatur. Kurt Hübners verschiedene Theater (in Ulm, Bremen, zuletzt Berlin) entsprachen diesem Bedürfnis genau.

Ich denke, daß mein Verhältnis zu Kurt Hübner einem ähnlichen Impuls entstammt. Kurt habe ich immer als einen sehr bedenklichen, sehr deutschen Menschen gesehen – bestimmt nie ein Nazi, aber ein autoritärer, für mich oft unerträglich autoritärer Mensch. Gegen den ich mich jede Minute gewehrt habe. Und mit dem ich intimstens befreundet war und bin. Wir haben uns unser ganzes Leben – ich kenne ihn nun seit 1960 – immer viel gestritten. Heute auch noch, und über jedes Thema. Aber es sind produktive Kräche, sogar heute – er ist über 80 –, wenn wir uns treffen, leider nicht oft genug, oder miteinander telefonieren. Wenn ich bei Kurt Hübner arbeitete, hatte ich ein Gefühl von Halt, den ich brauche. Ich brauche jemanden, der mich festhält. Sehr stark. Ich habe den Halt immer gebraucht. Wahrscheinlich braucht ihn jeder, aber ich empfinde ihn als Notwendigkeit. Und das war sicherlich der Grund, wenn ich noch einmal an den Schulwechsel zurückdenke – daß ich in der King Alfred School keinen richtigen Halt hatte, es war niemand da – alle waren so was von nett, und wenn ich einmal eine Woche lang im Wald spazierenging und nichts tat, fanden sie es auch wunderbar, aber ich wurde immer verwirrter, und es machte mir keinen Spaß. Diese Art von Freiheit langweilte mich auch. Ich erinnere mich noch sehr genau, daß in meiner

Jugend jeder zweite Satz war: ich langweile mich so. Dazu gibt es sogar einen schönen Witz: Am Tag, an dem der Krieg ausbrach, fuhr ich vormittags – ich hatte Ferien – mit dem Fahrrad von zu Hause weg, um Freunde zu treffen. Und sagte wieder einmal zu meiner Mutter:»Mein Gott, ich langweile mich zu Tode. Ich wünschte, irgend etwas würde endlich mal passieren.« Wirklich, habe ich gesagt. Und fuhr weg auf meinem Fahrrad. Es war der 1. September 1939. Drei Stunden später kam ich nach Hause, und meine Mutter stand in der Tür wie ausgestellt in einem Bild und weinte. Ich fragte:»Was ist denn passiert, um Gottes willen?« Da sagte sie:»Ja, jetzt ist was passiert. Du wolltest ja, daß was passiert. Der Krieg ist ausgebrochen.« Und sofort gab es den ersten Alarm. Am ersten Tag. Einen Fehlalarm. Irgendwo wurde ein Flugzeug gesichtet, und man löste einen Fehlalarm aus.

Das Gefühl der Langeweile zieht sich durch mein Leben. Ein Gefühl von Richtungslosigkeit, Ziellosigkeit, Nicht-Wissen, warum ich überhaupt existiere, und von Nicht-Wissen, was ich morgen mache oder in fünf Minuten machen will, gar nichts machen zu wollen. Viele, viele Jahre lang bekam ich das Gefühl jeden Tag gegen Abend, um die Zeit, wenn das Licht anfing wegzugehen, so gegen sechs.»L'heure bleue« sagte meine Mutter dazu. Da wurde ich immer sehr bleu und immer deprimiert. Eine deprimierende Zeit für mich und meine Umgebung, die ich natürlich gleich mitdeprimierte. Es hat sogar meine Mutter zur Verzweiflung gebracht, da sie nicht wußte, was es war. Sie versuchte mich zu amüsieren, sie kam mit neuen Spielsachen oder guten Einfällen: dann laß uns doch, was weiß ich, ins Museum gehen oder so. Manchmal funktionierte es auch. Aber grundsätzlich hat es nicht funktioniert, weil es nicht an den Ursprung ging. Ich brauchte starke Widerstände. So daß ich mich eigentlich in dieser zweiten Schule, dieser»Prep« School oder Zwischenschule, die ich wirklich sehr unsympathisch fand – wenn ich drüber nachdenke, war es eine scheußliche Schule –, wohler gefühlt habe. Das war spannend. Man hatte immer ein bißchen Angst vor den Lehrern oder irgendwelchen Situationen. Alle Lehrer von Sunbury House School waren mehr oder weniger ekelhaft. Mein Hauptfeind war der Französischlehrer Mr. Smith. Ein trockener, langweiliger Zyniker, der mir über die Schulter guckte, während ich schrieb, und Pfeife rauchte, und wenn er nicht Pfeife rauchte, aus dem Mund stank. Unerträglich! Bis heute ist das Schlimmste für mich, neben jemandem zu sitzen, der aus dem Mund riecht. Manchmal habe ich einen Assistenten oder eine Sekretärin, die aus dem Mund stinken, ich weiß bis heute nicht, wie man damit umgeht. Es ist mir so peinlich, es zu sagen. Ich sag's mittlerweile. Manchmal lösen sie das Problem, indem sie sich die Zähne putzen. Aber leider gibt es auch Leute, die vom Magen herauf aus dem Mund stinken. Dann immer das Problem bei Frauen, die rauchen. Ich mochte nie Frauen, die rauchen. Ich habe selber früher viel geraucht. Frauen, die aus dem Mund nach Rauch riechen, wenn man sie küßt, konnte ich trotzdem nicht ertragen. Die Gerüche einer Frau sind etwas sehr Schönes – aber plus Rauch oder schlechtem Parfüm oder Grünkohl, grausam.

Es gab ein Ziel zu erreichen: das Examen. Es war das erste wichtige Examen, das ich für die größere Schule machen mußte, und wichtig war auch der Druck. Ich brauchte den Druck. In meinem Schulfilm *Ich bin ein Elefant, Madame* zeige ich deutlich die Scheußlichkeit des Drucks und seine Notwendigkeit.

Es gab viele englische Juden in meiner Prep School. Das Jüdische dieser Jungs hat mich damals aber nicht beschäftigt. Rückblickend kann ich sagen, der war jüdisch und der nicht, weil ich es zufälligerweise weiß. Meine Eltern werden es mitgekriegt haben. Hinzu kommt, daß manche Emigranten, die aus Deutschland nach England kamen, sich innerhalb von Sekunden so unbeliebt machten, daß sie unbeliebter als die Nazis waren. Sie wußten alles besser ... Sie waren die großen Intellektuellen ... Wir nannten sie »Bernhardiner«, weil sie eigentlich Dachshunde waren, die behaupteten, früher Bernhardiner gewesen zu sein. Die englischen Juden, hauptsächlich aus Polen eingewandert, kamen zum größten Teil aus dem jüdischen Proletariat, oder sie waren Schneider und ähnliches und hochgekommen und nun erfolgreiche, teilweise reiche Geschäftsleute. Aber sie blieben polnische Juden. Wie mein Onkel Leo. Über den mir meine Mutter schon, als ich vier war, sagte: ja, Onkel Leo, das ist ein polnischer Jude, weißt du, und das in Anführungsstrichen, daß es ganz deutlich war: mit dem haben wir nichts zu tun. Wir sind die Oberklasse. Die deutschen Juden sind das Salz der Erde. Ohne Frage, damit bin ich aufgewachsen, und ich gebe zu, daß ich es heute immer noch ein bißchen so empfinde. Mein Verhältnis zu englischen Juden – ich lernte sie später genauer kennen und arbeitete oft mit ihnen zusammen – blieb im großen ganzen ein bißchen distanziert. Es hat mit meiner Erziehung zu tun und mit meiner Kindheitserfahrung. Sie interessierten sich für Dinge, die mich nicht interessierten, und die meisten waren auch orthodox – eine fremde Welt für mich, die ich als recht albern empfand.

Meine Mutter hatte eine beste Freundin, die außerhalb Londons in Woking, Surrey, lebte, auch eine Emigrantin: Frau Dr. Warschauer. Ihr Mann war Rabbiner, sehr alt, viel älter als seine Frau – für mich der liebe Gott. So sah er aus. Er war die große Respektsperson meiner frühen Jugend in England. Wenn ich ein ganz furchtbares – seelisches – Problem hatte, suchte ich ihn auf und fragte um seinen Rat. Aber ich habe ihn sicherlich auch über die Religion befragt, denn wenn man zwölf Jahre alt ist und keinen wirklichen Glauben hat, fangen solche Fragen an, wichtig zu werden. Er war kein orthodoxer, aber ein sehr bewußter Jude. Und wenn nicht wie Gott, dann sah er aus wie Moses ohne Bart. Er war die einzige Person, an der ich Judentum festmachen konnte. Hinzu kam, daß seine Frau Trude (wir nannten sie Tante Kruh, und sie erfand für mich den Kosenamen Petruschka) lange Jahre die Geliebte von Albert Einstein gewesen war. Tante Kruh erzählte andauernd über Einstein, wie er war, wie er Geige spielte, was er gesagt hatte etc. Und als er starb, gab es große Trauer. Vielleicht war der Rabbiner nicht einmal so alt, wie ich heute denke, aber für mich war er 90. Er ging mit einem Stock, hatte ein zartes, schönes Gesicht und weiße Haare. Tante Kruh war klein und sehr häßlich. Meine Mutter liebte und bewunderte sie. Ich mochte sie nicht. Sie war altjüngferlich und aufdringlich. Was mich interessierte, waren ihre Einstein-Anekdoten. Sie erzählte, daß Einstein, wenn seine Frau ihm auf die Nerven ging, was häufig vorkam, sich mit dem Satz zurückzog:»Ich geh mal ein bißchen rechnen.« Einstein beeindruckte mich damals, weil er Freizeitgeiger und Pazifist war. Zu meiner großen Enttäuschung hat er während des Zweiten Weltkriegs sein Pazifistentum widerrufen. Ich habe Tante Kruh in besonders schlechter Erinnerung behalten, weil sie, als sie einmal zu Besuch war, ins Badezimmer wollte, während ich gerade onanierte. Sie klopfte wild an die geschlossene Tür, wurde hysterisch, rief meine Mutter, schrie:»Den Jungen müßte man verprügeln!« Meine Mutter war etwas prüde, und ich schämte mich damals sehr. Ich habe es Tante Kruh nie verziehen.

Ich sollte Hebräisch lernen. Meine Eltern beschafften mir einen Lehrer, der mühsam versuchte, mir die Sprache beizubringen. Es war hoffnungslos. Susi und Paul wollten das, weil sie es für ihre Pflicht hielten. Als jüdischer Junge mußte man Hebräisch können. Möglicherweise dachten sie auch, daß der Junge einmal nach Israel, damals Palästina, ging. Das wiederum hatte einen anderen Grund. Alfred Lemms Bruder hieß Siegfried Lehmann und war einer der ganz frühen Gründer in Palästina. Er hatte dort ein Kinderdorf, Ben Shemen, in der Nähe von Tel Aviv (das es sogar noch gibt) schon lange vor Hitler gegründet. Siegfried Lehmann war einer der großen Pioniere des Zionismus. Er kam jedes Jahr mit so einer Büchse nach Berlin, um für Palästina Geld zu sammeln, so daß wir ihn jedes Jahr sahen. Er hatte eine Frau, Rebecca, die eine jemenitische Jüdin aus Palästina war. Sie sah wie eine Araberin aus, war eigentlich auch eine Araberin, das fand ich ganz kurios. Sie hatten ein Kind, eine Tochter, ungefähr in meinem Alter, mit der spielte ich in unserer Sandgrube. Das war mein erster Eindruck von Palästina; kein ganz schlechter, muß ich sagen. Und Siegfried war ein toller Kerl, ganz anders als sein Bruder, der feine Alfred. Ein Mann von enormer Energie. Ich sehe ihn noch genau vor mir. Ein kleiner, kahlköpfiger, unheimlich vitaler Mann. Das war überhaupt eine interessante Familie. Es gab noch einen dritten Bruder, der ein Gauner war, ein Geschäftsmann, Bankier in Berlin, sehr reich, mit einer nichtjüdischen Frau, Tante Else, verheiratet, die er verdrosch und die eine furchtbare Ziege war. Er hieß Curt. (Hans, der Bruder meiner Mutter, wurde 1928 sein Teilhaber im »Bankgeschäft Curt Lehmann« in Berlin NW7, Neue Wilhelmstraße 12–14.) Curt ist auch nach Palästina emigriert. Jetzt habe ich gerade gehört, daß einer seiner Söhne, Gerd Lehmann, mit dem ich als Kind befreundet war, wieder in Deutschland lebt.

Auf Siegfried war Paul sicherlich eifersüchtig. Mein Vater war kein sehr entschiedener Mensch. Eine komische Mischung – ein bißchen draufgängerisch, auf lustige, witzige Weise, aber eben nicht entschieden. Er traf allerdings in allen wichtigen Situationen unseres Lebens die Entscheidungen. Die Tagesentscheidungen überließ er meiner Mutter. In wichtigen Entscheidungen, wie beispielsweise nach England zu gehen, fragte er erst gar nicht. Eine typisch patriarchalische jüdische Familie, im besten Sinne, denn ich glaube, daß meine Mutter unter den Entscheidungen meines Vaters nicht gelitten hat. Sie fand es normal und gut und richtig und war auch stolz darauf. Ich bin genau so. Ich finde es wunderbar, wenn ich eine Frau habe, die entscheidet, auch über mich, aber die wichtigen Entscheidungen möchte ich selbst treffen.

Ich kann mich über meine Eltern nicht beschweren. Ich bin eins der wenigen Kinder, die ich kenne, die an ihre Jugend zwar nicht als eine tolle, aber doch schöne Zeit denken. Ich hatte eine beschützte Jugend. Alles, was ich nicht daraus gemacht habe, war meine eigene Schuld. Paul hatte soviel Humor, er lachte, wenn es krachte oder ich heulte und rumwütete, und dann war es aus! Bei einem Riesenkrach zwischen uns – ihm, Susi und mir – sagte er am Ende zu mir: »So, wenn du dich jetzt nicht benimmst, gehe ich nach oben.« – »Ja, dann geh doch«, sagte ich. Und er ging. Meine Mutter stand hilflos da, guckte ihm nach und sagte: »Aber Paul, was soll denn das?« Der Krach war zu Ende. Er war kein Machtmensch. Macht an sich hat ihn nicht interessiert. Mich auch nicht. Er hatte eine sehr feminine Ecke. Feminine Bewegungen wurden ihm nachgesagt. Ich habe sie auch. Sich durchzusetzen strengte ihn sehr an. Mich auch. Warum bin ich dann Regisseur geworden?

Während meiner Schuljahre wollte ich von Juden und Palästina nichts wissen. Mich interessierten höchstens durchkommende Emigranten, manche auf dem Weg nach Amerika. Mein Cousin Knut und seine Frau besuchten uns in London. Sie lebten in Paris. Knut war vor dem Krieg noch optimistisch und plante sein Leben in Frankreich. Wie viele unterschätzte er den französischen Antisemitismus. Mein politisches Interesse und damit auch dasjenige für jüdische Dinge fing erst in Oxford und nach dem Krieg an zu wachsen. In den fünfziger Jahren war ich mit Bernard Kops, einem jüdischen Dramatiker, befreundet. Er kam aus dem East End, wie die meisten englischen Juden. Er machte einen Film, ich half ihm bei den Recherchen. Im Verlauf der Arbeit brachte er mich ins East End – fast flachgebombt von den Deutschen – und zu sich nach Hause. Seine Familie: von den Kindern bis zur Urgroßmutter – alle lebten zusammen und saßen an einem langen Tisch, und die 99jährige Urgroßmutter erzählte über ihre große Freundschaft mit Maxim Gorki. Es waren russische Juden, bei denen ich diesen einen Abend erlebte, Pessach, aber für mich war es, als ob ich einem buddhistischen Ritual in China beiwohnte. Es war mir so fremd wie nichts in der Welt. Und das ist es bis heute. Ein langjähriger Freund ist Arie Zinger, der in Hamburg mein Assistent war, ein israelischer Jude, den ich sehr mag, besonders seinen Witz. Aber seine orientalisch-jüdische Denkart ist mir fremder als die bayerische. Seine Gehirnwindungen, im Leben und als Regisseur, sind mir ein Rätsel. Ein faszinierendes allerdings. Ich lernte ihn durch Ivan Nagel kennen, bei dem ich in den 70er Jahren am Hamburger Schauspielhaus inszenierte. Zuerst lehnte ich Arie vollkommen ab, später wurde er für mich eine wichtige Verbindung zum Judentum. Ivan, der eine viel jüdischere Denkart hat als ich, kann auf die orientalisch-jüdische Art leichter eingehen. Auf jeden Fall haben Elisabeth Plessen und ich die beiden in den 80er Jahren immer zu Heiligabend eingeladen. Ich bin noch nie in Israel gewesen. Trotzdem beschäftigt mich Israel. Ich identifiziere mich mit dem Land, und es stößt mich auch ab. Es gibt vieles in meinem Leben, was mich mehr interessiert als Juden.

Ich überstand meine Zeit in der Prep School und bestand die Prüfung für die University College School, eine große, angesehene Public School in Hampstead, North London. Da war ich zwölf. Ich habe vor kurzem in die Zeugnisse geschaut. Alle Lehrer bemängeln, daß ich mich nicht konzentrieren konnte. In allen Schulen, in denen ich war, schreiben sie, ich sei sehr intelligent, aber konzentrationsschwach. In jeder der vielen Schulen gab es einen Lehrer, den ich mit meiner Liebe überfiel. Die meisten nahmen es gut auf und ertrugen es.

Die neue Schule, die U.C.S.: endlich war ich in der englischen Gesellschaft akzeptiert. Das bedeutete es für mich. Die Schule war berühmt, riesig, anfangs fühlte ich mich ganz schön verloren darin, und sie war sehr teuer. Viel zu teuer für meine Eltern. Aber ich hatte einen Grant, bekam so vom Staat etwas dazu. Ich blieb jedoch nicht lang auf der U.C.S. Es war 1938, und Krieg lag in der Luft. Als er 1939 anfing, verließen wir London. Ich liebte meinen Klassenlehrer, der sehr alt war und Mathemathik gab. In den Kadetten-Chor trat ich nicht ein. Man mußte dort marschieren. Das kam nicht gut an bei mir. In allen Schulen, die ich besuchte, trug man Schuluniformen, sogar in der freidenkenden King Alfred School. Ich wechselte dreimal die Uniform. In der King Alfred School trug man eine grüne Mütze, grüne Jacke und Schlips; in der U.C.S. dasselbe in rot. Ich trug die Uniformen gern.

Schoolboy

Der Krieg fing an. Von da an schliefen wir nachts zu Hause unter der Treppe. Dem sichersten Ort im Haus, hieß es. Bei einem Bombenangriff würde die Treppen stehen bleiben, sagte man. Die ganze Familie damals waren drei Leute, meine Eltern und ich. Mein Bruder Douglas übrigens, muß ich noch dazu sagen, war ja Engländer. Er ist in England geboren und ist dann nach Deutschland gegangen. Als ich geboren wurde, lebte er mit meinen Eltern in Berlin zusammen. Er war etwas langsam und schrecklich schlecht in der Schule. Meine Mutter mochte ihn nicht sehr.

Douggie hat schreckliche Komplexe gehabt und hat sie heute noch. Weil meine Mutter eigentlich nur Intellektuelle mochte und

Die Zadek-Familie

sich selber auch als Intellektuelle sah, obwohl sie es überhaupt nicht war. Susi war eher naiv und kindlich, konnte denken, war überhaupt nicht doof, war intelligent, aber ein bißchen prätentiös. Der Anspruch war aber intellektuell. Und darunter litt mein Bruder sehr, mein Vater auch. Es gab viele Ähnlichkeiten zwischen

Besuch in Dornburg/Thüringen, wo mein Bruder Douglas
beim Bauhaus-Töpfer Otto Lindig Lehrling war

meinem Vater und meinem Bruder. In Berlin wußten meine Eltern nicht, was sie mit Douggie machen sollten, weil er so schlecht in der Schule war. So nahmen sie ihn heraus und schickten ihn als Töpfer in eine Lehre. Er hat bei Otto Lindig, einem berühmten Bauhaus-Töpfer, in Dornburg bei Weimar in Thüringen gelernt. Dort habe ich ihn einmal als Vier- oder Fünfjähriger besucht.

Als wir nach London gingen, blieb er in Deutschland. Er meinte, er könnte seine Lehre ruhig fertig machen, als Engländer könnte ihm ja nichts passieren. 1934, kurz vor Weihnachten, holte ihn mein Vater nach London zurück. Er war Pazifist und Kommunist. Und ich liebte ihn sehr, weil er ein so ganz anderer Mensch war, unintellektuell, ein hinreißender Töpfer, der mit einer Ziehharmonika durch die Gegend marschierte und mit mir kommunistische Lieder sang. Und er las mir ständig vor. Vor allem Scholochow, *Der stille Don*. Eins meiner ganz großen Lese-Erlebnisse als Junge. Ich war dann auch sofort Kommunist und sang die *Internationale* und das *Fliegerlied*. Das hat mir alles Spaß gemacht, ich hatte keine Ahnung, worum es ging, aber meine Neugierde wurde durch meinen Bruder geweckt. Als Pazifist kam Douggie in England vor ein Tribunal, als der Krieg losging, und wurde als Kriegsdienstverweigerer anerkannt und freigesprochen.

Douggie ist zwölf Jahre älter als ich. Ich hatte großen Respekt vor ihm. Einmal hat er mich allerdings blamiert. Als ich noch in der Prep School war und er, gerade aus Deutschland gekommen, keinen Job hatte. So jobbte er bei Walls Ice Cream. Eines Tages kam ich aus der Schule, und da stand Douggie mit seinem Eis-Creme-Wagen vor der Tür, bimmelte und verschenkte einfach das Eis. Snob, der ich war, schämte ich mich vor meinen Freunden und beschimpfte ihn. Er hat es nie verstanden. Douggie hat die Sturheit und Naivität meines Vaters geerbt.

Als Kriegsdienstverweigerer mußte er auf dem Land arbeiten. Er ging in eine Community von Pazifisten und Quäkern in Gloucestershire in der Nähe von Chepstow. Dort töpferte er wieder, und als wir aus London evakuiert wurden, fuhr ich erst einmal zu ihm und lebte ein paar Monate in dieser Community. Sie erinnert mich an die Künstlerkolonie von Worpswede, an etwas, das mich heute sehr fasziniert – mit dem Unterschied, daß sie in Douggies Community eher Kunstgewerbe betrieben. Politisch waren alle Pazifisten, manche dazu noch Quäker. Es gab ein deutsches Mädchen, eine Weberin, an die ich mich noch gut erinnere. Ich lebte mit meinem Bruder in einem Kuhstall, und es war ganz wunderbar, für einen Jungen von vierzehn natürlich spannend. Nachts lagen wir in unseren Betten und beobachteten die Mäuse, die da herumliefen und sich putzten.

Bei Kriegsbeginn bekamen wir Gasmasken, es gab die nächtliche Verdunkelung, sonst war nicht viel los – bis uns die Bombe in den Hintergarten fiel. Ein riesiges Ding. Sie verschwand tief im Boden und ist nie explodiert, sonst wäre ich nicht hier. Am nächsten Morgen weckten uns die Air Raid Wardens und erklärten: Ihr müßt bitte Koffer packen und weg. Es wurden in einem großen Umkreis um unseren Garten herum alle Wohnungen geräumt. Wir zogen erst einmal zu Mr. Burt, einem reichen englischen, nichtjüdischen Geschäftsfreund meines Vaters, der in der Nähe, in Golders Green, ein großes Haus hatte und auch ein bißchen der Gönner meines Vaters war. Beide kannten sich lange und waren früher zusammen auf Mädchenjagd gegangen. Sie nannten sich gegenseitig »Jimmy« und sagten: »Hello, Jimmy!« – »Hello Jimmy.« Das war ihr Spiel.

»Hello, Jimmy« fuhr ein großes Buick-Cabriolet und holte uns sonntags ab, um mit uns aufs Land zu fahren. Er hatte eine spießige, fette Frau, die aussah wie Queen Victoria. Die Ausflüge langweilten mich schrecklich. Aber mein Vater mochte beide, außerdem hatte Jimmy ihm sehr geholfen, in England Fuß zu fassen. Nun, nach der Bombe, wohnten wir bei ihnen. Ich erinnere mich noch gut an den ersten Abend. Ich hatte einen Schock – die Bombe hätte ja jeden Moment explodieren können. In der nächsten Nacht gab es einen Fliegeralarm. Wie es üblich war, gingen alle

Leute raus, standen in den Gärten und guckten zu, was da oben
lief, und fanden es unheimlich lustig und witzig, aber ich wurde
völlig hysterisch, hatte einen richtig hysterischen Anfall. Meine
Mutter oder mein Vater brachten mich ins Haus. Die Engländer
und Mr. Burt selber fanden meine Reaktion völlig absurd, und
Burt sagte: Junge, das ist doch nicht normal. Es gab einen Riesenkrach zwischen meinem Vater und Jimmy, die beiden Jimmies
krachten sich zum ersten Mal, und zwar über mich. (Wahrscheinlich weil meine Mutter anwesend war.) Es führte sogar zu einem
Bruch zwischen beiden Familien, und das war nicht gut für meine
Eltern. Ich denke, daß mein Vater diesen Krach provoziert hat, um
meiner Mutter einen Gefallen zu tun.

Die Haltung der Londoner zum Krieg war zu dem Zeitpunkt
eine sportliche – unsere Jungs da oben etc. Es war ja noch nicht
viel passiert.

Danach entschieden wir uns, nach Oxford zu ziehen (die fünfte
Flucht), weil mein Onkel Hannes, der reiche Onkel, mittlerweile
schon dort war. Ich wüßte sonst keinen anderen Grund. Wahrscheinlich hat er uns geholfen, eine Wohnung zu finden. Mein
Vater ging mit mir zum Rektor meiner Schule in London, der
berühmten U.C.S., der University College School. Mr. Walton
war ein jüngerer Mann um die 40, ein Super-Engländer, sehr gut
aussehend. Er sagte: »Ja, Herr Zadek, wissen Sie, wenn wir das
alle täten, dann wäre London ja leer.« Mein Vater antwortete –
und darin war er eben sehr gut: »Wissen Sie, das ist mir ganz egal.
Ich will weg, und ich will, daß mein Sohn hier nicht in den Bom-
benhagel kommt.« Daraufhin sagte der Rektor: »Well, Mr.
Zadek, if that's what you feel. Good bye.« Und damit war mein
Verhältnis zu England zum ersten Mal etwas gebrochen. Ich
empfand sowohl Jimmy Burts als auch Mr. Waltons Haltung als
das genaue Gegenteil der Haltung eines jüdischen Vaters zu seinem Kind. Ich empfand das als kalt und beschissen und empfinde es noch heute so. Wäre ich Rektor einer solchen Schule und

ein Vater käme besorgt mit seinem kleinen Sohn zu mir und sagte:
ich will, daß mein Sohn diesen Krieg nicht in London erlebt, weil
London bombardiert wird, dann würde ich sagen: ja, klar, kann
ich verstehen. Auf Wiedersehen. Hauen Sie doch ab. Immerhin
waren wir ja nun Emigranten und schon vor einer anderen Art von
Terror geflohen, so daß wir schon ein etwas anderes Empfinden
hatten. Wir waren bereits eine fliehende Familie, die jetzt wieder
fliehen mußte, weil die Deutschen hinter uns her waren. Man
wurde verfolgt. Jetzt kamen sie mit Flugzeugen. Das wollte Mr.
Walton nicht verstehen. Jimmy Burt hat es auch nicht verstanden.
Ich als kleiner Junge hätte die Flugzeuge da oben interessant finden müssen. Statt dessen wurde der kleine Junge hysterisch.
Darin liegt für mich ein ganz tiefer Unterschied zwischen einem
jüdischen und einem nichtjüdischen Familienempfinden. Insbesondere einem englischen, das noch einen Schritt kälter ist.
Gojim Naches ... Für uns war die Familie wichtiger als alles, die
Rettung des Lebens ging über alles, und die Kinder gingen noch
mal über alles. Hysterie und Krankheit werden sehr ernst genommen. Und nicht weggedrückt.

Ich streite mich darüber noch heute. Wenn ich zum Beispiel
krank bin, verhalte ich mich wie ein Kranker und tue nicht so, als
ob ich nicht krank wäre. Mache nicht den Tapferen oder so was
ähnliches. Und ist bei mir ein Schauspieler krank, reagiere ich
sofort auf seine Krankheit. Mich interessiert dann nichts anderes.
Dann wird eben die Vorstellung abgesagt. Und wenn schon.
Krankheit geht für mich immer vor. Das ist sicherlich etwas, das
ich als Kind mitgekriegt habe. So war es bei uns. Wenn ich krank
war und morgens sagte, ich habe Bauchschmerzen, blieb ich zu
Hause. Es gab keine Diskussion darüber. Und beschwerte sich ein
Lehrer, lachte ihn meine Mutter aus.

Da gab es keinen Appell an die Pflicht. Im Gegenteil, die Pflicht
war auf der Seite der Krankheit. Vielleicht hat es damit zu tun, daß
ich aus einer Familie von Ärzten komme. Mein Großonkel Ignaz
Zadek, Walters Vater, war einer der frühesten sozialistischen Ärzte

Deutschlands, ein Freund von August Bebel und Eduard Bern-
stein, der sein Schwager war, und Karl Kautsky. Ein sozialer Inno-
vateur. Er gründete den Verein sozialistischer Ärzte und trat schon
als junger Arzt für die Sozialversicherung der Arbeiter ein. Er
engagierte sich in dieser Bewegung zusammen mit seinen Freunden sein Leben lang und war »Armenarzt« in Kreuzberg. Er starb
1931. Seine Patienten waren Arbeiter, Kassenpatienten und
wenige wohlhabende Leute, die aus dem Westen extra zu ihm
fuhren, weil sie ihm grenzenlos vertrauten. Von armen Leuten
nahm er kein Geld. Er dachte an Kinder, hatte immer viele Spielsachen im Schrank, und mein Vater erzählte, daß er, wenn er
einen neuen Patienten bekam, die Bedingung stellte, daß dieser
Patient einen Tag im Monat zu Hause im Bett blieb. Er akzeptierte
ihn sonst nicht als Patienten. Im hektischen Großstadtleben muß
ein Mensch einmal einen Tag 24 Stunden lang ausruhen können,
sagte er. Es erschien mir logisch und richtig. Ein zweiter Onkel,
Enzi Zadek, war Chefarzt des Neuköllner Krankenhauses. Ein
Herzchirurg und Spezialist, der auch Bücher schrieb. Seinet-
wegen gibt es in Berlin eine Zadekstraße. Auch ein Zadek-Eck,
eine Kneipe in Neukölln. Enzi besuchte uns auch in London. Pein-
licherweise hatte er lange vor Hitler in der Familie den Spitzna-
men »Nazi«, bevor das Wort eine andere Bedeutung hatte. In London wurde das kompliziert, weil ihn alle, die ihn kannten, immer
noch »Nazi« nannten. »Nazi« Zadek hatte eine wichtige Funktion
in meinem Leben. Er war nämlich ein »wunderbarer Mensch« aus
der Reihe wunderbarer Menschen im Leben meiner Mutter.
Albert Einstein gehörte in die Kategorie, Nathan der Weise, Goethe und Ernst Toller, natürlich Alfred Lemm. Aber auch »Nazi«
Zadek. Die wunderbaren Menschen waren meistens um die 60
und hatten graue Haare. Lange, schöne Männer. Mein Vater
gehörte nicht dazu. Den liebte man sehr, und er war herrlich, aber
er war kein »wunderbarer Mensch«. Auch ich habe es nicht hingekriegt, weil ich vom Typ her kein »wunderbarer Mensch« bin.

Ich fand es schon damals erstaunlich, daß es während eines Krieges möglich war, den Wehrdienst zu verweigern, wie Douggie es tat. Ich erinnere mich noch genau, daß zum selben Zeitpunkt jemand in Amerika deswegen ins Gefängnis kam. Ich verglich es und fand die Engländer sehr liberal. Sie sind ein komisches Volk. Die Auseinandersetzung mit dem englischen Charakter ist ein Thema meines Lebens geblieben – auf der einen Seite Jimmy Burt und der Schulrektor, auf der anderen diese Liberalität. Die Pazifisten in Gloucestershire wurden von der Bevölkerung nicht etwa schlecht behandelt. Sie waren sogar beliebt. Allerdings waren es lustige, verrückte Leute.

Im Ersten Weltkrieg waren die Frauen durch Englands Straßen gelaufen und hatten jedem jungen Mann ohne Uniform eine weiße Nelke angepinnt. Die Haltung hatte sich bis 1939 geändert.

Als ich zwölf war, gab ich mit einem gleichaltrigen Freund, der schon ein Maler und Poet war, eine kleine Hauszeitung heraus. John war der Sohn eines bekannten Schauspielers, Jack Livesey. John war ausgefallen, ein Spinner und nicht so spießig wie seine Umgebung. Damals interessierte mich Theater noch nicht. Ich ging andauernd ins Kino, hauptsächlich in Western. Es gab zwei Westernhelden, Buck Jones und Ken Marshall. Wir sahen alle Filme mit den beiden und spielten auf unseren Fahrrädern die Geschichten nach. Ich war Ken Marshall, der dunkle, intelligente. Buck war mir zu brutal. Es gab eine Zeitung *Film Fun*, eine Kinder-Kino-Zeitung mit Comics, in der diese Helden immer vorkamen. Mein anderer großer Held war Errol Flynn. Ich erinnere mich an ihn in *Captain Blood* und als Pilot in *Dawn Patrol*, einem spannenden Kriegsfilm. Samstags vormittags gingen wir in die Kinder-Vorstellungen der großen Kinos. Jeden Samstagvormittag – es gab einen Western, Cartoons und ein paar Dokumentarfilme. Die Dokumentarfilme langweilten mich immer. Die Cartoons auch. Dann entdeckte meine Mutter leider, daß es in Hampstead ein Programmkino, das »Everyman«, gab, in dem Kinder Samstag vormittags hochklassige Filme sehen konnten. Das Kino zeigt heute noch das beste Programm in London. Von da ab mußte ich dorthin. Es lief dann irgendein französischer Film mit Untertiteln. Kunst, und das interessierte mich gar nicht. Ich erinnere mich an eine Auseinandersetzung mit meinen Eltern – als ein neuer Film mit Shirley Temple gerade herausgekommen war. Meine Mutter wollte mit mir hingehen, ich weigerte mich, wollte *Captain Blood* mit Errol Flynn sehen und haute mit einem Freund zu *Captain Blood* ab. Für meine Mutter sollte alles immer ganz sanft und zart bleiben. Sie wollte keine Soldaten. Ich sollte nichts damit zu tun haben. Ich glaube, sie war vom gerade ausbrechenden Krieg entsetzlich geschockt. Sie tat zwar viel für jüdische Organisationen, aber ich glaube, daß sie nicht viel von Politik verstand. Während mein Vater immer pragmatisch war.

Ich las viel. Mein Lieblingsheld hieß Biggles. Biggles war ein Pilot im Ersten Weltkrieg, es gab eine endlose Serie von Büchern über ihn. Dreißig Bände, vielleicht mehr. Gelegentlich schickte Tante Grete mir Bücher aus Deutschland, von Erich Kästner zum Beispiel *Pünktchen und Anton*, das ich lieber mochte als *Emil und die Detektive*, *Arthur mit dem langen Arm*, ein albernes Epos, illustriert von Walter Trier. Kästner langweilte mich damals – außerdem interessierte mich Deutschland nicht. *Stoffel fliegt übers Meer* von Erika Mann war schon besser. *Bestellte Geschichten* – eine crazy comedy. *Tierradio*. *Das neue Heim* – eine Geschichte über eine Familie, die umzieht. *Wilhelm Busch* mochte mein Vater besonders. Zwei deutsche Bücher jedoch waren Lieblingsbücher. Eins hieß *Drei Millionärsanwärter zogen nach Australien*, es handelte von drei Jungs, die nach Australien gingen und dort reich wurden. Eine Adventure-Story. Das zweite Buch *Kraulen kannst du, Käthe*. Eigentlich ein Buch für Mädchen. Über ein Mädchen, das nicht schwimmen konnte und irgendwie lernte zu kraulen. Das faszinierte mich. Mich haben immer Geschichten fasziniert, in denen Leute sich ein fast unmögliches Ziel setzen und dann so lange versuchen, es zu erreichen, bis es ihnen gelingt. Was danach passiert, wie sie, was sie erreicht haben, genießen, interessierte mich fast gar nicht. Vor kurzem sah ich einen amerikanischen Film von George Miller, der mich sehr bewegte: *Lorenzo's Oil*, in dem Eltern ihr ganzes Leben darauf konzentrieren, zu erreichen, daß ihr Sohn von einer mysteriösen Krankheit geheilt wird. Ich glaube, mein Geschmack hat sich seit meiner Kindheit nicht sehr verändert. Unter meinen deutschen Kinderbüchern gab es auch eins von Tom Seidmann-Freud, *Buch der erfüllten Wünsche*, voller stilisierter, moderner, in Bauhaus-Art geometrischer Illustrationen. Das Buch ging aufs Konto meiner Mutter und ihrer Vorliebe für moderne Pädagogik und Stilisierung. Mich interessierte es nicht. Ich wollte realistische Zeichnungen ansehen und abenteuerliche, auch brutale Geschichten lesen. Konkrete Dinge interessierten mich damals schon mehr als künstliche, stilisierte. Ein Konflikt, der sich durch mein ganzes Leben zieht. Die Auseinandersetzung zwischen Vater und Mutter, meinem »schmuddeligen« Vater und meiner »keimfreien« Mutter, zwischen Bekleckerung und Schmutz und Sauberkeit, Reinheit. Beides brauchte ich immer. Die Spannung zwischen ihnen war – und ist – mein Antrieb.

Ich hörte Radio. Jazz, Swing und was da so lief. Ich weigerte mich, die Hausarbeiten bei mir im Zimmer oben zu machen. Ich wollte bei meinen Eltern im Salon sitzen und dabei Radio hören, und, wie immer, setzte ich mich damit durch. Susi und Paul fanden es beide falsch, aber ich saß dann da, während sie sich unterhielten und das Radio lief, und machte dabei meine Hausarbeiten. Ich mochte nicht allein sein, schon damals. Ich war fast nie allein. Wenn ich nicht bei meinen Eltern war, war ich bei meiner »Gang« von Freunden. Darunter war auch ein Junge, der mich mit Sex und Zigarettenrauchen und all den bösen Sachen bekannt machte. Ein Typ, auf den ich auch in meinem späteren Leben immer wieder gestoßen bin. Das Adoptivkind einer reichen Familie, raffiniert, hinterfotzig, geheimnisvoll. Ein bißchen verrückt, gesellschaftsfeindlich, geschickt, aber nicht wirklich kriminell. Später haben mich solche Männer oft interessiert, zum Beispiel Burkhard Driest. In die Gegend von wirklich Kriminellen habe ich mich dagegen nie gewagt. Mache auch heute Riesenkreise drum herum. Mit dem Jungen rauchte ich hinter Klos Zigaretten. Sex hat er mir, glaube ich, nur erklärt. Wir haben höchstens mal ein bißchen zusammen onaniert.

In unserer »Gang« gab es keine Mädchen. Nur vier, fünf Jungs. Wir fuhren auf Fahrrädern herum und spielten Indianer, Western. Der erwähnte poetische Maler John und sein Bruder Michael Livesey, der später ein guter Kameramann wurde, der verruchte Junge und noch ein paar andere. Meine sexuellen und erotischen Probleme kamen später.

Ich verliebte mich in das Nachbarmädchen Joan, ein ödes englisches Mädchen. Das bedeutete, daß wir einmal im Monat zusammen ins Kino gingen. Aber das war unbedeutend.

Etwas anderes war bedeutend: Unser Haus stand mit anderen Häusern in einer Art Karree, in dessen Mitte ein Grastennisplatz lag, so daß alle, die um das Karree herum in ihren kleinen Häusern wohnten, auf dem Platz Tennis spielen konnten.

Es war das kommunale Ereignis im Sommer. Man lebte im Sommer mehr oder weniger auf dem Platz. Es war etwas Besonderes, ein glücklicher Zufall. Auf die Weise habe ich ganz früh mit Tennis angefangen. Dabei war ich der unsportlichste Mensch in der Welt. Ich wurde schnell ein guter Spieler und spielte später sogar für meine Schule Tennis. Sonstige Sportarten waren mir ekelhaft. Es gelang mir meistens, zu spät zum Gymnastik-Unterricht zu kommen. Ich spielte Cricket, war Wicket Keeper, der hinter den Stumps steht und den Ball an den Kopf kriegt oder fängt. Das war ganz lustig, weil man nicht so viel rennen mußte und Solo-Erfolge oder Mißerfolge feierte. Ich spielte auch Fußball. Als Torwart. Nie in der Schulmannschaft – ich war zu schlecht, körperlich faul und untrainiert. War zu meinem Ärger immer ein bißchen dick und aß zuviel. Meine jüdische Mutter glaubte, je mehr

der Kleine ißt, um so besser. Sie kochte wunderbar und viel zuviel.
Wenn sie Essen servierte, sagte sie: »Draußen gibts noch Berge.«
Ihr Apfelkuchen, ihre »Iles flottantes« und Hörnchen waren besonders gut – lauter süße Dickmacher. Aber wenn ich zu Weihnachten oder Ostern Schokoladen-Weihnachtsmänner oder
-hasen bekam, aß ich sie nie, weil sie so schön aussahen. Meine
Mutter packte sie dann einige Wochen später aus, zertrümmerte
sie und servierte sie mir als Bröckelschokolade. Ich war klein und
rund, bis ich zwölf, dreizehn war. Das Tennisspielen mußte ich in
den 6oer Jahren aufhören, weil ich mir ein Auge verletzte und
nicht mehr genau zielen konnte.

Ich hatte immer einen Hang zu jeder Art von kommunalem
Leben, in jeder Gruppe, ob es die meines Bruders und der Pazi-
fisten war, ob es Worpswede oder im Endeffekt ein Theater ist.
Ich hatte immer ein Familiengefühl und den Wunsch, Familien

Der Tennisplatz

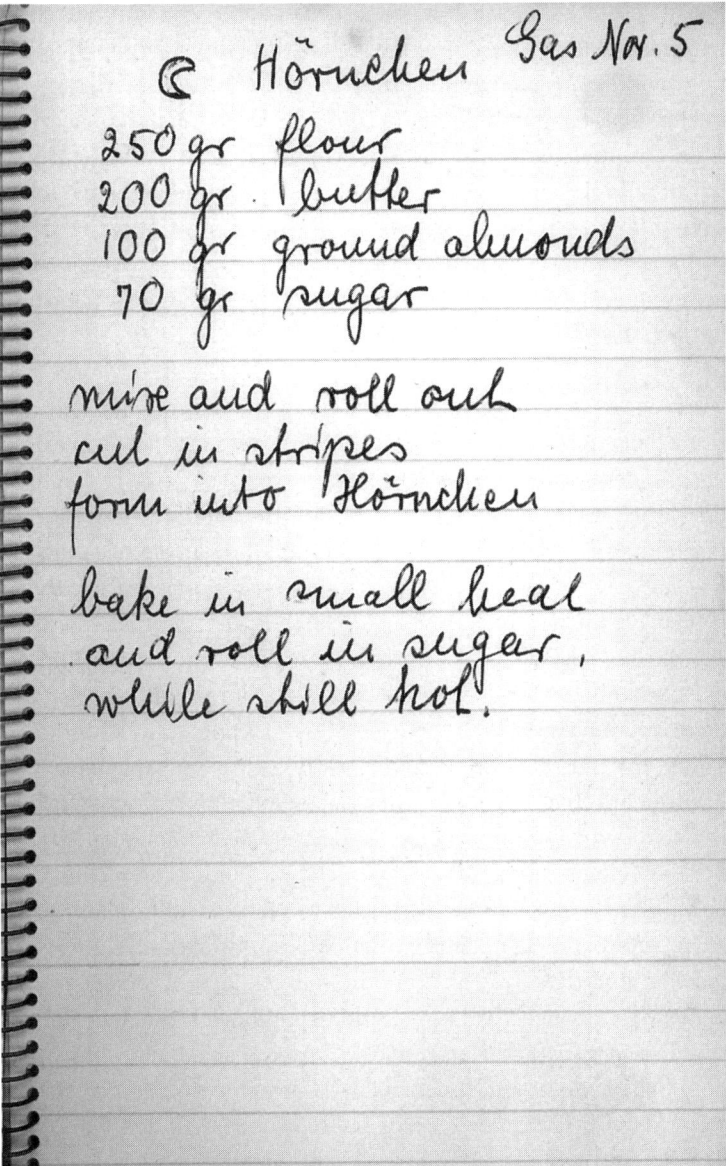

© Hörnchen   Gas No. 5

250 gr flour
200 gr butter
100 gr ground almonds
70 gr sugar

mix and roll out
cut in stripes
form into Hörnchen

bake in small heal
and roll in sugar,
while still hot!

Rezept für Hörnchen aus dem Kochbuch meiner Mutter

herzustellen, obwohl ich eigentlich dafür zu eigensinnig und so-
listisch war. (Auch zu »bossy«, wie man erzählte: als Zehnjähriger
kommandierte ich auf unserem Platz alle anderen Kinder so
herum, daß es unangenehm auffiel.) So reizte mich die pazifisti-
sche Gruppe meines Bruders in Gloucestershire, aber wirklich
daran teilnehmen konnte ich nicht. Trotzdem versuchte ich mein
Leben lang Familien herzustellen. Besonders im Theater. Doch
sondere ich mich schnell ab. Der Maler Vogeler, der Worpswede
gründete, war ähnlich – er verschwand bei seinen eigenen Parties,
wie ich auch.

Mich interessiert, wie ich eine Gruppe von Menschen auf der
Bühne zu einem selbständigen und kontinuierlichen Leben ermu-
tige oder ermuntere. Ich stelle dort nur Situationen her, in denen es
für sie möglich ist weiterzuleben. Zum Beispiel für die Leute im
Wunder von Mailand, das ich nach dem Film von de Sica 1993 am
BE inszenierte. Dort passiert im Hintergrund andauernd etwas,
fast soviel wie im Vordergrund. Ich habe es zum großen Teil nicht
»gemacht«, ich habe nicht gesagt: Jetzt mach du mal das und du
das ... sondern ich habe eine Situation hergestellt, in der die
Schauspieler von allein ihr Leben als Gruppe weiterführen im
Sinne der Gruppe. Man kann natürlich als Schauspieler (als
Mensch überhaupt) sein eigenes Leben auf eine Weise weiterführen, daß es die Gruppe sprengt. Es passiert auch manchmal. Einige
Schauspieler, die meine Arbeit nicht gewohnt waren, merkten
beim *Wunder von Mailand*, was ich von ihnen wollte, aber es gibt
auch andere, die unabhängig von der Gruppe auf der Bühne etwas
machen und denken – aha, er will, daß ich jetzt als – sagen wir –
Schuster weiterlebe. Dann erfinden sie plötzlich die ausgefallensten Dinge. Es ist schwierig, so etwas wieder abzubauen. Sagt man
dem Schauspieler, mach das nicht, ist er unter Umständen so verstört, daß er überhaupt nichts mehr selber erfindet, nur noch
dasteht und auf Kommandos vom Regisseur wartet oder sauer
wird, weil er sich auf den Arm genommen fühlt, weil er denkt:

Zuerst hat man mich ermuntert, jetzt soll es falsch sein ... Man muß sehr geduldig sein. Und vorsichtig. Mit den Jahren habe ich gelernt, daß man unter Umständen jemanden wochenlang etwas Falsches machen lassen muß, damit er am Ende entweder von allein darauf verzichtet oder – das ist das Schönste – selber auf das Richtige kommt.

1976 z. B. inszenierte ich *Othello* am Hamburger Schauspielhaus. Mit Ulrich Wildgruber als Othello, Eva Mattes als Desdemona, Walter Schmidinger als Jago. Nach ein paar Wochen stieg Schmidinger aus. Eine Katastrophe für die Aufführung. Wenn mir heute so etwas passierte, würde ich die Aufführung hinschmeißen. Damals war ich voller Courage, und vielleicht hatte ich auch das Gefühl, in einer bestimmten Richtung zu weit gegangen zu sein – ich wollte den Jago sehr schwul haben, in einem Grade, daß es wahrscheinlich die Aufführung zerstört hätte – Schmidinger probierte es so, merkte es und stieg aus. Wahrscheinlich hatte er recht.

Er hat meine Arbeit seit den 6oer Jahren in Bremen begleitet. Ich lernte ihn kennen, als er im Vertrag beim Bonner Theater war. Der Intendant Pempelfort hatte ihn mit einem jahrelangen Vertrag an sein Haus verpflichtet. Walter besitzt eine überschäumende Phantasie, einen großen Witz, ist sehr maniriert und hat, finde ich, überhaupt keinen Geschmack – ein Vorteil für einen genialen Schauspieler. Geschmack ist nur eine Modeerscheinung. Was heute schlechter Geschmack ist, ist zwei Jahre später bahnbrechend. Ich bewundere Walter sehr, aber ertrage sein zuckergebendes Verhältnis zum Publikum – er ist Österreicher – sehr schwer. Deswegen hat es trotz vieler Verhandlungen und Gespräche wenig Zusammenarbeit gegeben. Wenn er weniger darauf gesetzt hätte, Publikumsliebling zu sein, und bereit gewesen wäre, richtige Auseinandersetzungen mit Regisseuren und anderen Schauspielern durchzustehen, wäre er sicherlich einer der ganz großen Stars unseres Theaters. So habe ich, wie sicherlich viele andere auch, eine große Scheu davor, einen Schauspieler in einer Inszenierung zu besetzen, der nicht festzuhalten ist (psychologisch

gesprochen) und der ein augenzwinkerndes Verhältnis zum
Publikum hat (wie Hans Lothar es zum Beispiel auch hatte).
Trotzdem waren unsere vielen Begegnungen über die Jahre für
mich immer ein Gewinn. Walter Schmidiger spielte bei mir in
Edward Bonds *Schmalem Weg in den Hohen Norden* (Münchner Kammerspiele 1969), im Film *Eiszeit* (1973) nach Tankred
Dorsts Stück. Er sollte öfters bei mir spielen – außer in *Othello*
zum Beispiel in meinem Fernseh-*Kirschgarten*, aber da wurde
er krank und mußte ersetzt werden. Er gehörte leider nie zu
meiner Gruppe. Ich glaube, daß er es auch nie wollte und sich
deswegen, trotz großer »mutual admiration«, immer wieder ver-
weigerte.

Die Rolle im Hamburger *Othello* war also plötzlich frei. Ich
holte Heinrich Giskes für den Jago. Giskes hatte ein kurioses Verhältnis zu mir, immer. Wir hatten von Anfang an eine unange-
nehme, aber relativ produktive Spannung zueinander. Er hatte 1972
in Bochum den Pinneberg in *Kleiner Mann, was nun?* wunderbar
gespielt, aber es hatte auch große Auseinandersetzungen gegeben.
(Bei der letzten Inszenierung, die ich mit ihm machte, *Der Widerspenstigen Zähmung* 1981 in Berlin, wurde er handgreiflich, und
wir trennten uns endgültig.) Natürlich wollte er den Jago am Hamburger Schauspielhaus spielen, für ihn ein großer Sprung. Wir fingen an zu arbeiten. Ich ließ ihn erst mal machen. Und merkte, daß
er dieses machte und jenes und gar nichts machte. Ich warte, bis ein
Schauspieler anfängt, Aktivitäten irgendeiner Art zu entwickeln,
bevor ich mich einmische. Weil ich denke, daß man Aktivität nicht
»herstellen« kann. Bei einem produktiven Menschen kommt sie
von alleine. Also wartete ich, und Giskes wurde immer trotziger
und schwieriger, lernte zwar seinen Text, aber bewegte sich nicht
mehr, stand in der Ecke des Probenraums, ganz hinten, und
bewegte sich aus der Ecke nicht heraus. Er weigerte sich, verwei-
gerte sich. Nun ist das keine ganz falsche Haltung für die Figur von
Jago. Es geht immer darum, die echte Spannung, die sich bei einem
Schauspieler herstellt, zu benutzen. Auch eine solche Verweige-

rung eher als Geschenk zu sehen als eine feindliche Aktion, die es sicherlich auch ist. Er blieb also wochenlang in seiner Ecke. Und ich ließ ihn da. Wochenlang. Ich sagte nicht: Komm doch mal, Heini, komm. Wildgruber, der mittlerweile meine Arbeit verstand, ging in die Ecke zu ihm und spielte dort seine Szenen. Alle gingen in die Ecke und spielten dort mit Heini ihre Szenen, und er blieb dort stehen. Nun ging es immer näher auf die Premiere zu, und Heini war immer noch in der Ecke. Ich sagte mir: Ich muß durchhalten, darf ihm nicht sagen, daß er etwas anderes tun soll. Er war genauso stur und blieb da stehen. Dann kam die erste Hauptprobe, er war immer noch in der Ecke. Schließlich sagte ich: Heini, komm doch mal nach vorne. Er kriegte einen hysterischen Anfall und schrie: Du Arschloch, ich probier hier seit zweieinhalb Monaten, und du hast nie ein Wort gesagt, jetzt in der Hauptprobe sagst du mir, ich soll es hier vorne spielen. Ich antwortete: Ja, so ist es. Ich sage es dir jetzt. Du hast genau gewußt, daß du die Rolle nicht von dahinten spielen kannst. Dann spielte er es halt so und spielte es gut, muß ich sagen. Es war ein extremer Fall. Wichtig dabei ist der Vorgang. Der Jago wurde ein Eckensteher durch sein Erlebnis von wochenlangem In-der-Ecke-Stehen. Die anderen Schauspieler behandelten ihn entsprechend. Heute würde ich vielleicht weitergehen und die Szene in der Aufführung auch in der Ecke spielen lassen. Vielleicht. Mit Schauspielern in *Wunder von Mailand* gab es wiederholt solche Situationen. Auch, weil es größtenteils Ostschauspieler waren, die nicht gewohnt sind, etwas selber miteinander zu tun. Sie sind gewohnt, etwas selber zu denken und darüber zu diskutieren, aber nicht selber eine komödiantische oder psychologische Aktivität zu entfalten. Sie hatten mitgekriegt, was ich wollte, hatten sich viele Videobänder angesehen. Besonders *Ivanov* (Wiener Akademietheater 1991), das sie sehr beeindruckte. Also bemühten sie sich und machten dann auch schreckliche Dinge, mir zum Gefallen, wie sie meinten, doch allmählich beruhigte sich das, und sie kriegten mit, daß es ganz schön ist, sich auf die Gruppe und die Situation einzulassen. Sie fingen an mitzuspielen. Das einzige, was ich von ihnen wollte, war, daß sie als Gruppe in ihrem Sperrmüll lebten. Sie taten es nach einer Weile und richteten sich häuslich ein. In den Häusern, die sie selber bauten. Nicht wir, Wilfried Minks oder ich, bauten sie, sondern sie, die Schauspieler, sich selbst. Wilfried legte ihnen nur irgendwelche Bretter hin und sagte: Macht doch mal. Jeder macht sein Häuschen so, wie er es will. Sie taten es, veränderten und fummelten daran herum. Und entwickelten langsam eine Liebe dafür. Deswegen ist es gelungen. Das Schönste an der Aufführung bleibt für mich, daß vorne irgend etwas passiert, und wenn man nach hinten guckt, lebt auch dort alles. Sie gucken oder sitzen und kratzen sich, aber es ist ein organisches, echtes gemeinsames Leben.

Auf dem Tennisplatz in 90, Hampstead Way, Hampstead Garden Suburb, entstand auch eine Art kommunales Leben. Der Wunsch nach Harmonie, nach einer harmonischen Zusammenkunft von Menschen hat mich immer wieder beflügelt und beschäftigt und mich auch dreimal dazu gebracht, Intendant zu werden, weil ich es mir wünsche. Aber es gelingt mir nie. Als Intendant ist es mir nicht gelungen, vielleicht geht es nicht. Ich habe die größte Bewunderung für Peter Brook, dem es anscheinend gelungen ist, und ich beneide ihn deswegen sehr. Allerdings ist es ihm nur unter Bedingungen gelungen, die ich nicht akzeptieren könnte – mit mittelmäßigen bis zu ganz unbegabten Schauspielern. Sie blieben bei ihm. Mit ihnen konnte er seine Gruppe formieren, gelegentlich holte er sich Piccoli oder einen anderen Star dazu. Einen Gert Voss oder Ulrich Wildgruber gibt es in Brooks Ensemble nicht. Es würde die Gruppe sprengen. Eine Gruppe ohne solch wilde, geniale Menschen interessiert mich nicht.

Und das hat bis heute bedeutet, daß ich eine Gruppe, wie ich sie mir vorstelle, nie zusammengekriegt habe. Geschichten von Gruppen haben mich aber ein Leben lang fasziniert. Man kann es in meinen Inszenierungen feststellen und in vielen Projekten, die noch nicht stattgefunden haben.

Die *Group Theatre Company* 1931

Das größte Projekt, das ich im Kopf habe, seitdem ich ein kleiner Junge war, ist *König Artus*. Die ganze Geschichte. Parzival, die Gralsgeschichte und so weiter.

König Artus
und die Ritter der Tafelrunde

Als ich Ende der 70er Jahre am Hamburger Schauspielhaus arbeitete, bereitete Ivan Nagel dort das erste große internationale Theatertreffen, das Théâtre des Nations, für 1978 vor. Die Hamburger hatten wie üblich den Intendanten Nagel rausgeekelt, weil er keinen gemütlichen Servicebetrieb lieferte, wie Jürgen Flimm es heute tut und damals Boy Gobert am Thalia Theater tat. Nagel plante, seinen Abgang vom Schauspielhaus mit einem grandiosen Theaterfestival zu feiern. Im Sommer '75 fuhr ich mit meiner damaligen Freundin Roswitha Hecke nach Cornwall. Auf dem Weg sponnen wir über Artus, der ja aus Cornwall kam. In einem Buchladen auf dem Weg fand ich »zufällig« die Artus-Geschichten, nacherzählt von Roger Green. Green kannte ich aus Oxford, wo er in einer Aufführung von *Maß für Maß*, in der ich auch mitspielte, den Elbow gespielt hatte. Er verfolgt mich mein Leben lang mit seinen Obsessionen, die auch meine sind: Artus, Alice im Wunderland – Carroll überhaupt – und Peter Pan. Wir fuhren nach Cornwall und sahen uns Tintagel an, und von dieser Zeit an wurde aus einem theoretischen Gedanken ein Projekt, das ich allerdings bis heute noch nicht verwirklicht habe. Als ich es damals Ivan vorschlug, wollte ich, daß es abends um 9 anfängt, die ganze Nacht durchgespielt wird und man dann morgens zusammen frühstückt. Es sollte in der großen Markthalle am Hafen stattfinden, und am Ende sollte der Kahn, der Artus nach Camelot bringt, die Elbe hinunterfahren, während die Zuschauer an langen Tischen im Freien am Ufer zusammen ihre Brötchen essen. So meine Vorstellung. Mit viel Mühe überredete ich zusammen mit Urs Jenny und Corinna Brocher Tankred Dorst, das Stück zu schreiben. Er wollte zuerst nicht, interessierte sich für das Thema nicht. Wir saßen tagelang am Hamburger Hafen, tranken viel Kaffee, redeten auf ihn ein, und irgendwann sagte er, er versuche es. Fuhr weg und schrieb ungefähr ein Jahr lang. Dazwischen trafen wir uns ein paarmal und redeten. Ich hatte sehr viel Material über die Artus-Geschichte. Die Geschichte eines Mannes, der eine Familie herstellen will: eine Ritterfamilie. Der sogar den »Runden Tisch« erfindet, im Glauben, es sei der beste Weg, zu einer Familie zu kommen. Ein Nebengedanke war der Begriff »Primus inter pares«, den ein englischer Premierminister namens Walpole erfunden hat. Der Gedanke, daß dieser Widerspruch möglich ist, hatte mich schon in der Schule fasziniert. Ich fand es die einzige Möglichkeit. An Gleichheit unter Menschen habe ich noch nie geglaubt. Tankred Dorst schrieb, und ich bekam die erste große Fassung, die 20 Stunden auf der Bühne gedauert hätte. Er hatte keine Geschichte über Artus, sondern eine über Merlin geschrieben, Artus' Zauberer. Tankred hatte eben Merlin interessiert, der Künstler, das Problem des Künstlers und Spielers. Mich dagegen interessierte der Vater, die Vaterfigur, der Politiker, der Macher, der Verantwortliche ... Ich fand vieles von dem, was Tankred geschrieben hatte, spannend und voll Phantasie, aber es hatte wenig mit dem zu tun, was ich gewollt hatte. Es gab wunderbare Szenen, auch Szenen, die ich hätte gebrauchen können, aber das Ganze war eine andere Geschichte, hatte eine völlig andere Haltung als meine. Ich konnte es nicht inszenieren, statt dessen machte es Dieter Dorn in München und viele andere nach ihm. Wirklich abgehoben hat das Stück nie – ich glaube, es lag an dem Widerspruch zwischen Tankreds eigener Konzeption und meiner. Ich versuchte danach mehrmals, das Stück in verschiedenen Kombinationen doch noch auf die Beine zu stellen. Zum Beispiel vereinbarte ich mit Tankred (wir kennen uns ja wirklich viele, viele Jahre, haben viel zusammen gearbeitet), daß ich Teile seines Merlins, aber auch große Teile der Originale aus den französischen und englischen Epen von Chrétien de Troyes und Malory benutze. Und zusätzliche Quellen. Es gibt zum Beispiel von Robert Nye, einem englischen Dichter der 6oer Jahre, einen wunderbaren Roman über Merlin. Die Texte hätten hineinmontiert werden müssen. Tankred war natürlich etwas schwierig dabei, denn für ihn war das Stück *Merlin*. Ich traf einen wunderbaren Partner, mit dem ich es hätte machen können, den Bühnenbildner Horst Sagert aus der damaligen DDR. Einer der genialsten Bühnenbildner, mit dem ich neben Wilfried Minks gearbeitet habe. Mit Sagert hätte ich den Artus sehr gern inszeniert. Wir fuhren zusammen nach Sizilien, hockten in einem verlassenen Dorf in den Bergen bei Cefalù und planten. Es war ein neuer Plan, wieder für Hamburg. Jetzt war Nils Peter Rudolph Intendant am Schauspielhaus. Der neue Artus sollte in einer Fabrikhalle stattfinden und scheiterte am Aufwand. Rudolph hatte gerade in Hamburg angefangen und wollte ein so großes Projekt nicht riskieren. Danach gab es eine Serie von weiteren Versuchen, in Berlin, in Niederösterreich. Auf dem Weg nach Bratislava steht eine alte römische Ruine in Petronell Carnuntum, die als Spielort benutzt wird. Eine Riesenanlage mit verschiedenen Spielorten, einem Schloß und vielen verschiedenen Ecken. Es sollte eine Mischfassung werden. Mit einem herumwandernden Publikum. Diesmal scheiterte es an den Finanzen. Die Wiener Festwochen sollten es finanzieren, einigten sich aber nicht mit Niederösterreich, in dem die Anlage liegt; das Licht wäre zu teuer gewesen. Der Witz an der Sache ist, im Grunde scheitert das Projekt daran, daß es als Projekt in meinem Kopf auf einer unsicheren Basis steht. Normalerweise scheitern meine Projekte nicht. Pläne, die ich mir vor 20 Jahren vorgenommen habe, verwirkliche ich irgendwann. Es dauert manchmal sehr lange, aber ich setze sie durch. Nur das Bild in meinem Kopf muß deutlich genug sein. Bei Artus jedoch ist es immer noch nicht klar genug, durch die Panne mit Tankred ist es nie wieder klar genug geworden.

Heinrich Vogeler und Worpswede

Es gibt noch ein großes Projekt über den Maler Heinrich Vogeler – eine Figur, die im wesentlichen durch die Tatsache interessant ist, daß sie ein zweigeteiltes Leben hatte. Der erste Teil war Bremen, Bürgersohn, Kunstgewerbe, Worpswede, die Künstlerkolonie, die Gruppe – Dinge, die mich faszinieren. Vogeler ging (wie so viele Künstler) als Freiwilliger in den Ersten Weltkrieg. Im Januar 1918 kommt er auf Urlaub nach Hause. Er ist jetzt Pazifist und Kommunist und schreibt plötzlich einen wilden Brief *An den Kaiser. Protest des Unteroffiziers Vogeler gegen den Brest-Litowsker Gewaltfrieden*, der unter dem Titel *Ein offener Brief zum Frieden unter den Menschen* veröffentlicht wird. Er wird als Irrer eingesperrt. Als er wieder rauskommt, gehört er in Bremen zu den Leuten, die die Novemberrevolution machen. Er verschenkte, was er besaß. Sein teures bürgerliches Haus, den Barkenhoff, den er sich mitten in Worpswede gebaut hatte, wandelt er in eine landwirtschaftliche Arbeitskommune um, später wird aus dem Barkenhoff das erste Kinderheim der Roten Hilfe in Deutschland. Vogeler trennt sich von seiner Frau Martha, heiratet Sonja Marlewska, eine polnische Kommunistin, und zieht mit ihr nach Moskau, wo er dann bleibt. Im zweiten Teil seines Lebens malte er kommunistische Propaganda-Bilder. Vogeler habe ich immer mit Alfred Lemm zusammen gesehen: eine ganz bestimmte Art von deutschem Idealismus, Sehnsucht nach Reinheit, Schönheit, Harmonie, unaggressiv ... Vogeler war eigentlich realitätsfremd und hat sich gewaltsam ins Leben geworfen – mit selbstkasteiender Brutalität. Da saß er dann in Stalins Moskau, wo ihn sein Schwiegersohn, Gustav Regler, ein brillanter Journalist, besuchte und fragte: Hör mal, Schwiegervater, wie ist es denn hier mit Stalin? Und Vogeler sagte: Ich weiß, es lohnt sich. Es ist für mich ein sehr deutsches Bild und auch eines unseres überidealisierten Jahrhunderts. Ich will eine Art Revue machen, die die Worpsweder Gruppe – Rilke, Vogeler, Paula Becker-Modersohn, Otto Modersohn, Mackensen usw. – als Ausgangspunkt und Zentrum nimmt. In das Zentrum des Stücks möchte ich einen Teil von Gerhard Hauptmanns *Versunkener Glocke* montieren, gespielt von den Worpsweder Künstlern im Barkenhoff als Amateur-Aufführung, mit Rilke als Nickelmann. Und dann käme der wilde zweite Teil, die russische Geschichte, die in den großen Schauprozessen gipfelt und für Vogeler in Kasachstan, wo er unbekannt und verkannt krepiert.

In der Zeit vor dem Kriegsausbruch 1939 las ich zum ersten Mal, nachts, unter der Bettdecke, mit Taschenlampe, ein Buch, das mich mein Leben lang fasziniert hat, *Vom Winde verweht*. Der Gedanke an zu Hause, an das Immer-Wiederfinden oder Immerwieder-Zurückgehen zu einem Zuhause, glaube ich, war eines der Dinge, die ich an dem ausschweifenden Roman liebte, der ja auch eine große Abenteuer- und Liebesgeschichte ist. Eigentlich will Scarlett nur nach ihrem Tara, in die Heimat zurück. So ein sentimentaler Mensch bin ich auf gewisse Weise auch. Nur, daß

ich kein Tara habe – also gibt es kein Zuhause. Deswegen lebe ich
am besten in Hotels. Aber diese Sucht oder Sehnsucht nach einem
Zentrum, das man nicht nur selber sein muß, ist sehr maßgebend
für mein Leben. Wenn man als andauernder Emigrant immer
irgendwo anders ist, immer irgendwo ist, wo man eigentlich gar
nicht hingehört – also immer»enemy alien« sozusagen, auch wenn
man es genießt, und ich genieße es –, wird man ständig auf sich
selber zurückgeschubst. Weil das einzige Zentrum das eigene
Zentrum ist. Das Sich-auf-sich-selber-Konzentrieren ist ja vielleicht gar nicht schlecht. Aber es führt natürlich zur Introversion.
Unter Umständen auch zu Depression. Obwohl ich eigentlich
nicht so sehr dazu neige. Wenngleich es in meinem Leben schon
Perioden gab, wo dieses Gefühl sehr stark war. Man hat kein
Zuhause, quasi kein Haus, man hat keine Stadt. Ich wüßte nicht,
wenn Sie mich fragen, was meine Heimatstadt ist. Ich habe keine
Heimatstadt. Ich bin in Berlin geboren, doch ich habe bei Berlin
kein Gefühl von Heimatstadt. Ich habe zwar gewisse Empfindungen bei Berlin, die aber eher mit meinen jüdischen Vorfahren zu
tun haben. Wenn ich Namen wie Fasanenstraße, Joachimsthaler
Straße höre, dann erinnere ich mich natürlich an Dinge, die
meine Mutter erzählt hat – meine Großeltern mütterlicherseits
haben sich dort herum bewegt.

Oder»Tiergarten« – mein Onkel Hannes, der reiche Onkel, hat im
Tiergarten gewohnt, aber ein Zuhause an sich ist Berlin nicht. In
London habe ich 25 Jahre gelebt, ich kenne es sehr gut und
bewege mich da auch, als ob es ein Zuhause wäre. Wie man sich
eben in einer Stadt bewegt, die man instinktiv kennt, wie man ein
Auto instinktiv fährt, man denkt nicht mehr darüber nach, aber
mich verbindet keine große Liebe zu London. Ich bemerke zwar
alle Veränderungen in der Stadt über die Jahre. Veränderungen,
die mich stören oder nicht stören, aber eine große Liebe zu dieser
Stadt habe ich nicht. Die Stadt hat mich immer eher genervt und
beunruhigt. Und, ja, sonst gibt es eigentlich nichts. Ich lebe jetzt

Meine Großmutter, die Mutter des Vaters

seit vielen Jahren in Lucca in Italien und habe dort vor vier Jahren
ein Haus gekauft. Das ist ja eigentlich demonstrativ, als ob ich
sagen würde, hier bin ich jetzt zu Hause. Aber ich spreche die Sprache nicht, so fängt es schon mal an. Und ich habe mich auch nie
bemüht, die Sprache richtig zu lernen. Ich spreche sie so schlecht
und recht wie ein Tourist und kann mich verständlich machen,
aber Italiener verstehe ich sehr schwer und habe auch kein besonderes Interesse daran, sie zu verstehen. Ich fühle mich dort wohl,
aber daß ich dort zu Hause wäre, kann ich nicht sagen. Lucca ist
mir eigentlich fremd. Ich kenne da ein paar Leute, hauptsächlich
Amerikaner, ein paar Italiener kenne ich natürlich auch. Ich fühle
mich dort wohl wegen der Atmosphäre und der Lebensart der Italiener. Ich kann mich dort wunderbar entspannen, kann rumspin-
nen und bin gerne monatelang dort. Allerdings weiß ich nicht, ob
ich dort gern allein wäre. Wahrscheinlich nicht. Es ist ein Erlebnis,
das ich zusammen mit Elisabeth Plessen habe. Aber wie gesagt,
»Zuhause« ist das auch nicht. Die Sehnsucht danach gibt es

Elisabeth und Peter

auch schon nicht mehr. (Sie, Elisabeth, ist mehr ein Zuhause als Vecoli.)

Ich sehe natürlich, daß andere – viele andere Leute – ein »echtes Zuhause« besitzen. Sei es Köln, Edinburgh oder New York. Es muß ja eine Qualität haben. Doch verhindert ein ganz wesentlicher Teil von mir, daß ich es habe, und deswegen liebe ich große, schöne Hotels. Ich fühle mich dort wohl. Ich habe irgendwann mal gemerkt, daß mir Sex in Hotels mehr Spaß macht als zu Hause. Und das hat sicherlich etwas damit zu tun. Ich weiß, daß andere Regisseure so leben wie ich, von Hotel zu Hotel. Aber viele sind auch wie Giorgio Strehler, der seit 40 Jahren sein Theater in Mailand hatte. Er gastierte auch mal irgendwo, fuhr aber dann zurück nach Mailand. Peter Brook ist seit 30 Jahren in Paris, Mike Nichols in New York. Hans Neuenfels lebt in Berlin, Claus Peymann seit vielen Jahren in Wien. Peymann kommt aus Hamburg, das ist sein Zuhause. Ich warte schon lange darauf, daß er endlich Intendant des Schauspielhauses wird. Es hat schon mehrere Anläufe gegeben, und er wäre natürlich der Richtige. Aber vielleicht ist er doch nicht der Richtige, vielleicht braucht er die Fremde, vielleicht braucht er eben Wien, in dem er auf eine Weise so fremd ist, als wenn er ein Chinese in Australien wäre. Jetzt geht er nach Berlin. Und genau das ist es, was funktioniert, was seine Spannung ausmacht. Vielleicht liegt es im Wesen des Theaters, daß man sich von Fremdheit auch provozieren und inspirieren läßt. Ich habe trotz der Sehnsucht nach einem Zuhause ein Leben lang Angst vor dem eigenen Zuhause gehabt, wie vor Frauen, die aus der Küche kommen und nach Kohl riechen. Ich habe immer wieder sehr schöne Wohnungen gehabt, die ich oftmals sehr lange gesucht habe. Ich richtete sie dann erst mal ein, ungefähr eine Woche lang, aber was in einer Woche nicht passiert war, blieb die nächsten fünf Jahre so. Unter Umständen liegt ein Koffer in der Mitte eines Zimmers, und dort bleibt er, wenn ihn nicht eine Freundin oder Putzfrau wegstellt ... Irgendwie langweile

ich mich dann. Die Wohnungen sehen immer aus, als ob ich
gerade eingezogen bin oder gerade ausziehe. Man weiß nie, was
es nun ist. Es nervt mich auch. Dabei bin ich eigentlich ein ordent-
licher Mensch. Genauso wichtig wie Orte aber ist für mich der
Tagesablauf, Tagesrhythmus. Wird er gestört, kann ich nicht mehr
arbeiten.

ARBEITSRHYTHMUS UND STÖRUNGEN

Wenn ich probiere, muß der Abend vorher einen ganz bestimmten Rhythmus gehabt haben. Komme ich erst um zwei Uhr ins
Bett, kann ich am nächsten Tag unter Umständen nicht probieren.
Auch wenn ich abends deprimiert werde. Meine Sekretärinnen
und Assistenten wissen, daß ich nach drei Uhr nachmittags keine
störenden Nachrichten mehr bekommen darf. Als ich Intendant
des Hamburger Schauspielhauses war und gleichzeitig probierte,
ließ Corinna Brocher, meine damalige Referentin und Assistentin, ab drei Uhr nachmittags nichts mehr an mich heran. In End-
phasen und schwierigen Phasen der Probe wurde überhaupt alles
abgefangen. Während der Proben zu *Lulu*, einer besonders
anstrengenden, komplizierten Inszenierung, fing Corinna sogar
Informationen meines eigenen Verwaltungsdirektors ab. Drei
Monate lang. Es kam in der Zeit niemand an mich heran. Das
brauchte ich, sonst hätte ich *Lulu* nicht zustande gekriegt. An den
Wochenenden fuhr ich mit Elisabeth und manchmal mit Grützkes
aufs Land. Wir nahmen uns vor, nicht über das Theater zu reden,
und taten es trotzdem unentwegt.

Nach den Proben komme ich direkt nach Hause, lege mich hin,
esse später etwas und gammele den Abend rum. Da ich äußerlich
keinen Halt habe, muß der Halt innerlich dasein. Wahrscheinlich
ist aber mein innerer Halt nicht stark genug, daß ich ihn immer,
ohne daß ich mir irgendeinen Rahmen mache, durchsetzen kann.
Meine Spielwiese, die ich am Tag benutze und für die Arbeit brau-

che, muß deswegen mit Superdisziplin abgesichert sein. Nichts darf da schiefgehen.

Wie es nicht geht, sieht so aus: Ich habe eine Probe angefangen, arbeite an irgendeiner Szene, lasse sie ein paar Mal durchlaufen, mache ein paar Vorschläge, und langsam kommen die Schauspieler in dieselbe Phantasie wie ich oder ich in ihre oder wir in unsere oder wie auch immer ... Auf jeden Fall fangen sie an herumzuspinnen, und es wird spannender, es wird vielleicht ganz ausgefallen. Den Schauspielern fallen wilde Sachen ein ... Ich lasse sie machen, egal, ob sie schon weit weg vom Stück und von meiner Konzeption sind. Ich will erst einmal wissen, was ihnen eingefallen ist, mehr und immer mehr und immer mehr. Plötzlich geht die Tür auf, und es kommt jemand von der Verwaltungsabteilung herein und sagt: »Herr Zadek, Herr Schmidt wollte Sie sprechen. Es gibt ein Problem mit den Abrechnungen der Kostüme.« Dann ist die Probe beendet. Da gibt es keinen Weg in der Welt, diese Probe weiterzuführen. Das Sonderbare dabei ist aber: Alle wissen es ja, und niemand im Theater unterbricht bewußt eine Probe, und trotzdem tut es dann jemand. Ich glaube, je stärker der kreative Impuls ist, desto stärker ist das Gefühl in der unkreativen Umgebung, ihn verhindern zu müssen. Auch wenn sie es bewußt nicht wollen.

Ein anderes Beispiel: Während der Probe klingelt irgendwo ein Telefon, und mein Assistent läuft raus, nimmt das Telefon ab, kommt zurück und sagt nichts. Ich denke: irgend etwas ist los. Und werde nervös – da ich will, daß die Schauspieler so hoch sensibilisiert sind, daß sie sich schon verändern, wenn ich einmal mit dem Auge klimpere oder wenn einer von ihnen irgend etwas Winziges macht – vielleicht, daß er, statt sich am Ohr zu kratzen, was er das letzte Mal tat, sich nur vorne am Kopf kratzt ... Sicherlich kein großer Unterschied, aber der Partner muß es merken, vielmehr mitkriegen. Er braucht unter Umständen nichts Neues zu tun oder zu vergessen, er muß es nur aufnehmen. Das ist seine Sache als Schauspieler. Seine Aufmerksamkeit muß unendlich sein und damit seine Sensibilität. Da meistens mehr als zwei Leute auf der Bühne sind, vielleicht 20, passieren in jeder Sekunde unzählbar viele solche Dinge zu gleicher Zeit – alle müssen andauernd alles aufnehmen, was die anderen tun. Der Gedanke an ein vielleicht harmloses Telefongespräch ist dann eine katastrophale Störung. Aus demselben Grund bedeutet die Unterbrechung eines Menschen, der von außen in die Probe kommt, sofort das Ende der Probe. In solchen Fällen breche ich sie auch ab, und wir gehen nach Hause. Das ist ein Koitus interruptus. Eine gute Probe hat eine ungeheure Erotik, ich meine nicht Sexualität, sondern Erotik: eine Spannung, eine Phantasie, eine verrückte Phantasie, wenn die Probe ganz toll ist. Dann sagen die Schauspieler auch ganz wilde Dinge und machen erstaunliche Sachen, auf die sie sonst nie kämen. Wird sie plötzlich abgebrochen, kann es sein, daß ein sensibler Schauspieler sich drei Wochen lang nicht mehr traut, weil er Angst davor hat, unterbrochen zu werden. Es ist so, als käme plötzlich jemand beim Bumsen herein und sagte: »Hallo, Entschuldigung, ich wollte nur fragen, was wollen Sie heute abend essen?« Wenn mir das ein paar Mal passiert, kann ich leider nicht mehr. Es gibt sicherlich andere Regisseure, die gerade das anmacht. Als ich 1946 in Paris war, habe ich mir viele Theaterstücke angesehen. Unter anderem ein Vaudeville, es hieß *Fahrkarten, bitte*, ein Schwank über ein Ehepaar, das auf die Hochzeitsreise geht und die erste Nacht im Schlafwagen verbringt. Sie liegen im Bett und fangen an zu bumsen, und gerade, als es losgeht, guckt der Schaffner rein und sagt: Entschuldigung, die Fahrkarten bitte! Das geht dann durchs ganze Leben der beiden. Sie kommen nie zum Bumsen, denn sie erwarten schon immer, wenn sie Lust haben, »Entschuldigen Sie bitte, vos billets, s'il vous plaît«. Der Grund, warum ich mich so gut daran erinnere, ist, daß Unterbrechungen eins der großen Probleme meines Lebens sind. Und noch schlimmer: die Angst vor der Unterbrechung. Ich kann mit Angst nicht inszenieren. Ich kann nicht inszenieren, wenn ich Angst habe, daß jemand stört.

Man hat ja nur soundso viele Proben für ein Theaterstück und soundso viele Jahre für ein Leben. Und das Vertrauen zu den Schauspielern und allen, die bei einer Inszenierung zusammenarbeiten, bis zum kleinsten Techniker, der vielleicht nur ein Mikro hinhält, muß ein Vertrauen sein, das nicht gestört wird – denn es darf bei einer Probe nichts peinlich sein. Die Schauspieler müssen die peinlichsten Sachen machen dürfen, sich ausziehen, Fehler machen, rückwärts reden, gar nichts machen, albern sein, was sie wollen. Sie müssen das Vertrauen haben, daß sie niemand auslachen wird und niemand sie stört. So habe ich sicherlich nicht immer gearbeitet. Ich habe es in den 70er Jahren gelernt, als ich die großen Shakespeare-Stücke inszenierte. *Lear, Othello, Hamlet, Wintermärchen.* In der Zeit wurde mir klar, daß es um wirkliche Freiheit geht und diese Freiheit nur mit der äußersten Disziplin zusammengeht. Das heißt, der Umkreis muß so diszipliniert sein wie beim Kommiß. Die einzige Begrenzung, die ich akzeptiere, ist die körperliche Gefahr – wenn zum Beispiel ein Schauspieler zu brutal wird. Aber auch da ist es manchmal schwer zu wissen, wann man als Regisseur eingreifen soll. Die Disziplin dient zur Erhaltung der Grenzen zwischen Leben und Kunst, und zwar, weil ich gerade versuche, die Grenze zwischen Leben und Kunst mit den Schauspielern zu überspringen. Wenn ein Schauspieler einem anderen Schauspieler erzählt, was er am Abend gerne essen würde, ziehe ich es sofort in die Arbeit herein, das heißt, ich gehe davon aus, daß der Schauspieler etwas tut, das zur Arbeit gehört. Weil alles zur Arbeit gehört. Das verstört Schauspieler, die mich nicht kennen. Sie kennen diese Welt oder jene Welt.

Ich kenne kein »Los!« Das Wort, von einem Regisseur oder dem Inspizienten am Anfang der Probe gesagt, ist für mich das Ende der Probe. Hoffnungslos. Als käme jemand herein und sagte: »Vorhang auf, fangen Sie an zu ficken.«

Für mich fängt die Probe an, wenn wir den Probenraum betreten.

Meine Proben fangen einfach an. (Nachdem ich tags zuvor
für den kommenden Tag »um 10 Uhr Probe« angekündigt habe.)
Alle kommen. Oft passiert erst einmal nichts, manchmal den
ganzen Tag über. Ich erinnere mich an einen extremen Fall: 1979
probierte ich an der Berliner Freien Volksbühne Molières *Menschenfeind* und wollte eine langweilige Party herstellen. Aber
wie? Da dachte ich, es gibt nur einen Weg, eine langweilige Party
zu machen: Die Probe muß so langweilig sein, wie diese Party
langweilig ist. Also holte ich die Schauspieler auf die Bühne – Ulli
Wildgruber, Dietrich Mattausch, Uwe Friedrichsen usw., und
sie wußten, wir machen heute die Partyszene. Ich saß unten, im
Zuschauerraum, und sie saßen oben, auf der Bühne. Ich sagte
nichts – sie auch nicht. Ich sagte auch nicht »los«, gute Assistenten hatte ich auch, so hat niemand »los« gesagt. Wir saßen einfach
da. Sie unterhielten sich da oben und warteten, daß ich sage:
Tritt doch mal von links auf oder fang mit dem Text an. Es passierte aber nichts. Dann war Mittagszeit, und wir wurden alle ein
bißchen hungrig. So sagte jemand: »Wollen wir etwas essen
gehen?«, und ich: »Bitte.« Wir gingen essen und kamen nach
dem Essen wieder und sagten wieder nichts. Das zog ich 2 Tage
durch, bis Pola Kinski, die Tochter von Klaus Kinski, eine der
Schauspielerinnen, so sauer war, daß sie immer zu mir rüber
guckte und schließlich sagte: »Was ist denn?« Und ich: »Gar
nichts. Hast du ein Problem?« Sie wußte nicht, ob sie mich
umbringen sollte. Irgendwann begriffen sie natürlich, was lief,
sie sind ja keine Idioten. Wildgruber hatte schon lange mit mir
gearbeitet und kannte das Spiel, das ich spielte. Und trotzdem:
sie wußten zwar, was gespielt wurde, aber sie konnten es nicht
verändern, da ich nichts machte. Sie hätten weggehen können,
aber das wollten sie auch nicht. Sie waren ja alle bei der Sache.
Nach ein paar Tagen fing irgend etwas an, begann jemand dann
doch mit einem Text, und wir hatten die Stimmung. Ich hätte sie
auf keine andere Weise hingekriegt. Die Schauspieler haben drei
Tage Langeweile mit Spannung erlebt. Die Aufführung wurde

dann sehr hysterisch. Ihre Qualität liegt hinter den sichtbaren Vorgängen. Es laufen Dinge hinter dieser Aufführung ab, die mit solchen Proben zu tun haben und die ihr die Kraft und den Witz geben, auch die Neurotik.

2. KAPITEL

Oxford

Iᴄʜ ᴡᴀʀ ᴀʟsᴏ, nachdem uns die deutsche Bombe in den Garten gefallen war, ein paar Monate bei meinem Bruder in der Kommune in Gloucester in Wales, übrigens ein Teil von England, den ich immer besonders mochte. In der Zeit liebte ich die Berge mehr als das Meer. Nicht, daß ich ein großer Wanderer war.

Douggie blieb in der Commune, als meine Eltern und ich 1940 in einen Vorort von Oxford zogen. Wir wohnten in einem geteilten Haus, wir in der einen Hälfte, die Besitzerin in der anderen. Es war ein bißchen eng. Ich ging wieder auf eine neue Schule, die St. Clement Danes School. Es war ein etwas niedrigeres Niveau als in der »University College School« zuvor. Die ganze Schule war aus London evakuiert worden. Sie war ganz sympathisch, etwas farblos, ich kam gut voran. In St. Clement Danes hat man hart gearbeitet. Es war natürlich eine reine Jungenschule. Man arbeitete auf das Higher School Certificate zu – eine Art Abitur. Damals wollte ich Mathematiker werden. Das war mein bestes Fach. Ich wechselte dann noch mal an eine andere Schule, weil die Schule, die evakuiert worden war, die letzten beiden Klassen vor dem Abitur nicht mehr hatte – an die City of Oxford High School, die klassische Oxford-Jungenschule, in der ich dann noch 2 oder 3 Jahre war, bis zum Higher School Certificate. Es war das Haupt-Gymnasium in der Stadt, sehr gut, ein bißchen spießig, aber recht liberal. Der Schuldirektor war alt. Vielleicht kümmerte er sich nicht mehr sehr um die Auswahl seiner Kollegen, vielleicht hatte er auch einen ausgefallenen Humor oder Geschmack – die Ansammlung der Lehrer an dieser Schule war jedenfalls sehr lustig. Ich traf dort eine für mich ganz wichtige Person, einen Lehrer: Mr. E. J. Wright. Er wurde »E. J.« oder »Titch« genannt, weil er so klein war, ein ungeheurer Wichtigtuer. Mit großen, langsamen Schritten ging er den Korridor entlang, den Stapel Hefte unterm Arm, und machte auf bedeutend – er ging allen furchtbar auf den Geist. Er hatte ein echtes Empfinden für Kunst und Künstlichkeit, besonders für französische Literatur, sein Fach. Dafür hatte er eine große Phantasie. Er war Racine-

Spezialist und las uns andauernd Racine vor. Wir mußten Racine spielen und lesen. Zuerst fand ich das furchtbar blöd, in seiner Künstlichkeit. »Titch« hatte eine ganz ausgefallene, ganz kuriose Weise, Französisch zu sprechen, ein bißchen, als ob er an der Comédie Française wäre, wie ein ganz kleiner Schauspieler, der ganz große Heldenrollen spielte. Ich liebte diesen Mann. Ich freute mich jeden Tag auf seine Klasse. Französisch wurde durch ihn plötzlich mein Lieblingsfach. (Also aus mit Mathe.) Ich konnte nicht genug davon haben. »Titch« und ich kämpften andauernd gegeneinander. Er liebte Racine, ich Victor Hugo. Er fand Victor Hugo einen furchtbaren Idioten, ich reagierte. Es war ein Spiel zwischen uns. Er kam mit Racine, ich stand auf und las ihm aus *Ruy Blas* von Victor Hugo vor. »Victor Hugo«, meinte er, »has verbal diarriah!« Es war das erste Mal, daß ich so etwas erlebte, daß ich auf intellektueller Ebene einen Partner hatte und merkte, wie spannend so etwas sein kann. Es gab auch andere interessante Lehrer in der Schule, und ich hatte ein paar gute Freunde und spielte viel Geige und hatte eine recht anregende Zeit. Aber zentral war »Titch«, und er hat, obwohl er mit Theater nichts zu tun hatte, doch etwas bei mir erweckt oder erfunden. Das klassische französische Theater, besonders wie die Franzosen es spielen, geht mir bis heute auf die Nerven. Aber diese Künstlichkeit faszinierte mich auch. Hinzu kam, daß mich dieser Lehrer sehr mochte, was für mich wichtig war. Ich bin ein sehr liebesbedürftiger Mensch. Ich liebe gerne, aber ich muß auch andauernd geliebt werden, und »Titch« mochte mich eben sehr und nahm mich immer hoch. Er hatte einen enormen Humor, und man durfte ihn auch hochnehmen. Ich war 15, 16 Jahre alt, und es war ja Krieg, und obwohl man in Oxford davon nichts merkte (der Stadt ist bis auf eine Bombe in einem Vorort nichts passiert), mußte man doch bestimmte Aufgaben übernehmen, zum Beispiel Luftwart werden. Weil ich erst 15 Jahre alt war, wurde ich Messenger, Bote. Das heißt, wenn ein Luftalarm war, mußte ich nachts aufstehen, in die Air-Raid-Zentrale fahren und dort Wache schieben, um evtl. auf

meinem Fahrrad irgendwo eine Nachricht hinzubringen, wenn
eine Brandbombe gefallen wäre oder was auch immer. Aufregend,
klar. Die älteren Jungs mußten sich nachts in der Schule zur Feuer-
wache abwechseln. So verbrachten wir ungeheure Nächte in der
Schulbibliothek, wo wir auch auf Pritschen schliefen. Die Haupt-
angst war, daß die Bücher verbrennen könnten. Eine Wache
bestand aus einem Lehrer und zwei Jungs. In den Nächten lernte
ich Schachspielen, weil ein Lehrer Schachexperte war. Es war der
Mathematiklehrer, im Unterricht oder tagsüber langweilig, aber
nachts äußerst beeindruckend. Er spielte zwei Spiele auf einmal
mit uns. Wenn er schlief, machten wir Blödsinn, telefonierten z. B.
das ganze Telefonbuch durch, sagten, wir wären ein Honigver-
trieb in Nordschottland und wollten wissen, ob jemand Honig
bestellen wollte. Wir riefen sogar den Bürgermeister an. So gegen
vier Uhr morgens. Die Leute waren sauer. Wir hatten unseren
Spaß.

Mr. Russ war der Lateinlehrer. Er war ein dicker Junggeselle. Er
lud uns Schüler einmal wöchentlich zum Plattenhören in seine
verwinkelte alte Oxforder Wohnung ein. Wir saßen auf dem
Boden, durften rauchen und hörten zu. Es war das erste Mal, daß
ich Fassungen verglich, denn Mr. Russ spielte uns verschiedene
Interpretationen etwa des Beethovenschen Geigenkonzertes vor,
danach diskutierten wir darüber. Das hat meine Neugierde für
den Vorgang der Musik angefeuert, wie sie hergestellt wurde. Dieser Lehrer stellte das schlechte Gewissen, das ich wegen meiner
Mutter der Musik gegenüber hatte, ab. Vielleicht hatte es auch
damit zu tun, daß das Hören ein Gemeinschaftserlebnis von zehn
Jungs war. Abende, die ich nicht vergesse. Durch Mr. Russ wurde
ich auch Mitglied in der Schallplattenbibliothek der Stadtbüche-
rei, wo man sich Platten ausborgen konnte, etwas ganz Neues
damals.

Ich hatte jetzt zwei Schulfreunde. Peter Rieß, groß und weich,
ein bißchen dicklich, mit roten Haaren und Sommersprossen,
kam aus Österreich, ein Intellektueller, witzig und ironisch, sehr

österreichisch. Mit ihm kletterte ich in den Ferien in den Waliser Bergen. Er ist Physiker geworden und später in die USA gegangen. Eine Weile korrespondierte ich noch mit ihm. Der andere hieß John Beesely, er war ein trockener, dünner Engländer, aber ein guter Pianist. Einmal wöchentlich trafen wir uns in einem Raum, den wir über einem Musikgeschäft in der Broadstreet mieteten, und spielten zusammen Mozart- und Beethoven-Sonaten. Mit beiden Freunden unterhielt ich mich nie über Politik, das heißt: den Krieg oder die Emigration, obwohl Peter Rieß auch Emigrant war. Auch für die Lehrer der High School war der Krieg kein Thema, die Judenverfolgung schon gar nicht. Es war business as usual. Meine Eltern redeten darüber, aber nicht vor meinen Ohren. Für meinen Vater bestand bis zu seinem 60. Lebensjahr die Gefahr, interniert zu werden. Er erwartete es auch jederzeit. Deswegen stand zu Hause im Flur immer ein Koffer bereit. Er war gepackt mit allem, was mein Vater für eine eventuelle Internierung gebraucht hätte. Unter den Koffer waren Rollschuhe geschnallt. Man wußte, man durfte nur mitnehmen, was man in einem Koffer tragen konnte, und da dachten sich Paul und Susi, Rollen sind ja nicht verboten. Heute steht bei mir immer eine »Fluchttasche« gepackt bereit, mit Paß und Medikamenten.

Als evakuierter Schüler aus London dachte ich in Oxford die ganze Zeit nur, ich muß an die Uni. Von morgens bis abends sah man die Studenten in ihren Talaren herumlaufen. So wurde die Universität die große Ambition, besonders die meiner Mutter, aber auch die meines Vaters. Es mußte einfach sein. Und sofort war auch das Problem da, weil meine Eltern es sich nicht leisten konnten.

Ich war ein sehr guter Schüler, aber das Stipendium, das Scholarship, das man für die Uni kriegen konnte, war schwer zu erreichen, es bekamen 5 von 200. Die Chancen waren minimal. Es war klar – wenn ich es nicht kriegte, war ein Studium nicht drin.

Alljährlich wurden an den verschiedenen Colleges Examina abgehalten, bei denen die besten Schüler aus ganz England untereinander um die wenigen Freiplätze konkurrierten. Als ich 17 war, bereitete ich mich auf ein solches Scholarship-Examen für das Jesus College vor. Ich hatte mich entschlossen, Deutsch und Französisch zu studieren, teilweise weil ich noch vorhatte, Lehrer zu werden, teilweise weil mein Deutsch natürlich gut war und ich mir so vorstellte, einen Vorsprung zu haben und nicht zuviel arbeiten zu müssen, wenn ich einmal an der Uni wäre. Ich war damals ziemlich faul, aber begabt bei Prüfungen, für die ich drei Monate unter Hochdruck büffelte. Als Sonderthema hatte ich Parodien über romantische französische Dramatiker des 19. Jahrhunderts angegeben, sicherlich unter »Titchs« Einfluß, der ja Victor Hugo für einen Schwätzer mit Verbaldiarrhöe hielt. Ich hatte ein Buch über die Parodien gefunden und es auswendig gelernt. Beim Examen fragte natürlich niemand nach diesem Spezialthema über die romantischen Dichter, aber da ich ganze parodistische Stücke auswendig gelernt hatte, drehte ich eine Frage in der Prüfung so, daß ich in meinem Aufsatz mein Thema loswerden konnte. Ich weiß nicht mehr, worum es im Deutschaufsatz ging, nur noch, daß ich den Aufsatz so schrieb, daß lauter ganz lange, zusammengesetzte Wörter darin vorkamen, in der deutschen Sprache sehr leicht zu machen. Ich habe mich in ungeheuren, unterhaltsamen beliebigen Vordergründigkeiten und derlei Wortspielereien ergangen; meine sprachliche Phantasie beeindruckte meine Prüfer enorm, aber es war der reinste Quatsch, und es hatte seinen Nachteil. Von dem Moment an, wo ich die Prüfer überlistet hatte, verlor ich auch jeden Respekt für die Akademiker. Ich fand sie lächerlich und fand es lächerlich, daß sie mich aufnahmen. Es gibt die schöne Bemerkung von Groucho Marx, die ich auch einmal als Motto für einen meiner Filme verwendete: »I wouldn't like to be a member of any group that would have me as a member.« In gewisser Weise passierte mir das hier zum ersten Mal – ich schummelte mich in die Elitegruppe dieser Scholars hinein – und verachtete die Gruppe daraufhin, was sehr schlecht für meinen ganzen Werdegang in Oxford war. Oxford war eigentlich mit ein paar Ausnahmen eine permanente Panne. Meine Haltung war schon idiotisch, schon der Auftakt zu der Panne.

Zu meinem großen Erstaunen gewann ich also ein Scholarship. Eines Tages rief mich der Rektor der City of Oxford High School zu sich in sein Büro, gratulierte mir zu dem Erfolg und sagte dann: »Aber leider wird es am Jesus College keinen Platz für dich geben.« – »Warum?« fragte ich. Er antwortete: »Leider ist die jüdische Quote am Jesus College für dieses Jahr voll.« Solche Quoten gab es auch an Schulen, und die Tatsache, daß all dies in der Mitte eines Krieges gegen die antisemitischen Deutschen stattfand, schien die Engländer nicht zu stören. Immerhin hatte Antisemitismus seine gute, alte Tradition in England, bis hinauf in die höchsten Regionen der Intellektuellen wie T. S. Eliot und Wyndham Lewis. Ich wollte aber auf die Uni.

Der Krieg lief zwar auf Hochtouren, nur berührte er mich nicht. Auch in der Schule wurde weder unter den Lehrern noch den Mitschülern darüber diskutiert. Nicht mit mir. Das Thema war kein Thema. Es hat mich nur irritiert, das Ganze, ich dachte immer, es wird höchste Zeit, daß es vorbei ist, daß das Leben wieder normal weitergehen kann.

Ich spielte sehr viel Geige, ging ein- bis zweimal in der Woche zu drei alten adligen Damen, die bei uns um die Ecke wohnten, the Misses Fry: die eine spielte Geige, die andere Cello, die dritte Bratsche, sie brauchten immer einen zweiten Geiger. Ich ging viel ins Kino, zu vielen Konzerten, fing jetzt an, Musik zum ersten Mal richtig zu hören. Durch das Quartettspielen begann ich, mich für Kammermusik zu interessieren. Das Griller Quartet spielte zu der Zeit regelmäßig in der Town Hall von Oxford. Sidney Griller, ein englischer Geiger, war berühmt dafür, daß man nie zu nahe sitzen durfte, weil er beim Spielen ständig schnaufte, so daß man erst ab der sechsten oder siebten Reihe in Sicherheit war. Nacheinander hörte ich von diesem Quartett alle Beethoven- und Mozart-Quartette usw. Mein Freund, Josef Horovitz – er wurde Komponist und Lehrer an der Royal Academy of Music in London –, war auch ein österreichisch-jüdischer Emigrant, ein genialer Pianist. Er hätte schon damals Konzerte geben können. Und er war auch ein sehr begabter Maler, stellte damals schon aus. Er stammte aus einer reichen jüdischen Emigrantenfamilie, sehr bewußte Juden, die mit ihrem Reichtum viel Gutes taten. Der Vater war der Chef des Phaidon Verlages. Jeden Freitag abend hatten sie ein »open house«. Jeder, der zufällig da war, konnte bei ihnen essen. Josef war begabt für alles mögliche. Er konnte sich zwischen seinen Talenten nicht entscheiden. Für mich war das Wichtigste sein Witz. Er war charmant und frech und besaß diese Art von jüdischem Humor, mit der er mich immer wieder hochkriegte. Ich hätte gern mit ihm Geige gespielt, aber er spielte lieber allein Klavier, und ich war nicht gut genug für ihn.

In Oxford wurden jetzt jüdische Freunde für mich wichtiger als in London. Meine Eltern reisten jeden Tag nach London, wo das Büro meines Vaters war. Sie stiegen morgens in den Bus und fuhren drei Stunden bis in die City. Mittlerweile mußte meine Mutter, obwohl sie es überhaupt nicht mochte, meinem Vater im Büro helfen, weil er sich nicht leisten konnte, jemanden einzustellen. Das Geschäft ging schlecht. Es war strapaziös und mein Vater mittlerweile nicht mehr der Jüngste, über 60.

Als er 1934 anfing, hatte er noch Geschäftsverbindungen mit Deutschland, was sofort zu Problemen mit englischen jüdischen Geschäftsleuten führte, die ihn boykottieren wollten, so daß er die alten Kontakte einstellte. Er hat auch mal Pleite gemacht. Er konnte sich auf Geschäfte nicht konzentrieren. Andere Dinge machten ihm viel mehr Spaß.

Als er 60 wurde, machten wir von Oxford aus 14 Tage Urlaub in Winchelsea, einem Badeort an der Südküste. Wir wohnten in einem kleinen Hotel, es gab wenig zu essen und nur auf Rationskarten. Wenn das Essen mit dem entsprechend winzigen

Stückchen Fleisch auf dem Teller kam, nahm mein Vater, der Witz-
bold, jedesmal eine große Lupe aus der Tasche, um das Stückchen
Fleisch überhaupt sehen zu können. Es hat den gesamten Speise-
saal amüsiert – die Leute, die das Hotel führten, allerdings weniger. Eines Tages stand ein Polizist vor der Tür und sagte: »Mr.
Zadek?« Mein Vater: »Ja.« Der Polizist: »Sie werden interniert.«
Worauf mein Vater sagte: »Aber ich bin doch gestern 60 geworden.« (Was stimmte.) Der Polizist freundlich: »Ach wirklich, da
haben Sie aber Glück. Auf Wiedersehen.« Er freute sich, daß er
meinen Vater nicht hatte mitnehmen müssen. Einen Tag früher
wäre er interniert worden. Er – wir alle – hatten im Krieg ein Rie-
senschwein.

Nachdem man mich am Jesus College nicht akzeptiert hatte,
machte ich ein Jahr später nochmals ein Scholarship-Examen und
gewann einen Platz am St. John's College.

Es ist ein wunderschönes altes College in der St. Giles, eines
der schönsten in Oxford. Ich hatte ein geräumiges, holzgetäfeltes,
dunkles Zimmer zur Straße hinaus und fühlte mich furchtbar,

Das St. John's College, Oxford

ganz furchtbar. Völlig depressiv. Ich kannte niemanden (Josef Horovitz studierte am New College in der Broad Street um die Ecke, aber eben »um die Ecke«), ich konnte mit den englischen Jungs im College nicht umgehen. Sie kamen von den tollen Schulen und waren zum größten Teil reich. Es war noch eine Zeit, in der Oxford schrecklich versnobt war, und ich war bestimmt ganz schwierig. Ich hatte zum ersten Mal einen Diener. Der »Scout« putzte die Schuhe und machte alles. Vorher hatte mich nur meine Mutter bedient. Es war ein fremdes, unheimliches Erlebnis, mit 17 einen Butler zu haben – für die Studenten aus reichen Häusern etwas ganz Normales. John Wain – später ein bekannter Romanautor und Professor of Poetry in Oxford – war mein Nachbar und ein paar Jahre älter als ich. Er mochte mich und hat mich unter seine Fittiche genommen. Ich studierte Französisch und Deutsch. Daneben hatte ich die Musik. Meine Geigenlehrerin war Adela Faschiri, eine Ungarin, die in England damals recht berühmt war und viele Konzerte gab, und ich habe Geige geübt und mir Leute gesucht, mit denen ich Quartette oder Sonaten spielen konnte. Ich befreundete mich mit dem Organisten von St. Mary's, einem buckligen Zwerg und genialen Musiker. Mit ihm zusammen spielte ich in der leeren, riesigen Kirche. Er übernahm mit der Orgel den Orchesterpart unserer Geigenkonzerte. Ich habe heute noch den halligen Klang im Ohr.

Musik hielt mich in diesen Jahren über Wasser. In der Zeit kaufte ich meine erste Geige. Sie war sehr teuer. Die KaDeWe-Geige, die Tante Grete mitgebracht hatte, war nämlich nicht sehr gut. Die neue hatte keinen sehr großen, aber einen sehr süßen Ton, für Kammermusik sehr geeignet.

Ich habe sie immer noch, spiele leider selten.

In der Universität herrschten strenge Sitten. Man mußte zu einem bestimmten Zeitpunkt abends in seinem Zimmer sein. Draußen mußte man einen Talar tragen. Es durften keine Mädchen ins College, außer zu bestimmten Zeiten. Sie kamen trotzdem ... In England ist das Studium anders geregelt als in

Deutschland. Man hat von Studienbeginn an einen Tutor, der für einen Studenten wie ein Klassenlehrer verantwortlich ist und für den man regelmäßig Arbeiten schreibt. Ich hatte zwei Tutoren. Einer war verantwortlich für meine Moral und der andere für meine Arbeit. Der eine hieß Moore und war Professor für französische Literatur. Er hatte mehrere Bücher geschrieben und hatte darauf bestanden, daß ich in das College aufgenommen wurde. Er glaubte an meine akademische Zukunft. Später, als ich abhaute, war er entsetzt und versuchte, mich zurückzuhalten, wandte sich auch an meinen Vater, daß er mich in seinem Sinne beeinflußte, umstimmte. Der Deutschprofessor, ein Schotte namens Costin, arbeitete hauptsächlich Mittelhochdeutsch mit mir. Als er am ersten Tag meinen Namen gelesen hatte, sagte er: »Aha, Zadek, deutsch und jüdisch, ist eigentlich eine schlechte Kombination.« Sensibler Peter war verstört. Humor hatte ich damals wenig. Ich habe damals alles sehr ernst genommen und war eigentlich die ganze Zeit über, diese ganze erste Zeit im College – erst mal nur ein Jahr – verunsichert. Das Studium hat mir nicht viel Spaß gemacht, ich hatte kein Geld, hatte zwar meinen Studienplatz, meine Wohnung usw., aber sonst praktisch nichts, d. h. ich konnte den Clubs nicht beitreten, ich konnte nicht Tennis spielen, weil ich keine weißen Hosen hatte, dieses ganze englische Gesellschaftsdings funktionierte für mich nicht.

Ich war der einzige Deutsche an meinem College und der einzige Jude. Das war in der Kriegssituation besonders schwierig.

Jetzt fiel mir zum ersten Mal auf, daß ich Jude war, und ich hängte mich an meinen Freund Josef Horovitz, der ein bewußter Jude war. Ich fragte ihn, ob es nicht jüdische Clubs gebe, denen man beitreten könnte. Er schleppte mich gleich mit, dort fühlte ich mich aber noch fremder. Es gab überall irgendwelche social clubs. Der einzige Club, der mich interessierte, war der Philosophische Club, den C. S. Lewis leitete, über den der Film *Shadowlands* gemacht worden ist. Ein Katholik, als Philosoph bekannt, sein Kontrahent war Professor Joad, ein bekannter Rundfunkphi-

losoph, ein kleines Männchen mit Spitzbart, ein professioneller
witziger Zyniker. Er hatte mehrere Bücher publiziert, von denen
ich einige gelesen hatte. Bei seinen Diskussionen tauchte vor
allem ein Satz auf: »It all depends on what you mean by . . .« Das
wurde ein geflügeltes Wort. Er analysierte Sprache, auf eine neue,
populäre Weise. Man ging in den Philosophischen Club, um die
beiden zu erleben, C. S. Lewis, der rot anlief, Wallungen hatte und
furchtbar schrie, und Joad, den kleinen kühlen Analytiker ihm
gegenüber. Sie krachten sich regelmäßig.

Ich besuchte philosophische Vorlesungen, Platon interessierte
mich vor allem – utopische Gedanken –, aber ich habe mich mit
Philosophie niemals systematisch beschäftigt. Ich hatte nicht die
Geduld dazu, und mein abstraktes Denken war leider auch
damals schon Null. Ich habe eine ungeheure andauernde Neugierde für Menschen, aber wenig Neugierde für Ideen.

Ich war so mit mir selber beschäftigt, daß ich keine Zeit für
irgend jemand anderen oder irgend etwas anderes hatte. Außer
Musik, natürlich. In der Zeit hatte ich zum ersten Mal eine Freundin, eine österreichische Sängerin. Sie hieß Konstanze Isepp und
war sehr schön. Ihr Mutter war eine berühmte Sängerin. Meine
Mutter fand Konstanze wunderbar, und wir langweilten uns
schrecklich miteinander. Eine andere Freundin an der Universität
war eine Cellistin: lustig, herzlich, ein englisches country girl.
Durch sie kam ich in Musikerkreise, das heißt zu Studenten, die
Musik studierten. Wir spielten zusammen, und wiederum beide
mit anderen, Schuberts *Der Tod und das Mädchen* liebte ich
besonders.

Als Mitglied der Schallplattenbibliothek konnte ich mir ja Plat-
ten ausleihen. Ich erinnere mich an Kahnfahrten auf der Cherwell.
Mit einer Stange oder einem langen Stock bewegte ich das Boot
vorwärts, unter den Weiden, und spielte dabei einem Freund oder
Mädchen auf dem Grammophon etwas vor – am liebsten das
Brahmssche Geigenkonzert, besonders den 1. Satz, gespielt von
Joseph Szigeti. Diese wunderbaren Kähne, die »punts«, die mit

Stangen fortbewegt übers Wasser glitten, und dazu die Musik – das gehört zu meinen schönsten Erinnerungen an Oxford.

Ich erinnere mich auch an ein Sonderkonzert, das Yehudi Menuhin für die Armee im New Theatre gab. Ich weiß nicht mehr, wie wir es schafften, aber wir kamen oder krochen hintenrum herein. Menuhin spielte an einem Abend das Beethoven-Geigenkonzert, das Brahms-Konzert und das Mendelssohn-Konzert, schon als physische Leistung unglaublich. Er hatte eine große Wirkung auf mich. Er war ein Athlet, sah aus wie ein Fußballer oder Astronaut und hatte eine Wahnsinnskondition. So etwas stellt man sich normalerweise von einem Geiger nicht vor. Ein großer Geiger ist eher klein und bucklig – wie Huberman. Aber Menuhin stand da wie der strahlende Siegfried ... und ich verknüpfte das Bild mit dem Gedanken an das entstehende Israel, weil Menuhin Jude war. Zum ersten Mal bedeutete Jüdisch-Sein jetzt auch den Aufbau eines Landes. Plötzlich fingen Emigranten an, in Palästina im Boden rumzubuddeln und Bäume zu pflanzen, auch meine Verwandten. Juden waren bis dahin für mich nur Intellektuelle gewesen, im Höchstfalle Geschäftsleute. Den Gedanken, daß ein Jude Farmer wird, fand ich absurd. Obwohl Yehudi Menuhin damit nichts zu tun hatte, verband ich seine Person wegen der Ausstrahlung der physischen Stärke in meinem Kopf mit dieser neuen Haltung, die zur Gründung von Israel führte.

Ein anderer Freund hieß Franz Wurm, heute Schriftsteller und Chef des Züricher Feldenkrais-Zentrums. Dieser junge Jude aus Prag beschäftigte sich hauptsächlich mit Rilke. Er war der Typ des Intellektuellen, den ich bewunderte und der für mich etwas Unerreichbares hatte. Ich wiederholte da sicherlich ein Problem meiner Eltern, weil ich mich in diesem Fall mit meinem Vater identifizierte (»der doofe Geschäftsmann«), der von meiner Mutter für seinen Mangel an Intellektualität verachtet wurde. So bewundere ich bis heute Intellektuelle. Ich bewundere Leute, die abstrakt und genau denken, z. B. Heiner Müller. Nicht wegen dem, was er dachte, sondern wie er dachte und wie er formulieren und eine Sache auf den Punkt bringen konnte – was ich überhaupt nicht kann. (Siehe dieses Buch.) Franz Wurm war die erste Person dieser Art in meinem Leben. Außerdem hatte er eine Freundin, die Gitta Blumenthal hieß und die ich in der Zeit noch nicht traf. Sie war eine jüdisch-deutsche Emigrantin, so ein intellektueller Star in Oxford, und studierte Geschichte. Ich habe sie geheiratet, nachdem ich sie ein paar Jahre später in London kennengelernt hatte. Von ihr habe ich auch meine Kinder. In Oxford, als sie die Freundin von Franz Wurm war, wußte ich nicht einmal, wie sie aussieht. Ich hörte nur immer über sie, von diesem Mann, den ich bewunderte.

Wie gesagt, ich war im ersten College-Jahr nicht sehr glücklich. Meine Eltern sah ich nicht oft. Ich wollte wohl unabhängig sein. Abends ging man mit all den schicken jungen Männern, die so toll über ihre Clubs, Freundinnen, Partys erzählten, zum Essen in die große Halle. Ich war ein Kuriosum. Inwieweit sich der Antisemitismus, der unter den Lehrern ganz deutlich war, auch auf die Schüler und Studenten ausgebreitet hatte, kann ich heute nicht mehr sagen. Wenn er nicht da war, habe ich ihn auf jeden Fall erfunden. Bei den Lehrern wußte ich nie, wenn sie mich als Nicht-Engländer ansprachen, ob sie mich als Deutschen oder als Juden meinten. Hier wurde mir wieder bewußt, daß ich eben auch Deutscher war. Ich lernte z. B. bei einem Deutsch-Professor, der Boyd hieß, ein Schotte, der heute noch für sein schlechtes Deutsch berühmt ist. Ich überlegte damals zum ersten Mal, ob ich an der Universität nicht ein deutsches Stück inszenieren sollte. Ich liebte Büchner und wollte *Leonce und Lena* auf Deutsch inszenieren. Das hatte nichts mit beruflichen Gedanken zu tun, sondern mit dem Interesse für deutsche Literatur, die ich damals entdeckte, mir ging gar nicht durch den Kopf, daß ich je etwas mit dem Theater zu tun haben würde.

In Oxford sah ich aber zum ersten Mal viel Theater, sowohl professionelles als auch Amateurtheater. Das Amateurtheater, das ich in diesem ersten Jahr sah, war ausschlaggebend für meine spätere Theaterarbeit. Ich liebte es ganz einfach, ich fand es wunderbar. Es war ganz neu für mich, ich hatte Shakespeare bis dahin nur in der Schule erlebt und nicht verstanden. Shakespeare auf englisch ist schwer zu verstehen, auch für Engländer. Aber nun an der Universität sprang ein Funken über, weil die Aufführungen in den Colleges so gut waren. Sie hatten eine Romantik, eine wunderbare, schöne Romantik. Man spielte in den College-Gärten. So gab es eine Aufführung vom *Sturm* im Merton College, in dessen Park ein See lag. In der Mitte dieses Sees befand sich eine Insel. Der Regisseur, wer immer das war, ich glaube, es war schon Nevill Coghill, hatte unter der Wasseroberfläche Stege und Podeste gebaut, so daß der Ariel auf dem See herumlief. Die Zuschauer saßen um den See herum. Coghill hatte viele solche Einfälle. Es war eine schöne und naive und heitere Haltung zu Shakespeare.

Zu dieser Zeit sah ich auch eine professionelle Shakespeare-Aufführung, die mich später sehr beeinflußt hat, mit einem deutschen Schauspieler, einem der wenigen deutschen Schauspieler-Emigranten, der in England Erfolg hatte. Er hieß Frederick Valk und spielte *Othello* in Oxford.

Frederick Valk als Othello und Bernard Miles als Jago, Old Vic, 1942

Kenneth Tynan, 1962

Die Aufführung fand im New Theatre, einem großen Tournee-Theater, statt, in dem die Inszenierungen, die dann nach London gingen, vorher gespielt wurden. Valk spielte den Othello. Er war ein riesiger Mann mit einer donnernden Stimme, ein großer häßlicher Mann, sah ein bißchen wie ein Ochse aus, ein jüdischer Ochse, ein riesiger, schwerer, unangenehm aussehender Kerl, mit einer riesigen brüllenden Stimme, überhaupt nichts, was die Engländer eigentlich mochten. Er spielte einen wilden, expressionistischen Othello, über den es eine wunderbare Beschreibung des Kritikers Kenneth Tynan gibt. Der große Donald Wolfit hatte den Jago übernommen. »I have seen a public event of constellated magnitude and radiance. I have watched a transfusion of bubbling hot blood into the invalid frame of our drama. Some, I am told, boast of having seen the Chicago fire; others of having escaped the Quetta earthquake by the merest pebble's breadth; and I have known men swell as they recalled the tremendous and bloody exploits at Hiroshima. My vaunt is this: I have lived for three hours on the red brink of a volcano, and the crust of lava crumbles still from my feet. I have witnessed a performance of *Othello* in which Frederick Valk played Othello. How hushed I was! How young and how chastened.« Der Erfolg von Valks Othello in England war erstaunlich, denn normalerweise waren die deutschen Emigranten-Schauspieler im Land erfolglos.

Sowie man den leisesten Akzent hatte, durfte man auf der Bühne in England nur Ausländer spielen. Das Theater war eben naturalistisch. Das galt nicht nur für Shakespeare, bei Shakespeare war es aber besonders schwierig, weil ein Ausländer theoretisch Shakespeare gar nicht sprechen konnte. Und damals wurde Shakespeare noch deklamiert, so wie Gründgens Faust deklamierte. Rhetorisch und schön. Die arbeitslosen deutschen Emigranten-Schauspieler saßen meistens in den Cafés in Swiss-Cottage in London herum und spielten Schach, weil sie keine Chance hatten. Manchmal spielten die Frauen, wenn sie etwas hübscher und jünger waren, ausländische Bühnen-Dienstmädchen in den

Boulevard-Stücken. Da hatten sie aber schon sehr viel Glück. Meistens spielten die deutschen Schauspieler Nazis in Filmen, denn man brauchte ja immer wieder Nazi-Offiziere und SS-Männer und Folterer aller Art – das waren dann Juden in Nazi-Uniformen. Vielleicht war ihnen nicht sehr wohl dabei, aber sie brauchten den Job, und natürlich machten sie ihn, wie Anton Diffring, ein zarter, homosexueller Jude, mit dem ich später *Piggies* drehte. Er tauchte regelmäßig in Hollywood-Filmen als Nazifolterknecht auf. Wir nannten ihn damals »We have ways of making you talk!«

Die zwei englischen Shakespeare-Aufführungen, die ich 1937 mit meinen Eltern zusammen gesehen hatte, waren mit dem späteren *Richard III.* von Laurence Olivier wichtige Theatererlebnisse. Ich war damals 11 und sah John Gielgud als Shylock und Peggy Ashcroft als Portia im *Kaufmann von Venedig* und dann Gielgud als Benedict und Ashcroft als Beatrice in *Viel Lärm um nichts.* Ich hatte noch nie einen so gemeinen Juden in meinem Leben gesehen, wie Gielgud ihn spielte. Ich weiß noch, daß meine Eltern große Probleme hatten, mir diesen Shylock zu erklären. Sie sagten, das wäre in Shakespeares Zeit anders gewesen, und sie waren von der Aufführung sichtlich unangenehm berührt. 1937 war ja schon ein bißchen was los … In meiner Erinnerung ist es eine Aufführung, die auch heute noch in Deutschland problematisch wäre. Es wurde das Bild bedient, das die Engländer – ich glaube, mit einem gewissen Recht – von Shakespeare's Shylock haben: ein böser, gemeiner, bitterer, witziger, scharfer, ekliger Kerl. Nun war Gielgud, glaube ich, damals 40 und spielte diesen alten Mann. Er ist der größte Shakespeare-Spieler, den ich je gesehen habe. Ich begriff es damals sicherlich gar nicht alles, habe aber mein ganzes Leben weiter über diese Rolle nachgedacht. Es gibt zwei berühmte Figuren im Theater, bei denen ich das Gefühl habe, daß sie ihrem Macher weggelaufen sind. Figuren, mit denen der Autor etwas anderes vorhatte als das, was er dann schrieb. Die eine ist Shylock, bei dem ich meine, daß Shakespeare ursprünglich nur den Gedanken hatte, einen bösen Juden zu zeichnen, in irgendeiner Weise hat es sich verwandelt, und er wurde zu einer komplexen, einmaligen Figur. Der andere ist Willy Loman, die Hauptfigur im *Tod eines Handlungsreisenden*, der wahrscheinlich zuerst nur das Beispiel für einen Menschen sein sollte, der durch den Kapitalismus zerstört wird. Plötzlich entstand da ein Mensch, der weit über das Thema hinausgeht, ein Lear der Gegenwart. Ich sah die amerikanische Uraufführung in London mit Paul Muni, inszeniert von Elia Kazan. Da hatte man das Gefühl, es werde Shakespeare gespielt. Es war zwar nur Miller, und doch war es wie Shakespeare. Die Figur hatte fast die Größe und Unbegrenztheit von Shakespeare-Figuren. Ich glaube, das ist das Wesentliche – es geht nicht um die Psychologie oder das Menschliche, es geht um die Unbegrenztheit der Phantasie, die eine solche Figur auslöst. Die Gedanken über Willy Loman sind unendlich. Man kann die ganze westliche Zivilisation in dieser Figur sehen, obwohl er nur ein kleiner Vertreter ist. Und Shylock – das sind sozusagen alle Juden aller Zeit, und nicht nur alle Juden. Es hat ja auch Fassungen mit einem Schwarzen, Grünen, Langhaarigen gegeben – und es hat *Hair* gegeben. Shylock ist der Outsider überhaupt. Komischerweise glaube ich, daß ich mit 11 Jahren schon etwas davon begriff, weil ich spürte, daß es auch mit mir zu tun hatte. Es war noch die Zeit von Captain Hook, aber Captain Hook war schon nah an dieser Figur, dem gemeinen Menschen dran … und dagegen stand die unbeschreiblich schöne junge englische Frau, eiskalt, Peggy Ashcroft, auch die größte Schauspielerin ihrer Zeit, kühl, jung, die englische Rose, und machte als Portia den Shylock zur Schnecke, mit Charme und Zauber, ohne Druck. Dieses Bild – der böse, verbitterte Jude und das schöne leichte Zauberwesen, die Zauberprinzessin, die trotzdem auf der Bühne ein sehr realer Mensch war …

Mein erster Bösewicht im Theater war noch in Deutschland der Teufel in *Rosinchens Reise* im Zirkus Schumann in Berlin gewesen. Er hat mich sehr beeindruckt.

Rosinchens wunderbare Reise

Ein Weihnachts-Spiel
von Pfefferkuchen, Autos und Indianern
in 7 Bildern
von Else Hinzelmann und Hugo F. Koenigsgarten

Musik von Mark Lothar
Regie: Felix Weißberger / Musikalische Leitung:
Ignaz Strasfogel / Bühnenbilder: Curt Roeder
Tänze: Edgar Frank und Paul Hanke

Die Entführung

Erstes Bild: Weihnachtsmarkt in Hinterpennendorf

Knusper, ein Pfefferkuchenmann	Herbert Witt
Rosinchen, eine Pfefferkuchenfrau	Wally Georgi
Herr Nußeknack, ein Nußknacker	Herbert Eisenstedt
Vater Wohlgemuth, Besitzer des Knusperhauses	Friedrich Honna
Fine, seine zwölfjährige Tochter	Hannele Maierzak
Sef, deren Zwillingsbruder	Gerd Klein
Wurstmaxe	Paul Beckers
Ballonfrau	Käthe Werkmeister
Karussell-Besitzer	Robert Breuer
Dessen Frau	Käthe Loß
Kasperle-Spieler	Hans Ballmann
Töpferfrau	Gerda Fischer
Filzschuhmann	Otto Albrecht
Spielzeugmann	Herbert Imlau
Türke	Michael Turkestansky
Weihnachtsbaum-Verkäufer	Gerhard Riedel
Dessen Frau	Käthe Saffran
Erste Verkäuferin	Grete Bendorf
Zweite Verkäuferin	Greta Reiser
Erste Käuferin	Sophie Pategg
Zweite Käuferin	Grete Hansen
Dritte Käuferin	Anneliese Händel
Vierte Käuferin	Charlotte Habecker
Schupo	Joachim Albert
Telegrafenbote	Herbert Grunack

Zum ersten Mal im Theater. Programmheft von *Rosinchens Reise*,
in das meine Eltern etwas hineingeschrieben haben:
»Das erste Mal im Theater, Peter war ganz außer sich vor Freude
und Aufregung. Trotz Indianern hat ihm der Schluß mit dem
Weihnachtsbaum und der Krippe am besten gefallen.«

Wie es Euch gefallen hat:

Das erste Mal im
Theater. Peter war ganz
außer sich vor Freude —
Aufregung. Trotz Indianer
hat ihm der Schuß mit dem
Mühenschrot anzulu u der
Krieg am besten gefallen.

Name:

Alter:

Genaue Wohnung:

Ich erinnere mich noch deutlich an die wilde Reise im Teufels-
auto mit dem gekidnappten Rosinchen ins Pfefferkuchenland. Ein
Schuß Sadismus ist wohl das, was die Engländer im Theater »edge«
nennen und die Deutschen »Schärfe«.

Das erste Stück, das ich als Kind in London gesehen habe, war
ein historisches Drama über Charles I. Ich identifizierte mich sehr
mit dem einsamen König, der eine katholische Frau hatte und von
dem bulligen, mir unsympathischen, spießigen Protestanten und
Rebellen Cromwell niedergemetzelt wurde. Charles war ein no-
bler, leidender Mensch. Seine Anhänger hatten wunderschöne,
lange Haare und nannten sich im Gegensatz zu Cromwells »Rund-
köpfen« die »Cavaliers«. Als Kinder spielten wir oft »Cavaliers and
Roundheads«. Ich wollte immer ein Kavalier sein. Wie Charles I.
auf seine Enthauptung wartete zum Beispiel, mit welcher Noblesse
er es tat, hat mich als Junge sehr beeindruckt.

Meine Eltern waren mit mir zu dieser Zeit in Golders Green
auch ins Hippodrome in die Pantomimes, die wunderbaren Weih-
nachts-Pantomimes gegangen.

PANTOMIMES

Pantomimes haben nichts mit Pantomimen zu tun. Pantomimes
sind Weihnachts-Spektakel für Kinder, meistens nach irgendeinem
Märchen, nach *Aladin* oder *Cinderella*, was auch immer, und zur
Ausschmückung gibt es Songs, Ballett, Komikergags und große
Nummern. Ein Schloß brennt ab usw. Die Tradition stammt aus
dem 19. Jahrhundert. Die Pantomimes spielten eine wichtige Rolle
in meinem Leben, vor allem die Mischung aus Revue und Märchen.
Es gibt dabei gewisse Konventionen. Der Prinz wird von einem
Mädchen gespielt und die Prinzessin auch, eine leicht perverse Erotik, die mir sehr gut gefällt. Dann gibt es die »Dame«, die entweder
die Mutter oder die Oma ist und von einem dicken Komiker gespielt wird. Es gibt den kleinen Komiker und viele andere traditio-

nelle Elemente. In jeder Stadt gibt es zu Weihnachten mindestens eine Pantomime, in London gab es damals sicherlich zehn. In der »pantomime season« führten alle großen Theater nur Pantomimes auf. Die großen Theater in London waren ja nur Theatergebäude, in denen diese oder jene Kompanie spielte. Das größte und älteste Theater war in der Drury Lane. Dann gab es das Palladium, das eigentliche Music Hall-, das Varieté-Theater. Von Ende November bis Ende Januar spielten sie nur Pantomimes. Die Aufführungen waren immer ausverkauft, man mußte drei Monate vorher buchen. Die Pantomimes waren zwar für Kinder gedacht, aber eben auch für die Eltern gemacht, ein family entertainment. Komiker wie Max Miller (ein berühmter jüdischer Music Hall Entertainer) brachten die neuesten unanständigen Witze, bei denen die Eltern peinlich wegguckten und ihren Kindern die Ohren zuhielten. Es war ein Spiel. Was ich bei den Engländern am meisten liebe, sind ihre Spiele mit der Tradition. Die Traditionen selbst sind manchmal langweilig und manchmal nicht. Aber wie sie mit ihnen umgehen, wie sie mit ihnen spielen, das Spiel an sich, mag ich, und es hat mich in meiner Arbeit sehr beeinflußt. Daß zum Beispiel der Prinz in den Pantomimes von einem Mädchen gespielt wird, hat sicherlich meine Erotik ganz wesentlich beeinflußt. Es würde mir nicht einfallen, den Puck im *Sommernachtstraum* von einem Jungen spielen zu lassen.

Es hat einen bestimmten erotischen Reiz, wenn eine Frau so tut, als ob sie ein Mann ist. Ihre Fraulichkeit wird noch mehr betont. Ich wollte an den Münchner Kammerspielen einmal *Peter Pan* inszenieren und unterhielt mich mit Dieter Dorn, dem Intendanten. Dorn fragte mich, wen ich als Peter Pan besetzen wollte. Ich schlug Sunnyi Melles vor. Dorn: »Mit dem Busen?« Ich: »Natürlich, gerade mit dem Busen, ist doch spannend.« Wir wissen ja alle, daß sie eine Frau ist. Aber sie soll einen Mann spielen. Und das hat eine große Spannung, eine Frau, die einen Mann spielt. Während ich zugeben muß, daß ein Mann, der eine Frau spielt, mich nicht interessiert. Die Engländer mögen das sehr, wie jede Form von Transvestism.

PETER PAN

Peter Pan sah ich zum ersten Mal im Golders Green Hippodrome. Captain Hook war Charles Laughton. Danach habe ich es fast jedes Jahr wiedergesehen. Barries Stück erfüllt eigentlich alle meine Wünsche. Ein Kind, das nicht erwachsen sein will und nicht erwachsen zu werden braucht, und eine Fee, die es überallhin begleitet und immer beschützt. Dann die Einsamkeit Peter Pans, der immer eine Familie, eine Mutter sucht. All das verstand ich schon als Kind. Und verstehe es desto besser, je älter ich werde. Peter Pan gehört wie Hamlet zu den großen Mythen der Menschheit und ist ja nicht nur Peter Pan, er ist Pan. (*Pan*, ein großes Buch von Knut Hamsun.) Ich habe mich bisher an *Peter Pan* nicht gewagt. Es gibt ein, zwei, drei Bücher, die so zentral in meiner Phantasie sind, daß ich sie vielleicht nicht inszenieren kann. *Peter Pan* ist das eine, daß zweite war *Alice in Wonderland*, und das dritte *The Wind in the Willows/Der Wind in den Weiden* von Kenneth Grahame, auch ein Kinderbuch, das um die Jahrhundertwende entstand, eine wunderschöne Jugendstilgeschichte, eine der schönsten, die es gibt. Eine phantastische Tiergeschichte. *Peter Pan*, *Alice in Wonderland* und *The Wind in the Willows* gehören zur englischen Kinderstube, die ich in dem Sinne nicht hatte, die aber in ihrer Geschütztheit und Phantasie eine wunderschöne Sache ist.

Während ich mich viel mit solcher Phantastik beschäftigte, gab es aber Krieg, eine Realität, die sich nach einem Jahr an der Universität aufdrängte. Formell war ich noch Deutscher, noch nicht naturalisiert, und mußte jetzt entweder in die Armee, das heißt in das Pionierkorps, oder zu einer Art Ersatzdienst.

Die Diskussion zwischen meinen Eltern, als ich mit ihnen über das Problem sprach, war hochbrisant. Meine Mutter sagte: Wenn ich 18 wäre, würde ich alles tun, um in Berlin mit den Alliierten einzumarschieren. Mein Vater schimpfte, nannte sie Heldenmama und sagte: Der ist doch schon vorher längst tot, bevor er einmarschieren kann, bist du blöd. Es gab einen Riesenkrach. Meine Mutter war die große Idealistin, und mein Vater sagte: wenn er etwas anderes machen kann, soll er lieber das tun.

Ich meinte es auch.

Wenn ich nicht in die Armee *mußte*, dann ging ich nicht. Ich hatte nicht die geringste Lust. Die politische Situation interessierte mich nicht. Ich wußte natürlich, daß die Deutschen böse Menschen waren und Hitler eben Hitler, und wir mußten uns gegen Hitler verteidigen. Allerdings war mein Bruder Douglas Pazifist, und ich war sicherlich von ihm beeinflußt. Ich erinnere mich auch an mehrere Diskussionen mit Freunden und anderen Emigranten um diese Zeit herum über das Thema, auch später mit meinem Freund Leo Lehman, mit dem ich heute noch befreundet bin. Er ist über Rumänien fast zu Fuß nach Paris gelaufen, um vor den Deutschen zu fliehen. Über komplizierte Wege war er nach England gekommen, ein eisiger Anti-Nazi. Ich erinnere mich an Auseinandersetzungen mit ihm, in den fünfziger Jahren, bei denen ich sagte: Man hätte Hitler keinen Widerstand leisten sollen, weil das Resultat in 20 Jahren noch schlimmer sein würde als das, was wir vielleicht hätten verhindern können. Ich habe das damals auch wirklich geglaubt. Und heute? – würde ich es fast immer noch behaupten.

Ich dachte ungefähr: Wenn sie die Macht haben, die Welt zu erobern, werden sie es sowieso schaffen. Wenn ihre Weltanschauung schwach ist, wird diese, obwohl sie die Welt erobert haben, sowieso zusammenbrechen. Wenn ich heute darüber nachdenke, finde ich meine Haltung immer noch richtig – wenn ich an den Horror des Krieges zurückdenke und an das, was in den folgenden 40 Jahren im Kalten Krieg passiert ist. Ich hatte immer das Gefühl, es gibt keinen Krieg, der sich lohnt. Ich muß aber in aller Ehrlichkeit sagen, daß ich damals mit 18 ganz einfach nicht in die Armee wollte. Ich wollte weder kämpfen noch sterben. Kompliziertere Gedanken über den Krieg entwickelte ich nach 1945.

Der Pott (1969) ist typisch dafür. Auch *Ich bin ein Elefant, Madame* (1970), dessen Drehbuch ich teilweise selber schrieb. In der letzten Szene sitzt Rull, die Hauptfigur, in Hamburg am Kriegerdenkmal und schreibt hinter jeden dort eingravierten Namen »Arschloch«. Günter Rohrbach vom WDR sagte damals, wenn das im Film bliebe, machte er ihn nicht. Wir hatten eine große Auseinandersetzung darüber. Ich war damals dieser Meinung, bin es heute noch. Ich verstehe (den) Krieg nicht. Ich habe (den) Krieg nie verstanden. Ich habe nie geglaubt, daß es irgendeine Ausrede gibt, auf jemanden zu schießen. Ich will den Krieg nicht verstehen. Ich weiß natürlich nicht, ob ich nicht ganz anders reagieren würde, wenn ich selber verfolgt worden wäre.

Über die sechs Millionen ermordeten Juden wußten wir 1944 noch nichts. Als ich in den 60er Jahren in einem Buch über Joel Brand las, die Engländer hätten sich damals geweigert, Lastwagen gegen Juden auszutauschen, bestätigte es nur meine Haltung. Ich kann mir vorstellen, daß man – wie in einem Western – ein Gewehr nimmt, um jemanden zu erlösen oder aus einer Foltersituation zu befreien. Aber daß man es rationell und organisiert tut, indem man Krieg führt, kann ich mir nicht vorstellen, weil dabei nur Revanche herauskommt und noch mehr Schrecken. Die Revanche kann auch 50 Jahre später kommen.

Natürlich hatte ich Angst, ein Gewehr in die Hand zu nehmen. Ob es ein Deutscher oder ein anderer war, auf den ich hätte schießen müssen, war mir egal. Ich wollte nicht in den Krieg. Die Haltung entsprach mehr oder weniger derjenigen meines Vaters. Er setzte sich gegen meine Mutter durch. Ich glaube, letztendlich war sie heilfroh darüber, weil es ihr auch nicht besonders viel Spaß gemacht hätte zu wissen, daß ich an der Front war. Aber die Frage blieb nach dem Krieg jahrelang ein Problem: Wo warst du während des Krieges, was hast du gemacht? Die Frage kam des öfteren. Ich gab immer dieselbe Antwort: Erstens wollte ich nicht erschossen werden, zweitens nie in meinem Leben ein Gewehr in die Hand nehmen.

Im Ersatzdient gab es die Möglichkeit der Wahl. Ich hätte Landarbeiter werden können, wie mein Bruder. Ich konnte aber auch Lehrer werden. Ich wußte sowieso nicht, wie es weiterging. Mit der Geige hatte ich damals schon ein etwas flaues Gefühl und dachte, vielleicht werde ich am Ende Schullehrer. Ich mochte Kinder, und ich mochte auch Unterrichten.

3. KAPITEL

London im Krieg

So ging ich in London an eine Schule, im Hampstead Garden Suburb, dort, wo meine Eltern ihr Haus hatten, und wohnte auch zu Hause, allein erst. Ich gab kleinen Jungs ein Jahr lang Französisch- und Geschichtsunterricht. Es hat mir Spaß gemacht – mein erster Job, zum ersten Mal frei, keine Eltern, wenig Geld, aber ein bißchen, mit 18 Lehrer und Respektsperson.

Französisch konnte ich ganz gut, ich hatte es ja bei »Titch« gelernt. Von Geschichte hatte ich keine Ahnung. So lernte ich den Stoff immer auswendig, bevor ich in die Klasse ging. Die Jungs wußten viel mehr als ich, sie merkten es und machten sich lustig. Die ältesten Schüler waren 14, die jüngsten 9. Problematisch war, daß immer wieder Raketen, die deutschen V2, in der Gegend runterfielen. Die Kinder, die in der Gegend wohnten, dachten immer, wenn es knallte: war das mein Zuhause ...?, so daß sie ständig in einem relativ hysterischen Zustand waren.

Ich war nicht so nervös. Wahrscheinlich, weil ich mich um die Kinder kümmerte. Ich habe ganz normal gelebt, bin morgens zwanzig Minuten durch Hampstead Garden Suburb zu Fuß in die Schule, gelegentlich krachte es, aber bei uns, in der unmittelbaren Nähe, kam nie eine Rakete runter.

In der zweiten Hälfte meines Jahres an der Schule, bei und nach Kriegsende, machte ich mit den Lehrern Theater. Ich gründete eine Art Amateur-Theaterkompanie und spielte 1945 mit meinen Lehrer-Kollegen zwei Stücke. Das erste, Anfang 1945, von A. A. Milne, dem Autor von *Pu, der Bär, Michael and Mary*, und ein französisches Stück von Jean Jacques Bernard, *Le Printemps des Autres – Springtime of Others*, ein ziemlich kompliziertes psychologisches Drama, das ich von September bis Dezember 45 probierte und wofür Valerie Dietrich das Bild lieferte. Ich spielte in beiden Stücken die Hauptrolle und inszenierte auch – das einzige Mal in meinem Leben, daß ich diese unmögliche Doppelaufgabe übernahm. Einen Tag vor der Premiere von *Michael and Mary* fiel ein Darsteller aus, so daß Mr. Evans, der Direktor der Schule, die Rolle übernahm. Er hatte mit der Souffleuse verabredet, daß er immer, wenn er einen Hänger hätte, ein Taschentuch an die Nase führen würde. Das Resultat war, er hatte den ganzen Abend Schnupfen. Ob die Inszenierungen gut oder schlecht waren, kann ich heute nicht mehr beurteilen. Beides waren Liebesgeschichten, die eine eine spießige, englische Liebesgeschichte, die andere eine raffinierte französische.

Ich machte also meine ersten Inszenierungen 1945, als ringsumher noch die Bomben fielen oder gerade nicht mehr fielen. Aber in England hieß es ja »business as usual«. Alles wurde, wenn möglich, weitergemacht wie bisher, und darauf waren die Engländer auch stolz. Natürlich waren Nahrungsmittel rationiert, und überall sah man Soldaten, trotzdem kriegten die Engländer es mit ihrem komischen Humor irgendwie hin.

Ich befreundete mich in der Zeit mit Feliks Topolski, einem polnischen Künstler, der 1935, also ein paar Jahre vor der großen Emigration, nach England gekommen und, nachdem er im Buckingham Palace die Friese gemalt hatte, eine Art königlicher Hofmaler geworden war. Er war ein berühmter Zeichner, hauptsächlich Grafiker, der alle 14 Tage ein von ihm gezeichnetes Broad Sheet druckte und herausgab.

Das Broad Sheet war eine Nachrichtenzeitschrift in einem großen Format, die nur aus vier Seiten bestand. Topolski war ein brillanter Zeichner, der den Zweiten Weltkrieg in seinen Sketches festhielt. Bis auf die Front am Pazifik bereiste er alle Kriegsschauplätze und porträtierte Leute wie Eisenhower, Churchill und Gandhi. Er lebte in einem wunderschönen Haus am Regent's Park, und sein Studio war »Under the Arches« in Waterloo, unter der Bahnbrücke von Waterloo, da druckte er sein Broad Sheet mit einer Bekannten oder ein paar Freunden und verschickte es an seine Abonnenten, die aus der gesamten englischen High Society kamen, es ging also nur in die besten Häuser. Topolski war zwar Emigrant, lebte aber unter Engländern, unter sehr High-

"... Sir Winston Churchill has come in for renewed praise by Soviet political writers..."

The Times

"TOPOLSKI's CHRONICLE" IS PUBLISHED 24 TIMES A YEAR AT **2s. 6d.** A COPY. YEARLY SUBSCRIPTION RATES (WITH FOLDER AND INDEX) TO ANY PART OF THE WORLD ARE £3. 3s. (OR $9.) SHORTER PERIODS PRO RATA. AIR MAIL BY QUOTATION.

Printed in Great Britain by C. Bednarczyk of Tunbridge Wells from blocks made by the Dome Engraving Co., Ltd. and published at 14 Hanover Terrace, London N.W.1. Tel. AMBassador 6059. Copyright reserved.

Aus Topolskis Chronicle

class-Engländern, unter englischen Intellektuellen und Adligen, hatte ein großes social life und zog mich ein bißchen in dieses life hinein. Er war älter als ich, ich war eine Art Schüler bei ihm, aber auch ein Freund. Er war klein, vierschrötig, behaart und ging mit Riesenschritten (wie ›Titch‹). Ein »social lion«, der umgeben von 5 Mannequins auftrat. Er war auch Jude und mit einer Engländerin, einer Schauspielerin, verheiratet, mit der er sich ständig krachte. Eine Zeitlang sahen wir uns sehr oft, er wurde in meinem Leben ganz wichtig. Seine berühmtesten Zeichnungen zeigen die Engländer während des Krieges. Er lebte fast in den Untergrundbahnen, wo er die Engländer zeichnete, die nachts in London ihr Leben dort unten verbrachten. Viele Leute gingen nachts in die U-Bahnen und schliefen dort, weil sie Angst vor den Bomben hatten. Ich habe es einmal versucht und Platzangst gekriegt. Es war schon eine wahnsinnige Situation da unten. Es hatte sich eine ganze Subkultur entwickelt, die Feliks zeichnete. Später habe ich für die BBC einen Film über Feliks gedreht – wie er bei einem Jazz-Konzert die Kids zeichnete. Ich suchte damals Leitfiguren, weil ich sehr unsicher aus Oxford zurückkam. Auch meine Arbeit in der Schule beruhigte mich dann ein bißchen, gab mir eine Autorität und machte mir Spaß, ich mochte die Kinder und inszenierte ja auch – ich begann also langsam, eine Identität für mich zu finden. Auch später, als ich nach der Rückkehr zum Studium in Oxford wieder nach London kam, blieb Feliks ein ganz wichtiger, älterer Freund. Er war der Inbegriff dessen, was ich mir damals unter Boheme vorstellte: Atelier, überall Frauen, am Sonntag bei Prinz Philip im Buckingham Palace etc. (Später füllte Daniel Spoerri die Rolle des älteren Freundes aus. Beide hatten eine große erotische Wirkung auf mich und meine Arbeit.)

Nach Topolski trat eine noch viel wichtigere Leitfigur in mein Leben. Zu der Zeit hatte ich eine Freundin, ein deutsches Mädchen, eigentlich meine erste richtige Freundin. Sie hieß Susie

Croner, war ein Schulmädchen aus einer Emigranten-Familie und hatte in *Springtime of Others* die Gilberte gespielt. Sie lebte mit der Mutter zusammen. Deren Freund war ein Gesangslehrer namens Alfred Wolfsohn und eine Art Guru der Emigrantengesellschaft. Er vertrat eine komplizierte psychologische Theorie, die den Gesang und die Stimme eines Menschen in direktem Zusammenhang mit der psychischen Entwicklung sah. Zu Wolfsohn kamen Leute, um singen zu lernen, mehr noch, um sich mit ihren psychischen Störungen auseinanderzusetzen. Er war in London nach einer Weile recht bekannt, und berühmte Schauspieler, die Stimm- und psychische Probleme hatten – wie Michael Redgrave, der Vater von Vanessa Redgrave –, kamen zu ihm. Wolfsohn behauptete, jeder Mensch könne, wenn er sich nur traute, vom Hohen C bis zum tiefsten Brummen alles singen. Die meisten Männer versuchten, eine schwere tiefe Stimme zu haben. Doch eigentlich hätten sie Pieps-Stimmen, die sie nicht wagten, auszunutzen oder vorzuzeigen. Ich war damals sehr bereit für Gurus, und ich hatte Glück, daß mich keine Arschlöcher schnappten. Vielleicht hatte ich einen guten Instinkt. Wolfsohn war frei von damals gängigen Klischees. Er kritisierte meine geplante akademische Laufbahn. Er fand sie albern. Ich lernte plötzlich bei ihm Singen. Der Gesangsunterricht war an sich spannend, aber noch spannender war, was Wolfsohn mir erzählte, die Unterhaltungen, die wir zusammen hatten. Nebenbei hatte ich mit seiner Ziehtochter Susie eine Liebesgeschichte, eine etwas unglückliche Liebesgeschichte, die damit endete, daß ich mit ihr schlafen wollte und Wolfsohn es verbot. Das Ganze wurde nun eine Eifersuchtsgeschichte.

Wolfsohn erhielt auch insofern eine zentrale Funktion in meinem damaligen Leben, als er mitverantwortlich dafür war, daß ich das Studium in Oxford, welches ich nach dem Krieg wieder aufgenommen hatte, nach einiger Zeit abbrach. Eine schwierige Entscheidung für mich, aber ich hatte mich nun entschlossen, Regisseur zu werden, und wollte nach London in die Old Vic

Theatre School, mußte also mein Scholarship hinwerfen. »Weißt du, Peter«, meinte Wolfsohn, »wenn du diesen Doktor in Oxford machst, ist das höchstens ein Satz in deiner Biographie.« Das hat mir sehr eingeleuchtet.

Wolfsohn, der ein häßlicher, jüdischer, 50jähriger, dicklicher Mann war, hat mich gelehrt, meinem Instinkt zu vertrauen. Dein Instinkt und deine Phantasie sind das einzige, was in deinem Leben wichtig ist. Titel, Karriere, vergiß es. Alles uninteressant. Ich habe in meinem Leben glücklicherweise öfter solche Leute getroffen und habe diese Haltung heute selber. Während ich Jean Jacques Bernards Stück inszenierte, das wir in der Free Church Hall in Hampstead Garden Suburb aufführten, bat ich Wolfsohn um Rat. Die beiden Hauptrollen spielten meine Freundin Susie und eine Studentin aus Oxford, Catharine, eine kühle Engländerin. Ich konnte Catharine auf der Bühne nicht bewegen. Now, darling, do so and so and so, bitte – nützte nichts. Sie blieb stur. Ich konnte sie aus ihrem Krampf nicht lösen. Ich fragte Wolfsohn, was er in einer solchen Situation täte. Er sagte, geh doch mal auf sie zu und schüttle sie. So etwas zu tun, wäre mir als junger, höflicher Engländer nie in den Kopf gekommen. Ich war ein braver junger Mann, wie es sich gehörte. Mit Schlips, Kragen und Anzug. Unmöglich, sagte ich. Das kann ich nicht machen! Doch, sagte er, mach es. Dann sag mir, was dabei herausgekommen ist. Ich ging zur Probe, nahm meine ganze Courage zusammen und, als es wieder zum Krampf kam, sprang ich auf die Bühne. Catharine war eine große Frau, einen Kopf größer als ich, ein Trumm, Margaret Thatcher in jung. Ich ging zu ihr, sagte: Catharine! und schüttelte sie. Ich sehe noch heute das Erstaunen in dem Gesicht. Sie schaute mich an, als ob ich sie vergewaltigt hätte – aber die Wahrheit war: von dem Moment an konnte ich mit ihr arbeiten. Ich hatte etwas ganz Wichtiges gelernt. Heute würde ich sagen, daß es beim Inszenieren keine Grenzen gibt. Es ist alles erlaubt außer Totschlagen, wie beim Sex, um ein Resultat zu erreichen. Die ganz enge Beziehung zwischen psychischen und physischen Vorgängen, zwischen Ausdruck und Druck sozusagen, habe ich zuerst bei Wolfsohn gelernt. Die Liebesgeschichte mit seiner Ziehtochter Susie Croner wurde dadurch kompliziert, daß ich bald behauptete, sie heiraten zu wollen, und meine Eltern das gar nicht gut fanden. Susie lebte mit ihrer Mutter, einer strengen, feinen, ältlichen Dame in einer zweistöckigen Wohnung. Ich besuchte Susie und ihre Mutter öfters zum Abendessen, danach ging Mama zu Bett und hinterließ uns beide im Salon. Ich saß dann in einem großen Sessel, Susie angezogen auf meinem Schoß, und wir fummelten. Das verkrampfte Verhältnis habe ich später in *Ich bin ein Elefant, Madame* zwischen Rull und seiner Freundin dargestellt. Susie war ein kluges Mädchen mit einer guten Figur und einer jüdischen Nase, die sie sich viele Jahre später, nachdem wir uns schon längst nicht mehr kannten, hat operieren lassen. Viele jüdische Mädchen taten das. Auch Renee Goddard.

TAGEBUCH

Am 30. Dezember 43 steht in meinem Tagebuch: Went to see *The Life and Death of Colonel Blimp* for the third time. (Übrigens bis heute mein Lieblingsfilm von Michael Powell und Emeric Pressburger.) Pressburger war ein ungarischer Emigrant, Powell Engländer. Sie drehten während und nach dem Krieg eine Reihe großer Filme. *The Life and Death of Colonel Blimp* wurde von Churchill persönlich während des Krieges verboten, weil der Film von einem englischen Colonel handelt, der mit einem Deutschen befreundet ist. Anton Walbrook (Adolf Wohlbrück) spielte den Deutschen. Colonel Blimp war ursprünglich eine berühmte Cartoon-Figur des englischen Zeichners David Low. (Wenn man Informationen über das Vorkriegs- und Kriegsengland haben möchte, sollte man sich die gesammelten Zeichnungen von David Low ansehen, die jeden Tag in der Daily Mail oder der Evening Standard erschienen.)

Lows Colonel Blimp war der alte, verknöcherte englische Colonel aus den indischen Kolonien. Pressburger und Powell trauten sich, diese Figur in eine ganz realistische, lebendige Figur zu verwandeln, deren bester Freund, nun ein Deutscher, als Emigrant nach England kommt. Ein hinreißender, sehr sentimentaler Film. Ich weiß nicht, wie oft ich ihn schon gesehen habe. Das Tagebuch am gleichen Tag: »I'm not satisfied with my mother's health.« 13. Januar 1944: »Came up to St. John's College today. My room is extremely nice and comfortable. Overlooking St. Giles and I feel quite at home. But what I can see of the other undergraduates – I don't like them.« So geht es gleich los ... »There are only two more modern language people in the College. I shall have to discover them. Dinner was rather embarrassing, and I was rather glad when the chap on my right began to talk to me as I was feeling a bit lonely. It's just eleven now and I should go to bed pretty soon. I think, everything is going to be fine.« Und ein bißchen später: »University life is great fun. I now go to three lectures per week and even those aren't very good. I'm engaged in the starting of a German (speaking) club.« Am 15. 4. 44: »I have made the final decision, that I am going to be a professional violinist. Monday I am going to London to play to Max Rostal.« Max Rostal war einer der großen Geigenlehrer der damaligen Zeit, den ich oft spielen gehört hatte. Ein wunderbarer Geiger, mein Traumgeiger. Mein eigener Geigenlehrer war einer seiner Schüler. Er organisierte, daß ich Max Rostal vorspielte. Ich wollte es wissen.

Im Tagebuch steht: »Rostal's decision on my playing was quite favourable. He was prepared to take me as a pupil but his fees are to high.« Da habe ich mein Tagebuch ein bißchen angelogen, denn ich weiß, was Max Rostal sagte: Sie sind äußerst musikalisch, Mr. Zadek, aber Sie haben zu spät angefangen, Geige zu lernen. Sie werden von Ihrer Technik her niemals ein erster Geiger werden. Wenn Sie Lust haben, Ihr Leben im Orchester zu verbringen, werden Sie bestimmt sehr gut sein, und ich bin bereit, Sie als Schüler zu nehmen. Ich sagte: Nein.

THEATER FÄNGT AN

Der Weg ins Theater fing 1944 in Oxford an: Mein Studienfreund, John Wain, dieser sehr ästhetische und ein bißchen verrückte junge Mann, mein Zimmernachbar im College, spielte bei der Oxford University Dramatic Society. Sie nannte sich The Friends of the OUDS. Aus dieser Dramatic Society kamen Leute wie Richard Burton und Kenneth Tynan. John Wain nahm mich mit hin und führte mich dort ein. Er hat in *Dear Shadows*, einem Buch über seine toten Freunde, über Coghill einen sehr schönen Essay geschrieben. Coghill war damals vielleicht Mitte 50 – ein großer, kurios aussehender Mensch, wahrscheinlich schwul, ein typisch englischer Exzentriker. So etwas gibt es nur in England.

Nevill Coghill führt Regie

Wenn er inszenierte, saß er hinter dem Publikum an einem Baum mit einer roten Fahne, und wenn die Schauspieler nicht laut genug waren, schwenkte er seine rote Fahne. Er war Professor für englische Literatur am New College und eigentlich Experte für Chaucer. Von ihm stammt ein Musical über die *Canterbury Tales*, das auch in Deutschland gespielt wird. Coghill hat Chaucer in ein modernes Englisch übersetzt und normalen Menschen zugänglich gemacht. Als Regisseur führte er allerdings nur Shakespeare auf. Das Theater war sein Hobby. Er war der erste, der mir klarmachte, daß es sich bei Shakespeare nicht um Literatur, sondern um Theater handelte, um lebendige Menschen auf einer Bühne. Coghills große Begabung war, einem klarzumachen, daß es sich bei Shakespeare um etwas sehr Kompliziertes handelte, das andererseits zugleich sehr einfach war, so daß man es verstehen und auch vermitteln konnte. Er hatte nicht den Nachteil der meisten Akademiker, die man eigentlich an Shakespeare nicht heranlassen sollte, weil sie einem das Gefühl geben, alles sei so kompliziert, daß es sowieso niemand versteht. Coghills Theatertruppe war eine Mischung aus Studenten und Profis. Er nahm seine Leute, wo er sie gerade fand. Wenn er eine professionelle Schauspielerin brauchte, fand er sie irgendwo, und wenn man dazugehörte, lebte man monatelang mit diesen Produktionen. Alles fand mehr oder weniger im Grünen statt, draußen in den Parks. Es war wirklich ein anderes Leben. Und für mich fing mit diesem Unternehmen auch ein ganz anderes Leben an, weil Coghill der erste in Oxford war, der wußte, wie man mit mir umgeht. Natürlich war er wieder eine Vaterfigur. Nachdem wir uns ein halbes Jahr kannten, sagte er einmal zu mir: »Übrigens, wo kommen Sie eigentlich her? Aus dem Norden, aus Yorkshire oder so?« Ich guckte ihn an und sagte: »Sie können doch bestimmt meinen Akzent hören.« Und er: »Ja, ich denke, es ist Yorkshire ... you speak such a very beautiful English.« »Aber Sie können bestimmt hören, daß ich Deutscher bin?« antwortete ich. »Impossible«, sagte er. Natürlich hatte er es gehört, aber in drei Sekunden auch mitgekriegt, wo mein Problem lag. Er wußte, wie man damit umgeht. Ich wußte es auch, ich habe ihm nicht geglaubt, und trotzdem glaubte ich ihm irgendwo doch. Er war ein kluger Lehrer und ein ungeheuer liebenswerter Mann.

Die Musik für »Take, o take those lips away« aus Shakespeares *Maß für Maß*, komponiert für die Aufführung in Oxford von Elisabeth Godley und seitdem bei Inszenierungen des Stücks von mir benutzt

Bevor ich die Uni zum ersten Mal verließ, um Lehrer in London zu werden, spielte ich noch während des Krieges 1944 in seiner *Measure for Measure*-Aufführung neben Richard Burton als Angelo und John Wain als Claudio die winzige Rolle des Gefängnisschließers.

Wir spielten das Stück in den Cloisters von Christ Church College. Ich erinnere mich, daß das Publikum während der Premiere plötzlich furchtbar lachte und wir alle dachten, uns wären die Strumpfhosen heruntergefallen. Eine Katze hatte zwischen den Zuschauern unter einem Tisch Kinder gekriegt. Es war eine wunderschöne Inszenierung mit Szenen auf den Dächern des Colleges. Am beeindruckendsten war der junge Richard Burton, ein wilder Knabe, der zwei Tage vor der Vorstellung wieder so alkoholisiert war, daß er von seinem College ein Auftrittsverbot bekam. Es gab ein großes Hin und Her. Am Ende trat er natürlich auf. Auch John Wain, der den Claudio spielte, war ein sehr guter Schauspieler. Claudios berühmte Rede über den Tod höre ich bis heute mit seiner Stimme. Es ist für mich eine der beeindruckendsten Reden über den schrecklichen Gedanken des Todes, die ich kenne:

> »Ay, but to die, and go we know not where;
> To lie in the cold obstruction, and to rot;
> This sensible warm motion to become
> A kneaded clod; and the delight spirit
> To bath in fiery floods, or to reside
> In thrilling region or thick-ribbed ice;
> To be imprison'd in the viewless winds
> And blown with restless violence about
> The pendent world: or to be worse than worst
> Of those that lawless and incertain thought
> Imagine howling, – 'tis too horrible.
> The weariest and most loathed wordly life
> That age, ache, penury and imprisonment

Can lay on nature, is a paradise
To what we fear of death.«

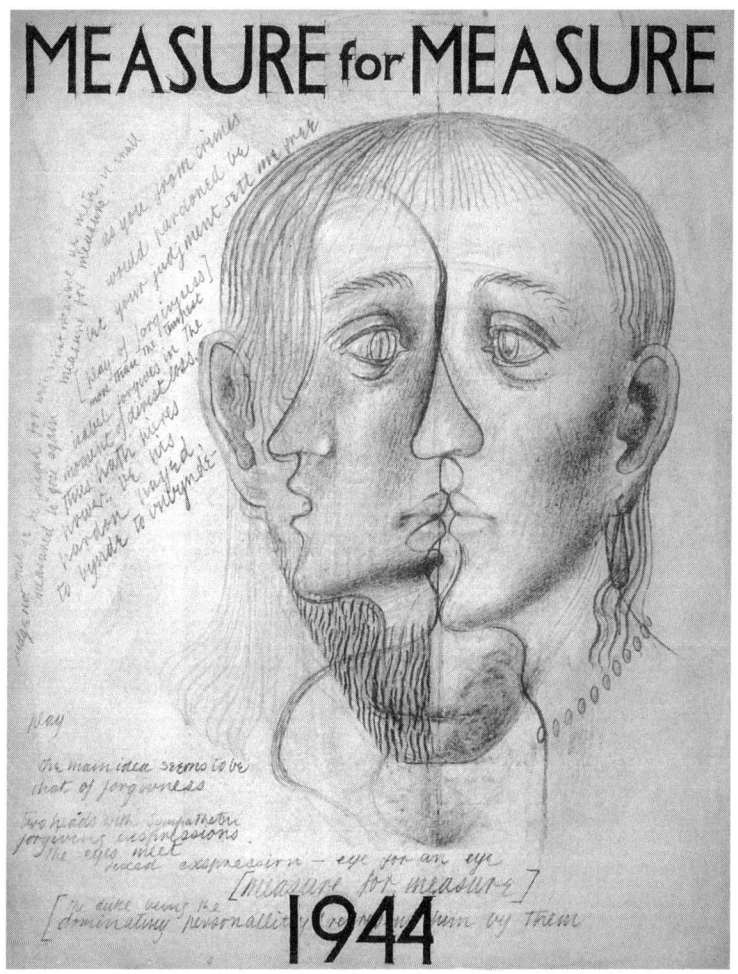

Programm Oxford

FRIENDS OF THE O.U.D.S. PRESENT

MEASURE FOR MEASURE *by* WILLIAM SHAKESPEARE

IN CHRIST CHURCH CLOISTERS

Dedication: To the memory of RAYMOND WILSON CHAMBERS, Quain Professor of English Language and Literature, University College, London, 1922–1941; these performances are dedicated in reverend affection. Upon his essay in his book 'Man's Unconquerable Mind' this production is based.

PERSONS IN THE PLAY (*as they appear*)

Vincentio, Duke of Vienna	Paul Haeffner	*Isabella, sister to Claudio*	Betty Hughes
Escalus, an Ancient Lord	George Fulleylove	*Francisca, a Nun*	Pamela Jackson or Jane Foley
Angelo, the Deputie	Richard Burton	*Elbow, a simple Constable*	Roger Green
Lucio, a Fantastique	Arthur Ashby	*Froth, a foolish Gentleman*	Sidney Hoffman
Gentleman	Raymond Chapman	*Servant*	John Bosomworth
Mistress Overdone, a Bawd	Frances Fraser	*Boy*	Tony Neale
Pompey, a Clowne	Aubrey Russ	*Mariana, betrothed to Angelo*	Elaine Brunner
Claudio, a young Gentleman	John Wain	*Abhorson, an Executioner*	Harold Hanbury
Juliet, beloved of Claudio	Kathleen Masters or Jane Foley	*Barnadine, a dissolute Prisoner*	Thomas Monaghan
Provost	Peter Zadek	*Kate Keepdown*	Danica Reichsman
Friar Peter	William Isola	*Trumpeter*	Christopher Monk

Lords, Officers, Town-crier, Citizens, Attendants, and Men and Women of the Town: Keith Hobbs, Michael Horniman, Peter Jenkins, Pierre Durgnat, Gabriel Aguine, Ralph Symonds, Anthony Hartley, Guy Green, John Pim, Michael Hane, Ian Purslow, Patrick Conway, Aubrey Parke, John Fletcher, Somerset Jones, Pamela Coulthard, Christine Gibb, Mary Spurway, Cynthia Aspinall, Barbara Child, Betty Miller, Mary Ruddermann, Brenda Tee, Barbara Bury, Joan King, Lilian Kenton, Jean Hanbury.

The play produced by NEVILL COGHILL, assisted by Hallam Fordham and Arthur Ashby

THERE WILL BE ONE INTERVAL OF TEN MINUTES

Costumes by Messrs. Charles Fox, Messrs. Nathan & Co., Oxford University Theatre Guild; *chosen by* Valerie Johnson. *Lighting and sound effects by* Messrs. Harry Mudd, Kenneth Griffiths, and Gerhard Martin. *Stage Managers,* Anthony Richardson, John Bosomworth. *Publicity Manager,* William Isola. *Business Manager,* Edward Keel, *assisted by* Danica Reichsman. *Music for Song specially composed by* Elizabeth Godley. *Song under the direction of* Alec Wyton. *Programme design by* Leo Davy. *Tympanum by courtesy of* the Oxford Orchestral Society. *Stage Furniture kindly lent by* Mr. Cecil Halliday, High Street. *Crucifix kindly lent by* the Rev. K. Joyce.

The Friends of the O.U.D.S. thank all who have given their help in this production

PERFORMANCES: 14, 15, 16 JUNE, at 8 *p.m.*
15 and 17 JUNE, at 2.15 *p.m.*
17 JUNE, at 8.15 *p.m.*

UNIVERSITY PRESS, OXFORD, ENGLAND

Programm Oxford

(Als ich mich, später in London, zum ersten und einzigen Mal als Schauspieler engagieren lassen wollte, sprach ich im Art's Theatre Club dem berühmten Alec Clunes Claudios Rede vor, mit meiner Freundin Susie als Isabella. Clunes hörte sich das Ganze stumm an und sagte: »Next please.«)

Roger Lancelyn Green spielte Ellenbogen, den Polizisten. Damals wußte ich nicht, daß er sich sein Leben lang als Autor mit meinen drei Lieblingsbüchern beschäftigen würde: *Peter Pan*, *Alice in Wonderland* und *King Arthur*.

Daß mir Theater zu der Zeit Spaß machte, war gar keine Frage. Aber ein ernsthafter Gedanke an Theater als Beruf war noch nicht da.

Dazu Tagebuch:

18. 12. 44: »How I hate the English! How can one like a people that smiles sweetly at you at one moment and tells someone else what a terrible fellow you are ten minutes later? The adoration of money, of the ridiculous and the superficial, is only one side of this central and ineradicable hypocracy. Of course, they in their turn, dislike me. I should carry on teaching.« Über meine erste Inszenierung am 18. 1. 45: »We are now rehearsing A. A. Milne's *Michael and Mary* which we are putting on at the end of May or beginning of June. Rehearsals are going quite well. Verona is good as Mary.« (Verona war eine Lehrerin.) 3. 6. 45: »Performed *Michael and Mary* at the Institute. My first public success. The hall was packed (300 seats) and the applause was tremendous. One day before we had to make a last minute change, because Knut was ill (mein Cousin Knut war auf dem Weg aus spanischer Gefangenschaft auf dem Weg nach Amerika in London gelandet. Wahrscheinlich wartete er auf ein Visum. Er spielte spaßeshalber mit, war aber schon von der Krankheit gezeichnet, die er sich in Spanien im Gefängnis geholt hatte und an der er bald in Amerika sterben würde). So Mr. Evans took the part. (Der Rektor übernahm wie erwähnt im letzten Moment Knuts Rolle. Deswegen die Geschichte mit der Nase.) Everything went well, and Evans, who had been a professional, acted the part beautifully, although he made up half the words.

I have become more and more doubtful about my future profession – for the moment, however, I shall confine my activities to the Experimental Drama Club. Had party afterwards which lasted till breakfast.«

7. 6. 45: »After a long discussion with Intrator« (meinem Londoner Geigenlehrer) I have made an important decision for my future – that I should give up the violin as a profession and become an actor and, especially, producer instead.«

20. 2. 46 : »I am having singing lessons from Wolfsohn. The decision to do this was undoubtly the most important I have made yet – especially as at first I couldn't stand the sight of him. He is training not only my voice, but my whole body, my whole self. His method is remarkable quite beyond description so remarkable in fact, that after two month I have a range from top B of the piano, to three notes below the bottom note. The whole experience has been a complete revolution in me, and is, I think, beginning to affect my everyday life quite considerably.«

23. 4. 46: »Return to Oxford.«

Ich werde öfters danach gefragt, ob ich mich an den letzten Tag des Krieges erinnere. Nein. Der Krieg war vorbei. Der Krieg war endlich vorbei. Man konnte wieder anfangen zu leben. Die ärgerlichen Störungen waren vorbei. Mir fällt ein Erlebnis ein. Ich fuhr mit meinen Eltern (nachdem ich *Salome* in London inszeniert hatte) 1947 nach Sils Maria in den Urlaub. In Basel hatten wir einen Aufenthalt. Wir verließen den Zug und bekamen im Bahnhofsrestaurant ein Frühstück. Da aß ich zum ersten Mal in meinem Leben zwei Eier. Zwei Spiegeleier. In England waren Nahrungsmittel während des Krieges und noch danach rationiert. Es gab höchstens ein Ei pro Woche, und das bekam wahrscheinlich jemand anderes. Plötzlich der Luxus: zwei weiße Brötchen, echten Kaffee und zwei Eier. Für mich war das das Kriegsende.

EMIGRANTENLEBEN

Das Emigrantenleben bekam ich natürlich vor, während und nach dem Krieg mit. Bei dem Thema fällt mir als erstes Wally Dietrich, die Freundin meiner Mutter, ein. Eine kuriose, dicke, ältere Dame, die malte, eine ehemalige Geliebte des Regisseurs Max Ophüls, sie lebte, wie die meisten geldlosen Emigranten lebten – in einem Zimmer. In einer Ecke die Küche, in der anderen das Bett. Außerdem gab es zwei Stühle, einen Tisch und ein Gasfeuergerät, in das man jede Stunde einen Shilling werfen mußte, sonst ging die Heizung aus. Wally hatte ein Radio und ein Grammophon. Ihr gesamtes Leben fand in diesem Bedsittingroom statt, in Hampstead Garden Suburb, ganz in der Nähe der Wohnung, die ich später mit Gitta mietete. In Golders Green, Swiss Cottage, Hampstead und Belsize Park lebten die meisten Emigranten. Ihre kleinen Zimmer befanden sich in großen Wohnhäusern, die manchmal auch reicheren Emigranten gehörten, die diese Zimmerchen vermieteten. Klo und Bad waren auf dem Flur. Je nach Geschmack stellten sie noch einen Paravent vor die Koch- und Spülecke.

Diese Häuser voller Emigranten hatten sogar ein gewisses Flair, aber es stank meistens nach Gemüse und Menschen. Es war deprimierend und auch schön. Im Vergleich dazu zählten wir schon zu den reichen Emigranten, kam ich aus einer anderen Welt. Die Mehrheit der Refugees lebte hauptsächlich von karitativen Organisationen. Meine Mutter arbeitete für die AJR, die Association of Jewish Refugees, eine dieser Organisationen. Da man in den eigenen Räumchen kein social life haben konnte, brauchte man Cafés. Aber in England gab es keine Cafés. Es gab Tea shops. Sie lagen eher in Arbeitergegenden. Dort bekam man Baked beans on toast und eggs and chips oder fish and chips. Aber das wollten die Emigranten nicht essen, davon wurde ihnen schlecht. Also gab es plötzlich in ihren Gegenden Cafés. Das wichtigste war das »Cosmo« in Swiss Cottage, eine Art Wiener Café. Ein anderes, die »Patisserie Valerie« in der Old Compton Street in Soho, eine französische Patisserie, der einzige Ort, wo man französisches Gebäck und wunderbaren französischen Kaffee bekam. Die Engländer hatten ja nie richtigen Kaffee. Sie können Tee kochen, aber der Kaffee war immer das, was wir Lorke nennen – bis es diese Cafés und Espressobars gab. »Maison Berteaux« und »The French Pub« waren zwei weitere Emigrantentreffs in Soho. Meine Eltern gingen oft, wenn sie sich mit anderen Leuten trafen, am Picadilly Circus ins »Old Vienna« im »Lyons Corner House«. Da gab es einen echten Stehgeiger, und man aß viel Kuchen mit Schlagobers und stellte sich vor, in Old Vienna zu sein. Eine andere Abteilung vom Lyons Corner House hieß »The Salad Bowl«. Dort konnte man kleine Mahlzeiten essen und bekam in seiner Salad bowl für fünf Shilling so viel Salat, wie man auf den Teller kriegte, was besonders interessant für uns Studenten war. Das Lyons Corner House gehörte zur Lyons-Tea-Shop-Kette, die Filialen in jeder englischen Stadt hatte und erst Ende der 70er Jahre verschwand. Eine Art Vorgänger von McDonalds.

Das Cosmo in Swiss Cottage, das es heute noch gibt, war das Zentrum des gesamten Emigrantenlebens, besonders der Künstler-Emigranten. Die Leute kamen schon morgens dorthin, saßen den Tag über dort und spielten Schach. Es war ein großer Raum, man durfte dort mit einer Tasse Kaffee den ganzen Tag verbringen, weil die meisten für mehr auch kein Geld hatten. Dort saß zum Beispiel Wilhelm Unger, der spätere Theaterkritiker des Kölner Stadt Anzeigers, und hielt regelmäßig Hof. Überhaupt hielten verschiedene Herrschaften Hof. Es gab die Theaterecke und die Literaturecke. Ich muß dazu sagen, daß ich dieses Leben zwar faszinierend fand, aber auch langweilig und daran nicht sehr beteiligt war. Die meisten der Emigranten dort waren alt – älter als ich. Ich traf dort höchstens gelegentlich Freunde. Ich war 18, als ich an die Uni ging, 20, als ich mein Studium aufgab, um an die Old Vic Theatre School zu gehen.

METHOD ACTING
UND MEINE ARBEITSMETHODE

In einer Fernsehsendung haben Orson Welles und Kenneth Tynan einmal über Method Acting diskutiert. Orson Welles erzählte: Er inszenierte irgendein Stück und hatte einen jungen Method-Schauspieler dabei. Der fing zu arbeiten an, und Orson Welles sagte zu ihm: Mr. Joseph, would you please – würden Sie bitte mal zu dem Tisch dort drüben gehen, bei dem Satz ein Glas in die Hand nehmen und das Wasser trinken? Mr. Joseph stand da und bewegte sich erst einmal nicht mehr. Orson Welles forderte ihn noch einmal auf. Daraufhin sagte der Schauspieler: »Mr. Welles, I'll let you know tomorrow.« Es wurde ein geflügeltes Wort unter Theaterleuten. »I'll let you know tomorrow.« Das ist Method Acting – eine Form von mißverstandener Tiefenanalyse, die recht unsinnig ist. Allerdings war sie als Gegenbewegung zu dem Deklamieren, das vorher auf der Bühne üblich war, wichtig, auch als Gegensatz zum flotten, oberflächlichen Boulevard. »Method Acting« war die amerikanische, popularisierte Fassung der Stanislawskij-Methode. Ein Regisseur, der am Bochumer Schauspielhaus inszenierte, als ich dort Intendant war, Augusto Fernandez, ein Argentinier, selber recht naiv, glaubte an Method Acting und holte auch Schauspieler, die so ausgebildet waren, ans Theater. Lee Strasberg (der Chef des Actors Studio in New York) kam auch einmal zu uns zu einer Session und beeindruckte die Schauspieler dermaßen, daß sie voll auf diese Methode einstiegen. Viele führten monate- und jahrelang die theoretische Diskussion über diese Form von Schauspielerei – über Verinnerlichung und Veräußerlichung – weiter. In Wahrheit ist die Stanislawskij-

Methode als Methode akzeptabel und gut, wenn sie mit Humor angewandt wird. Auf englisch heißt das »with a pinch of salt«. Aber die Deutschen, wie immer in solchen Dingen, nahmen sie verbissen auf und wurden nicht mit ihr fertig. Das amerikanische Method Acting oder was sich aus dieser Art von Schauspielerei entwickelt hat, kann aber sehr spannend sein. Es hat den Schauspielern besonders in den 6oer Jahren Bewegungsfreiheit und Lockerheit gegeben. Es wurde als »Realismus« verkauft, als Psychologie, war am Ende jedoch nur eine andere Form von Stilisierung. Allerdings bewegte es die Schauspieler weg von einem reinen Wirkungstheater. Dafür war es sogar in Deutschland eine Zeitlang nützlich. Meiner Meinung nach ist es ein falscher und äußerlicher Weg zum Schauspiel, weil es über das Nachdenken über Psychologie geht. Das andauernde narzißtische Sich-selber-Betrachten des Schauspielers in Strasbergs Methode ist auf die Dauer unerträglich und macht den Schauspieler auch unerträglich. Er wird zum kommentierenden Amateurpsychologen.

Die Basis der Strasberg-Methode ist, daß der Schauspieler in der Probenarbeit das Verständnis seiner Rolle aus der Erfahrung seines Alltagslebens entwickelt. Aber die Realität ist: In dem Moment, in dem ein Schauspieler eine Szene zu spielen hat, in der er – sagen wir – seine Mutter umbringt, will Lee Strasberg Assoziationen, die der Schauspieler aus seinen eigenen Erfahrungen nimmt, reaktivieren. Theoretisch ist das in Ordnung. Nur: In dem Moment, in dem der Schauspieler es bewußt tut, ist die freie Assoziation bereits zerstört. Es ist dann ein ganz bewußter, künstlicher Vorgang, eine Art Selbstanalyse. In meiner Arbeit will ich auch das Private, will die Art, wie ich den Schauspieler als Mensch erlebe, einbeziehen und die Dinge aktivieren, die ich bei ihm sehe und die mit seiner privaten Existenz auch außerhalb des Theaters zu tun haben. Aber erklärte ich ihm andauernd, daß ich es tue, würde er irgendwann liefern, was ich vermeintlich haben will. Das Problem des Erklärens ist, glaube ich, eins der zentralen Probleme überhaupt. Sowie man den Schauspieler in die Erklärungs-

statt die Erlebnissituation bringt, erklärt er auch, wenn er spielt. Statt die Rolle zu spielen, erklärt er die Rolle. Das ist eine Katastrophe, die teilweise Brecht anzulasten ist, der zwar in seinen eigenen Inszenierungen ganz direkte Resultate erreichte, weil er den Schauspieler ganz direkt holen konnte – ich habe seine klassischen Ostberliner Inszenierungen selber noch gesehen –, aber andere verführten seine Theorien dazu, zu denken, daß der Schauspieler im wesentlichen eine Rolle erklärt und außerhalb der Rolle steht, um sie zu erklären. Diese Art von Theaterspielen – also sich nicht mit einer Rolle zu identifizieren, sondern sie zu erklären – hat sich am deutschen Theater sehr breit gemacht, besonders in dem »sozialistischen« Theater nach '68, auf beiden Seiten der Mauer. Es ist nicht meine Art, Theater zu spielen. Um zu erreichen, was ich manchmal erreiche, wenn ich Glück habe, muß ich dem Schauspieler nicht erklären, was ich von ihm haben will, oder ihn dazu bringen, mir zu erklären, wie seine Rolle zu verstehen ist, sondern ich muß Situationen herstellen, in der der Schauspieler gezwungen wird, bestimmte Dinge zu tun – wie im Leben. Ich habe einmal mit dem ostdeutschen Regisseur Schroth über dieses Problem diskutiert und sagte ihm: »Mich interessiert, ob das, was der Schauspieler tut, echt ist.« Er meinte: Mir ist es egal. Der Schauspieler muß mich nur davon überzeugen, daß es echt ist. Es braucht nicht echt zu sein. Daraufhin sagte ich: »Aber wenn es nicht echt ist, kann er mich nicht überzeugen.« Das ist ein zentraler Unterschied zwischen Ost- und West-Theater. Es ist, finde ich, überhaupt der Unterschied zwischen langweiligem und aufregendem Theater. Die ostdeutschen Schauspieler, wenn sie gut sind, sind wirklich fast imstande, einen glauben zu machen, daß das, was sie tun, echt ist. Aber eben nur fast. Daß es nur fast ist, merkt man in dem Moment, in dem die Situation auf der Bühne sich in einer Probensituation verändert – sein Partner hat plötzlich Bauchschmerzen oder ist ein bißchen trauriger als sonst –, aber der Ost-Schauspieler verändert sich nicht. Er spielt seine Rolle weiter, weil die Veränderung bei seinem Gegenüber so minimal

ist, daß er mit seinem Bewußtsein jetzt nichts Neues dazu entwik-
keln kann. Das ist das Problem ... vielleicht war es das Problem
der DDR überhaupt – auf Individuen individuell zu reagieren,
nicht bürokratisch. Man kann niemandem etwas beibringen,
indem man ihm etwas verbietet, es geht nur, indem man ihm die
Möglichkeiten zeigt, die er hat, etwas zu tun. Wenn wir einem
Kind sagen, ich möchte, daß du nicht so laut schreist, wird das
Kind zwar nicht so laut schreien, aber statt dessen irgend etwas
anderes machen – die Fenster kaputtschlagen oder auf den Tep-
pich scheißen –, so daß man dann sagen muß: Ich will außerdem
nicht, daß du die Fenster kaputtschlägst usw. Dann scheißt es auf
den Flur und man sagt: Übrigens will ich außerdem nicht, daß
du ... Das ist natürlich endlos. Aber wenn du dem Kind in der
Situation, in der es das Fenster zerschlägt, etwas anderes anbie-
test, das es vielleicht mehr oder zumindest genauso interessiert,
wird es vielleicht das andere tun. Genauso ist es mit Erwachsenen.
Ich habe es in den Jahren am BE x-mal erlebt: Ein Schauspieler
kommt und spielt eine Szene, die vorgegeben ist, und ich merke,
wie er konstruiert. Jetzt muß ich einen Weg finden, die Konstruk-
tion aufzulösen und ihn zu sich zu bringen. Auch wenn ich jetzt zu
ihm sagte, machs doch von dir aus, wüßte er nicht mehr, was er
machen soll, guckt mich nur hilflos an. Es ist ein Fehler, den junge
Regisseure oft machen, vor allem, wenn sie aus meiner Schule
kommen – daß sie denken, man kann einem Schauspieler sagen,
red doch mal, wie du normalerweise redest. Kein Mensch weiß,
wie er normalerweise redet. Er redet einfach. In dem Moment, in
dem du ihm sagst, er soll normal reden, imitiert er sich selber oder
seine Erinnerung an sich selber. Ich denke mir dann eine *Situation* aus, die den Schauspieler auf Umwegen oder auch direkt
dazu führt, von sich aus zu tun, was ich von ihm will. Ich erinnere
mich zum Beispiel an eine besonders komplizierte Szene in *Antonius und Cleopatra*, die erste Szene mit Octavius Caesar und seinen römischen Freunden, die in der Aufführung ganz simpel und
nicht besonders aufregend aussieht. Es war ein Riesenproblem,

sie herzustellen. Die drei BE-Schauspieler, die sie spielen, nahmen sie natürlich erst einmal auseinander, analysierten sie auf
ihren politischen Inhalt hin und so weiter, was ja in Ordnung ist.
Aber dann spielten sie die Analyse und den politischen Inhalt,
aber nicht die Figuren: Octavius, Lepidus und Agrippa, der General und ältere Berater, den ich aus den laufend eintreffenden
Boten gemacht hatte. Hinzu kam, daß Shakespeare die Szene
auch nicht sehr interessant fand oder besonders persönlich
geschrieben hat. Sie mußte einfach aus dramaturgischen Gründen an der Stelle sein. So mußte man erfinden, was zwischen diesen drei Leuten stattfindet. Ich habe mit den Schauspielern
wochenlang improvisiert. Ich hatte zum Beispiel gelesen, daß
Octavius ein kränklicher Mann war. Obwohl es bei Shakespeare
nicht vorkommt, dachte ich, damit kann ein Schauspieler etwas
anfangen – dem ist immer kalt, er hat eine Erkältung, fühlt sich
physisch immer unwohl, ist ein unphysischer Mensch. Das
mochte der Schauspieler. Also gab ich ihm Decken, in die er sich
einhüllte, ein Sofa, auf das er sich ständig legte, und die Szene entwickelte sich in diese Richtung. In ihrem Verlauf bringt General
Agrippa eine Meldung über die Piraten des Sextus Pompejus. Ich
sagte, Octavius ist ein junger Mann und verhält sich zu dem älteren, wie sich ein junger Mann zu einem älteren Lehrer verhält.
Mit einem gewissen Trotz zum Beispiel. Daraufhin spielten wir
Schule. Ich ließ eine Tafel hereinbringen, an der Agrippa Octavius
und Lepidus Pompejus' Position erklärte. Es war eine sehr schöne,
komische, skurrile Szene. Und vor 20 Jahren hätte ich sie so gelassen. Heute interessiert mich mehr, diese Stufen durchzuarbeiten,
um sie dann wieder wegzunehmen. Es sind am Ende wiederum
drei Leute, die sich nur unterhalten. Ich glaube, ich habe irgendwann eines begriffen, und seitdem interessiert mich Theater:
Wenn man einmal etwas erlebt hat, dann hat man es erlebt. Das
heißt, ein Schauspieler, der diese Szene einmal als Schulszene
gespielt hat, hat diese Schulszene irgendwo in seinem Kopf gela-
gert. Da ist etwas geblieben. Vielleicht bin ich der einzige, der

es noch feststellen kann, aber das genügt. Das heißt, es ist nicht nötig, daß der Zuschauer sagt, aha, das ist ja wie in der Schule. Das wäre mir zu erklärend für Shakespeare. Aber der Zuschauer kriegt es auch mit, ohne es zu registrieren. Und der Schauspieler spielt es, ohne es am Ende noch alles bewußt vor Augen zu haben. Das Problem bei Ostschauspielern ist, daß sie gewohnt sind, konzeptionell zu denken. Jetzt spielen sie zum Beispiel *Antonius und Cleopatra* mal eine Woche nicht. Der Schauspieler, der den Octavius spielt, kommt danach auf die Bühne und fängt seine erste Szene an, jetzt muß er sich irgendwie orientieren, wie jeder Schauspieler, wenn er anfängt, an irgendwas, um überhaupt einen Einstieg zu bekommen. Und damit haben diese Schauspieler immer noch die größten Schwierigkeiten, sie kommen auf die Bühne und sind verloren. Sie denken: Und jetzt? Früher war es einfach. Das Rollenkonzept war ganz klar, man hätte es aufschreiben können. Man hat es auch aufgeschrieben. Es war Satz für Satz absolut klar. Der Schauspieler wußte, er kommt auf die Bühne und sein erster Gedanke ist a und sein zweiter Blick ist b, und das alles in Relation zu irgendwelchen Ideologiekämpfen zwischen ihm und Antonius usw. Aber jetzt kommt er auf die Bühne, und es wird von ihm erwartet, daß er sich jedesmal, wenn er auf die Bühne kommt, von neuem auf eine Situation einläßt, als ob sie zuvor noch nie passiert wäre. Er hat nur das Material, das er schon im Kopf hat, zur Verfügung, das heißt, die Szene wird jeden Abend ein bißchen anders sein, nicht sehr, aber immerhin ein bißchen. Natürlich sind auch bei mir die Grenzen in den Proben mehr oder weniger festgelegt worden, aber sie werden nicht dadurch festgelegt, daß ich sage: Bis hier und nicht weiter, sondern sie werden festgelegt durch Wiederholung, das heißt, ich wiederhole eine Szene hundertmal, manchmal ohne viel dazu zu sagen. Erst dadurch legt sich die Szene langsam fest. Der Schauspieler macht einen Gang, dreht sich um und macht zwei Schritte nach links. Das macht er hundertmal, ohne daß ich ihm sage, daß ich es richtig finde, aber er macht es. Es wird ein Teil seines Lebens. Ein Ritual.

Und daran sind ganz viele Personen beteiligt. Auch Gedanken und Blicke und Musik oder Geräusche sind daran beteiligt, und alles kommt auf das Timing an: Wann passiert etwas, wann sagt jemand etwas. Zum Beispiel in Relation zu einer Bewegung: Der Schauspieler hebt die Hand und sagt: Naja. Oder er sagt: Naja, und hebt die Hand, oder er sagt Naja, und wenn er Naja sagt, fängt er an, die Hand zu heben. Das sind ja ganz wichtige Dinge. Aber wenn man es alles nur äußerlich, technisch festlegt oder probiert und sagt: So, jetzt heb die Hand und sag mal Naja, kannst du das zehnmillionenmal probieren, und es funktioniert nicht. Das Timing stimmt nicht. Der Schauspieler muß das Timing selber herstellen. Jedesmal neu herstellen. Das heißt, es ist ein Timing, das sich aus einer Situation ergibt und sich auch ändern kann, wenn die Situation sich ändert. Das Wort Timing ist nicht zufälligerweise ein amerikanisches Wort. Wir assoziieren es viel eher mit Komödie und Musical als mit irgend etwas anderem. Es ist ein Feeling.

Meine Mutter hatte einen riesigen Pickel auf der Nase, der eine große Wirkung auf mein Leben hatte, weil ich ihn sehr häßlich fand, und er wurde auch immer größer. Ich sagte meiner Mutter schon als kleiner Junge: Mami, laß den doch wegmachen. Sie wollte es nicht. Und dann sagte ihr jemand, man dürfe solche Pickel nicht wegmachen, weil man dann Krebs kriegt. Und sie kriegte auch Krebs, obwohl sie den Pickel nicht hatte wegmachen lassen. Ich habe seit einigen Jahren im Nacken ein Lipom. Alle Leute, auch Ärzte, sagen, ich solle es doch wegmachen lassen, es sei eine Sache von drei Minuten, es sei ja nur ein Stück Fett. Ich dachte immer, nein, ich lasse es nicht wegmachen, denn wenn ich es wegmachen lasse, kommt irgendwo etwas anders. Es wird ja irgendeinen Grund geben, warum mein Körper diese Sache gemacht, abgestoßen hat. Es ist ja nur Fett oder ein Blubber, irgend etwas, das er dorthin getan hat. Na gut, dann soll er doch. Mich stört es nicht, es tut nicht weh, es ist nicht gefährlich, es ist nur bei normalen Standards von Ästhetik nicht hübsch. Es kann natürlich

sein, daß in ein paar Jahren Lipomträger als die schönsten Menschen der Welt gelten. Es gab ja immerhin mal eine Zeit, in
der man Männer, wenn sie lange Haare hatten wie wir, nicht
in ein anständiges Haus hereingelassen hat. Und wir tragen jetzt
Jeans und anderen Schrott. Meine Eltern hätten gesagt, das
sind irgendwelche Arbeiter, die hier Rohre reparieren. – Es ist
aber nur eine Sache der Mode und des Geschmacks, deswegen
denke ich, ich warte jetzt einmal darauf, bis Lipomträger, Lipom-
tragen überhaupt die Sache ist. Dann bin ich doch ganz toll
dran.

Ich kann nicht sagen, daß mich die Emigranten-Szene besonders
interessiert hätte. Mich haben einzelne Leute interessiert, mit
denen ich zu tun hatte. Allerdings auch nicht viele – flüchtig
kannte ich zum Beispiel Canetti – fand ihn aber pompös und
abstrakt und unangenehm. Er hatte immer einen engen Kreis
von Leuten um sich herum, die zu seinen Füßen saßen und sich
seine Theorien über die Welt anhörten. Er war einer der Gurus
der Emigrantenwelt. Er interessierte mich auch deswegen nicht,
weil ich mich eigentlich nicht mit Literatur beschäftigte und
auch nicht mit seinen Theorien. Aber er war da. Er war sehr prä-
sent in dieser Gesellschaft. Seinen Roman *Autodafé* (*Die Blen-
dung*) konnte ich nicht zu Ende lesen, aber die Tatsache, daß er
immer mit seinen zwei Frauen spazierenging, interessierte mich
schon. Dann gab es einen österreichischen Kabarett-Club, das
Laterndl, meine erste Begegnung überhaupt mit Kabarett. Ein
Schauspieler namens André Marlé leitete das *Laterndl*. Man
sang Chansons und spielte Kurt Weill. Nestroy habe ich dort zum
ersten Mal gesehen. Wichtiger war für mich allerdings die »Free
German League of Culture« oder »Free German Youth« (Die
Freie Deutsche Jugend), eine starke, kommunistische Organisation, deren Mitglieder nach dem Krieg meist nach Ostdeutschland zurückkehrten. Ich geriet zufällig dorthin. Irgend jemand
nahm mich mal mit, und da sah ich zum ersten Mal Wedekinds

Frühlings Erwachen. Die Aufführung hatte Fred Weiss, ein österreichischer Filmregisseur, inszeniert. Ein dicker, etwas schmieriger, sehr wichtigtuerischer Mensch, der erste echte Regisseur, dem ich begegnete. Bis dahin kannte ich nur Coghill. In Fred Weiss kam mir jemand entgegen, der sich genauso benahm, wie man es in Büchern über europäische Intellektuelle gelesen hatte. Zum Beispiel in Christopher Isherwoods wunderbarem Buch *Prater Violet*, in dem die Figur nach Berthold Viertel modelliert ist. *Prater Violet* ist für mich noch heute die beste Beschreibung der Begegnung zwischen einem deutschen (oder österreichischen) Intellektuellen und einem coolen, in diesem Fall schwulen Engländer. Ganz wunderbar. Fred Weiss war ein aufgeblasener, etwas lauter, autoritärer Regisseur, wie ich ihn später in Deutschland noch oft kennenlernen sollte. Ich habe immer probiert, nicht so zu werden. Fred Weiss war der Theatermacher der FDJ. (Man kennt ihn aus dem *Dritten Mann* als den Wiener Hotelportier.) Die Rolle der Wendla in *Frühlings Erwachen* spielte Renee Goddard. Sie war mit einem Herrn Goddard verheiratet, der im Pionier Corps diente, und ich verliebte mich instantly in sie.

Renee zog mich ein bißchen in die Welt der Freien Deutschen Jugend herein. Sie war eine Halbjüdin aus Berlin, ihr Vater, Werner Scholem, war ein kommunistischer jüdischer Reichstags-Abgeordneter gewesen, den man aus der Partei ausgestoßen hatte, als Stalin an die Macht kam. 1933 war er von den Nazis ins Gefängnis gebracht worden, dann nach Dachau und Buchenwald, wo er 1940 erschossen worden war.

Renees Onkel war Gershom Scholem, Zionist der ersten Stunde, 1923 mit Herzl nach Palästina gegangen, an der Universität von Jerusalem Professor für jüdische Religionsgeschichte, der sich besonders der jüdischen Mystik widmete. Er starb 1982 in Jerusalem. Renee wohnte bei ihrer Mutter, die keine Jüdin war, verstand sich aber nicht gut mit ihr. Renee war – neben Fred Weiss – das Zentrum der Freien Deutschen Jugend. Sie hatte eine große Begabung, die jungen Leute in diesem Jugendclub zusammenzuholen und zu halten. Sie war ein sehr attraktives, sehr aktives Mädchen. Wo sie war, passierte etwas. Das beeindruckte mich. Ich war immer noch der sehr scheue, sehr englische junge Mann aus Oxford, und meine Begegnung mit Renee war meine erste

Renee Goddard

wirkliche Begegnung mit einer Emigrantin, die sich auch bewußt als solche sah. Mit Renee lebte ich dann eine Zeitlang zusammen. Wir sind heute noch befreundet. Sie wurde Schauspielerin, danach Storyeditor bei einem englischen Fernsehsender, dann eine Art Managerin, die Stücke produzierte, und eine zentrale Figur in der englischen Kultur- und Entertainment-Landschaft. Noch heute mit über siebzig arbeitet sie in einer Organisation, die europäische Filme produziert.

Die politischen Aktivitäten der Freien Deutschen Jugend interessierten mich nicht besonders. Ihre Theater-Aktivitäten schon eher. Ich sah dort zum ersten Mal *Kabale und Liebe* auf Deutsch, mit Renee als Luise. Mich faszinierte ihre Haltung zum Theater, die so anders war als das, was ich bisher in England mitbekommen hatte. Die Freie Deutsche Jugend war mein Hauptkontakt mit der Emigrantenwelt. Daneben gab es die Freunde und Freundinnen meiner Mutter, die am Nachmittag zum Kaffeeklatsch kamen, was mich langweilte. Sie kamen bei mir unter das Heading »Tanten«. In der Freien Deutschen Jugend traf ich jetzt junge Leute, die Theater machten. Ich hatte bis zu dem Zeitpunkt eigentlich noch keinen Kontakt mit professionellem Theater gehabt, auch nicht in Oxford. Jetzt traf ich zum großen Teil Profis, die aus Deutschland oder Österreich kamen. Dort waren sie entweder berühmt, oder sie meinten, sie wären es gewesen. Die Intensität der Arbeit fiel mir auf, und sie blieb wichtig für mich und trug sicher auch dazu bei, daß ich viele Jahre später nach Deutschland ging. Sicher war die Intensität der englischen Schauspieler vor allem später genauso groß, aber während des Krieges und unmittelbar nach dem Krieg redete man in England nicht über Politik oder Ästhetik. Man diskutierte nicht gern und saß auch nicht nächtelang und diskutierte über Stanislawskij, sondern führte light conversation. Das ganze englische Theaterleben schien mir wie eine verlängerte Cocktailparty. Und so sah auch ein Großteil des englischen Theaters bis ungefähr zu der Zeit von John Osborne, also Mitte der 50er Jahre, aus.

Die großen Klassiker-Inszenierungen mit Laurence Olivier in den Hauptrollen waren die große Ausnahme. Das waren Aufführungen, von denen ich nur träumen konnte. Ich sah sie 1946 in London. Olivier machte als Schauspieler durch seine Kraft, seine Schärfe und seinen Witz einen ungeheuren Eindruck auf mich. Ich glaube, bei ihm habe ich zum ersten Mal gemerkt, wie man ernstes Theater mit Witz spielen kann. Mit edge. The performance has edge. Oder: The actor has edge. Es liegt zwischen Schärfe und Biß, und es ist etwas, das dem deutschen Theater oft fehlt. Das deutsche Theater war, als ich es Ende der 50er Jahre erstmals kennenlernte, damit beschäftigt, mit großer Bedeutung und großer Schwere Wirkung zu erzielen, nicht eine schnelle, scharfe Wirkung, sondern eine große, breite, niederwälzende Wirkung. Ich hatte immer das Gefühl, daß es ein Theater war, das den Zuschauer überrollen wollte. Es wollte ihn nicht herausfordern, ihn auch nicht erziehen oder amüsieren, es wollte ihn überrollen. Es wollte so laut und so beeindruckend und so bedeutend sein, daß der Zuschauer nachgeben mußte. Er wurde andauernd in seinen Sitz zurückgehauen. Diese Art von Theater gibt es ja leider Gottes immer noch oder wieder, überall. Mittlerweile gibt es das auch in England. Da laufe ich immer raus. Ich will gereizt werden, nicht überrollt, ich möchte, daß jemand mich kitzelt und anmacht und reizt, bis ich mich hochsetze und am liebsten mit auf der Bühne wäre. Man muß mich in Bewegung setzen, ohne mich zu berühren. Wie gesagt, durch »edge«. Dieses »edge« war allerdings außer bei großen Ausnahmen wie Olivier, wenn es wirklich gut war, damals nur in Boulevard-Stücken zu finden, da das englische Theater fast ausschließlich aus Boulevard-Stücken bestand. Und eben bei wirklich genialen Schauspielern und Sängern wie Noel Coward. Das Timing bei seinen Songs ist genial. Der Text ist scharf und wunderbar. Noel Coward, der in den 30er Jahren begonnen hatte, hat noch bis in die 60er Jahre hinein sehr viel geschrieben, hat Hauptrollen gespielt, Musicals geschrieben, inszeniert. Er war The Master. Ich fand ihn damals übrigens überhaupt nicht gut, muß ich noch dazu sagen. Für progressive, junge Leute war, was er machte, damals schon degeneriertes Establishment. Reaktionär. Wenn ich es heute höre, höre ich genau das, was mich an den Engländern, am englischen Theater und auch an der englischen Gesellschaft am meisten fasziniert. Es geht zurück bis zu Oscar Wilde und auch zu Shakespeare. Es ist Witz, Charme, Lockerheit, Freiheit, Intelligenz, enorme Intelligenz, Theatralik, Künstlichkeit. Edge. Coward hat ein paar hinreißende Komödien geschrieben wie *Private Lives* (*Intimitäten*) und *Blithe Spirit*, die immer noch gespielt werden. Und er hatte in den 40er, 50er Jahren viele nicht ganz so gute Nachahmer wie Terence Rattigan.

Anfang 1946 ging ich zurück nach Oxford, um das Studium wieder aufzunehmen. Mein Tagebuch, 23.4.1946: »At last I am able to get back to my studies. French and German as before.« Ich ging erst einmal mit großer Erleichterung zurück.

»Spent afternoon with Joseph (Horovitz).«

25.4.46: »Go to college. Excellent room overlooking St. Giles.«

24.4.46: »Dr. Moore. Sorted out my work for the next two years.«

27.4.46: »Saw Costin and Moore. Worked. Read Hölderlin's early poems with great pleasure.«

28.4.46: »Spent evening with Geoffrey Ere and Philip Bowcock arguing about religion and politics. Enjoyed it thoroughly.«

29.4.46: »First lectures. Mabbot excellent on Plato ... Played violin.«

Viele Studenten, die jetzt in Oxford studierten, waren aus dem Krieg zurückgekommen. Ich erinnere mich an die Diskussionen über ihre Kriegserlebnisse. Es war unangenehm. Sie gründeten Ex-Service-Clubs. Das Grundalter der Studenten war jetzt höher, alle wollten ganz schnell fertig werden und machten Short Courses, um schnell ihre Diplome zu bekommen. Die Atmosphäre, die Oxford vorher gehabt hatte, war im Nu verschwunden.

Übrigens auch ein bißchen der Snobismus, weil jetzt viele mit Grants nach Oxford kamen, mit Special Grants nach dem Krieg. Sie studierten drei Semester und gingen dann in den Beruf. Irgendwo war das Ganze jetzt demokratischer – Kingsley Amis' Roman *Lucky Jim* beschreibt diese Situation vorzüglich –, aber alles stand noch so unter dem Eindruck des Krieges, daß man das Positive schwer erkannte. Ich empfand das Ganze nur als verwirrend und unangenehm. Ich war mittlerweile auch so weit, daß ich sagte, ich muß etwas Reales machen. Ich möchte jetzt arbeiten, nicht mehr studieren. Was hilft mir das Studium?

In London machte gerade die Old Vic-Schule als Schauspiel- *und* Regieschule auf. Was hieß: es gab nicht nur einen Regiekurs innerhalb einer Schauspielschule, sondern eine regelrechte Regieschule. Der wichtigste Lehrer, zugleich Leiter der Schule, war Michel Saint-Denis, der vor dem Krieg die »Compagnie des Quinze« geleitet hatte, eine sehr bekannte französische avantgardistische Theatertruppe, die stilisiertes, japanisch beeinflußtes Theater mit viel Masken machte. Saint-Denis hatte als Regisseur mittlerweile auch in England einen großen Namen. Er kam aus der Tradition von Pitoeff und Copeau, dem französischen Theater der 20er und 30er Jahre. Der zweite Lehrer war Glen Byam Shaw. Ein sehr englischer Gentleman, ein gescheiter Regisseur, der ein ganz anderes Theater repräsentierte: sehr unterspielt, sehr viel Shakespeare, ein stiller und unauffälliger Regisseur. Mein wichtigstes Erlebnis mit Glen Byam Shaw war seine *Antonius und Cleopatra*-Aufführung mitsamt den Proben. Er hatte die Cleopatra sehr ausgefallen mit Edith Evans besetzt, einer Schauspielerin, die damals 60 Jahre alt war. Und Antonius mit Godfrey Tearle, einem 70jährigen Schauspieler. Edith Evans war zuerst eine Komikerin, berühmt für ihre Rolle als Lady Bracknell in Oscar Wildes *Bunbury*. Sie war die große englische Schauspielerin dieses Jahrhunderts, vergleichbar mit Adele Sandrock. Godfrey Tearle wirkte wie ein schwerer, großer, sehr englischer Großgeneral. Diese Kon-

stellation hat unglaublich gut funktioniert – beide berührten sich
fast nie, sie sprachen nur miteinander. Nun war Shakespeare in der
Zeit sowieso noch hauptsächlich Sprechtheater. In anderer Hinsicht war die Aufführung sehr unkonventionell. Das Stück spielte
auf einer Riesenbühne, einer erhöhten Plattform. Das Bühnenbild
war als »Hammersmith Tube Station« verschrien, weil es so aussah
wie die bekannte, moderne Londoner U-Bahnstation. Oben auf
dieser Plattform stand Edith Evans und sprach mit ihrer unvergleichlich tölenden Stimme. Wunderbar! Sie kam aus dem Ko-
mikerclub um Noel Coward. Nicht aus dem Shakespeare-Club.
Solche Übergriffe waren Erlebnisse, die für meine eigene Entwicklung später als Regisseur wichtig waren. Wenn ich heute sage, daß
ich traurig darüber bin, Willy Millowitsch nie dazu gekriegt zu
haben, einen Shakespeare-Clown zu spielen, dann kann man das
Byam Shaw und Edith Evans anlasten.

Eine Theatertradition, in der es möglich war, daß Edith Evans
die Cleopatra oder Laurence Olivier einen abgetakelten Komiker
in Osbornes *Entertainer* spielte, kam von der Music Hall. Die
Music Hall war etwas Einmaliges, an dem man gar nicht vorbei-
kam, weil zum Beispiel das Radio sie laufend übertrug. Später
dann das Fernsehen. Es gab ganz viele Music Halls. Auch die
erwähnten Christmas-Pantomimes gehörten in diese Tradition.
Die Music Hall ist eine der wichtigsten englischen Theatertradi-
tionen überhaupt. In Paris heißt es Vaudeville, in Amerika auch, in
Deutschland gibt es das nicht. Es ist ein populäres Theater, sozusagen für alle. Eine Art Nummern-Revue, in der der Komiker die
wichtigste Figur ist. Der Komiker, der oft schlechte und unanständige Witze erzählt und allein da oben auf der Bühne steht. Ich
habe 1978 Trevor Griffiths Stück *Komiker* in Hamburg inszeniert,
ein Stück über diese Art Komiker. Ein wunderbares Stück, in dem
die ganze Zeit über acht professionelle Komiker auf der Bühne stehen – Leute, die in die Schule gehen, um zu lernen, wie man
komisch ist – und das die Music Hall Tradition eigentlich zele-
briert. Es gibt heute noch Music Hall, auch wenn es fast keine

Theater mehr dafür gibt. Während des Gastspiels meiner *Antonius und Cleopatra*-Inszenierung 1995 in Edinburgh sah man bei einer Vielzahl von Off-off- oder Fringe-Aufführungen, die gerade liefen, diese Komiker einfach dastehen und Witze erzählen, stand up comedians. Manche sind genial, manche nur blöd. Einer der berühmtesten Komiker der 30er und 40er Jahre war Max Miller. Viele von ihnen waren übrigens Juden. Max Miller kam auf die Bühne und redete so, wie Noel Coward sang, im selben Tempo. Das Ganze war wie ein Satz, der eine Stunde dauerte. Es waren geniale Techniker, die einen plumpen, brutalen, direkten Humor hatten – den Humor, den wir schon bei einem Tobias von Rülp in *Was ihr wollt* und bei Shakespeares Clowns finden. Die eine Seite des englischen Humors. Die andere Seite ist sophisticated. Zur Music Hall gehörten früher auch Tänzer, sogar Tiere und Jongleure. Bis vor dem Krieg waren die Music Halls das populäre Unterhaltungstheater. Danach kam es aus der Mode, sicher zum Teil wegen des Fernsehens. Die letzte Music Hall, die ich kenne, war in der Edgeware Road in London. In den 50er Jahren gingen wir noch manchmal dorthin. Es gab auch den Versuch, die Music Hall, wie sie im 19. Jahrhundert ausgesehen hatte, zu rekonstruieren, vor allem im Londoner »Players Theatre Club«. Die alte Form von Music Hall wurde dort nicht nur wieder aufgenommen, sondern auch parodiert. Dort wurden dann auch viktorianische Christmas Pantomimes aufgeführt. Der Kontakt mit dem Publikum gehörte sehr zur Music Hall Tradition. Das Publikum wurde angemacht und angequatscht. Ich erinnere mich noch, wenn man zu spät kam, unterbrach sich der Komiker auf der Bühne und sagte: Please put the lights on for the gentleman, so that he can see where he is going. Ich kenne so etwas in Deutschland nur aus Köln, durch den Karneval, das Büttenreden. Manchmal gab es vor der Bühne auch eine Musikkapelle. Es kam darauf an, wie groß oder wie reich die Music Hall war. Die Band war möglicherweise auch mal nur ein Klavier.

Old Vic Theatre School

Ich hatte mich entschlossen, das Studium abzubrechen und Regisseur zu werden. Und da ich mich entschlossen hatte, Regisseur zu werden, mußte ich darüber nachdenken, wie man das wird. Es gab zu der Zeit im englischen Theater nicht den Posten des Regie-Assistenten. Es gab nur den Inspizienten (Stage Manager) und den Assistenten des Inspizienten (Assistant Stage Manager – ASM genannt, der Schlappenschammes). Der Inspizient war gleichzeitig Souffleur, und die beiden Inspizient-Assistenten machten Kaffee. Das war es. Regieassistenten existierten nicht. Dramaturgen auch nicht. Es gab ja kein subventioniertes, nur ein kommerzielles Theater. Also, wie lernt man Regie? Das war das Problem. Ich hatte mitgekriegt, was so alles möglich war. Ich hatte in Oxford erlebt, wie Kenneth Tynan T. S. Eliots *Sweeney Agonistes* inszeniert hatte. Vor allem, wie er selbst die Hauptrolle spielte und am Ende durch den Zuschauerraum hinauslief. Das war für das damalige Theater ein ganz ausgefallener Regie-Einfall. Dann kriegte ich mit, was Peter Brook machte, der zu diesem Zeitpunkt auch in Oxford anfing. Ich kannte ihn damals zwar nicht persönlich, verfolgte aber, was er machte, auch als er dann in London zu arbeiten anfing. So kriegte man eben auch mit, daß man nicht unbedingt warten mußte, bis man 60 war, um Regisseur zu werden, daß man es vielleicht auch schon als junger Mann sein könnte. Regisseure waren damals in der Regel ältere Herren. Peter Brook war zufällig ein erstaunliches Gegenbeispiel – mit 21 Intendant von der Covent Garden Opera. Das war neu. Es gab einen Regisseur, den ich über alles bewunderte. Er hieß Tyrone Guthrie, ein Ire, der auch am Old Vic unterrichtete und hauptsächlich Shakespeare und irische Stücke inszenierte. Ein verrückter, übertriebener, wilder, aber realistischer Regisseur, der mit großen Show-Effekten arbeitete und ganz unkonventionell mit seinen Sachen umging. Und immer einen großen Wirbel auf der Bühne veranstaltete – einen sehr komplizierten Wirbel. Ständig passierte überall etwas auf der

Bühne. Ich konnte in Guthries Proben von Shakespeares *Heinrich VIII*. gehen. Guthrie war riesig, unendlich lang und dünn, ein Mann, der bei der Regie-Arbeit alle fünf Minuten vom Zuschauerraum aus auf die Bühne raste. Und wenn dann 50 Statisten auf die Bühne kamen, lief er zwischen ihnen herum und flüsterte jedem ganz schnell irgend etwas Geheimnisvolles ins Ohr. Es ging immer ganz schnell. Drei Minuten später war er wieder unten, und dann machten plötzlich alle etwas ganz anderes auf der Bühne. Glen Byam Shaw war im Gegensatz zu Guthrie der sophisticated English Gentleman. Auch bei ihm erinnere ich mich an eine Probe, bei der er mich sehr beeindruckte: Er ließ eine Szene durchlaufen und saß unten. Dann endete die Szene, und er ging auf die Bühne und holte sich eine Schauspielerin. Es war irgendein Star, und er ging mit ihr runter von der Bühne und um den gesamten Zuschauerraum herum. Dann kam er mit ihr wieder auf die Bühne, und währenddessen erzählte er ihr leise irgend etwas. Und dann nahm er sich einen Schauspieler und machte mit ihm dasselbe. Ich habe von Glen Byam Shaw nie ein Regiewort gehört, weil er immer nur flüsterte. Es gab immer ein Geheimnis zwischen ihm und den Schauspielern. Während der Szene hat er nie unterbrochen. Michel Saint-Denis, Glen Byam Shaw, Tyrone Guthrie – bei jedem von ihnen erhielt ich ein anderes Bild von einem Regisseur, ein anderes Rollenbild. Neben diesen dreien war George Devine als vierter Regisseur wichtig, der spätere Intendant des Royal Court Theatre, das Theater, in dem die »Angry young men« der 50er Jahre zum ersten Mal ihre Stücke aufführen konnten. Im Royal Court fing John Osborne an und viele andere. Dort wurde zum ersten Mal in England Ionesco gespielt. George Devine war einer der Erfinder des modernen englischen Theaters. Ich habe bei ihm in der Old Vic Theatre-Schule nur Vorträge über Beleuchtung gehört. Ich mochte ihn nicht. Er war ein grantiger, pfeiferauchender, etwas spießiger, unhöflicher Mann, ein Schauspieler-Regisseur, der mich an Mr. Smith, den Französischlehrer in der Preparatory School in Willesden, erinnerte. In

Hedda Gabler (gespielt von Peggy Ashcroft) sah ich ihn als Tesman. Ich erinnere mich aus seinen Vorträgen über das Licht nur an eins. Er sagte, es gibt nur ein Problem beim Licht: die Augen der Schauspieler. Ihr könnt das schönste Licht der Welt auf der Bühne machen, aber wenn ihr die Augen der Schauspieler im Dunkeln laßt, schläft das Publikum ein. Das fand ich damals natürlich albern, dabei war diese Bemerkung über das Licht mehr als nur eine Bemerkung, es war Devines Haltung zum Theater: Das Licht ist für den Schauspieler da. Das Licht zeigt den Schauspieler. Das war der Tenor, und das ist bis heute, glaube ich, einer der ganz wesentlichen Unterschiede zwischen englischem und deutschem Theater. Auch französischem. Als ich später nach Deutschland kam, beeindruckte mich zuerst, daß hier immer von oben beleuchtet wurde. Das heißt, damals waren die Lampen oben angebracht und beleuchteten den Oberkopf der Schauspieler, so daß die Schauspieler nur schwarze Ringe hatten, wo andere ihre Augen haben. Man konnte die Augen nicht sehen. Und sowie man als Regisseur sagte, ich möchte aber die Augen der Schauspieler sehen, beschwerte sich der Bühnenbildner, weil auf dem Bühnenbild hinten Schatten entstanden. Das war einer der grundsätzlichen Unterschiede. Ingmar Bergman allerdings stellte als erstes immer große Lampen hinter die Zuschauer, direkt frontal auf die Schauspieler gerichtet. Er weiß vom Film, was Augen erzählen können.

Ich arbeite seit vielen Jahren nur mit zwei Beleuchtern. Der eine ist ein Franzose, André Diot, mit dem ich schon seit 25 Jahren arbeite. Und der andere ein Engländer, Andy Philips. Als ich 1984 zum ersten Mal mit Andy bei *Verlorene Zeit* von Hopkins in Hamburg zusammenarbeitete (André Diot war nicht greifbar), fing Andy an, für dieses sehr realistische Stück sein Licht einzurichten. Ich wollte in der Mitte des Stücks einen Lichtwechsel haben. Andy begriff nicht und sagte: Warum soll sich das Licht mitten am Tag ändern? Was ist? Hat die Sonne ins Fenster geschienen oder was? Was ist denn los? Ich versuchte dir das Licht so zu machen, wie es in diesem Zimmer sein würde. Ich sagte, ich möchte aber, daß es hier dunkler und da heller wird usw. Er wollte es nicht, weil es keinen realistischen Grund dafür gab. Er wehrte sich dagegen, es gab lange Auseinandersetzungen. Licht war für ihn ein Mittel zum Wiederherstellen von realistischen Situationen. Meine Art, Licht zu machen, ist eine Kombination dieser Auffassungen, und ich finde es auch ganz albern, auf Naturalismus oder Realismus zu bestehen. Daß man aber den Einstieg vor allem in ein realistisches Stück von einem realistischen Standpunkt her suchen sollte – also, was ist möglich, was ist wirklich möglich –, diese Haltung bezieht sich ja nicht nur auf das Licht, sondern auf alles, was auf der Bühne passiert. Was könnte ein Mann in der Situation wirklich sagen? Kann er es sagen? Das sind Fragen, die einen deutschen Autor meistens nicht beschäftigen. Einen englischen Autor jedoch andauernd und vielleicht zuviel. Kann der Mann diesen Satz in der Situation sagen? Würde er so aussehen? Ich habe sehr oft und sehr gerne englische Assistenten dabei, die das Deutsche bei mir kritisieren, wie Rosee Riggs, die lange Jahre meine Assistentin war. Sie war hauptsächlich dafür da, daß sie immer wieder sagte: Peter, why is he wearing that funny coat? He wouldn't, would he? Und dann würde ich sagen: Weil ich hier diesen funny coat sehen will, deswegen. Und sie: Aber das ist doch unmöglich. Es ist doch Sommer. Da kann er doch diesen Mantel nicht anziehen. Ist doch völlig absurd ... Von George Devine lernte ich, daß Licht dazu da ist, daß man sieht, was auf der Bühne passiert. Nicht, um die Bühne kunstvoll in Dunkelheit und Schatten zu werfen. Bei meinem *Richard III.* (1997) waren die deutschen Kritiker immer noch durch das andauernde helle weiße Licht verstört. Sie meinten, Mord und Schrecken fänden eher im Dunkeln statt.

Damals war der Begriff Kunst im englischen Theater verpönt. Wenn man anfing, über »Art« zu reden, machten alle etwas verdrehte Gesichter und erfanden schnell Ausreden, um das Zimmer zu verlassen. Eine Haltung, die natürlich auch wieder große Nachteile hat – das englische Antikunstempfinden, das Philistertum, ist sehr stark. Für mich führte das später in Deutschland zu spannenden Konflikten.

Es war sehr schwer, in die Old Vic Theatre-Schule aufgenommen zu werden. Man mußte ein Studium hinter sich, es zumindestens angefangen haben wie ich. Von 500 Bewerbern wurden zehn ausgesucht. Jeder wollte nun plötzlich dorthin und nicht mehr zur Konkurrenz, an die Royal Academy of Drama. Die Gründung der Old Vic Theatre School war ein Riesenereignis. Man wußte, Olivier würde dort Vorträge halten. Ich hatte ein paar interessante Klassenkameraden. Zum Beispiel Michael Cacoyannis, ein Grieche, der in den 50er und 60er Jahren viele große und schöne Filme drehte, unter anderem den berühmten *Alexis Sorbas*.

Ein anderer Mitstudent war Frank Dunlop, der später ein angesehener, guter Regisseur wurde und das Edinburgh Festival leitete.

Das Aufregende an der Schule waren die Lehrer. Neben Saint-Denis, Byam Shaw und Devine gab es eine Reihe weiterer außergewöhnlicher Leute. Zum Beispiel der Schriftsteller und Publizist Christopher Hassell, der Vorträge über den sozialen Hintergrund des Dramas hielt. Er machte das mit Charme und Brillanz, nicht wie ein Dramaturg, sondern wie ein Showman. Er war auch Schauspieler und kam aus der Welt von Noel Coward. Inszenieren setzt sich ja aus tausend unterschiedlichen Elementen zusammen. Vieles davon lief an der Schule zusammen. Professor Isaacs war ein Theater-Historiker, der über die Geschichte des Dramas unterrichtete und so weiter. Sehr wichtig waren zwei Frauen. Motley und Liz Pisk. Motley hieß eigentlich Harris und war eine der bekanntesten Bühnenbildnerinnen ihrer Zeit. Bei ihr haben wir all das gelernt, was meine Assistenten heute noch nicht können: Einen Grundriß zu zeichnen, über die praktischen Dinge der Bühne nachzudenken. Das ist etwas, das man als Regisseur in keiner Theaterschule mehr lernt. Wir sind mit Motley in die Theater gegangen und haben Kulissen geschoben. Liz Pisk war die

Bewegungstänzerin und die Lehrerin, bei der ich zum ersten Mal lernte, daß es Bewegung auf der Bühne gibt, die stilisiert sein kann, aber nicht Tanz ist. Die nicht Pantomime ist. Und die man choreographisch gestalten kann und muß. Durch die Anwesenheit von Saint-Denis war in der Schule der Einfluß des japanischen Theaters besonders stark. Es hat mich nicht sonderlich interessiert, aber es war doch wichtig für mich, weil ich einen großen Widerstand gegen Künstlichkeit hatte.

Nach dem ersten Jahr wurde entschieden, ob man weiter auf der Schule blieb. Ich flog raus. Erstens, weil ich außerhalb der Schule eine eigene Inszenierung gemacht hatte, *Salome*. Das durfte man nicht. Und zweitens fiel meine Bühnenbildarbeit durch. Wir mußten am Ende des Jahres eine Arbeit abliefern, ein Bühnenbildmodell, das wir selbst anfertigen mußten.

Wir konnten Modellbauen. Wir lernten einfach alles, was wir später von anderen Leuten verlangten. Das ist heute übrigens in der Ausbildung nicht mehr der Fall. Ich kenne zu viele Assistenten, die all das nicht können und deswegen auch auf diese Vorgänge herabschauen – kann ja jemand anderes machen. Aber es ist etwas anderes, wenn man selber eine Treppe gebaut und überlegt hat, ob sie gerade nach oben geht oder um die Ecke oder ob sie rund ist und die Stufen so und so groß. Auch, wenn man es später nicht mehr selber baut, sondern der Bühnenbildner, hat man ein anderes Gefühl dafür. Ich habe damals gelernt, daß das Bühnenbild vom Regisseur bestimmt wird. Man lernte als Regisseur, einen Grundriß zu zeichnen, den man dem Bühnenbildner gab. Der Bühnenbildner baute dann auf diesem Grundriß sein Bühnenbild. Das war der simple Vorgang. Wir lernten, daß man ein Stück inszeniert, indem man zuerst einmal etwas tut, das sich blocking nennt: Man stellt ein Stück durch. Das erlebte ich dann später auch in Deutschland. Man kommt auf die erste Probe und hat einen Plan aller Gänge vor sich. Sie werden erst mal alle nacheinander »gestellt«. Dem Schauspieler wird das Nötigste zu den jeweiligen Vorgängen gesagt, das äußere Skelett wird hergestellt –

Also, Othello, Sie gehen bei dem Satz hier von rechts drei Schritte zu dem Bett, dann beugen Sie sich vor, während Desdemona... Das ist, sagen wir, der routinierte Weg, Theater zu machen. Man ging ja an unserer Schule davon aus, daß die Studenten danach erst mal in der Provinz Theater machen würden. Dort hatte man höchstens eine, zwei oder drei Wochen Zeit, ein Stück zu inszenieren. Ich muß hinzufügen, daß es heute noch Regisseure gibt – zum Beispiel Ingmar Bergman –, die genau so arbeiten. Bergman stellt das gesamte Stück erst einmal in drei, vier oder fünf Tagen durch und sagt den Schauspielern ganz wenig darüber. Und erst, wenn er das äußere Gebäude hat, fängt er an, mit den Schauspielern innerhalb des Gebäudes zu arbeiten. Noelte auch. Bei dem dauert es ein bißchen länger. Es ist ein Weg, den ich verstehen kann. Ich kann verstehen, daß man so herum denkt. Aber trotz meiner Ausbildung damals könnte ich es nicht. Der Gedanke ist ja, daß der Schauspieler ein äußeres Korsett bekommt, das noch keinen Inhalt hat. Und daß dann innerhalb dieses Korsetts der Inhalt hergestellt, entwickelt wird. Ich denke anders herum. Nicht wie Bergman, sondern wie Kazan. Ich denke, daß der äußere Vorgang nur als das Resultat der inneren Entwicklung entstehen kann. Ich weiß nicht, wie ein Gang aussieht, bevor ich gesehen habe, wie der Schauspieler irgend etwas denkt. Wie seine Phantasie funktioniert. Wie kann ich sagen, daß er mit diesem Satz von da nach da gehen soll, bevor ich gemerkt habe, wie er mit diesem Satz überhaupt umgeht, was bei ihm passiert, wo er hinguckt. Vielleicht will ich dann gar nicht mehr, daß er da hingeht. Es sind zwei völlig verschiedene Schulen. Aber damals, an der Old Vic Theatre School, war es klar, daß man es im wesentlichen so machte. Die anderen, wie Kazan, über die man auch schon gehört hatte, waren ein bißchen ausgefallen. Kazan kam vom American Group Theatre und der Schule des Method Acting. Es war nicht das, was diese Schule uns beibringen wollte.

Ich hatte als Jahresabschlußarbeit ein expressionistisches Bühnenbild gebaut. Ich sehe uns noch in diesem Saal, wie wir da alle mit unseren Modellen stehen. Die Lehrer, Saint-Denis und Byam Shaw und Devine, gingen herum und schauten sich die Arbeiten an und unterhielten sich mit den Studenten darüber.

Michel Saint-Denis

Als sie zu mir kamen, guckte Michel Saint-Denis mein Modell an und sagte: Aha, Sie wollen experimentieren, nicht wahr? Und da sagte ich, ja klar will ich das. Und das gefiel ihnen nicht. Mehr habe ich nie von ihnen darüber gehört. Ich fragte, wie es nun weiterginge, und sie sagten, da ich sowieso schon inszeniert hätte, könnte ich jetzt abhauen.

Zu dieser Inszenierung ist zu sagen, daß ich einfach ungeduldig geworden war. Ich war 21 Jahre alt und hatte eine feste Freundin, Renee. Ich dachte, jetzt mußt du anfangen. Du mußt jetzt etwas machen. Es muß jetzt losgehen. Und ich hatte mich in *Salome* verliebt. Da das Stück nicht abendfüllend ist – in England mußte man einen Abend füllen (wenn man sein Geld bezahlt hatte, wollte man auch 2 1/2 bis 3 Stunden Theater geboten bekommen) –, inszenierte ich noch *Sweeney Agonistes* dazu. Ein kurzes Stück von T. S. Eliot. Es ist näher an *The Waste Land* als an *Cocktailparty*. Ein frühes Fragment, das im Puff spielt mit zwei Nutten und einem Mörder, einer Figur wie Jack the Ripper. Es gibt übrigens eine schöne Übersetzung ins Deutsche von Erich Fried. Es ist ein tolles Stück, ein kleines, gedrängtes Meisterwerk. Na ja, ich wollte es unbedingt machen und wußte überhaupt nicht, wie man an eine Inszenierung kommt. Ich fand dann an der Grenze zum Westend, nicht weit vom Oxford Circus in der Baker Street, eine Halle, in der Theater gespielt wurde. »The Rudolf Steiner Hall« gehörte den Anthroposophen, und das Theater wurde ab und zu an freie Gruppen vermietet, aber das kostete Geld. So überredete ich Philip Mellor, einen Mitschüler in der Regieklasse, der irgendwie Geld hatte und es finanzierte. Dann ging ich auf die Suche nach Schauspielern. Ich hatte kein Geld für Gagen. Also mußte ich Schauspieler finden, die es entweder aus Spaß machten, weil sie arbeitslos waren, oder Amateure waren. Es entstand eine Mischung aus Amateuren und Profis. Michael Cacoyannis spielte den Herodes, Renee die Herodias, und die Salome wurde von Bernice Rubens gespielt, die heute in England eine berühmte Romanschriftstellerin ist. Den Jochannan spielte ein verrückter Schullehrer und so weiter. Von überall her hatte ich mit großem Enthusiasmus Schauspieler zusammengeholt. Da die meisten Schauspieler irgendwelche Jobs hatten, mußte ich abends mit ihnen arbeiten. Ich habe sechs Monate probiert. Josef Horovitz, der mittlerweile wirklich anfing, sich als Komponist zu etablieren, schrieb eine schöne Musik dazu. Eine sehr schöne, etwas jüdische Musik, die mit einem Quartett auf Platte aufgenommen wurde, weil wir uns keine Live-Musik leisten konnten. Glücklicherweise gab es sofort nach den ersten Aufführungen einen Protest des Pastors der Gegend, weil Salome bei ihrem Tanz fast nackt auftrat. Das ging natürlich nicht, war damals nicht erlaubt in England. Ich benutzte in *Salome* Masken. Das hatte ich von Saint-Denis gelernt. Es war eine kuriose Veranstaltung. Sie lief mühsam einen Monat, dann ging niemand mehr rein. Ich war enttäuscht, daß es nicht ein Riesenerfolg geworden war. Das Beste am Abend war wahrscheinlich gar nicht *Salome*, sondern *Sweeney Agonistes*. Eliot lag mir viel mehr. *Salome* war eine Welt, die mich damals sehr interessierte, genau wie die Welt Oscar Wildes mich heute noch fasziniert, mit der ich aber eigentlich nichts anfangen kann. Ich habe zweimal in meinem Leben versucht, *Bunbury* zu inszenieren, und beide Male war es nicht sehr gut. Obwohl ich das Stück liebe. Ich muß mich damit abfinden, daß es gewisse Dinge in meinem Leben gibt, die ich sehr gerne erlebe, aber nicht selber machen kann. Wenn man als Regisseur etwas sieht, das man wunderbar findet, will man es sofort selber machen. Ein Irrtum. Es gibt vieles, was einen reizt und das man trotzdem nicht kann, umgekehrt gibt es Dinge, die man ablehnt, wenn man sie sieht, die man aber erstaunlicherweise sehr gut kann. *Othello* zum Beispiel ist ein Stück, das ich mein Leben lang idiotisch fand, muß ich zugeben. Eine idiotische Geschichte. Das Problem von Negern und Weißen hat mich noch nie besonders beschäftigt. Es wäre mir nie in den Kopf gekommen, *Othello* zu inszenieren. Nie. Doch irgendwann suchte ich ein Stück für Wildgruber. Wir setzten uns zusammen, und ich sagte: Ulli, hör mal, wahrscheinlich würdest du gerne Othello spielen. Er sagte sofort: Ja. Und ich: Gut, machen wir Othello. Und sofort dachte ich: Auf was lasse ich mich jetzt ein. Siehe da, es wurde so identisch mit mir, wie ich es mir nicht vorstellen konnte. Im voraus hatte ich mir Othello als Outsider nicht vorgestellt. Erst später, während ich das Stück inszenierte.

Als ich damals mein erstes öffentliches Stück aufführte, hatte ich noch keinerlei Erfahrung im Umgang mit Stücken.

DIE LONDONER THEATERWELT,
LAURENCE OLIVIER UND JOAN LITTLEWOOD

Ich will mal die Theaterwelt beschreiben, in der ich zu arbeiten begann. Laurence Olivier auf der einen und Joan Littlewood auf der anderen Seite waren die beiden Richtungen von englischem Theater, die mich am meisten faszinierten. Olivier hatte zu der Zeit seine großen Aufführungen mit Ödipus und Richard III., die Höhepunkte seiner Karriere. Dabei waren die Inszenierungen, die er nicht selber machte, ganz mittelmäßig.

Olivier war sozusagen das männliche Erlebnis. Während das englische Theater zu der Zeit oft etwas Seichtes und Witziges und eher Feminines hatte – was mich anzog, ich aber ablehnte –, war Olivier das Scharfe, Überzüchtete und Rhetorische, das trotzdem, komischerweise, wenn Olivier spielte, ganz realistisch wurde. Die Premiere von *Richard III.* war sicherlich einer der aufregendsten Momente meines ganzen Lebens. Was ich da gesehen habe, kann man noch ein bißchen bei dem Film *Richard III.* nachempfinden, aber nur ein bißchen. Olivier hatte damals auf der Bühne eine ganz einmalige Ausstrahlung und Wirkung. Später interessierte er mich nicht mehr, weil er nur noch virtuos war. Er konnte da alles, hat auch alles gemacht, und es hat mich nicht mehr gefesselt. Aber damals war er noch jung und aggressiv und komisch und witzig. Er spielte am selben Abend vor dem *Ödipus* die Hauptrolle in *The Critic*, einem Schwank von Sheridan, der als Curtain raiser diente. Und *The Critic* fing damit an, daß Olivier den Hauptvorhang herunterrutschte. Sein Schrei, als er in *Ödipus* erfährt, daß er mit der Mutter geschlafen hat, ist mir unvergeßlich. Olivier behauptet, daß er den Schrei eines Seehundes imitierte, der in der Arktis vom Eis losgerissen wurde. Im nachhinein verbinden sich extreme Komik und extreme Tragik als das Erlebnis ein und desselben Abends. Eine Verbindung, die man als camp bezeichnen könnte. Olivier war camp. Camp hat mit Künstlichkeit zu tun. Mit Überzüchtung, mit hochgezüchteter Künstlichkeit (wie man sie zum Beispiel auch auf den Fotos von Cecil Beaton findet). Und das hatte Olivier, er hatte es, ohne dabei schwul zu wirken. Und sogar, ohne dabei affektiert zu wirken. Vor allem durch seine unglaubliche Stimme. Ich werde nie die Szene in *Richard III.* vergessen, in der er endlich König geworden ist, alle anderen geschafft hat und sich eine hohe Treppe zum Thron heraufschleppte, dieser Krüppel. Auch Oliviers Ödipus war nicht abstrakt, sondern real und persönlich, so daß es mich berührte. Griechisches Theater und griechische Mythologie sind mir eigentlich sehr fremd. Mich beschäftigt das einmalige, konkrete Ereignis. Etwas, das einmal passiert, das man sieht und hört, damals oder irgendwann, die Einmaligkeit ist mir wichtig, nicht die Tatsache, daß es vielleicht ein Modell ist. In meiner *Antonius und Cleopatra*-Inszenierung ist das deutlich erkennbar. Gert Voss als Antonius ist kein Modell, sondern ein unverwechselbarer Einzelner. Das Theater, meine ich, muß immer wieder erzählen, daß Menschen absolut und komplett verschieden sind. Daß es so viele Verschiedenheiten gibt, wie es Menschen gibt. Und daß jeder auf seine Weise unter Umständen interessant oder auch langweilig oder böse oder ulkig ist. Das ist es, was mich, glaube ich, von mythischen Stoffen abhält. Ich habe immer mal wieder probiert, die *Odyssee* zu lesen, und sie nie zu Ende gelesen, weil die Geschichte immer wieder auf das Allgemeine zielt. Natürlich gibt es Momente, in denen plötzlich irgend etwas Kurioses und Einmaliges passiert. Aber es dominiert die Generalisierung, die mich langweilt und anödet. Aber bei Laurence Olivier war der Ödipus ein Ereignis. Immer wieder ging ich in seine großen Vorstellungen, soweit ich es mir leisten konnte.

Und auf der anderen Seite stand Joan Littlewood, die ja heute noch lebt und gerade eine große Autobiographie geschrieben hat. Ich kannte sie 1946/47 noch nicht, nur einige ihrer Aufführungen. Sie war eine große Veränderin des Theaters. Sie kam aus Manchester und hatte mit Amateuren eine Theatergruppe aufgebaut, mit der sie die komischsten Sachen inszenierte. Als erstes erinnere ich mich an ihre Bearbeitung der Lysistrata, *Operation Olive Branch*, zeitgenössisch, politisch, aggressiv. Ihre Art zu inszenieren war expressionistisch, sie arbeitete stark mit Bewegung, beeinflußt von Laban, Wigman, Jooss und modernem Tanz, und benutzte ganz reduzierte Bühnenbilder. Nicht in der Richtung von Craig, sondern viel eher in der Richtung der deutschen und russischen Expressionisten – sehr viel Schrägen und Lichtkegel; auch in der Richtung von deutschen Bühnenbildnern, die ich später, in den 50er Jahren, vorfand, als ich nach Deutschland kam (zum Beispiel Fritzsche). Für England war es sehr ungewöhnlich und wäre auch nie akzeptiert worden, wenn ihr Theater nicht so deftig gewesen wäre. Die meisten Schauspieler kamen aus den Midlands und sprachen in einem Midlands-Akzent, egal, welches Stück sie machten. Sie konnten gar nicht anders als Dialekt sprechen, weil sie untrainierte Schauspieler waren. »Theatre Workshop«, so hieß es, war ein kommunistisches Theater. Sie kamen nach London und spielten unter anderem auch in der Rudolf Steiner Hall, in der ich *Salome* gemacht hatte, und hatten einen irrsinnigen Erfolg und große, große Wirkung. Joan Littlewood selber war eine Mannfrau, ein Kerl, ein beängstigender und sehr robuster Mensch. Ich lernte sie ein bißchen später kennen, weil ich mich zusammen mit Renee entschlossen hatte, in ihre Kompanie zu gehen. Renee kannte irgend jemanden, der es vermittelte, und so landeten wir in der Rudolf Steiner Hall, und Joan sagte, dann kommt doch und macht mal ein paar Tage mit. Sie probierte damals *Professor Mamlock* von Friedrich Wolf. Wir guckten uns das an, ich weiß nicht mehr, ob ich mitgespielt habe oder nicht – es kam eigentlich gar nicht dazu, weil ich nach zwei oder drei Tagen sagte: »Aber das stimmt doch für dieses Stück nicht, es wird ja so bloß als eine ideologisch-politische Diskussion inszeniert, und das ist es nicht. Es ist ein Stück über einen ganz konkreten jüdischen Arzt, den die Nazis aus seinem Job jagen, weil er ein Jude ist.« Da gab es einen Riesenaufstand und eine Riesendiskussion, und wir gingen wieder. In diesem Unternehmen mußte man Kommunist sein, und ich sagte damals, das kann ich nicht mitmachen. Was sicherlich schade war, weil es eine spannende Erfahrung geworden wäre.

Meine Eltern, vor allem meine Mutter, waren traurig, daß ich von Oxford weggegangen war. Professor Zadek und so. Das war nun nicht mehr drin. Aber immerhin, was ich machte, war Kunst. Auch wenn Theater nicht so ganz Kunst war. Eher die unterste Stufe. Musik wäre viel besser gewesen. Aber man kann nicht alles haben und nicht alles machen. Meine Eltern fanden meine Arbeit schon sehr schön und überschätzten das Ganze auch ungeheuer, weil sie aber immer alles schön fanden, was ich machte. Solange ich nicht kriminelle Sachen unternahm – das hätten sie nicht mehr gut gefunden. Probleme tauchten viel eher wegen meiner verschiedenen Frauen auf. Zum Beispiel wegen Renee. Meine Mutter mochte sie natürlich nicht. Eine Schauspielerin, also lebensgefährlich. Bei dem Gedanken, daß ich so eine Frau vielleicht heiraten könnte, brach Susi zusammen. Mein Vater fand Renee ganz lustig. Er hatte natürlich ein etwas anderes Empfinden, weil sie wirklich sehr hübsch war und lustig und frech. Und er fand es auch ganz gut, daß ich endlich einmal eine richtige Frau hatte – Renee war kein harmloses, kleines Mädchen wie all die anderen vorher. Ich fand es auch – das Leben, das ich mit Renee lebte, war meine Éducation sentimentale. Wir mieteten ein Zimmer in der Upper Montague Street, in der Nähe der Baker Street, wo Sherlock Holmes tätig gewesen war. In der Gegend lag auch die Rudolf Steiner Hall, ein wunderschönes Viertel direkt am Regent Park. Mit Terrassenhäusern, manche arm, manche sehr reich, wie es ja oft in London ist – man geht um die Ecke, geht um noch eine Ecke, und plötzlich stehen dort die Rolls Royces – so war es um die Baker Street herum. Es gab eine sehr schöne Kneipe und ein indisches und, was immer am billigsten war, ein chinesisches Restaurant. Hier hatten wir unser Zimmer – bed sit and kitchen – mit Klo eine Etage tiefer. Und da lebten wir, hausten wir, kann man sagen, und waren glücklich. Es war für mich ein überwältigendes Erlebnis.

Zum ersten Mal war ich wirklich von zu Hause weg. Als ich zum ersten Mal mit Renee schlafen wollte, hatte ich sie noch zu mir nach Hause eingeladen, wo ich noch wohnte. Sex fand dann im Zimmer neben dem meiner Eltern statt, und das konnte ja nicht so bleiben.

Gelebt haben wir nicht selten von Freßpaketen, die uns meine Mutter brachte. Wir hatten beide wirklich überhaupt kein Geld.

Meine Eltern, die Ende des Krieges wieder unser altes Londoner Haus bezogen hatten, arbeiteten weiter in ihrem Büro in der Margaret Street, wo die meisten Export-Import-Firmen des »Rag Trade« waren (und noch sind), nicht weit entfernt von uns, so daß ich oft zum Mittagessen herüberging. Es war alles ein bißchen knapp, aber ich war glücklich in dem kleinen Zimmerchen in der Upper Montague Street. Wir waren ein leidenschaftliches Liebespaar, ständig tauchten Freunde und Freundinnen von Renee auf, die anscheinend die ganze Welt kannte. Englische Freunde wie Emigranten. Die Bude war von morgens bis abends voller Leute. Ich kam zu keiner Arbeit und war verwirrt, aber ich machte mit. Es war aufregend, eine permanente Hysterie. Renee war nicht gerade unkompliziert, aber sehr lebendig. Sie hat mich aus dem Pseudo-Englischen und aus meiner Starrheit erlöst. Sie hat es einfach nicht wahrgenommen. Ich war ja so ein höflicher Engländer, softly spoken. Zurückhaltend und furchtbar verkrampft. Und sie hat das überhaupt nicht eingesehen und das alles mit einer wilden Penetranz aufgebrochen. Eine Befreiung.

Sie hat das Deutsche rausgeholt. Und das Jüdische. Aber vor allem das Anarchische. Bis jetzt war vieles immer sehr zerebral anarchisch bei mir gewesen. Allerdings: Ein paar wichtige Lebensentscheidungen hatte ich schon getroffen. Vor allem der Weggang von der Universität. Damit war niemand außer Herr Wolfsohn einverstanden gewesen. Ich ging ein großes Risiko ein. Komischerweise war ich vom ersten Moment an sicher, daß meine Idee zu inszenieren funktionieren würde. Obwohl ich jahrelang besonders in England wenig Erfolg hatte, habe ich es nie

eine Sekunde bezweifelt. Ich weiß auch nicht, warum. Ich habe
mich geweigert, irgend etwas anderes zu tun, auch wenn es sich
angeboten hat. Es sei denn, Nebenjobs zum Geldverdienen.

Ich trennte mich von Renee auf eine Weise, wie ich später noch oft
Entscheidungen traf: abrupt. Ich wußte in meinem Leben meistens, wann etwas zuviel für mich wurde oder anfing, falsch zu
werden. Dann ging ich. Das tue ich heute noch. Mitten im Wort.
Wenn ich merke, daß mich etwas in eine verkrampfte Situation
bringt, gehe ich weg. In ausschlaggebenden Situationen ist das
sehr wichtig. Ich bin sicher, das Modell dazu war die Entscheidung meines Vaters im März 1933, aus Deutschland wegzugehen –
gegen den Willen meiner Mutter, gegen den Common Sense, als
wirklich noch nicht vorauszusehen war, wie schlimm es kommen
würde. Mein Vater war seinem Instinkt gefolgt, und so tat ich es
jetzt mit Renee. Sie war eine fabelhafte Schauspielerin und eine
aufregende Frau, ein bißchen älter als ich, was nicht so gut war.
Und ich wußte: Wenn ich noch einen Tag mit ihr zusammen bin,
dann wird mich das zerstören. Ich sah keine Möglichkeit mit ihr,
mich auf das zu konzentrieren, was ich wollte. So bin ich eines
Tages abgehauen und zurück zu meinen Eltern gezogen in das
Zimmerchen, das immer für mich bereitstand. Ihr ganzes Leben
lang. Das habe ich auch öfters genutzt. Renee war verzweifelt,
aber ich habe es halt getan. Und dann war noch etwas passiert.
Renee hatte Franz Wurm kennengelernt, den ich ja schon aus
Oxford kannte. Er lebte mittlerweile in London, und wir besuchten ihn eines Tages. Und dort saß dann seine Freundin Gitta Blumenthal, die Renee aus dem Lager auf der Isle of Man her kannte.
Sie waren dort zusammen interniert gewesen. Ich verliebte mich
sofort in Gitta, und sie wurde später meine Frau. Ihre Eltern
waren Emigranten, eine wohlhabende, hannoveranische Familie.
Der Vater hatte die Mutter verlassen. Die Mutter war leicht schi-
zophren, eine riesige, hochintelligente Frau. Ich besuchte Gitta
bei ihrer Mutter, mit der sie zusammen lebte, und da sie dort

unglücklich war, kam ich eines Tages mit einem kleinen Möbel-
wagen und trug ihre Möbel und sie selbst aus dem Haus. Wir zogen
in irgendeinen Bed sitting room, und es begann eine lange Liebes-
und Ehegeschichte, die am Anfang wunderschön war. Gitta war
eine intelligente, sehr schöne Frau, überaus englisch, obwohl sie ja
Emigrantin war. Aber sie war wie ich 180prozentig angliziert.

Sie hatte nie einen Akzent, benahm sich wie die feinsten Eng-
länderinnen und war bei jeder Party ein kleines Wunder.

Sie war Filmcutterin. Ich hatte zu diesem Zeitpunkt auch angefangen, im Schneideraum zu arbeiten. Vermittelt durch den erwähnten Fred Weiss, der irgendwelche Dokumentarfilme drehte,
an denen ich Schnitt lernte. Geld habe ich dabei nicht verdient.
Aber das nächste war, daß ich darüber anfing, Untertitel für ausländische Filme zu machen. Es war eine harte, aber interessante

Mit Gitta und dem Kinomanager bei einer Londoner
Filmpremiere 1952 (leider nicht meine)

Arbeit, die einen sehr disziplinierte. Es gab ja noch keine Computer. Jeder Buchstabe mußte abgezählt werden. Mein erster Film
wurde mein Lieblingsfilm, *Madame D.* von Max Ophüls.

Es war, glaube ich, überhaupt der erste Film von Max Ophüls,
den ich sah. Man sah ihn durch diese Arbeit wieder und wieder,
und ich liebe ihn bis heute.

LETTRE D'UNE INCONNUE de MAX OPHULS par Philippe Roger

Brief von einer Unbekannten, die sehnsüchtige Joan Fontaine,
gesehen von Max Ophüls

Nach *Madame D.* untertitelte ich *Rigoletto,* ein Opernfilm mit
Tito Gobbi, und einen Film, den ich heute noch mag, *Le Corbeau*
von Clouzot, ein Krimi über die Nazi-Zeit in einem Dorf in Vichy –
France. Die Geschichte einer Denunziation, kalt, trocken, spannend. Eine Art von Schauspielerei, die mich damals schon anzog.

In dieser Zeit lernte ich auch Bewegungstanz. Als wir mit unserer
Salome-Aufführung Schluß machen mußten, weil niemand mehr
reinging, suchte ich schnell jemanden, der die Rudolf Steiner Hall,
die wir gemietet hatten, für die Restzeit übernehmen konnte. Ich

fand eine Tanzgruppe, zu der Ernest Berk gehörte, ein Student von Laban, er hatte bereits den Tanz in *Salome* choreographiert.

Ernest Berk gab mir Unterricht in expressivem Tanz. Ich tat das nicht, um Tänzer zu werden, sondern um das, was ich von anderen als Regisseur verlangen wollte, auch selber gemacht zu haben. Ich wollte wissen, wie der Körper funktioniert, am besten, indem ich es selber machte. Hinzu kam, daß Berks Pianist Peter Ury ein Freund war, mit dem ich zu der Zeit viel zusammen war. Er war auch Emigrant und gehörte zu einem Kreis von Künstlern, zu dem unter anderem auch Erich Fried gehörte und Renee Goddard, der Komponist André Asriel, ein Wiener, der später nach Ostdeutschland ging und bei Hanns Eisler studierte, Norbert Brainin, das Amadeus-Quartett und viele andere. Die Emigrantenmusiker lebten alle in einem Haus in Willesden, wo sie probieren durften. In der Nähe von Frieds Wohnung. Peter Ury war mit einem Kindertransport nach England gekommen. Er stammte aus Ulm, ein neurotischer, kurioser Jude, der sich irgendwie durchgekämpft hatte – er war im Pionier-Korps gewesen und im Flugzeug abgeschossen worden. Lauter solche Sachen. Und er war gesundheitlich nach dem Krieg völlig am Ende. Er heiratete die Tochter von Alfred Unger, dem wichtigsten Übersetzer englischer Literatur ins Deutsche. Alfred Unger war reich, weil seine Frau ein paar der schon erwähnten großen Häuser besaß, in denen die Emigranten wohnten. Peter Urys Job war es, weil er als Komponist nichts verdiente, von Wohnung zu Wohnung zu gehen und das Geld von den Mietern einzusammeln, sich ihre Beschwerden anzuhören und sie unter Umständen rauszuschmeißen. Er war zu alldem überhaupt nicht geeignet, aber er tat es, weil er endlich ein Zuhause gefunden hatte. Ich befreundete mich sehr mit ihm, und alles, was ich über Musik gelernt habe, habe ich von ihm gelernt. Einmal fuhren wir zusammen nach Cornwall, mieteten uns dort ein Haus mit Klavier und schrieben zusammen eine Oper. Sie heißt *Hinzelmeier*, nach dem Märchen von Theodor Storm. Peter Ury hat zu vielen Gedichten von Erich Fried die Musik geschrieben. Leider ist er schon vor vielen Jahren an einem Herzanfall gestorben. Er war zeit seines Lebens überanstrengt. Das Emigrantenleben hat ihn fertiggemacht. Er hat es nicht geschafft, neu Fuß zu fassen. Er war eine Art Pflänzchen. Irgendwann hat es auch privat nicht mehr geklappt, und dann ist er einfach gestorben. Er war eine große Begabung, durch und durch Musiker.

Von meinen Freunden ging niemand nach dem Krieg in die »Heimat« zurück. Die Leute von der Free German Youth, die vor allem nach Ostdeutschland zurückgingen, waren nicht meine Freunde. Mittlerweile war ich unter Engländern. Ich machte meine Untertitel und sah mich jetzt nicht mehr als Emigranten, sondern als einen von vielen, die eine Karriere im englischen Theater zu machen versuchten ...

Bis zur Aufführung des *Balkon* von Genet 1957 inszenierte ich ständig in kleinen englischen Zimmertheatern und Off-off-Theatern. Es war mühsam. Man verdiente dabei fast nichts, bekam keine guten Schauspieler, weil man sie nicht bezahlen konnte, ich

Drehbucharbeit mit Robert Muller für *Ich bin ein Elefant, Madame*

mußte Stücke inszenieren, die ich gar nicht machen wollte, es war wirklich das Mühsamste, was man sich vorstellen kann. Irgendwann gründete ich mit ein paar Freunden eine eigene Theatergruppe, die sich »The New Group Theatre« nannte. Ich hatte gerade Harold Clurmans Buch *The Group Theatre* gelesen. Auch mein Freund Robert Muller gehörte zu dieser Gruppe, der Sohn eines Hamburger Bühnenbildners und einer österreichischen Mutter. Er schrieb damals für eine Theaterzeitschrift, »Theatre Newsletter«, eine kleine, aber wichtige Off-Zeitschrift. Ich tauchte irgendwann einmal in der Redaktion auf und sagte, ich fahre nächste Woche nach Paris und will für euch über Jean Louis Barraults *Hamlet* schreiben. Sie sagten, gerne, warum nicht. Und ich schrieb in der Folgezeit öfter für sie Artikel über Theater. Robert erzählte mir später, ich sei der erste gewesen, der in sein Büro gekommen war, bei dem er das Gefühl hatte, daß er ein Ziel hätte. »The first who is going some place.«

Robert hatte sich als Emigrant in England sehr schnell zurechtgefunden, war ein professioneller Journalist und arbeitete nach dem Krieg als Reporter in Deutschland für Life Magazin und Picture Post. Robert war für mich eine Art Gegenfigur. Ich war in der Zeit ein sehr obsessiver Mensch, sehr stur und humorlos, viel zu ehrgeizig für Humor. Robert dagegen war ein witziger englischer jüdischer Wiener Hamburger und gehörte zu einer Gruppe von Leuten dieser Art in meinem Leben. Josef Horovitz gehörte dazu, heute Arie Zinger. Es sind Menschen, die ich sehr liebe und brauche, weil sie mich durch ihren Humor aus meiner Sturheit und Besessenheit herausholen können. Mit Robert Muller habe ich 40 Jahre lang immer wieder zusammengearbeitet. Er heiratete früh, hatte Kinder und wurde in London ein berühmter Journalist für die Daily Mail. Er machte z. B. die großen Interviews mit Marlene Dietrich und reiste als Spezialist für Picture Post um die Welt. Anschließend wurde er ein bekannter und einflußreicher Theaterkritiker beim Evening Standard und bei anderen Zeitungen und hat zum Beispiel mit Bernard Levin zusammen Harold Pinter durchgesetzt. Er war der Managing Director von Magnum, der Fotografen-Kooperative in Paris, kannte alle Fotografen der damaligen Zeit. Und eines Tages sagte er plötzlich: Schluß mit dem Journalismus, ab jetzt schreibe ich nur noch Romane. Er schmiß seinen Job auf dem Höhepunkt seines Erfolges und ging mit seiner Frau auf die Isle of Man. Er hat sicherlich zehn, zwölf Romane geschrieben, die alle nicht besonders erfolgreich waren, obwohl einige sehr gut sind. Als ich nach Deutschland übersiedelte, verlor ich ihn aus den Augen, bis er mir viele Jahre später in Hamburg bei einem Spaziergang plötzlich wieder in die Arme lief. »Peter, ich bin weg von meiner Frau, es ist wieder alles ganz anders ...« Ich arbeitete zu der Zeit in Bremen und nahm ihn gleich mit dorthin. Er hatte gerade seine Tochter gekidnappt und versteckte sich mit ihr lange Zeit in meiner Bremer Wohnung, weil seine Frau ihn verfolgte.

GORDON CRAIG

Als ich für *Theatre Newsletter* nach Paris fuhr, tauchte zum ersten Mal Gordon Craig für mich auf. Dabei hatte ich von seiner Arbeit schon einmal als kleiner Junge etwas mitgekriegt, ohne es zu wissen: Meine Mutter war mit mir in London in das Science Museum gegangen, ein großes, wunderschönes Museum mit einer besonders tollen Kinderabteilung. In dieser Abteilung gab es nichts, was sich nicht bewegte. Überall konnte man auf Knöpfe drücken, und dann passierte etwas. Ich war so fasziniert, daß mich meine Mutter immer wieder dorthin schleppen mußte. Unter anderem stand dort ein großes Bühnenmodell, das man selbst ausleuchten konnte. Man drückte auf verschiedene Knöpfe, und es kam von oben rotes Licht, von der Seite grünes Licht und so weiter. Dieses Modell stammte von Craig. Ich ging immer wieder zu dem Modell, das kein Bühnenmodell für eine spezifische Inszenierung war. Es hatte hohe Türme und war ansonsten ganz abstrakt.

1946 oder 1947 gab es in London eine Ausstellung von Bühnenbildnern, über die ich für *Theatre Newsletter* geschrieben hatte.
Ich schrieb, daß es unter den vielen Modellen dort eigentlich nur
eines gebe, das wirklich interessant wäre. Ein altes Modell von
Gordon Craig. Diese modernen Bühnenbildner, die damals ihre
kunstgewerblichen Sachen machten, würden mich zu Tode lang-
weilen – aber von Craigs Meisterwerk werde niemand Notiz nehmen ... Daraufhin bekam ich eine Postkarte aus Paris, die ich
noch habe: Thank you, Mr. Zadek, Gordon Craig.

Gordon Craig, fotografiert von Cecil Beaton

Ich dachte, der liebe Gott hat angerufen, und schrieb sofort: Wann kann ich Sie besuchen?

Ich hatte alles von Gordon Craig gelesen, das ging noch auf die Old Vic Theatre-Schule zurück. Ich glaube, da hatte ich zum ersten Mal von ihm gehört. Abstraktes, stilisiertes Theater wie im Expressionismus der 20er Jahre in Deutschland oder bei Wachtangow und Meyerhold in Rußland gab es in England nicht. Craig war der einzige, der Henry Irvings naturalistisches Theater aus dem 19. Jahrhundert aufzubrechen und zu verändern versucht hatte.

Deswegen war er eine ganz zentrale Figur für die wenigen Leute, die damals über modernes Theater nachdachten. Ich reagierte darauf sehr deutsch – sehr gründlich. Ich dachte intensiv über Craig nach und fand alles heraus, was es von ihm gab. Das Wichtigste ist sein Buch *The Art of Theatre*. Eine dogmatische Aneinanderreihung von Behauptungen. Wir korrespondierten, und schließlich besuchte ich ihn. Craig wohnte in Corbeil in der Nähe von Paris in einem sehr großen Zimmer, in dem er mit

Modell einer Szene für *Hamlet*, 1912, Edward Gordon Craig

seiner gesamten Bibliothek zusammenlebte. Da er keine Bücher-
regale hatte, stand alles in Häufchen auf dem Boden, das ganze
Zimmer war voller Bücher, es gab ein Bett und einen Stuhl und
sonst gar nichts. Er traf mich schon am Bahnhof, wo er mich mit
seinem riesigen Schlapphut und seinem Umhang erwartete. Er
sah wie die romantische Figur aus irgendeinem Theaterstück aus
und redete auch so, als ob er auf der Bühne wäre. So nahm er mich
unter seinen Mantel und wehte mich auf sein Zimmer. Und da
saßen wir dann auf seinen Bücherhaufen. Die Bücherhaufen
waren sehr wertvoll. Theaterbücher, die er sein Leben lang
gesammelt hatte und die er seit Jahren vergeblich versuchte, an
das British Museum zu verkaufen. Seine einzige Bedingung war,
daß er sie bis zu seinem Tod behalten durfte – er war damals schon
über 70. Er verhungerte da fast in Paris. Die ganze Theaterelite der
Welt, von Olivier und Barrault bis zu Brook, kam, ihn zu besuchen,
aber kein Mensch tat etwas für ihn. Da saß er nun, schimpfte über
das zeitgenössische Theater und darüber, daß er keinen Tabak
hatte. Als ich zurück war, organisierte ich mit einer kleinen
Gruppe, daß er jeden Monat ein Päckchen mit seiner Marke
erhielt. Das Erstaunliche für mich war: Auf der einen Seite war er
der große Theoretiker, Idealist und Kritiker, aber – und das ist wieder sehr englisch – er wußte immer noch über jede Einzelheit im
englischen Theater Bescheid. Er sammelte alle Theaterzeitschriften. Er wußte, wer wo und warum was spielte, was Frau Littlewood machte und so weiter.

Ich habe ihn ausgefragt, gelöchert – über alles, was mich interessierte, hauptsächlich über das zentrale Problem, das mich mein
Leben lang beschäftigt: Wie kann man über Schauspieler nachdenken als Teil eines Kunstwerkes. Schauspieler sind Menschen.
Das Resultat ist nie endgültig. Man kann sie weder optisch noch
akustisch festlegen ... Er war an den Punkt gekommen, wo er lieber mit Puppen gearbeitet hätte. Aber mit der Idee der Superma-
rionette hat er das Problem nicht gelöst. Ich weiß noch, daß ich
ihn über Peter Brook fragte – und er sagte, Brook würde ihn sehr

beeindrucken, und zwar, weil er alles selbst machte. Weil er malen und Musik machen konnte und so weiter. Für Craig war Regie und Bühnenbild die Sache einer einzigen Person. Wenn man jemand anderen einmal husten läßt, ist es eben schon mal jemand anderes. Alles muß der kreative Ausdruck einer einzigen Person sein. Er war ein Diktator und hat Regie als einen absolut diktatorischen Vorgang gesehen. (Sehr deutsch, nicht wahr?) Nicht nur im Theater übrigens. Politisch hatte er eine starke Tendenz zu den Nazis. Gerade deswegen finde ich es wunderbar, daß gerade Chagall ihn zu sich nach Vence nahm. Obwohl Craig von einer ungeheuren Arroganz war. Irgendwann wurde er noch einmal von Cochran, einem englischen Impresario, gebeten, in London *Hamlet* zu inszenieren. Er schickte das Bühnenbild aus Paris herüber, eine Riesenwand und ganz unten eine kleine Figur. Sie kabelten zurück: Ein wunderbares Bühnenbild, aber können Sie es uns noch einmal im richtigen Verhältnis schicken? In dem Maßstab müßten wir das Dach aus dem Theater entfernen, um das Bühnenbild reinzukriegen. Und er schrieb nur zurück: Ja, natürlich, so hatte ich es auch gemeint ... Ich fand damals – und finde heute auch noch –: Wenn Theater nicht so sein kann, dann braucht man gar nicht erst anzufangen. Solche Leute haben mich immer am meisten beeindruckt. Auch wenn sie es wie Craig in diesem Falle schafften, sich damit aus dem Theater hinauszukatapultieren.

Heute scheint meine Ästhetik ganz das Gegenteil von Craig zu sein. Aber wenn ich mit Wilfried Minks arbeite, der für mich sehr viel mit Craig zu tun hat, dann kann ich zwar sagen, daß Minks sich am anderen Ende meiner Skala befindet, aber ohne ihn kann ich nicht. Ich brauche das Gleichgewicht zwischen der klaren, mich festhaltenden Form und dem komischen psychologischen Gewusel, das ich selbst herstelle. Bis zu dem Zeitpunkt, an dem Minks anfing, selber zu inszenieren, war er von einer eisernen Konsequenz. Ich erinnere mich an Situationen, in denen Minks mir ein Bühnenbild vorsetzte, und ich meinte: Laß uns mal über dies oder das da reden. Und er blieb stur und antwortete: Peter, entweder du willst das Bühnenbild, oder du willst es nicht. Manchmal sagte ich, dann nicht. Aber meistens akzeptierte ich es, denn meine Erfahrung war, daß er recht hatte. Das Bühnenbild für *Antonius und Cleopatra* entwickelten wir in der Toskana. Wilfried kam eines Tages mit einem Modell an, nachdem wir vorher ganz wenig darüber geredet hatten. Ein gelber Rundhorizont. Ich sagte, bist du wahnsinnig, ich kann das doch nicht vor einem solchen Horizont spielen, du spinnst. Und da er jetzt etwas cleverer im Umgang mit mir geworden ist, sagte er, gut, dann tun wir das weg. Jetzt sag du, wie du es gerne hättest. Und vierzehn Tage lang bauten wir andere Bühnenbilder und unterhielten uns darüber und kamen zu keinem Resultat. Wilfried fuhr nach Hamburg, und irgendwann rief ich ihn an und sagte: Mir geht da irgend so ein gelber Rundhorizont nicht aus dem Kopf. Ich glaube, wir machen es so. Er ist der Gegner, man kann auch sagen, das Gegenüber, und ohne Gegenüber und ohne Gegner kann ich nicht leben. Manchmal ist der Gegner der Bühnenbildner, aber es gibt auch Situationen, in denen der Gegner ein Schauspieler ist. Also das Gegenüber, das die Form repräsentiert. Bei der *Ivanov*-Inszenierung 1990 im Wiener Akademietheater war der Gegner nicht der Bühnenbildner, das Bühnenbild hatte ich selber gemacht, der Gegner war Gert Voss durch die Kälte und die Virtuosität, mit der er sich immer wieder gegen die Zärtlichkeit, die das Ganze hat, stellte. Er war mein Gegenpol in dieser Aufführung. Er war mein Gegner und mein Partner. Ich finde, Gegner und Partner ist dasselbe. Auch in Liebesgeschichten übrigens, und bei der Arbeit. In allem. Immer. Meine Probleme mit Heiner Müller hatten mit genau diesem Problem zu tun. Heiner war in den ersten einein- halb Jahren am BE mein Gegner und Partner – auf die ganz rich- tige Weise sozusagen, so, wie sich das gehört. Aber als er krank wurde, wurde er ein schwacher Gegner, ein konfuser Gegner, und dadurch war er auch kein richtiger Partner mehr. Craig, der antise- mitische Goj, war dafür ein regelrechtes Modell. Er saß da und sagte: Mein größter Feind ist Max Reinhardt. »Typisch«, sagte er. Er sagte nicht gerade »typisch jüdisch«, aber er sagte: »Typisch Max Reinhardt, hat alle meine Ideen geklaut. Und mein Name stand nie auf den Zetteln.« Craig war der Reinheitsfanatiker. Auf eine gewisse Weise ist Minks auch ein Reinheitsfanatiker und auf eine andere Weise Heiner Müller auch, und vielleicht bin ich deswegen überhaupt nach Deutschland gekommen, wegen einer Sucht nach Reinheit. Der Ort, wo man sie am besten findet, ist Deutschland, wo denn sonst. Engländer sind anders. Sie haben ein großes Empfinden für Psychologie, auch in ihrem Theater. Sie haben auch ein großes Empfinden für Klarheit, aber nicht für formale Klarheit. Mit Ausnahme von Craig gibt es eigentlich keinen bedeutenden englischen Bühnenbildner in den letzten hundert Jahren. Es gibt auch mit Ausnahme von Craig fast keinen bedeutenden englischen Regisseur. Die einzigen sind vielleicht Joan Littlewood und Peter Brook. Und Brook ist mittlerweile fast ein französischer Regisseur. Die englischen Regisseure, deren Arbeiten ich liebte, zum Beispiel Guthrie, waren keine echten Engländer. Guthrie war Ire. Ein wilder Ire, der sich irgendwann auf einem Gestüt in Irland zu Tode gesoffen hat. Das ist eine ganz andere Art von Figur. Die Engländer haben im wesentlichen gute Schauspieler produziert, aber wenige überdurchschnittliche Regisseure. Das hat, glaube ich, mit einem formalen Unvermögen zu tun, einem mangelnden Interesse am Formalen, sogar einem Widerstand gegen das Formale. Ich weiß noch gut, was die Engländer an Joan Littlewood nicht mochten – die überformalisierte Bühne, die sie benutzte, mit lauter Streben und Pfeilern, etwas, das in Deutschland ganz normal gewesen wäre. In England hat man es nicht verstanden, man wollte auf der Bühne ein Zimmer oder einen Wald sehen. Der Wald konnte gemalt sein, aber er mußte realistisch sein. Alles andere als Realismus verstand man nicht. Es ist natürlich sehr kurios, denn das größte, was es im englischen Theater gibt, ist Shakespeare, und Shakespeare hat auf einer völlig formalisierten Bühne gespielt. Also muß es ja mal anders gewesen sein.

Pantomime – Theater ohne Worte

Pantomime wurde Ende der 40er, Anfang der 50er Jahre ganz groß geschrieben. Es gab den berühmten französischen Pantomimen Etienne Décroux, der in Paris eine Pantomimenschule betrieb. Seine beiden bekanntesten Schüler waren Barrault und Marceau. Mich faszinierte besonders Barrault, und ich lernte damals in London einen seiner Schüler, Gérard Guillaumat, kennen. Er ist heute noch Schauspieler und bei Jérôme Savary engagiert. Jetzt als ganz normaler Schauspieler. Damals war er ein sehr schöner junger Mann, mit dem ich mich anfreundete und bei dem ich Pantomimenunterricht nahm. Ich vermittelte ihm auch private Aufführungen in reichen Häusern, unter anderem bei einer alten Schauspielerin, Mary Grew, der Tante von Claire Blum, glaube ich. Sie hatte in Kensington ein großes Haus mit einer Freitreppe und gab dort Soirees. Auf einer dieser Soirees traf ich übrigens zum ersten Mal Peter Brook. Ich erinnere mich nur, daß ich versuchte, mich mit ihm zu unterhalten, und er mich sehr irritierte, weil er einen nie anguckte. Er guckte immer über einen hinweg, die Augen etwas geschlossen. Das nervte mich sehr, und er redete wie ein gepreßter Intellektueller, fast ohne Betonungen. Ganz genau, ganz fein, ganz scharf, sehr kalt. Durch meinen Kontakt zu Gérard Guillaumat fuhr ich nach Paris, um mir Barraults berühmten *Hamlet* anzusehen, auch, weil ich, wie erwähnt, darüber schreiben wollte.

Es war wirklich eine sehr interessante Aufführung, ganz auf Pantomime gestellt. Leider konnte Barrault nicht sprechen, er war ein ganz schlechter Schauspieler. Und während er sprach, machte er sehr extreme, expressive Bewegungen. Am meisten interessierte mich das Bühnenbild, eine Art nachgemachter Gordon Craig. Craig hatte sogar geholfen, weil es verwandtschaftliche Beziehungen zwischen ihm und Barrault gab. Die große Auseinandersetzung damals ging darum, ob die Verbindung von Pantomime und Sprache überhaupt legitim war. Marceau vertrat die

reine Pantomime, Barrault gewissermaßen die unreine. Ich
glaube, ich war auf der Seite der unreinen Pantomimen. Trotzdem ist mir dieser *Hamlet* bis heute im Kopf geblieben – eine
außergewöhnliche Aufführung. Barrault bewegte sich wie ein
Pantomime, ganz stilisiert, setzte sich so in einen Stuhl, und so
weiter, alle Bewegungen waren choreographiert. Auch für die
anderen Schauspieler oder Pantomimen. Er hatte das Stück ja
selber inszeniert. Es war natürlich Kunstgewerbe, aber zu dem
Zeitpunkt von großer Wichtigkeit, denn das Theater war auch
in Frankreich nach dem Krieg im Aufbruch, niemand wußte,
wo es hinging. Der Existentialismus war schon da, aber das Theater war noch etwas trübe, teilweise sehr operettenhaft, und Barrault hat es aufgebrochen und belebt. Beim Theater ist es oft
so, daß Aufführungen, die in sich vielleicht gar nicht so eine
große Qualität haben, trotzdem plötzlich eine große Wichtigkeit
bekommen, weil sie eine Wirkung für das Gesamt-Theater
haben. Wenn Barrault plötzlich anfängt, als Pantomime zu sprechen – laß ihn ruhig schlecht sprechen –, ist das möglicherweise
spannend.

Die Kinder des Olymp hatte ich schon während des Krieges
gesehen. Ein Ereignis. Für uns alle der Lieblingsfilm, ein Film,
der auch für das Theater eine riesige Bedeutung hatte – eine Zele-
bration von Theater. Das französische Theater war damals sofort
nach dem Krieg viel aufregender als zum Beispiel das englische
und wahrscheinlich auch das deutsche, obwohl ich das deutsche
nicht kannte. Vor allem wegen der Schauspieler: Pierre Brasseur,
Barrault, Jouvet, Dullin etc.

DIE MALER IN CORNWALL

In den späten 50er Jahren hatte ich einmal einen Job beim BBC –
eine Reihe junger Regisseure, darunter Ken Russell, John Schle-
singer und ich, machten Filme über junge Künstler für ein Pro-

gramm namens Monitor. Meinen interessantesten Film in diesem Zusammenhang drehte ich über die Künstlerkolonie von St. Ives, ein kleines Worpswede im Südwesten Englands, in Cornwall. Dort lebten und arbeiteten Barbara Hepworth, Ben Nicolson und Dutzende von anderen Künstlern, die sich in einem regelrechten Krieg untereinander über figurative oder abstrakte Kunst befanden. Über diesen Krieg ging der Film. Ich sprach wochenlang mit der einen Fraktion in der einen Kneipe und dann mit der anderen Fraktion in der anderen Kneipe. Das Thema hat mich wegen des Gegensatzes zwischen figurativer und formaler Kunst beschäftigt, um die es mir auch im Theater ging und geht. Und wie es immer war, reizten mich die formalen mehr als die figurativen Künstler. Barbara Hepworths Skulpturen und Ben Nicolsons Karrees. Bei dieser Recherche entdeckte ich die Kunst des damals schon verstorbenen Alfred Wallis für mich.

Alfred Wallis war kein professioneller Künstler, sondern zeit seines Lebens ein Rubbish collector gewesen, der Alteisen verkaufte. Als seine Frau starb, fing er an zu malen und malte bis zu seinem Tod sein ganzes Haus voll. Eines Tages war Ben Nicolson spazierengegangen und hatte durch ein Fenster kuriose Schiffsbilder gesehen. Er klopfte an die Tür, ging rein, sah sich das alles an und nahm ein paar Sachen mit, um sie irgendeinem Museum zu zeigen. Und plötzlich wurden diese Kunstwerke weltberühmt. Sie hängen heute in vielen Museen in aller Welt. Wallis faszinierte mich eigentlich noch mehr als die »modernen« Abstrakten oder Figurativen. Er war ein absolut naiver Maler, der nur Schiffe und Fische malte. Er lebte in seinem Häuschen in St. Ives und bemalte alles, was er an Gegenständen im Haus hatte. Wenn er einen Weinkarton fand, dann nahm er den Karton und malte darauf ein Schiff. Und wenn er eine Gartengabel hatte, dann malte er ein Schiff auf der Gartengabel. Das gesamte Haus mitsamt Möbeln und anderen Utensilien wurde bemalt, und die Form der Schiffe und Fische hing immer von der Form ab, die er zufällig vorfand. Das war das Aufregende – er paßte seine Phantasie zwar der vorgefundenen Form an, ging aber nicht den geringsten Kompromiß mit seinen Bildphantasien ein. Seine Phantasie hatte etwas Obsessives – er malte zum Beispiel ein großes Schiff über einer schwarzen See, und über dem Schiff wehte ein großer Fisch. Darunter schrieb er, die Seele des Schiffs ist ein Fisch. Er ist im Armenhaus als sehr alter Mann gestorben und hatte Hunderte von diesen Bildern gemalt. Er begeisterte mich so, daß ich auch über ihn einen kleinen Film für die BBC machte. Die wirklich naive Kunst hat mich immer noch am meisten fasziniert. Obwohl es eine Naivität ist, die ich selbst nicht habe, ich bin eben nicht naiv. Aber die Sehnsucht danach ist groß, ich habe sie nie verloren. Siehe *Peter Pan.* Denn für mich ist Theater letztlich eine Form des Spiels, ein Lebensspiel, das ich mit meinen Schauspielern immer wieder herzustellen versuche. Ich versuche, die Wärme des Lebens zu spielen, ich weiß nicht, wie ich es noch weiter erklären kann. Der Ursprung des Theaters ist für mich, wenn ich mir als 3jähriger Junge eine Mütze aufsetze und sage, ich bin jetzt der König von Lusitanien. Dann nehme ich die Mütze ab, setze mir einen Damenhut auf und sage, ich bin Königin Victoria. Und danach gehe ich auf allen vieren als Bär weg. Das ist Theater. Das ist eben nicht witzige Parodie, sondern der wirkliche Ursprung des Theaters. *Theater hat damit zu tun, daß Menschen sich verkleiden, um sich zu finden.* Sie spielen, um die Realität zu finden. Die Realität kann man nie auf einem direkten Weg finden. Realität auf der Bühne ist nie ein Abklatsch der Realität im Leben – das ist Naturalismus, und er eignet sich höchstens fürs TV. Durch Spiele kann man das Leben am besten entdecken, denn das Spiel ist ja immer noch eine Etage weg von der vielleicht schrecklichen oder überwältigenden Wirklichkeit. Was vielleicht für Brecht die Theorie war –, daß man neben einer Rolle steht und sie beobachtet und herstellt und analysiert –, sehe ich mehr als das Spiel selbst mit einer Figur, einem Stück oder einer Rolle. Auch auf meiner Bühne gibt es eine gewisse Entfernung zur Wirklichkeit, aber ein kleiner Junge, der sagt, ich

bin ein Bär, und der auf allen vieren läuft und brummt, der spielt
zwar, doch in dem Moment, in dem er das tut, denkt er nicht darüber nach, daß er spielt, sondern er denkt darüber nach, was er als
Bär zu tun hat. Und der andere kleine Junge, der ihm als Kaninchen
davonläuft, ist in dem Moment das Kaninchen, und trotzdem
bringt der Bär das Kaninchen nicht um, weil es ein Spiel ist. Schauspieler, die in der Lage sind, diesen Schwebezustand herzustellen,
gibt es ganz selten. Ein paar von ihnen kenne ich. Einer heißt Wildgruber, eine andere heißt Eva Mattes, eine weitere Angela Winkler,
und Edith Clever, Ilse Ritter, Hannelore Hoger, Rosel Zech und
Gert Voss und Ignaz Kirchner und einige andere. Sie beherrschen
dieses Spiel zu einem hohen Grad, so daß das Spiel nie verloren-
geht und die Realität auch nicht.

Es ist kein Ausprobieren von Leben, sondern ein Spielen mit
dem Leben. Es geht immer wieder darum, ein Spiel zu erfinden,
das wie das Leben ist, aber trotzdem ein Spiel ist. *Antonius und
Cleopatra* ist ein gutes Beispiel, denn man kann das Stück auch
als ein Kinderspiel betrachten: Da sind zwei Gruppen von Kindern, die sich befeinden. Die eine Gruppe hat einen Kerl dabei,
die andere eine Frau. Solche Spiele haben wir auf der Straße
gespielt. Die Mittel sind auch nicht sehr verschieden. Man wird
wütend, man wirft etwas, man schießt aufeinander und so weiter.
Man fordert den anderen heraus, man verkleidet sich, man verkleidet sich zum Beispiel als Mann wie Cleopatra mit ihren
Damen, wenn sie an die Front will. Das hat sicher auch etwas mit
meiner Haltung zum Leben zu tun. Damit, daß für mich das
Leben aus endlosen Spielen zusammengesetzt ist. Daher sicher
auch meine Bewunderung für das englische Leben. Sosehr ich
zum Beispiel in Oxford aus dem Spiel ausgeschlossen war, so
finde ich doch das Gesellschaftsspiel der Engländer – wenn man
mal die ganzen Nachteile ausklammert, die auch damit verbunden sind – einmalig. Die englische Demokratie, ihre lange Tradition, die englischen Clubs und so weiter und so fort, das sind ja
alles sehr komplizierte Gesellschaftsspiele. Ich will nicht Rituale

sagen. Ich will es lieber Spiele nennen. Der Begriff Ritual ist zu humorlos. Es sind Spiele. Das Englische daran ist die Distanz, mit der gespielt wird, und der Abstand, den wir Humor nennen, englischen Humor. Selbst Krieg bleibt für die Engländer immer eine Art von Amateur-Gesellschaftsspiel. Niemand will je ein Profi sein. Ein AMATEUR ist eben jemand, der etwas liebt und es deswegen ab und zu mal spielt. Sie spielen Piloten und sie spielen Generäle. Sie spielen dieses und jenes. Sie spielen manchmal natürlich auch sehr dick, zum Beispiel, wenn sie ihre Paraden machen. Aber eine englische Parade ist was anderes als eine deutsche Parade. Die englische Parade ist ein Soldatenspiel, ein lustiges und meistens farbiges und amüsantes Soldatenspiel. Eine deutsche Parade ist ein Aufruf zum Kampf.

Es hat lange gedauert, bis ich den Humor hatte, Spiel zu begreifen. Erst dann, seit den 70er Jahren, konnte ich das tun, was ich heute Inszenieren nenne. Vorher war es eher ein Organisieren, ein Herantasten, ohne es nun zu sehr abzuwerten. Eine wichtige Figur für das Spiel war Ulli Wildgruber, weil er genau den Punkt traf und heute noch trifft, was ihm übrigens das Publikum oft übelnimmt – der häufige Vorwurf: der Mann spielt ja nicht die Rollen, er steht neben seinen Rollen. Erstaunlicherweise ist er nach einer Weile dann doch ein ganz großer Star geworden. Vielleicht lernen die Deutschen ja doch, mit Humor zu spielen!

Die Menschen spielen, um den Tod zu überspielen. Das einzige, was man durch Spiel nicht wegspielen kann, ist der Tod. Weil der kommt. Und der Versuch, es trotzdem immer wieder zu tun, ist, glaube ich, das Spiel. Also ist es ein sinnloses Spiel, aber das ist es ja auch, was es schön macht. Es ist sinnlos und etwas verzweifelt, dieses Spiel gegen den Tod. Doch so ist es. Und so hat man es auch im Mittelalter gesehen. Da wurde das Spiel getanzt.

Der Erkenntnisvorgang beim Spiel ist für mich relativ unwesentlich. Ich gehe zwar davon aus, daß ich durch diese Vorgänge mein Leben besser verstehen werde. Das bleibt aber ein Seiteneffekt. Wesentlich ist der Vorgang des Spiels an sich, der die

Freude macht. Für mich ist auch der Vorgang, Geige zu spielen, das, was mir Freude macht, nicht das Resultat.

Das Verhältnis zwischen Vorgang und Resultat ist auch im Theater ein ganz zentrales – ich weiß, daß ich irgendwann einmal anfing, den Vorgang interessanter zu finden als das Resultat. Der Ehrgeiz, den man natürlich in jedem Beruf hat, führt einen als Regisseur dazu, das Resultat als das einzig Wichtige zu betrachten. Die Inszenierung muß ein Erfolg werden, denkt man, sie muß, so oder so. Es hat mir über viele Jahre den Vorgang des Theatermachens versauert. Deswegen konnte ich auch nie richtig spielen, *weil man nicht spielen kann, um etwas zu erreichen.* Spielen erreicht Spiel. Meine Lebensform ist Spielen. Ab irgendeinem Moment in den 70er Jahren begriff ich, daß die Sache an sich, das Machen, das Interessante ist und mich das Resultat eigentlich immer weniger interessierte. Ich ging mein Leben durch, dachte, mein Gott, diese wunderbaren Stücke, die du inszeniert hast, richtig genossen hast du nichts davon, weil du immer dem Erfolg, wenn auch manchmal nicht nur dem äußerlichen Erfolg, aber doch einem Resultat hinterhergehechelt bist. Und dieses Resultat mißt man an was? Man mißt es an Kritiken, man mißt es an Reaktionen. Alles Quatsch. Es geht nur um das Machen. Wenn man das genießen kann, dann wird es aufregend. Eine weitere Konsequenz ist, daß ich nicht mehr denke, daß ich irgend etwas je fertig mache, weil es ja gar nicht fertig werden kann. Ich könnte morgen nochmal anfangen und nochmal sechs Monate *Antonius und Cleopatra* weiterinszenieren.

In den 60er Jahren hatte Living Theatre einen ganz wichtigen Einfluß auf meine Arbeit, weil ich dort sah, was ich selbst noch gar nicht so richtig begriffen hatte – Spielvorgänge nämlich. Aber Living Theatre benutzte auch Drogen, um sich in den Zustand, die »immediacy«, zu versetzen, dann machten sie es als Selbstdings immer weiter. Einige der großen Aufführungen des Living Theatre waren von solcher Kraft, ihre *Antigone* z. B., daß kein

Faden mehr zum Stück blieb und man sich darüber keine Gedanken mehr machte, sich gar nicht machen konnte. Es war aufregend. Das L. T. – sie waren nicht nur Gammler.

Ich bin natürlich so eine Mischung. Man wird ja immer mehr
eine Mischung von Dingen, je älter man wird. Ich kann mittlerweile sehr viel im Theater. Ich kann sehr schnell arbeiten, ich
kann sehr genau arbeiten, ich weiß, wie man mit Theater umgeht,
ich kenne das genausogut, wie ein Pianist sein Klavier kennt.
Aber ich benutze dieses Können nur an gewissen Punkten, weil
ich meine, daß es irgendwann auch interessant ist, aufzuhören,
um das, was man gemacht hat, dem Publikum zu präsentieren
und zu sehen, was passiert. Theater ohne Publikum interessiert
mich eben auch nicht. Ich will wissen, was mit meinem Publikum
passiert. Mir ist dann auch egal, ob sie Buh oder Hurra schreien
(es glaubt mir zwar niemand), solange sie nur irgend etwas tun.

Die spannendsten Schauspieler sind die Schauspieler – ich
komme immer wieder zu Wildgruber zurück –, die imstande sind,
mit dem Publikum zu spielen. Selber zu spielen und zur selben
Zeit mit ihm zu spielen. Bei der Premiere von *Othello* 1976 im
Hamburger Schauspielhaus rief jemand aus dem Zuschauerraum: Ich kann nichts verstehen, lauter. Da hörte Ulrich Wildgruber auf zu sprechen, kam von der Bühne herunter, ging in die
hinterste Reihe des Zuschauerraumes, wo der Mann saß, und wiederholte die ganze Szene noch mal. Ganz ernsthaft. Für diesen
Mann. Niemand konnte sagen, ob er ihn hochnahm – aber er zog
den Mann in das Spiel herein. Dann spielte er die Rolle ganz normal auf der Bühne weiter. Brach also nicht ab oder stieg aus –
Othello kam runter und spielte es für den Mann. Ich wüßte keinen
Schauspieler außer Ulli Wildgruber, der so etwas hinkriegt – vielleicht würde Eva Mattes es auch schaffen. Dazu muß man einen
hohen Grad von Souveränität und Humor haben – außerdem: bei
einer Premiere, wo fast nichts mehr zu hören war, weil die Leute
so grölten und schimpften. Es war schon eine ganz erstaunliche
Leistung. Es kann natürlich so weit gehen, daß der Schauspieler

nur noch spielt, daß er alle Bezüge zur Realität verliert. Das passiert jetzt auch manchmal bei Wildgruber.

MUSIK

Musik fing zu Hause an. Meine Mutter liebte Musik sehr und hörte gerne Mozart. Ihre Lieblingsoper war *Figaro*, und das gehörte zu ihrer romantischen Vorstellung von Kunst. Paul hat sich für Musik nicht interessiert. Als Junge wurde ich oft zu Konzerten mitgenommen und langweilte mich furchtbar – wie er. Ich hörte lieber Swing und anderes. Meine Mutter kriegte mich wie berichtet dazu, daß ich Geige lernte, was nicht mein Wunsch gewesen war und mich gegen Musik voreinnahm. Geige lernen – das war Arbeit, ich wollte lieber spielen, lesen oder mit dem Fahrrad herumfahren. Allerdings, nachdem ich dann mit der Geige angefangen hatte, fing ich auch an, mir Geigenkonzerte anzuhören. Wenn man etwas selber macht, hat man ja eine ganz andere Haltung dazu. In London hatte ich einen Geigenlehrer namens Intrator, ein freundlicher Mann, Schüler von Max Rostal. In Oxford hatte ich, wie erwähnt, die ungarische, schon etwas ältere Adela Faschiri, die mit ihrer Schwester, der berühmteren Jelly d'Aranyi, zusammen Konzerte gab. Ich dachte damals, wenn man richtig Geige spielen will, muß man eigentlich auch Klavier spielen können. Zum richtigen Musikstudium gehören Kontrapunkt- und Harmonielehre, obwohl man das auch auf der Geige hat, aber die Geige ist ein lineares Instrument, während das Klavier ein Kontrapunktinstrument ist. So fing ich an, Klavier zu lernen, und schaffte es nicht. Ich war ganz verzweifelt wegen der zwei Hände – der Gedanke, rechts etwas zu tun und links etwas anderes zu tun . . ., also mich in zwei Teile aufzuteilen, das konnte ich noch nie.

Ich hätte meiner Mutter gegenüber ein schlechtes Gewissen gehabt, wenn ich nicht Geige gespielt hätte, aber den offenen und schönen Genuß von Musik verhinderte dieses schlechte Gewissen sicherlich für lange Zeit, bis Mr. Russ, der Lateinlehrer in Oxford, es mir nahm. Später, als ich ganz aus Oxford weg war, hörte ich auf, Geigenunterricht zu nehmen, weil ich mich entschloß, Theater zu machen. Ich spielte zwar weiter, doch immer mehr als Entspannungsübung. Wenn ich ein Stück las oder vorbereitete und keine Lust mehr hatte, spielte ich eine halbe Stunde Geige.

Geigenspiel war über viele Jahre eine Entspannung für mich. Doch mit der Zeit spielte ich immer weniger, mir machte es immer weniger Spaß, wenn jemand zuhörte, weil ich merkte, daß ich immer weniger übte und deswegen auch schlechter wurde. Und viele Jahre später, als ich in Deutschland war und sehr viel inszenierte, hörte ich ganz auf und vergaß es. Allerdings schleppe ich meine Geige noch immer überallhin mit. Es ist noch dieselbe Geige, die ich damals für 300 Mark in Oxford kaufte.

In London gab es während des »Blitz« in der National Gallery Mittagskonzerte, die Lunch Hour Concerts. Ich ging gerne dorthin, als ich ein junger Lehrer war. Nur ließ es sich meistens mit den Unterrichtsstunden nicht vereinbaren. »Wir« Engländer hatten ja so eine komische heroische Chuzpe-Haltung zum Krieg – »nun gerade«. Ständig gab es die Blackouts usw. Aber mittags traf man sich um ein Uhr in der National Gallery, Bombenalarm oder nicht. Alle großen Musiker, einer nach dem anderen, spielten dort, vor allem Myra Hess, eine jüdische, damals berühmte Pianistin. Und die Zuhörer aßen dabei ihre Sandwiches.

Humphrey Jennings, einer der ersten ganz großen Dokumentarfilmer während des Krieges, der Vorbote der englischen Dokumentarbewegung, die mit Lindsay Anderson und anderen nach dem Krieg sehr wichtig wurde, hat in einem Film diese Lunch Hour Concerts gezeigt. (Ein anderer Film von ihm, *Fires were started*, wurde später ein berühmter Kunstfilm über die Feuerwehr. Jennings nahm sich immer simple Themen, und große, poetische Filme wurden daraus.)

Ich bin fast nie in die Oper gegangen, aber es gab ein paar Stimmen, die mich faszinierten – Richard Tauber, Peter Pears, der Brittens *War Requiem* sang, und Kathleen Ferrier, eine wunderbare Altistin. Das waren Stimmen, die ich auf Platten oder im Radio hörte. Tauber sah ich sogar einmal in *Land des Lächelns* auf der Bühne. Ein fetter, eitler Koloß mit einer der zartesten Falsettstimmen, die ich je gehört habe.

Die meisten großen Konzerte hörte ich in der Albert Hall, leider, denn die Akustik ist katastrophal. Dort hörte ich Huberman, den Gründer der Israelischen Philharmonie. Ein herrlicher Geiger. Er spielte damals das Tschaikowskij-Konzert, und ich weiß noch, wie ihm gleich zu Anfang die Saite riß. Er griff sofort nach der Geige des Ersten Geigers und spielte unter großem Applaus weiter. Inzwischen besitze ich alle seine Platten und höre sie oft, sie sind einmalig.

Er war ein Geiger von enormer Passion, der eine Verbindung zwischen der Reinheit des Tons und einem höchst genauen Empfinden für den Komponisten gefunden hatte, und trotzdem war er so persönlich und von einer solchen Intensität, daß es mich immer wieder faszinierte. Genau das Gegenteil von Heifetz, den ich ein paar Jahre später in der Festival Hall hörte. Ein eisiger Techniker. Ich hatte das noch nie so erlebt. Er stand da mit seiner Geige, schien sich nicht zu bewegen und spielte eine virtuose Paganini-Etüde. Der Ton schien von seinem Instrument losgelöst. Ein ähnliches Erlebnis hatte ich, als ich Segovia hörte, er spielte auch, als ob er sich nicht bewegte, und brachte dabei diese wunderbaren Klänge hervor. Ich merkte bei beiden, wie die Reduzierung der Anstrengung eine Vergrößerung der Intensität mit sich brachte. Man hat so die Vorstellung, der Geiger müsse sich mit seinem Bogen herumwerfen und große Bewegungen machen – das Gegenteil ist der Fall. Das Minimalste produziert das Intensivste und die größte Kunst. Es hat viele Jahre gedauert, bis ich das auf das Theater übertragen konnte, weil ich mich anfangs eben auch mit sehr großen und bedeutenden Bewegungen herumwarf.

Als meine Karriere im Theater anfing, interessierte mich Musik erst einmal weniger. Ich ging weniger in Konzerte, der Genuß am Musikhören reduzierte sich, allerdings benutzte ich in meinen Inszenierungen oft und viel Musik. Ich nahm mir, was ich für mein Fach brauchte, las auch nur Stücke oder Dinge, die mit dem Theater zu tun hatten. Erst viel später, nachdem ich einen gewissen Punkt in meiner Theaterkarriere erreicht hatte – mit 40 –, fing ich wieder an, mir Zeit für anderes, auch für Musik, zu nehmen, und ging wieder in Konzerte, baute mir eine große Schallplattensammlung auf und so weiter. In den letzten 10 Jahren habe ich viel Musik gehört, auch durch Elisabeth Plessen, die Musik sehr liebt und sehr viel Musik kennt. Wir hören Musik sehr gern zusammen. Und Musik mit jemand anderem zusammen zu hören, mit jemandem, den man liebt, ist einer der größten Genüsse, die ich kenne. Und auch einer der schönsten Wege von Kommunikation, ohne zu sprechen. Das ist etwas ganz Wunderbares. Früher ging ich lieber mit einer Frau oder jemandem, den ich liebte oder mochte, ins Kino oder Theater, heute finde ich, daß das Maximum an Seelenberührung über Musik läuft. Mit Elisabeth ist es jetzt nicht nur zu einem Ritual, sondern auch zu einem nie aufhörenden Adventure geworden. Wir schenken uns gegenseitig andauernd Musik. Wir gingen in Berlin manchmal mehrmals in der Woche in die Philharmonie. Die Planung der Konzerte wurde zu einem Teil unseres Lebens. Wir hören fast jeden Abend, bevor wir ins Bett gehen oder wenn wir schon im Bett liegen, 'ne dreiviertel Stunde, Stunde, manchmal auch länger Musik. Mein musikalischer Geschmack hat sich in den letzten zehn, fünfzehn Jahren sehr verändert. Ich denke, er war vor fünfzehn Jahren eher konventionell, ich lehnte moderne Musik, moderne E-Musik, eher ab (wie übrigens auch viel moderne Malerei) und verstand sie nicht. Es irritierte mich sehr. Ich liebte vokale Musik und hatte eine große Sammlung von Sängern, von Caruso bis zur Callas, aber bei Schönberg hörte es eigentlich schon auf. Das hat sich jetzt ganz radikal geändert. Einfach durch das wiederholte Hören von mo-

derner Musik. Unser Gehör hat sich ja in den letzten fünfzeh
ren (wie auch die Sehgewohnheiten) ungeheuer verändert. S
berg hört man heute wahrscheinlich schon wie vor zwanzig Jahren
Gustav Mahler. Mahler gehört heute zu den Klassikern, man hört
ihn, wie man vor zwanzig Jahren noch Beethoven gehört hat.
Durch Elisabeth hat sich noch etwas entwickelt, und zwar ausschließlich durch sie, die früher in Christoph Eschenbach verliebt
war – eine Liebe zum Klavier und Klavierhören, die vorher nicht so
groß war. In den 6oer Jahren hörte ich zum ersten Mal Glenn
Gould. Er spielte Bach und Mozart. Diese kalte und fast brutale
Klarheit und seinen sturen Rhythmus fand ich wunderbar, es paßte
zu meinem Lebensgefühl in den 6oer Jahren. Besonders beeindruckte mich, wie er Mozart spielte, wo mich das so Delikate und
höchst Differenzierte, das man von der Clara Haskil kannte und so
oft gehört hatte, eher schon langweilte. Danach kam ganz schnell
ein Interesse an ganz anderem. Heute höre ich am liebsten Arturo
Benedetti Michelangeli. Er hat leider nicht sehr viel aufgenommen.
Michelangeli hat eine absolute Perfektion, eine Perfektion, die
man gar nicht begreift, und dabei spielt er mit einer privaten Intensität. Er lebt die Musik auf seine persönliche Weise ohne irgendeinen Kompromiß, ob er Debussy spielt oder Beethoven spielt oder
Chopin oder Bach, wobei er bei Debussy und Chopin die größte
Poesie findet. Er besteht auf seinen Gedanken und seinem Timing
und seinem Empfinden. Vor einiger Zeit unterhielt ich mich mit
Alfred Brendel über ihn, und Brendel beschimpfte ihn wegen seines Manierismus, was ich auch aus der Sicht eines klassischen Pianisten wie Brendel verstehen kann, der aus der großen deutschen
Tradition von Backhaus und Schnabel kommt. Dabei ist Michelangeli überhaupt kein wilder Mann, obwohl man es fast denken
könnte, weil er vorher Pilot und Sportler war. Drei, vier Schallplat-
ten, auf denen er Debussy spielt, habe ich sicherlich 150mal gehört.
Er ist jederzeit imstande, mich in einen Zustand von Ruhe und
innerem Gleichgewicht zu versetzen. Das hat mit Phantasie zu tun,
seiner und meiner. Ich habe ihn nie kennengelernt. Seine Phanta-

sie ist offenbar in einem solchen Kontakt mit meiner, daß ich bei jedem Schlag des Klaviers das Gefühl habe, daß ich es selber tue.

Als ich zu inszenieren anfing, war mein Empfinden für Musik noch sehr konventionell. Musik kam in Pausen oder am Anfang eines Stückes vor, wenn es sich nicht gerade um ein Musical handelte, und in jedem Fall kam sie von einer Platte, weil man sich music live nicht leisten konnte. In einem Sommer machte ich einmal in Hendon Park (einem Park im Norden Londons) einen Abend mit mexikanischen Stücken. Ich kam darauf, weil ich einen Gitarristen kennengelernt hatte, der wie ich in der Wohnung meines Freundes Robert Muller ein Zimmer mietete – Robert hatte eine große Wohnung, weil er damals schon viel Geld verdiente. Archie Slavin spielte klassische Gitarre. Seine Musik war der Ansatz für den ganzen Abend. Eine Art folkloristisches Musical, das nicht sehr bedeutend war. Dennoch reicht dieser Strang meiner Arbeit bis zu Lorca. Ich habe mich wie für Kindertheater auch immer sehr für die Naivität von Folklore interessiert. 1952 inszenierte ich im Torch Theatre, einem Zimmertheater im Südwesten Londons, *Die Frau des Schuhmachers*, Garcia Lorcas einzigen Schwank, mit Renee Goddard in der Hauptrolle, mit viel Gitarrenmusik, gespielt von Archie Slavin. Ein sehr simples Stück. Ein Dorfstück. Etwas kunstgewerblich, mit surrealen Momenten. Meine Neugierde für Lorca war mit Selma Vaz Dias, einer Schauspielerin, verbunden, die ich beim Pantomimen-Unterricht kennengelernt hatte. Sie war teils jüdisch, teils portugiesisch, teils englisch, teils holländisch, eine wilde Mischung, und sie sah genauso aus, wie sie hieß. Eine recht verrückte Frau, die mit dem damaligen Korrespondenten der Züricher Zeitung in London, Hans Egli, verheiratet war. Selma, die von Lorca besessen war, brachte mich mit Professor Nadal, einem Spanier, dem damaligen Lorca-Spezialisten in London, zusammen, und ich geriet in diese Lorca-Welt hinein. Es gab einen Lorca-Bruder, der in Amerika lebte, und einen anderen, der noch in Spanien war. Der in Ame-

rika lebende Bruder war Kommunist und der in Spanien Faschist.
Beide hatten die Lorca-Rechte an verschiedene Übersetzer gegeben. Der eine natürlich an einen Kommunisten, in Amerika, und
der andere an einen Faschisten, der mittlerweile in England lebte,
Roy Campbell, ein großer Dichter, den ich in dem Zusammenhang kennenlernte. In England waren nur die Übersetzungen des
Kommunisten erlaubt, weil Lorcas in den USA lebender Bruder
die englischen Rechte besaß. Die Übersetzungen des Faschisten
waren verboten. Und politisch gesehen war das wahrscheinlich
auch richtig. Lorca war immerhin von den Faschisten umgebracht
worden. Nun kannte ich beide Übersetzungen, und die von Roy
Campbell war unvergleichlich besser, weil Roy Campbell ein großer Dichter war, während die amerikanischen Übersetzungen nur
gute Übersetzungen waren. Ich habe für meine Inszenierung ohne
Erlaubnis die Übersetzung Roy Campbells benutzt. Allerdings
ging das nur, weil die Aufführung im New Torch Theatre Club,
einem Zimmertheater, so klein war, daß mich niemand belangt
hat. Aber es war damals für mich eine sehr wichtige Entscheidung.
Ich dachte, ich tue auch Lorca keinen Gefallen, wenn ich die
schlechtere Übersetzung benutze, es ist scheißegal, ob der Mann
Faschist war oder nicht, der Übersetzer ist ein großer Dichter.
Heute täte ich genau dasselbe.

Selma Vaz Dias wurde über Musik und Spanien und Lorca eine
zentrale Figur in meinem Leben. Ich hatte plötzlich jemanden
gefunden, der zwar auch ein Emigrant war, auf eine gewisse
Weise, aber vor allem nicht englisch war. Mit den Emigranten,
die ich kannte, hatte sie nichts zu tun, eine Outsiderin im englischen Theater. Sie kam aus Holland, war aber Portugiesin. Sie
sprach perfektes Englisch, spielte auch im englischen Theater,
aber immer eher am Rande, weil sie so eine emotionale, schwierige Person war, die das englische Theater nicht sehr gern und
nicht sehr leicht an seinen Busen nahm. So fanden sich schnell
zwei Outsider. Selma mochte mich und ich sie auch. Nicht,

daß wir je ein Liebesverhältnis hatten, aber wir waren sehr eng befreundet. Sie ging mir ein bißchen auf den Wecker, weil sie furchtbar viel redete und andauernd in Ekstase und Aufregung war, auch um sie herum war nur Aufregung. Sie war reich, ihr Mann verdiente viel Geld. Sie hatten ein großes Haus in Hampstead und einen großen Bekanntenkreis, zu dem ich auch sehr schnell gehörte. Es war keine Liebesbeziehung im normalen Sinn, aber eine enge Beziehung, die erste zu einer Schauspielerin, mit der ich arbeitete. Ich kannte diese Frau sicherlich besser als meine spätere Frau. Da gab es wirklich eine marriage of true minds und eine Phantasiezusammenkunft. Wir haben rumgesponnen und geplant und geplant und hatten eben diese gemeinsame Lorca-Manie. Selma sprach perfekt Spanisch, übersetzte Lorca-Gedichte auch selber und las Lorca im Radio. Lorca faszinierte mich damals besonders wegen seiner großen Naivität. Heute würde ich sagen, daß es keine echte Naivität ist, sondern eher eine künstlich erfundene Naivität eines Manieristen, Surrealisten und eines ganz ausgefallenen Denkers, der selber auch immer wieder die Naivität suchte und den Weg zurück zum Volk und zum populären Ton, aber ihn eigentlich nie wirklich fand. Die Suche und die Spannung dieser Suche ist es, was seine Stücke so spannend macht. Er war ein hoch sophisticated Intellektueller, der ein schlechtes Gewissen hatte, besonders wegen seines Kommunismus, der Sohn reicher Eltern, der zurück zu diesem Volk wollte und es irgendwie nicht ganz erreichte. Das macht die Stücke spannend. Das heißt auch, daß es ganz falsch wäre, die Stücke als Volksstücke zu inszenieren, weil sie das nicht sind. Aber sie wollen es sein, und den Wunsch muß man auch inszenieren. Selmas Lieblingsstück war *Yerma*. Ich wollte es damals ständig mit ihr aufführen, aber niemand wollte es uns machen lassen. Es war in London absolut nicht machbar. Wir fanden zu der Zeit nicht einmal ein Zimmertheater, um *Yerma* aufzuführen. Wir haben wirklich darum gekämpft, aber es gab keine Möglichkeit.

Das englische Theater war in einem desolaten Zustand. Heute kann man sich das schwer vorstellen. Es bestand aus Boulevard-Theater. Und schon die Tatsache, daß Selma Portugiesin oder Holländerin oder Spanierin war, und dazu noch Zadek, dieser komische Mensch, der so viel Haare hatte und ein so neurotischer jüdischer junger Kerl war – und wir liefen da rum und probierten, irgendwo mit *Yerma* zu landen –, es war eine Absurdität.

GENET, DIE ZOFEN

Eines Tages, 1952, kam Selma – Peter, ich habe hier ein Stück auf französisch, sagte sie, ich finde es wahnsinnig, lies das doch mal. Es handelte sich um *Les Bonnes* von Genet. Das Stück – das Buch – war in England verboten, natürlich. Es gab Zensur sowohl für Theater als auch für Literatur. Genets Bücher wurden an der Grenze konfisziert, man durfte sie nicht einmal einführen. Selma hatte das Manuskript irgendwie so unter der Hand von irgendwo aus Paris gekriegt. Damals war mein Französisch noch viel besser als heute. Ich ging nach Hause und las *Les Bonnes*. Es hat mich umgehauen. Ich finde die *Zofen* bis heute eines der besten und wichtigsten Stücke dieses Jahrhunderts – was ich von Genets anderen Stücken nicht sagen kann, aber dieses Stück ist als Stück absolute Perfektion. Nachdem ich es gelesen hatte, sagte ich zu Selma: das ist zwar das Tollste, was ich je gelesen habe, aber erstens ist es unübersetzbar, ich wüßte niemanden, der es übersetzen könnte, zweitens kriegen wir es nie durch die Zensur, drittens kann ich mir nicht vorstellen, daß ein englisches Publikum nicht sofort die Polizei holt, wenn wir das machen, und viertens finden wir nie einen Produzenten. Selma war in allen Punkten meiner Meinung und sagte: Und wir machen es trotzdem. Darauf ich: Ja, dann machen wirs doch. Dann suchten wir jemanden, der das Stück produzieren könnte. Und fanden tatsächlich etwas sehr Interessantes. Seit den 30er Jahren gab es das Mercury Theatre –

Hazel Penwarden und Selma Vaz Dias in den »Zofen«

in einer umgebauten Kirche in Notting Hill Gate, in dem Ashley Dukes, ein englischer Dichter und Theatermann, Stücke von Schriftstellern aufführen ließ. T. S. Eliots *Mord im Dom* und *Family Reunion* spielte man hier zum ersten Mal, danach andere Autoren, die poetische Stücke schrieben. Manche waren kitschig, manche Dichtungen. Ein besonderes Publikum kam hierher. Das Mercury war wichtig für die englische Kultur, obwohl das Theater mit 200 Plätzen nicht groß war. Ashley Dukes Frau war Marie Rambert. Sie gründete das Ballett Rambert. Ein experimentelles Ballett, das mit der Technik des klassischen Balletts moderne Stoffe tanzte – in ganz kleinem Rahmen, auf der winzigen Bühne des Mercury. Das Theater war also ein heißes Zentrum für die Kunst, und ich war ein paarmal dagewesen. Ich weiß nicht mehr, wer Ashley Duke kannte, ich sicherlich nicht, aber wir durften hier eine Vorstellung der *Zofen* spielen, eine einzige, und zwar auf französisch. Ich glaube, da fing ich an, zum ersten Mal ernsthaft über Theater nachzudenken.

Selma sprach sehr gut Französisch. Ich suchte zwei weitere Schauspielerinnen, die es gut genug sprachen, und einen Bühnenbildner. Für die Bühne fand ich Eduardo Paolozzi, der ja mittlerweile ein berühmter internationaler Künstler ist, aber damals noch nie ein Bühnenbild gemacht hatte. Wir hatten die Rechte für eine einmalige Aufführung von *Les Bonnes* in französischer Sprache von Genets damaliger Agentin Rosica Colin bekommen. Selma spielte die Solange und ein wunderbarer alter Filmstar, Betty Stockfield, die eigentlich Engländerin war, ihre Karriere aber in Frankreich gemacht hatte, die Madame. Eine wunderschöne Frau, damals schon um die 50. Die Claire war eine englische Schauspielerin namens Olive Gregg. Ich erinnere mich, bei diesen Proben zum ersten Mal gedacht und gesagt zu haben, was komischerweise auch wirklich stattfand: das einzige, was mich interessiert, ist die Psychologie von Schauspielern. Ich arbeitete zum ersten Mal mit drei richtig guten Schauspielerinnen zusammen, und durch Selma, die sehr kompliziert war und mit der ich

so gut arbeiten konnte, verstand ich zum ersten Mal, daß das
Eigentliche einer Inszenierung nicht irgendwelche Treppen auf
der Bühne oder irgendwelche aufregenden Regieeinfälle sind,
sondern die Vorgänge in der Phantasie von Schauspielern zu verstehen und mitfühlen zu können. Ich las damals viele Bücher über
Theater, auch über deutsches Theater, und hatte mich gerade mit
Max Reinhardt und Otto Brahm beschäftigt. Beide waren für
mich die großen Namen der Zeit. Reinhardt war der große Regisseur mit den Rieseninszenierungen wie *Dantons Tod* im Circus
Schumann, und Brahm war der Mann, der die Ibsen-Kammer-
spiele inszeniert hatte. Ich dachte damals, wahrscheinlich werde
ich irgendwann auch so große Inszenierungen wie Reinhardt
machen, das gehört zu einem genialen jungen Regisseur, aber
eigentlich sind es die Kammerspiele, die ganz konzentrierte und
ganz komplizierte Arbeit mit Schauspielern, die mich reizen. Das
ist das, was ich kann, was mich interessiert und was ich für das
Theater zu tun habe.

Und so wurde es dann auch. Durch Selma wurde es mir klar,
und sie, die einen guten Instinkt für mich hatte, hat es mir auch
gesagt.

Dann kam also diese Aufführung. Wir kamen zu den technischen Endproben. Die technischen Endproben fanden in England
zwei Tage vor der Premiere im Theater statt. Vorher hatte man
irgendwo anders geprobt. An einem Tag wurde dann das Bühnenbild aufgebaut, dann kam die Generalprobe, und am nächsten Tag
kam schon die Vorstellung. (So ist es sogar heute oft noch.) Da
kam Paolozzi mit dem Bühnenbild. Er kam allerdings nicht mit
dem Bühnenbild, sondern er kam mit Rollen, lauter Tapetenrol-
len, die sein Assistent trug. Er war nämlich zu der Zeit berühmt als
Tapetenkünstler, das heißt, er entwarf ausgefallene, kuriose Tape-
tenmuster. Und er legte die Rollen also alle auf die Bühne. Interessant, sagte ich, und wo sind die Wände? Wände? Und ich, ja,
Wände, die Tapeten müssen ja irgendwie an die Wände. Er sagte:
Wände machen wir nicht. Und ich: Wie willst du denn die Tapeten

hängen? Er: Wir sprühen auf die Rückseite der Tapeten eine
bestimmte Flüssigkeit, und dann stehen die. Aha, ach so, ja dann
macht mal, sagte ich. Und dann hat er eine große Leiter ange-
schleppt, und jemand ist auf die Leiter geklettert und hielt eine
große Tapetenbahn. Die wurde dann von hinten besprüht, der
Mann oben ließ los, und die Tapete fiel auf den Boden. Paolozzi
stand da und sagte, ach so. Das war zwei Tage vor der Premiere. Es
ergab sich sehr schnell, daß Paolozzis Einfall nicht sehr gut war
und alles nicht funktionierte. Und dann dachte ich, so, und was
jetzt? Ich hatte im Stück gelesen, daß Genet schrieb, überall Blumen, überall Blumen. Das ganze Appartement ist voller Blumen.
Ich sagte: Bühne leerräumen, nebenan ist ein Blumenladen,
irgendwie Geld finden, den Blumenladen kaufen, wir machen
uns jetzt ein Bühnenbild aus Blumen. Und das machte ich auch.
Und es war wunderbar. Die Vorstellung war ein großer Erfolg. So
groß oder groß genug, daß Oscar Lewenstein, der Manager des
Royal Court Theatre (das spätere Theater von John Osborne), uns
für eine einzelne Vorstellung einlud. Oscar Lewenstein spielte zu
der Zeit als Theatermanager eine große Rolle.

Das Royal Court Theatre war größer als das Mercury, aber auch
ein Club-Theater. Anders wäre es wegen der Zensur gar nicht
möglich gewesen. Dort spielten wir auch auf französisch. Es war
auch ein Erfolg und hatte das Resultat, daß wir in das größte der
kleinen Theater, den New Lindsay Theatre Club in Notting Hill
Gate, eingeladen wurden. Hier sollten wir es nun auf englisch
spielen, und dafür mußten wir die englischen Rechte bekommen.
Es gab mittlerweile eine Übersetzung des Genet-Übersetzers Bernard Frechtman, der sich später umbrachte. Ich las die Übersetzung und fand sie recht schrecklich, aber zu dieser Zeit mischte
ich mich noch nicht ein und wagte mich nicht selbst an Übersetzungen. Und Frechtman war dann ganz überzeugend, er sagte, es
müsse ganz wörtlich übersetzt werden. Ich finde die Übersetzung
heute noch schrecklich. Selma spielte wieder die Solange, weil
sie der Hauptmotor des ganzen Unternehmens war. Sie war

wunderbar, die Solange. Ich habe seitdem noch keine Solange gesehen, die mich so berührt hätte.

Die Claire spielte jetzt Hazel Penwarden, ein schönes, sehr junges, knabenhaftes Mädchen. Und Betty Stockfield spielte wieder die Madame. Das Bühnenbild bestand diesmal gleich aus vielen Blumen. Das Erlebnis mit Paolozzi war für mich wichtig. Ein anderer Regisseur hätte es sich gemerkt und sich vielleicht gesagt: Mit Künstlern, die nichts von Theater verstehen, nicht noch einmal. Komischerweise habe ich es mir gemerkt und mir gesagt, immer wieder mit Künstlern, die nicht am Theater sind. Denn der Fehler lag bei mir. Ich hätte vorher wissen müssen, daß er es als bildender Künstler nicht weiß. Ich war der Fehler, nicht er. Es war nämlich ein toller Einfall, dieses Zimmer aus Tapeten zu machen, den nur ein Künstler haben konnte, jemand, der noch nicht so routiniert ins Theater reingezogen ist, daß er schon alles im voraus weiß. Paolozzi wußte nur nicht, wie man es realisiert. Wenn mir heute Grützke oder jemand anderes sagt, wir machen ein Zimmer aus Tapete, dann würde ich sofort verstehen, was er meint, und sagen, wir werden es so hinkriegen, daß es aussieht, als ob es aus Tapete wäre.

Als ich mit Grützke zu arbeiten anfing, hätte ich nie von ihm erwartet, daß er wüßte, wie man eine Tapete so macht, daß sie aussieht, als ob sie keine Wand, sondern nur eine Tapete wäre. Ich war damals furchtbar sauer auf Paolozzi, immerhin war es meine erste große Chance als Regisseur, und er hat sie mir fast vermasselt. Ich habe es mir trotzdem als etwas Positives gemerkt. Für die Aufführung im New Lindsay Theatre war es mir gelungen, Kenneth Tynan und Harold Hobson, die beiden bedeutendsten Theaterkritiker der Zeit, in die Premiere zu holen, und plötzlich funktionierte das Licht nicht. Die Tatsache, daß sie überhaupt gekommen waren, war schon ein Wunder. Jetzt saßen sie vorne im Café und warteten, die Aufführung hätte um sieben anfangen sollen, und es fing nicht an und es fing nicht an. Ich wurde fast wahnsinnig, ging zu ihnen und probierte, sie zu amüsieren, während ich hoffte, daß auf der Bühne mittlerweile alles fertig wurde. Aber beide wurden immer nervöser, und Tynan, der stotterte, sagte, well you know, it's getting a bit late, you see, Peter? Ich dachte, noch eine Minute, und sie hauen ab. Dann wäre es also im Arsch gewesen. Na ja. Aber dann fing es an, und Genet war auch im Publikum. Von der Aufführung war er begeistert und full of compliments. Er kritisierte lediglich, daß ich die Szene, in der Solange die Claire mit einer Peitsche schlägt, realistisch inszeniert hatte. Solange hatte Claire wirklich mit einer Peitsche geschlagen. Genet mochte das nicht und erklärte mir warum: Wenn jemand wirklich jemanden auf der Bühne mit einer Peitsche schlägt, glaubt es das Publikum nicht. Sie wissen ja ganz genau, daß das Schauspieler sind, und werden nie glauben, daß diese Peitschenschläge weh tun können, sonst würden sie es ja nicht auf der Bühne tun. Das verstand ich. Er schlug dann vor, daß Solange neben dem Bett steht, die Peitsche nimmt und das Bett schlägt. Es sei garantiert viel wirksamer und stärker, sagte er, wenn die Solange so reagiert, als ob sie geschlagen würde. Da habe ich was gelernt. Es gab nachher eine Art Literatenparty. Eine Frau ging auf Genet zu, bedankte sich und sagte, was für ein tolles Stück die *Zofen* wären. Sie wollte ihm nur sagen, sie hätte auch Zofen, und sie würde den Dienstmädchen immer ihre Kleider schenken. Genet stockte, guckte sie an und sagte dann sehr höflich: Ja, aber schenken die Dienstmädchen Ihnen auch ihre Kleider? Eine gute Antwort, nicht?

Ich hatte für die Inszenierung der *Zofen* keine Konzeption. Ich habe das Stück mit den drei Schauspielerinnen inszeniert. Es war eine einigermaßen realistische Inszenierung. Nicht naturalistisch, und ohne Tricks. Ich ließ sie sich sogar gegenseitig auf der Bühne schlagen, und ich glaube, die Aufführung war nicht besonders pornografisch oder besonders ausgefallen. Nur das Stück war so ausgefallen für ein englisches Publikum. Sie saßen da, und ihnen stand der Mund offen. So muß es, denke ich mir, Ende des 19. Jahrhunderts bei den ersten Aufführungen von Ibsens *Nora* gewesen sein. Nur spielte es bei uns eben in einem kleinen Theater. In ein größeres Theater kam es nicht mehr. Dafür gab mir Genet aber, ich glaube, noch am selben Abend, die Uraufführungsrechte vom *Balkon* – ein großes Ereignis, denn ich wußte und er wußte, daß Peter Brook die Aufführung auch haben wollte. Und Brook war zu dem Zeitpunkt schon berühmt. Später, muß ich noch hinzufügen, tat es Genet auch leid, daß er mir das Stück gegeben hatte.

Ich möchte noch etwas über Oscar Lewenstein sagen. Robert Mullers spätere Frau, Eileen Crabtree, war seine Assistentin, und Renee Goddard arbeitete für ihn als Lektorin. Lewenstein war mit dem Glasgow Unity Theatre, dem schottischen kommunistischen Theater, und dem Regisseur Robert Mitchell mit großem Erfolg nach London gekommen, zu einem Zeitpunkt, in dem auch Joan Littlewood proletarisches Theater machte. Über Robert, Eileen und Renee lernte ich ihn kennen. Er war ein kleiner, häßlicher Jude, die Mischung aus Cockney und Schottisch. Wir begegneten uns bei einer Party des Glasgow Unity Theatre, wo Oscar mich fragte, ob ich nicht *Sweeney Agonistes* inszeniert hätte. Und blöd, wie ich damals war, korrigierte ich ihn in meinem besten Oxford-Akzent, sagte, daß es *Sweeney Agonistes* heiße. Das Resultat war, daß er mich mein und sein Leben lang als intellektuellen Snob sah. (Er hatte wie viele in England Klassenprobleme, und obwohl er später meine Inszenierung der *Zofen* produzierte, arbeiteten wir – als Resultat dieses ersten Konflikts – niemals zusammen. Eine ausgesprochen englische Situation.)

Zwischen den drei Produktionen der *Zofen* (1952/53) und dem *Balkon* (1957) arbeitete ich in Wales. Warum? Ein Zufall. Während ich zu Hause am Telefon saß und darauf wartete, daß mir jemand »die« Inszenierung anbieten würde, beschäftigte ich mich mit schriftstellerischen Versuchen, z. B. *The Great Panini* (s. Anhang S. 483).

Man nahm, was man bekam, und sagte einem jemand, wollen Sie morgen in Wales im Jahr 50 Stücke inszenieren, dann hat man einfach ja gesagt und gefragt, was man dafür kriegte und was die

Bedingungen wären. In Deutschland habe ich so etwas nie erlebt. Wir kämpften um die Jobs, es war uns egal, was wir inszenierten – auf dieser untersten Ebene als Regisseur –, wenn man nur einen Job bekam.

WALES, PROVINZTHEATER

Maudie Edwards, eine Waliserin und Music Hall-Komikerin, die nun etwas älter geworden war, hatte in Swansea ein Theater gepachtet, das sie auch leitete. So verdiente sie jetzt ihr Geld.

Sie hatte einen Freund, ein unangenehmer Typ, so ein flotter, ordinärer, neureicher Knabe mit Schnurrbart und schicken Hütchen im Rolls Royce, Zigarre im Mund, wie aus einem schlechten Film. Er hatte ihr wahrscheinlich das Geld gegeben, ich weiß es nicht. Wahrscheinlich war ich an den Job über Spotlight gekommen, eine Agentur, die jedes Jahr zwei dicke Kataloge mit allen Schauspielern, Regisseuren und so weiter herausgab. Spotlight war ein Meeting-place für alle, die mit Schauspiel zu tun hatten und Jobs suchten. Eine völlig unversnobte freie und offene Organisation, an die man sich hielt. Ich hatte natürlich zu der Zeit keinen Agenten, weil kein Agent sich je für mich interessierte. Bei Spotlight hatte ich einen Freund, einen der Direktoren, der Lewis Shaw hieß und ein sehr charmanter, sehr witziger Engländer mit vielen Beziehungen war. Er versuchte ständig, mir Inszenierungen zu finden, und es gelang ihm nicht oft. Und mit Swansea war es ihm nun wohl mal gelungen. Ich dachte, warum nicht, ich sollte Schauspieldirektor dieses sehr großen Theaters werden und müßte auch selbst spielen. Zur Probe sollte ich einen Schwank inszenieren. *The Perfect Woman*. Ein Schlafzimmerschwank, in dem die Leute nur in Unterhosen und Pyjamas von einem Zimmer ins andere liefen.

Ich spielte einen Kellner, ganz schlecht – er hieß Winkel, natürlich ein Ausländer. Ich erinnere mich jetzt noch an die Horror-Rolle, weil ich überhaupt kein Gedächtnis für Text habe und sofort

Rechts mit Rolle Winkel alias Zadek

meinen Text vergaß, als ich auf die Bühne kam. Die Schauspieler amüsierten sich über den Regisseur, der da mit zitternden Beinen auf der Bühne stand. Sie kippten mir bei dieser Szene im Restaurant Eier in den Schoß und gossen mir Wasser den Rücken herunter. Na ja, ich habe das auf jeden Fall inszeniert, und es war ein Erfolg.

Es gab sogar einen Skandal in Swansea, denn das Mädchen, das auf der Bühne immer im Unterhemd herumgelaufen war, hatte einen Geliebten – der Hauptdarsteller –, mit dem sie nicht verheiratet war, und es kam heraus, daß sie in irgendeinem Boardinghouse in Swansea zusammen wohnten. Es passierte zu dem gleichen Zeitpunkt, als das Stück lief, und in Swansea brach ein großer Skandal los. Man erinnert sich ja fast nicht mehr, wie verkrampft die moralischen Verhältnisse, besonders in Sachen Sex, zu dieser Zeit noch waren, insbesondere in dem sektiererhaften, skurrilen Wales, wo es an jeder Ecke eine andere christliche Sekte gab – etwa wie in Wuppertal. Offenbar haben Kohlengruben so eine Wirkung auf die Menschen. Und ich war der *Zofen*-Regisseur. Das hatte sich zwar nicht beim Publikum, aber im Theater herumgesprochen. Und *Zofen* und Swansea waren ein erotisches Wechselbad, das mich anmachte.

Zweimal in meinem Leben bin ich auf einer professionellen Bühne aufgetreten – das zweite Mal in *It's hard to be a Jew* von Scholem Alechem. Die fünf jiddischen Sätze, die ich zu sagen

Toynbee Hall Theatre

28 COMMERCIAL STREET, ALDGATE, LONDON, E.1

Licensed by The Lord Chamberlain to
Dr. J. J. Mallon, c.h.,
Warden of Toynbee Hall
Theatre Director · W. G. Prothero

Transport: Buses Nos. 5, 10, 15, 23, 25b, 25c, 40, 42, 96 and 298
Trolleybuses Nos. 647, 565, 665, 661, 663, 653
Green Line Coaches Nos. 720, 721, 722, 723
Nearest Underground Stns.: Aldgate East and Aldgate

"AVIV"

JEWISH THEATRE GROUP

presents

Theodore M. Bikel and Miriam Karlin

in

The English Version of Sholem Aleichem's Comedy

IT'S HARD TO BE A JEW

with

MIRIAM JORDAN	ROYDON HART
REUBEN SINGER	SHALOM RACHMAN
BERNARD HARRISON	PETER ZADEK
PHILIP HILLMAN	

Produced by AVRAHAM ASSEO

On Monday June 27th at 7.30 p.m.
„ Tuesday June 28th at 7.30 p.m.
„ Wednesday June 29th at 2.30 p.m. and 7.30 p.m.
„ Thursday June 30th at 7.30 p.m.

Tickets - 7s. 6d., 5s. 6d. and 3s. 6d.

Obtainable from: The Youth Department of the Jewish National Fund, 65 Southampton Row, W.C.1. Phone: MUSeum 6111
M. Susman Ltd., 90 New Road, E.1. BIShopsgate 8291 and at the Box Office from 5.30 p.m. on the day of the performance.

hatte, mußte ich phonetisch lernen. Ich fühlte mich wie in einem fremden Land.

In Swansea blieb ich ein Jahr, anschließend ging ich nach Pontypridd, eine Stadt im Waliser Bergbaugebiet, und inszenierte auch dort jede Woche ein Stück, immer mit denselben zehn Schauspielern. Dienstags wurde der erste Akt geprobt, mittwochs der zweite, donnerstags der dritte Akt, freitags und samstags das ganze Stück, und am Montagabend war Premiere. Während der Proben bereitete man abends das Stück für die nächste Woche vor. Es gab einen Bühnenbildner, der die Kulissen malte und wieder übermalte und sich in den Kaufhäusern Möbel borgte. Es war alles unglaublich anstrengend, aber auch eine fabelhafte Erfahrung. Der Zwang, in diesem Tempo zu arbeiten, bedeutete unter anderem, daß man während der Proben überhaupt nicht mehr über die Inszenierung nachdenken konnte – alles, was man vorher nicht bedacht hatte, ging nicht. Wenn ein Schauspieler fragte, was er tun soll, und du sagtest, Moment, ich muß nachdenken, dann waren sie schon sauer, weil wieder eine Minute weg war. Die Schauspieler hatten eine ungeheure Routine und lernten den Text dieser Wahnsinnsstücke, auch Shakespeare, in einer Woche. Und was sie am Montag nicht konnten, improvisierten sie. Souffleuse gab es nicht. Das Theater in Swansea war ein Riesending mit 1000 Plätzen wie das Hamburger Schauspielhaus. Swansea ist immerhin die Hauptstadt von Wales. Nach einem Jahr war ich am Ende, hängte aber trotzdem noch Pontypridd an. Danach war ich ganz kaputt und wollte so etwas nie wieder machen.

In der englischen Provinz funktionierten übrigens viele Theater genau so, als Weekly reps. Theater, die nur alle 14 Tage ein Stück rausbrachten, waren schon Luxus, und wenn ein Theater alle drei Wochen ein neues Stück herausbrachte, dann war das Kunst. Ich lebte in Swansea und später in Pontypridd in einem kleinen Zimmer in einem Boarding-house, Bed and Breakfast, wo ich saß und arbeitete. Jeder Gang mußte vorher aufgeschrieben werden. Wenn ich Musik haben wollte, mußte ich auch noch die Platte bringen, ich hatte kein Privatleben, es war die Hölle. Aber es hat mich zu einer Art von Professionalität gezwungen, die ich sonst bestimmt nie gekriegt hätte. Es war auch bekannt, daß die meisten der großen Schauspieler und Regisseure der damaligen Zeit wie Olivier genauso angefangen hatten. Auch Oxford hatte sein Repertory Theatre gehabt, wenn sie dort auch nur alle 14 Tage ein neues Stück herausbrachten. Dort hatte ich als Student die größten Schauspieler gesehen, bevor sie berühmt wurden. Diese Theater waren ohne Frage die Lehrschule für Schauspieler und Regisseure in England. Heute existieren sie nicht mehr, und ich denke, daß es ein Nachteil ist. Andere Regisseure haben in diesem Theater sicher mit viel größerer Souveränität gearbeitet als ich, denn ich war und bin eigentlich ein langsamer Mensch, ein langsamer Denker. Mir macht Denken auch Spaß. Wenn ich eine Inszenierung vorbereite, drängele ich nie. Ich gehe spazieren oder fahre (seitdem ich ein Auto habe) irgendwo aufs Land, fahre spazieren, unterhalte mich mit mir selber. So arbeite ich gerne, hier ein Fetzen, da ein Fetzen, und langsam tut es sich dann zusammen, wenn es sich zusammentut. Aber in Swansea ging das alles nicht. Da mußte ich. Da war es ganz klar: Nächste Woche fängt das neue Stück an. Natürlich litt ich nicht nur. Man muß bedenken, ich wollte inszenieren. Die paar kleinen Inszenierungen in Londoner Zimmertheatern reichten mir als jungem Regisseur nicht. Ich wollte arbeiten. Und in Swansea und Pontypridd hatte ich jeden Tag eine Vielzahl von Zuschauern, wenn das Theater auch bei weitem nicht immer ausverkauft war.

Für einzelne Stücke holte ich ab und zu Gäste, die in London schon bekannt waren, auch vom Fernsehen oder vom Funk. Unter anderem den Schauspieler Kenneth Griffith, ein Waliser, den ich in London kennengelernt hatte. Er spielte in einem Krimi, *The Shop at Sly Corner*, einen bösen Knaben, eine Art Dickens-Pastiche, das war dann mal ein großer Erfolg, wie alle Inszenierungen, in denen Stars mitspielten. Sonst waren immer nur dieselben Gesichter zu sehen.

LONDON, OFF-THEATRE

Mit Kenneth Griffith hatte ich in London ein Stück inszeniert, das nie aufgeführt worden ist, was mit Selma Vas Diaz zu tun hatte. Ein junger Schwede, Stig Dagerman, der sich früh umbrachte, hatte es geschrieben, und es hieß *The Shadow of Mart*. Ich hatte es durch die Agentur The International Copyright Bureau gefunden, die zu der Zeit von Dr. Suzanne Czech geleitet wurde und nach dem Krieg der Draht zum kontinentalen, besonders zum deutschen Theater war. Suzanne Czech war eine sehr gebildete ältere Dame und gehörte noch zur Generation meiner Eltern, war auch eine jüdische Emigrantin und für mich so etwas wie meine Theatermutter. Ich saß oft in ihrem Büro, und sie erzählte mir viel über deutsches Theater. *The Shadow of Mart* ist eine Geschichte über einen feigen Jungen, die in Frankreich nach dem Zweiten Weltkrieg spielt. Der Bruder des Jungen war als Résistance-Kämpfer umgekommen, und jetzt lebte der Junge mit seiner Mutter, gespielt von Selma Vaz Dias, und der Frau des toten Bruders in einer Wohnung zusammen. Die Mutter tut nichts, als den überlebenden Sohn als Feigling zu beschimpfen und den toten Bruder als Helden hinzustellen. Das Stück endet mit einer ausgefallenen, großartig geschriebenen Szene, in der die Mutter im Sessel sitzt und der Junge ihr sein ganzes Leid und seinen ganzen Haß entgegenschleudert. Am Ende merkt man, daß sie tot ist, er hat sie, bevor die Szene beginnt, erschossen. Ein neurotisches, schreckliches Stück, das ein paarmal auch in Deutschland gespielt worden ist, mit einer wunderbaren Rolle für den Jungen. Und ihn spielte eben der Waliser Schauspieler Kenneth Griffith. Er steigerte sich während der Inszenierung derart in seine Rolle hinein, daß er anfing, auf der Bühne mit Stühlen um sich zu werfen. Und dann verschwand er drei Tage vor der Premiere. Die Vorstellung im Irving Theatre Club am Leicester Square fand nie statt.

Solche Sachen sind ein paarmal in meinem Leben passiert –
bei *The Shadow of Mart*, glaube ich, zum ersten Mal –, nämlich
daß ein Schauspieler oder eine Schauspielerin die Grenze zwischen Leben und Theater nicht mehr deutlich auseinander-
halten konnten. Wahrscheinlich interessieren mich Schauspieler, die an der Grenze zur Schizophrenie stehen, ganz besonders,
wo das Künstliche oder der Traum in ihrer Phantasie so real
wird, daß die Schauspieler auch sehr oft wirklich gefährdet
sind und, übrigens, die Aufführung auch. Im gleichen Theater,
dem Irving Theatre Club, das damals von einem skurrilen alten
Inder, der Chaudhuri hieß, als Theater und Bar und wer weiß
was noch geleitet wurde, inszenierte ich auch ein italienisches
Stück, *The Sky is Red* – eine Bühnenvariante des Neorealismus
Rosselinis oder De Sicas. Ein Stück mit 50 Schauspielern, das
ich auf einer Bühne von acht mal fünf Metern spielen mußte. Es
zeigte das soziale Elend der Jugend in der Nachkriegszeit in Italien und konnte nur in solchen Theatern gezeigt werden, denn
die Engländer interessierten sich für nichts, was mit Politik zu
tun hatte. Mich interessierte Politik, wenn sie mehr mit Menschen als mit Ideologie zu tun hatte. Das Stück ging über junge,
arme Leute, die nichts zu leben und nichts zu fressen hatten,
direkt nach dem Krieg. Nur Politik mit großem P, also allgemeine Diskussionen über Politik, haben mich nie interessiert.
Aber das Thema hier ja. Und meine Liebe zum italienischen
Neorealismus ist nie abgebrochen. *Das Wunder von Mailand*
am Berliner Ensemble ist dieser Inszenierung damals, soweit
ich mich erinnere, nicht ganz unähnlich. Eine Einzelheit habe
ich bezeichnenderweise behalten: In dem Stück spielte ein
Neger mit, Frank Sanguineau, der in einer Szene als amerikanischer Soldat in Uniform auf die Bühne kommt und mit einem
Gewehr in die Luft schießen muß, um italienische Frauen, die
sich aus Mülleimern Essen suchen, zu verscheuchen. Und das
Gewehr ging bei der Premiere nicht los. Er wußte nicht, was er
machen sollte, und rief: Bang, bang, bang. Daraufhin gab es

einen großen Lacher. Das hört sich jetzt sehr harmlos an, aber ich war schockiert darüber, daß mir so etwas passieren konnte. Eins der Dinge, die ich seitdem gelernt habe, ist die Absicherung der Technik. Ich finde, wenn man von Schauspielern verlangt, was ich von ihnen verlange, nämlich, daß sie herumlaufen wie Kleinkinder in einer Sandgrube, dann muß die Sandgrube funktionieren und sicher sein, und es darf da niemals etwas schiefgehen. D. h. wenn etwas Technisches auf der Bühne passiert, dann muß es so abgesichert sein, daß es funktioniert. Ich habe seitdem immer, wenn ein Schauspieler schießt – was ja öfter auf der Bühne passiert, – jemanden, der mit einem Stock und einem Brett auf der Seitenbühne steht. D. h.: Geht das Ding nicht los, merkt es der Zuschauer nicht. Mich hat die Technik nur noch einmal zerstört – in Bremen bei Osbornes *Luther*. Ich hatte da einen Schauspieler, Günther Neutze, einen sehr guten Schauspieler, bekannt hauptsächlich durch TV. Er spielte den Kajetan und hatte eine große Szene mit zwei langen Reden. Als ich sie probierte, war er sehr leise. Ich weiß noch, wie Kurt Hübner bei einer Probe hinten im Zuschauerraum stand und sagte, Peter, der ist viel zu leise, den hört kein Mensch! Und ich sagte, komm, du bist taub, hör mal genau hin, natürlich hörst du ihn. Auch Günther fragte: Peter, bin ich zu leise? Ich sagte: Du bist nicht zu leise. Und ich habe mich überall hingesetzt und habe ihn überall gehört. Dann kam die Premiere, die Szene fing an, und unter der Bühne ging es plötzlich »psssss«! Da war ein Ventil geplatzt, irgend etwas, es kann ja passieren, und während der ganzen Szene machte es »pssss«, und man verstand kein Wort. Günther Neutze arbeitete nie wieder mit mir, und ich glaube, ich hatte seitdem fast nie wieder eine technische Panne ... (Bis ich der katastrophalen Technik der Münchner Kammerspiele im Jahr 1996 begegnete.)

Ich glaube, daß ein Regisseur – ich probiere, es meinen Assistenten und Schülern immer wieder beizubringen – Phantasie für das Mißglücken von Dingen haben muß. Man stellt sich

immer nur vor, wie irgend etwas ganz wunderbar werden könnte – was ja auch richtig ist –, aber man muß zur selben Zeit
eine Vorstellung für alles haben, was schiefgehen kann. Das gilt
auch außerhalb des Theaters. Ich habe eine ungeheure Phantasie für Dinge, die schiefgehen können. Das gilt zum Beispiel für
Medikamente. Ich schleppe Medikamente für jede denkbare
Möglichkeit auf meinen Reisen mit mir herum. David O. Selznick ließ von seiner Sekretärin, wenn er auf Weltreise ging, in
jeder Stadt, in die er kommen würde, vorher die besten Ärzte
herausfinden – für alle möglichen Sachen, die ihm passieren
könnten. Das erste, was ich tue, wenn ich in ein neues Theater
komme, ist, mich beim Bühnenpförtner zu erkundigen, ob es
einen Orthopäden, einen Hals-Nasen-Ohrenarzt und so weiter
gibt, die sofort geholt werden könnten, und zwar nicht nur für
mich, sondern auch für meine Schauspieler und Mitarbeiter.
Das ist ein automatischer Teil meines Gedankenguts geworden
und hat den großen Vorteil, den Schauspielern eine bestimmte
Art von Vertrauen in mich zu geben. Das Ergebnis ist, daß ich es
nie jemand anderem anlaste, wenn etwas schiefgeht. Ich glaube,
daß man als Regisseur für alles Verantwortung hat, und ich
meine alles, inklusive Bühnenbild. Ich habe noch nie gesagt,
daß eine Inszenierung wegen des Bühnenbildes schiefgegangen ist. Es ging immer wegen mir schief, weil ich zum Beispiel
den Bühnenbildner nicht daran hinderte, etwas Falsches zu tun.
Und das ist, glaube ich, etwas, das Schauspieler spüren. Deswegen nennen mich manche Leute auch einen Diktator, unter
anderem der Bühnenbildner Götz Loepelmann, mit dem ich
nach einem großen Krach nach vielen Jahren der Zusammenarbeit nicht mehr zusammen gearbeitet habe. Er hielt es nicht
mehr aus, sich in der Gegend eines solchen Diktators aufzu-
halten, und ich verstand es. Es gehört zu dieser Art von Absicherung dazu. Es gehört zu dieser Art von Absicherung aber
auch dazu, daß, wenn ich sage, es darf in den nächsten zwei
Stunden niemand husten, auch wirklich niemand hustet. Es

mag diktatorisch sein, ist es auch, ich finde es jedoch notwendig. Es bedeutet aber auch, daß der Schauspieler weiß, in den nächsten zwei Stunden wird niemand husten, und das ist natürlich ganz wichtig.

In Pontypridd inszenierte ich Cocteaus *Les parents terribles* (*Nein, diese Eltern*). Alle sagten damals, ich wäre bescheuert, für Waliser Bergarbeiter Cocteau aufzuführen, und es war auch ein furchtbarer Flop, dabei war es eine gute Inszenierung. Ich weiß noch, wie ich frühmorgens aus dem Fenster guckte und die Bergarbeiter mit ihren Lampen oben am Kopf auf dem Weg zu den Minen sah. Sie gingen immer am Theater vorbei, morgens und abends, verdreckte, schwarze Menschen, und ich guckte raus und dachte, na ja, eigentlich haben sie ja recht. Was haben sie mit Herrn Cocteau zu tun? Damals war ich noch kein Populist. Ich bestand auf meinem Cocteau und sagte, wenn sie nicht reingehen, ist es ihre eigene Schuld. Meine Aufgabe ist, es ihnen vorzusetzen. Leider gingen sie nicht rein. Maudie Edwards machte Pleite. Und ich war mal wieder arbeitslos.

Die *Zofen*, viele andere kleine Inszenierungen, Fernsehen, die Arbeit in Wales – es war eine Zeit der Experimente, auch mit dem Leben. Ich versuchte, mit einer Frau zusammenzuleben, Kinder zu kriegen und zu heiraten. Ein Versuch, der dann irgendwann gescheitert ist, und seitdem habe ich es nicht noch einmal versucht. Gitta war sehr intelligent, auch sehr phantasievoll, wir hatten dasselbe Thema, sie Film, ich Theater. Sie landete irgendwann als Cutter-Assistentin bei David Lean und sah dort auch ihre Zukunft. Ich denke, wenn sie dabeigeblieben wäre, wäre sie sicherlich eine hervorragende Cutterin geworden. Unser Zusammenleben war nicht schlecht, wir waren beide etwas überambitioniert, überehrgeizig, und deshalb versauten wir uns das Leben ein bißchen. Wir hatten immer zu teure und viel zu große Wohnungen, die wir nie möblieren und nie richtig bezahlen konnten. Meistens in der Gegend von Hampstead, aber nicht immer. Eine sehr schöne Wohnung in der Ellerdale Road vermieteten wir teilweise, um die hohe Miete zahlen zu können. Wir lebten ständig über unsere Verhältnisse, weil wir beide eben so waren. Gitta war viel englischer als ich geworden, d. h. sie hatte die Emigration wirklich verarbeitet. Allerdings hieß sie Brigitte Blumenthal, aber sie war eine englische Dame. Sie war auch nicht sehr jüdisch und sah nicht besonders jüdisch aus. Im Gegensatz zu mir. Wir führten ein relativ reges Social life, hauptsächlich unter Engländern, gaben häufig Parties, die wir uns auch nicht leisten konnten. Es war immer ein Riesenproblem, denn wir gaben die Parties sehr oft auch aus professionellen Gründen. Da kamen dann auch Herr Tynan und ähnliche Berühmtheiten, doch irgendwie war es alles zuviel für uns. Wir kriegten es nicht hin. Ich war ständig auf Jobsuche, wobei das nicht selten so vor sich ging, daß man in irgendwelchen Kneipen mit potentiellen Produzenten Wein und Bier trank. Mein Problem dabei war, daß ich für die Runde Bier oder Wein, die man den acht Leuten da irgendwann ausgeben mußte, nicht das Geld hatte. Oder ich mußte mir das Geld für einen Besuch in der Kneipe die ganze Woche über zusammensparen. Das war wirklich recht hart. Meine Mutter schleppte weiter artig das Essen an, genau wie bei Renee Goddard. Gitta mochte sie nun noch weniger als die vorige, weil sie ihr zu kalt und zu englisch war. Da kamen ihre Komplexe als Emigrantin hoch, aber mein Vater mochte Gitta auch nicht sehr. Sie sahen ein, daß es eine gute Ehe für den kleinen Peter war, aber sie wünschten es mir nicht.

1954 kam das erste Kind. Es war eine große Freude, obwohl es »illegitim« war. Wir waren noch nicht verheiratet. Meine Eltern waren begeistert, endlich ein Enkelkind! Und das Kind wurde verwöhnt, wie es halt in jüdischen Familien so ist. Sie hatten das Kind sofort von morgens bis abends bei sich, weil wir sonst gar nicht hätten arbeiten können. Ich schleppte meine Tochter

Michele morgens in einem Carrycot, einer länglichen Plastik-
tasche mit Tragegriffen, zu meinen Eltern und holte sie abends
in Hampstead Garden Suburb wieder ab. Das ist eine gewisse
Entfernung, und wir hatten natürlich kein Auto. In der Zwischenzeit suchte ich Jobs, inszenierte mal in diesem oder mal in jenem
kleinen Theater, schrieb Filmuntertitel und so weiter. Wir lebten
hauptsächlich von dem Geld, das Gitta verdiente. Meine Gagen
waren ein Witz. An einen Job erinnere ich mich besonders: Ich
lernte jemanden von einem Institut kennen, das Interviews mit
vor allem alten Leuten machte, die das *KZ* überlebt hatten. Dafür
engagierten sie junge Leute, unter anderem mich. Was ich dort
hörte, war ein einziger Horror. Aber es ist bezeichnend für meine
damalige Situation, daß ich selbst unter dieser Arbeit nicht litt,
weil die Berichte so erschütternd waren, sondern weil ich lieber
im Theater gewesen wäre. Auch das war für mich nur ein Job, der
mich vom Eigentlichen abhielt. Es wurde einiger Druck auf mich
ausgeübt, daß ich einmal einen »richtigen« Beruf ergreifen sollte,
aber ich weigerte mich. Das höchste der Gefühle waren Gelegen-
heits-Jobs. Ich wußte mit absoluter Sicherheit, daß es für mich
nichts außer dem Theater gab, egal wie ich es erreiche.

Ich traf damals eine Person, die mein ganzes Leben mein
Freund blieb, einen norwegischer Tänzer, Tutte Lemkow. Er war
mit einer berühmten schwedischen Schauspielerin, Mai Zetter-
ling, verheiratet, die jetzt übrigens Regisseuse ist. Mai war
damals schon ein großer Star in England, und Tutte lebte auch
ein bißchen so wie ich. Die Frau verdiente viel Geld und er nicht.
Er war Jude, sie war Schwedin, und er tanzte und choreogra-
phierte. Später machte er z. B. die Choreographie für *Moulin
Rouge* von Huston. Wir wurden enge Freunde. Tutte war ein
absolut Verrückter, wieder ein Wahnsinniger. Ich sammelte in
London irgendwie die Verrückten um mich herum. (Später auch
in Deutschland.) Er spielte wunderbar Gitarre, war hochmusika-
lisch und exzentrisch. Mit ihm machte ich meinen ersten Film.
Er hatte von irgend jemand ein bißchen Geld gekriegt und fragte

mich, ob ich Lust hätte, den Film zu produzieren, also nicht zu inszenieren, sondern zu organisieren. Und das war meine erste Filmerfahrung. Der Einfall war – typischer Einfall für die 50er Jahre –, daß eine Filmkamera, die ein Kind filmt, sich in dieses Kind verliebt und es verfolgt. Die Hauptfigur war also die Filmkamera. Der Einfall kam von Tutte Lemkow. Einer unserer Statisten hieß Sean Connery, und da wir damals nie Gagen zahlten, schulde ich ihm heute noch ein Pfund.

Ich sehe noch vor mir, wie ich jeden Morgen mein Kind in diesem Paket zu Tuttes wunderschöner Wohnung schleppte. Wahrscheinlich waren meine Eltern nicht verfügbar. Er hatte in Knightsbridge eine der schönsten Wohnungen, die ich in meinem Leben gesehen habe und in der ich mein Kind in einem Hinterzimmer ablegte. Und dann drehten wir weiter am Film. Es wurde ein halbstündiger Kinofilm, für den wir sogar Preise bekamen. Dieser Verrückte Tutte Lemkow gehörte dann zu der Galerie Kenneth Griffith, Selma Vaz Dias und andere. Langsam hatte sich herumgesprochen, was für eine Art Mensch ich war, das Problem war nur, meine Frau war alles andere als verrückt. Sie war very sane, sehr cool und gefaßt, charmant, aber immer bedacht auf ihren Ruf. Das war ein großer Kontrast, der unserer Ehe nicht guttat.

Trotzdem war es eine unheimlich ergiebige Zeit mit ihr, so anstrengend, daß man sie fast nicht überleben konnte. Wir machten zusammen auch einen Film, der leider nicht fertig wurde. Wir waren beide an Kinderfilmen interessiert, nicht zuletzt, weil wir glaubten, es sei vielleicht leichter, an einen Kinder- als an einen Erwachsenenfilm heranzukommen. Wir schrieben ein Buch – eine Geschichte über ein kleines Mädchen, das mit einem Kaninchen vom Lande nach London reist. Warum, weiß ich nicht, das Kind stieg aus dem Bus, und das Kaninchen sprang vom Arm und lief in die U-Bahn weg. Das Kind hinterher. Dann kamen die Adventures dieses Kindes. Leider hatten wir kein Geld für den Film, also besuchten wir eine befreundete Familie –

Blumenau, der Vater besaß die große Underwear-Firma Silhouette – und pumpten sie an. Sie gaben uns 50 Pfund, das waren damals immerhin ungefähr 1000 Mark. Allerdings kamen wir damit nicht sehr weit, schließlich wollten wir auf 35 mm drehen. Die nächste Maßnahme: Meine Frau, die Cutterin, kannte viele Filmleute. Wir wanderten von Filmgesellschaft zu Filmgesellschaft und baten um ihre Short ends, das sind die Enden der Filme, die in der Kamera bleiben und nie benutzt werden, weil der Kameramann nicht riskieren kann, daß ihm der Film ausläuft. Diese Schnipsel sammelten wir und klebten sie zusammen. Nachts saßen wir außerdem da und tippten Couverts, um Geld zum Leben zu verdienen. Als nächstes brauchten wir einen Kameramann, und da wir uns auch den nicht leisten konnten, hatten wir zum Schluß drei Kamera-Assistenten, die für uns drehten, wenn sie gerade Zeit hatten. Nach der Hälfte der Dreharbeiten war dann Schluß. Es gab mir immerhin den Schub, kurze Zeit später einen ersten Film selber zu machen.

Mein erster Film, Simon

Hans Casparius, vor dem Krieg ein bekannter Fotograf bei der Ufa, nun ein kleiner Filmproduzent in England, gefiel eine Idee, die ich ihm vorschlug: einen Film über einen spastischen Jungen in einer Schulklasse zu machen. Dieselbe Geschichte, die ich offenbar immer wieder erzähle, die Geschichte vom Außenseiter. Ich fand für das Projekt in Hampstead eine ideale Schule, die Burgess Hill School, die ein Lehrer leitete, der aus Neills Summerhill kam. Erich Frieds Kinder gingen in diese Schule, in der auch behinderte und geistig zurückgebliebene Kinder aufgenommen wurden. Über die Schule könnte ich stundenlang erzählen. Ich lebte dort wegen des Films monatelang mit den Lehrern und Schülern zusammen – ein ganz zentrales Erlebnis. Was ich hier sah, kam meinen Vorstellungen, wie eine Gesellschaft zusammenleben könnte, sehr nahe. Eine sehr typische Geschichte vergesse ich nie: Nach dem Mittagessen waren die Schüler immer ein, zwei Stunden in der Aula, wo sie tanzen und sich austoben konnten, Jungs und Mädchen zusammen, von acht bis achtzehn. Vielleicht 150 Kinder. In der Aula stand ein Flügel. Die Kinder setzten sich auf den Flügel, während sie da tanzten und lärmten. Sie tanzten zu Jazzmusik und Swing oder so etwas. Eines Tages, als ich gerade da war, brach das Klavier zusammen, und folgendes passierte: Der Rektor holte die ganze Schule zusammen und fragte: Handelt es sich um ein Klavier oder um einen Sitz? Wenn es sich um einen Sitz handelt, würde er das Klavier nicht mehr reparieren lassen, denn die Schule könnte es sich nicht leisten. Wenn es sich um ein Klavier handelte, dann müßten die Kinder garantieren, daß sich keines von ihnen mehr auf das Klavier setzte. Es wurde abgestimmt, und da jeder nur eine Stimme hatte, auch die Lehrer, wurde beschlossen, daß es sich um einen Sitz handelte und nicht um ein Klavier. Und daraufhin benutzten sie es auch als Sitz. Nun kündigte der Musiklehrer, weil er ohne den Flügel keinen Unterricht mehr geben konnte. Das besorgte die Kinder nun schon, weil sie den Musikunterricht gemocht hatten. Die Musik verschwand aus ihrem Leben. Nach zwei Monaten riefen diesmal die Kinder eine Versammlung der ganzen Schule ein und hoben den alten Beschluß wieder auf. Der Flügel war wieder ein Flügel, und es hat sich nie wieder jemand darauf gesetzt. Ich fand, das war Erziehung.

Es gab in der Schule keinen Zwang, in die Klasse zu gehen. Da war ein Mädchen, ein Zigeunermädchen, ich weiß nicht, wo sie herkam, die noch nie in einer Klasse im Unterricht gewesen war, obwohl sie schon drei Jahre lang die Schule besuchte. Sie schaukelte gerne und kletterte auf Bäume. Ich habe sie für das Mädchen, die zweite Hauptrolle in meinem Film, besetzt. Sie wurde auch dazu nicht gezwungen.

Ich war mit Peter Vansittart, dem Autor historischer Romane und damals Geschichtslehrer an der Schule, befreundet. Er erzählte mir von seinen Problemen. Er war ja einverstanden, daß kein Kind gezwungen wurde, eine Klasse zu besuchen, wenn aber eines die dritte Klasse verließ und in der fünften wieder auftauchte – was dann? So holte er am Anfang jedes Schuljahrs die Kinder zusammen und machte mit ihnen einen Vertrag über soundso viele Klassen, den die Kinder unterschreiben mußten. Das funktionierte. Die Kinder fanden es spannend, sie unterschrieben den Vertrag und lernten so, was ein Vertrag und ein Versprechen ist. Das war viel wichtiger als der ganze Geschichtsunterricht. Es war eine ganz tolle, wunderbare Schule.

Und in dieser Schule war eben der dicke, spastische Junge, der es sehr schwer hatte, weil Kinder gemein sind, auch in so einer Schule. Er spielte die Titelrolle in *Simon*. Die Kinder liefen im Wald herum und spielten zusammen Hide and seek, dabei machten sie den kleinen Jungen ständig fertig, bis er im Film das komische Mädchen, das Zigeunermädchen, trifft und sich in sie verliebt.

Das wilde Mädchen aus meinem ersten Film *Simon*

Sie macht ihn zwar auch fertig, aber es macht ihm Spaß. Am Ende verliebt sich das Zigeunermädchen in einen toughen Jungen und läßt wie alle anderen den kleinen, spastischen Jungen sitzen. In der letzten Szene hockt er allein im Wald und zeichnet irgend etwas im Sand. Der Film hat ein trauriges Ende. In Wirklichkeit veränderte sich das Leben des Jungen. Jetzt war er der große Filmstar, und es ging ihm an dieser Schule nie wieder schlecht. Der Film, ein Kurzfilm von 35 Minuten, bekam eine Menge Preise und wurde in Kinos gezeigt. Der Kameramann war Walter Lassally, der später *Tom Jones* drehte. Mein Freund Max Benedict, der später alle meine Filme geschnitten hat und damals schon ein berühmter Cutter war, schnitt ihn. Ich hatte Mitarbeiter von einer sensationellen Qualität. Wir brauchten zum Beispiel eine Kamerafahrt durch den Wald. Der toughe Junge geht mit einem großen Hund durch den Wald. Wir hätten für die Kamera Schienen legen müssen, hatten aber nicht das nötige Geld. Ich wettete mit Walter Lassally um 10 Flaschen Bier, daß es wackelt, wenn er mit der Kamera in der Hand geht. Wir hatten natürlich auch keine Steadycam. Walter nahm die Kamera auf die Schulter und machte eine perfekte Kamerafahrt. Das waren aufregende Ereignisse. Eine Szene habe ich Jahre später in meiner TV-Inszenierung von Brendan Behans *Geisel* zitiert. Die Szene mit dem Huhn. Hier waren es andere Vögel. Plötzlich wollte eines der Kinder (übrigens die Tochter von Erich Fried) einen Vogel fangen. Walter sah das sofort und filmte die Szene, die eine der schönsten Szenen des Films wurde.

Filmarbeit war damals für mich keinesfalls unwichtiger als die Regie im Theater. Ich wollte zum Film. Die Chancen beim Spielfilm waren nur noch kleiner als im Theater, weil man hier erst gar nicht in die Gewerkschaft kam. Ein ACT-Ticket zu kriegen war fast unmöglich. Man bekam es erst, wenn man schon einmal beim Film gearbeitet hatte. Nur bekam man dort keine Arbeit, ohne daß man ein ACT-Ticket besaß. Es war eine geschlossene Gesellschaft.

Um einen Film wie *Simon* zu drehen, mußte ich aber nicht in der
Gewerkschaft sein, und der Film hat mir ganz große Hoffnung
gegeben, weil er auch erfolgreich war. Es war das erste Mal, daß
ich im Film etwas machen konnte, das wirklich von mir kam. Es
war mein Einfall, meine Geschichte, das war ich, die Outsiderge-
schichte. Mit dem Film ging es allerdings dann nicht sehr viel wei-
ter in England, nur insofern, als ich durch *Simon* den Job beim
BBC bekam, die erwähnten Künstlerportraits zu machen. Huw
Wheldon, der später der Direktor der BBC wurde, gab mir den
Auftrag, weil ihm mein Film so sehr gefallen hatte. Über meine
Künstlerfilme sagte er dann, die Spezialität meiner Filme – die
ihm ja alle sehr gefielen – sei, daß sie immer aus wunderschönen
Bildern bestünden, doch irgendwo, ganz in einer Ecke, wäre ein
Krüppel, das sei es, was ihn so faszinierte. Ich mochte Huw sehr
(ich mag Waliser), und er war es, der mir sagte, nachdem ich das
erste Mal aus Deutschland zurückkam, weißt du, Peter, dies Hin
und Her, du mußt dich jetzt entscheiden, dies Hin und Her geht
nicht, entweder machst du deine Karriere in Deutschland oder in
England.

Aber noch ging ich nicht nach Deutschland. Aus Wales zurück
inszenierte ich Ionescos Stück *Amédée oder Wie wird man ihn los*
mit Feliks Topolski als Bühnenbildner. Es war wieder ein Versuch,
mit einem Nichtbühnenbildner ein Bühnenbild zu machen. *Amédée*, das selten inszeniert wird, ist ein kluges, verrücktes Stück
über einen Künstler, der mit seiner Frau in einem Zimmer wohnt,
in dem irgendwann Champignons wachsen. Es wird nasser und
nasser, schließlich merken die beiden, daß nebenan ein Toter
liegt. Der Tote wird immer größer und größer und wächst in das
Zimmer hinein, bis sie keinen Platz mehr haben. Sie ziehen
immer weiter in die Ecken des Zimmers. Am Ende ist der Tote so
riesig, daß es überhaupt nur noch diesen Toten gibt. Dann fliegt
der Tote aus dem Fenster, der Mann hängt sich hintendran und
fliegt in den Himmel. Ein blödes Ende, auch das technische Problem lösten wir nicht. Trotzdem war die Aufführung spannend,

weil ich zum ersten Mal mit einem wirklich großen Schauspieler, Jack Mc Gowran, einem der bedeutendsten irischen Schauspieler seiner Zeit, zusammenarbeitete. Ein kleines Männchen und ein ganz großer Komiker. Er war mir in vielerlei Hinsicht überlegen, so daß ich mich zum ersten Mal mit einem wirklich komplizierten, differenziert denkenden, wunderbaren Schauspieler auseinandersetzen mußte.

Noch ein Erlebnis aus dieser Zeit fällt mir ein, das meine spätere Arbeit beeinflußt hat. Es gab damals eine Organisation, »Theatre Window«, die für eine Aufführung mit arbeitslosen Schauspielern jeweils sonntags ein großes Theater mietete. Viele Fachleute aus der Branche gingen dorthin, auch Kritiker, und wenn es ein Erfolg war und man Glück hatte, kaufte irgendein Manager die Aufführung und brachte sie ins Westend. So eine Aufführung machte ich mit *Born Again*, einem etwas albernen, futuristischen Stück. Ich kam zur ersten Probe und war zu spät. Die Probe sollte um 10 Uhr anfangen, und es war halb 11. Ich kam zum Probenraum, und der Hauptdarsteller, ein älterer Schauspieler, stand vor der Tür und sagte: Oh, hallo, Mr. Zadek. Guten Tag. Schön, Sie kennenzulernen. Auf Wiedersehen. Und ging. Ich habe den Schauspieler nie wiedergesehen und bin seitdem nie wieder zu einer Probe zu spät gekommen. Ich sah es absolut ein. Es hat mit Kunst zu tun.

MEIN ERSTES FERNSEHEN, DER PIER

Mein erster richtiger Fernsehfilm, *Der Pier*, war eine Halbstarkengeschichte. Es war mir mühsam gelungen, in ein Kurztrainingsprogramm für junge Regisseure beim Fernsehen hereinzukommen, und ich absolvierte das wohl auch ganz gut, denn kurze Zeit danach hatte ich den ersten Auftrag für eine TV-Inszenierung, das Stück eines schottischen Dichters und Bühnenautors, James Forsyth, der sehr viele Stücke geschrieben hatte und mit dem ich mich anfreundete. Das Stück war hochkompliziert, und damals gab es nur Live-Fernsehen. Man probierte ein Stück wie im Theater. Außerdem drehte man ein paar Film-Inserte, die dann während der Sendung reingespielt wurden. Aber die Sendung war live. Die Inserts drehten wir in Brighton, einem Seebad, 100 km von London. Wir hatten einen Zug zu filmen, der um eine bestimmte Uhrzeit in den Brightoner Bahnhof einläuft – und ich hatte verschlafen und in London den Zug nach Brighton verpaßt. So setzte ich mich in ein Taxi und fuhr nach Brighton. Das Geld, das ich für die Fahrt ausgab, war das Geld für die nächste Woche, die ganze Familie ... Das ist mir auch nicht wieder passiert.

Ich probierte *Der Pier* wochenlang im Studio, und es war irrsinnig kompliziert. Die Kamerabewegungen, Kulissen, die Handlung und so weiter. Ich weiß noch, ich hatte eine erfahrene Assistentin, die immer sagte, Peter, es wird nichts. Es kann nicht funktionieren. Sei nicht verrückt. Und ich sagte, ach, machen wir es einfach, wir haben immerhin drei Kameras, die fährt dahin, während die dahin fährt ... Man hatte zwei Probendurchläufe, der dritte war bereits die Live-Sendung. Jede Kamerabewegung war für die Kameraleute genau aufgeschrieben und aufgezeichnet. Das Studio war vollgestellt mit 50 Dekorationen, und ich hatte eine Besetzung mit 35 Leuten, unter anderem Peter O'Toole in seiner ersten Rolle. Er war ein Freund von Kenneth Griffith, ein witziger, bescheuerter Mensch. Zu der Zeit kaufte O'Toole sich jede Woche einen neuen Jaguar und knallte ihn gegen den Baum. Das war seine Hauptbeschäftigung. Aber er war wunderbar. Es ging also los, und ich probierte und probierte und probierte, und es funktionierte nicht. Und manchmal funktionierte es doch ein bißchen, und dann kam die Sendung. Ich saß in der Regieloge vor den Monitoren, und es ging los. Ständig standen irgendwelche Kameras anderen Kameras im Weg und wußten nicht, wie sie aneinander vorbeikommen sollten. Sie wackelten, und plötzlich kam auf dem Hauptmonitor von oben ganz langsam ein Mikrophon herunter ins Bild. Ich schnitt sofort auf ein anderes Bild, und der Studiomanager kam danach hereingelaufen und erzählte, was passiert war: Mein Freund Kenneth Griffith, der auch mitspielte, mußte in einer Szene mit dem Messer auf einen Schauspieler zugehen, und dieser andere Schauspieler mußte ihm das Messer mit einem Stock aus der Hand schlagen. Ich hatte es auch schon auf dem Monitor gesehen, es war alles sehr schön gegangen. Das Messer flog aus dem Bild. Aber es landete, wie ich jetzt erfuhr, im Bein eines anderen Schauspielers, Michael Hastings (der Autor, damals Schauspieler), und traf eine Ader. Wegen der Blutfontäne wurde der Mann, der da oben das Mikrophon gehalten hatte, ohnmächtig, und deswegen kam das Mikrophon herunter ...

Leider gibt es von *Der Pier* keine Aufzeichnung, ich weiß nicht einmal, ob es gut geworden ist. Es spielten ein paar wunderbare Schauspieler mit, zum Beispiel Kika Markham, die Truffaut später in *Les deux Anglaises* besetzte. Ich weiß nur noch, daß sich die Geschichte auf dem Brighton Pier abspielte und es um Kämpfe zwischen Halbstarken ging. Wichtiger für mich waren andere verästelnde Konsequenzen – daß meine Freundschaft mit Kenneth Griffith wuchs und ich mit James Forsyth zusammentraf, der sich wie ich sehr für Folklore interessierte. Er lebte in der Nähe von Brighton in einem komischen alten Bauernhaus und machte dort Amateurtheater. Er hatte *Cyrano de Bergerac* übersetzt und war ein faszinierender Mensch, den ich seit den Dreharbeiten sehr oft dort unten besuchte. Er und seine Frau waren eins der Künstlerpaare – eine der Künstlerfamilien –, von denen ich mich immer wieder gern adoptieren lasse. Ich bin halt ein besserer Sohn als ein Vater. Heute lassen Elisabeth und ich uns gern zu zweit adoptieren.

GEOFFREY GIBEON

In dieser Zeit waren eine ganze Reihe von »Aussteigern«, frühen Alternativen, aus London nach Cornwall ausgewandert, um dort zu leben. Darunter viele englische Juden, viele Künstler, auch viele Kunstgewerbler. Einer von ihnen war mein Freund Geoffrey Gibeon, ein Schriftsteller, der im Krieg an der Hand verletzt worden war, nicht sehr schlimm, und eine Rente von 5 Shilling im Monat bekam. Das war damals noch Geld, zwar nicht viel Geld, aber es war für ihn ausreichend zum Leben. Mit dieser Rente ging er nach Cornwall und fand in der Nähe von Mevagissey mitten in einem Wald eine Kate, rodete den Wald mit einer Axt um die Kate herum, renovierte sie und ließ sich da nieder. Er verdiente kein Geld, lebte von der Rente und las. Ihm folgten langsam immer mehr Leute. Geoffrey faszinierte mich. Er war ein Einsiedler, der tat, was er für richtig hielt und was ihm gerade einfiel. Ich besuchte ihn in Cornwall per Autostop und wohnte dann in seiner primitiven Kate, er machte jede Woche eine Suppe, in der montags noch Fleisch war, samstags nur noch Wirsingkohl, weil er die Suppe immer weiter streckte. Mehr als diese Suppe aß er nicht. Mir war dieses Leben völlig unbekannt. Es war das Radikalste, was mir je begegnet war. Geoffrey hat dort später eine Frau gefunden, die Körbe flocht, und wurde irgendwann Coast guard, um noch ein bißchen Geld dazuzuverdienen. Er mußte dafür zweimal am Tag spazierengehen und die Küste beobachten. Später unterrichtete er auch noch mongoloide Kinder. Wunderbar. Ich fand, daß er das Leben besser verstand als ich, und er hat mich öfter gut beraten. Wir waren befreundet und lustig zusammen. Er war ein sehr jüdischer Guru, der einen sehr direkten Zugang zum Leben hatte, obwohl er ein Einsiedler war. Mit anderen Worten, er hat die Dinge verstanden, die Menschen im Leben passieren können. Ich hatte zu dem Zeitpunkt große Probleme mit meiner Frau und fragte ihn auch um Rat. Er beriet mich dann, was zwar auch nichts half, es hat mich aber auf jeden Fall zufriedener gemacht.

LEO LEHMAN

Leo Lehman, der polnische Schriftsteller und Emigrant, war neben Peter Ury mein engster Freund in den 50er Jahren. Ein hochbegabter, kalt analytischer Mensch, der viele Kenntnisse über Politik und Zeitgeschichte besaß und jahrelang ein böser, kalter Krieger war. Er hat eine Unmenge von politischen Stücken geschrieben, Fernsehfilme und so weiter. Zwei seiner Stücke habe ich inszeniert. Eins in London zu dieser Zeit. Es war das erste politische Stück, das ich inszenierte – *Who Cares?* – über einen polnischen Jungen, mit dem er sich selber identifizierte, der nach dem Krieg nach Oxford zu einem Linguistikprofessor kam, um ihm von seinem Vater, einem polnischen Kollegen, ein Manuskript zu überbringen. Der englische Professor interessierte sich überhaupt nicht für die Situation, in der sich sein Kollege in Polen nach 1945 befand, sondern nur für das Manuskript. Die Diskussion also zwischen Kunst im Elfenbeinturm und politischem Engagement. Dieses sehr schöne Stück – eine Art politisches Boulevard-Stück, recht konventionell geschrieben, aber voll wunderbarer Dialoge – inszenierte ich mit Erfolg im »Q Theatre« in Kew Gardens, einem kleinen Theater in einem Londoner Vorort. Anschließend wurde es sogar ins Westend übernommen, wo es allerdings ein anderer, bekannterer Regisseur inszenierte, der einen Flop daraus machte. Ich habe Leo Lehman nie verziehen, daß er nicht auf mir als Regisseur bestanden hat.

Ich glaube nicht, daß Leo mich politisch beeinflußt hat, weil ich eigentlich nie seiner Meinung war, aber wir führten ständig politische Diskussionen, und ich saugte Leo aus, weil er der einzige, auch der erste war, der mir politisch überhaupt etwas erzählen konnte. Unsere erste Meinungsverschiedenheit hatten wir, ich erwähnte es schon, über die Frage des Pazifismus. Ich erinnere mich noch, wie ich mit Leo durch Hampstead marschierte und sagte: »Der Krieg gegen Hitler war ein Irrtum. Man hätte ihn nicht bekämpfen dürfen.« Da wurde Leo wütend. Er war als Junge vor den Nazis von Polen zu Fuß nach Frankreich geflüchtet und schlug sich dann in England durch, während ich ja durch die frühe Flucht im Jahr '33 mit meinen Eltern außer unter ein paar Bomben in London weder unter Krieg noch Verfolgung gelitten hatte. Trotzdem blieb ich und bleibe ich heute noch bei meiner Meinung, wie unangenehm sie auch nicht nur Leo Lehman war und ist. Diesen Streit haben wir über Jahre geführt. Als Schriftsteller hat Leo nie eine wirklich große Karriere gemacht, weil seine Begabung zwar enorm, aber analytisch war und er deswegen gewissermaßen auch zu zersetzend, zu zerstörend dachte. Er analysierte alles weg. Der politische Inhalt hat immer stark dominiert, die Stücke waren dadurch zu trocken, und im Gegensatz zu mir hat er sich mit dem englischen Konversationstheater voll identifiziert. Alles, was er schrieb, schrieb er in der Form dieses Konversationstheaters. Seine Tragik war, daß er gedanklich besser war und das Konversationstheater wiederum nicht so gut wie die Engländer konnte. In der Hinsicht war er ein sich angleichender Emigrant. Er blieb in England, als ich wegging, und war für mich im Punkt der Anpassung ein abschreckendes Beispiel. Später faßte er zwar in seiner Arbeit auch in Deutschland Fuß und schrieb für den WDR Fernsehspiele, hatte eine Zeitlang auch in England als Fernsehautor großen Erfolg, aber seine Bühnenstücke sind fast nie gespielt worden. Er hätte nicht in England bleiben dürfen. Heute lebt er immer noch dort, es geht ihm nicht so gut, und wenn ich ihn anrufe und frage: what are you doing?, antwortet er: I'm writing a play, you know ...

Als junger Mann war ich oft neidisch auf ihn, weil er in der englischen Gesellschaft so gut zurechtkam. Er wurde überall eingeladen, war der große Charmeur und hatte wirklich das Gesellschaftsspiel gelernt. Er fand es toll, aber seine Phantasie blieb woanders.

Ich habe zwar 1994 im »Spiegel« einen Nachruf auf John Osborne geschrieben, doch mit der Bewegung der »Angry Young Men«

Mitte der 50er hatten wir – Leo, ich und meine Freunde – nichts zu tun. Es war eine rein englische Angelegenheit. Sie beschäftigte sich schon damals viel mit den Royals, die allerdings bei der Upper class beliebt und unantastbar waren.

Ich ging 1956 in die Premiere von *Blick zurück im Zorn*. Das wars auch schon. In dieser Gruppe gab es keine Emigranten, keine Deutschen, und es gab auch fast keine Juden. Wie bei vielen englischen Intellektuellen herrschte dort ein unterschwelliger Antisemitismus, der den offenen Antisemitismus eines T. S. Eliot von vor dem Krieg fortsetzte. Das war offensichtlich. Die jüdischen Autoren Michael Hastings, Bernhard Kops und Arnold Wesker gehörten am Rande dazu, aber im Grunde handelte es sich bei den »Angry Young Men« um eine Bewegung der English lower middle class. Hier ging es darum, wie eine Klasse nach oben rückte, und zwar die englische lower middle class in die middle class und die working class in die lower middle class. Ihre Probleme waren nicht meine.

Trotzdem nervte es mich, daß plötzlich lauter junge Leute Erfolge im Theater hatten. Tony Richardson war 25 und machte eine große Inszenierung nach der anderen. Leo Lehman und ich gehörten nicht zu dem Club. Kenneth Tynan zum Beispiel gehörte sehr wohl dazu, doch war er ein bißchen großzügiger und hatte einen weiteren Blick, der wiederum nicht weit genug war, als daß er mich in diesen Club hineingezogen oder mich zu seinen Parties eingeladen hätte. Dafür lud ich ihn zu meinen ein.

Damals spielte im europäischen Kino der italienische Neorealismus eine große Rolle. 1950 hatte ich eine Kritik über Zeffirellis Bühneninszenierung *Romeo und Julia* geschrieben, die zeigt – obwohl ich über Shakespeare und die Inszenierung schrieb –, daß der Neorealismus mich sehr beeindruckte.

Der ausschlaggebende Film war De Sicas *Ladri di Biciclette*, nicht *Paisa* von Rossellini, *Paisa* fand ich toll, und *Roma, città aperta* auch, doch *Ladri di Biciclette* übertraf sie noch weit wegen der Art und Weise, in der De Sica in diesem Film mit den

Menschen umging. *Miràcolo a Milano* war ein zweites Wunderwerk, ein phantastisches realistisches Märchen. Es war das größte Wunder. Und Zeffirelli ging mit Schauspielern auf der Bühne bei Shakespeare fast genauso um. Als ich später Kurt Hübner kennenlernte und bei ihm arbeitete, sprachen wir oft über Zeffirellis *Romeo und Julia*-Inszenierung, die Kurt auch, nur viel später, gesehen hatte. Sie wurde zu einem Thema zwischen uns, weil wir beide meinten: so müßte Theater sein. Zeffirelli hat mit *Romeo und Julia* etwas ganz Wichtiges erfunden.

Der Existentialismus, die zweite große Strömung der Zeit, hatte weniger Bedeutung für mich. Ich versuchte zwar auch, mich mit Philosophie zu beschäftigen, es war für mein Köpfchen jedoch schwierig, weil ich so einen Kopf nicht habe. Ich habe die größten Schwierigkeiten, Theorie in meinen Kopf hereinzukriegen. Ich versuchte *L'existentialisme est un humanisme* auf Französisch zu lesen. Das Buch hat mich bewegt und berührt. Was ich damals davon verstanden habe, weiß ich nicht, aber wegen seiner Stücke interessierte Sartre mich von Anfang an. Und Camus natürlich auch. 1959 inszenierte ich *Die Gerechten*, doch das war schon in Hannover. Sartre hätte ich gern in England inszeniert, bekam nur nie die Chance, weil er vom Theater schon als offizieller Erfolgsautor aufgenommen worden war. Da blieb mir nur Ionesco.

PEGGY RAMSAY

Im Zusammenhang mit Ionesco fällt mir Peggy Ramsay ein. Margaret Ramsay, eine einzigartige Theateragentin in London, eine frühere Operettensängerin, die eine unglaubliche Nase für gute Stücke hatte. Sie eröffnete 1953 ein kleines Büro in Goodwin's Court zwischen St. Martin's Lane und Bedfordbury in der City of Westminster und fand Leute, die ihr das Geld gaben, eine Sekretärin zu engagieren und einen Schreibtisch hineinzustellen. Ihr ein-

ziger Maßstab war ihr persönlicher Geschmack, sie nahm ein paar
Autoren, bekannte und unbekannte, unter Vertrag und fing an, sie
Theatern anzubieten. Vorher diskutierte sie so lange mit den Autoren über das Stück, bis es genau so aussah, wie es ihr gefiel, sonst
nahm sie es erst gar nicht an. Ihr Trick war, angeblich nie mehr als
eine Kopie des Stücks zu besitzen, die sie dann genau dem Theatermanager gab, von dem sie glaubte, daß er das Stück herausbrin-
gen würde. Damit spielte sie ihr Spiel, erzählte auch noch anderen Managern von dem Stück, die es aber erst lesen könnten,
wenn die Kopie wieder da wäre – sie hatten jeweils nur drei Tage
Zeit, bevor es zurückgebracht werden mußte, und sie waren dementsprechend schon ganz heiß, das Stück in die Hände zu bekommen. »Ein wunderbares Stück«, sagte dann ein Manager, »wann
kriege ich es wieder, ich muß noch nachdenken.« Aber sie hatte es
dann schon wieder jemand anderem Wichtigem versprochen, so
daß alle dachten, sie müßten sich ungemein schnell entscheiden.
Eine wunderbare Strategie vor der Erfindung des Fotokopierers.
Aber sie tat auch später nie, was deutsche Verlage oft tun – die
Stücke in Massen an alle Theater zu schicken. Sie verkaufte sie
nur gezielt an genau den Regisseur, der nach ihrer Vorstellung
paßte. Die Schauspielerstars hatte sie schon mit dem Autor
besprochen, bevor das Theater den Text überhaupt sah, und bis
zur Premiere in London kümmerte sie sich ganz genau um jede
Voraufführung in der Provinz. In England ist es ja üblich, daß die
Stücke für ein Try out in die Provinz gehen. Dorthin fuhr sie zu
den Proben, schaffte unter Umständen noch einen Stückedoktor
heran, um noch nachzubessern und so weiter. Auf diese Weise
baute Peggy Ramsay langsam ihre Agentur auf. Irgendwann vertrat sie in England Ionesco und andere berühmte Autoren, oft
aber auch ganz unbekannte Dramatiker, an die sie glaubte. Innerhalb von 10 Jahren war sie sicherlich die wichtigste Agentin im
englischen Sprachraum. Ihr komisches kleines Büro, ein ehemaliger Puff, wurde dabei nie größer. Sie ist nie umgezogen, immer
ging es die engen kleinen Stufen in den ersten Stock in einem

Hinterhof in der St. Martin's Lane herauf, es war eine Atmosphäre wie bei Charles Dickens. Man stieß sich jedesmal den Kopf am selben Balken und wartete in irgendeiner miefigen Ecke, bis Peggy Zeit für einen hatte. Später nahm sie einen Partner dazu, Tom Ehrhardt, der die ausländische, europäische Seite dieser Agentur leitete. Es war für mich das Modell einer Agentur, die wirklich bis zum letzten Atemzug für einen Autor arbeitete. Peggy hat die Anzahl der Stücke, die sie vertrat, immer klein gehalten. Sowie Agenturen riesige Betriebe werden, ist diese Intensität der Betreuung gar nicht mehr möglich. Und sie hat alles selber gemacht und nicht irgendwelche Unterlinge als Ersatz ins Theater geschickt. Ich war eng mit ihr befreundet – sie war eine etwas zickige, phantastische, aber wunderbare Frau – und hatte natürlich auch öfter den Wunsch, daß sie mir hilft, sie tat es aber nur, wenn es wirklich im Interesse des jeweiligen Autors lag. Unser gemeinsamer Freund Leo Lehman wurde auch von ihr vertreten, stritt sich allerdings ständig furchtbar mit ihr, weil sie sehr oft nicht damit einverstanden war, wie und was er schrieb. Sie war eine wirkliche Macht im Theater und liebte das Theater wie sonst nichts auf der Welt. Als ich nach Deutschland kam, fand ich gleich eine ganze Serie von Leuten vor, die sich Theaterverleger nannten und wo es nun ganz anders zuging. Ein Beispiel war ein Erlebnis mit Stefanie Hunzinger, damals die Verlegerin des Fischer Theaterverlags. Ich wollte in Bremen Anfang der 6oer Jahre *Luther* von John Osborne inszenieren, den ich in London gesehen hatte. Fischer vertrat die Rechte für Deutschland. Sie freuten sich, daß ich die deutsche Erstaufführung machen wollte, und schickten mir das schon übersetzte und gedruckte Manuskript. Ich las den deutschen Text und fand ihn grausam. Nun schaute ich etwas genauer hin und bemerkte, daß Luthers lange Originalzitate sich in der deutschen Übersetzung sehr komisch lasen, und verglich sie mit den originalen Luther-Zitaten in Deutsch. Das Ergebnis war: Der Übersetzer hatte tatsächlich die Luther-Zitate aus Osbornes englischem Text zurück ins Deutsche übersetzt – und

diese Übersetzung hatte Fischer gedruckt – in den bekannten
gelb-orangenen Fischerbüchern. Ich sagte Frau Hunzinger, daß
wir es für die Aufführung ändern müßten, und plötzlich gab es
Probleme, weil der Übersetzer die ausschließlichen Rechte auf
seinen Text hatte. Es folgte eine riesige Auseinandersetzung,
schließlich machten wir es so, wie es sein mußte, aber das war für
mich typisch für die Art mancher deutscher Theaterverleger. Es
gab sicher Ausnahmen, Wehmeier, der bei Kiepenheuer & Witsch
den Verlag führte, war flotter und aufgeweckter, so daß ihm so
etwas nicht passieren konnte. Er hat auch selber übersetzt, das war
schon ein bißchen etwas anderes.

Peggy war eine Freundin von Selma Vaz Dias, unter anderen
stellte sie auch unsere Aufführung der *Zofen* im Mercury Theatre
auf die Beine. Weil ich sie sehr gut kannte, bekam ich auf diesem
Weg schnell die Skripts zu lesen, auch später in Deutschland.
Allerdings führte mein Kontakt zu ihr auch nicht dazu, daß ich den
Sprung in das etablierte Theater in England schaffte. Sosehr ich
auch wollte, ich hätte nicht gewußt, wie. Der einzige Weg wäre
unter Umständen das Royal Court Theatre gewesen, die »Angry
Young Men«. Wobei natürlich eine Rolle spielte, daß deren Probleme nicht meine waren. Ich kann die Situation damals mit meiner späteren am Berliner Ensemble vergleichen und dem deutschen Ost-West-Problem. Es war nicht meine Wiedervereinigung,
habe ich immer behauptet. In gewissen Situationen denke ich,
Kinder, macht doch eure Probleme unter euch aus, es sind wirklich nicht meine. Ob da nun Großdeutschland rauskommt oder
nicht, kann mir scheißegal sein. Damals wie heute. Ich gehöre nirgendwo richtig dazu. Es spielte schon in meinen Jahren in England eine Rolle – daß ich nicht dazugehörte.

Genets Balkon, Uraufführung 1957

Genet war also von meiner Inszenierung der *Zofen* begeistert gewesen und gab mir daraufhin die Rechte für die Uraufführung vom *Balkon*. Ich weiß nicht, ob ich mir das Stück sonst ausgesucht hätte, weil es schon damals manches darin gab, was mich störte. Vor allem die schwache Revolutionsgeschichte. Trotzdem hat mich seine Welt fasziniert. Ich fand ein Theater, wieder ein Club, den »Arts Theatre Club« am Leicester Square, in dem Peter Hall schon *Warten auf Godot* uraufgeführt hatte. Ich weiß gar nicht mehr, wie wir das Theater dazu kriegten, sich auf Genet einzulassen. Sie waren wahrscheinlich erpicht auf die Sensation. Es war nicht leicht, das Stück zu besetzen – abgesehen von Selma Vaz Dias, die die Hauptrolle der Puffmutter spielte –, weil sich sowohl das etablierte wie auch das englische Avantgarde-Theater noch sehr gegen Genet wehrten. Genet war ein Pornograph, ganz eindeutig. Nackte Frauen, Schwule, Perverse, all das, was es in England auf der Bühne nicht gab. Ich inszenierte das Stück sehr realistisch. Das Bordell, in dem die Handlung spielt, war auch auf der Bühne ein Bordell. Der *Balkon* war ein Skandal-Erfolg. Schon zu Beginn der Inszenierung hatte ich eine heftige Auseinandersetzung mit Bernard Frechtman, dem Übersetzer, weil ich die Übersetzung zu künstlich, zu literarisch fand, aber nichts verändern durfte, und am Ende stand die Riesenauseinandersetzung mit Genet selbst, den ich eines Tages mit einem Revolver auf der Bühne fand, mit dem er mich erschießen wollte, wie er behauptete. Für einen jungen Regisseur mit seiner ersten großen Inszenierung ganz schön spannend.

Ich kam in die Probe, die Haupt- oder Generalprobe, das weiß ich jetzt nicht mehr, die Schauspieler standen auf der Bühne, und in der Mitte saß Genet mit Revolver, und er sagte, ich werde Sie erschießen. Er beschwerte sich, daß das Ganze realistisch inszeniert war. Er wollte alles stilisiert haben, es sollte kein richtiger Puff sein, es war ihm zu vulgär, zu ordinär.

Dann gab es in der Presse zwischen Genet und mir eine große gegenseitige Beschimpfung, und die Vorstellung war jeden Abend ausverkauft, logischerweise, gerade durch den Skandal.

Bevor ich zu probieren anfing, hatte ich Jean Genet in Paris besucht. Ich hatte ihn bei den *Zofen* lediglich gesellschaftlich kennengelernt, und als ich den *Balkon* gelesen hatte, wollte ich natürlich mit ihm darüber reden. Ich fuhr also nach Paris, es gab keine Adresse und keine Telefonnummer, man mußte ihn an irgendeiner Ecke um eine bestimmte Zeit treffen, weil er sicherlich wieder einmal irgendwelche Probleme mit der Polizei hatte, und dann spazierten wir durch Paris. Ich wollte über das Stück reden, aber er sagte, er würde mir gerne etwas zeigen. Er führte mich in das Musée Cluny, in dem die Tapisserie aus Boussac *Die Dame mit dem Einhorn* hing. Ich sagte: »Was zeigen Sie mir denn da?« Und er: »Zeige ich Ihnen einfach.« Er wollte mir Rituale zeigen. Als Beispiel für die Inszenierung. Als wir wieder auf der Straße waren, redete er nur noch darüber, wie spannend es wäre, die Straße runterzulaufen und darüber nachzudenken, was all den Leuten, die gerade den Boulevard St. Germain entlangliefen, durch den Kopf ging. Daran erinnere ich mich noch sehr genau. Er sagte: »Guck mal in die Augen und stell dir vor, was die sich alles vorstellen, und das mal soundso viel Milliarden Menschen, die es auf der Erde gibt.« Ich erinnere mich noch besonders an den Abschied. Wir gingen weiter den Boulevard St. Germain entlang, und plötzlich drehte Genet sich zu mir um und sagte: »Auf Wiedersehen.« Und ich sagte: »Moment, ich wollte mit Ihnen doch noch über den *Balkon* reden.« Er: »Wir haben uns doch nichts mehr zu sagen. Tschüs.« Und er verschwand. Das nächste Mal sah ich ihn mit Revolver auf der Bühne sitzen. Der Verzicht auf alle Erklärungen beeindruckte mich besonders. Es war sicherlich eine gewisse Show dabei, aber ich fand es schon sehr gut. Er tat auch einfach das Gegenteil dessen, was ich damals tat. Ich war höflich und umständlich (englisch!), auch aus Unsicherheit, und ängstlich war ich auch, ich fürchtete mich vor diesem kriminellen Menschen. Ich war sehr bürgerlich. Mein Vater hatte mir immer erzählt, Homosexualität sei (nach dem Onanieren) ungefähr das Ekelhafteste, was es in der Welt gäbe. Homosexuelle seien schreckliche Menschen, mit denen man am besten gar nicht redete.

Ich habe bis heute mit manchen Homosexuellen Schwierigkeiten, und zwar nicht aus moralischen, bewußten Gründen. Es hat sicherlich mit meiner komischen jüdischen Erziehung zu tun. Meine Eltern waren im Grunde sehr tolerant, aber Homosexualität ging nicht. Ich verliebte mich einmal in einen kleinen Jungen, als ich Schullehrer war, ein Jahr lang. Ich habe den Jungen nie berührt, aber es hat mich beschäftigt und verstört, daß es überhaupt möglich war. Ich sehe ihn noch genau vor mir, ein bezaubernder, kleiner Junge war das. Er hieß auch Peter. Und mein Problem tauchte nun bei Genet wieder auf.

Unter den Emigranten erinnere ich mich an keinen Homosexuellen, in der Gegenwart meiner Eltern sowieso nicht. In Oxford war der erste Homosexuelle, den ich kennenlernte, Nevill Coghill, der mich besonders mochte und bei dem mich das Problem der Homosexualität nicht beschäftigte. Aber bis heute taucht das Problem für mich mit Schauspielern auf. Mit tuntigen Homosexuellen habe ich Schwierigkeiten. Ich glaube, zwischen Homosexuellen und Juden gibt es einige besondere Probleme. Natürlich gibt es auch jüdische Homosexuelle, aber zwischen Juden und Homosexuellen gibt es eine besondere Eifersucht, die damit zu tun haben könnte, daß viele jüdische Intellektuelle eine ganz starke Feminität haben, die nicht homosexuell, aber trotzdem feminin ist. Das spüren Homosexuelle. Da entsteht eine starke Konkurrenz. Man würde ja denken, daß Außenseiter zusammenhalten. Diese beiden, Juden und Homosexuelle, tun es meistens nicht. Das Bürgerlich-Familiäre der Juden steht dem Homosexuellen feindlich gegenüber und umgekehrt. Aber ich erinnere mich, daß meine Eltern – noch in Berlin – zwei homosexuelle Freunde hatten. Ein Paar. Sie lebten zusammen. Der eine, Rudi Bemack, war bei den Kindern besonders beliebt, weil er auf den Kinder-Partys immer den Komiker spielte. Es gab ein Gedicht über ein Lamm, das er vortrug. »Ich bin ein kleines Lamm . . .« usw., und im Laufe des Gedichtes vergaß er dann den Text und fing ständig wieder von vorne an. Und vergaß ihn immer mehr und fing schließlich an zu weinen. Und am Ende weinte er furchtbar, und die Kinder lachten und amüsierten sich. Ich war 4, 5 Jahre alt. Meine Mutter erzählte mir später, daß Rudi Bemack und sein Freund nach Shanghai emigriert und dort elend zugrunde gegangen waren. Daran erinnere ich mich noch genau, weil ich zum ersten Mal hörte, daß es so etwas wie Homosexuelle überhaupt gibt. Der eine hätte gekocht, und der andere wäre arbeiten gegangen. Wie in einer normalen Ehe. Wahrscheinlich hatte meine Mutter weniger gegen Homosexuelle als mein Vater. Sie erzählte mit großer Liebe von den beiden. Wahrscheinlich, weil sie die Kunst liebte und es im Umkreis von Alfred Lemm und Ernst Toller weitere Homosexuelle gegeben hatte. Susi war sicherlich weniger bürgerlich als mein Vater. Er war trotzdem sehr großzügig und tolerant, weil er Humor hatte. Nur Nazis und Homosexuelle fand er schrecklich, dafür hatte er aber ein großes Empfinden für Nutten, und das fand meine Mutter ganz schrecklich. Ich weiß nicht, ob er auch Nutten kannte.

Eine Freundin meiner Mutter war die schon erwähnte Wally Dietrich, die ich besonders liebte. Sie war aus Berlin nach London emigriert und lebte sehr ärmlich nicht weit von uns. Früher, in Saarbrücken, war sie die Freundin von Max Ophüls gewesen. Jetzt wurde sie meine Freundin, obwohl sie 30 Jahre älter als ich war. Ich schlief nicht mit ihr, liebte sie aber sehr. Sie erfüllte meine Vorstellung von einer Bohemienne – sie war Malerin und hatte mit meiner Mutter zusammen in Dessau Kunst studiert.

Meine Mutter sagte nur immer: aber sie hat Freunde, auch Neger und Inder. Wally war geschieden, ihr Mann war ein Nazi,

und trotzdem fand meine Mutter es nicht in Ordnung, daß sie mit
50 noch »Freunde« hatte, Lippenstift trug und sich ihr graues Haar
mit vielen Kämmen hochtoupierte. Sie war camp und witzig, eine
wunderbare Frau. Ich besitze heute noch ein Aquarell von ihr.
Mein Vater fand Wally allerdings toll, obwohl er es gar nicht
durfte. Nach dem Tod meiner Mutter bot Wally, die eine sehr liebe
Person war, ihm an, alles für ihn zu machen, ihm zu helfen, und da
sagte mein Vater zu mir, ich kann doch jetzt nicht in das Haus, in
dem Susi war, die Wally Dietrich hereinholen, sie ist mir da nicht
geheuer. Es tat ihm sehr leid, denn er mochte sie sehr, aber er hatte
ein schlechtes Gewissen meiner Mutter gegenüber. Es durfte
nicht sein.

Mein Protest gegen meine Mutter spielte sicherlich eine Rolle
in meiner Auswahl von sexuell provozierenden Stücken. Außerdem die beengte puritanische Atmosphäre im England der 40er
und 50er Jahre. Die *Zofen* und der *Balkon* können als Meilen-
steine in der sexuellen Befreiung des europäischen Theaters gelten. Tynan verglich den *Balkon* als Ereignis mit Ibsens *Nora*. Es
war schwierig, in London Schauspieler zu finden, die bereit
waren, Genets provozierenden Text zu sprechen und die Situation
des *Balkon* – ein Phantasiebordell – zu spielen. Die einzige starke
Schauspielerin war Selma Vas Diaz. Man macht sich heute, am
Ende des Jahrhunderts, sicherlich kaum eine Vorstellung davon,
wie bedrohlich eng Sexualität zu der Zeit auf der Bühne behandelt
wurde.

Am Ende war das Ganze ein Riesenskandal und ein großer
Erfolg.

Autoren wie Genet und Ionesco aufzuführen bedeutete damals, daß Zadek sich als Spezialist und Outsider in einer expe-
rimentierenden Theaterecke befand. Man konnte davon nicht
leben. Man galt als »interessant«, doch der eigentliche Bruch mit
der Tradition kam nicht vom absurden Theater, auch nicht von
den Regisseuren (außer Peter Brook und Tyrone Guthrie war das
ein dünnes Feld), sondern von den erwähnten Autoren der

»Angry Young Men«, Osborne, Wesker usw. Der Einfluß des kontinentalen Theaters war nicht sehr spürbar. Nur Brecht und sein Apostel Kenneth Tynan hatten eine gewisse Wirkung, obwohl die Engländer Brechts ideologisches Typen-Theater und seine analytische Haltung nicht wirklich mochten. Ein Theater, das über Jahrhunderte von Shakespeare bestimmt ist, setzt sich gegen Formalismus immer wieder zur Wehr, auch wenn er sich konkretisiert gibt.

Das BE-Gastspiel in London, 1956

Eines der wichtigsten Momente im Theater war für mich das große Brecht-Gastspiel im Londoner Palace Theatre im Sommer 1956. Das BE war für drei Wochen mit *Mutter Courage, Trommeln in der Nacht* und dem *Kaukasischen Kreidekreis* herübergekommen. (s. S. 495)

Plötzlich das! dachte man, obwohl es nicht ganz so plötzlich gekommen war, weil Kenneth Tynan schon oft in seinen Artikeln über das Brecht-Ensemble in Ost-Berlin geschrieben hatte. Ich konnte mir darunter allerdings ganz wenig vorstellen. Brecht hatte ich nie gelesen, er hatte mich nie besonders interessiert. Schon, weil Politik mich nicht sonderlich interessierte. Ich hatte nur gehört, daß sie tolle Schauspieler hätten. Ein amerikanischer Theater-Kritiker, Henry Hughes, den ich kannte, sagte eines Tages, ich gehe morgen in dieses Brecht-Gastspiel, komm doch mit. Also saßen wir da und sahen *Mutter Courage* und den *Kreidekreis* mit Helene Weigel. Und das war ein absolut erschütterndes Erlebnis, denn man saß da und dachte: Theater kann also auch intelligent sein. Das war das erste, was mir auffiel. Daß Theater nicht nur emotional und ästhetisch, sondern auch intelligent sein kann. Da können intelligente Menschen auf der Bühne intelligente Sachen sagen und sich über Probleme unterhalten, die ein bißchen größer sind als A cup of tea. Außerdem war es modernes

Theater. Natürlich wußte ich, daß Shakespeare unter anderem ein Theater von großer Intelligenz gewesen war. Aber bei Shakespeare fällt einem als junger Mann nicht als erstes die Intelligenz auf. Da fällt einem erst einmal die Wucht und die Poesie und die wahnsinnige Phantasie auf. Die Intelligenz erst später. Aber bei Brecht fiel das als erstes auf – die Intelligenz. Und zwar die Intelligenz und die Klugheit der Figuren sowie die Intelligenz

Helene Weigel, Laurence Olivier während des BE-Gastspiels in London, 1956

BERTOLT BRECHT

Zum Londoner Gastspiel

Für das Gastspiel in London müssen wir zwei Dinge beachten.
Erstens zeigen wir den meisten Zuschauern nur eine
Pantomime, eine Art Stummfilm auf der Bühne, da sie nicht
Deutsch können. (In Paris hatten wir Festspielpublikum,
internationales Publikum — und wir spielten nur wenige
Tage.) Zweitens besteht in England eine alte Befürchtung,
die deutsche Kunst (Literatur, Malerei, Musik) sei
schrecklich gewichtig, langsam, umständlich und
"fußgängerisch".

Wir müssen also schnell, leicht und kräftig spielen. Es
handelt sich nicht um hetzen, sondern um eilen, nicht nur
um schnell spielen, sondern um schnell denken. Wir müssen
das Tempo der Durchsprechproben haben, aber dazu leise
Kraft, eigenen Spaß fügen. Die Replikken sollten nicht
zögernd angeboten werden, wie man jemandem die eigenen
letzten Schuhe anbietet, sondern sie müssen wie Bälle
zugeworfen werden. Man muß merken, daß da viele Künstler
als ein Kollektiv (Ensemble) an der Arbeit sind. Geschichten, Ideen, Kunststücke gemeinsam dem Publikum
zu übermitteln.

Gute Arbeit!

5. 8. 1956

BERLINER ENSEMBLE AM SCHIFFBAUERDAMM BERLIN NW 7 AM SCHIFFBAUERDAMM 4a RUF: 42 58 71

der Schauspieler. Ihr Umgang mit den Figuren, die Intelligenz des Regisseurs und die Intelligenz des Bühnenbildners. Es waren ja aufregende Geschichten. Aber wie gesagt, über allem stand die Erkenntnis, daß Theater offensichtlich mit Intelligenz zu tun hatte. Das hat mich immens beeindruckt. Die Schauspieler haben mich beeindruckt, alle. Ich fand alle toll. Einfach alle. Frau Weigel hat mich gar nicht mal besonders beeindruckt, auch nicht Herr Schall. Es war sozusagen ein Gesamterlebnis. Es war ein anderer Ton. Der Ton war kühl, und er war genau. Das war kein Genuschel, das war nichts Mysteriöses, da war nichts »hintergründig«. Es war alles vordergründig, deutlich und klug, und es war natürlich ein wahnsinniger Erfolg und hat das englische Theater eigentlich verändert. Nach diesem Gastspiel konnte man nicht mehr so Theater spielen, wie man es vorher getan hatte. Das haben alle Leute, die sich ernsthaft mit Theater beschäftigten, mitgekriegt. Man hat sich, wenn möglich, alle Abende angesehen, und ich schwor mir, bei der nächsten Gelegenheit das Original in Berlin anzusehen. Als ich ein paar Jahre später in Deutschland war, tat ich es auch sofort.

4. KAPITEL

Die Übersiedlung nach Deutschland

EINES TAGES BESUCHTE ICH mit Gitta unsere Freunde Tom und Eva Blumenau, er ein erfolgreicher Geschäftsmann, der »Silhouette«, eine der größten englischen Underwear-Firmen, leitete, und sie die Tochter einer Analytikerin, die meine Frau behandelte. Tom, ein wirklich netter Mann, sagte: »Peter, ich muß mal mit dir reden.« Sie hatten den *Balkon* gesehen und waren begeistert. »Ich weiß nicht, wie ich es dir sagen soll, ich glaube, du solltest dieses Land verlassen. Du bist ein toller Regisseur, aber sie mögen dich hier nicht, sie werden dich auch hier nie mögen.« Ich kann gar nicht sagen, wie sauer ich war. Dabei hätte ich mittlerweile selbst kapieren können, daß er recht hatte. Er hat es sehr deutlich und klar gesagt, vielleicht hatte seine Schwiegermutter, die die Psychoanalytikerin meiner Frau war, ihn einmal auf die Seite genommen und sich mit ihrem Sohn unterhalten, ich weiß es nicht. Er war ein kluger Geschäftsmann, kein Intellektueller.

Ich war mittlerweile 32, hatte viel gelernt, recht viel inszeniert, aber weder für mich noch für das Theater bzw. englische Theaterleute eine deutliche Identität gefunden. Ich arbeitete bei der BBC und drehte Filme über Künstler, machte gelegentlich ein Hörspiel, inszenierte an kleineren, meistens Club-Theatern, heute nennt man das »fringe«. Ich hatte eine Familie und kein Geld. Am wirklichen Londoner Theaterleben konnte ich nicht teilnehmen. Es gab keinen Punkt, an dem meine Phantasie mit der des englischen Theaters übereinstimmte. Es gab wenig Intellektuelle im Theater, es gibt sie heute auch nicht. Englisches Theater kommt vom Zirkus, deutsches von der Universität. Also war '58 eine Art Höhepunkt meiner Unzufriedenheit.

Und Tom hatte gesagt: »Die Engländer mögen dich eigentlich nicht.« Als ich darüber nachdachte, stellte ich fest, daß ich die Engländer auch nicht besonders mochte. Heute, 40 Jahre später, fällt mir ein Beispiel ein: Mohamed Fayed, der Vater von Dodi Fayed, der Diana, Princess of Wales, heiraten sollte, äußerte vor kurzem, er glaube an eine »conspiracy«, die Diana und Dodi umgebracht hätte. Fayed, ein Araber, der Besitzer von Harrods und einer der

reichsten Männer Englands, ist der Shylock der heutigen englischen Gesellschaft. Man hat ihm die britische Staatsbürger-
schaft verweigert, und nun reagierte die englische Königsfamilie
auf seine Conspiracy theory mit der Bemerkung »Not very helpful!« Vielleicht ist das der Grund meiner Aversion gegen die englische Gesellschaft – es ist wichtiger, »helpful« zu sein als »truthful«.
So kann sich eine Gesellschaft sehr lange intakt halten – aber ich
konnte in dieser Gesellschaft schwer weiterexistieren.

Es mag zwar kitschig klingen –, aber eines Tages kam der
berühmte Anruf, der mein ganzes Leben veränderte. Er kam nicht
aus Hollywood oder vom Broadway, wie ich erwartet hätte, sondern ganz harmlos von einem älteren Bekannten, Dr. Alfred
Unger, Emigrant, Übersetzer aus dem Englischen. »Peter«, sagte
er, »tu mir einen Gefallen, da kommt von meinem deutschen Verlag Kiepenheuer & Witsch ein Herr Wehmeier aus Köln nach London, um mich zu besuchen. Ich kann ihn aber nicht vom Bahnhof
abholen. Du sprichst doch Deutsch, hol du ihn für mich ab, sei so
lieb.« Und obwohl ich nicht mehr gut Deutsch sprach, tat ich ihm
den Gefallen, weil er der Schwiegervater meines Freundes Peter
Ury war, und zog zum Viktoriabahnhof. Und da stand dieser Jörg
Wehmeier, ein gutaussehender, junger, blonder Deutscher, und
sagte Guten Tag. Er sprach Englisch, und da ich höflich war, sagte
ich: »Let's have a drink.« Wir unterhielten uns lange. Er hatte
auch von der Genet-Geschichte gehört und fragte am Schluß, ob
ich nicht Lust hätte, in Köln ein Stück zu inszenieren. Ich schaute
ihn etwas verdutzt an, und er sagte: Wir haben ein Stück von Vauthier, *Kapitän Bada*, im Theaterverlag, absurdes Theater, das niemand inszenieren will. Wir kennen niemanden, der so etwas
könnte. Warum machen Sie es nicht?«
   Da ich kaum Deutsch sprach, wollte er mir einen Übersetzer an
die Seite stellen.
   Er fuhr ein paar Tage später wieder ab, und mir ging meine
Situation durch den Kopf: In London sah sie nicht besonders glän-

zend aus. Ich unterhielt mich mit meinen Freunden, Schriftstellern und anderen, teilweise Emigranten, teilweise englische Juden – Emmanuel Litvinoff, ein englisch-jüdischer Schriftsteller, der sich hauptsächlich damit beschäftigte, bedrohte jüdische Dissidenten aus Rußland herauszuschmuggeln, Bernice Rubens, Rudi Nassauer u. a. Alle sagten: »Du bist verrückt, jetzt als Jude nach Deutschland zu gehen.« In diese Zeit fiel eine Party bei Alfred Unger, eine ganze Reihe deutscher Gäste waren da, unter ihnen auch ein deutscher Theaterintendant, Boleslav Barlog aus Berlin. Er inszenierte gerade ein Stück von Ustinov, übersetzt von Alfred Unger. Alfred stellte mich ihm vor – »unser begabtester junger Regisseur . . .« Mir war es sehr peinlich, aber Barlog sagte sofort: »Kommn Se doch mal vorbei, wenn Se in Berlin sind.« Da sah ich plötzlich, daß es auch woanders Theaterleute gab.

Ich hatte ein paar neue deutsche Stücke gelesen, darunter *Nun singen sie wieder* von Max Frisch, ein typisches Nachkriegsstück, sehr beeindruckend, für mich noch eine Art von Expressionismus. Und ich hatte auch Borcherts *Draußen vor der Tür* gelesen. Expressionistisches Theater hatte für mich eine große Anziehungskraft. Nach *Salome* hatte ich Tollers *Hinkemann* inszenieren wollen. Alles aus der Ecke war für mich immer schon sehr spannend gewesen und anders als das, was man je in England machen konnte.

Ich erinnerte mich an das expressionistische Bühnenbild, das ich am Ende meiner Laufbahn an der Old Vic Theatre School als Modell gebaut hatte, und an Michel Saint-Denis' trockene Absage: »Ach, Sie wollen wohl experimentieren.«

Ich steckte die fünf Pfund, die ich noch besaß, in die Tasche und fuhr mit dem Zug für ein paar Tage nach Köln. Am Bahnhof standen Jörg Wehmeier und Wolfgang Ebert. Wolfgang Ebert hatte ich in London in einer Kneipe kennengelernt, als ich noch gar nicht geplant hatte, nach Deutschland zu kommen. Ich mochte ihn sehr, ein Halbjude, der den Krieg als kleiner Junge in der Schweiz verbracht hatte, ein witziger und charmanter Feuilletonist. Er schrieb damals für den Kölner Stadt Anzeiger. Alle Leute, die ich traf, waren äußerst freundlich zu mir. Später merkte ich, daß damals in Deutschland, u. a. beim Stadt-Anzeiger, so eine allgemeine Atmosphäre der Wiedergutmachung herrschte. Juden, die irgend etwas mit Journalismus zu tun hatten, wurden schnellstens angeheuert und bekamen beste Gagen. Das war mein erster Eindruck. Ich weiß noch genau, wie sie mich am Bahnhof abholten und sagten: »Laß uns doch erst mal einen trinken gehen.« Und dann wurde ich in eine große kölsche Kneipe – ein Brauhaus – gezerrt, wo wir etwas tranken, das ich noch nicht kannte, nämlich ein Korn und danach ein Kölsch, und die beiden waren sehr lustig. Ich wohnte zuerst bei Wolfgang Ebert, dann beschaffte er mir eine Wohnung bei einem Freund. Ebert führte mich eigentlich in das deutsche Kulturleben ein, er kannte in Köln viele Leute, den Brücher-Clan (Ernst Brücher vom DuMont Verlag) lernte ich durch ihn kennen. Man behandelte Wolfgang in Köln allerdings auf eine Weise, die ich nicht ganz in Ordnung fand. Er war immer ein bißchen der Joker, der Narr am Hof. Ich habe nie ganz verstanden, warum sich jemand so behandeln ließ, vielleicht war es der Preis dafür, daß er überall dabeisein durfte. Er war ein Party-Mensch, der alle Leute kannte. Später, als er nach München zog, war es genauso. Er war überall dabei. Wenn man etwas verbreiten wollte, mußte man es Wolfgang Ebert unter dem Siegel der Verschwiegenheit erzählen, dann war es am nächsten Tag durch Deutschland und am übernächsten Tag in der Zeitung. Ich fand ihn aber nicht charakterlos, er war ein sehr liebenswerter, freundlicher Mensch, mit dem ich schöne Zeiten erlebt habe. Er hatte eine monströse jüdische Mutter, viel monströser als meine, und er schrieb auch ein Buch über sein Verhältnis zu ihr. Er war einer der zurückgekehrten Emigranten, die sich auf geschickte und lustige Weise in das deutsche Kulturleben einflochten. Er war schon etwas länger als ich wieder zurück, und es freute ihn, mich sozusagen zu produzieren. Er protzte ein bißchen mit mir rum: Ich habe hier diesen genialen jungen Regisseur aus England usw. Aber er war immer ironisch, konnte immer sich und andere hochnehmen und hatte immer furchtbare Geschichten mit Frauen, die ihn ständig fertigmachten. Ich freundete mich über die Jahre sehr mit ihm an. Er war auch mit Tankred Dorst befreundet und gehörte, als er dann in München lebte, zu dem Kreis von Leuten um Dorst, zu dem auch Hans Magnus Enzensberger gehörte und sein charmanter Bruder Christian, der Anglist war und Bond übersetzt hatte. Christian lebte damals, als ich ihn kennenlernte, in einem komischen Haus auf dem Gelände des Ostbahnhofs und hatte einen Italiener als Freund und Koch. Wolfgang Ebert starb im letzten Jahr. Zu früh. Die Münchner Gesellschaft ist um einiges ärmer geworden. Wolfgang rahmte sozusagen mein Leben in Deutschland ein.

Köln '58 war zwar noch eine zerstörte Stadt, machte aber einen Schlaraffenland-ähnlichen Eindruck auf mich. Ich wunderte mich, wie viele dicke Frauen in dem großen Café am Dom, Café Reichert, saßen und Torte aßen. Sie saßen da und schaufelten Kuchen in den Mund. Ich hatte noch nie eine Stadt gesehen, in der soviel Schokolade gegessen wurde. Auch ich habe ständig Schokolade in mich hereingestopft. In London gab es das 1958 noch nicht. In Köln sah ich nur Wohlstand. Es ging den Leuten gut, sie waren lustig, die Geschäfte waren voll, auf der Hohen Straße war ein wunderbares Espresso-Café, und man aß Eiscreme mit Schlagsahne.

Aber ein mulmiges Gefühl wurde ich nicht los: Jeder, der älter als 30 war, mußte in irgendeiner Weise ein Nazi gewesen sein, und je älter sie waren, desto mehr. Die Vorstellung ging mir nicht aus dem Kopf. Als ich dem ersten deutschen Zollbeamten begegnete und den ersten Polizisten in Lederstiefeln sah, hatte ich schon Angst. Ich fing regelrecht an zu zittern. Die Sache war ja ganz simpel und logisch: Niemand wollte eine Auseinandersetzung über die Nazizeit. Und ich war mit einer ganz begrenzten Anzahl von Leuten, Ok-Leuten sozusagen, zusammen, und die

Schauspieler waren meistens jung. Aus Unterhaltungen mit Wehmeier erinnere ich, daß sich die flotten jungen Leute seines Alters,
wie er mir sagte, bei dem Thema langweilten. KZs und Juden, das
hatte einen Bart, man wollte nicht mehr. Dieses Gefühl paßte mir.
Ich wollte es auch nicht.

Bei Kiepenheuer & Witsch draußen in Marienburg lernte ich
Caspar Witsch kennen. Er war ein sehr beeindruckender Mensch,
eine Art Deutscher, über die ich nur gehört hatte. So hatte ich mir
Goethe vorgestellt. Ich wurde Witsch vorgestellt, weil ich für Kiepenheuer & Witsch in London nach dem Besuch von Jörg Wehmeier angefangen hatte, zu scouten. Ich habe z. B. für den Theaterverlag *Die Geisel* von Brendan Behan gefunden. Kiepenheuer &
Witsch war das erste Verlagsgebäude, in das ich je einen Fuß
gesetzt habe.

Peter in Köln 1958

Hubertus Durek, der Direktor des Theaters am Dom, wo *Kapitän Bada* aufgeführt werden sollte, war ein Komiker, ein ulkiger Mensch, dessen Frau ihn andauernd fertigmachte. Er zeigte mir als erstes die winzige Bühne seines Theaters, das damals noch nicht wie heute ein reines Boulevard-, sondern auch ein Experimentier-Theater war. Anders als heute befand es sich irgendwo im 3. Stock eines Gebäudes. Man sagte mir, ein gewisser Norbert Kappen würde die Hauptrolle spielen, und ich dachte, dann will ich den mal kennenlernen.

Er wohnte irgendwo draußen in einem Vorort und empfing mich unrasiert im Morgenrock. Er stank furchtbar nach Schweiß und Alkohol und war mir äußerst unsympathisch. Ich dachte, das wird nichts, und fuhr nach England zurück. Dann dachte ich noch einmal nach und sagte mir, ich mache es einfach, egal, was passiert. Mittlerweile hatte ich *Kapitän Bada* gelesen und fand es ein aufregendes Stück. Ich konnte mir zwar nicht vorstellen, wie man es realisierte, aber ich hatte Lust darauf (wie es auch heute noch oft passiert). Also fuhr ich zurück und suchte mit Norbert Kappen eine Schauspielerin, die wir in einem Bonner Zimmertheater fanden. Sie hieß Helga Zeckra, war eine begabte, freche, junge Schauspielerin, und ich verliebte mich auch prompt in sie. Wir brauchten noch zwei Pantomimen und engagierten u. a. Pit Krüger, den Sohn des Schauspielers Bum Krüger. Und nach einiger Zeit fingen wir an. Ich hatte plötzlich Schauspieler, die Zeit hatten, sich Zeit nahmen, die ausprobierten, die zwar schwierig waren – Kappen war meistens besoffen –, aber einfach anders arbeiteten, als ich es aus England kannte. Es ging nicht nur darum, daß übermorgen Premiere ist. Sie wollten erst einmal herausfinden, wie man dieses Stück überhaupt macht.

Natürlich hatte ich große Probleme mit der Sprache, es saß eine Dolmetscherin neben mir. Die Arbeit wurde immer intensiver. Norbert Kappen und ich entwickelten ein sehr enges Verhältnis zueinander. Er verstand plötzlich, daß ich nicht so bürgerlich und doof war, wie ich ihm bei dem ersten Treffen erschienen war. Wir hatten einen Riesenspaß miteinander. Nicht selten schlief er unter meinem Bett, weil er behauptete, nur da seinen Text lernen zu können. Ich wohnte in einem vergammelten Stundenhotel am Ring, abends saßen wir mit anderen Schauspielern zusammen – Fred Maire, Helga und Pit Krüger – und spielten Poker. Ich hatte damals eine Poker-Phase. Und dann gingen wir spät nachts angeblaut nach Hause, und Norbert legte sich unter mein Bett, während ich schlief. Es war die Freiheit nach England, d. h. ich hatte erstmals ein bißchen Geld, der Druck war weg, ich mußte mich niemandem gegenüber beweisen, ich wollte in keine besondere Gesellschaft rein, ich machte einfach meine Sache, die Leute akzeptierten mich für das, was ich war. Als sie merkten, daß ich ganz begabt war, akzeptierten sie es auch und fanden es prima. Daß sie in Deutschland auch andere Probleme hatten, fiel mir z. B. bei einer *Anne Frank*-Aufführung in den Kölner Kammer-

Kapitän Bada mit Norbert Kappen, Pit Krüger und Helga Zeckra im Theater am Dom

spielen auf. Es fing schon damit an, daß man mich nicht reinließ, weil ich keine Krawatte trug. Ich ging also wieder nach Hause, holte meine Krawatte, und beim zweiten Versuch klappte es. Am Ende des Stückes wurde plötzlich nicht applaudiert, was mich äußerst überraschte. Später las ich im Programmheft: Bitte wegen des ernsthaften Themas keinen Applaus. Es war tatsächlich ein etwas verstörendes Erlebnis für den komischen kleinen Engländer, der da saß. Irgendwann las ich in Kenneth Tynans sehr interessanten Berichten über Deutschland seine Beschreibung (meiner Situation): er hatte sich in Düsseldorf die *Heilige Johanna* angeschaut, war dann nach Berlin gefahren und hatte im Schiller Theater *Anne Frank* gesehen – auch er beschrieb, wie nach der Vorstellung nicht applaudiert wurde, nur lauter Leute mit gebeugten Köpfen das Theater verließen, und wie peinlich er das fand. Bei der Gelegenheit schrieb er übrigens auch, daß er dann zum BE ging und das, was er dort sah, aufregend fand, auch daß er nun endlich, nachdem er Nicole Heesters in der *Heiligen Johanna* gesehen hätte, verstehen würde, was der V-Effekt sei: Brecht hätte ihn erfunden, weil es der einzige Weg war, die deutschen Schauspieler aus ihrer permanenten Hysterie herauszulösen. Dieselbe Hysterie, nur verdrängt, war es, die verständlicherweise das Publikum bei *Anne Frank* gebeutelt hatte. Aber die Politik war für mich jetzt sogar noch uninteressanter als zuvor in England, u. a. weil logischerweise niemand in Deutschland mit mir als Jude über irgend etwas sprach. Bald traf ich Willi Unger, Alfreds Bruder, den Theaterkritiker, der mir sagte: »Wie wunderbar, daß du hier bist, ich kann dich hier sehr gebrauchen.« Zu den Leuten, die ich kennenlernte, gehörte wie schon gesagt auch Ernst Brücher vom DuMont Verlag, der mich mit Wolfgang Ebert zusammen zu sich nach Hause zu einer großen Party einlud, wo Roulette gespielt wurde. Ich kam da an und setzte auf Null und gewann, was ein großer Lacher war, aber dann setzte ich noch einmal auf Null und gewann wieder, und das fanden sie dann nicht mehr so lustig. Ernst Brücher mochte ich sehr. Seine »Grandezza« beeindruckte mich. Er war, wie soll ich sagen, also, der gute Deutsche. Ich war ja mit dem Gedanken nach Deutschland gekommen, daß es dort lauter böse Menschen gibt.

Das Ganze war für mich zuerst wie Urlaub von der Anstrengung in England. Köln war wie ein großes Feriencamp, die Kölner mit ihrer Lustigkeit, die Stimmung gefiel mir. Wir saßen jede Nacht bis drei Uhr irgendwo in Kneipen und Clubs, soweit ich es mir leisten konnte, ich habe mich verliebt und habe alles gemacht, was ich vorher nicht tun konnte. Meine Frau und meine Kinder waren in England, ich konnte endlich das Junggesellenleben führen, das ich in England mit 18 Jahren hätte führen sollen, aber nicht geführt hatte, weil gerade der Krieg aus war und ich sofort Karriere machen mußte ... Das habe ich nun hier nachgeholt. Ich hatte Zeit und habe es genossen.

Vom Kölner Karneval habe ich ein Bild vor Augen, ich glaube, es war beim »Fest in Rot«, dem Theaterfest. Ich kam in den Saal, und in der Mitte saß Alfred Unger, der mittlerweile ein älterer Herr geworden war, ein alter Jude, auf einem Stuhl, umringt von sechs blonden deutschen uniformierten Tanzmariechen, die auf seinem Schoß saßen und ihn anmachten. Das ist das Bild – er guckte sie an ... Es war wie eine Stürmer-Karikatur! Oder eine Zeichnung von George Grosz. Dieses Bild werde ich nie vergessen. Ein Horrorbild. Es war natürlich überhaupt nichts Verwerfliches, trotzdem fand ich es schrecklich, daß dieser alte Jude nun auf dieser superdeutschen, steifen Karnevalsveranstaltung saß und die uniformierten deutschen Frauen mit ihm spielten. Wahrscheinlich identifizierte ich meine Situation mit seiner. Ich, nicht so alter Jude, war auch beim Kölner Karneval und ließ mich von den Deutschen mit ihrem schlechten Gewissen anmachen. Überhaupt, der Karneval war nicht meine Sache. Der einzige, der mir den Karneval ein bißchen schmackhaft machte, war Pit Krüger, mit dem ich eine ganz andere Art von Freundschaft hatte als mit Norbert Kappen. Pit war so ein richtig lustiger Rheinländer, der sich immer bestens amüsierte, das gute Leben liebte und mich zu sich nach Düsseldorf einlud.

Dann kam die Premiere: Mein erster Theaterskandal in Deutschland. Ich hatte nämlich die Szene, in der die Ehefrau des Kapitän Bada ihn verlassen will und deswegen fragt:»Wo ist der Ausgang hier?«, so inszeniert, daß sie es dreihundertmal wiederholte:»Wo ist der Ausgang hier, wo ist der Ausgang hier?« Da war aber kein Ausgang. Beim 50. Mal fingen die Kölner an, sich zu ärgern, beim 100. Mal fingen sie an zu brüllen, und beim 150. Mal verließen sie mit Bemerkungen wie »Wir wissen sehr gut, wo der Ausgang ist« das Theater.

Dann standen sie vor dem Theater und diskutierten, ob sie das Theater abbrennen oder mich zusammenschlagen sollten. Drinnen lief die Premiere vor ein paar Leuten, die übriggeblieben waren, weiter. Und dann schrieb Herr Schulze-Wellinghausen, einer der wichtigsten Kritiker damals, einen wunderbaren Artikel über diesen »Kapitän Bada« in der Frankfurter Allgemeinen Zeitung, und danach war die Aufführung ein Riesenerfolg.

Ich war plötzlich bekannt. Woraufhin ich nach England zurückfuhr und sofort ein neues Angebot von Herrn Durek bekam, bei ihm Ionesco zu inszenieren. Ich nahm sein Angebot an, und als ich zum zweiten Mal nach Deutschland fuhr, fuhr ich mit dem Auto. Dazu muß ich an dieser Stelle ein bißchen ausholen.

Ich habe mich mein Leben lang für Luxus-Autos und elegante Hotels, für sehr äußerliche Luxusartikel, begeistert. Schon in meiner Kindheit, meine Mutter hat es mir erzählt: Als ich ungefähr vier Jahre alt war, fuhren wir nach Johannisbad und wohnten dort im Kurhotel. Ich erinnere mich an viele alte Leute, ganz wenige Kinder und riesige Wälder. Eines Tages lief ich weg und kam nicht mehr zurück. Meine Eltern drehten natürlich durch, alarmierten die Polizei, und es wurde Mittag, es wurde Nachmittag, Peterchen war immer noch verschwunden. Sie dachten, ich wäre gekidnappt oder tot. Gegen Abend kam ich zurück. Alle

Wo ist der Ausgang hier?

Skandal im „Theater am Dom" — „Kapitän Badas" Ende

Gastregisseur Peter Zadek (London) ist an Theaterskandale gewöhnt. (Vor einiger Zeit berichteten wir über seinen Zwischenfall mit Jean Genet, dem Verfasser des Stücks „Der Balkon".) Daß aber auch die sonst so humorvollen Kölner zu seiner Skandal-Serie einen Beitrag liefern würden, war eine Überraschung für ihn!

Anscheinend wollten sich die Zuschauer der Besucher-Organisation „Freie Volksbühne" nicht lumpen lassen und organisierten während der Aufführung von Vauthiers „Kapitän Bada" am Montagabend einen Skandal, der für

Regisseur Peter Zadek

die Domstadt ein Novum bedeutet und auch in Zadeks Karriere eine Rarität darstellen dürfte.

Bis auf den letzten Platz

Der kleine Saal war bis auf den letzten Platz gefüllt. Der große Eingangs-Monolog des Titelhelden spannte die Nerven bis aufs äußerste. Man erwartete, daß es mit diesem tierischen Ernst zwei Stunden so weiter gehen würde. Die gewitzten Kölner merkten aber bald, daß Dichter und Regisseur etwas ganz anderes mit ihnen vorhatten. Sahen sich einige unter ihnen gespiegelt,

als diesem „Helden" mit Geist und Witz und brillanter Komik die Maske vom Gesicht gezogen wurde? Allmählich wurde es unruhig im Saal, und als Badas leidgeprüfte Lebensgefährtin Alice mit dem Rücken zum Publikum vor einer ausweglosen Mauer so ein gutes Dutzendmal „Wo ist der Ausgang hier?" schrie, da fanden die ersten drei Dutzend Zuschauer den Theaterausgang mit Empörungsrufen und gut hörbarem Türenschlagen. Die glänzenden Schauspieler (Norbert Kappen und Helga Zeckra) ließen sich nicht aus dem Konzept bringen und führten ihren Ehestreit auf der Bühne bis zum bitteren Ende.

Kriegsrat am Römerbrunnen

Die Bada-Meuterer aber versammelten sich vor dem Theater und hielten am Römerbrunnen einen Kriegsrat ab. Leidenschaftliche Reden wurden gehalten und Resolutionen gefaßt. In der Pause bekamen die zornigen Kölner Zuwachs aus dem Theater, und als im letzten Akt (zum Stück gehörend) der Darsteller des Bada in Anlehnung an einen Satz des Stückes improvisierte: „Hör auf, zu definieren, sonst vertreibst du uns noch die letzten Zuschauer!", sahen dies weitere Gruppen als einen Wink mit dem Zaunpfahl an und verließen — noch um etliche Grade polternder — das Theater.

Wir haben den Regisseur Peter Zadek um seine Meinung darüber gebeten. Er erklärte: „Die Premiere und die erste Wiederholung des »Kapitän Bada« sind von einem verständnisvollen Publikum ohne Zwischenfall aufgenommen worden. Daß bei solchen Stücken wie etwa auch bei den Komödien von Ionesco und auch bei Beckett und Genet eine starke Reaktion — und nicht immer eine günstige — vom Publikum kommt, ist natürlich zu erwarten. Ich glaube, es handelt sich dabei nicht darum, daß das Publikum das Thema des Stückes ablehnt, sondern daß es nicht mehr daran gewöhnt ist, im Theater ein ernstes Thema durch Komik erläutert zu sehen.

Wilhelm Unger

Die op Jeck spillt wie'n Diktater
Un: „Wo ist der Ausgang?" schreit,
Wor wohl neu em Dom-Theater,
Jeder and're woß Bescheid.

waren sehr erleichtert und fragten mich, warum ich weggelaufen wäre. Und angeblich habe ich da gesagt, ich kann es mir sogar vorstellen: Dies Hotel hier ist mir nicht elejint genug. Elejint. Ich war Berliner. Da kommt also ein kleiner Junge in ein Badehotel und sagt, das Hotel ist mir nicht elejint genug. Ich hatte das natürlich irgendwo aufgeschnappt, aber die Geschichte hatte Fortsetzungen. Während des Krieges, ich muß 14 oder 15 Jahre alt gewesen sein, ging ich mal mit einer Freundin im Sommer in Schottland hitchhiken. Wir zogen von Jugendherberge zu Jugendherberge, wie man es so macht. Eines Tages gingen wir eine lange, bergige Straße entlang und sahen von ganz weit her ein weißes Auto herankommen. Wir stellten uns an den Straßenrand und machten Autostop. Das weiße Auto kam näher, es war ein offener, weißer Bentley, und Rex Harrison saß darin mit seiner Frau, Kay Kendall. Es machte wusch, war vorbei und verschwand. In dem Augenblick passierte etwas in meinem Kopf. Ich hatte die Vision vom großen High-Life. So wäre es toll, dachte ich, so müßte man leben. Und das hatte, da ich ein naiver Mensch bin, natürlich Konsequenzen. 1958, bevor ich nach Deutschland ging, kaufte ich mir mein erstes Auto, obwohl wir wirklich dazu kein Geld hatten. Also hatte ich den riesigen weißen Ford Cabriolet, ein Ford-Konsul mit einem roten Verdeck, auf Raten gekauft. Völlig absurd! Ein Cabriolet in England! Ein ganz neues Auto, und wir hatten nicht genug zu fressen. Ich konnte auch nicht gut fahren, hatte gerade meine Fahrprüfung gemacht und fuhr das Auto aus dem Geschäft und direkt in eine Laterne. Aber sofort. Also war es gleich wieder in der Werkstatt. Dieses Auto brachte ich nach Deutschland mit, als ich zum zweiten Mal nach Köln fuhr. Ich erinnere mich noch an die Reise, setzte von Dover nach Calais über und fuhr dann durch die belgischen Dörfer. Ich sah zum ersten Mal Rechtsverkehr, hatte natürlich Angst, auf der »falschen« Seite der Straße zu fahren, und überfuhr in einem Dorf sofort eine Katze. Ich blieb stehen, und lauter wilde, wütende Belgier kamen auf mich los und beschimpften mich. Ich stieg aus. Ich wußte nicht, was ich machen sollte, eine furchtbare Situation. Ich setzte mich wieder ins Auto und fuhr schnell weg. Komischerweise – ich bin ein bißchen abergläubisch – war es eine schwarze Katze, die ich überfahren hatte. Als ich mit dreizehn mein erstes Fahrrad kriegte – ich hatte mir immer eins gewünscht und meine Eltern hatten es immer verhindert, weil sie Angst hatten, daß ich unter ein Auto komme, aber irgendwann geht es dann ja nicht mehr, dann muß man dem Jungen ein Fahrrad geben –, als ich also mein erstes Fahrrad kriegte, suchte ich mir, typisch für mich, ein verchromtes Rennrad aus, die Griffe ganz unten, Gänge für einen richtigen Sportler, also elegant, superelegant, schick. Mit dem Fahrrad fuhr ich zur Schule, und das erste, was passierte, war, daß vor meinen Augen eine schwarze Katze von einem Auto überfahren wurde. Ich dachte, oje, das ist für meine Zukunft auf diesem Fahrrad aber ein ganz schlechtes Omen.

Heute verbinde ich mit der Szene mit Rex Harrison einen Film, den ich später gesehen haben muß, und zwar *Ein Platz an der Sonne* mit Elisabeth Taylor und Montgomery Clift, in dem genau dasselbe stattfindet. Montgomery Clift kommt als armer Schlucker irgendwo in Chicago an, Elisabeth Taylor fährt in einem großen weißen offenen Cabriolet vorbei, und er guckt hinterher ... Später bringt er jemanden um und geht dafür auf den elektrischen Stuhl. Dieses Auto – das war für mich Reichtum und großes Leben, eigentlich ein Märchen. Vielleicht war ich deswegen bis heute noch nicht in Amerika, obwohl ich es immer auf die Tatsache schiebe, daß ich nicht fliege. Ich glaube, es hat irgend etwas mit diesem Traum zu tun. Ich dachte immer, wenn ich ihn nicht hinkriege, dann will ich lieber gar nichts von Amerika wissen. Entweder bin ich da Billy Wilder oder gar nichts. Und dann bleibe ich lieber hier. Da bin ich lieber der deutsche Billy Wilder in Deutschland.

Seitdem ich die Möglichkeit habe, in Luxushotels zu leben, im Hotel Vier Jahreszeiten in München, im Hotel Atlantic in Hamburg oder in Paris im George V, koste ich das aus. Einfach dieses

Gefühl von Weitläufigkeit und daß man auf einen Knopf drückt und es passiert etwas ... Hotels sind abstrakte Orte. Hier leben Leute, die ich nicht kenne, ich bin anonym, aber ich bin auch nicht anonym, denn die Leute kennen mich und behandeln mich gut. Die Mischung ist ideal. Ich kann mich abschotten, dann weiß niemand, wo ich bin, und ich kann unten in der Halle sitzen und mir die Leute ansehen ... Hotels bedeuten für mich Freiheit.

Ich inszenierte bei Herrn Durek *Die Unterrichtsstunde* und *Die kahle Sängerin.*

Nach den ersten 14 Tagen Proben sagte meine Dolmetscherin plötzlich: »Dann kann ich ja jetzt nach Hause gehen.« Ich: »Warum?« Sie: »Weil Sie ja Deutsch sprechen.« Ich hatte nicht gemerkt, daß ich tatsächlich fließend Deutsch sprach, von einem Tag zum nächsten. Es hatte sicher mit dem Gefühl der Freiheit zu

Aus *Die kahle Sängerin*, Theater am Dom

tun. Deutschland war für mich, als ob ich aus einem Gefängnis
gekommen war. Und das Gefühl hat in mir etwas geöffnet, das es
vorher nicht gab. Ich war in England bestimmt ein schlechter
Regisseur gewesen. Ich bin mir zwar nicht ganz sicher, aber ich
glaube, die Sachen, die ich da gemacht habe, waren verkrampft
und furchtbar. Es waren immer mal wieder Ansätze, Durchblicke
auf irgend etwas anderes, was sein könnte, aber eine wirklich gute
Inszenierung habe ich dort wohl nicht zustande gekriegt. Und in
Deutschland war sofort etwas in in meinem Unterbewußtsein auf-
gegangen. Ich konnte nichts mehr ganz falsch machen ... Und
deswegen kam auch plötzlich die Sprache zurück. Es war zwar
eine Art Rückkehr nach Deutschland, aber es war mir nicht wirklich als Rückkehr bewußt.

Die erste Zeit in Köln war für mich wie eine große, herrliche
Befreiung, Befreiung meines Egos, meiner Person sozusagen. Die
zwei Ionescos, die ich dort machte, waren sehr gut, sehr stilisiert
und sehr komisch. Und eines Abends saß Oskar Fritz Schuh im
Zuschauerraum und fragte mich nachher, wollen Sie nicht mal in
einem größeren Theater inszenieren? Es ging alles in einem
Tempo, daß ich selber nicht mitkam. Plötzlich war ich an den Städtischen Bühnen in Köln. Dort war ein Herr Maisch Intendant, aber
Schuh hatte mich empfohlen, und das hatte genügt.

Dann dachte ich, wo ich schon in Deutschland bin, besuche ich
mal all die Leute, die ich damals bei Alfred Unger in London kennengelernt hatte, und andere, die sich interessant anhörten. So
fuhr ich nach Berlin und besuchte Boleslav Barlog, dann nach
Bochum, wo ich Hans Schalla traf, nach Kassel zu Karl Meixner
und so weiter. Dann ging ich mit Jörg Wehmeier noch mal auf eine
lange Reise, weil er für Kiepenheuer & Witsch alle Theater in
Deutschland abklapperte. Ich fuhr mit und sagte ihm, ich sitze einfach dabei, und du stellst mir die Leute vor. Wehmeier vertrat ein
Stück, eine Theaterfassung des Films *Die 12 Geschworenen* von
Horst Budjuhn, das an vielen Theatern ein Riesenerfolg war, übrigens nur in Deutschland. Das Thema des kollektiven Gewissens

aus dem amerikanischen Film bezogen die Deutschen natürlich auf sich. Wehmeier fuhr von Stadt zu Stadt und schaute sich die verschiedenen Aufführungen an.

Auf dieser Reise traf ich in Stuttgart zum ersten Mal Kurt Hübner, der Chefdramaturg am Staatstheater war. Wir lernten uns bei der Premierenfeier von Wilhelm Dieterles Inszenierung der *12 Geschworenen* im Stuttgarter Rathauskeller kennen, und ich sah zum ersten Mal eine Aufführung von Rudolf Noelte, der das Stück sehr keimfrei in Berlin inszeniert hatte, und von Hans Schweikart in München, eine Aufführung, die viel realistischer war.

Noelte war neben Schweikart einer der besten deutschen Regisseure der älteren Generation, ich fand ungeheuer gekonnt, was er machte, nur nicht sehr interessant. Er inszenierte Menschen, inszenierte sie aber sehr humorlos, fand ich, bewegungslos, trotzdem mit großer Intensität und Klugheit. Damals hatte er privat viel Humor. Jahre später hatte ich als Intendant des Hamburger Schauspielhauses mit ihm zu tun, und es war sehr unangenehm, muß ich sagen. Seine autoritäre Haltung hat mich so abgeschreckt, daß wir nicht zusammenkamen.

Ich lernte August Everding in Stuttgart kennen und sah seine Inszenierung von *The Long, the Short and the Tall* (*Das Ende vom Lied*), die beste realistische Inszenierung, an die ich mich aus der Zeit erinnere. Hans Schalla lernte ich in Bochum kennen, wo er gerade *Die Zeit der Distelblüte* von Hermann Moers inszeniert hatte – ein depressives, komisches, aber scharfes Stück, ein deutscher Beckett. Moers lernte ich später kennen, sprach viel mit ihm über Spiel im Theater, sein Thema und meins. Leider waren seine späteren Stücke nicht mehr so interessant. Der deutsche Autor, den ich als Partner suchte, wurde er nicht. Das wurde später Dorst.

Kortner lernte ich auf dieser Reise nicht kennen. Er war auch nicht so wichtig für mich, weil er Regisseur, nicht Theaterdirektor war. Ich war an meiner Karriere interessiert. Wehmeier wurde jetzt sozusagen mein Agent. Ich habe ihm viel zu verdanken, er hat mich in Deutschland eingeführt und mich Hübner vorgestellt, den ich zuerst unsympathisch fand, sehr deutsch, sehr aggressiv – ganz fürchterlich, und ich wollte ihn in meinem Leben nie wieder sehen. Ein halbes Jahr später hörte ich wieder von ihm – er fragte, ob ich mit ihm nach Ulm kommen wollte ...

Über diese Reise mit Wehmeier schrieb ich auch in englischen Theaterzeitschriften. Was mich am Nachkriegstheater der 50er Jahre in Deutschland am meisten beeindruckte, war die Anzahl der Theater. Es gab unendlich viele Theater. Sowohl in kleinen Städtchen als auch in den Großstädten gab es überall ein oder zwei Stadttheater, die alle subventioniert waren. Das gab es nirgends sonst auf der Welt. Und: Alle spielten ernste Stücke. In London spielten mindestens 80 % der Theater Boulevardstücke. Und jetzt kam man nach Bochum, und sie hatten drei Shakespeare-Stücke auf dem Programm, einen Goethe, einen Moers, so sahen damals die Spielpläne aus. Und jedes dieser Theater hatte seinen eigenen, sehr ausgeprägten Stil. In den meisten Fällen den Stil des jeweiligen Intendanten. Stroux hatte seine Art Theater zu machen in Düsseldorf, Schalla machte expressionistisches Theater in Bochum, Barlog sehr realistisches Theater in Berlin, Schweikart in München eine Art von poetischem, manchmal politischem Realismus. Das beeindruckte mich erst einmal sehr. Was mich nicht so sehr beeindruckte, war die Art der Schauspielerei. Die Schauspieler waren zum größten Teil Sprachrohre. Es war noch die Zeit des rhetorischen Theaters. Sie standen meistens auf der Bühne herum und sprachen ihre Texte. In einer sehr festen Haltung. Es gab wenige Theater mit einem wirklich realistischen Stil, die, die es versuchten, erzeugten lediglich den Anschein. Message und auch Wirkung war immer wichtiger als die Psychologie der Figuren. Die Strasberg-Methode hatte sich nach Deutschland noch nicht rumgesprochen. Man machte ein ernstes, aber auch ein bißchen trübes Theater. Ich hatte schon ein paar deutsche Aufführungen in England gesehen, abgesehen von dem Brecht-Gast-

spiel des BE, und zum Beispiel Oscar Fritz Schuhs *Traumspiel*
von Strindberg enttäuschend gefunden, ohne Energie. Das
Gegenteil von Strehlers *Diener zweier Herren*, das ich ungefähr
zur selben Zeit sah. Das *Traumspiel* war schön und schöngeistig
und schön gesprochen und berührte mich überhaupt nicht.
Manchmal war es sehr laut. Doch auch wenn die Schauspieler
brüllten, blieb es unvital, ohne wirklich interessante Phantasie.

Eine Problematik des deutschen Nachkriegstheaters wurde
mir deutlich, als Gustaf Gründgens ein Gastspiel in London
plante. Ich kannte einen berühmten BBC-Nachrichtensprecher,
Joseph McCloud, der schon während des Krieges bei der BBC
gearbeitet hatte, ein sehr netter Schotte. Er lebte in Swiss Cottage,
und eines Tages rief er mich an und sagte, komm doch mal rüber,
wir haben hier ein Problem. Es soll ein deutsches Theatergast-
spiel von einem gewissen Gustaf Gründgens stattfinden, und er
ist ein alter Nazi. Wir wollen es verhindern. McCloud war zwar
kein Emigrant und auch kein Jude, aber er war auf jeden Fall »ein
Linker«, ich glaube sogar KP-Mitglied. Es wurde eine große
Aktion gestartet, an der ich zwar nicht wirklich beteiligt, mit der
ich aber einverstanden war: Dieses Gastspiel wollen wir uns in
diesem Moment doch ersparen! Herr Gründgens war offiziell in
der Partei gewesen, den brauchen wir hier nicht zu sehen, auch
wenn er ein großer Schauspieler ist. Das Gastspiel wurde, wenn
ich mich recht erinnere, auch verhindert.

Ich fand das deutsche Theater hauptsächlich harmlos. Der
Grund war natürlich, daß die Deutschen so verunsichert waren.
Sie spielten viele englische Stücke. T. S. Eliot wurde gespielt und
so weiter. Und mit mir waren sie besonders unsicher, weil ich ein
deutscher Jude aus England war. Mir hat das ganz gut gepaßt – als
Kontrast zu der Arroganz, die ich in England erlebt hatte. Ich habe
es damals vielleicht gar nicht so wahrgenommen, aber es muß für
meine deutschen Partner kompliziert gewesen sein. Manche mei-
sterten es problemlos, zum Beispiel der komische Intendant in
Köln, Herbert Maisch.

An Theatern wie den Kölner Städtischen Bühnen interessierte mich besonders, daß man so lange probieren konnte – sechs, acht Wochen. Ich wußte erst gar nicht, was man die ganze Zeit über tut, es war eine Art Traum, unbeschreiblich. Und nicht nur das. Es gab hier fabelhafte Bedingungen. Es gab wunderbare Proberäume, man kam sehr früh auf die Bühne. In England probierte man drei Wochen in Proberäumen, dann hatte man einen Tag, um die Bühne einzurichten, einen Tag für die Generalprobe, dann war Premiere. Und die Schauspieler hier waren nicht ein gehetztes Volk von Arbeitslosen, sondern ein angestelltes Volk von Beamten, was zwar auch seine Nachteile, aber vor allem riesige Vorteile hatte. Englische Schauspieler waren in der letzten Probenwoche bereits damit beschäftigt, den nächsten Job zu suchen. Sie sprachen schon wieder mit ihren Agenten und dachten andauernd darüber nach, wie es weitergehen sollte. Ein deutscher Schauspieler hatte mindestens für ein Jahr einen Vertrag, meistens für fünf Jahre oder sehr oft für das ganze Leben, weil er nämlich nach 12 Jahren unkündbar war. Das war alles völlig neu für mich. Außerdem beeindruckte mich, daß man als Regisseur an einem Theater im Jahr drei, vier Inszenierungen machen konnte. Einen Shakespeare, einen Ibsen, einen Tschechow...

Die Einladung an die Kölner Städtischen Bühnen galt erst einmal für ein Stück. Mir wurde *Ein verlorener Brief* von Ion Luca Caragiale angeboten. Eine Komödie über eine politische Wahl in einer Kleinstadt, die einen ein bißchen an Gogols *Revisor* erinnerte, eine Art Kleinstadt-Farce. Der Autor war das Vorbild für einen berühmteren Rumänen: Eugène Ionesco. Im *Verlorenen Brief* gibt es viele Ansätze zu absurdem Theater. Die Bürger machen sich wegen der Wahl gegenseitig fertig, benutzen Tricks und so weiter. Ein sehr komisches Stück. Walter Gondolf machte mir das Bühnenbild. Er war der erste Deutsche mit Humor, den ich kennenlernte. Die Besetzung wurde mir geliefert. Die Hauptrolle spielte Michael Degen, einer der wenigen jüdischen Schauspieler, die es noch (wieder) in Deutschland gab. Die naive Frauenrolle spielte Magda Hennings, daneben gab es viele andere sehr gute Schauspieler, einige darunter, mit denen ich später noch einmal gearbeitet habe.

Karl Friedrich war ein dicker österreichischer Schauspieler, den ich besonders mochte, und Willi Pilgram war ein wunderbarer alter Schauspieler, der 1966 in meiner Fernseh-Aufführung des *Kirschgarten* den Gutsbesitzer Pschtschik spielte. Einen Schauspieler-Gast brachte ich an die Städtischen Bühnen mit: Norbert Kappen. Das war meine Bedingung. Ich weiß gar nicht, wie ich das hingekriegt habe. Er war freier Schauspieler, und ich sagte, ich brauche ihn, und erfand dann eine Rolle für ihn. Degen war der Oberkommandant der Kleinstadt, und ich machte Kappen zu seinem stummen Diener, der hinter ihm herlief und ihn nervte. Und es gab noch einen jungen Mann, der kleine Rollen spielte. Ich besetzte auch ihn mit einer Rolle, die es eigentlich nicht gab. Er war als Pantomime sehr begabt, und so kam er bei den Übergängen zwischen den Szenen immer besoffen mit einer Flasche auf die Bühne, um Tricks mit der Flasche vorzuführen. Er hieß Dr. Karl Wesseler, und wir arbeiteten später noch viele Jahre zusammen. Irgendwann führte er dann Regie bei Willy Millowitsch. Der Bühnenbildner, wie gesagt, hieß Walter Gondolf, sein Sohn Benedikt arbeitet heute als Redakteur bei »Aspekte« und hat den Theaterinstinkt seines Vaters geerbt: er ist einer der wenigen Kulturjournalisten, mit denen ich heute noch gerne zusammenarbeite. Walter Gondolf und ich machten ein lustiges Bühnenbild auf der Drehbühne der Kammerspiele mit fünf Dekorationen, die ständig herumgewirbelt wurden. Allerdings wäre nach kurzer Zeit fast schon wieder Schluß gewesen, denn nach vier Tagen ging Michael Degen zu Herrn Maisch, dem Intendanten, und sagte, dieser junge Mann, den Sie uns da aus England geholt haben, ist kein Regisseur. Er sagt nämlich nichts. Er sitzt nur da. Würden Sie uns bitte einen Regisseur holen? Daraufhin wurde ich zu Herrn Maisch zitiert, der mir das erzählte und sagte: »Ja, Herr Zadek,

wissen Sie, Sie haben sicherlich in England etwas andere Methoden gelernt, aber die deutschen Schauspieler erwarten, daß Sie
mit ihnen reden.« Ich war erst mal deprimiert und fuhr am
Wochenende nach Düsseldorf zu meinem Freund Pit Krüger, um
ihm mitzuteilen, daß ich am Montag wieder nach England zurück-
fahren würde. Das wars. Der lustige Pit sagte, Peter, ich will dir
was sagen. Vielleicht hast du ja recht, aber bevor du fährst, machst
du noch einen Versuch – ich hatte mir schon die Züge rausgesucht:
du gehst in die Probe, und wenn du reinkommst, brüllst du den
ersten, den du triffst, an. Du brüllst ihn einfach an, egal warum,
erfinde irgend etwas. Du hast doch Phantasie. Ich sagte: Du
spinnst. Aber gut, ich mache auch das. Und dann marschierte ich
Montag morgens in die Probe. Der Inspizient kam auf mich zu,
um mich irgend etwas zu fragen, und ich brüllte ihn an und
machte ihn wegen irgend etwas zur Sau. Es herrschte sofort eine
absolute Stille, die Schauspieler standen alle da und guckten und
dachten, der Schlag hätte sie getroffen. Und von diesem Moment
an habe ich nie wieder ein Problem in den Proben gehabt. Eine
schlimme Lektion ... Ich kam aus einem Land, in dem jemand,
der schreit, unrecht hat. Und jetzt war ich in einem Land, in dem
der, der schreit, recht hat. Das verstand ich erst einmal nicht. Es
bedeutete nicht, daß ich nun andauernd schrie. Im Gegenteil.
Immer, wenn ich jemanden anschrie, schämte ich mich anschließend schrecklich. Aber es wurde verlangt. Ich kriegte dann auch
bei anderen mit, daß es eine deutsche Art ist – wenn man sich
engagiert und man sich durchsetzen will, wird man laut. Ich hatte
es umgekehrt gelernt. Ich erinnerte mich an Glen Byam Shaw an
der Old Vic Theatre School, der mit seinem Schauspieler um den
Zuschauerraum herumging und ihm etwas ins Ohr flüsterte.
Schon als ich mit 21 oder 22 anfing zu inszenieren, meinte ich: Ein
Regisseur müßte eigentlich unsichtbar sein. Am Ende müßte
sich der Zuschauer fragen, hat es überhaupt einen Regisseur gegeben? Natürlich wußte ich, daß man als Regisseur viele Tricks
benutzen mußte, um sich durchzusetzen – nicht zuletzt wegen des

Apparats, der nun in Deutschland zur Verfügung stand – Hebebüh-
nen, große Lichtanlagen und so weiter. Auch das war neu für mich.
In England gab es kaum eine Drehbühne. Ich weiß noch, wenn
man nach einer Drehbühne fragte, hieß es, viel zu gefährlich, und
dann bleibt sie plötzlich mitten im Stück stehen. Die Technik der
deutschen Theater beeindruckte mich, die Technik in den Opern-
häusern noch mehr, aber sogar in den Kammerspielen gab es eine
Drehbühne. Hinzu kam, daß ich drei Assistenten hatte. Ich weiß
gar nicht, wo die herkamen. Assistenten! Ich als junger Regisseur
hatte plötzlich Assistenten, und zwar Männer, manchmal sogar
ältere Herren, die Assistenten waren. Ich fand es sehr kurios, und
es war mir auch ein bißchen peinlich, weil ich gerade 32 Jahre alt
war. Dann die Requisite – plötzlich gab es einen Chefrequisiteur
und weitere Requisiteure, der oder die laufend bei der Probe
anwesend waren. Das hatte ich noch nie erlebt. In England kam
damals der Stage Manager, der Inspizient, einmal auf die Probe,
notierte die Requisiten, die gebraucht wurden, und besorgte dann
das Ganze für die Generalprobe. Geprobt wurde mit Ersatzrequi-
siten. Jetzt war dieser Mensch plötzlich ganz wichtig. Er war auch
für die Effekte, Rauch, Regen, Geräusche und so weiter zuständig.
Durch all das war Regisseur plötzlich ein toller Beruf. Man saß
nicht einsam und verlassen da, sondern war umgeben von helfen-
den Geistern, die einem die Arbeit leichter machten. Das Problem waren die deutschen Schauspieler. Sie erwarteten, daß man
ihnen jeden Schritt und jede Bewegung sagte. Es war ein völlig
mechanisches Theater, das wurde mir in Köln klar. Sie kamen auf
die Bühne, dann sagte der Regisseur: »Sie treten bitte von rechts
auf, und wenn soundso X sagt, dann gehen Sie drei Schritte in
diese Richtung, und dann machen Sie so. Dann sagen Sie: Guten
Tag, hier bin ich. Würden Sie das bitte machen?« Und dann
machte der Schauspieler das: »Guten Tag, hier bin ich.« – »Ohne
Pause bitte, nochmal.« – »Guten Tag, hier bin ich.« – »Nein. Bitte
nichts mit der Hand machen.« Das ging dann drei Stunden so, bis
es perfekt war. So wurde ein Stück inszeniert. Schritt für Schritt

für Schritt. Davon wußte ich nichts. Es war mir völlig fremd. Ich hatte mittlerweile besseres Theater gesehen, nicht nur Olivier und Brecht, sondern auch Kazan mit *Der Tod des Handlungsreisenden*, das dritte große Theatererlebnis in meiner Jugend in London, mit Paul Muni als Willy Loman. Kazan hielt damals in London einen Vortrag, in dem er unter anderem sagte, daß er auf eines besonders stolz wäre: Er hätte noch nie einem Schauspieler einen Gang gezeigt. Er hatte also noch nie einem Schauspieler gesagt, gehen Sie bitte jetzt von da nach da. Er sagte zu einem Schauspieler: Die Situation ist folgende: Sie sind jetzt traurig, weil Ihre Mutter gerade im Sterben liegt. Bitte spielen Sie das mal. Daraus hat sich dann der Gang ergeben. So dachte ich auch. Allerdings, so weit wie Kazan trieb ich es zu dem Zeitpunkt natürlich nicht. Dazu hätte ich noch mehr Sicherheit gebraucht. Ich stellte also schon Gänge, stellte das Stück einigermaßen durch. So, wie ich es in der Old Vic Theatre School gelernt hatte. Blocking – es war trotzdem freier, als es die deutschen Schauspieler gewöhnt waren, denen man jeden Pieps sagen mußte. Sie empfanden sich als ausführende Organe und sonst gar nichts. Ich sprach öfter mit Maisch darüber. Er war eine ulkige Figur, hatte nur noch einen Arm, den anderen hatte er wohl im Krieg verloren, wo er General gewesen war. Und so behandelte er auch das Theater, als ob es der Kommiß wäre. Aber er war trotzdem ein sehr anständiger Mann. Irgendwann holte er mich zu sich und sagte: Zadek, wissen Sie, die Schauspieler beschweren sich über Sie, aber machen Sie mal weiter, machen Sie einfach mal weiter auf Ihre Weise, ich glaube, es wird schon was. Er hat mir Mut gemacht, dieser alte Soldat mit seinem Holzarm. Er wirkte komischerweise auf mich wie ein alter Preuße, obwohl er wahrscheinlich Kölner war, aber in meinen Augen war er der alte, preußische Soldat. Charlie Wesseler, eine ganz lustige, verrückte Person, half mir besonders, und Norbert Kappen, der nun in meiner Inszenierung immer zwei Schritte hinter der Hauptfigur, Michael Degen, in einem Zustand von leichter Besoffenheit hermarschierte. Ich hatte ihm gesagt, tu nur eins, geh immer hinter ihm her und guck in den Zuschauerraum. Michael Degen fand das nicht so komisch. Die Leute lachten eben nur über Norbert. Norbert war ein wunderbarer Komiker, wie er dastand und etwas besoffen in den Zuschauerraum guckte. Eine furchtbare Klamotte. Degen beschwerte sich auch. Es war alles sehr kompliziert. Aber auf irgendeine Weise überzeugte ich die Schauspieler, die mit der Zeit an dieser ganzen Geschichte doch Spaß bekamen. Nur mit Degen blieb der Ärger, und ich schwor mir, egal was passiert: mit dem nie wieder. Dann kam die Premiere, und es war ein riesiger Erfolg. Wieder schrieb Herr Schulze-Wellinghausen in der FAZ und sagte, Michael Degen war noch nie so gut. Das war natürlich der Hammer für Michael. Das wollte er nun wirklich nicht hören. Er war der erste jüdische Schauspieler, den ich in Deutschland kennenlernte, und diese beiden Juden feindeten sich sofort an. Typisch. Gerade er hatte sich über mein undeutsches, nicht genügend autoritäres Verhalten als Regisseur beschwert. Das war doch interessant. ˙

Ja, so sah die erste Runde in Köln aus, ich mußte jetzt darüber nachdenken, wie es weitergehen sollte. Drumherum passierte auch ständig etwas. Zum Beispiel hatte ich eine Affäre mit einer verheirateten Schauspielerin, die nur in Abwesenheit ihres Mannes stattfand, eine bürgerliche Dame. Sie war älter als ich, und ich besuchte sie, wenn der Mann gerade unterwegs war. Ich glaube, er war irgendwo Funksprecher. Nicht in Köln, so daß er oft verschwunden war. Wir lagen in ihrem Ehebett, und der Hauspekinese guckte immer zu. Die Szene taucht später in meinem Film *Der Nebbich* auf. Pekinesen röcheln ja immer so komisch, bis heute kann ich deswegen Pekinesen nicht ertragen.

Meine Geliebte nahm sich meiner ein bißchen an und führte mich in die Kölner Gesellschaft ein. Unter ihrer Anleitung kaufte ich den ersten Anzug meines Lebens. Sie meinte, ich müsse unbedingt einen Anzug haben, ich hatte noch nie einen getragen, immer Hose und Jacke: Tweed-Jackett und graue Hosen, das war mein normales Ding. Ich sehe noch den Laden in Köln vor mir, wo mir der Anzug angepaßt wurde. So ein blauer, sehr deutscher Anzug, sehr kurz. Ich fühlte mich völlig idiotisch darin, man sah aus wie ein Konfirmand. Aber Madame fand es ganz toll. Ich mußte mir auch die Haare schneiden lassen.

Es gab damals Spannungen zwischen mir und Helmut Griem, der auch an den Kölner Bühnen war. Wir biesterten uns ständig an, warum, weiß ich nicht mehr. Wir mögen uns heute noch nicht besonders. Er probierte damals *Blick zurück im Zorn* oder spielte es sogar schon. Er war immer grimmig, der Hausneurotiker, aber sehr geeignet für Jimmy Porter.

Ob ich nun weiter in Deutschland arbeiten wollte oder nicht, war noch unklar. Das kam erst eine Runde später.

In Hannover inszenierte ich am Ballhaustheater Camus' *Die Gerechten*. Der Intendant, Kurt Erhardt, war ein außergewöhnlicher Mann, ein sehr guter Schauspieler, ein großer, breiter, behäbiger Herr. Auch er hatte sich vorgenommen, Wiedergutmachung zu betreiben, und hatte lauter jüdische Schauspieler ans Theater nach Hannover geholt, Leo Bieber, Li Nolden, unter anderem Emigranten, die ich noch aus London kannte, und hatte dadurch ein sehr ausgefallenes und interessantes Ensemble. Dazu gehörte auch Heinz Bennent und, ganz wesentlich, Hans Bauer, ein ganz wichtiger Regisseur dieser Zeit. Ich glaube, Peter Doll, der dortige Chefdramaturg, bot mir das Stück an. Wahrscheinlich hatte er die Aufführung vom *Verlorenen Brief* in Köln gesehen. Mittlerweile war ich so ein bißchen ein Geheimtip. Junger englischer Regisseur, ganz interessant, spricht deutsch, ist jüdisch und so. Ich selbst wollte eigentlich zu Schalla nach Bochum, aber er wollte mich nicht. Ich wollte auch zu Barlog, also an die großen Theater. Aber für sie war ich noch nicht weit genug. Also ging ich nach Hannover und inszenierte dort *Die Gerechten*. Vielleicht die erste Inszenierung, zu der ich heute noch stehen würde. Wir spielten auf der Studiobühne, was den Vorteil hatte, daß man auf diesem Nudelbrett an ein Bühnenbild erst gar nicht zu denken brauchte. Ich hatte eine gute Besetzung, mit der ich eine schnelle, kühle Inszenierung machte, ohne viel Emotion, analytisch und kalt. Die Arbeit machte größten Spaß, und ich befreundete mich gleich mit Peter Doll. Doll war direkt und »normal« – also kein Intellektueller –, hatte Humor und liebte Showbusiness. Später, als Generalintendant in Stuttgart, machte er Peymanns Theater möglich und baute einen Freiraum für Crankos Arbeit. Auch diese *Gerechten*-Aufführung war ungewöhnlich für das deutsche Theater. Das Problem des Stücks, ob es eine Rechtfertigung für Gewalt gibt, ob man die Bombe auch schmeißt, wenn ein Kind im Wagen sitzt, faszinierte mich. Hier entstand auch meine langjährige Freundschaft mit Heinz Bennent, neben Norbert Kappen der Schauspieler, mit dem ich in den nächsten Jahren in Deutschland am meisten arbeitete, u. a. in meinem Film *Der Nebbich* nach Sternheims Stück gleichen Namens.

Bei den Dreharbeiten von *Nebbich* mit Heinz Bennent, Charlie Wesseler und Klaus Höhne im Wald

Heinz war frech und witzig, provozierend. Damals besuchte mich zum ersten Mal ein jüdischer Freund aus London, Max Benedict, der Cutter. Es gab ein paar englische Freunde, die noch mit mir redeten, die meisten schnitten mich, besonders die englischen Juden. Sie wollten nichts mehr von mir wissen, weil ich nach Deutschland zurückgegangen war. Ein paar Freunde waren jedoch interessiert und kamen öfters und sahen sich Vorstellungen an. Ich erinnere mich besonders an Max Benedict, weil wir in Göttingen eine Aufführung von Hilpert sahen, die uns beide sehr beeindruckte. Es war der erste Shakespeare, den ich in Deutschland sah, *Hamlet*, gespielt von Karl Walter Diess. Es war für mich der intelligenteste *Hamlet*, den ich bisher gesehen hatte, überhaupt nicht wie deutsches Theater sonst, ganz kühl, knapp und intelligent. Besonders beeindruckten mich die Szenen mit Rosenkranz und Güldenstern wegen ihres Witzes. Der erste deutsche Regisseur, der Witz hatte. Das war das einzige, was ich je von Heinz Hilpert sah, leider. Er hatte Leichtigkeit und Sophistication.

Hans Bauer dagegen war deutsch und eher schwer. Trotzdem fand ich ihn einen aufregenden Regisseur. Als erstes sah ich von ihm in Köln *Die Wupper*, mit Luitgard Im, eine wunderbare, ausgefallene Schauspielerin, zu ausgefallen wohl, um im deutschen Theater eine große Karriere zu machen. Bauer hatte eine große und recht extravagante Phantasie. In Hannover sah ich seinen *Amphitryon*, gespielt von Heinz Bennent, und lernte ihn ein bißchen kennen. Er war älter als ich, ein Trinker, der jeden Abend in der Kneipe oder in der Theaterkantine saß und sich mit Wein volllaufen ließ.

Eines Tages bekam ich Kurt Hübners Angebot, nach Ulm zu kommen. Jörg Wehmeier rief mich an und sagte, hör mal, Kurt Hübner wird Intendant in Ulm, ich gehe als Chefdramaturg mit ihm dorthin, und Hübner hätte dich gern als Regisseur. Ich sagte: Ulm, was ist denn das? Und er: Das ist eine Kleinstadt. Ich dachte, Gott,

jetzt inszeniere ich seit zehn Jahren mehr recht als schlecht in
London, Köln geht ja noch, aber jetzt aufs Dorf – das muß wohl
nicht sein. Und ich sagte zu Wehmeier: Ich denke mal drüber
nach. Und dann habe ich darüber nachgedacht, konnte mich nicht
entscheiden und fragte Hans Bauer. Ich traf ihn in seinem wein-
bedudelten Zustand während einer seiner Premieren. Herr Bauer,
können Sie mir nicht raten, ich habe dieses komische Angebot.
Das soll ich doch nicht machen, oder? Er hörte es sich an und
sagte dann: Wissen Sie, ich habe ja Ihre Inszenierung der *Gerechten* gesehen und fand sie sehr gut. Aber ich glaube, was Sie

Mit Familie 90, Hampstead Way

brauchen: Sie müssen mit einem Ensemble arbeiten. Sie müssen einfach ganz viel inszenieren. Und Kurt Hübner ist ein fabelhafter Mann. Der wird da ein tolles Theater machen. Ich würde zu ihm gehen. Also entschied ich mich, nach Ulm zu gehen. Es war auch die Entscheidung, in Deutschland zu bleiben.

Ich fuhr nach England zurück und sprach mit Gitta und sagte: So, also, jetzt kommt mal nach Deutschland.

Sie wollte im Grunde nicht nach Deutschland, aber sie kam trotzdem, um zu sehen, ob es möglich wäre. Gitta hatte eigentlich eine Karriere in England vor sich. Es sprach für sie alles dagegen, nach Deutschland zu kommen. Trotzdem versuchte sie es und kam nach Ulm mit unseren beiden Kindern Simon und Michele. Die Kinder gingen in den Kindergarten, aber sprachen kein Deutsch. Ich sehe sie noch am Sankt-Martins-Tag mit Laternchen in Ulm herumlaufen. Wir lebten in dem Gästehaus des Theaters, und über uns hauste Norbert Kappen, eine recht schreckliche Situation, weil der besoffene Norbert kein sehr guter Hauspartner war. Und Gitta – ja, da war sie halt, etwas distanziert, höflich, ich weiß nicht genau, was sie damals empfand, aber sie mochte die ganze Situation nicht, sie mochte die Deutschen nicht. Sie wollte ihre Karriere weitermachen, und sie fand die Situation schlecht für die Kinder. Sie war einfach unglücklich.

5. KAPITEL

Ulm

AUCH ICH STAND DER ganzen Ulmer Sache sehr skeptisch gegenüber – die Kleinstadt, Hübner mochte ich sowieso nicht. Er war (nach dem Tod seines Vorgängers Wackernagel) der neue, auf drei Jahre gewählte Intendant des Ulmer Theaters, noch aber Chefdramaturg, Regisseur und Schauspieler am Staatstheater in Stuttgart, bis zum Ablauf der Spielzeit. Wir hatten uns zwischendurch noch einmal getroffen, und er hatte mich gefragt, was ich machen wollte. Wir einigten uns auf Shakespeare. Als Einstand am Ulmer Theater inszenierte ich den *Besuch der alten Dame*, ein Stück, das ich im Fernsehen gesehen hatte, als ich in Köln bei Wolfgang Ebert wohnte, mit Elisabeth Flickenschild und Hans Mahnke, der später in Bochum zu meiner Truppe gehörte. Ich glaube, es war eine ganz ulkige Aufführung, immerhin mein erstes großes deutsches Stück. An so ein großes Stück wäre ich in London nie herangekommmen, zu teuer. Wir spielten – wie auch in den folgenden Jahren – in der ehemaligen Schulaula einer Mädchenschule, die als Ulmer Stadttheater benutzt wurde, da das eigentliche Stadttheater im Stadtzentrum, eines der ältesten deutschen und wohl auch schönsten, im Krieg zerstört worden war. Die Bühne war ungefähr so breit wie ein großes Wohnzimmer und vielleicht zweimal so tief. Und es gab praktisch keine Technik. Alles, was man brauchte, mußte man hinauftun und wieder wegnehmen. Es gab 250 Plätze.

Hübner hatte eine Sammlung von jungen Schauspielern zusammengeholt, die ganz sensationell waren, seine Begabung, sie zu finden, war außergewöhnlich: Hannelore Hoger, Friedhelm Ptok, Elisabeth Orth, Norbert Kappen und Helmut Erfurth, ein kleiner sächsischer Operetten-Buffo. Er kam aus der DDR und sprach vor. Niemand interessierte sich besonders für ihn, nur ich. Er erinnerte mich an einen Music Hall-Komiker, wie ihn Osborne im *Entertainer* verewigt hat. Erfurth war ein richtig ordinärer Komiker, und ich bat Hübner, ihn zu engagieren.

Ich arbeitete dann viele Jahre lang mit ihm und Norbert Kappen als zentrale Schauspieler. Helmut Erfurth war nicht besonders intelligent, aber schlau und intuitiv, er konnte alles, tanzen, singen, jonglieren, und wenn es sein mußte, auch mal sprechen. Allerdings mit dickem sächsischem Akzent. Er strahlte einen natürlichen Optimismus und Fröhlichkeit aus, hatte aber schrecklich depressive Phasen wie die meisten großen Komiker. Er war eine ganz wichtige Figur für mich, ein wichtiges Mitglied der Ulmer Schauspielerfamilie.

Die Mutter der Familie war damals Erika Wackernagel, Christoph Wackernagels Mutter, eine sehr energische Person. Ein weiterer Komiker war Peter Striebeck, der romantische Jüngling war Friedhelm Ptok, ein verklemmter Hamburger, widerborstig und für mich ein neuer Typ. Er lief damals auch immer wie ein Matrose, wahrscheinlich, weil er zu oft am Hafen im Wind entlanggelaufen war. Hannelore Hoger war 18 und außergewöhnlich begabt, klar, direkt, auch aus Hamburg, auch etwas proletarisch. Wenn ich mir das Ensemble heute vorstelle, wirkt es wie das Ensemble eines Volkstheaters. Auch die Wessely-Tochter Elisabeth Orth hatte einen direkten, anmachenden Wiener Ton. Es war sicherlich diese Direktheit, die sich mit meiner eher intellektuellen und kompliziert psychologischen Haltung zur Welt traf, die die besondere Qualität unserer Arbeit ausmachte.

Kurt Hübner hatte zwei Bühnenbildner engagiert, Wilfried Minks und Jürgen Rose. Rose war zuerst Schauspieler, gar kein schlechter.

Meine erste Begegnung mit Minks fand nach der Premiere vom *Besuch der alten Dame* statt. Er gratulierte mir mit den Worten: Gratuliere, Erfolgsregisseur. Die Kritik, die in dem Kompliment »Erfolgsregisseur« lag, paßte auf eine Inszenierung, die eher wirksam als tief war, bei einem Stück übrigens, das auch eher wirksam als tief ist. Ich hatte schon gehört, daß er das Bühnenbild furchtbar fand – das war unser erstes Treffen. Irgendwann besuchte ich ihn zu Hause, wo er mir zeigte, was er an der Hochschule für Bildende Künste in Berlin gemalt hatte. Er war ja ganz jung, Ende 20, und hatte, glaube ich, schon an einem noch kleineren Theater als Bühnenbildner gearbeitet. Er zeigte mir lauter abstrakte Malerei, kuriose Sachen, die er leider alle nicht mehr hat. Ich sagte, diese abstrakte Malerei ist doch für das Theater furchtbar, undenkbar. So waren gleich die Positionen klar. Er war mit Abstraktion beschäftigt und ich mit dem Gegenteil. Er hatte eine Frau, die ich sehr mochte, sie hieß Röschen und war eine Kostümbildnerin aus Berlin. Da Wilfried damals nicht zeichnen konnte, zeichnete sie für ihn. Er konnte nur bauen. Und er baute alles immer sofort. Er lebte ein bißchen außerhalb Ulms in einem Wohnsilo, und da bastelten wir in einem Zimmer voller Pappe und Uhu. Was man sich vorstellte, wurde gleich gebaut – Podest, Stuhl, Treppe, Baum – und stand dann im Modell.

So fummelten wir vor uns hin und machten bald unser erstes gemeinsames Bühnenbild für meine zweite Inszenierung in Ulm, Shakespeares *Maß für Maß*. Das war im Herbst 1959. Wilfried und ich saßen da und bastelten, und Wehmeier fragte ständig: Seid ihr immer noch nicht fertig? Was macht ihr denn da? Weil ich den Anfang der Proben ständig verschob. In Ulm lernte ich, daß man sich Zeit nehmen kann und muß und im Zweifelsfall den Probenbeginn verschiebt, wenn man nicht fertig ist, auch wenn das Theatermanagement jammert. So etwas wäre im kommerziellen Theater in England oder Amerika oder wo auch immer gar nicht denkbar gewesen. Ich habe es in meinem Leben noch ein paarmal getan, wenn es sein mußte. Wenn man am Ende einen Mißerfolg hat, ist es dem Theater dann auch egal, ob die Inszenierung rechtzeitig herausgekommen ist. (*Maß für Maß* kam Mitte Januar 1960 heraus.) Aber wenn man einen Erfolg hat, dann kann man vorher zehnmal verschoben haben, und trotzdem werden alle glücklich sein. Am Ende hatten wir ein Bühnenbild, das nur aus Holz und Balken und Klappen bestand, eine Art Kasten mit Leitern.

Wilfried wurde später als der Balken-Minks berühmt, weil er überall mit Balken arbeitete. Alles war aus Holz, und es ging ihm um das Material. Er haßte damals Gemaltes auf der Bühne und malt auch heute nicht, er machte eben Räume. *Maß für Maß* war der erste Raum, den er für mich herstellte, der erste von unendlich vielen Räumen. Ich weiß noch, wie wir über die Proportionen diskutierten. Proportionen waren für mich im wesentlichen Proportionen zu Menschen. Die Größe einer Wand auf der Bühne interessierte mich weniger als die Proportion zu einem Menschen, der direkt darunter steht. Wie groß ist eine Tür? Wenn die Tür einen Meter zu groß ist, dann ist der Mensch zu klein usw. Solche Argumente waren Wilfried damals fremd. Ich kam eben vom englischen Theater, das sich trotz aller Oberflächlichkeit zuerst mit den Menschen beschäftigte. Und er kam von der Architektur, von der Form.

Ulm war eine deutsche Kleinstadt. Es gab Kampf zwischen Alt-Ulm und Neu-Ulm, also zwischen Bayern und Baden-Württemberg. Das waren so die Probleme, eine ganz eingeschlafene, kleine Stadt. Ich hatte in so einer Stadt noch nie länger gelebt, weder in Deutschland noch sonst irgendwo, und: Ich habe es ungeheuer genossen. Die Stadt war so überschaubar, und sie war leise – ich arbeitete zum ersten Mal in meinem Leben für eine längere Zeit wirklich konzentriert und ohne Unterbrechungen. Es war meine reinste und ausschließlichste Theaterarbeitszeit, obwohl die äußeren Bedingungen nicht so wahnsinnig gut waren – eine Schulaula ist nicht der ideale Platz zum Theaterspielen –, auf der anderen Seite mußte uns deswegen auch sehr viel einfallen. Unser Treffpunkt war das Bahnhofsrestaurant, wo wir redeten und Bier tranken. Diese Gespräche waren eins der wichtigsten Dinge für mich, ich hatte es in England, wie mir jetzt bewußt wurde, unheimlich vermißt. Englische Theaterleute redeten damals nicht über Theater, über Cricket ja, über das Wetter, was auch immer, nur nicht über Theater. Und auch nicht über Politik oder Philosophie. Dann war man sofort »heavy« oder »continental«. Und hier wurde nun nächtelang über Theater diskutiert. Die Zusammensetzung Hübner, Minks und ich war spannend – wir mußten uns in der ersten Runde erst einmal zusammenfinden – Minks' Tendenz zum Abstrakten und meine »englische« Tendenz zum Psychologischen und Realistischen, etwas, das die Deutschen eigentlich nicht kannten, das Hübner sehr reizte. Und es reizte ihn auch, daß ich ein bißchen verrückt war, weil er eigentlich immer nur mit verrückten Leuten arbeitete, mit schwierigen und komplizierten Regisseuren.

Als ich nach Ulm kam, inszenierte er gerade *Don Karlos* in einem Bühnenbild von Wilfried, das mich gleich interessierte, weil es mich an die Abstraktionen von Gordon Craig erinnerte.

Es bestand aus weißen, beweglichen Paravents, aus sonst gar nichts, außer Licht. Als ich in die Probe kam, waren die Schauspieler auf der Bühne, und es gab gerade Krach zwischen Friedhelm Ptok, der den Karlos spielte, und Kurt Hübner. »König Philipp« sollte gerade auftreten, und Kurt Hübner, der Regisseur, hatte

Minks' Bühnenbild für Kurt Hübners *Don Karlos*-Inszenierung,
1959 in Ulm

gesagt: In diesem Moment treten alle Schauspieler einen Schritt zurück. Ptok fragte, warum. Und Hübner sagte (ich vereinfache etwas): Weil es so ist, wenn ein König auftritt. '68 war nicht mehr so weit weg, es brodelte schon ein bißchen. Die jungen Schauspieler wollten keinen Schritt mehr zurücktreten und fanden die Haltung autoritär. Es gab einen Riesenaufstand über diesen einen Gang. Künstlerische Vorgänge können unmittelbar politische Bedeutungen haben, wenn man Theater ernsthaft betreibt. Daß ein Schritt nach hinten oder nicht so eine Bedeutung haben kann, ist es, was Theater aufregend macht. Ich weiß nicht mehr, wie der Krach ausgegangen ist – sicherlich hat sich Hübner durchgesetzt.

Ich weiß nicht, wann wir geschlafen haben, ob wir überhaupt geschlafen haben. Wir lebten zwischen dem Theater, dem Bahnhofsrestaurant und Kurt Frieds großem Haus. Kurt Fried war Mitherausgeber der Schwäbischen Donauzeitung, Feuilletonchef, Kunstsammler und Kulturpapst von Ulm. Er hat uns unterstützt und gefördert und vor allem Kurt Hübner den Rücken freigehalten. Hübner ist ja ein schwieriger, cholerischer Mensch, der sich permanent mit der Stadtverwaltung und dem Aufsichtsrat anlegte. Er führte einen verbissenen Kampf gegen das Spießertum und gegen Tabus und erlaubte nicht die geringste Kritik an seinen Schauspielern und seinem Theater. Er war ein wunderbarer, damals noch sehr junger Intendant – es war seine erste Intendanz. Oft fuhren wir nach München, um uns Theater anzusehen, zum Beispiel Piscators *Don Karlos* an den Münchener Kammerspielen, den ich blöde und stilisiert fand, ehrlich gesagt. Wie die Arbeit von Piscator jetzt in Deutschland überhaupt. Er versuchte, an seine große Zeit vor dem Krieg anzuknüpfen, lebte aber nur noch von seiner Reputation. Dabei war er einer der ganz großen Namen für mich, besonders als Rebell, als jemand, der gegen das Konventionelle arbeitete.

MASS FÜR MASS

Meine erste große Ulmer Arbeit war *Maß für Maß*, meine zweite wirkliche Auseinandersetzung mit Shakespeare nach meinen Erfahrungen in Oxford während des Krieges und meiner Londoner Inszenierung des *Kaufmann von Venedig*.

Ich fing erst einmal an, die deutschen Übersetzungen von Shakespeare zu lesen, kam schnell auf Schlegel und Tieck und Baudissin und war ganz erschrocken. Ich verstand schon, obwohl mein Deutsch immer noch nicht perfekt war, daß diese Übersetzungen eine große literarische Qualität hatten. Nur stammten sie aus einem anderen Jahrhundert. Für mich war Shakespeare erst einmal ein Elisabethaner und besaß noch eine große Naivität und Direktheit. Die Arbeiten über Shakespeare in den 50er Jahren in England waren in Richtung einer Vereinfachung Shakespeares, einer Rückkehr oder Rückführung zu den Ursprüngen gelaufen. Die Shakespeare-Forschung betrieb Textexegese, man verglich die Quartos mit der Folio-Fassung. Es wurde im historischen und sozialpolitischen Bereich viel recherchiert. Regisseure wie John Barton und Peter Hall leisteten ganz wichtige Arbeit, Shakespeare zu entrümpeln. Die Engländer waren einfach sehr viel weiter als die Deutschen, die sich solche Gedanken damals überhaupt noch nicht gemacht hatten, sondern über ihren eigenen Shakespeare redeten, als ob es ein deutscher Autor gewesen wäre. Die neuen englischen Kommentare kannte man oft überhaupt nicht. Die deutschen Schauspieler hatten grundsätzlich nur Schlegel gelesen, das war Shakespeare für sie. Auch wenn sie ein bißchen Englisch sprachen – Shakespeare ist im Englischen wirklich sehr schwer zu lesen und zu verstehen, sogar für Engländer, wenn es nicht adaptiert und vereinfacht wird. Das Vokabular ist teilweise schon verschwunden. Es ist nicht so weit entfernt vom heutigen Englisch wie das Mittelhochdeutsche vom heutigen Deutsch, aber es ist schon eine andere Sprache. Und es ist eine sehr trügerische Sprache, weil es sehr viele Wörter bei Shakespeare gibt, die es zwar heute noch gibt, die aber nicht mehr dieselbe Bedeutung haben. Ich hatte mich mit einem ganz wichtigen Shakespeare-Regisseur und Forscher namens Harley Granville-Barker beschäftigt (der auch der Regisseur und Entdecker von Shaw um die Jahrhundertwende war) und der eine Reihe von Aufsätzen zu Shakespeares Stücken aus der Sicht eines Theatermanns geschrieben hat, scharfsinnige Shakespeare-Analysen. Ich arbeite heute noch mit ihnen – gerade wieder beim *Kaufmann von Venedig* und bei *Antonius und Cleopatra*. Für die Ulmer Inszenierung kam noch hinzu, daß ich in Coghills *Maß für Maß* 1944 selbst mitgespielt hatte.

Ich sah mir noch ein paar andere Übersetzungen von *Maß für Maß* an, aber mein Deutsch war damals noch nicht gut genug, um sie wirklich beurteilen zu können. So habe ich hauptsächlich Schlegel vereinfacht. Ich inszenierte vom Englischen her. Bei der Probe lag damals wie heute das englische Buch vor mir. Während der Schauspieler Deutsch sprach, las ich Englisch. Das hatte eine sehr bestimmte Wirkung. Ich lese das Englische, auch wenn der Schauspieler englisch nicht versteht, oft vor, so daß er das Gefühl und den Rhythmus und die Atmosphäre des Englischen mitbekommt. Das hat, glaube ich, damals schon meine erste Shakespeare-Inszenierung von anderen deutschen Shakespeare-Inszenierungen abgehoben. Es gab in Ulm und auch später immer wieder Auseinandersetzungen über meine »Sprachführung«, weil man den Eindruck hatte, ich kümmerte mich nicht darum. Das meinten nicht nur die Kritiker, sondern am Anfang, bis er mich besser kennenlernte, auch Kurt Hübner, der sehr auf Sprache fixiert war. Er hatte sehr viel Funk gemacht, war Chefdramaturg und Regisseur am Süddeutschen Rundfunk gewesen und hatte die Hörspieldependance des NDR in Hannover geleitet, bevor er ans Staatstheater in Stuttgart ging, kam also von der Sprache zum Theater. Sprache war für mich nur *ein* Teil, *ein* Weg, mich auszudrücken, neben der Bewegung, der Musik und all dem anderen. Ich habe auch nie richtig sogenannte »Sprachregie« geführt. Es gab etwas in Deutschland, das man Sprachregie nannte und das Unterschiedlichstes bedeuten konnte. Die negative Variante ist der Regisseur, der dem Schauspieler vormacht, wie er etwas sprechen soll, und ihm immer die Betonung vorführt. Der Schauspieler imitiert ihn so lange, bis er es auswendig kann. Schwachsinn. Heute kenne ich nur noch einen Regisseur, der das macht, er heißt Einar Schleef. Aber damals in den 50er Jahren war es weit verbreitet. Man trainierte, Regisseure waren wie Zirkustrainer.

In England war der Regisseur eher ein freundschaftlicher Partner, in Deutschland war er der Boss. Ich genoß das sehr, gebe ich zu, weil dadurch auch meine Unsicherheiten, von denen ich weiß Gott genug hatte, verschwanden. Die Probleme, die ich noch in Köln wegen meiner Zaghaftigkeit gehabt hatte, waren schnell weg. Hinzu kam auch, daß die Schauspieler in Ulm sehr jung waren, die meisten viel jünger als ich. Hannelore Hoger war achtzehn, Friedhelm Ptok war, glaube ich, neunzehn, ein ganz junges Ensemble also. Dann hatte ich natürlich die Unterstützung von Hübner, der schon damals vollständig hinter meiner Arbeit stand. So fühlte ich mich sicher und befreit. Es war das erste Mal, daß ich mit so einem Gefühl an die Arbeit ging, die mich dadurch auch weniger anstrengte.

Maß für Maß war dann auch ein großer Erfolg. Friedhelm Ptok spielte den Angelo, für den Herzog hatte ich einen Burgtheater-Schauspieler als Gast. Mit ihm konnte ich nicht so gut, ein älterer, routinierter typischer Burg-Schauspieler. Wir mochten uns überhaupt nicht, aber in diesem Fall war ich der Stärkere und konnte mich durchsetzen. Er beschwerte sich auch andauernd, es war schon damals üblich, die Schauspieler liefen ständig zum Intendanten und beschwerten sich. Als ich später selbst Intendant war, kamen natürlich die Schauspieler zu mir und beschwerten sich über die anderen Regisseure. Ich fand es immer absurd, wie in einem schlechten Internat, wo man petzt und sich über den Lehrer beklagt. Der Burg-Schauspieler tat es also auch, war dann aber am Ende gar nicht so schlecht in seiner Rolle. Es war eine sehr lebendige, witzige und sehr komische Inszenierung in Barock-Kostümen. Die Bühne bestand aus einem großen Holzkasten, an dem ständig Seiten mit Treppen und ein Balkon herausklappten. Räumlich waren Wilfried und ich von Appens *Galileo Galilei* am BE beeindruckt. Dieser berühmte Kupferkasten, auch ein Kasten, aus dem überall etwas herausklappte, mal ein Fenster, mal eine Tür etc. Eines der schönsten Bühnenbilder, an die ich mich erinnere. In dieser Zeit hatte ich die meisten der alten Brecht-Inszenierungen am Berliner Ensemble gesehen. Bei uns gab es dann noch eine Brücke, überall Leitern usw. Ich liebte es damals, wenn Leute auf verschiedenen Ebenen auftraten, rauf und runter liefen, es war sicher viel los auf dieser Bühne, so viel, daß Kritiker und Zuschauer sich darüber beschwerten, sich nicht auf eine Sache konzentrieren zu können. Dabei können sie doch selbst entscheiden, was sie interessiert!

Ich war voll darauf konzentriert, das Ensemble kennenzulernen. Zum ersten Mal hatte ich eine Gruppe von Schauspielern, die mir gewissermaßen gehörte und die ich formen konnte. Es gab neben mir auch andere Regisseure, z. B. einen recht guten Regisseur namens Helmut Kissel. Peter Palitzsch war nicht von Anfang an da, er kam 1960 als »der Brecht-Epigone«, inszenierte vor allen Dingen Brecht, zu einem Zeitpunkt, als aus politischen Gründen niemand mehr in Westdeutschland Brecht auf die Bühne brachte. Nur Kurt Hübner hatte die Courage, es jetzt zu tun. Peter hatte mit dem *Kaukasischen Kreidekreis* seine erste Premiere in Ulm. Er kam aus Berlin, und ich fand ihn gescheit und freundlich. Was er machte, fand ich sehr interessant, nur ein bißchen trocken. Als ich den *Spielverderber* von Leo Lehman inszenierte, ein Stück mit einer sehr komplizierten Psychologie, fragte mich Peter eines Tages: Darf ich mal bei deinen Proben zugucken? Ich höre von den Schauspielern, daß du mit Psychologie arbeitest. Wie macht man das eigentlich? Ich weiß nicht, inwieweit er mich hochgenommen hat. Er kam dann und guckte sehr interessiert zu. Ich glaube, es war ihm sehr fremd. Er brachte eine Freundin mit nach Ulm, Katharina Tüschen, eine etwas ruppige ostdeutsche Dame, die uns jahrelang begleitete. Sie spielte bei Peter in *Der Widerspenstigen Zähmung* und in vielen anderen Inszenierungen. Das Interessante an ihr war, daß sie wirklich eine Proletin war, ein etwas fremdes Wesen für mich, sehr ruppig und sehr aggressiv, sehr feministisch und tough. Sie war keine besonders differenzierte Schauspielerin, hatte aber eine sehr starke Persönlichkeit. In der *Geisel* hat sie die Meg ganz wunderbar gespielt, als ob sie dafür geboren wäre. Sie hatte eine Stimme, als rauchte sie 800 Zigaretten am Tag.

Neben der berühmten Hochschule für Gestaltung war Hübners Theater für Ulm ein großes Ereignis. Es kamen ständig auch überregionale Kritiker und Intendanten angereist. Ich erinnere mich noch an ein Abendessen mit Henrichs, dem damaligen Intendanten des Münchner Residenz-Theaters, Benjamin Henrichs' Vater. Wir saßen nach einer Vorstellung von *Maß für Maß* in einem der vielen gemütlichen Eßlokale Ulms, und Vater Henrichs schaute mich mißtrauisch an. Er sagte: Herr Zadek, wenn Sie richtig gute Schauspieler hätten, würden Sie es dann auch so machen? Natürlich, sagte ich, noch eher. Die Bemerkung war typisch für viele: Er hatte nicht begriffen, daß man so Theater machen konnte – überall wuselnde Menschen und eine Mischung aus Horror, Witz, Tragödie und Psychologie. Natürlich beherrschte ich es auch noch nicht richtig, aber es war in Deutschland unbekannt. Entweder eine Tragödie oder eine Komödie, eine Mischung gab es nicht.

In einem neuen, nächsten Stück, O'Caseys *Shadow of a Gunman* (*Der Rebell, der keiner war*), war das Problem noch akuter. Ein Mann liegt in einem vergammelten Boardinghouse in Dublin den ganzen Tag im Bett, muß doch wohl ein IRA-Terrorist sein, weil er so ein mysteriöser Mensch ist. Er ist aber »nur« ein Dichter: Er liegt nur da und liest. Aber langsam kriegt er diese geheimnisvolle

Aura, und das ganze Mietshaus fängt an, ihn wie einen Guru zu behandeln. Alle kommen mit ihren Problemen usw. Dann kommt wirklich die Revolution ins Haus, es gibt eine Razzia, und ein Mädchen, das nur zufällig dort war, kommt um, und alle kriegen mit, daß der Mann nur ein ganz normaler Gammler war. Auch das ein Thema, das mich ständig beschäftigte. Das Thema des nichtkämpfenden Menschen und wie er von anderen gesehen wird: als Feigling, als Held, als Märtyrer. Ich habe mich damals mit Davoren, der Hauptfigur, identifiziert, weil auch ich mich immer als nichtkämpfenden Menschen sah. Norbert Kappen spielte die Rolle des Rebellen, Helmut Erfurth und Elisabeth Orth die beiden anderen Hauptrollen. Eine wunderbare Besetzung. O'Casey ist ja noch penetranter als Shakespeare, was die Wechsel zwischen den Stimmungslagen betrifft: von einer Sekunde zur nächsten wird umgeschaltet von der Tragödie zum Schwank und umgekehrt. Das Publikum kam überhaupt nicht mit und war sauer und böse. Wir gingen mit dem Stück sogar noch auf Tournee, wo es dann noch schlimmer war, denn wir spielten es für Bauern auf dem Land, und die wußten nun überhaupt nicht mehr, was ihnen passierte.

Eine aufregende Zeit. Ich inszenierte am laufenden Band, auch zum ersten Mal ein Musical. Ich hatte immer ein Musical inszenieren wollen. In England kam ich nicht ran, und in Deutschland gab es keine Musicals, nur Operetten.

Wir machten in Ulm ein amerikanisches Musical *Wo ist Charley?* nach *Charley's Tante*, und das auf einer Bühne, die sechs oder acht Meter breit war und fünf Meter tief. Dazu nicht die geringste Technik. Und trotzdem machten wir 20 Bilder, mit Ballett, ein ganz großes Musical. Wir holten uns Tänzer aus London und einen englischen Choreographen, Lovis Conrad. Hübner war adventurelustig, »jetzt machen wir eben ein Musical«. Es war ein riesiger Erfolg. Helmut Erfurth, der den Charley spielte, wurde langsam der Komiker des Hauses, und er war wirklich ein großer Volkskomiker.

Als ich ihm an einer Stelle sagte: Hier muß das Publikum mit dir mitsingen, wurde er blaß und sagte: Bist du wahnsinnig, das macht kein deutsches Publikum. In der englischen Music Hall Tradition war es üblich, auch im Kino, wo in der Pause die Kinoorgel Songs spielte, die jeder kannte. Dazu kam auf der Leinwand der Text, und das Publikum sang mit. So etwas hat natürlich eine enorme Wirkung auf das Verhältnis von Publikum und Stück. Es muß einem nur gelingen, das heißt, wenn man es versucht und die Leute sich weigern mitzusingen, dann hat man das Publikum ganz verloren. Deswegen sagte Helmut Erfurth: Was passiert, um Gottes willen, wenn sie nicht mitsingen? Ich sagte, sie werden es tun, und dann habe ich ihm eine Kreissäge gegeben, einen flachen Strohhut, wie man ihn in den 20er Jahren trug, und zu ihm gesagt: Du erzählst dem Publikum, ich singe das jetzt, und dann singt ihr es mit. Und wenn sie sich weigern, sagst du: Also gut, wenn ihr mitsingt, dann esse ich diesen Hut. Damit kannst du es riskieren. Es klappte, die Leute wollten es sehen. Der Hut war aus Biskuit gemacht, er sah aber perfekt wie ein Hut aus. Das Publikum sang mit, und er hat jeden Abend seinen Hut gegessen. Das Mitsingen habe ich später noch häufiger provoziert, auch bei Shakespeare, in dessen Stücken es ja immer Figuren gibt – in *Maß für Maß* ist es der Lucio –, die sozusagen der Vermittler oder Conférencier zwischen Publikum, Schauspieler und Stück sind, also der »man of the people«, mit dem sich jeder identifizieren kann und der das Publikum anspricht. Ganz abgesehen davon, daß viele Shakespeare-Figuren sich oft an das Publikum wenden und die Ereignisse kommentieren. Das wurde damals in Deutschland alles nicht inszeniert. Man guckte etwas verschämt zur Seite und sagte seinen Monolog auf. Einen Monolog, der wirklich zum Publikum hin gesprochen war – wie zum Beispiel in *Henry V.*, hatte ich bis dahin im deutschen Theater nirgendwo gesehen. Ich kann mir nicht vorstellen, wie man es anders machen kann. Er steht ja alleine auf der Bühne und erzählt einfach dem Publikum, was vorher passiert ist und nun passiert. Brecht hat das für sein episches Theater übernommen.

In der Zeit, in der meine Frau Gitta noch in Ulm war, bekam ich das Angebot, in Stuttgart Anouilhs *General Quixotte* zu inszenieren. Ich nahm es auch sofort an und fuhr mit Kindern, Frau, Koffern und allem in meinem Wagen nach Stuttgart. Dann hausten wir dort, und ich fing an zu arbeiten. Ich arbeitete mit einem berühmten Schauspieler, ein sehr deutscher Großschauspieler namens Paul Hoffmann. Er spielte die Hauptrolle und fing nach ein paar Proben an mitzuinszenieren. Das hat mir nicht gepaßt, jetzt ging ich zum Intendanten und sagte, wissen Sie, Herr Schäfer, entweder ich inszeniere das oder Herr Hoffmann inszeniert das, mir ist das egal. Daraufhin sagte der Schäfer, der ein alter schwäbischer Gauner und ein toller Intendant war, na, dann soll es bitte Herr Hoffmann inszenieren. Und ich, ja, dann zahlen Sie mir bitte meine Gage und ich gehe, und er zahlte mir meine Gage aus, und dann fuhr ich mit Gitta und den Kindern mit dem Auto nach Posi-

Gitta in Positano

tano in Italien. Und dort lebten wir sechs Monate von dem Geld, das ich nicht verdient hatte. Zusammen mit meinem Vater, der gerade verwitwet war. Meine Mutter war kurz zuvor, am 4. Juni 1959, gestorben. Diese Reise war seine erste Möglichkeit, wieder zu sich, zum Leben zu kommen. Und es war wunderbar in Positano, ganz wunderbar.

In der Zeit bekam ich mein erstes deutsches Filmangebot.

Ich sollte für die Bavaria *Die Dame in der schwarzen Robe*, einen Krimi mit Margot Trooger nach einem englischen Roman drehen, so daß ich regelmäßig meine Familie in Positano ließ – was mir sehr angenehm war, obwohl wir eine ganz schöne Zeit hatten – und immer mit dem Auto zwischen Positano und München hin- und herfuhr. Auch das machte Spaß – ich fuhr schon damals sehr gerne Auto. Wilfried Minks sollte das Bild für *Die Dame in der*

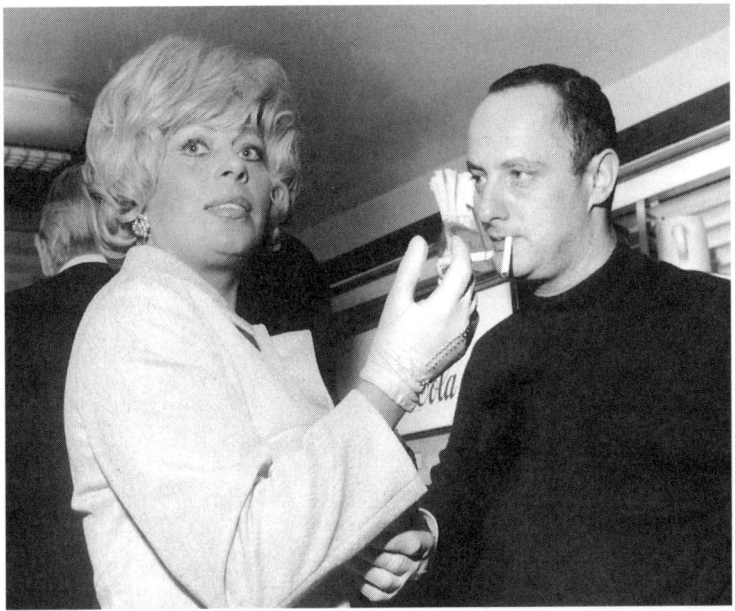

Mit Margot Trooger bei Dreharbeiten für *Dame in der schwarzen Robe*

schwarzen Robe machen, und da er noch nie etwas mit Film zu tun
gehabt hatte, haben wir uns einfach irgend etwas ausgedacht und
die Ateliers mit Riesenfilmbauten vollgestellt – alles völlig falsch,
weil wir keine Ahnung hatten. Wir waren sogar nach England gefahren, hatten uns die Originalbauten angesehen und sie dann
nachgebaut. Als wir anfingen zu drehen, zog ich mit der Familie und
meinem Vater von Positano in die Nähe von München in eine große
Waldgaststätte. Die Überraschung war mein Vater: Er hatte immer
gesagt, nie wieder nach Deutschland, nie nach Deutschland. Er hatte Italien unheimlich genossen und dort auch angefangen zu malen.
Und nun war er zum ersten Mal hier. Innerhalb von zwei Tagen saß
er da, umgeben von irgendwelchen älteren bayerischen Herren,
und diskutierte und redete mit denen und fühlte sich wohl. Komischerweise dieselbe Reaktion, die ich drei Jahre zuvor gehabt
hatte – er wirkte wie erlöst und war glücklich in diesem komischen
Bayern. Sie fanden ihn äußerst sympathisch, er hatte keinerlei Ressentiments und erzählte den komischen Bayern mit ihren Hütchen
und Gamsbärten über England und die Inflation. Und sie tranken
Bierchen mit ihm. Es war rührend und ganz toll für ihn, muß ich sagen. In der Zeit fuhr ich mit ihm auch im Auto nach Berlin. Er wollte
sehen, was aus seiner Stadt geworden war. Das allerdings war eine
furchtbare Enttäuschung für ihn. Wir fuhren den Kudamm runter,
und er guckte immer und sagte, und wo sind wir jetzt? Ich sagte, das
ist der Kudamm, den kennst du doch. Und dann sagte er, nein, das
kann nicht der Kudamm sein, da waren doch immer Bäume. Da
sind ja jetzt nur Autos. Er erzählte ständig, wie es ausgesehen hatte.
Berlin hat ihn schockiert.

Meine Mutter war sehr bald, nachdem ich aus London abgehauen
war, gestorben. Ich fürchte, daß mein Weggang etwas damit zu tun
hatte. Sie hatte viele Krebsoperationen hinter sich, und es war
schon vorauszusehen, daß es nicht mehr lange gehen konnte. Sie
wurde auch nach Hause geschickt, weil die Ärzte nicht mehr helfen konnten. Mein Vater hat sich von morgens bis abends um sie

gekümmert. Das ganze Hause wurde umorganisiert, alles spielte sich nur noch in einem Zimmer ab, unten im Salon, wo sie gebettet lag. Und mein Vater trug sie überall hin. Sie konnte auch nicht mehr gehen, wurde immer kleiner und war zum Schluß völlig auf sich konzentriert.

Ich hatte kein schlechtes Gewissen, als ich nach Deutschland ging und sie in dem Zustand zurückließ. Ich hatte ein komisches Verhältnis zu meiner Mutter. Ich liebte sie sehr, und trotzdem hat mich ihr Tod nicht sehr berührt. Mein Vater wollte mich immer dazu animieren, sie noch einmal zu besuchen – vielleicht ist es das letzte Mal, daß du sie siehst, meinte er –, aber ich wollte davon nichts wissen. Sie war seit 1938 krank, und während ihrer vielen Operationen, das weiß ich noch, lag ich nachts oft wach und stellte mir vor, wie sie sich jetzt fühlen müßte und wie schrecklich es für sie sein müßte, alleine zu sein und Angst zu haben. Dabei war sie nie deprimiert. Ein schlechtes Gewissen hatte ich nur, als sie zum ersten Mal ins Krankenhaus gekommen und ich zu spät aus der Schule zurückgekehrt war. Sie lag niemals allein, immer mit anderen, manchmal sechs anderen Frauen, was sehr gut für sie war, weil sie den ganzen Laden wieder einmal schmiß, die anderen amüsierte und ihnen Bücher besorgte. Sie war immer guter Laune, außer ganz am Ende, da lag sie nur noch da. Ich glaube, sie hat nicht akzeptiert, daß sie sterben mußte. Und was wird nun? Was soll nun werden? fragte sie immer wieder. Sie starb dann im Krankenhaus, nach einer Woche. Ich besuchte sie dann doch noch einmal, als sie schon im Koma lag. Als sie gestorben war, lief mein Vater nur herum und sagte, er hätte ihr nicht mehr good bye sagen können, weil er zu spät ins Krankenhaus gekommen wäre. Sie hatten ihn angerufen, und er kam zu spät. Er konnte ihr nicht mehr good bye sagen. Er erzählte, daß sich die Krankenschwestern um ihn gestellt und zu ihm gesagt hätten, so, Herr Zadek, jetzt müssen Sie sich mal um sich kümmern. Zehn Minuten, nachdem meine Mutter gestorben war. Dabei hatten sie recht, und es war auch sehr englisch. Really, you have to look after yourself. Diese

Wanderungen zum Krankenhaus bestimmten über Jahre unser Leben. Nach dem Krieg, als ich zuerst noch zu Hause wohnte, und dann auch später, als ich in der Stadt lebte. Immer, wenn meine Mutter ins Krankenhaus kam, war mein Vater auf dem Weg. Entweder gerade ins Krankenhaus oder vom Krankenhaus. Als Junge ging ich gerne zu ihr, weil sie immer Kinderbücher und Micky-Maus-Hefte dahatte, die ich dann lesen durfte. Aber später wurde es furchtbar, weil es meinen Vater immer mehr zerrüttete. Und als sie tot war, dachten wir alle, mein Vater würde nun in sechs Monaten auch sterben. Dann passierte aber etwas Kurioses: er weigerte sich, zum Begräbnis zu gehen. Ich dachte, na ja, das ist, weil es ihn so fertigmacht. Als Gitta, die Kinder und ich dann in Positano saßen, rief er plötzlich an und sagte, ich bin um soundsoviel Uhr am Flughafen von Neapel. Ich sagte: »Was, Moment!« Er: »Ich habe mir eine Flugkarte nach Neapel gekauft. Ihr seid doch in Positano. Und der nächste Flughafen ist Neapel. Hol mich bitte ab.« Ich fuhr also nach Neapel, und da kam mein Vater aus dem Flugzeug und hatte sich entschlossen weiterzuleben, und wie. Er fing an zu malen, mit 80. Er saß da von morgens bis abends und malte Bilder, ging spazieren und war wie neu erwacht.

Von München fuhr er erst mal wieder nach England, und wir kehrten nach Ulm zurück. Aber in Kitzbühel tauchte er auch wieder auf. Wichtig war, daß er zu dieser Zeit, also 15 Jahre nach dem Krieg, endlich seine Wiedergutmachung bekommen hatte. Er sagte immer, wie schade, erst jetzt kann ich mir alles leisten, und Susi hat nichts davon. Millionär wurde er nicht davon, vielleicht bekam er zehn Pfund im Monat, für ihn eine ungeheure Summe. Aber er konnte davon leben. Ein Glück, daß er es überhaupt noch bekommen hat. Leo Lehman hatte damals ein sehr gutes Fernsehspiel über eine Frau, die sich weigert, Wiedergutmachung anzunehmen, geschrieben. Ich weiß noch, daß wir ewig darüber diskutierten, weil er natürlich der Meinung war, daß man den Holocaust mit Geld nicht wiedergutmachen kann. Und man den

Deutschen nicht helfen dürfte, ihr Gewissen zu beruhigen. Aber auf der anderen Seite, ich fand es wichtiger, muß ich ehrlich sagen, daß die Leute, denen es schlecht ging, Geld bekamen. Ob es irgend jemandem dazu diente, sein Gewissen zu beruhigen, fand ich eigentlich weniger wichtig. Für meinen Vater bedeutete es, daß er reisen konnte. Und das wollte er. Und seitdem tauchte er überall, wo ich inszenierte, auf. Es gab dann immer den Anruf oder das Telegramm, please collect me from the airport arriving on Air France, your Dad. Später hat er auch, nachdem ich von Gitta getrennt war, die Kinder häufig nach Bremen gebracht und blieb dann auch dort, und meine damalige Freundin Beate spielte die Ersatzmutter. Wir machten in Holland Ferien am Meer, und dann schickten wir ihn und die Kinder wieder nach Hause ...

Mein Vater wurde 89, und bis dahin war er fit und hatte keinerlei gesundheitliche Probleme. Er konnte noch alles, war auch noch kräftig, er schleppte sein Luggage, kaufte sich Sachen und war lustig.

Bei einer unserer Reisen durch Italien waren wir in Viterbo. Wir saßen in einem Café und tranken einen Espresso – da drehte ich mich um, und mein Vater war weg. Ich dachte, er sei auf die Toilette gegangen und käme gleich wieder. Wir warteten. Es wurde später und später, und dann wurde es Abend. Wir suchten ihn, und er war weg. Bei einem so alten Herrn denkt man schon so manches. Er hatte sich Viterbo, die schöne mittelalterliche Stadt, angesehen. Als er wieder auftauchte, sagte er: »Ach, mein Gott, bin ein bißchen müde jetzt, muß mich ein bißchen hinsetzen.« Und so wars. Und so war er, bis er starb. Er starb erst zehn Jahre nach meiner Mutter. Dabei hätte er gar nicht zu sterben brauchen, er hatte irgendeine kleine, relativ harmlose Lungenentzündung, ging ins Krankenhaus – ich war nicht da, Gitta kümmerte sich um ihn in London –, und dann rief ich noch den Arzt an und fragte, was ist denn, und der sagt, ach, übermorgen schicken wir ihn nach Hause. Und zwei Tage später war er tot, wegen einer Embolie.

Mit Sohn Simon

Michele, meine Tochter

Paul vor unserem Haus 90, Hampstead Way

Trotz all dieser Tragödien ging es mir sehr gut. Ich war verliebt.

Als Gitta und die Kinder noch bei mir in Ulm waren, fuhren wir einmal nach Kitzbühel zum Skifahren und mieteten ein kleines Haus. Gitta lief sehr gerne Ski. Ich dachte, ein Glück, und gab den Rest des Geldes, das wir besaßen, für Skier aus. Sie blieb mit den Kindern noch da, als ich zurück nach Ulm mußte, um zu arbeiten. Ich besuchte sie dann immer wieder, und ich glaube, sie war in Kitzbühel glücklich. Wilfried, seine Frau Röschen und die beiden Söhne kamen oft zu Besuch. Ich sehe Wilfried noch – ein Nichtski-fahrer – auf den gefährlichsten Pisten Schußfahren. Erstaunlicher-weise brach er sich nie etwas, während seine zwei kleinen Söhne uns, ihn und seine sehr liebenswerte Frau terrorisierten. Wir mußten die Zwillinge in unserem Häuschen öfters in einem Zim-mer einschließen und Schränke vor die Tür rücken, um vor ihnen sicher zu sein. Heute sind sie zwei angesehene Berliner Ärzte.

Ich hatte mich in Ulm in eine 16jährige Schauspielerin verliebt, die damals Beate Richard hieß und später Judy Winter und mir für die Jessica im *Kaufmann von Venedig* vorsprach. Sie hatte ganz lange Beine und war sexy, und ich war völlig vernarrt in sie. Da fuhr ich eines Tages wieder rauf nach Kitzbühel und sagte Gitta, daß unsere Ehe aufhören müsse. Wir redeten die ganze Nacht, sie ist eine Frau, die sehr viel Selbstbeherrschung hat, und wir einig-ten uns darauf, daß sie mit den Kindern nach England zurückfah-ren und ich jetzt sofort verschwinden würde. Und dann habe ich meine Koffer genommen, habe alles in meinen weißen Ford Cabriolet mit dem roten Verdeck gepackt und habe erleichtert durchgeatmet. Ich war erst mal meine Familie los und fuhr zurück nach Ulm. Meine Kinder erinnern sich an diese Situation noch sehr genau, ein traumatisches Erlebnis für sie.

Ich habe mit Beate auch etwas nachgeholt – denn ich war noch nie in so ein schönes, sehr erotisches junges Mädchen verliebt gewesen. Es waren immer Jüdinnen gewesen. Und nun ein deut-sches Mädchen, richtig halbstark, 16 Jahre alt, blond, groß, keß, das schon einiges hinter sich hatte. Und auch sie war wahnsinnig verliebt in mich. Später war sie eine Zeitlang als Schauspielerin in Trier engagiert, wo ich sie an Wochenenden besuchte. Ich erinnere mich an abenteuerliche Reisen durch die Eifel, durch den Schnee, und in Trier mußten wir dann Versteckspiele veranstalten, weil Trier sehr katholisch war und man unverheiratet kein Hotelzimmer bekam. Wir gingen tanzen, ich fühlte mich zehn Jahre jünger. Beates Vater war Major gewesen, ein rasanter Antisemit und alter Nazi. Als er von mir hörte, ging natürlich der Ballon hoch, er schickte die Polizei, weil sie erst 16 war. Glücklicherweise war Beate gerade nicht da. Mit ihr war ich bis Mitte der 60er Jahre zusammen.

BRENDAN BEHANS DIE GEISEL

In Ulm schien alles zum ersten Mal stattzufinden. Zum ersten Mal wirklich Shakespeare, zum ersten Mal ein Musical, zum ersten Mal O'Casey. Und nach O'Casey Brendan Behans *Geisel*, was erst recht zum ersten Mal war, denn die anderen Stücke hat man sicherlich auch woanders sehen können, *Die Geisel* aber hatte ich für Deutschland entdeckt und, wie gesagt, als Scout bereits zu Kiepenheuer & Witsch gebracht. Ich hatte *Die Geisel* von Joan Littlewood in London gesehen, eine fulminante Inszenierung mit viel irischer Folklore, die mich nur am Rande interessierte. Ich hatte eine ganz andere Vorstellung für das Stück in Deutschland. *Die Geisel* war unter anderem bisher nicht gespielt worden, weil sie für die Zeit absolut schockierend war. Es spielte im Puff mit halbnackten Mädchen und Transvestiten, und es wurde vom Ficken geredet. Ein Schmuddelstück. Und kein Theater wollte es riskieren. Ich zeigte es Kurt Hübner, er guckte etwas komisch – er wußte natürlich, was auf ihn zukam. Und mit seiner üblichen Courage sagte er mir, es muß wohl sein. Es gab eine schrecklich literarische Übersetzung von Heinrich Böll, so daß ich mich erst einmal hinsetzte und das Stück neu übersetzte. So hatte ich auch meinen ersten Konflikt mit meinem Theaterverlag, denn Heinrich Böll war berühmt, und er kannte Irland. Aber er verstand nichts von Theater. Und weil die Songs besonders schrecklich übersetzt waren, erinnerte ich mich an meinen Freund Karl Wesseler aus Köln, der Klavier spielte und improvisierte und ständig aus Spaß Couplets erfand. Ich dachte, mit ihm könnte ich es vielleicht mal versuchen. Ich lebte damals mit Beate in einem winzigen Zimmer in einem kleinen Hotel in der Nähe des Bahnhofs, an dem andauernd die Züge vorbeifuhren. Und da saß ich nun mit Charly Wesseler auf dem Boden, Beate lag im Bett, und wir erfanden und sangen diese absurden Lieder, ganz skurrile, böse, witzige Lieder, die es ja heute noch gibt und die immer noch benutzt werden.

Die ganze Situation in Ulm hatte etwas unvergleichlich Frisches, Offenes. Das Theater war im Kommen. Wir hatten die ersten großen Erfolge gehabt, und jetzt sagten wir: So, und jetzt kommt der große Knall. *Die Geisel* war Ende der 50er, Anfang der 60er Jahre, als alles am Brodeln war, ein Aufruf zum Aufruhr, zur Rebellion gegen das Establishment, gegen den Faschismus, gegen alles. Gegen Disziplin, gegen Autorität, ein Rundumschlag der Jugend. Es ist ganz egal, ob man bei Jugend jetzt an 19jährige oder 40jährige oder 70jährige denkt, es war eben so. Und so empfanden wir es auch. Die Nummern, die wir eingebaut hatten und die gar nicht im Text enthalten waren, waren reines Agitprop-Theater, ganz gezielte aggressive Kabarettnummern, die sich auf politische Ereignisse der Zeit bezogen. Teilweise anarchische Komik im Stil der Goon Show und dem später bekannt gewordenen Monty Python.

Das Thema der *Geisel* ist die Toleranz. Mich faszinierte aber auch das Anarchische, es ist ein Stück, das wirklich nur aus Zerreißproben und Absurditäten besteht, eine Kleinfassung des Chaos der ganzen Welt. So empfand ich das Stück damals. Es hatte für mich, muß ich ehrlich sagen, mit Irland wenig zu tun, sicherlich auch, weil ich noch nie in Irland gewesen war. Ich interes-

sierte mich für die Probleme der IRA überhaupt nicht, und das
Problem des Terrorismus war erst recht nicht mein Problem. Das
Geniale der Handlung ist, daß nach dem ganzen Hin und Her der
englische Soldat, die Geisel der IRA, der in dem Bordell versteckt
wird, durch Zufall erschossen wird. Das war für mich der Genie-
streich des Stücks, und das finde ich heute noch. Drei Stunden
über Krieg und Geiselnehmen und tausend andere Sachen, dann
die Razzia, das Licht geht aus, das Licht geht wieder an, und da
liegt der Junge tot da, und niemand weiß, wie es passiert ist.
Irgend jemand hat zufällig in die Gegend geschossen, und da war
er tot. Genauso sah ich den Krieg, sehe ich ihn heute noch. Krieg
ist Mord. Soldaten sind Mörder.

Ich hatte wieder eine wunderbare Besetzung: Erfurth und
Katharina Tüschen für die beiden Alten. Ich erinnere mich noch –
der alte Pat, der Wirt, sitzt ja fast das ganze Stück hindurch einfach
auf der Bühne, manchmal redet er, manchmal auch nicht, und Helmut Erfurth, der ein sehr deutscher Schauspieler war, hatte damit
große Schwierigkeiten. Deutsche müssen immer etwas sagen.
Wenn deutsche Schauspieler nichts sagen, dann sterben sie auf
der Bühne. Obwohl Erfurth schon nicht mehr ganz so war, er war
immerhin ein lustiger Operetten-Buffo, hatte er trotzdem große
Schwierigkeiten. Eines Tages gab ich ihm deswegen einen Kasten
in die Hand. Der Kasten hatte lauter Löcher an den Seiten und
war oben offen. Ich habe ihm das Ding gegeben, und er guckte es
sich an. Es war nichts drin in dem Kasten, und er fragte mich:
»Was soll ich denn damit machen?« – »Ja«, sagte ich, »da hast du
dieses komische Tier drin.« Er: »Das komische Tier, welches
Tier?« »Ja«, sagte ich, »da ist ein Tier drin, siehst du es nicht?« Da
guckt er so rein und sagt: »Also, ich sehe es wirklich nicht, Peter.«
Ich: »Dann guck doch mal länger rein.« Und das Ding mit den
Löchern wurde nun sein Thema für den ganzen Abend. Er be-
schäftigte sich laufend mit dem nicht existierenden Tier in dem
Kästchen, und damit fand er einen Weg, die Rolle zu spielen. Das
Wahnsinnige und Absurde der ganzen Kriegssituation kam

plötzlich in dem alten Mann zum Ausdruck, der andauernd mit dem Dingsda spielte. Das Publikum hat es natürlich auch nicht begriffen. Aber er war damit beschäftigt, und einige Zuschauer guckten – was ist das denn? Allerdings war so viel auf der Bühne los, daß die meisten es gar nicht mitbekamen. Der Mann war aber nun andauernd beschäftigt, er lebte.

Direktes politisches Kabarett hat mich nie interessiert. Es gab immer mal wieder irgendwelche Bemerkungen im Stück, Witze über den amerikanischen Präsidenten zum Beispiel, die wir in die *Geisel* einbauten, aber es war kein vordergründig politisches Kabarett. Es war verrückt, anarchisch, und das war viel schockierender für das Publikum. Wir spielten mit der Sprache, und Spiele mit der Sprache schockieren das deutsche Publikum am meisten. In meiner Bremer *Maß für Maß*-Inszenierung zum Beispiel (1967) gibt es eine Szene, in der sich Bruno Ganz als Angelo und Werner Rehm als Minister streiten. Sie stehen auf einem Stuhl und gackern sich gegenseitig an wie zwei Hähne. Das hört sich heute harmlos an – damals genügte es, um laute Proteste vom Publikum zu provozieren. Es schockierte die Leute viel mehr, als wenn nackte Frauen auf der Bühne herumstanden. Die Verhunzung der deutschen Sprache, fand ich damals heraus, war etwas, das die deutschen Zuschauer wirklich traf – wenn man Wörter »falsch« oder in ungewöhnlichem Kontext benutzte zum Beispiel. Ich tue es bis heute, um den Zuschauer wachzuhalten. Heute übersetze ich ja Tschechow oder Shakespeare selber oder mit Elisabeth Plessen. Wobei Elisabeth eine sehr schöne, fast klassische Sprache, ein ungeheuer reines Sprachgefühl hat. Da kommt dann immer wieder mal von mir ein Jargonausdruck oder eine Wendung dazwischen, die diese hohe Sprache runterzieht, manchmal gar nicht auf so eine brutale Weise, es läßt sich auch raffiniert und fein machen. Aber der Zuschauer soll sich in Sprache nicht wie in Musik verlieren. Das galt eben auch für die Ulmer *Geisel* 1961: Ich mag Zuschauer nicht in eine Situation bringen, in der sie wissen, was kommt, und auf die sie sich einstellen können. Ich finde, in dem Sinne muß das Theater wie das Leben sein, das ja auch andauernd erstaunlich ist. Da die meisten Menschen das Leben aber lieber nicht andauernd so erstaunlich sehen wollen, wie es eigentlich ist, spiele ich ihnen gerne die Erstaunlichkeiten dieses Lebens auf der Bühne vor. Auch privat interessiert mich am meisten, wenn etwas Neues passiert. Wenn ich in ein Zimmer komme und erwarte, daß Sie da sitzen, und plötzlich sitzt da ein hübsches Mädchen oder ein Hund – ein wunderbarer Moment. Es passiert einem doch dauernd, wenn man es nicht bewußt vermeidet. Im Leben ist immer alles neu, nur auf der Bühne, damals in Deutschland, war es das nicht. Das deutsche Theater tendiert immer wieder dazu, sich mit Stil und Stilisierung schon im ersten Moment festzulegen, so daß du ganz sicher bist, der ganze Abend wird so und so laufen. Wenn ich eine Stilisierung mitkriege und spüre, die wird den Abend lang durchgehalten, langweilt mich das. Wilfried Minks hat das damals in Ulm begriffen, und er fand es auch richtig, was ich da machte. Es berührte seine Art zu arbeiten zuerst mal gar nicht, denn die Kombination aus der sehr soliden, harmonischen Form, die er mir baute, und dem andauernd Neuen und Unerwarteten, das auf der Bühne passierte, war natürlich wunderbar, weil dadurch das ständig Neue und Unerwartete der Ereignisse noch mehr herausgestellt wurde.

Das Unerwartetste ereignete sich bei der Premiere der *Geisel* nicht einmal über die Inszenierung, sondern durch die Technik. Während die Vorstellung noch lief, waren wir schon sehr begeistert, muß ich zugeben. Hübner und Wehmeier und ich standen in der Loge – es gab eine kleine Loge – und freuten uns über den Erfolg. Die Leute genossen das verrückte Spiel, waren auch mal schockiert, aber grundsätzlich hat das Publikum es gefressen, trotz einzelner Zwischenrufe nach Sauberkeit. Dann plötzlich, bei der letzten Szene – die Razzia –, war Rauch auf der Bühne. Der Requisiteur hatte nicht darüber nachgedacht, daß Rauch durch Wärme in den Zuschauerraum gezogen wird. Er hatte es bei der Premiere extra gutgemeint und noch ein bißchen extra Rauch auf die Bühne gelassen, so daß innerhalb von Sekunden der gesamte Zuschauerraum eingenebelt war und eine Panik ausbrach. Die Leute waren so erregt durch das Stück, gegen das Stück oder für das Stück, jedenfalls in einem solchen Zustand von Verwirrung, daß sie jetzt dachten, das Nächste wäre ein terroristischer Überfall. Sie rasten also raus und pfiffen und buhten. Unter anderem saß Friedrich Luft im Publikum, der auch das Theater verließ und den fauchenden Leuten draußen sagte, daß die Inszenierung wunderbar gewesen wäre. Er kam gerade noch zu seinem Auto, ohne von den Ulmern verprügelt zu werden. Diese Aufführung war *aktives* Theater. Sie sprang (nicht nur durch den Raum) in den Zuschauerraum, ins Leben über. Das Publikum und die vielen Menschen, die diese Aufführung über die Jahre hin sahen, merkten, daß *sie* gemeint waren, daß da *ihre* Geschichte erzählt wird. (Siehe die Zeitungskritik von Kurt Fried im Anhang, S. 489)

Wir wurden 1962 mit der Inszenierung zum Theatertreffen nach Berlin eingeladen. Ein Dreivierteljahr nach dem Mauerbau. Das Publikum in Berlin hat *Die Geisel* als Demonstrationsobjekt genutzt, und es wurde eine Stunde lang applaudiert. Für Toleranz und gegen militärische Gewalt, gegen all das, was die Berliner in dem Moment beschäftigte. Es waren nicht nur Berliner da. Beim Theatertreffen spielte man ja vor einem großen deutschen Publikum. Am Ende standen wir auf der Bühne und wußten nicht, wie es weitergeht. Die Leute standen eine Stunde lang da und wollten uns nicht gehen lassen. Irgendwann setzten wir uns auf den Boden und machten alles, um es abzubrechen. Aber es hörte nicht auf. Ich habe so was nie wieder in meinem Leben erlebt. Es war eben nicht nur eine Demonstration für das Stück, es war eben eine Demonstration für etwas anderes, gegen etwas und für etwas. Es war eine Art Befreiung, als ob wir die tiefsten Gefühle der Menschen intuitiv geahnt hätten. Nicht ausgedacht. Wir wollten niemanden belehren. Ein Zufall? Glaube ich nicht. *Die Geisel* war ein Stück voller Trubel und Rummel, Tanzen, Krach, Schüsse, Geschrei auf der Bühne. Aber das Schönste für mich darin war die

Szene zwischen Teresa und dem Soldaten, eine zärtliche, komische Liebesszene. Es ist eine Szene, in der die beiden alleine sind, das Mädchen ist ein bißchen naiv, und der Soldat ist ein ganz simpler, forscher, junger Mann, der da nun in diesem Bordell festgehalten wird – warum soll er also nicht mal ein bißchen flirten. Damit kann er sich die Zeit vertreiben. Und dann verliebt sich das Mädchen in ihn, und er findet sie plötzlich auch bezaubernd. Und

Helmut Erfurth und Hannelore Hoger in der Bremer *Geisel*

dann ist der Knopf an ihrer Bluse abgegangen, und er näht ihr den Knopf wieder an. Dieser Moment, wo er ihr den Knopf annäht, war der schönste Moment der Aufführung. Sicherlich einer der schönsten Augenblicke, die ich je in einem Stück hergestellt habe. Die Spannung zwischen dieser Zärtlichkeit und der wilden Anarchie ist eigentlich immer die Spanne meiner Arbeit gewesen. Sie ist auch mein Weltbild. Es ist mir nicht sehr oft gelungen, so einen Moment von Zärtlichkeit herzustellen wie da mit Friedhelm Ptok und Hannelore Hoger. Dieser Moment war die Basis für viele, viele Jahre Arbeit mit Hannelore.

Sie hatte in *Maß für Maß* schon die Isabella gespielt, auch eine Figur, die für mich von großer Wichtigkeit war – dieses katastrophale, reine Mädchen –, und hier war Hannelore nun noch mal ein ganz reines Mädchen. Dabei hatte ich sie ursprünglich nicht für die Rolle besetzt, sondern Elisabeth Orth. Doch ging die Orth weg, ich glaube, sie hatte ein Engagement an den Münchener Kammerspielen, und ich besetzte die Rolle um.

ITALIEN UND DAS AUGE

Meine Sehnsucht nach Italien hat ihren Ursprung bei meiner Mutter. Ihre Abiturreise ging nach Venedig, und ich besitze heute noch eine Sammlung von Postkarten, die sie damals kaufte. Venedig war ihr Traumort. Als sie sich fast nicht mehr bewegen konnte, ist sie noch mal mit meinem Vater zusammen nach Italien gefahren, schon im Rollstuhl, aber weiter als bis nach Lugano sind sie nicht mehr gekommen. Meine erste Reise nach Italien war eher eine Panne. Ich fuhr mit Gitta in den 50er Jahren per Anhalter die Riviera herunter und stellte mit Entsetzen fest, daß man nirgends ans Meer kam, weil jedes Stückchen Ufer irgend jemandem gehörte. Wir hatten kein Geld, keinen Pfennig für irgend etwas, das einzig Schöne war, daß ich verliebt war. Das zweite Mal fuhr ich mit Beate alias Judy Winter, Wilfried Minks und Röschen, seiner Frau, Jörg Wehmeier und Katharina Tüschen – unsere ersten großen Sommerferien im Theater. Wir setzten uns alle in mein Auto, den offenen weißen Ford, und fuhren in bester Ulmer Stimmung los. Damals gab es fast noch keine Autobahnen. Man fuhr durch immer neue Landschaften, und unser erster Stop war Venedig. Die Stadt war genauso romantisch, wie ich es überall gelesen hatte. Röschen lief mit dem Baedeker herum und las die Kirchennamen vor. Ich wollte das alles überhaupt nicht hören und saß in den Cafés und ließ das erstaunliche Leben, das die Italiener sich über die Jahrhunderte geschaffen hatten, an mir vorbeiziehen. Wir lebten in einem kleinen, billigen Hotel, und es war 24 Stunden lang Krach auf der Straße. Aber ein schöner Krach. Weil es in Venedig keine Autos gab, waren es eben nur Menschenstimmen, die man hörte. Das verbinde ich auch heute noch mit Italien. Italienische Plätze mit Tausenden von Stimmen. Ich war mit meiner neuen Freundin zum ersten Mal auf Reisen. Herrlich. Durch die Toscana fuhren wir über Neapel weiter nach Süden. Neapel war beängstigend. Vor allem der Verkehr. Ich sehe mich noch mit diesem komischen englischen Wagen in die große Piazza reinfahren, um aus allen Richtungen von Autos eingekeilt zu werden. Ich blieb einfach stehen. Irgendwann landeten wir dann in einem kleinen Dorf, Santa Maria irgendwo unterhalb von Salerno. Wilfried konnte die Hitze nicht ertragen, verschwand nach dem Frühstück sofort ins Bett und kam erst raus, wenn es abends kühl wurde. Er interessierte sich nur für Kirchen und Architektur. Eines Tages zog ich mit Beate ab, weil wir allein sein wollten. Wir fanden irgendwo weiter im Norden am Meer ein verlassenes Bauernhaus, in das wir eine Matratze legten und wo es uns gutging. Ich hatte eine Harpune, um unter Wasser Fische zu schießen, und probierte die Harpune mal am Strand aus. Dabei löste sich der Draht von der Harpune und haute mir ins Auge. Es kam sofort Blut.

Das war nun blöd. In technischen Dingen bin ich ja wirklich ein Vollidiot. Daß ich überhaupt ein Auto fahren kann, ist ein

absolutes Wunder. Ich verstehe es bis heute nicht. Wenn irgend
etwas nicht funktioniert, ist es aus. Dann lasse ich es einfach stehen und gehe weg. Und so wußten wir nun auch nicht, was zu tun
war. Ich stand da, das Blut lief, und ich dachte, das Auge ist weg. Es
war nicht einmal ein Dorf in der Nähe, überhaupt nichts. Nur eine
Straße und unsere kleine Ruine von Haus. Wir gingen an die
Landstraße und warteten, ob ein Auto vorbeikäme. Es gab kein
Telefon, nichts. Als erstes kam ein Dreirad vorbei, popp, popp,
popp, ein Bäcker. Er sah sofort, was los war, und sagte: Steigen
Sie ein, ich fahre Sie nach Salerno ins nächste Krankenhaus. Das
waren hundert Kilometer. Er mußte eigentlich nur um die Ecke
und drückte nun aufs Gas, so daß er jetzt glatte 35 Stundenkilome-
ter statt dreißig fuhr. Er hielt ein weißes Handtuch aus dem Fenster, fuhr über jede Kreuzung und rote Ampel. In Salerno nahmen
sie uns sofort auf und steckten mich in einen Riesensaal, in dem
schon zwanzig Männer lagen, die Augenabteilung. Dann kam der
Arzt und untersuchte. Die achtzehnjährige Beate stand daneben
und war völlig durcheinander. Das erste Mal konnte der Arzt gar
nicht richtig untersuchen, weil das Auge in einem viel zu schlim-
men Zustand war. Ich durfte mich nicht bewegen, lag tagelang da,
und um mich herum diese vielen Männer. (Der Krankensaal
kehrt in meiner Fernseh-Inszenierung des *Pott* wieder.) Beate
saß neben mir und zitterte. Als erstes probierten wir, unsere
Freunde in ihrem Badeort zu benachrichtigen, was höchst kompliziert war, weil es kein Telefon gab. Wir waren verzweifelt. Ich
hatte furchtbare Angst, mein Auge zu verlieren. Ich war ein junger
Regisseur – das tut meiner Karriere nicht gut, dachte ich. Als Funk-
regisseur bin ich vielleicht nicht so geeignet ... Irgendwann
kamen Wehmeier und die anderen, aber es war nicht viel zu helfen, weil mir der Arzt mittlerweile erklärt hatte, daß er mir nur
Spritzen geben könnte, und dann haben sie mir jede Stunde
irgendeine Spritze gegeben. Es änderte sich aber nichts. Ich war
vollständig blind auf diesem Auge. Der Arzt war noch jung und
ehrgeizig. Mittlerweile wußte er, wer ich war, ein deutscher Jung-

regisseur mit Zukunft, Fernsehen, Film und so weiter. Die Männer neben mir waren Arbeiter. Eine ganze Gruppe von Arbeitern,
die in einer Kalkgrube einen Unfall gehabt hatten und nun alle
erblindeten. Nach ein paar Tagen holten sie einen Arzt aus Rom,
einen Spezialisten, der sich mein Auge anguckte. Auch er schüttelte nur den Kopf und sagte, das wird nichts. Wir müssen noch
ein bißchen abwarten, aber das wird nichts mehr. Dann war jeden
Nachmittag Besuchszeit. Bei jedem der Männer in den Betten
neben mir saß die gesamte Familie, mindestens acht Leute pro
Person, Kinder, Großenkel und so weiter. Es war jedesmal eine
Art Volksfest. Dabei waren die Männer wirklich schwer krank, sie
durften sich meistens gar nicht bewegen, und es wurde trotzdem
dieses Fest gefeiert. Ich konnte es nicht verstehen, aber es war
wunderbar. Nach einer Weile ging es mir doch ein bißchen besser.
Ich konnte zwar immer noch nichts sehen und ging weiterhin
davon aus, daß das Auge weg war, aber der Arzt holte mich nun
jeden Abend nach Dienstschluß sozusagen in sein privates Unter-
suchungszimmer ganz unten in den Keller und experimierte an
mir herum, um herauszufinden, was los war. Aber auch das half
nichts. So lag ich da oben, und Beate kam jeden Tag zu Besuch.
Neben mir lagen alle diese Männer, und die nicht blind waren,
blinzelten zu ihr herüber. Das war alles ganz witzig. Immer, wenn
Beate rausging, erzählte sie, ging sie durch lange Gänge, in denen
lauter Nonnen standen und beteten. Eines Tages ging sie zu dem
Arzt und fragte ihn, was sie eigentlich beteten. Der Arzt sagte: Sie
beten für das Auge Ihres Freundes. Das fanden wir beide wunderbar. Irgendwann gab es ein zweites Problem. Ich wurde langsam
so geil, daß ich nicht mehr wußte, was ich machen sollte. Beate
kam an mein Bett, und wir fummelten ein bißchen rum, aber
mehr ging ja mit den Männern da nicht. Irgendwann sagte mir der
Arzt, daß zumindest das sich nun bald ändern würde, denn langsam leerte sich der Saal, weil die Leute entlassen wurden und in
die Abteilung keine neuen Patienten hereingebracht wurden. Am
Ende war ich allein in dem Riesensaal mit zwanzig Betten,

und endlich konnten wir auch bumsen. Das hatte man so für uns organisiert. Eines Tages kam aus dem Dorf, in dem wir alle gewohnt hatten, ein junger Mann in seinem besten Anzug und sagte, er wäre vom Dorf abgesandt worden, man hätte von dem Desaster gehört, das Dorf hätte sich zusammengesetzt und beschlossen, daß mich ja irgendwann, wenn ich nach Hause wollte, wohl jemand nach Hause fahren müßte. Und das Dorf hätte entschieden, daß er es machen solle. Dazu legte er mir Geschenke und Obst ans Bett. Er hätte sich auch schon einen Paß besorgt. Es wäre alles so entschieden worden. Ich sollte ihm nur bitte die Rückreise bezahlen. Ich war gerührt und erstaunt – meine deutschen Freunde, cool und unsentimental, waren mittlerweile schon nach Hause gefahren. Ich hatte in der Zwischenzeit auch probiert, Gitta zu erreichen, die aber nur sauer reagierte, weil sie wußte, daß ich da mit einer Freundin war. Und eines Tages passierte ein Wunder: Der Arzt hatte mich wieder wie jeden Abend mit runter in den Keller genommen. Er schloß das intakte Auge und machte irgendwas mit dem verletzten – ich weiß noch, es war wie im Film, plötzlich sah ich mit dem verletzten Auge drei Streifen – die Streifen auf Beates Kleid. Ich konnte wieder sehen. Und von da an wurde es rapide besser. Aber das Auge wurde weiter abgedeckt, und auch die Spritzen gingen weiter. Ständig passierten lauter komische Sachen. Ich hatte zum Beispiel einen Krankenpfleger, der mich betreute, und weil Beate in einer billigen Pension in der Nähe wohnte, fuhr er sie auf seinem Mofa nach Hause. Eines Abends fuhr er sie irgendwo in den Wald und sagte: Komm Mädchen, laß uns ... Das gehört auch zu der Geschichte. Aber es ging gut aus. Irgendwann ging es mir dann doch besser, und ich sagte dem jungen Mann aus dem Dorf, ich könnte selber nach Hause fahren. Dann kam noch der Pay-off der ganzen Geschichte: Bevor wir losfuhren, fragte ich den Arzt, was die Behandlung kosten würde. Er sagte: Ja, wieviel haben Sie denn? Ich sagte: Nicht viel. Sie müssen mir sagen, was es kostet. Haben Sie denn schon Ihren Urlaub gehabt? fragte er. Ich sagte: Nein, es

ist gleich am Anfang der Ferien passiert. Da müssen Sie sich doch
erst erholen, sagte er, ehe Sie nach Deutschland fahren. Ich werde
Ihnen sagen, Sie nehmen das Geld, das Sie haben, und machen
erst mal Urlaub und erholen sich. Und sollten Sie irgendwann
mal Geld haben, dann schicken Sie es mir. Dann gab es noch
einen Pay-off. Es wurde ein Fest zu unserem Abschied gegeben,
und sie kochten für uns Muscheln. Nun war ich allergisch gegen
Muscheln und wußte nicht, was ich machen sollte. Ich konnte
unmöglich sagen, ich kann keine Muscheln essen. Alle wären in
Tränen ausgebrochen, also habe ich diese Muscheln gegessen. Ich
wußte, ich werde sofort krank. Wir sind ins Auto gestiegen, um
die nächste Ecke gefahren, in der nächsten Pension ausgestiegen,
und ich war drei Tage krank. Das war mein Italien-Erlebnis, das
mich für ewig mit diesem Land verbindet. Es war mein Miràcolo
di Salerno.

Jetzt kommt noch ein weiterer witziger Pay-off. Ein englischer
Pay-off. Ich fuhr nach diesem Italienausflug irgendwann nach
England und erinnere mich noch, wie ich meine Kinder zum
erstenmal sah, die große Angst gehabt hatten, weil sie dachten,
ich käme mit einem blinden Auge, das vielleicht auch noch
schrecklich aussehen würde. Ich ging zum besten Augenarzt in
England, dem Augenarzt der Königin, Mr. Trevor-Roper, und
zeigte ihm einen Zettel, auf dem stand, was sie mir in Salerno
alles gespritzt und mit mir gemacht hatten. Er sah sich das an und
lachte. Es hat Ihnen alles nichts geschadet, sagte er, nur mit der
Heilung Ihrer Verletzung hat das alles nichts zu tun. Bei einem solchen Schlag auf ein Auge gibt es nur eins: Entweder das Augen-
licht kommt irgendwann zurück oder nicht. Es kann niemand auf
der Welt irgend etwas dafür oder dagegen tun. Sie haben Glück
gehabt. Ich kann übrigens mit dem linken Auge immer noch nicht
wieder lesen. Das Eigentor mit der Harpune hat auf der Netzhaut
doch einen irreparablen Schaden zurückgelassen. Mein Leben
lang habe ich deswegen das rechte Auge gehütet wie ein Juwel
und hatte natürlich immer Angst, daß dem Auge etwas passiert.

Dieses Erlebnis hat sicher dazu beigetragen, daß ich seit vielen Jahren in Italien lebe. Ich liebe das Land und den Umgang der Menschen miteinander.

Vor zehn Jahren fuhr ich einmal auf der Autobahn nach Lucca und sah, daß am Straßenrand eine Familie stand und verzweifelt winkte. Ich hielt an und sah, daß der Mann einen Herzanfall gehabt hatte und die Familie um ihn herumstand. Bitte schnell ins Krankenhaus nach Prato, rief die Frau. Ich lud ihn ein und fuhr los. Er preßte seine Hand auf sein Herz. Ich hatte das Gefühl, daß er kurz vor einem Herzinfarkt war. Mit der anderen Hand nahm er ein weißes Taschentuch und hielt es aus dem Fenster. An der Zahlstelle der Autobahnausfahrt ließen sie uns sofort durchfahren. Ich kam nach Prato rein, kannte Prato nicht und wußte nicht, wo das Krankenhaus war. Ohne daß ich ein Wort sagte, war innerhalb von Sekunden vor uns ein Auto, das uns auf den kompliziertesten Wegen durch die Stadt winkte. In Minutenschnelle waren wir im Krankenhaus. Ich hatte permanent die Hand auf der Hupe. In solchen Situationen sind die Italiener toll. Eine Mischung aus Liebenswürdigkeit, Sensationsliebe und einem ständigen Vorbereitetsein auf den Ausnahmefall. Als wir ins Krankenhaus kamen, hatte der Mann an der Autobahnzahlstelle schon angerufen und gesagt, daß wir kommen. Zwei Ärzte erwarteten uns mit einer Bahre an der Tür und verschwanden in einer Sekunde mit dem Mann. Ich ließ mein Auto stehen und ging wie in Deutschland ins Krankenhaus-Büro, um meine Unterlagen abzugeben. Sie wußten gar nicht, was ich wollte. Ich sagte meinen Namen und ah, si, si, buona sera. Interessierte sie gar nicht, wer ich war. Ich hatte ihn nur hierhergebracht. Ich kann mir vorstellen, in Deutschland mußt du deinen Paß zeigen, dann sitzt du noch eine Dreiviertelstunde, bis jemand im Büro frei ist, die Formulare ausgefüllt sind und der Computer funktioniert. Solche Erlebnisse haben mich sehr an das Land gebunden.

Der Kaufmann von Venedig

Meine andere wichtige Inszenierung in Ulm war sicherlich *Der Kaufmann von Venedig* (1961). Es ist ein Stück, das sich durch mein ganzes Leben zieht. Ich habe es viermal inszeniert. Zum ersten Mal in England als eine Art Tourneeinszenierung mit meiner Freundin Renee Goddard als Portia, die Tournee ging durch die Midlands, subventioniert von der Macclesfield Art's Council, denke ich.

Ich habe aber keine besonderen Erinnerungen an diesen ersten Versuch, nur daß Shylock ein nichtjüdischer, englischer Schauspieler war (Jack Boyd-Brent), noch sehr jung, Ende 30, der Chef dieser Kompanie, für die ich das machte, ein sehr guter Schauspieler. Michael Mellinger, Renees späterer Mann, spielte den Morocco. Ich erinnere mich bei dieser Aufführung hauptsächlich an die Tatsache, daß sich Boyd-Brent vor jeder Vorstellung drei Stunden schminkte. In Ulm war das Stück nun ein Politikum, denn es hatte bis dato im wesentlichen nur Ernst Deutsch gegeben. Und Ernst Deutsch hat den noblen Juden Shylock gespielt, was ich damals zwar falsch fand, aber aus heutiger Sicht in der damaligen Zeit für notwendig und ganz richtig halte. Man hätte es gar nicht anders machen können. Es mußte irgendein Übergang, ein Weg gefunden werden, und daß man das Stück so schnell nach 1945 gespielt hat, war wichtiger als die Tatsache, daß Shylock dabei zu sehr der noble Jude war.

Ich besetzte Norbert Kappen als Shylock und machte den Versuch, einen Shylock auf die Bühne zu bringen, der u. a. ganz antichristlich ist. Man kann dieses Stück ja auf viele Weisen inszenieren. Man kann ein Stück über einen Kaufmann machen, in dem es um Geld geht, aber das Antichristliche war immer eine der zentralen Empfindungen von Juden gegenüber Christen – mit gutem Grund, weil die Christen sie schlecht behandelt haben. Ich erinnere mich noch genau an die großen Schwierigkeiten, die ich mit Norbert Kappen hatte, wenn er mir während der Proben sagte:

»Ja, Peter, du kannst über so was reden, aber ich bin ein Deutscher, ich kann nicht einen Juden spielen, der so ekelig und gemein ist. Ich kann einfach nicht vergessen, was in den letzten 20 Jahren hier passiert ist in Deutschland.« Ich versuchte trotzdem, ihn dahin zu bewegen. Ich weiß noch, wir hatten eine große Diskussion, weil ich Norbert sagte, er solle sich am Ende, wenn Shylock verurteilt ist und den Prozeßsaal verläßt, bekreuzigen, bevor er rausgeht. Am Ende hat er es auch gemacht. 1961 war das noch sehr provozierend. Ich hatte wieder die Schlegel-Übersetzung genommen und diesmal selbst sehr viel daran herumgearbeitet. Elisabeth Orth als Portia war eine witzige, etwas aristokratische Wienerin und bestimmte sehr den Ton der Inszenierung. Sie hatte einen wienerischen Konversationston, und der Abend war, wie es bei Shakespeare steht, eine Komödie. Damals fanden die Leute es ganz außergewöhnlich und fremd. Man warf mir natürlich damals schon Zynismus vor. Jüdischer Zyniker – das sagte man aber damals noch nicht laut.

Ich bin als Jude in Deutschland sozusagen »enemy alien« in der Fremde, und ich habe diese Situation immer mal wieder betrachtet und darüber nachgedacht. Auch bei diesem *Kaufmann*-Projekt war Hübner sicher nervös, aber er wußte, daß es wieder Spannung und Diskussion geben würde. Außerdem ist er einer der Deutschen, der die Nazizeit als Erwachsener – nicht als Nazi – miterlebt hatte und sich trotzdem für den Holocaust mitverantwortlich fühlte. Er inszenierte später den *Kaufmann* auch selbst, immer auf der Suche nach Erklärung für den Horror von Auschwitz. Minks machte wieder ein Holzbild mit vielen Leitern. Trotz Realismus arbeiteten wir auch mit Masken. Nach der Aufführung gab es wie immer eine Party, zu der auch die Kritiker kamen. (In England verschwand der Theaterkritiker sofort nach der Aufführung, um seine Kritik für die nächste Ausgabe zu schreiben. Außerdem wollen Kritiker in England – und Amerika – nicht beeinflußt erscheinen.) Die deutschen Kritiker konnten und können ein paar Tage warten und darüber nachdenken und dann zwei Seiten darüber schreiben. Die englischen Kritiker hatten 8 Zeilen, und es mußte schnell gehen. Außerdem wollte der deutsche Kritiker die Intentionen des Regisseurs von ihm selber erfahren. An diesem Abend, erinnere ich mich, war Hellmuth Karasek da, unter anderen. Er schrieb damals für die Stuttgarter Zeitung, kam auf mich zu und sagte: Das ist ja ein ganz antisemitischer *Kaufmann von Venedig*. Wie können Sie so etwas machen, Sie sind doch Jude? Ich erinnere mich sehr gut, daß ich ihm antwortete: Genau, ich kann das machen, weil ich nämlich Jude bin, deshalb kann ich es mir leisten, etwas in dieser Art in Deutschland zu sagen. Und außerdem finde ich den Philosemitismus in Deutschland unerträglich.

Solange die Deutschen nicht die schlechten Seiten von Juden aussprechen, haben sie nicht begonnen, sich mit ihrem Antisemitismus zu konfrontieren.

Später (1972) inszenierte ich den *Kaufmann* in Bochum mit Hans Mahnke, eine ganz andere Art von Aufführung, die hauptsächlich auf dem Widerspruch zwischen diesem alten dreckigen Juden und dem gütigen, christlichen Antonio basierte. Hans Mahnke war schon alt, und ich machte einen fiesen, alten Drecksack aus ihm. Mich interessierte damals auch das Alter. Wahrscheinlich, weil ich in dieser Zeit gerade 50 wurde. Wenn man 50 wird, fängt man an, über das Alter nachzudenken. Ich arbeitete damals sehr gerne mit alten Schauspielern, hatte in dieser Inszenierung noch einen anderen großen, alten Schauspieler, Günter Lüders, der den Antonio spielte, eine Rolle, die normalerweise große Schauspieler ablehnen, weil sie als schlechte Rolle gilt. Ich habe Lüders überzeugt, ihm gesagt: Du mußt es für mich tun, ich möchte die Titelrolle des Stücks wirklich einmal aufwerten und einen gläubigen, guten Christen aus diesem Mann machen, um zu sehen, was dann mit dem Stück passiert. Er hat es auch getan und ganz wunderbar gespielt, so wunderbar, daß der Shylock tatsächlich eine wirklich böse Figur wurde. Allerdings stellte ich fest, und das ist das Wunder an diesem Stück, man kann machen, was man will, Shylock bleibt am Ende der Held der Geschichte. Er

verschwindet nach dem vierten Akt, er ist ein Scheusal, er ist sarkastisch, er ist gemein, er ist fast ein Mörder, und er bleibt trotzdem der Held. Wie weit diese Sicht mit unserem Jahrhundert zu
tun hat, ist schwer zu sagen, aber wenn ich an den ersten Shylock
von John Gielgud zurückdenke, den ich 1937 als Elfjähriger mit
meinen Eltern sah – da war er ein ganz übler, ekelhafter, wider-
licher Stürmerjude, und trotzdem wurde er der Held, und zwar,
glaube ich, einfach dadurch, daß er eine ganze Welt gegen sich
hatte. Der Terrorist Carlos zum Beispiel: bei all seinen Opfern,
über die man Bescheid weiß, ist er doch in dem Moment, in dem
alle Leute nach ihm fahnden, eine Art Held. Es ist ein gutes Zeichen für den menschlichen Charakter, daß es so ist. Jeder Mensch
ist irgendwann in seinem Leben einsam und allein und hat das
Gefühl, die ganze Welt ist gegen mich.

Bei allen *Kaufmann*-Inszenierungen gab es viele Diskussionen innerhalb des Theaters, mit den Schauspielern vor allem,
und, war das Stück heraus, in der Öffentlichkeit.

Schon der Vertrag zwischen Shylock und Antonio kann vor keinem Gesetz der Welt bestehen. Es ist kein rechtmäßiger Vertrag,
sondern eine freie Erfindung von Shakespeare, die nur in einem
Märchen zulässig ist. Es gibt jedoch eine viel interessantere Diskussion, die Shakespeare ungelöst läßt: Was wäre denn passiert,
wenn man Shylock nicht gehindert hätte – hätte er Antonio umgebracht oder nicht? Ist er ein potentieller Mörder? Meine Diskussion mit Kurt Hübner, der das Stück inszeniert hat, lief immer darauf hinaus, daß er Shylock verteidigte: Man hat ihn ja so schlecht
behandelt. Da wäre doch alles gerechtfertigt. Es wäre sogar
gerechtfertigt, daß er sich noch schlimmer verhält. Ich sagte: Ich
finde, Mord ist nie gerechtfertigt. Man kann Mord erklären, aber
rechtfertigen? Ich glaube, daß Shylock es wahrscheinlich getan
hätte. So ließ ich es auch spielen. Und ich glaube, daß Shakespeare es auch so gemeint hat. In meinen Inszenierungen handelt
es sich bei Shylock um einen potentiellen Mörder – und wenn das
der Fall ist, dann handelt es sich bei Portia um eine sehr kluge und

moralische Frau, die einen Weg findet, den Mord zu verhindern, ohne daß Shylock am Ende zum Tode verurteilt wird. Es hätte auch ganz anders ausgehen können. Die Christen hätten Shylock umbringen können. Warum sollten sie denn so freundlich zu ihm sein? Es lag kein Grund vor. Er hat versucht, Antonio reinzulegen und umzubringen. Diese Diskussionen gab es immer wieder, und sie wurden sehr spannend, auch innerhalb der Proben. Ich muß hinzufügen, daß die Diskussionen nie so sentimental waren wie das letzte Mal, 1988, als ich das Stück mit Gert Voss am Burgtheater inszenierte. Die interessantesten und genauesten Diskussionen hatten wir 1972 in Bochum. Da war Günter Lüders, ein hochintelligenter Mensch, der Übersetzer Karsten Schälicke, eigentlich ein Maler, der eine wunderschöne Übersetzung gemacht hatte, und Ulli Wildgruber, der den Lanzelot Gobbo spielte und dem ich gesagt hatte: Diese Rolle ist eine der schlechtesten Komikerrollen, die Shakespeare geschrieben hat, spiel doch mal gar nicht mit, sondern schau dir an, wie wir probieren, und schreibe dir deinen eigenen Text. Das tat er auch und schrieb sich einen Text, den fast niemand verstand, weil er ihn auf eine Art Schwäbisch sprach. Er spielte einen dicken Jungen, einen Freßsack, der unendlich viele Theorien über alles hatte, eine Art endloser Variation u. a. über Antisemitismus, aber auf eine unheimlich gescheite und witzige Weise. Er wurde der Conférencier und Clown zugleich. Die Diskussion war dadurch sehr differenziert, Rechtsfragen spielten kaum eine Rolle, obwohl sie auch vorkamen, denn mein Mitarbeiter damals war Gottfried Greiffenhagen, ein Jurist.

Der Verlauf dieser Diskussionen hängt sehr vom Zufall ab, wer ist z. B. gerade bei den Proben dabei –, und es war damals, 1972 in Bochum, ein äußerst günstiger Haufen. Dazu gehörte auch, daß ich der jüdische Intendant des Theaters war, zu einem Zeitpunkt, als gerade ein neuer Antisemitismus, verkleidet als Anti-Israel-Propaganda, in Deutschland erwachte (zum großen Teil von links, übrigens), und daß an dem Theater zum Beispiel Fassbinder und ein paar andere Antisemiten arbeiteten.

Im 1988er *Kaufmann* ging es in den Diskussionen wesentlich
um die Frage der Liebe Shylocks zu seiner Tochter, um eine Familiengeschichte. Man suchte nach Entschuldigungen dafür, daß
dieser Mensch fast gemordet hätte. Dabei war es durch die Besetzung mit Gert Voss so, daß man zum ersten Mal jemanden hatte,
dem man den Mord auch zutraute, weil er von einer eisigen Kälte
war und, wie es im Theater unvermeidlich ist, man ihn noch als
Richard III. im Kopf hatte, den er kurz vorher in Claus Peymanns
Inszenierung brillant gespielt hatte. Bei Hans Mahnke, 1972, hätte
man gedacht, er schneidet sich eher selber in den Fuß oder so
etwas. Auch Norbert Kappen war so wild, aufbrausend und sentimental, daß man sich gar nicht vorstellen konnte, daß er einen
kaltblütigen Mord planen oder hinkriegen würde. Die Tatsache,
daß Kurt Waldheim österreichischer Bundespräsident war, und
meine eigene Verfassung, als ich das Stück 1988 in Angriff nahm,
hatten sicherlich mit dem scheinbar extremen Zynismus dieser
Aufführung zu tun. Auch ich war nämlich nach vier Jahren Intendanz in Hamburg bereit, gewissen Leuten jederzeit die Kehle aufzuschlitzen. Ich war so wütend, daß die Inszenierung auch ein
Ausdruck meines damaligen Befindens meiner eigenen Umgebung gegenüber war. Auch aus diesem Grund hatte ich mir Gert
Voss für den Shylock ausgesucht. Ich baute in die Inszenierung an
einer Stelle einen Witz ein: Portia verwechselt Gert Voss mit Ignaz
Kirchner, also Shylock mit Antonio, wenn sie beiden zum ersten
Mal gegenübersteht. Mit anderen Worten, Shylock könnte also
genauso Antonio sein. Überhaupt muß man ja sagen, daß Ignaz als
Shylock dem Anschein nach naheliegender gewesen wäre. Stürmer-Juden sehen wie Kirchner, nicht wie Voss aus. Aber ich nahm
den äußerst christlich-deutsch aussehenden Gert Voss mit seinen
blauen Äuglein dafür und schickte ihn als Feind und Killer in die
Welt. Das war mein Terminator ... Die Wiener Aufführung ist
eine Aufführung in zeitgenössischen Kostümen. In der Phase der
Durchläufe, in der ich nichts sage und die Schauspieler selbst ihr
Gleichgewicht finden (einer Phase, in der ich auch oft nach der

Probe nicht Kritik mache, womit ich die Schauspieler zwinge, selber über das nachzudenken, was war und was sie entwickelt haben, mittlerweile kennen sie das Stück ja so gut wie ihre Wohnung), machte ich im Wiener *Kaufmann* folgendes: Ich ließ, ohne die Schauspieler zu warnen, lauter Renaissance-Kostüme anschleppen. Als ich auf die Probe kam, war die ganze Kostümabteilung da. Kinders, heute machen wir es wie in der Shakespeare-Zeit, sagte ich. Die Schauspieler kennen mich lange und sagten, ach so, aha. Und sie hatten ihren Spaß und zogen sich an. Schwerter, Rüstungen und so weiter. Und langsam wurde es eine ganz verrückte Aufführung. Gert Voss spielte plötzlich den Shylock als einen wilden, rassistischen Juden mit langem Bart, er tanzte und schrie und machte alles, was gewissermaßen per Vereinbarung in dieser Inszenierung verboten bzw. aussortiert worden war. Nach der Probe meinten sie, vielleicht wäre es ja gut, es so aufzuführen, wie wir es gerade probiert hätten. Ich sagte, ich denke drüber nach. Am nächsten Tag hatte ich alles wieder verschwinden lassen. Trotzdem hatte sich die Aufführung verändert, denn die Schauspieler hatten plötzlich herausgefunden, daß hinter ihren Rollen auch Riesenwelten stehen, die wir nie berührt hatten. Wenn ein Schauspieler einmal etwas erlebt hat, hat er es erlebt. Und das geht in die Arbeit hinein.

Diese Inszenierung ist bisher über 150mal gespielt worden, von 1988 bis 1995, zuerst in Wien, dann am Berliner Ensemble. Am wichtigsten ist, glaube ich, die Tatsache, daß die Rolle des Juden sich umgedreht hat. Der Jude ist nicht mehr Opfer, sondern Täter. Das hatte bei mir auch ganz stark mit meinem Israel-Bild zu tun, damit, daß die Juden eben auch ganz böse, mörderische Verteidiger ihrer Angelegenheiten sind, also nicht Leute, die man in irgendwelche Züge verlädt und nach Auschwitz fährt, ohne daß sie sich wehren. Es ist eben nicht mehr das Bild, das die Deutschen über so viele Jahre von den Juden mochten – die Juden als Opfer. Mit Opfern kann man besser umgehen, man kann auch viel netter zu Opfern sein. Ich hoffe, daß ich durch diese Inszenierung ein bißchen dazu beigetragen habe, dieses Bild zu verändern, weil ich auch selbst lieber als Täter und Zyniker gesehen werde als als Opfer, vor allen Dingen, weil ich um Gottes willen niemandem leid tun will. Die äußere Vorlage für den Wiener *Kaufmann* war der Oliver-Stone-Film *Wall Street* – *der Kaufmann* ist auch ein Stück über Gier und die Auswüchse des Kapitalismus.

CYMBELINE

Nach der Ulmer *Geisel* luden mich mehrere Theater zu einer Inszenierung ein. Das Theater in Hannover bot mir an, im Opernhaus *Cymbeline* zu inszenieren, eines der wunderlichsten Stücke Shakespeares, und das Berliner Schillertheater bot mir Tankred Dorsts *Große Schmährede an der Stadtmauer* an. *Cymbeline* wurde eine absolute Pleite, weil das Stück zu dem Zeitpunkt zu schwierig und künstlich für mich war. Ich habe es damals nicht verstanden. Meine Besetzung war gut: Günter Strack, Renate Schröter, Günther Neutze, und ich mochte auch Hannover gern. Der erste Fehler war, es auf einer riesigen Opernbühne zu machen. Den Fehler, auf zu großen Bühnen zu arbeiten, habe ich seitdem nicht wiederholt. *Antonius und Cleopatra* in der Felsenreitschule in Salzburg habe ich deswegen abgesagt und es statt dessen im BE und im Theater an der Wien gemacht. Hinzu kommt, daß *Cymbeline* sehr manieristisch ist, es ist eins der ganz späten Stücke von Shakespeare. Als ich im Direktorium des BE war, wollte ich, daß Klaus Grüber es inszenierte. Ein alter Plan, weil ich das Stück an allen Theatern haben wollte, an denen ich arbeite. Grüber hatte es auch am Hamburger Schauspielhaus inszenieren sollen, als ich dort Intendant war. Beide Pläne haben sich nicht realisiert. Ich selber will *Cymbeline* nicht mehr inszenieren. Sein Manierismus liegt mir nicht. Es ist wieder so ein Stück, das ich liebe, aber nicht inszenieren kann. Etwas, das mir sehr sympathisch ist, das ich aber zugleich nicht verstehe. Es passierte in Hannover eine kuriose kleine Geschichte, die für die Zeit interessant ist. In einer Szene legt sich Imogen, die Heldin, gespielt von Renate Schröter, nachts im Wald schlafen und wacht morgens neben ihrem geköpften Liebhaber auf. Eine Shakespearesche Gruselszene. Ich inszenierte sie mit Walter Gondolf, der die Bühne und die Kostüme gemacht hatte, so, daß Imogen aufwachte – sie hatte im Schlaf den Arm auf ihren Liebhaber gelegt – und plötzlich den Arm im Hals des geköpften Liebhabers hatte. Sie schrie auf und zog etwas Komisches aus dem Körper, voller Blut, es war eine richtige Horrorszene. Bei der Generalprobe wurde Walter Gondolf, der das Bühnenbild mit mir selbst erfunden hatte, schlecht, er kotzte in den Zuschauerraum und mußte rausgebracht werden. Er hatte selbst die Technik gebaut, das Tomatenketchup besorgt, und trotzdem wurde ihm schlecht. Bei der Vorstellung gab es massive Zuschauerproteste, und es erschien ein Artikel mit der bezeichnenden Überschrift »Keine SS-Greuel hier bitte, Herr Zadek« oder so etwas Ähnliches. Ich habe später des öfteren solche Szenen inszeniert. Sie sind in Deutschland nie angekommen. In Frankreich ist so etwas ja geradezu tagesnotwendig. In England mögen sie so etwas auch. In der *Herzogin von Malfi* von John Webster, das ich 1985 am Hamburger Schauspielhaus inszenierte, machte ich den letzten Akt so, wie ihn der Text vorschreibt. Die Vergifteten winden sich auf dem Boden, die Leute stechen sich und hacken sich die Arme ab, ein fürchterliches Gemetzel. Das Publikum konnte es nicht ertragen. Besonders die Kritiker nicht, sie fanden es unfein. Erst jetzt, in den neunziger Jahren, erträgt das deutsche Gemüt so etwas auf der Bühne besser (im Leben waren die Deutschen ja nicht so zimperlich).

Im Film – in Horrorfilmen – mag ich es auch nicht, weil es mir viel zu naturalistisch ist. Doch auf der Bühne gehört es zum Spiel. Tod und Schrecken gehören wie alles andere auf der Bühne zum Spiel. Ich finde es auf der Bühne auch sehr erträglich. Eine der größten Freuden des Shakespeare-Theaters zu Shakespeares Zeit waren die Schreckensgeschichten. Das mochte das Publikum. In

Marlowes *Jude von Malta* werden 26 Nonnen auf der Bühne ermordet. Alle vergiftet. Man sieht jede einzelne sterben, und das Publikum fand das wunderbar. Wir sind da interessanterweise trotz Fernsehen empfindlich. Ich weiß nicht, womit es zu tun hat. 1968 führte meine Inszenierung von Edward Bonds *Gerettet* zu ähnlichen Protesten. Die Inszenierung bewirkte einen Riesenskandal in Berlin. (siehe S. 453)

Tankred Dorsts Die Kurve
mit Klaus Kinski

Tankred Dorst hatte ich ungefähr zur gleichen Zeit kennengelernt wie Klaus Kinski. Zwei erstaunliche Figuren, und sicherlich zwei der interessantesten im deutschen Theater der 6oer Jahre. In Ulm sah ich als erstes Stück von Tankred *Die Kurve*. Johannes Schaaf, der damals erst mein Assistent und später ein junger Regisseur am Ulmer Theater war, hatte es inszeniert. Bei der Gelegenheit lernte ich Tankred kennen. Er war eigentlich ein lustiger Student, fand ich damals, aus München, hatte eine sehr charmante Freundin, Marianne, die spätere Marianne Frisch, die Frau von Max Frisch. Beide tauchten in Ulm auf, wir unterhielten uns, und ich fand *Die Kurve* einen wirklich sehr witzigen Einakter. Ich lernte Tankred ein bißchen kennen, besuchte ihn in München. Er hatte so eine komische kleine Wohnung in Schwabing und war ganz anders als ich, weich und flapsig und heiter, nicht sehr scharf.

Er hatte eine poetische Ader, aber kühl war er dabei auch, wir mochten uns, wir hatten Spaß aneinander. Was er an mir mochte, waren meine Schärfe und meine Ironie und meine Vitalität. Er hatte eine andere Art von Vitalität. Er wartete immer ab, was passierte, und dann reagierte er, während ich zu der Zeit, und eigentlich immer noch, ein Draufgänger war/bin. Ich entscheide mich für etwas, und dann mache ich das, und da muß schon irgend etwas Furchtbares passieren, ich muß krank werden oder es muß einen Krieg geben, damit ich es unterbreche. Aber letztendlich mache ich es, und wenn es auch 10 Jahre später ist. 1961 ich bekam plötzlich ein Angebot von einem Münchener Produzenten, *Die Kurve* als Fernsehspiel zu inszenieren. Wahrscheinlich weil ich kurz vorher meinen ersten Fernsehfilm in Deutschland gedreht hatte, *Die Dame in der schwarzen Robe*, ein Krimi in der Art von Edgar Wallace, der sehr erfolgreich war. Ich las daraufhin die *Kurve* noch einmal und fand es ein tolles Stück. Das ist es immer noch, ein wunderbarer Einfall, ein Einakter über eine Kurve auf der Landstraße. Wenn ein Auto in einem bestimmten Moment, wenn die Sonne in einem bestimmten Winkel steht, um diese Kurve kommt, wird der Fahrer geblendet. Deswegen passieren an der Kurve Unfälle, und dort haben sich zwei Autohandwerker niedergelassen, die die Autos aufsammeln und die Leute, die

Arbeit mit Tankred Dorst in Sizilien

meistens tot sind, begraben und dann die Autos wieder reparieren, um sie weiterzuverkaufen. Eine wunderbar geschriebene, freche Geschichte, die schon ein paarmal sehr erfolgreich auf verschiedenen kleinen Bühnen inszeniert worden war. Nun hatte ich irgendwo etwas mit Klaus Kinski gesehen, der damals noch kein Filmstar, sondern eher eine wilde, absurde Person war, die an-

Mit Klaus Kinski und Helmut Nentwig während einer Drehpause von der *Kurve*

dauernd im Theater für Ärger sorgte und rausflog. Ich hatte ihn mitgekriegt, ich weiß nicht mehr, wie und warum, und als man mir die *Kurve* anbot, sagte ich zu, machte aber eine Bedingung: Ich möchte Klaus Kinski für die Rolle des einen Mechanikers haben – für die des Nekrophilen, der die Leute begräbt, ein Verrückter, der immer große Begräbnisnummern inszeniert und für den genau das das Interessante ist, nicht das Geld durch die reparierten Autos.

Meine Bedingung war also Klaus Kinski. Die Firma sagte: Nein. Ohne uns. Machen wir nicht. Der macht uns die Sache kaputt. Daraufhin sprach ich mit Klaus Kinski in Berlin und kam mit dem Vorschlag zu der Firma zurück: Wir schreiben in meinen Vertrag, daß ich persönlich verantwortlich bin für Klaus Kinski und alles, was sich daraus ergibt. Und ihr garantiert mir, daß, solange Klaus Kinski im Studio ist, niemand mit ihm spricht außer mir. Ich weiß nicht, wie ich darauf kam ... Die Rolle des Ministerialdirigenten besetzte ich mit Helmut Qualtinger. Und nun ging es los, ganz normales Fernsehen mit einem etwas wackligen Bühnenbild. Klaus Kinski wohnte im Hotel Vier Jahreszeiten in München. Ich fuhr ihn morgens abholen, fuhr ihn ins Studio, probierte mit ihm und legte ihn abends wieder ins Bett. Vorher gingen wir immer etwas essen. Ich erinnere mich noch an eine Situation in einem chinesischen Restaurant, wo der Kellner natürlich Kinski sofort erkannte und die Rechnung entsprechend hoch war. Klaus nahm die Rechnung an sich, hob den Stuhl auf, auf dem er saß, hängte ihn sich über die Schulter und marschierte mit dem Stuhl hinaus. Der Kellner kam hinterher und fragte: Herr Kinski, was ist denn? Und Kinski sagte: Ich gehe davon aus, daß bei *der* Rechnung der Stuhl inklusive war.

Klaus Kinski stellte sich als ein charmanter, sehr intelligenter, kühler, technisch hochprofessioneller Schauspieler heraus, der wirklich alles konnte. Ich weiß noch, in einer Szene wollte ich, daß sich ihm eine Taube auf den Kopf setzt, und in dem Moment sollte ihm eine Träne aus dem linken Auge fließen. Ich hatte schon das Glyzerin bereit, aber er sagte: So etwas gibt es bei mir nicht. Die Taube kam, und genau in dem Moment rollten die

Tränen, aber produziert von ihm selbst, nicht vom Glyzerin. Auch Qualtinger war ein neues Erlebnis für mich. Dorst war während der Inszenierung manchmal dabei, aber nach einer halben Stunde zog er meist gelangweilt wieder ab. Dann ging er los, flirtete mit irgend jemandem in München und ging essen. Es war eine ungeheuer aufregende, interessante und erfolgreiche Arbeit. Dann hatte ich den Film fertig. Er wurde vom WDR, im Dritten glaube ich, gezeigt, und sie mochten ihn überhaupt nicht, niemand mochte ihn. Ich erinnere mich, daß wir alle ein bißchen enttäuscht waren, denn wir fanden es alle sehr gut. Es war natürlich auch sehr gut. Es war nur wahnsinnig ausgefallen. Das war also mein erstes Zusammentreffen mit Tankred Dorst, woraus dann eine sehr lange Liebesgeschichte wurde. Ich habe genauso viel Zeit mit Tankred verbracht wie mit Minks. Tankred wurde sozusagen über zehn Jahre mein Autor, und, neben Wilfried, mein bester Freund in Deutschland. Ich wohnte sehr oft bei ihm in München, wir hatten über Jahre die Angewohnheit, daß wir zusammen frühstückten. Gegen neun ging es los, und um fünf Uhr frühstückten wir immer noch in der Küche und redeten und planten. Manchmal kamen auch andere Leute dazu. Frühstück bei Tankred war eine Besonderheit damals in München. Und es war eine neue Art von Beziehung mit jemandem, die ich bis dahin nicht kannte. Meine Beziehungen waren immer intensiv an Arbeit gekettet oder an die Familie und Freunde. Aber einen Freund, mit dem man so herumredete, gab es noch nicht. Ein bißchen davon hatte ich mit Jörg Wehmeier in Köln gehabt, über den ich sehr viel über Deutschland erfuhr. Aber Wehmeier hatte eher eine journalistische Phantasie. Tankred dagegen war ein Spinner. Wir saßen da und erfanden Tausende von Projekten, von denen nur wenige stattfanden. Wir schrieben Filme, die nie gedreht wurden. Manches wurde doch verwirklicht. Dorst war auch derjenige, zu dem ich bei meinen vielen Krächen mit Frauen flüchtete, wenn ich es nicht mehr ertragen konnte, ich wohnte dann bei ihm, manchmal sehr lange, und wollte dann nichts mehr von Frauen wissen. Bis die Telefonate dann doch wieder losgingen. Dorst hatte damals einen kleinen VW und fuhr sehr gerne Auto, wie ich. So fuhren wir oft ein, zwei Wochen nach Italien, meistens mit irgendeinem Projekt, z. B. dem *Pott*. Wir fuhren dann von Ort zu Ort, und im Laufe einer solchen Tour fanden wir Gargnano, einen kleinen Ort am Gardasee mit einer Pension am See, wohin wir dann immer wieder fuhren. Es ist heute noch einer der schönsten Orte dort unten. Wir liebten beide Italien sehr, lagen da herum, gingen baden und spazieren. Manchmal fuhren wir in die Oper nach Verona oder nach Mantua, einer besonders hinreißenden Stadt. Das war in den sechziger Jahren ein besonders genüßlicher Teil meines Lebens.

Die drei Jahre Ulm, von 1959 bis 1962, erscheinen mir heute wie zehn Jahre – oder wie drei Jahre Paradies. Es war die reinste, ungestörteste Theaterzeit, die ich je erlebt habe. Sie ging zu Ende, weil Hübner die Intendanz in Bremen angeboten wurde. Darüber gab es große Diskussionen. Wir saßen alle bei Hübner und fragten uns: »Wollen wir das machen oder nicht?«Wilfried und ich fuhren nach Bremen, um uns das Theater und die Stadt einmal anzusehen. Wir dachten, mein Gott, dieses Riesending – es war das Theater am Goetheplatz –, wie macht man da überhaupt Theater? Auf der anderen Seite dachten wir, endlich mal. Es war natürlich auch toll – eine richtige Stadt –, aber wir hatten schon ein bißchen Angst. Als wir dann in Bremen waren, sagten wir oft: »Mein Gott, in Ulm hätten wir das besser gemacht. Da hätten wir das anders, freier versucht.« Der Zwang in Ulm, der durch die kleine Bühne und die wenigen Mittel entstanden war, führte dazu, daß einem immer etwas einfallen mußte. Es war ein minimalistisches Theater, weil es minimalistisch sein *mußte*. Ich erinnere mich an den letzten Akt von *Maß für Maß* in Ulm, in dem ja alle Figuren zusammenkommen. Wir wußten nicht, wie wir das machen sollten, und da hatten wir die Idee, alle Figuren in Sänften kommen zu lassen. Wilfried baute zehn Sänften. Wir hatten ein bißchen

vergessen, daß sich eine Sänfte nicht von alleine bewegt, sondern
daß vorne und hinten mindestens eine Person als Träger dazugehört. Es waren Riesenholzsänften geworden, in denen jeweils ein
Mensch steckte. Zehn Sänften bedeuteten also schon mal 20 Extra-
leute auf dieser Bühne, und die Bühne war gerade groß genug für
acht Leute, wenn sie sehr eng beieinanderstanden. Und plötzlich
hatten wir nun zehn Sänften plus 20 Träger. Sie kamen alle auf die
Bühne, und nichts bewegte sich mehr. Es war wie ein Zugunglück
am Bahnhof. Alle Züge ineinander verkeilt. Das war die Hauptprobe, eine Katastrophe. Ich erinnere mich noch, daß der berühmte
Burgschauspieler, der den Herzog spielte (und übrigens dann der
Freund von Hannelore Hoger wurde, mit dem sie eine sehr süße
Tochter hat, die jetzt auch Schauspielerin ist), sich wieder
beschwerte. Er lief sofort zu Hübner. Wilfried und ich saßen da und
wußten nicht weiter. Unsere erste Katastrophe, das kann passieren.
Wir saßen da und dachten, was machen wir jetzt. Meine Lösung
war: Wenn die Sänften ankommen, gehen die Sänften-Träger nicht
weg, sondern sie setzen sich auf die Griffe und essen Brötchen. Die
Sänftenträger setzten sich also hin und nahmen aus ihren Taschen
die Brötchenpakete in diesem Knisterpapier, so daß man nur noch
Knistern und Kauen hörte. Es wurde immer absurder. Das nächste
Problem: die Türen der Sänften gingen nicht mehr auf, weil kein
Platz mehr da war. Also schnitten wir oben in die Dächer der Sänften Löcher, und die Leute schauten oben heraus. Sie steckten ihre
Köpfe durch die Dächer und schrien sich an. Eine absolute Crazy-
Show. Leider begriffen wir den Witz, der mit Sicherheit in dieser
Szene lag, damals nicht, und schmissen im letzten Augenblick doch
wieder alles raus. Der letzte Akt des Stücks war nicht sehr gut, vielleicht deswegen. Solche Situationen erlebten wir in Ulm eben ständig, da konnte man sich so etwas noch leisten. Diese Freiheit habe
ich erst viel später wiedergefunden.

Wir inszenierten in Ulm auch neue Texte – wenige, weil wir nicht
viele fanden, die wir mochten. Ich inszenierte Leo Lehmans

Spielverderber, eigentlich ein Fernsehspiel, das mit Trevor Howard und Leo McKern im englischen Fernsehen ein wichtiger Erfolg gewesen war. Die Geschichte über einen deutschen Kommunisten der 20er Jahre, den Leo über verschiedene Situationen bis in die 60er Jahre verfolgt, Spanien, Rußland, Amerika, wo er als Emigrant landet usw. Es war ein spannendes, bewegendes Stück, insbesondere die Szene, die in Warschau spielt und mit der sich der Pole Leo natürlich am meisten identifizierte: Die Russen warten höflich, bis die Deutschen Warschau zerstört haben ... Das war für Leo Lehman einer der Gründe für seinen Haß auf den Kommunismus. Norbert Kappen spielte die Hauptrolle. Eines der ganz wenigen direkt politischen Stücke, die ich inszeniert habe.

Auch jetzt in Ulm war Politik nie ein zentrales Problem für mich – höchstens die Einzelschicksale der Menschen, die darin verstrickt waren, wie Leos Held. Es hat mich manchmal frustriert, besonders im Zusammenhang mit Leo, der sozusagen immer mein politisches Gewissen war. Ich sah ihn manchmal in London, und manchmal kam er rüber. Dann sagte ich: »Leo, jetzt erzähl mal, was ist denn alles passiert, und erklär mir das mal alles.« Dann hörte ich stundenlang zu. Anschließend sagte ich: »Vielen Dank.« Und damit war es abgeheftet. Ich glaubte damals, und glaube es heute immer noch, daß wir am besten in dem Kreis, in dem wir leben, Menschen beeinflussen können und, trotz Theater, wenig Einfluß auf die großen politischen Ereignisse haben. Politiker fand ich auch immer öde Leute.

Einen »politischen« Schriftsteller habe ich allerdings bewundert und gelesen: Arthur Koestler, nicht wegen seiner politischen Meinung, sondern weil er mich als Outsider und Querkopf interessierte. Ich liebte eines seiner Bücher sehr (ein Mißerfolg übrigens), *The Age of Longing*, ein Roman über Emigranten in Paris während der Zeit des Existentialismus. Die Protagonisten: ein 18jähriges, amerikanisches, katholisches Mädchen, das aus einem Kloster kam, und ein russischer Spion, der am Konsulat arbeitete. Koestler versuchte die Sexualität, die Erotik dieses Mannes mit seinem politischen Denken zu verbinden. Ich machte ein paar Anläufe, das Buch zu verfilmen, kümmerte mich auch um die Rechte und bot den Stoff Produzenten an. Es sprang aber nie jemand wirklich darauf an. Heute, am Ende des Jahrhunderts, scheint mir der Roman fast noch interessanter zu sein. Um die beiden Hauptpersonen herum gab es eine ganze Crew von Figuren, u. a. Sartre und Camus, russische Dissidenten, von denen einer sich umbringt, und der Witz an *Age of Longing* war, daß es eine Art Zukunftsroman war, der davon ausging, daß die Russen, die Sowjets, den Kalten Krieg gewinnen würden. Der Stalinismus hatte Europa überrannt. Faszinierend an dem Buch waren für mich nicht die Diskussionen im Café zwischen Sartre und irgendwem, sondern die Liebesgeschichte, die so einen komischen politischen Dreh hatte, zwischen dem eigenartigen, etwas unschuldigen und naiven Mädchen aus Amerika und dem tough guy aus Rußland.

Koestler habe ich aus vielen Gründen immer wieder gelesen. Er war einer der wenigen Journalisten, die wirklich etwas bewirkt haben. Er führte z. B. einen jahrelangen Kampf gegen die Todesstrafe in England, einen öffentlichen Kampf, der sicherlich dazu beigetragen hat, daß die Todesstrafe schließlich abgeschafft wurde. Ich habe ihn leider nie kennengelernt.

6. KAPITEL

Bremen

ALS WIR 1962 NACH BREMEN UMZOGEN, nahmen wir viele Leute
aus Ulm mit. Ein großes Problem für mich war, daß wir uns entschlossen hatten, Wehmeier nicht mitzunehmen. Ich schuldete
ihm eine Menge. Er hatte viel für mich getan und war ein interessanter, witziger Mensch, der aber nie aufhören konnte, zu intrigie-
ren und damit die Atmosphäre im Theater zu verpesten. Das hat
uns wahnsinnig gestört. Außerdem war er ein Besserwisser, der
ständig in späte Proben reinkam und irgend etwas sah, das ihm
nicht gefiel, ohne die Eizelheiten zu kennen. »Kinder, das müßt ihr
doch ändern. Dieser Mann muß doch einen Mantel tragen.« Jeder
wußte, daß der Mantel in drei Tagen kommen würde. Also entschlossen wir drei, Minks, Hübner und ich, uns, ihn nicht mitzunehmen. Das war hart. Es war auch eine Gemeinheit, und ich
wußte auch, daß es eine Gemeinheit war, aber es war unumgäng-
lich, weil wir sein unakzeptables Verhalten in Bremen nicht riskieren wollten. Wehmeier hat es mir nie verziehen. Hübner hat bis
heute ein schlechtes Gewissen deswegen. Wilfried war sehr
befreundet mit ihm, ein lustiger Kölner, mit dem man sehr viel
Spaß haben konnte, aber er hatte eine aggressive, zerstörerische
Seite. Das war das einzige dicke Problem, das wir hatten. Peter
Palitzsch nahmen wir mit und viele der Schauspieler, Hannelore
Hoger und Ptok, Helmut Erfurth, wir wollten auch Norbert Kappen mitnehmen, er ging aber leider an die Münchner Kammerspiele. Elisabeth Orth ging, glaube ich, ans Burgtheater. Als Tochter
von Paula Wessely gehörte sie zu der Wiener Großfamilie.

Kappen ging später auch ans Burgtheater. Als er dort arbeitete,
plante ich mit ihm noch einmal eine Inszenierung von *Baumeister Sollness*, aber Kappen war unglaublich verbiestert, und wir
konnten uns schon im voraus über die Übersetzung nicht einigen.
So habe ich es gelassen – die Freundschaft war nicht wiederherzu-
stellen.

Für Bremen bedeutete es, daß es keinen wirklich zentralen
»Star« gab, und das war sicherlich eine wichtige, positive Voraussetzung für die Arbeit damals. Friedhelm Ptok war ein sehr guter

Schauspieler, mit dem ich hervorragend arbeiten konnte, aber er war immer zu zurückhaltend und nicht frei genug, um so eine zentrale Figur zu werden. Auch Helmuth Erfurth, den wir mitgenommen hatten, war kein wirklicher Star. Später wurden es in Bremen der junge Bruno Ganz, Vadim Glowna, Edith Clever.

Meine zentrale Figur war Wilfried Minks. Es war unsere Arbeit, und wir haben die Schauspieler weitgehend für diese Arbeit benutzt. Sie genossen es auch sehr und profitierten auch davon, aber in Bremen war das Theater wahrscheinlich das einzige Mal in meinem Leben im wesentlichen nicht Schauspieler-Theater, sondern Regie-Theater. Es war ein Regie-Theater, das sich ausführlich mit Schauspielern beschäftigte, aber es war Regie-Theater.

Bremen fiel in eine ungeheure Umbruchszeit, eine Zeit, zu der andere Leute in London Swinging London erlebten, Pop Art in New York. Wir saßen eben in Bremen, aber ich habe es nie als Nachteil empfunden, weil es auch dort aufregend war, und nicht nur im Theater. Das ganze Leben veränderte sich radikal, und zwar nicht 68, sondern in den fünf, sechs Jahren zuvor. 1968 war es eigentlich schon vorbei.

In der Lila Eule, der Bremer Disco, traf man sich und fühlte sich »befreit«. Fast niemand war älter als zweiundzwanzig. Ich war ein alter Mann, fast vierzig. Aber ich war immer etwas zurückgeblieben. Man muß bei mir immer zehn Jahre zurückrechnen, wo andere Leute vierzig waren, war ich erst dreißig. Es hat sicherlich auch mit dem Krieg zu tun. Da fehlt ein Stück, oder es ist ein Stück, das quasi nicht gilt. Auch unser Theater bestand nur aus jungen Leuten, so daß man eigentlich nur Stücke über junge Leute spielen konnte. Es gab zwar ein paar alte Schauspieler, die noch übriggeblieben waren und denen man nicht kündigen konnte, darunter auch ein paar alte Nazis, sie waren aber praktisch unbrauchbar, und so bestand das Ensemble aus 30 jungen Schauspielern. Wir suchten also Stücke mit Kids-Rollen und machten *Die Räuber, Frühlings Erwachen, Die Unberatenen* usw., ein »Jugendstück« nach dem anderen. Wenn wir Stücke machten, in denen Ältere tragende Rollen hatten, hatten wir sofort Riesenprobleme. Wir konnten es uns nicht leisten, große Schauspieler zu holen, mußten also jüngere Schauspieler nehmen und diese alt machen.

Mein Privatleben hatte sich verändert. Meine Mutter war gestorben. Ich war getrennt von Gitta und lebte jetzt mit Beate Richard/Judy Winter zusammen.

Beate Richard alias Judy Winter

In der Zeit fingen meine Kinder, Michele und Simon, an, mich regelmäßig zu besuchen. Ich weiß noch, das erste Mal fuhr ich nach Köln, wo mir Gitta die Kinder übergab. Sie wollte meine junge Freundin nicht treffen. Ich hatte eine sehr schöne Wohnung in Bremen-Schwachhausen, und ich schleppte die Kinder dort an. Beate, selbst noch ganz jung, wurde dann wie ihre Adoptivmutter. Sie liebten ihre schöne, junge Zweitmutter sehr und fanden sich schnell mit der Situation ab. Ich erinnere mich noch an das erste Mal, als ich die Kinder nach Bremen brachte, weil fast ein schreckliches Unglück passierte. Michele und Simon waren vom Spielen verdreckt und mußten gebadet werden. Beate sagte: ›Das mache ich.‹ Dann verschwand sie mit den Kindern. Ich hörte das Badewasser laufen. Sie hatte mit Kindern natürlich noch nie etwas zu tun gehabt. Irgendwann ging ich in das Badezimmer, die kleinen Kinder saßen im Bad, Beate wusch sie gerade, und auf der Kante der Badewanne stand eine elektrische Sonne, genau auf der Wannenkante. Ich erfror, als ich das sah. Ich dachte, was mache ich jetzt – wenn ich etwas sage, macht sie vielleicht eine falsche Bewegung. Ich kam also ganz relaxt und ruhig rein, lächelnd und freundlich, und nahm die Sonne weg. Das sind die schrecklichsten Momente im Leben. Ich hatte zum ersten Mal die Verantwortung für meine Kinder und hatte sowieso schon ein schlechtes Gewissen, weil ich sie in London verlassen hatte. Es war natürlich ein Riesenproblem, auch für Gitta, die den Beruf aufgab, weil sie die Kinder betreuen mußte. Sie wurde Lehrerin und hat es nicht leicht gehabt. Aber nach diesem ersten Mordversuch ging es wunderbar mit Beate, die sich auch mit meinem Vater, der öfter von London rüberkam, bestens verstand. Ich mit dem jungen, sehr schönen Mädchen in Bremen, das paßte alles sehr gut zu der Zeit und ihrer Aufbruchstimmung. Später hatten wir eine Wohnung in einem großen villenartigen Haus direkt hinter dem Theater gegenüber dem Künstlereingang. Die Schauspieler kamen nach den Proben oder Aufführungen aus dem Künstlerausgang und gingen von dort direkt in unsere Wohnung hinüber, wo fünf Jahre lang eine ständige Party lief. Sie kamen und gingen. Wir hatten dreieinhalb oder vier Zimmer, davon ein Riesenraum, der auch zugleich die Küche war, in der Mitte stand eine Badewanne! Da spielte sich dieses hektische, lustige 6oer-Jahre-Leben ab. Die Diskussionen über Theater gingen über 24 Stunden. Es war eine ganz andere Art von Traum als in Ulm. In Ulm war es ein konzentrierter Traum mit andauernden Zukunftsgedanken gewesen, und hier war es eigentlich schon die Erfüllung. Es war der Aufbruch, und wir hatten vom ersten Augenblick an einen künstlerischen – nicht unbedingt kommerziellen – Erfolg in Deutschland, der alle Erwartungen übertraf. Meine erste Bremer Aufführung war Osbornes *Luther*. Das Stück hatte ich in London mit Albert Finney gesehen, mit Luther als bollerndem Halbstarken, der »angry young man« Luther. Es war für Deutschland Anfang der 6oer Jahre ein wunderbares Stück. Ptok hat ganz fabelhaft gespielt. Nachts, nach der Premiere, standen wir am Bahnhof und warteten auf die Zeitungen, die ersten Kritiken, und brachen in großen Jubel aus, als sich herausstellte, daß es bei der Kritik ein donnernder Erfolg geworden war. Es war die Zeit, in der alles neu war. Auch das Kino: Godard, Truffaut, Chabrol. Wenn wir nicht im Theater waren, waren wir im Kino. Der neue deutsche Film interessierte mich (uns) damals eigentlich nicht besonders. Schamoni, auch Herzog und Wenders fanden wir zur Zeit der französischen Nouvelle Vague natürlich langweilig. Wenders fand ich zu trocken (heute noch), Schamoni spießig. Nur Kluge in seiner ganzen deutschen Besonderheit und Intelligenz interessierte mich. Aber wirklich interessierten uns die Franzosen. *Außer Atem* war die Sensation. Als ich ihn zum ersten Mal sah, faszinierte mich hauptsächlich der Schnitt. Seitdem ich in London im Schneideraum gearbeitet hatte, beschäftigte mich dieser Teil des Filmemachens besonders, außerdem war Gitta, meine Frau, Cutterin. Godard ging mit einer für damalige Zeiten unglaublichen Radikalität an den Schnitt heran. In der Szene, in der Belmondo und Jean Seberg in einem Taxi fahren – heute würde man es nicht einmal

mehr merken –, springt der Schnitt hin und her von einer Großaufnahme auf ihn zu einer Großaufnahme auf sie, immer wieder
mit neuen unlogischen backgrounds – heute, in der Zeit der Clips,
Routine, damals schockierend. Damals lief der Schnitt noch nach
festen Regeln ab, um eine Art von logischem Realismus vorzutäu-
schen. Ich rief damals Gitta erregt aus Deutschland an, um es mit
ihr zu diskutieren. Hinzu kamen bei Godard die Interviews, die er
in seine Spielfilme einbaute, die dokumentarischen Teile usw.,
die große Intelligenz seiner Filme, die sexuelle Freiheit und vieles
andere – eine Schönheit nach der anderen. Wir sahen die Filme
drei-, viermal, und das gesamte Theater redete dann viele Tage
über nichts anderes.

Es gab in unserem Bremer Theater auch eine Oper, es war ja ein
»Dreispartenbetrieb«. Die Oper war, als wir ankamen, sehr konventionell. Es gab einen Opern-Chor, der aus lauter alten Herren
und Damen bestand. Das war die alte Welt für uns. Und hier
kamen wir, junge Leute in Jeans, und man guckte uns erst einmal
an wie Feinde. Deswegen hatten wir auch ständig Kriege im Theater. Bei meinem *Luther* wirkte der gesamte Opernchor als singende Mönche mit, vierzig ältere Männer, was sehr schön war. Ich
fuhr die Herren immer rauf und runter auf dem fahrbaren Orche-
sterpodest. Das mochten sie nicht. Eines Tages, bei der Probe,
kam der Chor-Obmann zu mir und sagte: ›Herr Zadek, was passiert eigentlich, wenn einer von den Leuten runterfällt, während
das Podest hochfährt?‹ Ich sagte: ›Ja, dann haben wir einen weniger.‹ Der Satz wurde zum Kampf-Thema für die nächsten drei
Jahre – der Zyniker Zadek. Ich weiß nicht, was sie hinter meinem
Rücken noch sagten. Es gab eine öffentliche Diskussion darüber.
Entsetzlich. Der Kampf zwischen Alt und Jung, zwischen konser-
vativ und progressiv war angesagt.

Bildende Kunst hatte mich die ganzen Jahre über genauso wenig
wie Politik interessiert. Ich war in kein Museum reinzukriegen.

Ich verstand überhaupt nichts, weder über alte noch moderne Kunst. Bis heute kriegt man mich nur schwer in ein Museum. Kurt Hübner sammelte alte Drucke und moderne Kunst, und Minks interessierte sich auch dafür. Sie saßen immer zusammen und

Bruno Ganz in Lichtenstein-Minks *Räuber*-Bild

guckten sich Mappen an, und ich ging dann weg. Eines Tages sah ich Bilder von Tom Wesselmann, und das interessierte mich plötzlich. Da fing ich an, weiter zu gucken, und sah eine Ausstellung – Skulpturen von Oldenburg und Lichtensteins »Comics«. Danach ging ich zu Wilfried und sagte: ›Jetzt erzähle mir mal ein bißchen, was ist hier los? Seit heute interessiere ich mich nämlich für Kunst.‹ Und es war wirklich so. Die großen Brillo-Kisten, diese komische Kombination zwischen Werbung und Kunst, Realität und Comic, das hat mich zur Kunst gebracht. Vorher war es wirklich Null.

Das führte dann direkt zum Comic-Bühnenbild der *Räuber*, 1966, indirekt aber auch zu ganz vielen Dingen wie 1964 der Aufführung von *Held Henry*, die man wirklich als »poppig« bezeichnen konnte.

Es führte zum Hineinziehen von moderner Kunst in das Theater. In meinem Leben läuft es immer in Schüben ab. Es gibt eine Zeit, wo mich etwas überhaupt nicht interessiert, dann kommt plötzlich aus irgendeinem Grund ein neuer Schub. Heiner Müller nannte das meine »Wallungen«. Dann bin ich auch sehr schnell. Ich sause rum und sauge die Dinge, die mir gefehlt haben, auf. Ich habe gerade bei meiner Tochter bemerkt, daß sie anfängt, sich für Musik zu interessieren, aber beängstigt ist durch die Tatsache, daß sie nichts davon versteht. »Ich kenne doch nicht den Unterschied zwischen dem Dirigenten X und dem Dirigenten Y.« Das ist eine große Schwierigkeit in unserer Kulturwelt, in der verlangt wird, daß man Bescheid weiß. Blödsinn. Das Problem habe ich nie gehabt. Ich habe immer das, was mich plötzlich interessierte, aufgefressen, völlig egal, ob ich Bescheid wußte oder nicht. Und in den 60er Jahren saugte ich nun die Pop Art auf und die Beatles. Ich hatte sehr viel Schlagermusik durch Beate gehört, die sich dauernd irgendwelches Geplärre auf Platten anhörte, was mir meist auf den Wecker ging. Gelegentlich gefiel es mir auch. Sinatras *Strangers in the Night* war unser Song. Und dann kamen eines Tages meine Tochter Michele, die damals zehn war, und mein

Sohn Simon an. Wir fuhren in meinem offenen Citroën, wieder ein Auto, das ich mir eigentlich nicht leisten konnte, und ich sehe noch einen Bahnübergang vor mir, an dem wir stehenbleiben mußten – irgendwo in Bayern, in der Nähe von Oberammergau. Wir machten im Sommer mit meinen Kindern Ferien. Meine Tochter saß hinten in dem offenen Auto und sang *It's been a hard Day's Night*. Ich hörte hin und sagte: ›Was ist das denn für ein komischer Song, den du da singst?‹ Sie sagte: ›Das ist der große Hit im Moment, das singen alle.‹ Ich sagte: ›Das kann man doch gar nicht singen, es gibt doch gar keine Melodie.‹ Es war nur so ein Geräusch. »Du bist doof«, meinte Michele, »das sind die Beatles – das ist das Allerschönste.« Wie oft in meinem Leben lehnte ich etwas Neues, Fremdes radikal ab, um es später um so mehr zu genießen. Mit Menschen passierte es mir auch oft. Beate besorgte eine Platte, und plötzlich waren sie da, die Beatles, und vieles andere auch, Lou Reed und Velvet Underground zum Beispiel. Die Gruppe ist in meinem Film *Ich bin ein Elefant, Madame* ausführlich zu hören. Mein Freund und Mitarbeiter Hartmut Gehrke spielte mir als erster viel Pop-Musik und Jazz vor, später Roswitha Hecke, die Fotografin, mit der ich ab Mitte der 60er Jahre zusammen war.

In *Ich bin ein Elefant, Madame* sagt einer der Schüler: »Weißt du, ich habe gerade einen Film über eine Frau gesehen, die sich drei Stunden lang auszieht. Es passiert sonst nichts. Toll.« Es war auch toll. Wir lernten plötzlich von Andy Warhol und anderen, daß unser gewohntes, naturalistisches Zeitgefühl ganz artifiziell war. Wir lernten durch Warhol und andere Maler neu zu sehen, unter anderem Zeit neu zu empfinden. Eine drei Stunden lange Aus- (oder) Anziehzeit war nicht zu lang oder langweilig. Die Veränderungen unseres Lebensgefühls waren die wichtigsten Gründe für Auseinandersetzungen mit älteren, traditionelleren Künstlern im Theater, in der Musik, im Film. Plötzlich fanden wir auch ein neues aufgeschlossenes, ganz junges Publikum, das ähnlich empfand wie wir. Allerdings dauerte es Jahre, bis dieses

Publikum unsere großen Theater füllte. Geholfen dabei hat zum
Beispiel Bob Wilson.

Das Theater hatte sich so lange auf eine reißerische Weise mit
Dramaturgie beschäftigt, daß der Zuschauer nur auf das wartete,
was noch kam, und gar nicht mehr imstande war hinzugucken und
wahrzunehmen, was gerade jetzt war. Für mich war es wie eine
Entdeckung einer meiner Grundtriebe – die Konzentration auf
den Moment, das, was jetzt passierte. Strategisch zu denken, fiel
mir schon immer schwer. Solange ich meiner Intuition (wieder
den »Wallungen«, die Heiner Müller beschrieb) folgte, stimmten
mein Lebens- und Arbeitsrhythmus. Die Entdeckung des
Moments war eine Entdeckung der Kunst, auch der darstellenden
Kunst in den 6oer Jahren. Mit dieser Entdeckung entdeckte ich
auch Bob Wilson. Ich war in Paris und hörte über sein berühmtes
Stück mit einem Taubstummen oder einem autistischen Jungen,
das acht Stunden dauerte. Alle Leute sagten mir, es wäre extra-
ordinaire. Nein, noch mehr, eine ganz große Sensation, und je
mehr ich darüber hörte, desto mehr wehrte ich mich innerlich,
in die Aufführung zu gehen, und ging dann auch nicht. Zu dem
Zeitpunkt tat ich es als eine typische Pariser Erscheinung ab. Franzosen sind ja immer sehr leicht für etwas Oberflächlich-Sensatio-
nelles zu begeistern – eine Riesenbegeisterung, die knapp zehn
Minuten dauert. Dann ist es vorbei, und sie haben nie davon
gehört. Eine Spezialität der französischen Kultur. Ich dachte, es
wäre mit Wilson auch so. Bei einer späteren Gelegenheit, als ich
wieder in Paris war, lief *Einstein on the Beach*, und ich sah es mir
mit meinem Freund, dem Künstler Daniel Spoerri, an. Daniel, der
damals eine große Rolle in meinem Leben spielte, war ein Künstler, der sich seinen Namen mit Objekten gemacht hatte, hauptsächlich Tischen, auf denen alles, was zum Essen einer bestimmten Mahlzeit gehörte, festgeklebt war. Er nannte sie »fall pictures«.
Und sie wurden dann an die Wand gehängt. Damit hatte er in den
6oer Jahren, Anfang der 7oer Jahre einen großen Erfolg. Er eröffnete auch ein Restaurant in Düsseldorf, in dem man Ameisen-

scheiße essen konnte. Typisch für 60er-Jahre-Späße. Abgesehen davon, daß er ein witziger, hochintelligenter, brillanter Mensch war, war er ein genialer Koch. Er kochte berühmte Essen für manchmal ganz furchtbar viele Leute und manchmal für ein paar wenige. Ich habe ihn eigentlich erst in Bochum, wo wir zusammenarbeiteten, richtig kennengelernt.

Unsere Beziehung ging hin und her. Manchmal verkrachten wir uns. Manchmal sahen wir uns über Jahre hinaus gar nicht und dann wieder sehr oft. Ein rumänischer Jude, der in der Schweiz aufwuchs, nirgendwo ansässig war, ein Streuner, der in Frankreich und in Griechenland gelebt hatte, sehr ironisch, sehr sarkastisch, sehr schnell. Als Bühnenbildner machte er für mich 1974 in Bochum *Professor Unrat*, dann Shakespeares *Wintermärchen* 1978 in Hamburg.

BOB WILSON

Ich entdeckte damals, daß Wilson Bildende Kunst als erster theaterfähig machte. Seine Art zu arbeiten war viel eher die eines Malers oder eines Performance- oder Konzeptkünstlers als die eines Theater-Regisseurs. Er arbeitete mit ungeheurer Präzision und einer ganz genauen optischen Phantasie. Daniel und ich gingen in die Opéra Comique und haben eine Stunde lang zugesehen. Dann sind wir essen gegangen, irgendwo um die Ecke, und zwei Stunden später gingen wir wieder rein. Es lief immer noch dasselbe. Man hatte auch nicht das Gefühl, daß wir irgend etwas verpaßt hätten. Es ging immer weiter. Es hätte auch 24 Stunden weitergehen können, was ja auch wieder Connections hatte mit Andy Warhols Factory: hier läuft etwas, dort läuft etwas, da läuft ein Film, dann guckt man sich den Film an, dann guckt man ein bißchen da rüber, und dann geht man mal ein bißchen spazieren, dann bumst man mal ein bißchen, dann ißt man mal was, dann kommt man wieder und guckt man mal wieder ein bißchen herein. Dann geht man nach Hause oder macht irgend etwas anderes. Und zwei Tage später läuft immer noch derselbe Film oder wieder, ganz egal. Also diese Art von endloser Kontinuität als Gegenprinzip zu der ganz genau gebauten Spannung und der genau gebauten Situation zeitlich präziser Abläufe, die im Theater oder auch im Kino normal waren. Man kam durch Wilson und auch Warhol in ein ganz anderes Verhältnis zur Kunst und zum Leben. Der subjektive Rhythmus wurde hier verherrlicht. Man saß da, es passierte, man dachte über dieses und jenes nach, man unterhielt sich mit seinem Nachbarn, und es ging immer noch weiter. Und trotzdem war die Sache, die da lief, von einer großen Präzision. Aber sie war nicht zeitlich begrenzt. Das absurde Theater der 50er Jahre war eine Art Vorspiel, eine Ankündigung dieser »neuen« Haltung.

Die 150malige Wiederholung eines Satzes in meinem *Kapitän Bada*, zum Beispiel, hatte noch nicht das Ziel gehabt, das Publikum zu entspannen, sondern es zu entrüsten. Das wußte ich. Es war eine ganz bewußte Provokation. Ich wußte, daß die Leute sauer werden würden. Das war in den 60er Jahren ganz anders. Bei Bob Wilson waren die Wiederholungen schon eine sehr kunstvolle Prozedur, die einen in eine Art von Trance versetzte, die sehr schön war. Sprache wurde wieder mehr als Geräusch oder Musik behandelt. Es war eine Art von Gesamtkunstwerk. Es ist kein Zufall, daß sich Bob Wilson als Opern-Regisseur besonders für Wagner interessiert. Das ist eine Welt, die ihm sehr nahe sein muß. Nicht vielleicht das Massive, aber die Art der endlosen Verquickung von Sprache und Musik. Und Bob Wilson geisterte sozusagen als eine Art von Parallel-Geschichte zu meiner eigenen weiter durch mein Leben in Deutschland, weil Wilson, wie auch ich, seinen größten Erfolg nicht zu Hause, sondern in Deutschland hatte. Es hat sicher bei ihm u. a. damit zu tun, daß er ungeheure Mittel braucht, um seine Projekte auf die Beine zu stellen, auch furchtbar lange Zeiten. Das, was das amerikanische Theater überhaupt nicht in der

Lage war zu liefern. So auch bei mir. Ich brauchte lange Zeiten, ich brauchte zusammenhängende Ensembles, Theater, die bereit waren, Risiken einzugehen usw. Das war alles im englischen Theater nicht möglich.

Ich lernte Wilson bei einem Gastspiel meiner Hamburger *Othello*-Inszenierung in den 70er Jahren in Belgrad kennen. Ein charmanter, witziger, intelligenter Mensch, obwohl er für mich in einer ganz fremden Welt lebt. American Camp, sehr witzig, artifiziell, kunstvoll. Sein *Black Rider* war sozusagen der exzessive Höhepunkt von American Camp, wo es in seiner Vulgarität und permanenten Anmache einem schon absolut auf die Nerven geht und mich nicht mehr interessiert. Eine Degenerierung dessen, was Wilson vorher gemacht hatte – aber jetzt ist er schon wieder weiter, woanders. Wilson experimentiert ständig, hat immer neue Einfälle und verwirklicht immer neue Pläne. Vielleicht versucht er, das Chaos des Lebens durch Präzision zu überwinden. Nicht überraschend seine Zusammenarbeit mit Heiner Müller. Beide versuchen, die Menschen in ein absolutes, stilisiertes Korsett zu zwingen und damit ihre wenn auch sehr verschiedenen Weltanschauungen vorzuführen. Seine Schwäche – er läßt sich nicht auf Menschen, besonders auf Schauspieler, ein.

JÉRÔME SAVARY

Jérôme Savary mit seinem Magic Circus war auch eine wichtige Erscheinung der 60er Jahre. Ich sah eine Aufführung in München, Ende der 60er Jahre. Wir lernten uns erst 10 Jahre später kennen, in Hamburg, bei Ivan Nagel, wo sich viele Querköpfe trafen und gegenseitig befruchteten. Jérôme Savary, auch ein ewiger Exilant, ein Outsider, der aus Argentinien kam, in Frankreich lebte, nach Deutschland ging und mit seinen Stücken in der ganzen Welt herumreiste, war ein echter Zirkusmann, ein hervorragender Show-Mann, der in seinen ersten, besten Zeiten einer der ganz großen

Persönlichkeiten des Welttheaters wurde. Ich genoß und bewunderte besonders seine große Show *Von Moses bis Mao*, die Comic-Circus-Weltgeschichte, die er in Paris auf die Bühne brachte. Er geht mit Schauspielern um, als ob sie Zirkus-Künstler wären. Er erwartet alles von ihnen. Sie müssen alles können, sie müssen springen, tanzen, singen, fallen, schreien, lachen, sich ausziehen, ficken, er ist sehr ordinär, sehr brutal, kann aber auch sehr zart sein. Hat ein enormes Tempo drauf und ist ein Anmacher. Allerdings nervt einen die permanente Anmache des Publikums auch irgendwann. Er läßt nichts von selber kommen. Er kann es anscheinend nicht, auch nicht im Leben. Er besitzt eine ungeheure Vitalität, jedesmal, wenn ich ihn treffe, habe ich das Gefühl, daß ich einen Schuß in den Arm, den Hintern oder irgendwohin gekriegt habe. Vielleicht noch nicht einmal besonders gezielt, aber mit großer Vitalität und Kraft. Ich finde Savary viel interessanter als Wilson, weil er nämlich das Theater mit einer unsäglichen Kraft aus der Bildungsecke herausriß, auch das französische Theater. Daß dieser Mann sich durchsetzen konnte, daß er seit vielen Jahren Intendant eines der größten staatlichen Theater Frankreichs (des »Chaillot«) ist und dort weiter seine Untaten treiben darf, ist etwas ungeheuer Positives und u. a. der Verdienst von François Mitterrand und Jacques Lang. Savary wollte mal irgendwann eine Intendanz in Deutschland haben, er hätte gerne, glaube ich, ein deutsches Theater geleitet, es ist ihm nie gelungen. So weit geht es denn doch nicht in Deutschland mit der Anti-Kultur. Savary hat Operetten von Offenbach inszeniert. *La Périchole* mit der genialen Christa Berndl war ein jahrelang laufender Riesenerfolg. Er hat damit die Operette wieder aus ihrem verblödeten schlappen 19.-Jahrhundert-Mief herausgeholt und zu einer lebendigen, witzigen Unverschämtheit gemacht. Als ich in Hamburg Intendant war, machte er eine Show, *Cocu & Co*, in der plötzlich in 90 Metern Höhe eine meiner Schauspielerinnen, Ilse Ritter, die ich besonders liebte, in einem Rollstuhl auf einem Hochseil über dem ganzen Theater-Raum balancierte. Erstens, daß er es überhaupt technisch hinkriegte, zweitens die Schauspielerin dazu kriegte, es zu tun – das war alles ganz außergewöhnlich. Er bringt eine penetrante und offene Sexualerotik auf die Bühne. Es gibt immer nackte Frauen, es wird gebumst und masturbiert. Alles, was so im Leben vorkommt, kommt eben auch bei ihm vor. Seine Welt ist ungeheuer farbig und eigentlich nicht aggressiv. Er spielt selbst hervorragend Trompete und ist ein ausgezeichneter Jazzer. Wenn er im Stück eine Kapelle hat, steht er meistens unten und spielt mit. Er mischt sich überall ein, wenn es sein muß, auch während der Vorstellung. Bei der Premiere von *Cocu & Co*, wo mittendrin irgend etwas schiefging – Möbel, die sich mechanisch drehen und ihre Positionen verändern sollten, drehten sich nicht –, sprang Jérôme im Zuschauerraum auf und rief: ›Hört mal auf da oben, geht mal zurück und macht das jetzt noch mal.‹ Dann sprang er selber auf die Bühne und verrückte einen Stuhl. Er behandelt Theater eben nicht als ein sensibles, kleines Ding, sondern als etwas ganz Ruppiges, Lebendiges, sich andauernd Veränderndes. Man kann sich auch einen Zirkus-Direktor vorstellen, der mitten in der Löwen-Nummer auf die Bühne springt und dem Dompteur wieder die Peitsche in die Hand gibt, die ihm aus der Hand gefallen war. So ist er. Jérôme ist, obwohl wir auch oft miteinander kämpften und er mich auch mal enttäuschte, über alle Jahre hinweg ein guter Freund.

Wir haben auch zweimal direkt zusammengearbeitet, das erste Mal 1981 bei der Fallada-Revue *Jeder stirbt für sich allein* am Berliner Schiller Theater. Ich dachte mit meiner Assistentin Anna Badora (heute die kämpfende Intendantin des Düsseldorfer Theaters) darüber nach, ob ich dieses Riesending riskieren sollte. Ich hatte schon einmal einen Roman von Fallada zu einer Revue umgearbeitet, *Kleiner Mann, was nun?*, 1972, in Bochum. Aber *Jeder stirbt für sich allein* war nun wirklich ein Riesending. Alleine zuviel für mich, und so dachte ich an Jérôme. Also machten wir zusammen eine fünf Stunden lange verrückte Revue über das Dritte Reich, über Frankreich und Deutschland. Minetti spielte den Widerständler, der seine Flugblätter gegen Hitler überall in Berlin liegenließ. Er war rührend, hatte große tragische Momente. Die Aufführung im Schiller-Theater war ein Skandal und ein großer Erfolg.

Dann versuchte ich es nochmals mit Jérôme Anfang der 90er Jahre mit dem *Blauen Engel* im Theater des Westens in Berlin. Diesmal ging die Sache schief – ich wurde krank, in der Mitte der Proben, schmiß das Ganze hin und übergab es Jérôme. Er hat die Chose zu Ende gemacht und kassierte die Prügel für uns beide, was mir sehr leid tat. Jérôme hatte den *Blauen Engel* aus Freundschaft, nicht aus Ehrgeiz, übernommen und ihn eben auf seine Weise zu Ende gebracht. Das Publikum hatte etwas anderes erwartet, nämlich ein großes Theaterstück mit Revueeinlagen. Aber das Ganze wurde eine einzige lange Revueeinlage, was vielleicht für den *Blauen Engel* nicht so gut war. Das Theater ist ohne Pardon und ohne Mitleid. Die Journaille hat mir trotz Belegen die

Mit Jérôme Savary

Krankheit nicht geglaubt und meinte, ich wäre abgehauen, weil das Ganze nicht klappte, obwohl ich in 40 Jahren Theaterarbeit noch nie eine Inszenierung verlassen hatte. Daß im Theater *nur* Erfolg gilt, habe ich nie ganz akzeptieren können. In einem Künstlerdasein muß doch auch Mißerfolg einen Platz haben, er ist sogar wichtig und stellt sich später oft als Übergang zu einer anderen Arbeitsweise heraus. Aber Jérôme, der alte kluge Zirkushase, hat es immer schon begriffen: was am Abend läuft, das gilt. Bei allem Opportunismus besitzt Jérôme einen Schuß verrückter Genialität und die Courage, durchzusetzen, was er sich vorgenommen hat. Ich liebe ihn sehr.

Obwohl Savary in den 6oer Jahren auftauchte, hat er erst in den 7oer Jahren in Deutschland inszeniert, als Nagel ihm anbot, am Hamburger Schauspielhaus zu arbeiten. Kurt Hübner mochte ihn nie – Savary war ihm zu vulgär, zu flapsig, Jérôme hatte vor keiner Autorität Respekt und vor keiner Ästhetik. Grüber, Fassbinder und Stein, die ihre ersten großen Experimente bei Hübner in Bremen machten, hatten vielleicht eine radikalere Phantasie als Jérôme, aber am Ende war keiner von ihnen ein wirklicher Anarchist wie Savary.

Nach *Luther* übernahmen wir in Bremen Behans *Geisel* aus Ulm. *Die Geisel* war insbesondere *mein* Markenzeichen: anarchisches Volkstheater, wie ich es später noch oft gemacht habe und gerade dabei bin, es bei der Oper *Mahagonny* (Salzburg 1998) wieder zu versuchen. Unsere Art zu arbeiten veränderte sich in Bremen, aber nicht die Grundhaltung, die auch in den Köpfen der Schauspieler mit dieser sehr jungen, frischen Inszenierung der *Geisel* in Ulm verbunden war. *Die Geisel* lief in Bremen jahrelang und blieb ein Riesenerfolg. Das Besondere an diesem Stück und dieser Inszenierung war, daß das Stück auch in Bremen nicht auf der Bühne blieb. Es sprang sofort in den Zuschauerraum über, und man hatte eher das Gefühl eines Ereignisses (damals sagte man »happening«) als einer Theatervorstellung. Es war sozusagen

aktives Theater, ein Theater, das rüber-
sprang, die Grenzen zwischen Theater
und Leben übersprang. Ich habe das,
glaube ich, nur ein paar Mal auf verschiedene Weisen erreicht, obwohl ich es oft
gewollt habe. Viel später einmal (1984)
mit John Hopkins' *Verlorene Zeit*, ein
eher mittelmäßiges Fünfpersonenstück
über zwei Frauen, ein lesbisches Verhältnis und eine Vergewaltigung, was das
Publikum, weil das Stück die Probleme
der Zeit so genau traf, ganz wild machte.
Auch bei *Othello* 1976 in Hamburg war
das der Fall. Und auch bei *Der Widerspenstigen Zähmung*, keine sehr gute
Arbeit, die ich 1981 an der Freien Volksbühne in Berlin machte. Auch bei meiner
Hamburger *Lulu*-Inszenierung (1988)
und bei *Andi* (1987). Bei der *Geisel*, wie
gesagt, erlebte ich es zum ersten Mal. In
Bremen war dieses Gefühl noch stärker
als in Ulm, weil die Aufführung noch
schärfer war. Ich hatte ein paar Rollen
neu besetzt, die Aufführung war größer,
die Bühne war sechsmal so groß. Ich
war jeden Abend, wenn das Stück lief,
im Theater, eben wegen dieses knistern-
den, spürbaren Erlebnisses. Später, in Bochum, passierte es noch einmal bei *Kleiner Mann, was nun?* Kein Zufall, daß in
beiden Aufführungen Hannelore Hoger
die Hauptrolle spielte. Ihre Direktheit
traf, besonders in den 60er und 70er Jahren, die Aggressionen und auch die

Kurt Hübner

Katharina Tüschen

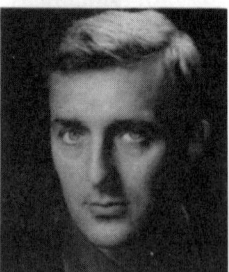

Wilfried Minks

Helmut Erfurth

Peter Zadek

Hannelore Hoger

Johannes Schaaf

Friedhelm Ptok

Sehnsüchte vor allem des jüngeren Publikums sehr genau. Von den 60 Vorstellungen, die es in Bremen von der *Geisel* gab, habe ich, glaube ich, nicht eine einzige verpaßt, weil die Aufführung mein chaotisches Weltbild zum ersten Mal wirklich spiegelte. Ich glaube auch, daß das junge Bremer Ensemble erst durch diese Aufführung begann, sein Selbstverständnis zu finden.

Es ist wirklich kurios, wenn man darüber nachdenkt: ein irisches Stück – ich bin erst einmal in meinem Leben (zu einem Theaterkongreß) in Irland gewesen –, von einem Kommunisten – dessen Politik mich nicht interessierte –, von einem Säufer – ich kann Säufer nicht ertragen –, in diesem Stück finden lauter Dinge statt, die mich nichts angehen und kilometerweit weg von mir sind, und trotzdem ist es ein Stück, das ich so an mich herangezogen habe, vielleicht so stark wie Joan Littlewood, die es entdeckt und »gemacht« hatte. Es hat mir gezeigt, daß es weder nötig ist, alte Stücke zu modernisieren, noch fremdsprachige Stücke zu verdeutschen, um sie mir und dem Publikum nahezubringen.

Behans *Spaßvogel (The Quare Fellow)* inszenierte ich zwei Jahre später. Die Todesstrafe war eines unserer Themen. Unsere Protesthaltung, die zu der Stimmung der 60er Jahre paßte, war in Sachen

Krieg, Armut, Todesstrafe usw. viel simpler und emotionaler als die der späteren 68er Studenten. *Der Spaßvogel* ist ein dezidiertes und kühles Stück, auch vom Thema her. Ein wunderbares, tief empfundenes Stück. Hier trat, glaube ich, Bruno Ganz als Johnny zum ersten Mal auf einer professionellen Bühne in Erscheinung.

Er war bei einem Vorsprechen aufgetaucht, das wir in Bremen regelmäßig, jeweils drei bis vier Tage lang, machten. Wir inserierten und schrieben an Schauspielschulen, und Bremen wurde überflutet. Da kamen dann Leute aus allen Ecken Deutschlands an. Das Vorsprechen fand hauptsächlich im kleinen Theater an

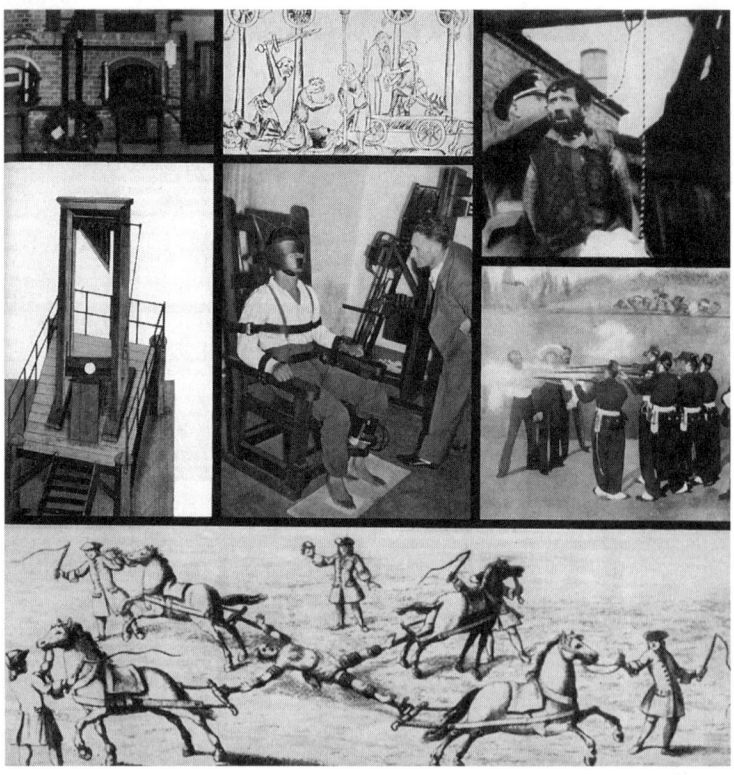

Aus dem Programmheft *The Square Fellow / Der Spaßvogel*
von Brendan Behan

der Böttcherstraße statt. Assistenten sortierten zuerst durch und
verabschiedeten die ganz unmöglichen Fälle. Danach blieben
immer noch unendlich viele übrig, die wir uns dann ansahen. Als
Bruno vorsprach, war Hübner gerade krank, so daß ich es alleine
machte. Bruno kam aus einem kleinen Theater in Göttingen und
sprach Albees *Zoogeschichte* vor. Ich war sehr beeindruckt, fand
ihn spannend, rief Kurt an und sagte: Hör mal zu, da ist ein Schauspieler, der heißt Bruno Ganz, ein Schweizer, der so einen komischen Schweizer Dialekt spricht, aber trotzdem finde ich den
unheimlich begabt und würde ihn gerne engagieren. Kurt bat
mich, ihn zu sich nach Hause zu schicken. Und das tat ich. Kurt lag
im Bett, und Bruno sprach ihm dann vor und wurde engagiert.
Daß Bruno Ganz überhaupt nach Bremen gekommen war, hing
mit einem Assistenten, Jochen Preen, zusammen.

Jochen Preen war eines Tages in meinem Büro aufgetaucht und
hatte gesagt: »Herr Zadek, ich weiß über Sie Bescheid und habe
über Sie gehört, ich möchte Ihr Assistent werden.« Ich sagte: »Tut
mir leid, ich habe schon genug Assistenten, geht nicht.« Er sagte:
»Ich mache es aber trotzdem. Ich werde Ihr Assistent werden.«
Und ich sagte: »Lieber Herr Preen, es geht nicht, ich habe genug
Assistenten hier.« Und er: »Na gut. Ich verlasse Bremen nicht,
bis ich Ihr Assistent bin. Hier ist meine Adresse, ich arbeite erst einmal im Hafen.« Und dann jobbte er im Hafen, und zwischendurch
meldete er sich immer, bis ich irgendwann nachgegeben habe. Das
hält ja kein Mensch aus. Jochen war ein ganz weicher, komischer
Mensch, mit dem ich mich sehr befreundet habe. Er war mit der
Schauspielerin Brigitte Janner verheiratet und interessierte sich
bei mir für das Feine und das Differenzierte, für Kammerspiele und
für Schauspieler. Es war deswegen wichtig, weil wir ja in Bremen
erst einmal großes Revue- und Regietheater machten. Aber sehr
bald setzte sich mein eigentliches Interesse für das Innenleben
von Schauspielern durch. Jochen interessierte sich eigentlich nur
dafür, für die Psychologie von Menschen und Schauspielern. Er
wurde selber Regisseur, unter anderem machte er den berühmten

Ekel Alfred im Fernsehen und später in Bochum auch auf der Bühne. Er schaffte es leider nie ganz, eine wirkliche Form auf der Bühne herzustellen. Es blieben feine, psychologische, raffinierte Schauspieler-Begegnungen. Der zweite Assistent, der auch sehr wichtig für mich war, hieß Hartmut Gehrke, auch er kam auf sehr lustige Weise zum Theater. Kurt Hübner war mal in München zu einer Aufführung und fuhr wie immer mit dem Auto, wie ich auch. Auf der Rückreise nach Bremen stand jemand an der Münchner Autobahn und machte Autostop. Kurt fragte, wo er hin wollte, und er sagte: »Ich möchte nach Bremen.« – »Da haben Sie ja Glück«, sagte Kurt, »ich fahre nämlich nach Bremen. Was wollen Sie denn in Bremen?« Und der junge Mann sagte: »Ich wollte zu Hübner und Zadek in Bremen.« Hübner: »Ja, da haben Sie Glück, ich bin Hübner, und ich fahre nach Bremen.« Hartmut Gehrke war ein 18- oder 19jähriger Junge, der Grafik studierte und der für mich das Gegenteil von Jochen Preen war, ein eher kühler, etwas analytischer Ästhet, der gerne theoretisierte, aber auch ein genaues Ohr für psychologische Wahrheit hatte. Er konnte mit eiserner Penetranz Schauspieler trainieren. Ich inszenierte irgendeine Szene und sagte dann: Hartmut, mach' du weiter. Bei *Frühlings Erwachen* hat er viele Szenen für mich vorbereitet. Er konnte am besten mit ganz jungen Leuten arbeiten, mit Anfängern, die mir selbst mit der Zeit ein bißchen auf den Wecker gingen. Ich hatte damals noch nicht die Geduld dafür, die Hartmut hatte. Dabei merkte ich auch die Diskrepanz zwischen meinem und ihrem Alter. Sie waren Anfang 20, ich war mittlerweile 40, und da war Gehrke eine Art Vermittler. Er war schwierig, neurotisch, aggressiv, fiel Hübner oft auf die Nerven. Sie hatten furchtbare Auseinandersetzungen, weil er auch inszenieren wollte, aber Hübner entschied sich am Ende für Qualität, auch hier. Mein Verhältnis zu Hübner war natürlich auch hochkompliziert und enthielt viele Konflikte. Hübner war oft erregt, manchmal auch wütend über alles, was ich machte. In der Zeit war es noch so, daß er in meine Proben kam und rumbrüllte. Irgendwann wurde es mir zu bunt, und so lud ich ihn dann zu sehr frühen Proben ein und sagte ihm: Jetzt guck' dir die Probe an und sag', was du davon hältst, und dann hau bitte ab und laß mich arbeiten. Es gibt die berühmte Geschichte über David O. Selznick und Hitchcock: Selznick hatte Hitchcock für *Rebecca* engagiert, und beim ersten Drehtag bat Hitchcock Selznick, ins Studio zu kommen und die Schauspieler kennenzulernen. Selznick kam, und Hitchcock sagte: Ich wollte Ihnen Herrn Selznick vorstellen, weil Sie ihn im Laufe meiner Arbeit nie wieder sehen werden. Good bye, Mr. Selznick. So ähnlich wurde es dann auch mit Kurt Hübner, weil er sehr gerne zu einem sehr späten Zeitpunkt in die Proben kam, am liebsten zur Hauptprobe, und danach noch alles umschmiß. Ich konnte das überhaupt nicht haben. Es hat die Schauspieler nervös gemacht und mich auch. Es gab andere Regisseure, die deswegen Bremen verließen. Mit Hübner mußte man wirklich schon umgehen können. Auf der anderen Seite war er so ein fester Punkt, und das ist ja das Wichtige an einem Intendanten – nicht, was er macht oder sagt, sondern in welcher Relation man zu ihm arbeitet. Ein Intendant ist eine Bezugsperson, auch wenn es nur eine organisatorische Bezugsperson ist. Bei Hübner war es auch eine Geschmacksfrage. Unsere Auseinandersetzung hatte mit seiner besonderen Art von Deutschheit und seiner besonderen Art von Regie, Sprachregie, zu tun. Für ihn war Theater Sprache, und jedesmal, wenn er eine Betonung hörte, die ihm nicht paßte, bekam er einen Krampf. Doch solange man ihn verkraften konnte, hatte seine extreme Haltung zu fast allen Theaterproblemen eine ganz große Qualität, auch die Tatsache, daß man immer wieder über ihn schimpfte, war ein gutes Ventil. Kurt war zutiefst kreativ, produktiv, ein obsessiver Theatermann, dessen einziges Kriterium Qualität war. Sein Instinkt für Begabung war phänomenal. Ohne ihn ist die Entwicklung des deutschen Theaters, vor allem in den 60er und 70er Jahren, nicht denkbar. Auch heute gibt es niemanden, der ihn ersetzen könnte.

Minks hatte eine große Begabung, Ruhe um sich zu schaffen, wenn Hübner und ich Krach hatten. In Hübners Bremer Büro standen ein großes Sofa und ein langer Tisch und irgendwo ein großer Schreibtisch. In dem Büro fanden unsere Planungen und Auseinandersetzungen statt, da wurde das post mortem gehalten, wenn die Sache schiefgegangen war, da gab es alles von Schreikrämpfen bis zu eingehenden Diskussionen über Details einer Inszenierung. Ungern wurden da die falschen Leute hereingelassen. Es waren meistens nur wir drei, die jeweilige Sekretärin saß draußen und wartete, daß Hübner brüllte: Frau Haugk, kommen Sie rein. Dann wurde irgend etwas diktiert, und sie wurde wieder rausgeschickt. Kurt war sehr ruppig in seinem ganzen Umgang, aber er hatte großen Charme, und die Leute liebten ihn. Ich war ganz sanft in meinem Umgang, und die Leute mißtrauten mir.

Als ich in Bremen anfing, hatte ich eine wunderbare Sekretärin, Lola Buch. Sie kannte Kurt noch aus der Schauspielschule und erzählte, wie introvertiert dieser Outsider schon damals gewesen sei. Aber sie liebte und bemutterte uns alle und war auch sehr streng mit der Ordnung, was sicherlich keine leichte Aufgabe war. Eine glückliche, optimistische, aber pragmatische Frau.

Minks war sehr beliebt. Er hatte eine großzügige, freundliche, ein bißchen unverbindliche Sachlichkeit. Ich war der unsachlichste Mensch, den man sich überhaupt vorstellen konnte. Ich war immer ironisch und bissig und aufgeregt, irgend etwas war immer los, oder ich hatte Bauchschmerzen, wie als kleiner Junge. Eines der großen Probleme Kurt Hübners war, daß er unendlich lange redete. Er rief oder schickte einen Assistenten: Peter, komm' doch mal schnell rauf. Ich ging in Kurts Büro, und da saß Wilfried schon auf dem langen Sofa, und dann wurde uns die Aufsichtsratssitzung genau Wort für Wort nacherzählt, die Kurt eben erlebt hatte. Wenn die Aufsichtsratsitzung drei Stunden lang war, dauerte die Erzählung auch drei Stunden, vielleicht länger, weil sie noch mit Kommentaren ergänzt wurde. Ich habe es eine Weile ertragen, und irgendwann hatte ich die Courage zu sagen: Kurt, ich muß jetzt nicht alles wissen, halte es doch mal kurz, ich gehe jetzt gleich. Da war er beleidigt. Er ist schnell beleidigt, aber nicht nachtragend. Wenn im großen Theater bei uns öffentliche Diskussionen stattfanden, die immer sehr interessant waren, wußte ich, wenn Hübner anfing zu reden, dann ist er sehr gut, die Leute lieben es, weil er so deutlich und klar ist und auch toll erzählen kann. Und langsam geht dann die Temperatur runter, weil er nicht aufhört. So trat ich ihn dann immer unter dem Tisch. Wir saßen nebeneinander, und er wußte, wenn ich einmal trete, wird es langsam zu spät, und wenn ich zweimal trete, ist es aus. Er hat sich oft danach gerichtet. Es war und bleibt wirklich eine tolle Freundschaft zwischen uns beiden, in meinem Leben habe ich keine vergleichbare erlebt und werde sie wohl auch nicht erleben.

Unser Trio war sehr effektiv. Wir verteilten die Leitungsfunktionen des Theaters unter uns, ich wurde nach anderthalb Jahren auch Schauspieldirektor und war damit verantwortlich für die Schauspieler und die Engagements, in manchen Fällen auch für die Verträge, obwohl alles mit Kurt und Wilfried abgesprochen wurde. Wilfried brachte die Werkstätten auf ein hohes Niveau. Es gab damals in Deutschland keine Theaterwerkstätten von dieser Qualität. Wilfried konnte alles selber, besser als jeder Handwerker. Er konnte jedem zeigen, wie er sägt, wo er sägt und wie er den Nagel einschlägt. So etwas respektierten die Leute in den Werkstätten natürlich. Als wir nach Bremen kamen, arbeitete Günther Schneider-Siemssen, der schon vorher recht bekannt war, als fester Bühnenbildner am Theater. Er arbeitete an der Met etc. und stellte das absolute Gegenteil von dem dar, was wir wollten. Er malte dekorative Backgrounds und vertrat eine Bühnenbild-Richtung, die Wilfried und ich als kunstgewerblich und kitschig ablehnten (heute noch ablehnen!). Schneider-Siemssen verließ das Theater sehr bald und machte dann woanders eine große Karriere. Karl-Ernst Herrmann, der heute Bühnenbildner an der Schaubühne ist, machte in Bremen hauptsächlich Operetten. Er war jünger als Wilfried und hat während unserer Zeit viel von ihm

gelernt. Er war der Bühnenbildner, dem wir immer das zuscho-
ben, was uns nicht interessierte. Daß er später so einen großen
Erfolg als Stein- und Peymann-Ausstatter haben würde, ahnten
wir nicht. Der dritte hieß Manfred Miller: er war älter und war der
routinierte Bühnenbild-Theatermann des Hauses. Er war freundlich, hilfsbereit, hatte den ganzen Stab und Apparat in der Hand,
wußte, wie alles läuft, und half uns sehr. Seine einfachen Bühnenbilder waren ein guter Gegensatz zu unseren fortwährenden
Experimenten. Minks wurde in Deutschland sehr schnell der
Bühnenbildner, für den sich jeder interessierte. Sein Antipode
war Jürgen Rose, der sich langsam mit der entgegengesetzten Art
von Bühnenbild durchsetzte und heute den Stil der Münchner
Kammerspiele prägt: gemalte, schöne, manchmal sehr dekorative
Bühnenbilder. Bei uns war alles rauh, nie dekorativ. Wir waren da
sicherlich etwas extrem.

Meine vier großen Aufführungen, die für mich jetzt ›Bremer Stil‹
bedeuten, also *Held Henry*, *Frühlings Erwachen*, *Die Räuber*,
und *Maß für Maß*, hatten alle extrem unkonventionelle Bühnenbilder. Bei allen vier Inszenierungen waren Bild, Kostüm (auch
Wilfried Minks) und Regie so aufeinander abgestimmt, daß es
fast unmöglich war zu entscheiden, wer was erfunden hatte. Der
innere Rhythmus des Ganzen war harmonisch und sicher.

›Bremer Stil‹ – was war das? Es war die Arbeit von Minks,
Hübner und mir. Eine Mischung aus Pop Art, einer kühlen, ein
bißchen an Brecht erinnernden Art von Schauspielführung, ironisch.

Für eine Reihe von Inszenierungen tauchte in Bremen Klaus
Grüber auf. Zuerst war er mir etwas unbegreiflich, halb italieni-
scher und halb schwäbischer Herkunft, schon eine sehr komische Kombination. Damals auch ein sehr sanfter, freundlicher
Mensch. Und ein absolut verbissener Marxist. Er machte ganz
erstaunliche Inszenierungen. *Woyzek*, die Oper, inszenierte er

damals als Operette. Eine seiner genialsten Arbeiten. Ich habe in
den 8oer Jahren von Achim Freyer etwas Ähnliches gesehen, er
machte den *Freischütz* in Stuttgart zu einer Operette. Der Unterschied war aber, daß Freyer es als Parodie machte und Grüber
nicht. Grüber machte wirklich eine echte Operette daraus, wie
er alles echt macht. Er kann gar nicht parodieren, will gar nicht
parodieren. Es ist immer echt. Alles, was er macht, ist auch
immer identisch mit ihm. Ich finde, er ist einer der zwei, drei
bedeutendsten und wichtigsten Regisseure des zweiten Teils
dieses Jahrhunderts. Ich kenne keine Inszenierung von ihm,
auch die, die mich weniger interessierten, die nicht die große
Qualität seiner reichen Phantasie hatte. Darauf kommt es ja an,
nicht auf die Details. Wenn man mich fragt, was Qualität ist – ich
kann es nicht beschreiben, aber ich weiß es in Sekunden. Ich
glaube, man weiß es einfach, man weiß es auch, wenn man ein
Bild ansieht. Die Intensität und Komplexität der Phantasie. Es
muß auch nicht sein, daß der Künstler ein großer Erfinder ist.
Erfindung ist zwar eine Qualität, aber sie ist nicht identisch mit
der Qualität des Kunstwerks. Nicht alle großen Künstler sind
unbedingt große Erfinder. Ein Giacometti ist ein großer Erfinder, aber wenn er nur ein Erfinder wäre, wie zum Beispiel Jeff
Koons, wäre er langweilig. Giacometti aber ist ein Erfinder und
hat zusätzlich eine ungeheure Qualität in seiner Phantasie. Wie
er Menschen sieht, wie er die Welt sieht, das ist ganz wunderbar.
Man kann seine Arbeiten immer wieder sehen, sie werden
immer nur besser, tiefer. Das ist auch eine Eigenschaft von Qualität. Qualität ist etwas, das immer nur besser wird. Je länger man
damit Kontakt hat, um so tiefer geht es. Die Tiefe von Qualität
und die Tiefe von großer Phantasie ist unendlich. Eine Erfindung kann etwas Tolles sein, und das war es dann. Man hat die
tolle Erfindung, die begeistert: mein Gott, war das toll. Ich sage
es vor allem, weil Theater ganz kurzlebig ist und in dem Moment ankommen muß, in dem es stattfindet. Deswegen gibt es
die Tendenz, schnelle Erfindungen zu machen oder eine schnelle

Erfindung als große Qualität mißzuverstehen. Diese Gefahr ist beim Theater größer als bei allen anderen Künsten. Ein Theaterstück ist ja nicht sehr lange sichtbar, wenn es hochgeht, ein oder zwei Jahre. Ein Bild kann man sich nach 10 Jahren noch mal anschauen und sagen, aha, siehst du, was ich damals gesehen habe, das war beeinflußt von Bauchschmerzen oder dem Wetter oder dem Krieg, der gerade stattfand, oder was weiß ich. Und heute sehe ich es wieder. Und heute ist es noch spannender. Weil es aus dem alten Kontext raus ist, weil es aus der Zeit raus ist und trotzdem bestehen bleibt. Theater passiert, wenn es passiert, aber man spürt schon noch, ob es die große Qualität hat oder nicht. Man kann sich nur leichter irren. Und das, was einem als die große Qualität erscheint, war oft nur eine tolle Erfindung.

Eines Tages fuhr ich mit Beate nach Heidelberg, wo ihre Eltern lebten, und lernte ihren Vater kennen, der, wie erwähnt, ein heftiger Antisemit war, ein alter Nazi. Seine Reaktion: Wenn du weiter mit diesem jüdischen Mann zusammen bist, werde ich dich enterben, und außerdem darfst du meinen Namen nicht mehr tragen. Wir lebten schon zusammen und hatten vor, auch weiterhin zusammenzuleben, und so beschlossen wir, eben für Beate einen neuen Namen zu finden. »Was würde denn deinen Vater am meisten ärgern?« Wegen der Juden, dachten wir, wäre Judy vielleicht besonders schön. Ein origineller Nachname fiel uns nicht mehr ein, deswegen nahmen wir einfach die Jahreszeit, die gerade herrschte: Judy Winter. Von dem Moment an hieß Beate Richard Judy Winter. Sie hat den Namen bis heute beibehalten. Als ich sie viele Jahre später einmal wiedertraf, nachdem wir uns lange nicht mehr gesehen hatten, war sie ein bißchen sauer, als ich sie Beate nannte.

SOMMERNACHTSTRAUM

In Bremen tauchte zum ersten Mal ernsthaft die Frage der Shake-
speare-Übersetzungen auf. In Ulm hatte ich nur mit den Schlegel-
Übersetzungen gekämpft. In Bremen entschloß ich mich jetzt,
neue Übersetzungen machen zu lassen.

Ich fuhr nach London zu Erich Fried und sagte zu Erich, den ich
aus Londoner Zeiten kannte: »Hör zu, ich finde, du hast eine
große Aufgabe. Ich finde, du solltest Shakespeare übersetzen.« Da
hat er gesagt: »Um Gottes willen, mach mich nicht fertig. Du bist
verrückt geworden.« Und ich: »Es gibt niemand anderen, den

A
**Midſommer nights
dreame.**

As it hath beene ſundry times pub-
likely aɗed , by the Right Honoura-
ble, the Lord Chamberlaine his
ſeruants.

ΓΓrriten by VVilliam Shakeſpeare.

Printed by Iames Roberts, 1600.

Titelblatt der Erstausgabe des „Sommernachtstraum".
London, 1600

…Der Übersetzer berichtet…

Als erster redete mir Dr. Rudolf Walter Leonhardt in
Hamburg, in seinem Büro in der ZEIT, zu, ich solle
Shakespeare neu übersetzen. Aber das kam zu
unerwartet, ich war mit Arbeit überhäuft, hatte Angst
und wollte auch nicht – noch mehr als bisher – als
‚Übersetzer' etikettiert werden, was für einen Schriftsteller und Dichter nicht erfreulich ist. Ernst wurde
es erst zwei Jahre später, als Peter Zadek mich auf-
forderte, den SOMMERNACHTSTRAUM sofort für
Bremen zu übersetzen, meine ersten Probeüberset-
zungen lobte und mir dann auch weiterhin, immer
wenn ich den Mut verlor, in langen Ferngesprächen
geduldig zuredete.
Ermutigt wurde ich anfangs durch kleine Ungenauigkeiten der vorhandenen Übersetzungen. Wenn Puck
in seinem Monolog im 5. Akt sagt:
    Now the hungry lion roars,
so heißt das bei Schlegel und Tieck:
    Durstig brüllt im Forst der Tiger.
Wieland läßt die Stelle ganz weg, und bei Hans
Rothe steht:
    Mitternacht! die Wölfe heulen.
Da schien es mir leicht, etwas näher an das Original
heranzukommen. Ich schrieb:
    Hungrig brüllt der Löwe nun.
Diese selbe Übersetzung fand ich später auch bei
dem leider fast vergessenen Max Moltke. Daß n u n
ein schwächeres Reimwort ist als r o a r s – b r ü l l t,
nahm ich in Kauf: die alten Chinesen haben gesagt,
auch die beste Übersetzung sei nur wie die Kehr-
seite eines schönen Teppichs.

Aus dem Programmheft *Sommernachtstraum*, Bremen

ich mir vorstellen kann, der das könnte. Ich brauche einen großen Dichter, und das bist du. Ich brauche jemanden, dessen Englisch so gut ist wie sein Deutsch. Ich habe vor, den *Sommernachtstraum* zu machen.« Hin und her, auf jeden Fall überredete ich Erich, und er sagte: Gut, ich mache es. Das tat er auch, und ich inszenierte dann 1963 in Bremen den *Sommernachtstraum*. Es war ein Desaster, trotz der neuen Übersetzung. Ich bin mit dem Stück, das ich sehr liebe und auch damals schon sehr gut kannte, nicht fertig geworden. Es ist ein Stück, das von Shakespeare für eine Hochzeitsfeier geschrieben worden war, für einen Herzog als Geschenk, und es wurde zu diesem Anlaß

Puck schließt seinen Monolog mit den Zeilen:
I am sent with broom before,
To sweep the dust behind the door.
Schlegel sagt:
Voran komm' ich mit Besenreis,
Den Flur zu fegen blank und weiß.
Tieck will Schlegel verbessern und sagt die Flur, offenbar weil Elfen meist auf grüner Flur tanzen, obwohl diesmal der Flur des Herzogspalastes gefegt werden soll. Die Verwandlung des schalkhaft-liederlichen Gnomen in einen Hausgeist von deutscher Gründlichkeit ist eine fast noch kühnere ‚Interpretation‘ als Rothes Umdichtung:
und ich fege mit dem Besen
schlechte Launen vor die Tür, –
Auch Richard Flatter zeigt Puck reinlichkeitsbeflissen:
Den Besen her! ich geh voran,
Daß sich kein Stäubchen zeigen kann.
Max Moltke übersetzt:
Ich bin als Gesandter hier,
Rein zu fegen Tor und Tür.
Ich habe versucht, mich ans Original zu halten und lasse Puck sagen:
Mich schickt man mit Besen vor,
Den Staub zu fegen hinters Tor.
Zwar faßt Gundolf diese Stelle ganz anders auf:
Hier mein Besen kehrt zuvor
Allen Staub weg hinterm Tor.
Aber ich glaube, Shakespeare wollte den liederlichen Puck gar nicht gründlich reinemachen lassen. Pucks Art ist es, den Staub nur rasch in die Winkel zu fegen.
In Wirklichkeit war aber die Hauptaufgabe meiner Übersetzung weit weniger die Entscheidung zwischen verschiedenen gelehrten Auslegungen und umstrittenen Lesarten des Originaltextes, sondern vielmehr der Versuch, einfach möglichst nahe am englischen Text zu bleiben, ohne mich dabei in Schachtelsätze zu verlieren, außer, wo Shakespeare selbst absichtlich gewählte Konstruktionen (und kompliziertere, von Schlegel nicht wiedergegebene Reimformen) benutzt, wie in Hermias und Lysanders Dialog vor dem Einschlafen im Wald. Eine Übersetzung, die sich ans Original hält, läßt dem Übersetzer weniger Spielraum für Interpretationen und Fehlinterpretationen als eine ‚freie Nachdichtung‘.
Aber ab und zu habe ich mir einen sechsten Fuß gestattet, denn die Zählung der Silben schien mir weniger wichtig als sprachliche Rundung und gefällige Kadenz, und manchmal habe ich auf philologische Treue verzichtet, um die Dichtheit des Urtextes zu bewahren. Wie schon vor Jahren bei

Dylan Thomas, habe ich manche Wortspiele lieber transponiert oder an ihrer Stelle eine Zeile vor- oder nachher ein anderes Wortspiel im Sinn des Originals eingefügt, als Shakespeares Wortspiele immer wort- und ortgetreu aber lendenlahm zu übersetzen oder einfach wegzulassen, wie Schlegel die Wortspiele und Wechselreden der Hofgesellschaft nach dem Selbstmord des Pyramus wegläßt.
Schlegels Gründlichkeit und Sprachkenntnisse lernte ich bei der Arbeit mehr und mehr bewundern. Seine Schwäche ist nicht, daß er veraltet oder philologisch überholt ist, sondern daß seine eigene Sprachgewalt und seine lyrische Begabung mit seinem Verständnis für die Sprache, mit seiner Klugheit und Einsicht nicht Schritt halten konnten. Deshalb sind uns ja auch seine eigenen Dichtungen so wenig lebendig geblieben. So konnte ich mich nicht, wie ich ursprünglich gehofft hatte, auf eine Bearbeitung seines Textes beschränken, sondern mußte den Sommernachtstraum neu übersetzen. Dabei bin ich mit Schlegels Formulierungen aber nicht ängstlich aus dem Weg gegangen, obwohl ich vielleicht noch mehr von Wielands St. Johannis Nachts-Traum übernommen habe, der trotz aller Flüchtigkeit und Unvollständigkeit stellenweise an sprachlicher Genialität alle anderen Übersetzungen übertrifft. Auch Schlegel hat Wielands Text oft, sogar zu oft, übernommen. Schlegel aber verdanke ich nicht nur mein erstes, entscheidendes Shakespeareerlebnis (ohne das ich diese Arbeit wahrscheinlich nie unternommen hätte), sondern auch einen Text, der so gut und gewissenhaft ist, daß er auch noch als Herausforderer zum Wettstreit Helfer und Schützer bleibt.

Erich Fried

Aus dem Programmheft *Sommernachtstraum*, Bremen

in einem großen Schloß gespielt. Ich wollte es deswegen auch in einem Schloß spielen lassen. Wilfried, der wie immer das Bild machte, und ich waren mit der Planung auch schon sehr weit, aber irgendwann mochten wir es dann nicht und ließen es sein, fingen noch einmal von vorne an und bauten einen stilisierten Wald aus Holzbrettern. Es sah am Ende aus wie eine anthroposophische Bühne. Ich verlor mich damals hilflos in der deutschen Romantik. Der nächste Fehler war die Besetzung, weil ich irgendwelche Leute von auswärts geholt hatte. Wir machten Oberon zum Einhorn, wir versuchten die Phantastik des Stücks darzustellen, statt sie zu erzählen, und das wäre ja damals mit Frieds Übersetzung durchaus möglich gewesen. Das einzige, was gut war, waren die Liebesszenen. Diese witzigen Liebesszenen, die meistens schiefgehen im Stück, gespielt von Hannelore Hoger, Judy Winter, Friedhelm Ptok und Konstantin Paloff. Sie waren wirklich witzig, auf eine Boulevard-Weise sophisticated und scharf. Es war das erste Mal, daß mir so etwas bei Shakespeare gelungen war.

Ich habe sicherlich immer fünf oder mehr Projekte, mit denen ich mich beschäftige, während ich eines gerade ausführe und ein anderes aktiv vorbereite. Es sind Projekte wie *Peter Pan* oder Marlowes *Tamburlaine*, die ich seit dreißig Jahren im Kopf habe, über die ich verhandle, wissend, daß nur 10 Prozent von ihnen realisiert werden. So träume ich auch von einem *Sommernachtstraum* mit Mendelssohns Musik, von einem Symphonie-Orchester live gespielt. Leider kann kein normales Theater sich ein Symphonie-Orchester leisten. So schlug ich vor einigen Jahren das Projekt Peter Stein vor, als er Theaterdirektor in Salzburg war, wo ja Max Reinhardt den *Sommernachtstraum* einmal vor langer Zeit inszeniert hatte. Die Verhandlungen zogen sich hin. Inzwischen sprach ich mit Claudio Abbado, um es mit ihm und mit dem Chamber Orchestra of Europe, dessen Dirigent er ist, zu machen. Wir planten zuerst eine Art Voraktion für das Silvesterkonzert 1995 in der Berliner Philharmonie. Ich wollte um die Musik herum Teile aus dem Stück bauen, Sony ein Video dazu machen.

Es war eine Vorstufe zur geplanten großen Inszenierung, die wir
bis jetzt nicht auf die Beine gestellt haben – aus finanziellen und
organisatorischen Gründen. Stein, der damals Shakespeares
Römerdramen in der Felsenreitschule plante, hatte gewollt, daß
ich dort *Antonius und Cleopatra* inszeniere. Ich meinte, ein so
intimes Stück wie *Antonius und Cleopatra* sollte man nicht in
dem Riesenstall inszenieren, schlug Stein statt dessen den *Sommernachtstraum* vor, mit Mendelssohn usw. Er fand es gut und
inszenierte *Antonius und Cleopatra* dann selbst, während ich es
bei den Wiener Festwochen und am BE machte. Wir verhandel-
ten weiter über den *Sommernachtstraum*. Ich wollte, daß
abends gespielt wird, so daß das Stück im Hellen anfängt und
sich in dem Moment verdunkelt, in dem die Schauspieler in den
Wald gehen. Die Felsenreitschule ist ein Freilufttheater. Stein
meinte, es müsse nicht echt sein, man könne es mit Licht
machen. Er wollte, daß man nachmittags und mit geschlossenem
Dach spielte. Der Grund war die Tatsache, daß nebenan ein
Opernhaus, das Kleine Festspielhaus, liegt. Das Opernhaus
spielt abends. Abends kann nur einer Musik machen, weil man
sich gegenseitig hört. Daraufhin erklärte der Festspielleiter
Gerard Mortier sich bereit, an den *Sommernachts*-Abenden im
Festspielhaus nur nachmittags zu spielen. Nun dachte ich, es sei
alles klar, dann hieß es, sie könnten sich leider doch kein Orchester für die Aufführung leisten. Das Ganze fiel für Salzburg ins
Wasser. (Den *Sommernachtstraum* machte dann jemand anders
ohne Musik). Ich plante es neu für das Holland Festival 1997,
sprach auch mit Klaus Bachler, als er die Wiener Festwochen leitete, wir suchten in Wien nach Spielorten und sahen uns den
Park in Laxenburg an. Bachler hätte es gerne gemacht, aber das
Projekt war für die Felsenreitschule geplant, und deswegen führten alle weiteren Bemühungen zu nichts. Und das Projekt ging
kaputt. Meistens dauert es nicht so lange herauszufinden, daß
etwas nicht möglich ist. Die Enttäuschung ist jedesmal groß, weil
der Einsatz jedesmal hundertprozentig ist. Ich kann sehr schwer

meine Vorstellung einer Aufführung ändern, wenn ich sie einmal im Kopf habe. Theater muß sich in gewissen Dingen den Gegebenheiten anpassen, aber das Anpasserische des Theaters ist auch seine größte Schwäche. Wenn also mein Gesprächspartner, sprich Produzent, Peter Stein heißt, erwarte ich von ihm Verständnis dafür. Claus Peymann, der Intendant des Burgtheaters Wien, hat weitgehend dieses Verständnis, Stein ist zuviel Regisseur, zuwenig Intendant, dafür zu neidisch.

Seit 1997 gibt es jedoch ein neues *Sommernachts*-Projekt – wieder mit Abbado und nun in Italien, für das Jahr 2000 oder 2001 in Ferrara, wo im dann hoffentlich restaurierten Teatro Verdi, dem Schwestertheater des parmaischen Teatro Farnese (beide stammen aus dem 17. Jahrhundert, Giovanni Battista Aleotti hat sie gebaut), Abbado den *Sommernachtstraum* dirigieren und ich ihn auf englisch inszenieren will. Für dieses Projekt stand immer Max Reinhardts herrlicher, poetischer Film *Midsummer Nights Dream* mit Mickey Rooney und James Cagney Pate.

HELD HENRY

Erich Fried übersetzte als nächstes *Heinrich V.* für mich.

Ein Stück, an das ich mich hauptsächlich wegen der berühmten Verfilmung mit Laurence Olivier erinnerte, ein Film, den ich sehr mochte und der eigentlich als englischer Propagandafilm im Zweiten Weltkrieg gemacht war. Ich hatte damals, wie viele andere, auch eine große Lust, Helden und mächtige Leute zu demontieren, und so kamen wir darauf, das Stück wie einen Comic-Strip zu inszenieren und *Held Henry* zu nennen. Wir hängten vorne auf der Bühne einen großen Prospekt auf, mit 30 Heldenbildern von Montgomery bis zu Uwe Seeler. Komischerweise, wie es immer so ist bei Shakespeare, auch wenn ich anfange, solche Ideen zu entwickeln, setzen sich bei mir letztlich doch die Figuren des Stücks durch. Ich habe eine »Konzeption«, will die Sache in einer bestimmten Richtung stilisieren, und es setzt sich doch wieder die komplizierte Menschlichkeit der Figuren durch. Es war in diesem Fall die Figur Heinrich V. selber, die Friedhelm Ptok wunderbar spielte. Es gibt eine ganz zentrale Szene, in der der König nachts vor der Schlacht von Agincourt durch seine Zelte geht und darüber nachdenkt, was den Soldaten in der Schlacht passieren wird und daß er dafür verantwortlich ist. Eine tolle Stelle bei Shakespeare, die mich heute noch berührt und mich an die Antikriegsgedichte von Siegfried Sassoon denken ließ:

Mit Erich Fried in Bremen

Does it Matter?
von Siegfried Sassoon

Does it matter? – losing your legs? ...
For people will always be kind,
And you need not show that you mind
When the others come in after hunting
To gobble their muffins and eggs.

Does it matter? – losing your sight? ...
There 's such splendid work for the blind;
And people will always be kind,
As you sit on the terrace remembering
And turning your face to the light.

Does it matter? – those dreams from the pit? ...
You can drink and forget and be glad,
And people won't say that you're mad;
For they know you've fought for your country
And no one will worry a bit.

Ist das so schlimm?

Ist das so schlimm – die Beine verlieren? ...
Die Leute sind stets zu dir gut,
Und du brauchst nicht zu zeigen, wie's tut,
Wenn die andern vom Jagen heimkehrn
Und ihr Brötchen mit Ei goutieren.

Ist das so schlimm – verlierst du die Sicht? ...
Der Staat nimmt die Blinden in Hut,
Und die Leute sind stets zu dir gut,
Sitzt du nachdenklich auf der Terrasse
Und wendest dein Antlitz zum Licht.

Ist der so schlimm – dieser Traum aus dem Schacht? . . .
Du trinkst und vergißt was dich drückt,
Und niemand nennt dich verrückt;
Man weiß ja, du kämpftest fürs Vaterland,
Es gibt keinen, dem das etwas macht.

(übersetzt von Peter Zadek und Elisabeth Plessen)

Lamentations
von Siegfried Sassoon

I found him in the guard-room at the Base.
From the blind darkness I had heard his crying
And blundered in. With puzzled, patient face
A sergeant watched him; it was no good trying
To stop it; for he howled and beat his chest.
And, all because his brother had gone west,
Raved at the bleeding war; his rampant grief
Moaned, shouted, sobbed, and choked, while he was kneeling
Half-naked on the floor. In my belief
Such men have lost all patriotic feeling.

Klagen

Ich fand ihn im Wachraum im Hauptquartier.
Aus dem Stockdunkel hatt' ich ihn weinen gehört und lief rein.
Erstaunt sah ein Offizier
Ihm zu. Sinnlos war's, zu meinen,
Er hörte auf. Er heulte, raufte Brust und Haar.
Nur weil sein Bruder hopsgegangen war,
Wütete er gegen den Scheißkrieg. Sein wilder Schmerz
Klagte, schrie, schluchzte, von Sinnen um den Toten,

Halbnackt am Boden knieend. Hand aufs Herz,
Männer wie er sind einfach keine Patrioten.

(übersetzt von Peter Zadek und Elisabeth Plessen)

Von einem bestimmten Punkt an fing mir mein Pop-Art-Anti-
helden-Konzept an, ein bißchen aufgesetzt zu wirken. Es wurde
letztlich eher ein Abend gegen den Krieg, und die Helden wurden Kriegsverbrecher. Sowohl mein *Pott* (1970) als auch *Antonius
und Cleopatra* (1994) gehören zu der Serie von Arbeiten, die
sich mit der Blödheit von Krieg und seiner Verschwendung
beschäftigen.

Kenneth Tynan kam aus London, um über die Inszenierung zu
schreiben, und war begeistert. Das Resultat: Wir bekamen eine
Einladung vom Old Vic, und wir wandten uns ans Auswärtige Amt
in Bonn, um das Gastspiel finanziert zu bekommen. Nachdem die
es sich angesehen hatten, sagten sie, wir denken gar nicht daran,
diese Art von Propaganda durch staatliche Gelder zu unterstützen,
und damit war das Gastspiel gestorben. Statt dessen machten wir
ein Gastspiel in Paris im Théâtre Sarah Bernardt, das die Franzosen selber bezahlten. Es war übrigens mein erster richtiger Konflikt dieser Art in der Öffentlichkeit mit der deutschen Regierung.

Kenneth Tynan hatte natürlich den Einfluß bemerkt, den Joan
Littlewood auf mich mit *O, What a Lovely War* gehabt hatte. Ich
hatte das Stück tatsächlich gar nicht so lange vor meiner Inszenie-
rung gesehen und hatte eine ganz ähnliche Haltung wie Joan zum
Krieg. Auch das Revueartige war von ihrer Arbeit stark beeinflußt.
Meine Inszenierungen damals waren voller Einfälle (negativ
gesagt: Gags), in *Held Henry* zum Beispiel eine Modenschau mit
Kriegsrüstungen, Mode für den Nahkampf.

Manchmal, fürchte ich, waren die Einfälle an den Haaren her-
beigezogen. Heute gibt es bei mir auch noch solche Späße – nicht
ganz so lustig, aber auch besser integriert.

Flandern, im Mai 1915.
Liebe Mutter! — Damit rechnet doch jeder, der ins Feld zieht, daß er einsam draußen sterben muß. Das ist doch nicht so furchtbar Schlimmes! Das Sterben ist nichts Schlimmes mehr, wenn es erst an einen herantritt. Das macht einem erst das Sterben schwer, wenn man weiß, das die Angehörigen sich ganz nutzlos mit ihrer eigenen Phantasie quälen und sich die schrecklichsten Situationen ausmalen; von denen die, die ihnen als die schrecklichste erscheint, tatsächlich die schönste, wenn auch die letzte Stunde unseres Lebens sein kann. Was ist denn da Schlimmes dabei, wenn man ganz einsam auf dem Felde liegt und weiß, es geht zu Ende? Gar nichts Schlimmes. Da kann man so ruhig und friedlich sein, wie man seit seiner Kindheit niemals mehr gewesen ist.

Aus dem Programmheft *Held Henry*

MARLENE DIETRICH:

VORTEILE FÜR REKRUTEN UND FREIWILLIGE

Sie sind von jeder Verantwortung befreit — was sehr erholsam ist.

Sie brauchen keine Entscheidungen zu treffen — was sehr erholsam ist.

Sie haben Grund zum „Meckern" — was sehr erholsam ist.

Sie werden ernährt — was sie wieder jeder Entscheidung enthebt und ihnen neuen Grund zum Meckern gibt.

Man reißt sie von Mutters Rockzipfel los — was höchste Zeit ist.

Sie bekommen eine Uniform — das Attraktivste, was ein Mann tragen kann. Die Uniform bewahrt sie davor, ihre äußere Erscheinung zu verderben, falls sie schlechten Geschmack haben. Sie erspart ihnen eine weitere Entscheidung: die Krawatte auszuwählen. Frauen vertrauen ihnen.

Sie lernen Disziplin, geistige und körperliche.

Sie lernen — mit anderen Leuten zusammenzuleben.

Sie lernen — sich an das Ungewöhnliche zu gewöhnen.

Sie lernen — Korpsgeist.

Sie lernen — den Gürtel enger zu schnallen.

Sie lernen — auf das kostbare Alleinsein zu verzichten.

Sie lernen — daß sie fähig sind, viel mehr zu schlucken, als sie je für möglich hielten.

Sie lernen — nach einem Stundenplan zu leben.

Sie lernen — sich an unsanftes Wecken zu gewöhnen.

Sie lernen — Sauberkeit (falls es Muttern nie gelang).

Sie lernen — kochen und Kartoffeln schälen und das Unvermeidliche mit Würde zu tragen.

Aus dem Programmheft *Held Henry*

RAINER WERNER FASSBINDER

Er inszenierte in Bremen, ohne daß ich ihn gleich kennenlernte. Mich interessierten nur seine Inszenierungen, z. B. *Pioniere in Ingolstadt* von der Fleißer. In Bremen lernte ich auch Peer Raben kennen, der die Musik für Fassbinder schrieb und auch manchmal inszenierte.

Eine wunderbare Inszenierung machten sie, glaube ich, gemeinsam, *Das brennende Dorf* von Lope Félix de Vega. Es ereigneten sich damals in Bremen so viele aufregende Sachen, daß wir fast nicht mitbekamen, was sonst noch alles um uns herum passierte, denn von einem gewissen Punkt an wollte jeder, der in Deutschland jung und begabt war, nach Bremen. Es gab einen endlosen Strom von Leuten, und wir konnten das alles gar nicht mehr verkraften, vor allem Mitte der sechziger Jahre nach den *Räubern*. An all dem war nicht zuletzt ein Kritiker schuld, Ernst Wendt. Ernst

Peer Raben

Wendt hatte meine Inszenierungen und Minks' Arbeiten schon in Ulm gesehen und war für diese Zeit mit Abstand der wichtigste und beste Kritiker, nicht nur, weil er gute Sachen schrieb, sondern weil er einen Weg gefunden hatte, Kritiken zu schreiben. Er beschrieb die Aufführungen und sonst gar nichts. Er sparte sich seinen Kommentar. Die übrigen Kritiken damals waren eher ausführliche Betrachtungen über Philosophie, Goethe, den gesamten Bildungsstand der Deutschen. Es waren ungeheuer lange Romane, wo man stundenlang lesen mußte (wie ja heute manchmal auch noch), bis man an die Pointe kam und sah, ob der Herr die Inszenierung nun gut fand oder nicht. Wendt, der für *Theater heute* schrieb, war anders. Er war der, der irgendwann in den sechziger Jahren den Begriff ›Bremer Stil‹ erfand. Ich muß allerdings sagen, von dem Moment ging es mit uns abwärts. Plötzlich waren wir gelabelt, Bremer Stil, und alles, was am Haus passierte, mußte Bremer Stil sein. Jeder kleine Regisseur, der da inszenierte, inszenierte Bremer Stil.

Outsider sind typisch für ihre Zeit. So Godard und Fassbinder für unsere. Sie treffen genau die Schwächen und machen sich über die Mitmacher – ihre Feinde – lustig.

Als ich zum ersten Mal einen Fassbinder-Film sah – er hieß *Katzelmacher* –, war alles gleich klar: es handelt sich um einen Outsider, einen Frontkämpfer, einen Gegner der Spießer und der Mitmacher, und um einen begnadeten Filmemacher. Die Reduzierung, die Ökonomie der Dialoge, damals schockierend kahl, heute tausendmal schlechter nachgemacht, wirkte explosiv, kühl, aggressiv und – poetisch. Der Schriftsteller-Regisseur hörte genau und stilisierte scheinbar kunstlos. Niemand in Deutschland hat seit seinem Tod etwas von annähernder Qualität im Film geschaffen.

Wahrscheinlich mußte er jung sterben – der Mitmacher Fassbinder wäre genauso unvorstellbar wie der Weise. Seine letzten Filme – *Lili Marleen, Maria Braun, Querelle* – schienen perfekter, waren aber weniger originell, weniger genau, scharf, leuchtend als *Dreizehn Monde* und *Petra von Kant*. Die großen frühen

Filme zwangen dem Zuschauer seine Vision auf, die späten bedienten Klischees, statt sie zu entlarven.

Aber auch der Outsider, vielleicht besonders der Outsider, ist nicht nur typisch für seine Zeit, er ist auch an sie gebunden. Seine Sachen veralten schneller – auch Godards Filme sind heute wie Relikte der sechziger Jahre –, weil der Outsider sich erst und primär mit seiner eigenen Zeit auseinandersetzt. Jeder neue Film von Fassbinder war ein übergreifendes Ereignis, ins Leben der Menschen übergreifend, penetrant, oft peinlich, voyeuristisch-besserwissend. Obwohl sein Thema die fünfziger Jahre, die Nachkriegszeit war, war die Wirkung sofort und heftig. Es wird eine Zeit dauern, bis die damalige sofortige Reaktion auf seine aggressiven Kommentare zu unserem Leben ersetzt werden von einer Distanz, die den poetischen Inhalt seiner Filme wieder freigibt.

Fassbinder war ein ungemütlicher Typ, unzuverlässig allem außer seiner Kunst gegenüber. Als ich ihn 1972 überredet hatte, mit mir in Bochum Theater zu machen, bereitete er mit großem Enthusiasmus und Energie die erste Spielzeit mit mir vor. Ein paar Wochen vor dem Anfang kam das Telegramm – tut ihm leid, er wird doch nicht kommen. Wir trafen uns in einem Kölner Hotel, Rainer umgeben von seinen Mitarbeitern, ich mit meinem damaligen Partner Gottfried Greiffenhagen. Für uns stand viel auf dem Spiel. Es war meine erste Intendanz. Klaus Grüber, der dritte im Bund der Regisseure, hatte mir vor Monaten abgesagt. Jetzt sollte unser ganzes Projekt zusammenbrechen. Ich machte irgendwann den Fehler, mit Rainer über seinen schon lang unterschriebenen Vertrag zu sprechen. Lachend antwortete er, wie lustig er sich das vorstellte, wenn ich ihn zwingen würde, seinen Vertrag zu erfüllen. Darauf würde er sich besonders freuen. Aber am Ende kam er doch. Zum Teil, weil wir uns mochten und unsere Arbeit gegenseitig gut und originell fanden. Auch weil er auf die Auseinandersetzung Lust hatte (mit mir). Hauptsächlich weil er sich schon einiges vorgenommen hatte und seine Schauspieler und Mitarbeiter nach Bochum bringen konnte.

Eine Art Feindbild aber war ich doch für ihn. Erstens war ich Intendant, zweitens »alt« – 46 –, drittens Engländer, sozusagen, und viertens Jude. Außerdem war ich nicht schwul. Gleich bei unserem ersten Treffen, als die Spielzeit losging, gab es Streit. Rainer hatte mitgekriegt, daß ich *Kleiner Mann, was nun?* inszenieren würde – großer Aufwand, Musik, Girls, alle meine Stars in großen und kleinen Rollen. Daraufhin entschied er sich, *Käthchen von Heilbronn* zu machen, mit einem »echten Wasserfall« auf der Bühne. Wichtig war, daß das Fassbinderunternehmen mindestens so teuer wie meins sein mußte. Als diese Krise überwunden war und Rainer sich mit *Liliom* begnügte, kam schon die nächste. Ensembletreffen. Ich hatte mir vorgenommen, in dieser schwierigen Zeit der Mitbestimmungsmodelle meine Art von Mitbestimmung im Bochumer Theater einzuführen. Das heißt, ich glaubte und glaube noch immer, daß Theater nur einen Entscheidungsberechtigten verträgt – Kunst überhaupt, da Geschmäcker nicht über ein Mehrheitsvotum zu vereinbaren sind –, aber ich wollte dem damaligen antiautoritären Empfinden ein Stück entgegenkommen, indem ich dem Ensemble Einspruchsrechte bei bestimmten Themen und Problemen einräumte. Das erklärte ich dann auch. Rainer stand auf und verlangte für das Ensemble Einspruchsrechte für »alles«. Obwohl er nur die eine Spielzeit in Bochum blieb, hinterließ er einen revolutionären Impuls, der später viel Ärger und auch Produktivität brachte. Solange er noch in Bochum inszenierte, war alles unsicher. Er probierte, wann es ihm gefiel. Er brachte wen er wollte in das Ensemble. Latent war permanente Zerstörung da. Es gab Schlägereien, vor denen ich mich fürchtete, und Auseinandersetzungen, vor denen er sich immer fürchtetete und sie vermied, wenn es überhaupt ging. Er lebte ostentativ in einem Hotel in Gelsenkirchen – damit man ihn nicht mit Bochum identifizierte. Als sein Stück *Die Stadt, der Müll und der Tod* herauskam, machten wir eine öffentliche Diskussion (auch im Radio) mit Erich Fried und Jean Améry, die Volker Canaris moderierte. Als Fassbinder verlauten ließ, daß er eigentlich für die gedruckte Fassung

nicht so richtig verantwortlich sei, da der Verlag ihm die letzte
Druckfassung nicht vorgelegt hatte (eine Tatsache, die der Suhrkamp Verlag abstritt), verließ ein wütender Améry die Bühne. Rainer provozierte gern, aber ließ sich ungern auf die Konseqenzen
ein. Sein Antisemitismus war simpel, brutal und existentiell. Er
hatte die bösen Frankfurter Baulöwen – alle Juden? – selbst erlebt.
Daß er die Nazipropaganda, die er als Kind mitgekriegt hatte – er
ist Jahrgang 46 –, verewigte, störte ihn nicht.

Einer seiner letzten Filme, *Veronica Voss*, gehörte trotz all seiner Qualitäten zu den eher klischierten Geschichten, die Fassbinder zuletzt drehte. Die deutsche Star-Story, an *Sunset Boulevard*
erinnernd, war eher ein Schmöker. Durch Rosel Zechs vorzügliche
Darstellung des alternden Filmstars wurde die Kolportage ver-
menschlicht. In der Geschichte gab es zwei Filmregisseure. Der
eine, ein keifender Preuße, perfekt besetzt mit Volker Spengler.
Den anderen, den ich als Max Ophüls identifizierte, sollte ich

Fassbinder und Zadek als Ophüls in *Veronica Voss*
bei der Bavaria Film

spielen. Rainer wußte natürlich, daß ich kein Schauspieler bin und extrem scheu und stotternd vor der Kamera stand. Aber da er mir die Rolle anbot und ich großes Vertrauen in ihn hatte, akzeptierte ich. Ich genoß den Gedanken auch, endlich mal nicht voll verantwortlich für das Ganze zu sein, und wenn Rainer meinte ... So be it. Ich büffelte eine Woche lang an dem kurzen Text, den ich zu sprechen hatte – auswendig lernen konnte ich noch nie –, zog mich in der Garderobe so an, wie ich Ophüls in Erinnerung hatte, und meldete mich zum Dreh.

Mit Rainers Ankunft veränderte sich sofort die Atmosphäre im Bavaria-Studio. Bis er kam, gab es die übliche Mischung aus Geplapper und sinnvoller Aktivität, die für einen Fremden bzw. jemanden, der dem Metier fremd ist, immer wie Nichts-Besonderes-Tun erscheint. Von dem Moment an, wo Rainer ankam, herrschte Konzentration. Er verschwand gleich wieder mit Kameramann und Assistent, um die Szene zu besprechen. Bald war er zurück, und die Arbeit fing an. Ich hing schon bei meinem ersten Satz – es war klar, daß ich zu nervös sein würde, um den Text genau zu bringen, wenn die Kamera lief. Rainer schien das nicht zu stören. Er stellte die Szene, und als ich immer wieder Text vergaß, sagte er: »Sag doch einfach, was dir einfällt.« Damit war der Bann gebrochen und, getragen von der absoluten Sicherheit, die Rainer ausstrahlte, spielte ich die Szene. Ich glaube sogar, daß mir der richtige Text einfiel. Er hatte eine hypnotische, befreiende Wirkung auf die Schauspieler, eine große Konzentration, und er schaffte es, ganz schnell *seine* Phantasie für die Szene auf uns alle zu übertragen.

Fassbinder war für mich, wie für viele andere, fremd. Kein Gesprächspartner. Sein schwarzledernes Zimmer, seine vielen Fernseher und Videos, die alle simultan liefen, seine zumeist schwulen Freunde, Mitarbeiter und Anhänger – mit ihnen hatte ich nichts zu tun, wollte es mit wenigen Ausnahmen auch nicht. Trotzdem rechnete ich ihn als meinen Freund, obwohl ich ihm nicht traute. Er widmete mir seinen Film *Maria Braun*, seinen Hund nannte er »Zadek«. Ich bat ihn oft um Rat, der meistens stimmte, und hätte ich Hilfe gebraucht, hätte ich ihn sicher drum gebeten. Die Tatsache, daß ich nicht mehr gespannt auf den nächsten Fass-binder-Film warten kann, macht mein Leben – und das vieler anderer – ärmer. In der heutigen Flut der Bilder, die uns blenden, wäre ein Fassbinder, der eindeutig und genau, minimal und wahr-haftig sieht, dringend nötig.

Claus Peymann

In Bremen sah ich 1966 das Gastspiel des Berliner Forumtheaters von Handkes *Publikumsbeschimpfung*. Der Regisseur, Claus Peymann, wollte damals bei mir Assistent werden. Er war meiner Arbeit aber damals schon zu fremd. Ich fand Peymann immer einen etwas zu alten Studenten; was er machte, war Studenten-theater. Aber was er heute macht, ist auch Studententheater. Knapp, oberflächlich, stilisiert, ein bißchen kunstgewerblich und sehr wirkungsvoll. Peymanns Begabung ist ausschließlich die, daß er der einzige wirkliche Intendant im deutschsprachigen Theater ist. Daß er nebenbei noch inszenieren muß, ist sein Pro-blem. Wahrscheinlich braucht er das. Aber es ginge genausogut ohne. Er ist wirklich ein interessanterer Intendant als Jürgen Flimm oder Thomas Langhoff – als ich sowieso –, weil er als Inten-dant immer die Begabung hat, eine große Gruppe von Menschen zusammenzuhalten und auch andere Regisseure heranzulassen, sogar Regisseure, die ihm das Leben schwer machen – wie ich. Er gibt ihnen einen riesigen Freiraum. Er ist unangenehm als Inten-dant, diktatorisch, unberechenbar und so weiter. Ich kenne nur zwei Intendanten, die ausschließlich daran interessiert waren, ein guter Intendant zu sein. Der eine ist natürlich Kurt Hübner, den ich wirklich für das Maximale als Intendant überhaupt halte, zumindest zu seiner Zeit. Und Peymann ist der zweite, der sogar heute noch mit dem Theater fertig wird. Heute Intendant zu sein ist ja fast eine Unmöglichkeit, weil der Verwaltungsapparat so riesig geworden ist, ganz besonders im Burgtheater. Es ist völlig unübersichtlich, was da in einem Riesenhaus mit Hunderten von Angestellten, einer komplizierten Bürokratie und komplizierten Verhältnissen zur Stadt und zum Land, zum Staat und so weiter alles läuft. Es ist so komplex, daß man schon eine enorme Begabung und Überlegenheit haben muß, um es überhaupt zu begreifen, geschweige denn damit fertig zu werden. Ich habe es gemerkt, als ich Intendant am Hamburger Schauspielhaus war, auch einem sehr großen Theater, und mit all dem überhaupt nicht fertigwurde. Es hat nichts damit zu tun, ob man die richtigen oder falschen Leute hat; einen guten Verwaltungsdirektor muß man sowieso haben. Es gehört schon etwas dazu, die richtigen Leute zu finden. Das weiß jeder Manager. Peymann konnte es, obwohl ihm in der Mitte seiner Amtszeit – ein schreckliches Wort, Amtszeit, da will man sich schon erschießen, wenn man es hört – in Wien sein halbes Team weglief. Er machte trotzdem weiter, einige kamen wieder zurück, und das finde ich bemerkenswert. Er war imstande, komplizierte Leute wie Brandauer und Voss und wie sie alle heißen über ganz lange Zeit zu halten. Und er ist auch uneitel genug, wenn er zum Beispiel bei Voss merkte, daß er kein guter Regisseur mehr für ihn war, andere Regisseure zu holen, die es ihm abnahmen. Nur so blieb Voss dann sehr, sehr lange dort. Das finde ich alles sehr bedeutend, was nicht heißt, daß Peymann andauernd tolles Theater macht. Er macht auch sehr oft furchtbares Theater. Er ist ein Dressierer, kein Regisseur. Er dressiert die Schauspieler. Er ist auch jemand, der tagelang drei Sätze übt, bis seine Schauspieler es können. Das ist sehr deutsch. Allerdings hat er ein großes Empfinden für Sprache. Sehr für ihn spricht, wie er einen Autor wie Thomas Bernhard gepflegt hat. Das ist etwas, zu dem die wenigsten deutschen Intendanten imstande sind. Einen Autor festzubinden, unter Umständen auch seine schlechten Stücke zu bringen, zu sagen, das ist mein Autor, mit dem mache ich jetzt über die nächsten Jahre Theater ...

Guten Tag, Roswitha Hecke
Ein Gespräch

Roswitha Hecke erzählt: Ich war 1966 achtzehn Jahre alt, hatte gerade meine Fotografie-Lehre in Hamburg beendet und fragte Peter, ob ich die *Räuber*-Inszenierung in Bremen fotografieren dürfte.

Peter war aufregend. Ich hatte einen Freund, den Maler Olly Heitmüller (später der Bühnenbildner von *Gerettet* und *Der schmale Weg in den hohen Norden*), der immer von Peter schwärmte. Er war einfach immer in unserem Gespräch. Wir lebten in Hamburg. Olly ging auf die Hamburger Kunstschule, und wir fuhren fast jedes Wochenende nach Bremen, weil er Assistent bei

Rosi

Aus dem Scrapbook von *Frühlings Erwachen*: »Sexuelle Probleme
der heranwachsenden Jugend«

Wilfried Minks war. Das Theater in Hamburg (Gründgens' Theater) existierte für uns überhaupt nicht. Ich durfte also die *Räuber* fotografieren, und Peter haben die Fotos sehr gut gefallen. Danach habe ich sein *Frühlings Erwachen* in Den Haag fotografiert, und dann fing unsere gemeinsame Geschichte an. Peter fragte Olly, ob ich die Inszenierungsarbeit fotografieren könnte. Der Fotograf dort paßte ihm nicht. So habe ich mich ins Auto gesetzt und bin hingefahren.

Damals, in Bremen, war es einfach eine aufregende Stimmung. Alle waren ständig high. Heute geht zum Beispiel jeder nach der Vorstellung oder den Proben nach Hause. Der eine macht Fernsehen, der andere das – Peter dagegen hatte ein offenes Haus. Eine Riesenwohnung, in der das ganze Leben stattfand. Wenn er sich hinlegte, waren nebenan Leute, die Pingpong spielten oder dasaßen und Bücher lasen. Es war ständig irgend jemand in der Wohnung, man wachte auf, und es saßen Leute da, oder andere kamen gerade. Man lebte einfach zusammen und arbeitete zusammen. Es war eine ständige Kommunikation. Es war alles ständig in Bewegung.

Peter: Ja, wie Roswitha erinnere ich das auch. Ein andauernder Wirbel. Ich erinnere mich zum Beispiel daran, daß ihr jungen Spunde – ich war ja schon 40 – mit Fahrrädern und Motorrädern in der Wohnung auftauchtet. Die ganze Wohnung stand voller Fahrräder. Ich war wütend und sauer. Die fanden es aber lustig, mir Fahrräder in die Wohnung zu stellen. Allerdings war die Wohnung auch riesig. Es gab einen Raum, der auf der einen Seite in den Park guckte, und auf der anderen waren, nur durch eine Halbtür abgetrennt, die Küche und das Bad. Das heißt, wenn man gebadet hatte, war man im Salon.

Roswitha: Es gab ein Bad, aber es gab in der Küche noch eine Badewanne. Da hat man auch gebadet. Es waren nämlich zwei Wohnungen. Du kamst die Treppe hoch, dann gings nach links und rechts. Die gegenüberliegenden Wohnungen waren eine Wohnung, und dadurch war das Bad riesengroß. Peter war unser

Guru, jeder fühlte sich bei ihm aufgehoben. Eine Art Großfamilie, das Ganze. Inklusive Familienkräche. Die späteren Stars – Bruno, Vadim Glowna, Jutta Lampe –, sie waren alle am Anfang, sie wußten nur, daß da in Bremen die höchste Qualität war.

Peter: Erinnerst du dich noch an die Lila Eule? Eine Diskothek. Oder wie nannte man das damals? Ich sehe uns da noch sitzen oder liegen und *Something stupid* von Frank und Nancy Sinatra hören. In Amsterdam, wohin wir von Den Haag aus abends immer fuhren, hast du mich dann von einem Schuppen zum anderen gezerrt. Ich wollte nicht, mußte aber ständig mit dir tanzen gehen. Du hast mich damals völlig wahnsinnig gemacht.

Roswitha: Für mich hattest du ungeheure Vitalität.

Peter: Hatte ich auch, ich habe ja 24 Stunden am Tag gearbeitet.

Roswitha: Also Kraft, jeder war beeindruckt.

Peter: Jetzt sag mal was Negatives. Was fandest du denn ekelhaft, abgesehen davon, daß ich jüdisch war, was sicher schon ekelhaft genug war ...

Roswitha: Das hat mich ja besonders gereizt.

Peter: Daß ich Jude war?

Roswitha: Ja sicher.

Peter: Warum?

Roswitha: Ich weiß nicht, ich habe einen Hang zu diesen Menschen.

Peter: Hast du schon mal einen jüdischen Freund gehabt außer mir?

Roswitha: Ja, in Paris. Es ist eine bestimmte Mentalität, die mich besonders fasziniert daran.

Peter: Beschreib mal.

Roswitha: Das ist erst mal die Energie, die du hast. Die Kraft.

Peter: Aber das haben auch andere.

Roswitha: Die Juden haben eine ganz spezielle Energie.

Peter: Was ist denn daran speziell?

Roswitha: Es ist eine andere Sehnsucht, die Juden haben.

Peter: Nach?

Roswitha: Es hat mit dem Tod zu tun. Ich würde nicht sagen, daß es eine Todessehnsucht ist, aber sie haben ein anderes Verhältnis zum Tod als wir. Ich kann das jetzt nicht so formulieren, aber es ist anders. Sie sind anders beseelt irgendwie. Ich habe noch nie so darüber nachgedacht. Es ist das erstemal jetzt, so spontan – ich kann das nur umschreiben. Es ist eine andere Tiefe, die ausstrahlt, die mich wie so ein Magnet anzieht. Es ist eine bestimmte Kreativität. Sie kommt eben mehr aus der Seele, nicht nur aus dem Gehirn.

Peter: Man muß dazu sagen: Bei dem Wort »Seele« zeigt sie gerade auf ihren Bauch. Bei »Gehirn« auf ihren Kopf. Eigentlich sitzt die Seele ja nicht im Bauch, aber ich weiß genau, was sie meint.

Roswitha: Es hat auch mit Erotik zu tun, nicht unbedingt mit Sexualität. Und auch mit dem Mystischen, das mich auch an den Arabern faszinierte.

Peter: Du hast ja lange genug dort gelebt. Hast du viele Araber kennengelernt? Und war das spannend?

Roswitha: Ja, aber du kannst eigentlich keinem Araber trauen. *Roswitha Hecke hat in den 80er Jahren mit ihren Kindern in Marokko gelebt.*

Peter: Ich war zum ersten Mal in den 70er Jahren mit Gehrke und Freunden auf eine Kurzbesichtigung da, 1982 mit Elisabeth noch einmal ausführlicher. Ich habe nie wirklich einen Araber kennengelernt, aber Tanger fand ich ganz wahnsinnig. Ich hatte *Jeder stirbt für sich allein* hinter mir und die Nase voll vom Theater, von Berlin, von Deutschland, und ich wollte außerdem mal alleine mit Elisabeth sein. Wir haben uns ins Auto gesetzt und fuhren nach Marokko. Auch, weil ich gerade Paul Bowles' Roman *Der Himmel über der Wüste* wiedergelesen hatte. Leo Lehman hatte ihn mir mal in der Bremer Zeit in die Hand gegeben: Peter, das ist dein Roman, das ist deine Geschichte. Du mußt einen Film daraus machen. Damals hatte mich das Buch begeistert und 1981 wieder. (Später erzählte mir Gorbatschow, es sei sein Lieblings-

buch aus dem Westen.) Auf eine gewisse Weise war die Erotik des
Amerikaners namens Port meine Welt. Die Geschichte des Ehe-
paars, auch der Gedanke an die Frau, Kit, die sich versucht zu
emanzipieren und so weiter, der Sog in den Osten, in den Süden,
in die Wildnis, naja, das wilde Ufer. Und dazu eben ein witziger,
differenzierter, frecher Dialog, sophisticated, amerikanische
Sophistication. Von dem Moment an versuchte ich immer wieder,
die Filmrechte für das Buch zu bekommen, die bei Robert Aldrich
in Hollywood lagen. Nun, sehr viel später, dachte ich, ich gehe einfach selbst zu Paul Bowles und frage ihn, ob er mir die Rechte gibt.
Das war lange vor Bertoluccis Plan, den Roman zu verfilmen. Eine
Biografie über Paul und Jane Bowles, *A little original Sin*, faszinierte mich: die Ehe zwischen dem jüdischen New Yorker Mädchen Jane und dem schwulen Komponisten Paul. Klaus Mann
hatte sie zusammengebracht. Der Gedanke, daß ein Paar sich
trifft, sich verliebt – sie schlafen miteinander, es funktioniert nicht,
und sie entscheiden sich trotzdem, ihr Leben zusammen zu verbringen und sich nie wieder zu berühren! So ist es auch gelaufen ... Es war eine wirkliche Liebesgeschichte. Sie einigten sich
darauf, daß das Problem der Sexualität nicht noch einmal auftau-
chen dürfe. Daraufhin fuhr Paul Bowles nach Tanger, fand seinen
schwulen arabischen Freund, Jane kam nach und fand auch eine
Geliebte, und es war alles ganz schrecklich. Sie trank, mit vierzig
wurde sie verrückt und bekam einen Schlaganfall.

Roswitha: Janes arabische Freundin war ziemlich daran beteiligt. Black Magic ist in der Luft in Tanger, in ganz Marokko,
manchmal spürt man diese Energie so, daß man richtig Schwierigkeiten bekommt. Es ist so in der Luft, wenn du dort lebst.

Peter: Wir haben Paul Bowles dann in Tanger gefunden, und
Elisabeth und ich unterhielten uns lange mit ihm, und ich bat um
die Filmrechte von *Sheltering Sky* (*Himmel über der Wüste*). Er
sagte, ja, von ihm aus, es gäbe aber eine komplizierte Rechte-
Situation, Robert Aldrich, der die Rechte hätte, wäre gerade
gestorben, sie lägen jetzt bei seinem Estate. Paul erzählte uns

dann, daß er seine Oper *Yerma* (nach Lorcas Stück) gerade überarbeitete. Er hatte für die frühen Tennessee-Williams-Filme die
Musik geschrieben und spielte mir nun Teile von *Yerma* vor, die
mir allerdings nicht besonders gefielen. Eines Tages, als ich ihn
wieder besuchte, saß ein Männchen in der komischen marokkani-
schen Ecke des Wohnzimmers. Ich guckte ihn an, weil er mir
bekannt vorkam, und es stellte sich heraus, daß es der Filmkriti-
ker Gavin Lambert war, den ich aus den 40er und 50er Jahren aus
London kannte, auch ein Homosexueller, der mittlerweile eine
recht große Figur in Hollywood geworden war, viele Drehbücher
und Romane geschrieben hatte und sein Ferienhaus in Tanger
hatte. Wir trafen uns noch einmal und hatten uns genauso wenig
zu sagen wie 20 Jahre früher in London. Ich fand Tanger faszinierend, die Mischung der Stadt: das billige Touristische, das Kauf-
haus, eine Idiotenstadt, und dann gehst du zwei Schritte weiter,
und da ist der marokkanische Teil, und dann gehst du noch einen
Schritt und bist mitten in den arabischen Nächten und weißt überhaupt nicht mehr weiter ... Ein Weilchen dachte ich sogar darüber nach, ob ich mir da nicht ein Haus mieten sollte. Ich hatte
aber auch das Gefühl, daß ich mit der Stadt nicht richtig fertig-
werden würde ... Ich wollte auch mal nach Sizilien ziehen ...

Roswitha: Ich habe in Marokko zuerst auf einem Campingplatz
mit meinen beiden Kindern in einem ausgebauten Bus gelebt.
Dann bin ich immer näher an Tanger herangezogen, zum Schluß
stand der Bus direkt am Ozean auf einem Berg unter Riesenpal-
men und Eukalyptusbäumen, direkt am Ozean, wo der Wind
wehte. Einer der schönsten Orte überhaupt, zehn Minuten von der
Stadt entfernt. Danach zog ich richtig in die Medina, in die Kasbah,
in ein Penthouse mit Blick auf ganz Tanger, auf das Rif-Gebirge
und auf Spanien. Diese Dinge in Marokko sind paradiesisch. Aber
dagegen steht die Craziness der Leute, mit denen du tagtäglich
konfrontiert bist. Es ist eigentlich fast unmöglich, dort zu leben.

Peter: Hast Du aber lange genug gemacht, drei Jahre. Tut es dir
nicht leid?

Roswitha: Niemals. Ich weiß nicht, ob du es weißt, ich hatte ja einen schrecklichen Unfall. Mit 60 gegen einen Baum gefahren. Daß ich überhaupt noch lebe. Es hat mit Black Magic zu tun. Ich fuhr dieses Auto und hatte das Gefühl, ich bin das überhaupt nicht. Ich wußte das natürlich in dem Moment nicht. Said (*ihr ältester Sohn*) saß hinten drin. Wenn er vorne gesessen hätte, was er sonst immer tat, wäre er nicht mehr da. Der Baum, der war hier, neben dem Sitz, voll drin.

Peter: Wann war das?

Roswitha: Vor drei Sommern. Ich war im Krankenhaus.

Peter: Wo, in Tanger?

Roswitha: Ja, aber nur eine Nacht. Dann hat mich meine Freundin versorgt. Ich hatte Gehirnerschütterung und, ich glaube, 17 Stiche hier oben. Sie haben mich genäht, und Said hatte ein Bein gebrochen, aber wir haben es überlebt. Der Kleine war nicht mit. Und dann ging das los: ich mußte dieses Schrottauto, weil es in meinem Paß vermerkt war, aus Marokko rausschaffen, oder ich hätte 30.000 Dirham zahlen müssen – viel zuviel Geld – also mußte es aus meinem Paß. Und um es aus dem Paß zu bekommen, mußte es das Land verlassen. Das hat mich zwei Monate solche Nerven gekostet! Bei den Behörden sagt dir jeder was anderes, das ist Marokko. Es ist ja schon kompliziert, ein Paket abzuholen. Du gehst nicht einfach hin und nimmst das Paket und unterschreibst etwas, sondern das kostet Nerven. Ich hatte eine Green card, eine Carte de séjour, ein Jahr lang, um nicht alle drei Monate über die Grenze zu müssen. Und die Green card wieder loszuwerden – das hat Wochen gedauert. Ich dachte, ich fahre nächste Woche zurück nach Deutschland. Nichts. Ich mußte den Flug immer wieder verschieben, weil alles so kompliziert war.

Peter: Und welche Sprache, Französisch?

Roswitha: Ja, die Leute, die ich kannte, haben natürlich Englisch gesprochen. Aber Französisch oder Spanisch.

Peter: Ich aß immer im Café in der Hauptstraße, gegenüber der Synagoge.

Roswitha: Mein Café war ein Café gegenüber der Kneipe, in der immer der Schriftsteller Chukri saß. Da besuchte ich ihn manchmal. Mein Café hieß Christal Palace, nur Männer. Es war aber das einzige Café, wo du als Frau in Ruhe gelassen wurdest. Die Kellner waren unheimlich süß. Dein Café kenne ich auch. In der Nähe gibt es eine Seitenstraße, durch die man von dem Café aus das Meer sehen konnte, das fand ich auch immer schön.

Peter: Bist du in Marokko auch weiter rumgekommen?

Roswitha: Ich war, als ich mit Said schwanger war, doch auf dein Anraten hin dort. Wegen Zadek bin ich überhaupt nach Marokko gegangen! Ich wollte nach Afrika. Ich bin vier Monate mit Sidney (*ihrem Mann*) durch Marokko gefahren.

Vadim Glowna und Charles Lang waren zwei Hamburger Schauspielanfänger, die in Bremen vorsprachen. Vladim war ein wilder, undisziplinierter Halbstarker, der damals so unverständlich sprach wie später Wildgruber, als ich ihn kennenlernte. Charlie hatte einen heavy Schweizer Akzent, überzeugte aber vor allem durch Rückwärtssaltos. Vadim wurde, ich glaube, weil man ihn so schwer verstand, in den *Räubern* noch ausgebuht, trotzdem wurde er mit der Zeit einer unserer Stars, der Gegenpol zu dem ordentlichen Bruno Ganz und der herrliche, fröhliche, exzentrische Mensch, der er heute noch ist. Charlie wurde der Bewegungschoreograph und Fechtmeister des deutschen Theaters und einer meiner engsten und wichtigsten Mitarbeiter bis heute.

Charlie Wesseler, den ich schon in Köln kennengelernt hatte, Pianist, Lyrikschreiber, Schauspieler und Dr. phil. der Philosophie, blieb ebenso lange Freund und Mitarbeiter, insbesondere bei den revueartigen Spektakeln wie *Geisel, Kleiner Mann, was nun?* und *Jeder stirbt für sich allein.*

SCHILLERS DIE RÄUBER

Es war eine Aufführung, die ich selber nicht sehr mochte. Bruno Ganz macht mir heute noch den Vorwurf, daß ich während der Generalprobe unten saß und Zeitung las. Er hat mir das nie verziehen. Die Inszenierung war mir einen Schritt zu weit in die Künstlichkeit gegangen – durch den Einfluß von Wilfried. Wilfried war fasziniert von unserem Konzept. Das Bühnenbild frei nach Roy Lichtenstein fand ich auch wunderbar, aber Wilfried wollte eben auch – das ist heute noch mein Streit mit ihm, er sieht Dinge oft Eins-zu-Eins –, daß es *nur* noch ein Comic-Strip ist. Er wollte, daß sich die Figuren auch wie Comic-Strip-Menschen verhalten, bewegen und aussehen. Dem half er mit sehr ausgefallenen Kostümen nach. Damals machte er die Kostüme noch selber. Er verwendete ganz unrealistische, maskenartige Schminke, aber daß sich die Schauspieler auch so bewegen sollten wie in einem Comic-Strip, das meinte ich überhaupt nicht. Und ich konnte es auch nicht.

In Interviews und Diskussionen, die es damals über die Inszenierung oft gab, verteidigte ich unsere Arbeit. Ich mache es immer – die internen Auseinandersetzungen im Theater gehen die Öffentlichkeit nichts an. Öffentlicher Familienstreit ist langweilig und gibt dem Feind bzw. dem Spießer und dem Journalisten Futter. Vielleicht war ich außerdem damals gar nicht so sicher. Ich weiß nur noch, daß, als wir mit *Frühlings Erwachen* in London waren, Wilfried sagte: »Schade, wir hätten mit den *Räubern* kommen sollen«, während ich sagte: »Ich hätte das nicht so gern gesehen.« Die Auseinandersetzung ging unter anderem um die Rolle des Franz Mohr, eine der besten Rollen, die Bruno Ganz je gespielt hat. Er hatte riesige Affenohren. Er war sehr frei und skurril, aber dabei realistisch und hielt die Spielweise auch durch, während die anderen, zum Beispiel Hans Peter Hallwachs als Spiegelberg, immer stilisierter wurden. Wilfried wollte mich überreden, das Ganze immer noch weiterzutreiben. Wir hatten während der Proben ständig Auseinandersetzungen mit den

Schauspielern, die unsere beiden Standpunkte kannten und nicht vereinbaren konnten. Im Grunde war es der Anfang vom Ende unserer Zusammenarbeit. Es war der Höhepunkt und zur selben Zeit der Anfang vom Ende. Die Situation war ähnlich wie die vom *Balkon* in London. Genet, wie Wilfried, wollte ein artifizielleres Theater als das, was ich mit meinem »Menschentheater« verbinden konnte. Hinzu kam, daß ich gegen Ende der Bremer Zeit Robert Muller in das Bremer Team als Dramaturg holen wollte, sicher der Versuch, wieder einen Schritt zurück zu meiner englischen Theaterarbeit zu machen. Darüber gab es einen großen internen Kampf zwischen mir und Minks, der das nicht wollte. Und ich denke, er wollte es aus verschiedenen Gründen nicht – aus ästhetischen Gründen, weil er meinte, daß es zu weit von seiner Richtung wegging, aus Konkurrenzgründen nicht, weil er sich selber als Regisseur sah und als Regisseur weiterarbeiten wollte, doch in einer ganz anderen Richtung. Robert Muller entschloß sich, unabhängig davon, nicht nach Bremen zu kommen. Er wankte hin und her, seine Karriere in England war zu der Zeit nicht sehr sicher, aber er dachte, ich fahre doch lieber zurück nach London und mache das, was ich kann. Ich bin Journalist und Schriftsteller, nicht Dramaturg.

Zur Zeit der *Räuber* arbeitete Thomas Valentin als Dramaturg im Haus. Ich weiß noch, wie er nach der Premiere in Hübners berühmtes Büro stürmte und sagte: »Peter, du hast einen Satz gestrichen. Das werde ich dir nie verzeihen.« Er war ein rührender deutscher Schullehrer. Es hat ihn zutiefst verletzt, wie ich mit der deutschen Klassik umgegangen bin.

Die Räuber ist bis heute meine einzige Inszenierung eines deutschen Klassikers, und ich kann mich mit ihr zumindest nicht wirklich identifizieren. Es war eigentlich Wilfrieds Inszenierung. Mich interessieren auch heute keine ästhetischen Konzepte, sondern die Widersprüche in den Menschen, in den Figuren. Die Widersprüche im Leben. Das Leben ist eben nie Eins-zu-Eins. Es besteht für mich nur aus Widersprüchen. Und das will ich immer zeigen. Ich habe manchmal so komische Leute als Schauspieler und überhaupt kuriose Menschen um mich herum – alles Menschen, die in sich große Widersprüche haben. Dadurch werden sie auch unsichere Menschen, weil Widersprüchlichkeit ja nicht etwas ist, das einen automatisch sicher oder klar macht, mich auch nicht. Ich bin über die Jahre vielleicht ein bißchen sicherer und klarer geworden, wenigstens gewohnt, mich sicherer oder klarer auszudrücken. Aber es ist nicht so lange her, daß ich es nicht so gut konnte. Ich weiß noch, daß ich in Bremen, wenn ich irgendwelche Interviews gab, sehr viel um den Brei herumgeredet habe, weil ich mir meiner Sache nicht sicher war. Ich konnte mich auch schwer ausdrücken. Ich habe fast nie etwas geschrieben, hin und wieder einen Artikel, wenn es unbedingt sein mußte. Erst in den 70er Jahren wurden mir Dinge ein bißchen klarer. Es gab auch Leute, die mir halfen, klarer zu werden, zum Beispiel Roswitha, die Fotografin, die ich am Ende meiner Bremer Zeit kennenlernte. Sie half mir ganz sicherlich, in meinem Kopf klarer zu werden. Obwohl sie selbst ein Schusselkopf war, hatte sie eine Klarheit, eine große Deutlichkeit, auch wenn sie selbst oft nicht wußte, worum es ging. Das hat mich damals unheimlich beeindruckt. Sie war ein anmachender, aggressiver, ein bißchen bescheuerter Mensch und wußte immer sehr genau, was sie wollte. Und sie wollte zum Beispiel in diesem Fall mich. Hat sie auch gekriegt. Sie hat auch alles andere und alle anderen Damen weggefegt, mit einer fast genialen Dynamik. Ich erinnere mich sehr gut, daß die arme Judy Winter aus diesem Kampf erschöpft und hysterisiert herauslief und ganz schnell jemand anderen heiratete. Als ich mich erstaunt zeigte, meinte Judy, ich würde Heirat wohl ernster nehmen als sie. Meine verzweifelten Versuche, Frauen zu verstehen, haben mir viel Zeit genommen, aber auch viel Spaß gemacht. Manche Frauen – mit einigen war ich im Lauf meines Lebens zusammen – wissen mehr, als sie wissen. Bei Männern gibt es das weniger. Eine Klarheit aus der Intuition heraus über Entscheidungen, das Leben, Menschen. Dazu gehörte Roswitha – eine Hexe eben.

Dazu gehörte auch meine erste Freundin, Renee Goddard. Ich fühlte mich zuerst nicht sehr wohl mit Roswitha, weil sie trotz ihrer Jugend sehr zerstörerisch war. Sie war stur, sie war jung und bescheuert. Ich erinnere mich an Autofahrten von Hamburg nach Bremen, wo sie bei 140 auf der Autobahn die Tür aufmachte und sagte: Ich springe gleich raus. Sie tat es dann natürlich nicht, sie hatte auch nicht vor, es zu tun, aber in solche Situationen brachte sie mich immer wieder, und das machte mich sehr wach. Es war aber auch sehr anstrengend. Es war überhaupt eine sehr anstrengende Zeit. Aber anregend und belebend. Als Roswitha und ich längere Zeit in Holland waren, weil ich dort inszenierte, schleppte sie mich von Disco zu Disco und in lauter Situationen, die eigentlich nicht meine Situationen waren, sondern ihre, die *sie* interessierten. Sie wollte die ganze Nacht tanzen, ich wollte überhaupt nicht tanzen. Es hat mich furchtbar gelangweilt und ermüdet. Aber ich machte es halt mit, und es war gut für mich, ein Zusatzprogramm zur obsessiven Arbeit. Es hat mich auch klarer im Kopf gemacht, obwohl es mich zuerst etwas verwirrte, gebe ich zu. Bei einer unserer ersten Begegnungen, erinnere ich mich, wollten wir in Bremen eine Straße überqueren. Ich wollte gerade losgehen und wäre beinahe überfahren worden. Sie hielt mich zurück. Ich sagte: Vielen Dank, sehr freundlich. Aber das war ein Moment, in dem ich dachte: Aha, die paßt auf oder irgendsowas, ich weiß nicht, was ich dachte. Wahrscheinlich dachte ich: Ein Glück, ich bin nicht tot, und sonst gar nichts. Aber das sind Momente im Leben, die man auch nach 30 Jahren nicht vergißt. Es sind übrigens auch die Momente, die man bei Theateraufführungen nicht vergißt. Wie der Moment in der Ulmer *Geisel*, in dem der Soldat, Friedhelm Ptok, der der Teresa, Hannelore Hoger, einen Knopf annäht, den Faden mit den Zähnen abreißt.

Roswitha zog bei mir ein und kam mit einem Riesenkoffer an. Den Koffer legte sie in die Mitte des großen Zimmers, packte ein paar Sachen aus, und dann ließ sie den Koffer in der Mitte des Zimmers liegen, wochenlang. Ich weigerte mich, ihn rauszuschleppen, und sie auch. Wir waren beide sehr stur. Ihre Hamburger Sturheit war wahrscheinlich stärker. Mit dem Koffer hatte Roswitha sozusagen ihren Platz bestimmt, sie war hier, und sie hatte nicht vor, irgendwann wieder wegzufahren. Sie war da. Es gab viele solche Situationen. Es war auch die erste Frau, die versuchte, ihren Rhythmus gegen meinen Rhythmus durchzusetzen. Es gelang ihr nicht, wenn ich arbeitete, denn dann werde ich völlig stur. In der Arbeit ist es noch niemandem gelungen. Und da habe ich sie auch manchmal rausgeschmissen. Doch war das nur in Zeiten, in denen ich probierte – da fällt bei mir ein Gitter runter, und ich inszeniere einfach. Kommt mir dann jemand in den Weg, egal wer es ist, so fliegt er raus. Ich bin da auch ganz höflich unter Umständen.

Roswitha: Aber nur unter Umständen.

Peter: Ich bin ja eigentlich ... War ich sehr unangenehm? Erzähl mal!

Roswitha: Manchmal war es dir auch vollkommen egal. Dann war es für die anderen unangenehm.

Peter: Aber andererseits warst du ja bei mir und mit mir – unter anderem, weil ich so war, weil ich so obsessiv inszeniert habe. Und wir sind viel gereist.

Roswitha: Ja. Wir hatten diesen Citroën Cabriolet. Das Verdeck war im Arsch, weil wir die Sachen nur so reinschmissen, hauptsächlich deine Bücher, der Wagen war voll mit Büchern, das Verdeck klappte fast um, und dann sind wir los. Wir waren viel on the road.

Peter: Besonders nachdem ich aus Bremen weg war, nach '68.

Roswitha: Wir sind von Hotel zu Hotel. Wir hatten nirgendwo eine Wohnung.

Peter: Am Anfang von Bochum waren wir noch zusammen. Dann kamen andere Damen dazwischen, unsere gemeinsame Freundin Antje Ellermann zum Beispiel.

Roswitha: Auch andere Herren.

Peter: Auch andere Herren. Aber ich schreibe ja meine Autobiographie, nicht deine. Es war sehr kompliziert, wie es sich dann
auseinandertat. Zwischen dem Ende von Bremen und dem
Anfang in Bochum gab es eine Zeit, wo wir wirklich wie Zigeuner
lebten und alles, was wir besaßen, im Auto hatten. Ich weiß gar
nicht – hatte ich Möbel, wo waren die denn?

Roswitha: Ein paar Sachen hattest du irgendwo untergestellt.

Peter: Eine Weile lebten wir in München. Dann vermieteten
wir unsere Münchner Wohnung und waren wieder weg. Ich weiß,
daß wir, als wir dann in Paris waren, alles im Auto hatten. Eines
Tages kamen wir aus dem Hotel, und das gesamte Auto war leer,
und wir hatten nichts mehr. Du hattest nichts anzuziehen.

Roswitha (*lacht*): Und das erste, was du mir kauftest, waren
Ohrringe, große Ohrringe, gelb waren sie. Ich hatte dann nichts,
aber ich hatte Ohrringe!

Peter: Hast du sie noch? Waren wir so lustig, es hört sich ja sehr
lustig an?

Rosi in der Badewanne

Roswitha: Ich fands richtig gut. Wir waren natürlich viel in London.

Ganz wichtig für die Geschichte mit Roswitha ist, daß sie laufend meine Arbeit fotografierte. Das ist natürlich ein komplizierter Vorgang, wenn man jemanden so gut kennt, wie wir uns kannten. Ich sah mir die Fotos immer sofort an, das heißt, wenn Roswitha nicht vergessen hatte, sie zu entwickeln. Die Fotografien waren wie ein Spiegel meiner Arbeit. Sie waren wie ein täglicher Kommentar zu dem, was ich tat. Ich weiß nicht, ob wir sehr viel über die Arbeit sprachen. Im wesentlichen lief die Kommunikation über die Fotos. Später, als wir getrennt waren, fotografierte sie weiter für mich, aber nicht mehr so regelmäßig. Da hat mir das sehr gefehlt. Sie gehörte zu der Inszenierung. Fotografen stören mich meistens. Roswitha fing im Zuschauerraum an, ihre Bilder zu machen, und dann kam sie immer näher und auf die Bühne. Dann blieb sie meistens auf der Bühne und fotografierte da herum, ließ immer ihre Kameras irgendwo liegen. Die Schauspieler traten auf die Kamera, oder sie verlor sie. Sie gehörte richtig zu dieser Arbeit von Tag zu Tag. Das war schön und aufregend und ist es immer noch, wenn wir uns gut verstehen, aber sie paßt sich intuitiv auch in die Arbeit ein. Und meine Schauspieler haben ein ganz großes Vertrauen in sie.

Ich bin mit fast allen Inszenierungen der Bremer Zeit im Rückblick nicht mehr so ganz einverstanden. Es hat damit zu tun, daß mein Stil zu arbeiten sich in den 70er Jahren so grundlegend verändert hat, daß mir diese Aufführungen im Rückblick zwar als brillant und sehr fertig erscheinen, aber auch sehr hermetisch. Man könnte es auch anders sagen: Die Ulmer Zeit war sozusagen der Kindergarten, und im Kindergarten sind die neuen Spielsachen alle sehr schön. Und die Bremer Zeit war schon eine Art von Endresultat. Das erste Endresultat dieser Lehrzeit. Dieses erste Endresultat war sicherlich gut, war aber auch ein beispielloser Fall von Regietheater, das eben primär auf das Gesamte zielte und sich nicht so sehr um den einzelnen Schauspieler kümmerte. Was auch daran lag, daß wir keinen großen zentralen Schauspieler in Bremen hatten. Wir hatten einen Haufen von äußerst begabten jungen Schauspielern. Aber zu diesem Zeitpunkt waren Bruno Ganz oder Edith Clever noch keine großen zentralen Schauspieler.

Als ich einmal gerade nicht in Bremen war, ich weiß nicht mehr wo, da rief mich Bruno Ganz an und sagte, hör mal, der Hübner will mit mir *Hamlet* machen, was hältst du davon. Ich sagte, ich halte es für zu früh. Ich halte es für falsch. Er hat es trotzdem gemacht, und es war ein großer Erfolg. Es waren junge Schauspieler, die Sachen ausprobierten, ob es nun zu früh war oder nicht zu früh, war irrelevant. Kurt war darin risikofreudiger als ich. Ich habe sowieso die Tendenz, Schauspieler nicht zu überfordern, sondern eher das, was sie können, zu vertiefen. Das ist, glaube ich, heute noch so.

HENNING RISCHBIETER UND ERNST WENDT

Rischbieter, der Herausgeber von *Theater heute*, gehörte zu unseren Förderern. Er hielt unsere Bremer Arbeit hoch, und das war wunderbar. Ich hatte ihn kennengelernt, als ich in Hannover inszenierte und er der Chef der Hannover Volksbühne war. Er war (und blieb) ein Volkserzieher, aber durch seine Erfindung von *Theater heute* eine ganz wichtige Figur. Ernst Wendt, der ja auch für *Theater heute* schrieb, war der größere Kritiker von beiden, ein Purist. Ein Jammer, daß er dann ein schlechter Regisseur wurde und früh starb, weil er zuviel gesoffen hatte, unter anderem. Ich glaube aber auch, weil er sich damit in einen Beruf gewagt hatte, der nicht seiner war. Er war ein Mann, der schreiben konnte. Ich kenne kaum jemanden, der sich so wenig mündlich äußerte. Und ich sah ihn ja oft – auf den Premierenfeiern war er immer dabei –, aber er sagte nie ein Wort, stand nur da, verschlossen, traurig, undurchschaubar, wie ein Block Holz. Es schien undenkbar, daß hinter dieser Fassade eine so lebendige, ma..... mal auch witzige und scharfe Phantasie steckte.

Es gab eine Ausgabe von *Theater heute* nach der anderen mit Stücken, die wir in Bremen machten, mit Riesenfarbreportagen und so weiter. Wir waren der Bremer Stil und in den 60er Jahren auf gewisse Weise das, was in den 70er Jahren die Schaubühne in Berlin war, das Show-off Experimentier-Theater für Deutschland. Es war ohne Frage das abenteuerlichste und frischeste und herrlichste Theater in Deutschland zu der Zeit. Außer dem Theater, das Palitzsch in Stuttgart machte, gab es keine Konkurrenz. Es war wunderbar. Anfang der 70er Jahre hat sich meine Arbeitsart ganz grundsätzlich geändert. Eigentlich schon in Bochum, endgültig in Hamburg mit *Othello*, der einen echten Einschnitt in meine Arbeit darstellte. Was bis da gelaufen war, ist etwas, das ich von heute aus als sehr schön, in einer Art von Endgültigkeit, auch als Eröffnung von verschiedenen neuen Richtungen, aber wie gesagt als viel zu hermetisch sehe. Ich konzentrierte mich nicht genug auf die Schauspieler und dachte nicht genug über ihre Möglichkeiten nach, so daß zum Beispiel *Held Henry* eine einzige Regie-Zicke war, mit ein paar guten schauspielerischen Leistungen hier und da. Das heißt, das Experiment der Aufführung lag nicht in Ptoks Heinrich, sondern es lag im Ganzen: im Bühnenbild, in den Kostümen, im Ablauf, im kabarettistischen, im politischen Kommentar und so weiter, aber nicht eigentlich in den Schauspielern, die allerdings sehr gut waren, wie man heute noch in der Fernseh-Aufzeichnung des ZDF sehen kann – Ptok, Buhre, Christa Witsch, Kronlachner, Christiane Schröder u.v.a.

Ein Jahr zuvor, Anfang 1963, hatte ich *Music Man*, ein riesiges Musical von Meredith Willson, inszeniert. Ich hatte es mal in London gesehen. Es war eines der letzten Musicals, das mir gefiel. Es war naiv, mit amerikanischer Bumsmusik, Märschen, poppigen Liebesliedern und einem wunderbaren Schlager, den man mitpfeifen konnte – eine sehr schöne Geschichte über einen Gauner,

so einen Commis voyageur (wie mein Vater), der eine Art Ratten-
fänger in einer Stadt ist. Wir erlaubten uns ein sehr kompliziertes
Bühnenexperiment und brachten eine ganze Stadt auf Rädern auf
die Bühne. In den Häusern, von denen sich manche bewegen
konnten, lebten Menschen. Die Stadt formierte sich andauernd
neu. Bei jeder Nummer sah man eine neue Stadt. Mal sah man
eine Straße, mal einen Platz, eine Ecke und so weiter. In den Häusern standen Menschen, die sie herumschoben, ein ungeheuer
komplizierter Vorgang, aber er hat sich gelohnt. Peduzzi benutzt
übrigens eine ähnliche Methode bei der *Mahagonny*-Inszenie-
rung, die wir gerade für den Salzburger Sommer '98 vorbereiten,
aber mit einer ganz anderen, minimalen Ästhetik. Es war spekta-
kulär. Ich hatte den gesamten Opernchor als die Bürger dieser
Stadt auf der Bühne plus natürlich die Hauptdarsteller. Es war
übrigens lebensgefährlich, weil die Dinger, die da über die Bühne
rasten, alle aus schwerem Holz gemacht waren, so daß gelegentlich auch Menschen zwischen den Wänden zerquetscht wurden.
Ich dirigierte in der Zeit die Endproben gerne etwas polizisten-
haft. Ich stand da und hatte ein paar Assistenten um mich herum
und dirigierte so, wie ich 1969 eine riesige Marktplatzszene in *Ich
bin ein Elefant, Madame* drehte, bei der jemand ein Megaphon
in der Hand hat: »Du dahinten gehst jetzt dorthin, die Gruppe A
geht nach links, und die Gruppe B geht nach rechts.« Ernst Wendt,
ein Freund, schaute amüsiert zu. Später langweilten mich solche
Proben. Heute würde ich niemals ein Stück machen, das so etwas
von mir verlangte, weil es mich anödet. Damals machte es mir
einen Riesenspaß. Wendt schrieb sehr lange über die Probe und
über das Ganze – solche Kunststücke beeindrucken Kritiker wie
Publikum. Auch heute. Es war ein riesiger Erfolg, was unter anderem auch daran lag, daß ein Theater wie unseres, das immerhin
trotz Pop usw. die hohe Kunst pflegte, auf einmal mit einem Lore-
Roman-artigen Musical aufkreuzte. Das war erstaunlich für die
deutsche Kulturszene. Damals war das Musical in Deutschland
noch ein unbekanntes Genre. Und plötzlich stellte sich heraus,

daß wir einen Haufen von Schauspielern hatten, die ungeheuer gut singen konnten, zum Beispiel Judy Winter, die ja auch später *My Fair Lady* spielte und in ihrer Karriere noch öfter gesungen hat, und eben der gute Helmut Erfurth, der von der Operette kam, was auch in Bremen kein Mensch wußte. Plötzlich war er da, perfekt, eine Art Opernsänger. Es war für alle ein sehr anstrengender Abend, immer, aber jedesmal, wenn es lief, war das ganze Haus verrückt, und es war für unser Programm, für den Spielplan wunderbar, natürlich eine Erleichterung. Es war ungewöhnlich und sehr schön. Ein englischer Choreograph, Malcolm Goddard, spielte eine große Rolle bei diesem Erfolg. Wir machten in Bremen noch ein zweites Musical, das von Joan Littlewoods Theater kam, *Things aint what they used to be – die alten Zeiten sind vorbei*, ein ruppiges Cockney Musical aus London und ganz anders als der *Music Man vom Broadway. Alte Zeiten* war keine schicke, bunte Angelegenheit, sondern eine Art Bettleroper, eine moderne englische Dreigroschenoper von Lionel Bart. Wieder mit Katharina Tüschen und Helmut Erfurth und Bruno Ganz. Bruno diesmal als Halbstarker, der auf Motorrädern auf der Bühne rumfuhr, und Jutta Lampe als Nutte. Wir waren voll in Fahrt und hätten eigentlich alles machen können. Das heißt, man erreicht in einem Theater, das wirklich aufregend läuft, einen Punkt, wo es fast von alleine geht, wo es auch immer klar ist, was die nächste Inszenierung sein muß, und wo man während einer Inszenierung schon dabei ist, die nächste im Kopf vorzubereiten und über sie nachzudenken. Nach einer Premiere gibt es eine Pause, ein Atemholen, und alle schlafen einmal zwei Tage, und es geht gleich wieder los. Das ist das schönste Gefühl, weil man nicht mehr anschieben muß. Man wird gezogen, mitgeschwemmt. Das erlebt man nicht sehr oft im Theater. Ich habe es in Bremen erlebt, im kleinen auch in Ulm.

Wedekinds Frühlings Erwachen

Auf die *Alten Zeiten* folgten 1965 komplizierte Inszenierungen wie *Frühlings Erwachen* von Wedekind und *Die Unberatenen* von Thomas Valentin und Robert Muller. An *Frühlings Erwachen* erinnerte ich mich aus meiner Londoner Zeit, das erste deutsche Stück, das ich je sah – in der Freien Deutschen Jugend, mit Renee Goddard als Wendla. Es hatte mich damals ungeheuer beeindruckt, die Art von Unschuld und das Verderben der Unschuld liegt mir erotisch sehr nahe. Das Pornographische dabei interessierte mich und interessiert mich heute immer noch. Zur Jugend kam dann noch das Thema Schule hinzu, außerdem spielte das Stück in einer Zeit – um die Jahrhundertwende –, die mich reizte. Es war für das Bremer Theater das ideale Stück, weil wir die jungen Leute wirklich hatten, die so etwas spielen können, sie waren ja eigentlich noch Kinder ... Ich hatte es auch schon in Berlin gesehen in einer mittelmäßigen Aufführung mit Sabine Sinjen als Wendla, eine naturalistische, nicht so beeindruckende, auch routinierte Aufführung in der Werkstatt des Schiller Theaters, die in Berlin hauptsächlich durch Sabine Sinjen ein Riesenerfolg war, denn sie war ein großer Star, alle mochten sie, und sie war auch sexy. Der Naturalismus der Berliner Aufführung führte dazu, daß die Erwachsenen, die die Kinder spielten, mir auf die Nerven fielen. Das hat man nicht geglaubt, es war albern. Ich wußte, man müßte irgendeine Art von Stilisierung finden, um es möglich zu machen, da man ja keine echten Kinder besetzen konnte (durfte!). Und die Stilisierung, die ich fand, war eine ganz wichtige für meine zukünftige Arbeit: Ich habe den Text ganz ernst genommen, das heißt, der Text wurde nicht »als Text aus alten Zeiten« gespielt, sondern so, als ob es ein absolut direkter, heutiger, klarer Text ist. Ich habe ihn nicht geändert, sondern genauso kompliziert gelassen, wie er da stand. Ein sehr dekorativer, manierierter Text. Mit allen seinen Ungereimtheiten wurde er aber gesprochen, als ob er nicht ungereimt wäre, und so wurde er auch gedacht. Gehrke (der hier sehr wichtig war) und ich bestanden auf ganz genauem Formulieren und genauem Denken, einem etwas kühlen Denken und Formulieren seitens der Schauspieler. Wir haben sehr, sehr lange und ausführlich, pingelig geradezu an der Aufführung gearbeitet. Es ist ja schon am Bühnenbild erkennbar, daß es eine kühle, stilisierte Angelegenheit war.

Vadim Glowna, Bruno Ganz und Kurt Hübner in *Frühlings Erwachen*

Das Bühnenbild bestand aus einem riesigen Portraitfoto von Rita Tushingham, ein Symbol für die Jugend der 60er Jahre. Der Star solcher Filme wie *Bitterer Honig* von Tony Richardson und Richard Lesters *The Knack*. Sie war ein Jugendsymbol in einer Zeit, in der Jugendsymbole ganz besonders wichtig waren. Jugend war in. Don't trust anybody over 30. Eigentlich hieß es »over 40«, doch bei uns »Don't trust anybody over 30«. Ich liebte diese Schauspielerin ganz besonders. Ich kannte sie gar nicht, aber ich liebte sie, weil sie ein bißchen wie Roswitha aussah, meine damalige, gerade anwachsende Freundin. Sie war wunderbar: kurze Haare, knabenhaft, keß, sehr direkt, sehr romantisch, überaus romantisch, aber nicht romantisch auf eine sloppy Art, sondern romantisch wie auch Godards Anna Karina war – modern und romantisch. Das ging zusammen – wie bei den Beatles. Ich weiß nicht, wie lange ich mit Wilfried dasaß und über das Bühnenbild nachdachte. Wir suchten tagelang, wochenlang. Wir wußten, wir wollten ein Bild haben, das wir hin- und herrücken konnten, um dahinter die jeweiligen Szenenveränderungen vorzunehmen. Aber wir wußten nicht, was für ein Bild. Irgendwann fiel uns mal die Tushingham ein. In der Arbeit mit Minks war es damals so, daß wir überhaupt nicht mehr wußten, wer was gemacht hatte. Wir hätten genausogut am Ende der Inszenierungen schreiben können: Regie und Bild: Minks und Zadek. Wilfried war bei allen Proben dabei, ich war bei allen Vorbereitungen zum Bühnenbild und zu den Kostümen mit dabei. Eine perfekte Zusammenarbeit.

Drumherum brodelte es zur Zeit von *Frühlings Erwachen* schon ein bißchen. Wir hatten zum Beispiel Probleme mit der Dramaturgie, weil wir immer einen guten Dramaturgen suchten, aber nie einen fanden, da wir die Dramaturgie selber machten. Es gab bei uns eigentlich keine richtige Funktion für einen Dramaturgen. Aber ohne Dramaturg war auch manches schwierig. Bei *Frühlings Erwachen* ließ ich Hartmut Gehrke, meinen Assistenten – hier eher Co-Regisseur –, so arbeiten, daß er ganze Szenen vorinszenierte. Wir sprachen uns ab, wie eine Szene ungefähr laufen sollte. Ein Vorgang, den ich sehr gerne habe, wenn mein Assistent gut ist, weil ich den ersten Schritt gerne mache und machen muß, danach kommt oft eine etwas langweilige Zeit in jeder Inszenierung, die Zeit, in der die Schauspieler den Text nicht richtig können und rumstottern und sich ihren Weg so langsam suchen, in dem das Ganze anfängt, ein bißchen Form anzunehmen, in dem sich alle aneinander gewöhnen müssen, eine ungemütliche Zeit.

Wir probierten *Frühlings Erwachen* außerhalb von Bremen und hatten ein wunderschönes Leben. Abends oder am Wochenende sind wir nach Worpswede und Fischerhude rausgefahren, zwei Orte, die ich lieben lernte. Die ganze Bremer Umgebung ist für mich heute noch eine der ausgefallensten und schönsten

Wendlas Mutter erzählt Wendla über den Storch:
Judy Winter und Ellen Waldeck in *Frühlings Erwachen*

kargen Landschaften, die ich kenne, mit den ganz schnellen Veränderungen des Wolkenbilds, mit den schwarzen Bäumen gegen
den Himmel und den plötzlichen Regenstürmen. Eine ungeheuer
romantische Gegend. Damals waren Worpswede und Fischerhude noch erträglich. Heute sind sie von Touristen so überlaufen,
daß man schon gar nicht mehr hinfahren kann. Damals fing ich an,
mich für das Leben der Worpsweder Künstlergruppe zu interessieren.

Wir spielten *Frühlings Erwachen* zuerst nicht im Theater am
Goetheplatz, sondern im Niederdeutschen Theater. Ich weiß
nicht mehr genau warum. Wahrscheinlich waren Opernproben
im großen Haus. Im Niederdeutschen Theater liefen die ersten
fünfzehn oder zwanzig Vorstellungen mehr oder weniger en
suite. Das war neu und gut für uns. Es war ein sehr, sehr großer
Erfolg, wieder mal ganz, ganz anders. Ich weiß noch, am Abend
der Premiere traf ich Siegfried Melchinger, der mit Kurt Hübner
befreundet war, immer zu den Premieren kam und für uns
damals so wichtig war wie später für mich Benjamin Henrichs.
Er war sehr verstört und sagte: »Herr Zadek, glauben Sie, daß das
Theater sich in diese Richtung entwickeln wird?« Ich sagte: »Das
weiß ich nicht. Was meinen Sie?« Und er sagte: »Dieses sezie-
rende Theater, das den Eindruck erweckt, als ob man sich in
einem Operationssaal befindet, in dem alles auseinandergenom-
men und nebeneinander gestellt wird, mit dieser genauen Art
von Beobachtung – das stört mich doch sehr.« Die Tempera-
mente der Schauspieler seien dadurch so eingeengt. Außerdem
hatte ich damals zum ersten Mal das Licht im Zuschauerraum
angelassen. Ich sagte Melchinger damals, daß jede Inszenierung
für mich eine neue Situation ist, die keinen direkten Kontakt mit
der vorherigen oder der folgenden Inszenierung hat. Sicherlich
laufen in meinem Kopf Kombinationen ab, aber ich fange eigentlich jedesmal bei Null an, so daß ich gar nicht sagen kann, ob wir
so weitermachen wie bisher oder nicht. Erst die Betrachter von
außen, die Kritiker und so weiter, haben immer die allgemeine

Entwicklung analysiert, wie das so in der Kultur geht. *Frühlings Erwachen* wurde für diese Leute dann das große Beispiel des sogenannten Bremer Stils. Wir wurden damit von Peter Daubeney auch nach London eingeladen und spielten im Aldwych Theatre. Die Engländer mochten die Aufführung überhaupt nicht, weil sie sie eben auch kalt und sezierend fanden. Ich weiß noch, der letzte Satz in der Besprechung des berühmten Kritikers Harold Hobson lautete:»Wenn das Bremer Stil ist, möchte ich das nie wieder sehen.«

Die Unberatenen von Thomas Valentin und Robert Muller

Ich beschäftigte mich in Bremen noch einmal ausführlicher mit Erziehung. Ich traf auf einen Autor namens Thomas Valentin, der ursprünglich Schullehrer gewesen war und Anfang der 60er Jahre einen Roman über die Verdrängung der Nazi-Zeit an den deutschen Schulen geschrieben hatte, *Die Unberatenen* – ein Bestseller. Er war daraufhin aus der Schule geflogen, und Hübner hatte das Buch gelesen. Kurt kam eines Tages an und sagte: Daraus machen wir ein Theaterstück. Wir holten den Autor und sprachen mit ihm über das Projekt. Und Thomas Valentin versuchte, daraus ein Theaterstück zu machen. Er war aber kein Theaterautor, so daß wir ihm meinen Freund Robert Muller anhängten, der damals bei mir in Bremen lebte. Und so saßen dann dieser jüdische Emigrant und dieser sehr, sehr deutsche Herr aus Münster, Thomas Valentin, ein puritanischer Mensch, den ich sehr mochte, und kämpften sich zusammen. Ich war sozusagen der Schiedsrichter. Robert Muller lockerte es auf und machte es witzig. Er war ein Mensch mit großem Humor. Das Ergebnis war das Stück, das 1965 bei uns herauskam. Die Hauptrolle spielte Bruno Ganz. Judy Winter spielte mit, Edith Clever, Walter Schmidinger ... Es war ein wunderbarer Abend, einer der schönsten Bremer Unternehmungen. Ein riesiges Stück mit Dutzenden von Figuren, unendlich vielen Szenen, ein Bild der Bundesrepublik. Wir spielten das Stück auch in London, zusammen mit *Frühlings Erwachen*. Ich wurde auch nach Ost-Berlin eingeladen, um dort das Stück am Deutschen Theater zu inszenieren. Ich lehnte mit dem Kommentar ab: »Wenn es ein kritisches Stück über ostdeutsche Schulen gibt, gerne.« Die Einladung war von Wolfgang Heinz, dem Intendanten des Deutschen Theaters, gekommen. Ich kam gerade aus dem Urlaub mit meinen Kindern und fuhr dann in meinem Auto allein nach Ost-Berlin. Wie immer mußte ich am Checkpoint Charlie meine Papiere zeigen. Der Vopo bat mich, das Handschuhfach zu öffnen, und es fiel ein Revolver heraus. Große Aufregung. Schreck bei mir. Der Vopo sagte: Geben Sie mir bitte diesen Revolver. Ich lachte und sagte: Das ist ein Plastikrevolver von meinem Sohn. Der Vopo nahm den Revolver und verschwand in der Zollbaracke. Eine Viertelstunde später kam er wieder und gab mir den Spielzeugrevolver zurück. Ja, es ist ein Spielzeugrevolver, sagte er, Sie können fahren. Da ich aber wußte, daß ich eine Woche in Ost-Berlin sein würde, sagte ich: Ach, nehmen Sie den Revolver doch und schenken Sie ihn Ihrem Sohn. Der Vopo wurde bleich und sagte: Nein, das darf ich nicht. Jetzt wurde ich stur und sagte: Ja, ich möchte den Revolver aber nicht mitnehmen, sonst kriege ich vielleich noch mal Ärger. Der Vopo sagte: Sie müssen ihn mitnehmen, bitte, fahren Sie. Ich machte die Autotür auf, stieg aus und ging zu einem Mülleimer, in den ich den Revolver warf. Der Vopo folgte mir, nahm den Revolver heraus und gab ihn mir in die Hand. Jetzt bettelte er: Bitte, nehmen Sie den Revolver, ich kriege sonst furchtbaren Ärger. Ich stieg ein und fuhr zu meinem Hotel. Aber da dachte ich: Laß ich den Revolver jetzt im Auto und irgendein Idiot findet ihn und ich werde festgenommen? Auf jeden Fall, bis sie herausgefunden haben, daß es eine Plastikwaffe ist. Also steckte ich den Revolver ein und nahm ihn mit hinauf auf mein Zimmer. Ich war müde und hysterisch, und da ich noch die Verabredung mit Wolfgang Heinz an diesem Abend hatte, mußte ich nun entscheiden, was ich mit dem Revolver tue. Soll ich ihn im Zimmer lassen? Da wird er gefunden. Soll ich ihn in die Spree werfen? Irgend jemand sieht mich, und ich bin schon wieder dran. Am Ende habe ich den Revolver in tausend kleine Stückchen geschlagen, regelrecht zermalmt, und ihn im Klo heruntergelassen.

Ich sah mir am Deutschen Theater viele Inszenierungen an, in denen Wolfgang Heinz oft selbst mitspielte, und nach *König Lear* – er spielte damals den Lear – kam er gegen elf oder zwölf Uhr nachts mit mir ins Hotel, wir saßen im Foyer, tranken noch etwas, und er indoktrinierte mich. Er war schon ein alter Herr. Woher er die Energie nahm, weiß ich nicht. Ich war immer schon todmüde und sowieso unindoktrinierbar. Trotzdem versuchte er stundenlang, mich umzudrehen. Es ist ihm nicht gelungen. Er fragte, was ich, wenn schon nicht die *Unberatenen*, denn am Deutschen Theater inszenieren würde? Ich weiß noch, ich schlug *Wer hat Angst vor Virginia Woolf* vor. Wolfgang Heinz lachte mich aus. Unser Publikum ist auf so etwas noch nicht vorbereitet, sagte er mir. Ich schlug den *Totentanz* vor. Darauf war das Publikum auch noch nicht vorbereitet. Daraufhin verabschiedeten wir uns nach einer Woche freundschaftlich und höflich. In der Woche sah ich auch eine Probe von Benno Bessons *Der Drache*, mit wunderbaren Schauspielern, u. a. dem jungen Esche. In dieser Probe herrschte eine ganz andere Atmosphäre. Da wurde ganz frei und ganz locker und sehr blasphemisch über Politik und DDR diskutiert. Es schien keine Grenzen zu geben. Und ich traf hier auch den Bühnenbildner Horst Sagert – er hatte das Bild für den *Drachen* gemacht –, einer der ganz großen Bühnenbildner dieser Welt, dessen Arbeit im Westen fast unbekannt ist. Mit ihm machte ich viele Jahre später an der Freien Volksbühne Berlin, als Hübner dort Intendant war, *Der Widerspenstigen Zähmung*. Sagert lud mich damals zu sich nach Hause ein, und ich lernte mit ihm eine ganz andere Art Bühnenbildner als Wilfried Minks kennen. Ein pingeliger, kurioser Phantast, der monatelang an einem Drahtgestell, das irgend jemand auf dem Kopf trägt, herumbasteln konnte.

Seine Frau baute Tiere für die Bühne. Es war eine ganz andere Haltung zum Bühnenbild, als ich sie kannte. Aber auch eine ganz wunderbare.

Eine Vorstellung der *Unberatenen* werde ich nicht vergessen. Norbert Kappen, mittlerweile an den Münchner Kammerspielen, kam nach Bremen, um sich die Aufführung anzusehen. Hinterher saßen wir in der Kantine, und Nobert redete begeistert über den kurzen Auftritt von Edith Clever, während er auf seine damalige Freundin, die Agentin Frau Tchechowa, wartete, die noch an dem Abend auf dem Bremer Flugplatz landen sollte. Plötzlich hörten wir eine laute Explosion. Der Flieger war abgestürzt und Norberts Freundin mit vielen anderen tot. Sie hatte ihn u. a. als erste zeitweise vom Alkohol weggekriegt.

Das, was *Ich bin ein Elefant, Madame* für die späten 60er Jahre bedeutete, waren *Die Unberatenen* für die späten 50er Jahre: die Auseinandersetzung mit den alten Nazi-Lehrern und den Lehrern und Eltern, die nicht wirklich Nazis waren, aber Schwierigkeiten hatten, mit ihrer eigenen Vergangenheit umzugehen. Aus dem Stück ging einige Jahre später der Film *Ich bin ein Elefant, Madame* hervor, wobei ich eigentlich geplant hatte, das Stück einfach zu verfilmen. Als es soweit war, hatte sich die Lage aber verändert, und es gab ein neues Thema: Jugendrevolte, Kampf gegen Autorität ganz allgemein, 1968, so daß ich mir dann neue Partner suchte, weil Valentin nicht imstande war, das Ganze nochmals umzuschreiben. Mit Wolfgang Menge und wiederum Robert Muller entstand so ein ganz anderes Buch mit einer ganz anderen Geschichte.

Noch mal Mass für Mass 1966/67

Maß für Maß war meine eigene Reaktion auf die übergenaue, analytische Arbeit bei *Frühlings Erwachen*. Ich fing an zu inszenieren und hatte mit Wilfried bereits das Bühnenbild geplant. Ich

hatte eine sehr kabarettistische und witzige Inszenierung vor
Augen, aber nach drei Wochen brach ich die Proben ab und sagte:
»Ich will das nicht so machen, weil es mich langweilt. Ich möchte
jetzt endlich mal an einem Stück nur das inszenieren, was mich
daran ganz persönlich interessiert und worauf ich persönlich Lust
habe. Und wenn es dann für die Zuschauer unverständlich wird,
dann ist es eben unverständlich. Ist mir völlig egal.« Daraufhin
unterbrach ich die Proben, ging mit meinem Freund Gottfried
Greiffenhagen zehn Tage spazieren und redete mit ihm und
erzählte und erzählte und erzählte. Danach holte ich die Schauspieler zusammen und sagte: »Freunde, ich weiß nicht genau, was
jetzt kommt, aber ihr müßt jetzt bitte Vertrauen haben, tut mir
einen Gefallen, macht einfach mal, was ich euch sage, und wir diskutieren anschließend darüber.« 1966 diskutierten Schauspieler
schon sehr gerne sehr viel. Aber sie hatten offensichtlich genug
Vertrauen. Bruno Ganz und Jutta Lampe und Edith Clever. Wir
hatten eine Übersetzung von Martin Sperr, es gab einen Dramaturgen, der heute Intendant in Neuss ist, Burkhard Mauer, den die
Arbeit sehr reizte. Er half auch bei der Übersetzung. Ich wußte, wo
es hingehen würde. *Maß für Maß* interessierte mich maßlos. Ich
identifizierte mich mit sehr vielem darin, aber nicht mit allem.
Und dann setzte ich die Leute in einen Kreis und fing an zu inszenieren. Von Wilfried Minks wünschte ich mir ein Bühnenbild, das
eigentlich gar kein Bühnenbild war – einen offenen Kasten mit
Glühbirnchen oben herum und ein paar Stühle. Wir entwickelten
das Stück jeden Tag weiter. Jeden Tag nach der Probe setzte ich
mich mit Mauer zusammen, wir stellten die Szenen um und stellten aus dem, was ich am jeweiligen Tag gemacht hatte, einen völlig neuen Rhythmus her. Das Stück wurde andauernd auch dra-
maturgisch neu gebaut, tagtäglich. Ich erinnere mich z. B., daß ich
den Herzog in der Mitte des Stücks habe umbringen lassen. Das
steht nicht gerade bei Shakespeare. Für den Rest des Abends
spielte die Puffmutter den Herzog. Das war sehr spannend, sozusagen eine kleine Überarbeitung des Stücks. Irgendwie war mir

die Autorität des Herzogs 1967 unerträglich. (Später, ich habe das
Stück ja vor ein paar Jahren in Paris noch einmal inszeniert, interessierte mich plötzlich gerade der Herzog, vielleicht, weil ich wieder zurechtrücken wollte, was ich ihm damals angetan hatte. Es ist
mir komischerweise nicht gelungen. Der Herzog blieb ein voyeu-
ristisches Arschloch, was er sicherlich auch ist. Man kriegt ihn
nicht anders hin. Jemand, der seinen Staat in die Hände eines
Mannes gibt, von dem er nicht weiß, ob er ein anständiger Mann
ist oder nicht, nur um mal zu sehen, ob er in die Scheiße fällt oder
nicht, und der dann weggeht und alles beobachtet und erst kurz
vor der großen Katastrophe wieder einschreitet – das ist mir nicht
sehr sympathisch.)

Dann waren wir irgendwie durch, wir hatten alles, und wir sagten: »So, das ist es.« Ich weiß noch, daß Hübner in die Probe kam
und völlig befremdet war. Er holte Peter Stein, der zu der Zeit in
Bremen gerade eine Arbeit vorbereitete, dazu und sagte: »Guck
dir das doch mal an, was hältst du davon?« Stein sah es sich an, ich
war nicht dabei, aber Hübner berichtete mir anschließend: »Wenn
es am Abend klappt, ist es wie ein Trip, dann wird es ganz toll.
Wenn es nicht klappt, dann bricht es zusammen und wird ganz
entsetzlich.« Womit er 100prozentig recht hatte. Er hat es genau
richtig gesehen. Die Aufführung war dann ein Riesenerfolg und
ein großes Ereignis und Basis für viele viele Jahre meiner Arbeit
und für die Arbeit von Peter Stein auch, denn *Tasso*, den er
anschließend mit Bruno Ganz inszenierte, hatte viel von *Maß für
Maß* gelernt. Auch die Schauspieler, die die Arbeit erlebt hatten
und dann mit Peter Stein nach Berlin gingen, wie Bruno Ganz,
Edith Clever und Jutta Lampe, lebten wohl sehr viele Jahre davon.
Aber die Entscheidung, die ich da getroffen hatte, war für meine
weitere Arbeit ausschlaggebend. Eigentlich habe ich von da an so
weiter gemacht. Ich dachte: »So, ab jetzt – ich war 40 –, ab jetzt tust
du nur noch, was dich interessiert. Und wenn es die anderen nicht
interessiert, haben sie eben Pech gehabt. Und wenn es einen interessiert, ist es auch gut. Dann wird es ein Erfolg oder kein Erfolg.«

Und das war für damals, da muß ich mir selber ein Kompliment machen, eine sehr tapfere Entscheidung. Heute macht es jeder, aber damals war es sehr ausgefallen und hätte auch total schiefgehen können. Das direkte Resultat dieser Entscheidung war im übrigen, daß ich Bremen verließ.

Die wichtigste Neuerung bei *Maß für Maß* war sicherlich nicht die Körpersprache, die die Kritiker bemerkten, zum Teil bewunderten und die in einem neuen Zusammenhang an das Living Theatre erinnerte. Nein, neu war, insofern irgend etwas je neu ist, die Sprache, erstens in der Bearbeitung von Martin Sperr und zweitens in den surrealen Verzerrungen, die ich erfand. Ganz abgesehen von den vielen kuriosen Lauten, die die Schauspieler während dieser Aufführung von sich gaben und die manchmal an Zoo oder Hühnerhof erinnerten, gab es solche Sprachverdrehungen wie Mariannas »Ich bin die Mann von diesem Frau«, wenn sie bei dem Prozeß Angelo als ihren Ehemann decouvriert. Das waren auch die eigentlich schockierenden Momente, in dem damals noch sehr altmodisch klassikerbewußten Deutschland war das wie eine offene Revolution.

Ivan Nagel, damals einer der profiliertesten und differenziertesten Theaterkritiker, sah sich eine Vorstellung an, lächelnd sagte er nach der Aufführung in der Kantine, daß er meine Inszenierung aufregend fände, aber unverständlich, wenn man das Buch nicht vor sich hätte. Es war immer Ivans besondere Eigenschaft, Qualität mehr als Erfolg zu schätzen. Als er später Intendant wurde, war das sicherlich eine Schwäche, er hätte vielleicht durch etwas mehr Brutalität dem einen oder anderen Regisseur gegenüber eine Aufführung dem Publikum verständlicher machen können.

Maß für Maß war die erste Inszenierung, in der ich den Schauspielern eine große Freiheit in ihrer Phantasie, in ihren Bewegungen und all ihren Möglichkeiten gegeben habe. Es war der Anfang eines kompletten Umbruchs in meiner Arbeit. Von *Maß für Maß* bis zu *Othello* im Hamburger Schauspielhaus 1976 gibt es einen Bogen, und *Othello* führt die Arbeit von

Maß für Maß, Edith Clever auf Bruno Ganz neben Konstantin Paloff

Maß für Maß weiter. Bei *Maß für Maß* waren zum Beispiel plötzlich einzelne Schauspieler sehr wichtig, insbesondere Edith Clever. Sie war das absolute Zentrum dieser Aufführung. Ich machte Dinge mit ihr, die sehr ausgefallen und riskant waren und die sie heute immer noch macht, wie ihr extremes Spiel mit ihrer Stimme. *Maß für Maß* war (wie auch *Othello*) eine Art Surrealismus.

Die Schauspieler schenkten mir bei der Premiere einen Band von Max-Ernst-Reproduktionen. Mein Theater war und bleibt eigentlich immer ein Experimentier-Theater. Das ist der wichtigste Punkt für mich, den mir das Theater in Deutschland ermöglicht hat. In England war es bis vor kurzem so, daß, wenn man einmal als Regisseur arriviert war, dann jede Möglichkeit des Experimentierens, so wie ich es tue, ausgeschlossen war. Man wird für den letzten Erfolg eingekauft, den man hatte, und die Erwartung ist, daß man den Erfolg wiederholt.

DIE TV-INSZENIERUNG DES KIRSCHGARTEN
1966

Eines Tages rief mich Günther Rohrbach, der Fernsehspiel-Chef des WDR, an. Er war es, der mir das nächste Fernsehangebot machte. Er hatte ein paar Sachen von mir gesehen, auch *Die Kurve*, und fragte, ob ich nicht Lust hätte, Tschechows *Kirschgarten* für das TV zu inszenieren. Ich hatte noch nie Tschechow inszeniert – ein großes Unternehmen.

Minks machte das Bild. Die deutschen Tschechow-Übersetzungen der damaligen Zeit waren schrecklich. Ich kannte die englischen Übersetzungen, an denen gemessen waren die deutschen literarisch und steif. Rohrbach hatte in der Dramaturgie des WDR einen Slawisten, mit dem ich mich zusammensetzte und der mir Tschechow ganz genau übersetzte. Da lernte ich zum ersten Mal, daß Tschechow diese schönen, langen, literarischen Sätze, die wir auf deutsch bei ihm lasen, nie geschrieben hatte, sondern einen übernaturalistischen, aufgebröckelten Dialog, fast ohne einen zu Ende geführten Satz, wie Filmdialoge. Ich stellte mit dem WDR-Slawisten eine neue Fassung her, die auch viel Komik besaß. Tschechow war zu der Zeit in Deutschland noch ein sehr trauriger, ernsthafter Dichter. In England hatte man schon seine Skurrilität entdeckt. Ich hatte einige Aufführungen in England gesehen, die mir gefallen hatten, wo das Skurrile dann sogar übertrieben war. Meine Fassung hatte einen sehr trockenen, fast boulevardartigen Charakter. Die Besetzung war Lola Müthel als Ljubow Ranjewskaja und Walter Schmidinger, der gerade aus dem Krankenhaus aus Bonn kam, als der Student Trofimow. Hans Jaray, ein zurückgekehrter jüdischer Emigrant, ein großer Filmstar vor dem Krieg, sehr sophisticated und witzig, mit großer Eleganz, spielte Leonid. Wilhelm Pilgram, der alte Kölner Schauspieler, den ich aus dem *Verlorenen Brief* kannte und liebte, spielte den Gutsbesitzer Pischtschik, Gisela Trowe Charlotta, die Gouvernante. Ich hatte sie durch Wolfgang Ebert kennengelernt, bald nach meiner Ankunft in Deutschland. Sie nahm mich in ihrem Haus in Berlin, Dahlem großzügig auf und wurde in ihrer ganzen Exzentrizität eine gute Freundin. Ihr Hundeauftritt – »Mein Hund frißt auch Nüsse« – am Anfang des Stücks ist einer der schönen Momente dieser *Kirschgarten*-Inszenierung. Heinz Bennent, den ich aus Hannover kannte, besetzte ich als Jepichodow – sein Spiel war eine geniale, differenzierte Leistung –, und Ellen Esser, die Tochter des Berliner Volkstheater-Besitzers und Schauspielers Paul Esser, als Dunjascha. Ellen Esser landete danach an unserem Bremer Theater, ein großes, dickes Mädchen mit einem Riesenbusen, die ich immer für eine sehr begabte Schauspielerin gehalten habe und die sich mit Beate befreundete. Mit Ellen bin ich heute noch befreundet, ich mag ihre Direktheit, ihre Offenheit, ihren Humor. Als Schauspielerin hat sie einen Ton irgendwo zwischen Absurdität und Komik, der sich aufgesetzt anhört, aber ganz natürlich ist. Eine toughe, lustige, verrückte Berliner Person. Und dann kam

ein Schauspieler dazu, mit dem ich anschließend viel zusammenarbeitete, Klaus Höhne, ein trauriger Komiker. Damals ein wunderbarer Schauspieler, der später zuviel TV und Tourneetheater
machte. Er hat sich leider nicht weiterentwickelt. 1964 hatte er in
meinem Kinofilm *Der Nebbich* mitgespielt. Im *Kirschgarten*
spielte er den Kaufmann Lopachin. Den Diener Firs spielte
Rudolf Forster. Es war einer seiner letzten Auftritte.

Der *Kirschgarten* war nun Fernsehen, ganz explizit. Ich sage
das, weil ich immer Probleme mit der Optik der Fernsehkamera
hatte. Sie war mir zu naturalistisch, weil sie im Gegensatz zur
Filmkamera eine unendliche Tiefenschärfe hat. Die überscharfen
Fernsehbilder störten mich sehr, weswegen ich mit Wilfried eine
Technik zu entwickeln versuchte, die ein anderes, stilisiertes Bild
erlaubt. Mit Hilfe eines hochbegabten technischen Direktors
beim WDR, Roland Freyberger, der unbürokratisch, sehr jung und
frisch und experimentierfreudig war, stellten wir Bilder her, die
ein bißchen wie altes Kino aussahen. Das war wirklich eine Fern-
sehrevolution. Es erstaunt mich noch heute, daß Rohrbach es mitmachte. Es gab zwar endlose Diskussionen und Probleme, aber er
ließ sich auf das Experiment ein. Ich erinnere mich, als wir anfingen, im Studio zu drehen, standen da die drei Kameras, und ich
sah mir die Bilder an, die die Kameraleute uns anboten. Sie drehten alles ein bißchen von oben. Besonders, weil die Figuren in
meinem *Kirschgarten* fast immer sitzen. Ich sagte: Kinder, was
macht ihr da für komische Bilder, ich will doch nicht die Leute von
oben sehen, ich möchte ihre Augen sehen. Der Grund war einfach: Sie standen und drehten üblicherweise von ihrer Augensicht
aus, was leichter ist. Wenn man die Kamera runtersetzt, muß der
Kameramann gebückt stehen. Also fochten wir erst einmal diesen
Kampf aus, weil ich sagte, ich möchte immer auf der Augenhöhe
der Schauspieler sein. Unvorstellbar, was das für einen jungen
Regisseur wie mich für ein Kampf war. Ich hatte einen Assistenten
namens Karsten Hoffmann, damals Volontär am WDR, heute
Cutter dort, über viele Jahre hin wurde er ein ganz wunderbarer

Assistent für mich. Vieles, was ich – auch später – beim WDR gemacht habe, hätte ich ohne ihn nicht hingekriegt. Völlig neu war, daß die Qualität des Bildes über Elektronik gesteuert war, nicht über Licht. Abgesehen davon war die Drehart ausgefallen. Ich drehte nur frontal, d. h. die Kameras standen nicht wie üblich diagonal für Schuß und Gegenschuß, sondern parallel nebeneinander, immer. Das Bühnenbild war entsprechend gebaut. Und so ging es Tack, Tack, Tack, fast immer frontale Einstellungen, die ich durchbrach, sowie es zum Prinzip wurde. Diese technische Revolution hatte sicher damit zu tun, daß ich vom Theater kam, ich wandte die Technik der frontalen Perspektive auch in *Ich bin ein Elefant, Madame* an, obwohl das ein Kinofilm war. Es gab fast nie einen Kamerastandpunkt von einem Schauspieler aus, keine subjektiven Einstellungen, vieles war in Großaufnahmen aufgelöst. Die Kritik später, auch während der Arbeit, von Rohrbach und auch von professionellen Kritikern war, daß die Dialoge ständig in Monologe aufgelöst wurden. Ich sagte: Klar, das ist so bei Tschechow. Genauso wollte ich es machen. (Rohrbach, unsicher, zeigte Leo Lehman, den er als Fernseh- und Tschechow-Experten betrachtete, den *Kirschgarten*, um seine Meinung darüber zu erfahren.) Leider wurde Walter Schmidinger krank. Paul-Albert Krumm, der ihn ersetzte, war ein neurotischer Mensch, für Trofimow wie geboren. Lola Müthel konnte auch im letzten Moment nicht. Daraufhin besetzte ich zu aller Leute Entsetzen ihre Rolle mit Margot Trooger, einem sentimentalen deutschen Filmstar der Zeit – ich kannte sie aus meinem Film *Die Dame in der schwarzen Robe*. Jeder hatte erwartet, daß ich z. B. Maria Wimmer fragte, ich wollte aber gerade Margot Trooger, die zwar etwas oberflächlich war, der Rolle der Ranjewskaja aber eine rührende Hilflosigkeit gab. Später befreundete ich mich mit ihr, eine liebenswerte Frau, die dann leider an einer scheußlichen Krankheit zugrunde ging. Alle sagten: Das kannst du nicht machen, ein Filmstar für diese Rolle usw. Solche Entscheidungen habe ich sehr oft in meinem Leben getroffen. Ähnlich erging es mir, als ich 1991 Isabelle Huppert als Isabella in *Maß für Maß* am Théâtre de l'Odéon in Paris besetzte. Matthias Langhoff, der mit dem Odéon co-produzierte, mit mir befreundet war und mir ein bißchen in Paris half und außerdem das Stück später nach Lausanne holte, wo er Intendant war, sagte: Willst du wirklich mit der Huppert arbeiten, einem Filmstar? Sie war erst einmal in ihrem Leben auf der Bühne gewesen. Ich hatte Vertrauen in Isabelle, mit der ich lange über die Rolle gesprochen hatte, und ihre mangelnde Bühnenerfahrung schien mir eher ein Vorteil zu sein. Seit dieser Zeit ist Isabelle Huppert übrigens ein großer Bühnenstar geworden, auch in England. Sie war wunderbar in der Aufführung am Théâtre de l'Odéon. Die Direktheit, die Margot Trooger hatte, gerade weil sie das Ganze nicht als große Kunst betrachtete und auch keine Übersicht hatte, wie man Tschechow spielte, war sehr gut für die Aufführung und die Rolle. Genauso war es bei dem herrlichen jungen Mädchen, die Anja, die junge Tochter, spielte. Sie war eine Statistin und hieß Ilona Grübel, damals eine Studentin, die später zum TV-Star wurde.

Bei der Entscheidung über Schauspieler spielt bei mir immer eine Rolle, daß sie als Menschen etwas Besonderes haben, über die Rollen hinaus, die sie spielen, aber auch in Relation zur Rolle logischerweise. Dieses kleine Mädchen damals? Bei ihr interessierten mich einfach ihre Augen, und mich interessierte ihre Reinheit, die im Kontrast zu so einer Deftigkeit stand, die sie hatte, ein bayerisches Mädchen. Bei der Trooger war es die Zickigkeit, ihre emotionelle Instabilität – sie war eine zickige Frau, ihre Zickigkeit reizte mich für die Rolle, denn ich finde, daß auch die Figur der Ljubow zickig und labil ist. Das ganz große Ereignis der Aufführung wurde der alte Rudolf Forster, den ich nur als großen Filmstar kannte. Ich weiß noch, als ich anfing mit ihm zu probieren, spielte er dauernd einen Tattergreis, ich dachte zuerst, daß er vielleicht krank wäre, bemerkte aber dann, daß er das spielte. Ich fragte ihn, warum, und er antwortete, der Firs ist doch ein ganz alter Mann. Er war mittlerweile selbst über 80, hätte den Firs sogar etwas jünger spielen können, weil Firs bei Tschechow sicher ein alter Mann ist, aber so alt nun auch wiederum nicht, er könnte auch 70 Jahre alt sein. Rudolf Forster versuchte, einen uralten Mann zu spielen, um sich selber etwas jünger zu fühlen, sich von seinem Alter und dem Sterben zu distanzieren. In den Pausen brachte er seine Sandwiches in ein Papierchen eingerollt mit und setzte sich mit uns an den Tisch draußen vor den Studios außerhalb von Köln, wo wir probierten. Studios! Wir probierten in einem Landgasthaus außerhalb Kölns. Ilona Grübels Mutter war bei den Proben auch immer dabei, weil das Mädchen erst 15 Jahre war, und sie fühlte sich sehr geehrt, daß sie mit dem berühmten Rudolf Forster am selben Tisch sitzen durfte. Der jedoch setzte sich nur zu uns, um unanständige Witze zu erzählen. Die Mutter traute sich nie wegzugehen, weil es eben Rudolf Forster war. Wir drehten im Sommer in einem Proberaum auf dem Land, und da das Wetter wunderschön war, sagte ich eines Tages: Laßt uns die Szenen, die draußen spielen, auch einmal draußen probieren. Wir stellten die Bänke und alle Requisiten nach draußen und fingen an zu probieren, und es zwitscherten die Vögel, und die Hunde bellten. Echte Vögel, eine Katastrophe! Entweder stimmte die Natur nicht, oder wir stimmten nicht, zusammen ging es nicht. Es wurde einem plötzlich klar, was für ein künstliches Gebilde ein anscheinend realistisches Tschechow-Stück ist. Natur macht einen Bühnenvorgang nicht natürlicher. Vielleicht ist in dieser TV-Aufführung deswegen so wenig »Kirschgarten« wie noch in keiner *Kirschgarten*-Inszenierung.

Es gibt im 2. Akt eine Szene, in der der Student mit dem jungen Mädchen Anja einen Spaziergang macht. Ich hatte für die Aufzeichnung vorgehabt, den Spaziergang in den Garten zu verlegen, auch das ging nicht. Es wurde ein Spaziergang von schwarzen Menschen – ihren Konturen – durch einen weißen Gang, völlig abstrakt. Wir drehten mit überscharfen Kontrasten in der Fotografie. Sie waren so stark, daß Rohrbach einen Test machte, indem er sich das Material dort 20 km außerhalb von Köln vorspielen ließ, um zu sehen, ob es auf einem normalen TV-Bildschirm überhaupt noch zu sehen wäre. Und während wir drehten, schaute sich der Chef-Kamera-Mann die verfremdeten Bilder an und sagte entsetzt: Es hat uns Jahre gekostet, solche Bilder loszuwerden, und jetzt bringen Sie sie bewußt. Es war die Verfremdung, die ich später noch extremer bei *Rotmord* einsetzte. Minks, Freyberger, der Kameramann Braun und ich hatten das Verfahren zusammen entwickelt.

Jede Inszenierung ist für mich eine neue Reise. Heute ist man nach Räuberland gefahren und nach Schillerland, morgen ist man nach Wedekindland zurückgegangen in die Jugend, und dann war man plötzlich mit dem *Music Man* in Amerika und in irgendwelchen komischen Liedern. *Antonius und Cleopatra* war eine Reise zurück in die Geschichte nach Rom, nach Ägypten und auch in die Tiefen der Wüste – ein Erlebnis meiner Phantasie. Meine Inszenierungen waren und sind noch heute für mich große Reisen. Vielleicht habe ich auch deswegen immer weniger große reale Reisen unternommen. Als ich klein war, träumte ich von großen Reisen, und ich reise auch gerne, d. h. ich bewege mich gerne von Ort zu Ort, aber die realen Reisen, die ich mache, sind kürzer geworden und haben sich über immer weniger große Entfernungen erstreckt. Da sagt mir einer: Ja, fahr doch mal nach Amerika. Da bin ich noch nie gewesen. Da denke ich, mein Gott, in der Zeit und mit dem Aufwand und der Energie, die ich einsetze, um das zu machen – was ich da alles für Reisen in meiner Phantasie machen könnte. Da sitze ich in meinem Stübchen und kann die Reisen machen und brauche diesen ganzen physischen Aufwand dafür überhaupt nicht. Und was das Kennenlernen von Menschen angeht, das mich ja sehr interessiert, und das Beobachten von Dingen, die ich vielleicht später auf der Bühne brauche, das kann ich in dem Café um die Ecke eigentlich besser als in irgendeinem entfernten Land, wo ich die Sprache nicht verstehe. Ehrlich gesagt interessiert es mich nicht, wie Japaner Kaffee trinken. Wenn ich etwas über Amerikaner wissen will, dann erfahre ich es von den vielen Amerikanern, die ich kenne, mit denen ich befreundet bin, und von den vielen Filmen, die ich gesehen habe. Und sollte sich Amerika einmal als etwas ganz anderes herausstellen als seine Filme, wäre das natürlich sehr interessant. Die Reise dorthin werde ich sicherlich irgendwann einmal machen, aber sie muß nicht sein, weil meine Reisen andere Reisen sind. Viele andere Reisen. Ich bin eine ganze Reiseveranstaltung.

IBSENS NORA

In Bremen fing die erste Reise ins Ibsen-Land an. Noch vor *Maß für Maß*. Ich war in einer Umbruchzeit. Ich hatte eine neue Freundin, die etwas verrückte, halb russische, halb hamburgische 18jährige Fotografin, ein wildes Mädchen. Mich nervte mittlerweile vieles am Bremer Theater, insbesondere daß der Dreiklang mit Hübner und Minks nicht mehr so ganz funktionierte. Manchmal war Robert Muller dabei. Es gab einen Regisseur, der im Haus wichtig war, Rolf Becker, eigentlich ein Schauspieler, nicht übermäßig begabt als Regisseur, dafür als Intrigant. Es gab einen Haufen interner Intrigenkämpfe, die es bis 67 nicht gegeben hatte und die jetzt meine Arbeit störten und mich irritierten. Ich dachte oft daran, von Bremen wegzugehen. Ich war ja nun auch sehr lange, acht, neun Jahre mit Hübner und mit Minks zusammengewesen. Minks, merkte ich, rüttelte sehr und wollte selbst inszenieren. Er beschwerte sich oft, daß er in den Kritiken nicht genug erwähnt wurde. Wir hatten Auseinandersetzungen darüber. Ich sagte: Wilfried, ich schreibe die Dinger nicht. Ich habe keine Macht über die Kritiker. Wenn sie zu blöd sind und immer nur über die Regie schreiben und nicht über das Bühnenbild, kann ich auch nichts daran tun. Das wußte er sicherlich auch, aber er wollte, glaube ich, mittlerweile die ganze Sache selber machen. Meine »Menschenregie« paßte ihm, glaube ich, damals auch nicht mehr – er wollte eine größere Direktheit und ganz andere Bilder als ich.

Man kan' der genialste Bühnenbildner der Welt sein und ist immer noch der Zulieferer für den, der es dann wirklich macht, wobei das Bühnenbild dann nur ein Teil ist, wenn auch einer der wichtigsten Teile des Ganzen. Allerdings spürte Wilfried auch, daß für mich das Bühnenbild anfing, in der Relation zu dem Ganzen unwichtiger zu sein als die Schauspieler. Es war ganz deutlich bei *Maß für Maß*.

Für *Nora* brauchte ich ein realistisches Bühnenbild. So arbeitete ich wieder mit Guy Shephard zusammen, einem englischen Bühnenbildner, der damals in Deutschland lebte und in Hamburg einen Antiquitätenladen hatte. Mit ihm hatte ich 1964 bereits meine erste *Bunbury*-Inszenierung gemacht, mit einer vorzüglichen Gwendoline von Judy Winter. Guy war kein genialer Bühnenbildner wie Wilfried, eher ein Innenarchitekt. Er hatte Geschmack und war zurückhaltend, wie es bei englischen Bühnenbildnern damals üblich war. *Nora* und *Bunbury* habe ich auf der kleinen Bühne in der Böttcherstraße gemacht. Die Böttcherstraße ist eine Straße, die im Krieg zerstört worden und dann Haar für Haar genauestens nachgebaut worden ist, also – eine pseudoalte Straße. Dort gab es viele schicke Geschäfte für Kunstgewerbe und Antiquitäten und gutbürgerliche Restaurants wie das »Flett«, wo wir gerne und vorzüglich aßen, wenn wir es uns gerade leisten konnten. Das Bremer Leben ist ein Kapitel für sich. Ich hatte mit diesem Leben, das ja wirklich sehr speziell und kurios ist, direkt wenig zu tun. Hübner begab sich in diese Welt hinein und ging auch zu den entsprechenden Essen und komischen traditionellen Ereignissen. Die Bremer haben eine Reihe von Traditionen, die einen an England, mehr aber noch an Hamburg erinnern. Die Hamburger geben sich sehr englisch, wie die Bremer, sie sind dabei aber auch ein Hafenvolk. Die Bremer haben so eine kühle und freundliche, manchmal sehr verführerisch freundliche Art, und man muß aufpassen, daß sie einen nicht mit dem Messer in den Rücken stechen, während sie einen anlächeln. Sehr englisch. Bremen interessierte mich sehr, es war skurril und bürgerlich.

1969 machte ich hier meinen besten Film – *Ich bin ein Elefant, Madame* – in und über diese Stadt. Heute ist Bremen verbaut und verhunzt, hat seinen Charakter fast verloren.

Hans-Peter Hallwachs und Edith Clever in *Nora*

Aber erst einmal machte ich im bürgerlichen Bremen meinen
ersten Ibsen-Exkurs. Mit Edith Clever als Nora und Hans-Peter
Hallwachs als Helmer. Die Geschichte, die erste große Emanzipa-
tionsgeschichte des Theaters – das interessierte mich sehr. Meine
Haltung zum Feminismus war immer eine negative. Das führte
sicher zu der Spannung in dieser Arbeit. Mit Edith, die ich gut
kannte und mochte, hatte ich viele Auseinandersetzungen über
das Thema gehabt, und da dachte ich, da mache ich mal ein Stück
mit ihr darüber, mal sehen, was dabei herauskommt.

Das Interessanteste an der Aufführung war, abgesehen davon,
daß die zerbrechliche und verletzbare Edith ganz wunderbar
spielte, daß Helmer komisch war. Die Aufführung wurde eine
Komödie, eine Bremer Bürger-Komödie, und es war sehr richtig,
eine Distanz durch eine gewisse Objektivität zu erreichen, ohne
die Figuren hochzunehmen. Ich wollte immer (und erreichte es
auch immer), daß die Schauspieler voll hinter ihren Figuren stehen und sie nicht von innen kritisieren. Trotzdem wurde *Nora*
eine Komödie, leicht, kühl und unsentimental. Hallwachs ist wirklich ein interessanter Schauspieler, der sich mittlerweile sehr verloren hat. Ein großartiger Komiker, von einer Art, wie ich es sehr
schätze, nämlich ein Komiker, der ganz ernsthaft spielt. Und er hat
diesen etwas schwachen Bankbeamten Helmer mit großem Witz
und großem Humor und einer Art von tapsiger Hilflosigkeit gespielt. Ich veränderte das Stück ein bißchen, strich zum Teil die
Theatermechanik. Es ist ein Stück mit sehr vielen Briefen und
Nachrichten. All das nahm ich weg und teilte das Stück in eine
Reihe von Black-out-Szenen auf. Immer, wenn bei Ibsen die
Mechanik einsetzte, schnitt ich die Szene ab wie im Film und
schnitt dann auf die nächste Szene. Ich hatte gerade ein *Nora*-
Gastspiel des Burgtheaters auf der großen Bühne im Theater am
Goetheplatz gesehen mit Maria Schell als Nora – in einer natura-
listischen Dekoration – eine ganz ausführliche, lange, erzähleri-
sche Angelegenheit. Es hatte mich sehr gelangweilt. Ich inszenierte nur die Momente, die mich interessierten. *Nora* war von

diesem Standpunkt aus das Vorspiel für *Maß für Maß* und auch von einem anderen Standpunkt aus, der die Sehnsucht nach einem anderen Umgang mit dem Bühnenbild betraf. *Nora* war ganz kurz und knapp geworden, und das genügte auch, *Maß für Maß* war nur eineinhalb Stunden lang. Mich hat ausschließlich die Auseinandersetzung zwischen Helmer und Nora sowie zwischen Nora und ihrer Freundin, Frau Linde, gespielt von Katharina Tüschen, gereizt. Speziell diese Beziehung war sehr interessant, weil Katharina Tüschen aus Ost-Berlin kam. Sie wehrte sich sehr gegen meine komplizierte psychologische Theaterarbeit, weil sie aus einer ganz anderen Theatertradition kam. Bei der *Geisel* war es kein Problem, bei Ibsen schon. Wie groß das Problem mit der Vermenschlichung von ostdeutschen Schauspielern war, erfuhr ich fast 30 Jahre später am Berliner Ensemble. Ich weiß noch, daß Katharina immer fragte: Warum muß ich denn das alles wissen? Ich analysierte die Szene und ihr Verhalten und erklärte ihr dann, warum sie nun gerade dies oder das sagen sollte, und sie sagte: Erzähle mir doch bitte nur, was ich unbedingt wissen muß. Sie war sehr ruppig, während Edith sich ungeheuer für jede kleine innere Regung der Figuren interessierte und Hallwachs den knappen Komiker spielte. Er war einmal Boxer gewesen, war überhaupt kein Intellektueller. Die drei waren ein kurioses und unerwartetes Gespann. Allerdings war Hallwachs als Schauspieler nicht sehr zuverlässig, und das mag ich nicht, denn Schauspielerei ist unter anderem eine Sache von Moral, und Zuverlässigkeit gehört zu dieser Moral. Wenn man Verabredungen trifft, dann sollte man sie einhalten. Hallwachs hatte mich vorher schon einmal bei den *Räubern* verraten, wo er den Spiegelberg gespielt hatte. Er fand die Stilisierungen (genau wie ich) irgendwann nicht mehr sehr gut. Nur, ich habe dahintergestanden und habe es auch weiter behauptet, weil ich denke, daß man das tun muß. Eine Arbeit, in die andere Leute verwickelt sind, muß man wenigstens, solange es sie gibt, nach außen verteidigen. Hallwachs nahm die Rolle vom ersten Moment an hoch, sowie ein Publikum da war. Er hatte als Spiegelberg eine große runde Nase, die er einfach während der Vorführung manchmal abnahm. Und er machte dem Publikum deutlich, daß er mit dieser Inszenierung nicht sehr viel zu tun hätte. Das habe ich ihm sehr übel genommen. Und obwohl ich dann noch ein paarmal wie jetzt bei *Nora* mit ihm zusammenarbeitete, weil ich ihn eben auch sehr mochte, habe ich ihm nie wieder ganz getraut. Etwas Ähnliches passierte mir mit Peter Lühr 1970 in München beim *Schmalen Weg in den tiefen Norden* von Bond. Lühr fand meine hochstilisierte, komplizierte Inszenierung ganz blöd. Er spielte den Conférencier, einen alten Herrn, der sich sowieso ans Publikum wendete, aber er blinzelte es laufend an, um ganz klarzumachen, daß er sich von der Inszenierung distanzierte. Damit hat er den Abend auch mehr oder weniger zerstört. Es geht ganz leicht ... Es ist mir nicht sehr oft passiert, aber manchmal. Es gibt Schauspieler, die das eben manchmal machen. Axel Milberg ist auch so einer. Die Inzucht und besondere Eitelkeit, die gerade in den Münchner Kammerspielen gepflegt wird, unterstützt, ja fördert eine solche Haltung geradezu. Ich finde, es ist ein unerträglicher Verrat. Ich bin bereit, einen schlechten Schauspieler oder eine schlechte Inszenierung öffentlich zu verteidigen, aber ich bin nicht damit einverstanden, wenn Leute aus meinen Arbeiten nach außen gehen. Ich finde, eine solche Arbeit ist wie ein Geheimklub, eine Verabredung zwischen ein paar Menschen. Und solange diese Verabredung läuft, geht bitte niemand irgendwo anders hin und übt Verrat. Natürlich passiert es immer wieder. Es passiert auch in ganz anderen Formen, wenn man zum Beispiel Intendant eines Theaters ist und in der Zeitung liest, daß irgendein Schauspieler erklärt, was für ein Scheiß-Theater es ist, an dem er arbeitet. Die letzte Diskussion über dieses Thema hatte ich mit Heiner Müller, weil Heiner Müller dazu eine absolut rücksichtslose Haltung hatte. Er war der Meinung, man soll und kann immer, in jeder Situation, alles sagen, was einem einfällt. Das müsse man eben ertragen. Ich glaube, daß in einer Gruppe, wie zum Beispiel einer Direktorengruppe beim BE,

Loyalität unabdingbar ist. Und daß sie sich dem Publikum sehr klar übersetzt. Loyalität zu Freunden und Leuten, mit denen man arbeitet, ist für mich eine Selbstverständlichkeit. Wenn sie zerbrochen wird, ist die Familie kaputt.

Meine ersten Ibsen-Erlebnisse stammten aus England. Anfang der 50er Jahre sah ich eine Aufführung der *Wildente* mit Anton Walbrook (Adolf Wohlbrück) als Jalmar und eine andere von *Hedda Gabler* mit Peggy Ashcroft. Michael Meyer hatte die Stücke neu übersetzt in damalige moderne Sprache, Konversationston, idiomatisch, leicht. Vorher hatte es nur die Übersetzungen von William Archer gegeben – das waren Übersetzungen wie die ins Deutsche von Brandes, 19. Jahrhundert – schwere, literarische, komplizierte Übersetzungen. Meyer ist es gelungen, die Stücke wie aktuelle Stücke klingen zu lassen. Ich sah Ibsen plötzlich als einen Contemporary. Walbrook in der *Wildente* war eitel, camp, brillant, kompliziert und scharf. Ashcroft und Devine in *Hedda*, einer Tragikomödie – sehr komisch, raffiniert und nicht weniger ernst. Michael Meyer hatte Ibsens Witz entdeckt. Und ich wartete nur darauf, eines Tages die Möglichkeit zu haben, mal selbst mit Ibsen umzugehen und zu sehen, ob ich den gloomy Ibsen in Deutschland auch verwandeln könnte. Bei *Nora* überarbeitete ich eine alte Übersetzung lediglich etwas. Als ich 1975 in Hamburg die *Wildente* inszenierte, stellte ich selber mit Gottfried Greiffenhagen eine neue Übersetzung her, die auf deutsche Art etwas Ähnliches versuchte – ich glaube, sogar erreichte – wie die Meyersche in England.

Gottfried Greiffenhagen wurde seit der Bremer Zeit bis Mitte der 8oer Jahre sehr wichtig für mich. Assistenten und Mitarbeiter sind ja für jeden Regisseur ein schwieriges Problem. Auf jeden Fall für mich. Am Anfang ging es noch, weil meine Arbeitsmethode nicht so ausgefallen war. Auch in den 6oer Jahren fand ich sehr schnell sehr gute Assistenten (Gehrke und Preen, zum Beispiel). In den 7oer Jahren wurde es kompliziert, weil meine Arbeit mit den Schauspielern so frei wurde. Was man einem Schauspie-

ler sagt oder wann man überhaupt etwas sagt, kann ein Assistent
nur wissen, wenn er ein ungeheures Fingerspitzengefühl und
eine große Phantasie dafür hat, was in meinem Kopf abläuft. Fehler sind da oft nicht mehr rückgängig zu machen. Hartmut Gehrke
und Jochen Preen inszenierten in Bremen aber schon selber, so
daß ich sie schnellstens verlieren würde. Da tauchte Gottfried
Greiffenhagen auf – nicht als Assistent. Ich weiß gar nicht, in welcher offiziellen Funktion er zuerst an diesem Theater war. Er war
ein etwas scheuer Bremer, der 12. Sohn einer Pastorenfamilie mit
einer sehr fröhlichen, deftigen Frau, Inge. Gottfried interessierte
sich sehr für meine Arbeit und wurde bald für mich eine Art von
Dramaturg. Er war ein sehr ruhiger, ein englisch gearteter Bremer,
zurückhaltend, unterspielt, gar nicht intellektuell, sondern intelligent und relativ praktisch. Er hatte Jura studiert und sich dabei
gelangweilt. Sein Bruder war und ist ein bekannter Politologe.
Gottfried wuchs in meine Arbeit hinein. Er war jemand, der fabelhaft und raffiniert zuhören konnte, was sehr wichtig ist für
einen Regisseur, denn als Regisseur fällt dir ständig irgendwas
(auch Blödes) ein, und du brauchst Leute in deiner Umgebung,
die ein gutes Gedächtnis haben und diese Dinge festhalten und
zurückerzählen und verarbeiten oder die auch sagen können,
komm, das ist albern. Gottfried interessierte sich besonders für
Ibsen, aber auch schon für Shakespeare, obwohl sein Verhältnis zu
Shakespeare mir sehr oberflächlich erschien. Er hatte nicht genug
Phantasie für die wilden Dinge der Elisabethaner. Aber zu Ibsen
hatte er ein kriminalistisches Verhältnis – Ibsen ist ja tatsächlich
eine Art Kriminalautor, der auf der Suche nach Motiven für seine
Figuren ist. Für uns wiederum lohnt sich die Suche nach deren
Motiven. Wenn man einmal auf den Spaß kommt, diese Suche
auf sich zu nehmen, die Suche in den Seelen und den Verhält-
nissen, und man immer wieder neue Spuren aufdeckt in der
Vergangenheit der Figuren – es handelt sich ja immer um eine
Vergangenheitserkundung –, ist das eine ganz aufregende Unternehmung. Ich erinnere mich, Gottfried und mir machte es viel

Spaß. Allerdings war er auch bei meinem *Hamlet* 1977 in Bochum
mein Dramaturg. Seine Haltung war da ähnlich. Da hatte er zum
Beispiel einen ganzen Katalog von 40, 50, 60 Fragen zusammengestellt. Was hat Hamlets Vater an diesem und diesem Tag möglicherweise zur Mutter gesagt? Er ging damit um wie mit Agatha
Christie, was sehr ulkig war, aber für *Hamlet* nicht sehr förderlich,
weil es die eigentliche Phantasie von Shakespeare verpaßte. Das
ist auch der Fehler, der gerade in Deutschland oft in den Aufführungen gemacht wird. Shakespeare ist ein Autor, der fast jede
Szene für sich geschrieben hat. Und im Zweifelsfall auch einen
Widerspruch zwischen zwei aufeinanderfolgenden Szenen gestattet. In einer Szene hört man, daß ein Mensch 23 ist, in der nächsten Szene ist er schon seit 15 Jahren verheiratet, weil er ihn in der
nächsten Szene als jemanden haben wollte, der eben seit 15 Jahren verheiratet war. Eine Szenenfolge, wobei sich eine Szene aus
der anderen entwickelte, gab es im elisabethanischen Theater fast
nicht. Jede Szene war wie eine Nummer. Niemand hat nach
einem stimmigen Ablauf und einer stimmigen Psychologie
gefragt. So versuche auch ich heute, die Stücke zu inszenieren.
Vielleicht nicht einmal brutal genug. Es ergibt sich bei unserer
heutigen Denkart daraus eine Art Surrealismus. Ich habe das in
den 70er Jahren noch exzessiver betrieben. Dieses Nebeneinan-
derstellen von Szenen, die manchmal völlig disparat waren und
überhaupt nicht zueinander paßten. Bei Ibsen ist es genau umgekehrt. Bei Ibsen ist wirklich nicht ein Steinchen dabei, das zu dem
anderen Steinchen nicht passen würde. Wenn bei Ibsen eine
Figur sagt, vor 44 Jahren im Juli war das und das, dann war es
wirklich nicht im Juni, sondern im Juli, und es ist meistens nach-
kontrollierbar. Man muß es auch wissen zum Verständnis irgendeiner späteren Szene. Gottfried hatte dafür eine große Faszi-
nation. Und Inge, seine Frau, hatte ähnlich wie ich Hunderte
von Krimis gelesen. Ich war immer ein rabiater Krimileser und
bin es heute noch. Als Entertainment, als Entspannung lese ich
Krimis. Und habe ich einen ausgelesen und fragt man mich, was

darin vorkam, habe ich oft keine Ahnung. Ein Vorgang wie das Fernsehen andrehen, nur meistens interessanter. Von den 100 Romanen von Agatha Christie habe ich sicherlich 80 schon gelesen und vergessen. James Hadley Chase mit seinen komischen Tough-guy-Geschichten mochte ich lange Zeit sehr, weil er auch so eine wahnsinnig skurrile, eine brutale und sadistische, aber auch wirklich ausgefallene Phantasie hat. Das macht mir Spaß. Aus der Krimi-Welt kam sehr viel von meinem Interesse an Ibsen. Natürlich nicht nur. Vor allem meine Beschäftigung mit der Psychologie von Menschen, auch mit meiner eigenen, wuchs seit Mitte der 60er Jahre von Tag zu Tag. Es hat mich schon immer fasziniert, wie Menschen sich zueinander verhalten, wo die Ursprünge ihrer Aktionen liegen und so weiter. Ich habe natürlich auch mal versucht, mich theoretisch mit Freud und Jung zu beschäftigen, wie mit allen theoretischen Dingen hat es mich bald gelangweilt, so daß ich es gelassen habe. Dafür habe ich mich sehr intensiv mit den psychologischen Verhältnissen zwischen den Menschen, die ich kannte, und den Gruppen, die ich kannte, beschäftigt und diese beobachtet.

Die letzte Bremer Zeit war die Zeit einer großen persönlichen Krise für mich, und sie war auch eine Krisenzeit für das Theater. Hinzu kam die beginnende politische Krise des Landes am Ende der 60er Jahre. Alles kriselte gewissermaßen zur selben Zeit. Alles schien sich für den Knall '68 vorzubereiten. 1966 trennte ich mich von Judy Winter. Es war eine harte Trennung. Es war aber auch lange genug gewesen, muß ich sagen, für beide. Es war höchste Zeit, daß sie einen jüngeren Mann fand, und es war höchste Zeit, daß ich vielleicht auch einen anderen Partner haben sollte. Der Urlaub war gewissermaßen vorüber. Die sieben Jahre mit Judy Winter waren wie ein ungeheuer genüßlicher Urlaub gewesen, eine wunderbare Zeit meines Lebens und, ich hoffe, auch ihres Lebens. Natürlich ist es immer kompliziert, mit einer Schauspielerin befreundet zu sein. Ich habe das ein paarmal gemacht. Bei

Judy kam noch dazu, daß sie zwar ein paarmal ganz gut bei mir gespielt hat, ihre Art zu schauspielern aber eigentlich mit meiner Art Regie relativ wenig zu tun hatte. Sie ist auf ihre Weise ein Fernseh-Star geworden, auch auf eine sehr gute Weise. Sie hat in dieser Zeit auch sehr viel gelernt, muß ich dazu sagen. Das merkt man heute noch, weil sie weniger verkitscht ist als viele andere Fernsehschauspieler. Trotzdem, es war höchste Zeit. Roswitha Hecke, das war jetzt eine andere Welt. Eine künstlerisch begabte, verrückte und exzentrische Frau, die mich auch aus der Arbeitsroutine, in die ich geraten war, herausruckelte. Plötzlich war diese Frau da, die alles durcheinanderbrachte. Das war sehr gut. Das war die eine Krise, der Übergang von Judy Winter zu Roswitha. Der Übergang fand in Holland statt, als ich in Den Haag eine Wiederholung meiner Bremer Inszenierung von *Frühlings Erwachen* im selben Bühnenbild mit holländischen Schauspielern auf holländisch probierte. Ich arbeitete sehr gern mit den holländischen Schauspielern, die ungeheuer naiv und direkt waren, ganz anders als deutsche Schauspieler. Ich sprach hauptsächlich Englisch mit ihnen, weil die Jungen eher Englisch sprachen, die Alten dagegen Deutsch. Es war damals noch eine komplizierte Zeit. Man traf sehr viele Leute, die nicht mit einem reden wollten, wenn sie hörten, daß man Deutscher war. Wenn sie hörten, daß ich ein deutscher Jude war, war man wiederum sehr beliebt. Das Ensemble in Den Haag war zu der Zeit eines der besten holländischen Ensembles. Paul Steenbergen, der Intendant, war ein humorvoller Schauspieler mit Stil und Charme, der, ähnlich wie später Günther Lüders, trotz seines Alters bereit war, neue Wege im Theater zu gehen. Die Schauspieler stiegen sehr auf meine Arbeit ein. Sie hatten bis dahin sehr konventionell gearbeitet, und plötzlich kam ich mit ganz neuen Ideen und Forderungen. Es war spannend, es mal woanders mit anderen auszuprobieren, und dann auch noch auf englisch. Abends fuhren wir nach Amsterdam zum Tanzen. Es gibt für mich Städte, die erotisch, und andere, die unerotisch sind. Köln bleibt eine hocherotische Stadt, sicherlich durch alles, was ich dort erlebte, als ich zuerst nach Deutschland kam. Auch Amsterdam hat eine große Erotik für mich. In dieser Zeit mit Roswitha war das Jugendleben in Amsterdam hektisch, aufregend und lustig. Es war die Zeit der Provos, des Paradiso, es war alles los in Amsterdam, eine verrückte Stadt, ein Traum für junge Leute und ehrlich gesagt ein bißchen sehr anstrengend für einen schon etwas älteren Mann wie mich. Wir haben natürlich alle Hasch geraucht wie die Verrückten. Meine Reaktion auf Haschisch ist leider ganz einfach. Ich schlafe ein. Was vielleicht ganz schön ist. Ich schlafe auch gerne, aber es macht mich nicht besonders an. Andere Drogen habe ich nie probiert. Ich habe nie Kokain, nie LSD genommen. Ich hatte immer Schiß davor. Ich wollte das nicht. Und ich mag auch nicht die Kontrolle verlieren. Ich mag immer Kontrolle haben über alles.

Die zweite Krise war mit Minks, der sich langsam von mir abnabelte, und die dritte Krise war das Bremer Theater. Hübner, der sich entscheiden mußte und versuchte, mich zu halten. Während der Arbeit an *Nora* wurde ich krank, probierte zehn Tage nicht und lag zu Hause im Bett. Da kamen Hübner und Minks, setzten sich an mein Bett und wollten mich überreden, zu bleiben. Es war alles nicht mehr so schön, wie es gewesen war. Wie so etwas eben läuft. Die »Familie« zerbröckelte langsam. Ich war eben auch zum ersten Mal krank in dieser Zeit. Ein Kreislaufkollaps, was für meine Verhältnisse schon einiges bedeutete, weil ich noch nie krank gewesen war seit der Bruchoperation als kleiner Junge.

7. KAPITEL

68

UND ES GAB NOCH EINE KLEINE KRISE in der Gesellschaft. Die Krise hatte sich schon über ein paar Jahre vorbereitet. Die Vorwarnung für diese Krise war schon länger da ... und wie üblich hatte Zadek sich dieser Krise erst mal nicht gestellt. Das war Politik. Politisches Tagesgeschehen.

ROTMORD

Ich erfuhr davon, beschäftigte mich aber nicht damit, bis ich eines Tages, 1968 im März, *Rotmord* für das Fernsehen inszenierte. So spät. Der einzige, mit dem ich politische Unterhaltungen hatte, war Tankred Dorst. Wir sahen uns oft, fuhren häufig zusammen weg und besprachen dies und jenes, was gerade lief, wie es in der Zeitung stand, so auch die politischen Umbrüche. Uns beide irritierte damals die linke Bewegung bereits maßlos, besonders im Fernsehen und im Theater. Wir meinten beide, daß das Theater mit Politik so wenig wie möglich zu tun haben sollte, daß es nicht belehrend sein sollte, eher ein Spiel war und andere Themen haben sollte als Politik. Deswegen inszenierte ich auch nie Brecht. Bis zu *Rotmord* hatte ich niemals ein Stück inszeniert, das direkt mit Politik zu tun hatte. Tankred Dorst hatte ein Stück über einen eigentlich unpolitischen Schriftsteller geschrieben, der am Ende des Ersten Weltkriegs in die politischen Ereignisse involviert wird, dabei sogar zum Mörder und Flüchtling wird und sich dann umbringt: Ernst Toller. Über Ernst Toller hatte mir meine Mutter viel erzählt, die ihn im Zusammenhang mit Alfred Lemm in den 20er Jahren kennengelernt hatte. Seine Autobiographie *I was a German* zählte zu ihren Lieblingsbüchern. Das kannte ich natürlich, und in Oxford faszinierte mich sein Stück *Hinkemann*. Aber ich hatte keine deutliche Vorstellung über die damalige Zeit in Deutschland, kannte auch die ganze expressionistische Dramatik nicht gut. Nur ein paar Stücke von Georg Kaiser, die mich nicht besonders interessierten, bis auf *Das Floß der Medusa* und

Vincent verkauft ein Bild. Beide Stücke wollte ich inszenieren, fand aber nie die richtige Gelegenheit. Ich war damals versessen auf angelsächsische Literatur und las in den 6oer Jahren hauptsächlich englische Bücher. Und dann kam Tankreds Stück über Ernst Toller. Ich las es und dachte, daß so ein Stück nicht meine Sache ist. Palitzsch inszenierte die Uraufführung in Stuttgart. Palitzsch war nach einer ganz aufregenden Inszenierung von *Arturo Ui* – bei der wir zum ersten Mal Damiani, Strehlers Bühnenbildner, zu Gesicht bekamen, von dem wir lernten, wie man indirektes Licht auf die Bühne brachte – als Schauspieldirektor nach Stuttgart gegangen und hatte zum Beispiel Hannelore Hoger mitgenommen und in Stuttgart eine Art Brecht-Epigonen-Theater aufgebaut, zudem ein Mitbestimmungstheater innerhalb des größeren Stadttheaters, an dem der berühmte Herr Schäfer ein genialer Opernintendant war. Innerhalb dieses Theaters machte Palitzsch sein politisches, linkes Theater, wo sehr viel zeitgenössische Stücke aufgeführt wurden – Martin Walser, Rolf Hochhuth, Herbert Asmodi und so weiter. Er hatte ein hervorragendes Ensemble zusammengeholt und war sozusagen das Kontrastprogramm zu Bremen. Als Bremen Kunst machte, brachte Palitzsch das politische, gescheite, sehr intelligente politische Theater. Es waren sicherlich die beiden interessantesten Ensembles dieser Zeit. Vor 1968 hatte Bremen die größere Kraft und Ausstrahlung. Später, ab 68, wurde Palitzsch immer wichtiger, weil auch die linke deutsche Bewegung immer stärker wurde. *Toller*, wie Tankreds Stück hieß, fand so eben nicht in Bremen, sondern in Stuttgart statt. Ich habe die Aufführung sehr bewundert, eine riesige, sehr kabarettistische, wunderschöne Aufführung. Das Bühnenbild war von Wilfried, der mittlerweile auch viel mit Palitzsch zusammenarbeitete. Tankred versuchte mich zu überzeugen, daß ich das Stück auch in Bremen inszenierte. Ich sagte immer wieder nein, und dann hatte ich plötzlich ein Buch über die Münchener Räte-Republik in der Hand, *Rotmord*, ein Nazi-Buch über diese üblen Kommunisten. Das faszinierte mich plötzlich, ich dachte, so könnte man vielleicht dieses Stück doch machen. Es wäre doch sehr spannend, wenn man das Stück vom Blickpunkt der Nazis aus als Film machen würde, so als ob es ein Film wäre gegen diese roten Schweine. Ich schlug es Tankred vor, und es war immer eine seiner großen Qualitäten, daß er nach der Uraufführung seines Stücks frei für jede Variation war, die irgendeinem Regisseur einfiel und mir besonders, weil wir nun schon sehr lange zusammengearbeitet hatten. Er war einverstanden. Ich inszenierte gerade in Stuttgart den *Kirschgarten*, eine Art Bühnenwiederholung der Fernsehaufzeichnung im selben Bühnenbild wie im Fernsehen – ein großer Fehler. Ich kapierte damals zum erstenmal den riesigen Unterschied zwischen Fernsehen und Bühne. Immerhin arbeitete ich dabei erstmals mit Hans Mahnke, der den Firs spielte und später einer meiner liebsten und größten Schauspieler wurde. Ich lebte mittlerweile in Stuttgart mit Roswitha in einer schrecklichen Bude, ein winziges Zimmer, in dem noch ihr ganzes Labor installiert wurde. Wenn wir auf Reisen waren, kam ihr Labor entweder ins Badezimmer oder in einen großen Schrank, so daß man immer klopfen mußte, Dunkelkammer und so weiter. Furchtbar. Dort fingen wir an, über *Rotmord* nachzudenken. Eines Tages kam Wilfried, der das Fernsehbild dafür machen sollte, in diese Bude und hatte den neuesten *Spiegel* in der Hand, vorne drauf Rudi Dutschke.

Wilfried war völlig aufgedreht, weil er gerade eine Fernsehansprache von Dutschke gehört hatte, und hielt mir einen großen Vortrag darüber, daß dieser Mann alles verändern würde. Es war mein erster, mir bewußter Kontakt mit 68. Dieser Auftritt von Wilfried Minks mit dem *Spiegel* unter dem Arm. Ich sehe es noch vor mir. Das Foto dieses wilden jungen Mannes mit den glänzenden Augen. Wilfried hatte immer ein großes Empfinden für Helden, für Kraft und für große Vitalität. (Wir hatten ja auch *Held Henry* gemeinsam gemacht.) Und so freute es ihn sehr, daß es nun jemanden gab, der diesem Image entsprach. Ich glaube, er identifizierte sich mit Dutschke. Ich hatte im Grunde genommen mal

Spiegelcover mit Rudi Dutschke

wieder wenig Ahnung, worum es ging. Wilfried war eigentlich gekommen, um über *Rotmord* zu sprechen. Und in dieser Atmosphäre ging dann die Arbeit vonstatten. Auf der Bühne hatte ich das Stück nicht machen wollen, weil ich es langweilig fand. Erst durch den *Rotmord*-Roman fand ich eine Haltung zum Stück, die mein Interesse wachrief – nämlich eine Problematisierung auch der Figur Ernst Tollers, die mir zutiefst unsympathisch war. Gerd Baltus spielte also einen schwachen, wabbeligen Menschen, der nie hätte Politiker werden dürfen. Ich hätte ja einen Dutschke besetzen können, tat ich aber nicht – mich interessierte gerade das Unpolitische, Labile an Toller. Dagegen war der Kommunist Leviné eher noch eine positive Gestalt, der Schauspieler Siegfried Wischnewski als Leviné hatte eine große Wirkung. Der ganze Club der Münchener Revolutionäre von 1918 war mir sehr fremd.

Das einzige, was mich interessierte, war die Spannung der spießigen Rechten gegen die intellektuellen Linken. Eine Spannung, die ich '68 in Deutschland wiederfand. Außerdem faszinierte mich die Fernseh-Ästhetik, mit der wir – Minks, Freyberger, der Techniker, Braun, der Kameramann, und ich – hier in derselben Richtung wie in meinem Fernseh-*Kirschgarten*, nur viel extremer, weiterexperimentierten. Ich wollte sehen, wie die elektronische TV-Ästhetik bei einem historischen Thema wie der Münchener Republik funktionierte. Die Dreharbeiten zu *Rotmord* fanden im Frühjahr 1968 im WDR in Köln statt, und jeden Tag passierte draußen etwas Neues, die 68er-Ereignisse, ständig kamen Leute mit Zeitungen in der Hand ins WDR-Gebäude, ständig wurde Radio gehört und so weiter. Es war eine Zeit von großer Unruhe und Aufregung und Spannung. Noch heute spürt man die Aktualität in diesem Film. Er wird öfters wiederholt, allerdings hauptsächlich wegen seiner Ästhetik.

Unsere Methode der elektronischen Verfremdungen hatte bis dahin niemand für einen Spielfilm benutzt, wobei diese Teile wunderbar zu den historischen Dokumentarpassagen paßten, die ich dazwischenschnitt. Damals waren das große Experimente, zumal technisch alles noch viel komplizierter war als heute. Für den Video-Schnitt brauchte man Riesen-MAZ-Maschinen, und ich legte mit meiner Produktion den ganzen Betrieb im Filmhaus

des WDR lahm. Meine Methode, die mir heute noch viele übel-
nehmen, bestand darin, lange Passagen nicht während des Dre-
hens zu schneiden, sondern drei oder vier Kameras durchlaufen
zu lassen. Dieses Material kopierte ich dann auf 8-mm-Film,
schnitt den 8-mm-Film und kopierte anschließend das Endresultat wieder auf Video zurück. Anstrengend, teuer, langwierig. Die
meisten Leute dachten, ich sei verrückt. Es hatte aber den Vorteil,
daß ein wirklich genauer Schnitt möglich war, denn zu dem Zeitpunkt war es noch nicht möglich, Videobänder genau zu schneiden. Man hat immer nur ungefähr geschnitten. Piep – ungefähr
da – und danach sah es auch aus. Diese Ungenauigkeit hat mich
nicht befriedigt. Das Timing der Schnitte ist ausschlaggebend für
den ganzen Film. Ich habe den WDR sehr gepeinigt, und ohne
Günter Rohrbach wäre es alles gar nicht möglich gewesen. (Siehe
Anhang, S. 495) Rohrbach war für die Entwicklung des deutschen
Films von einer Wichtigkeit, die heute niemand mehr begreift.
Alles, was im jungen deutschen Film passierte, lief über seinen

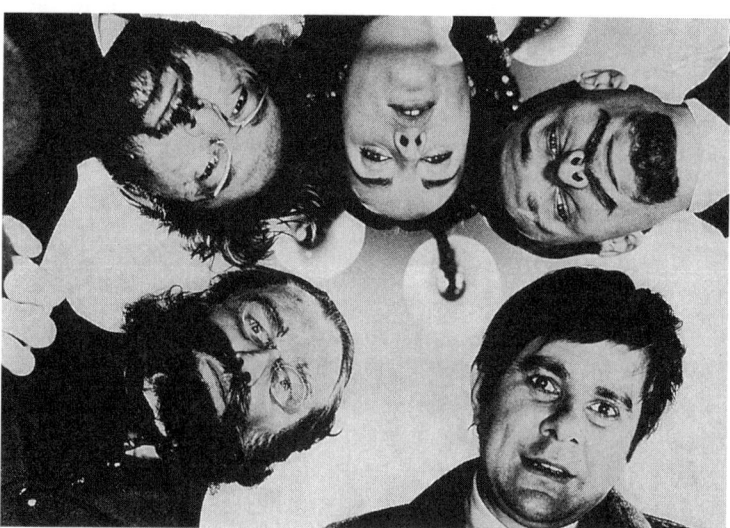

Rotmord. Gerd Baltus, Werner Dahms, Walter Riss, Ingrid Resch,
Wolfgang Neuss

Tisch und hatte seine Hilfe und seine Unterstützung. Ein genauer Denker, ein kluger Stratege, ein Ermöglicher, aber nicht ein Mann von großer überwältigender Persönlichkeit. Er riskierte viel und wiederholt, wurde angegriffen. Hübner und Rohrbach ermöglichten meine Experimente im Theater und im Fernsehen in diesen Jahren. Beide hatten Courage – beide liebten meine Arbeit und hatten keine Angst vor mir und meinen Kritikern. Rohrbach hat nie seine Persönlichkeit in die Filme hineingedrückt. Es blieben die Filme von Zadek und Lilienthal und Wenders und wer sie alle waren. Er hatte eine tolle Nase für gute Redakteure. Canaris und Mertesheimer und Mengershausen, ein fabelhaftes Team.

Als *Rotmord* gesendet wurde, wurde ich von der gesamten Linken als Reaktionär und Spinner bezeichnet. Ich war ein anarchischer Zerstörer aller positiven Ideen, zum Beispiel der Münchener Räterepublik und überhaupt aller Ideen von Gesellschaftsveränderung, die sie gerade propagierten. *Rotmord* lieferte aber keine Analyse, der Film zeigte die Attitüde eines Künstlers, nämlich meine, durch das Mittel einer Ästhetik und den Perspektivenwechsel zu einer Dritten-Reich-Haltung, während sie im Moment nur darüber nachdachten, die Gesellschaft umzustürzen, die Geschichte zum Beispiel der Räterepublik genau analysierten, Marcuse lasen und so weiter. Sie wollten ständig Diskussionen. Ich wurde permanent aufgefordert, zu Diskussionen zu kommen, und lehnte es immer ab. Ich wußte, daß ich in diesen Diskussionen den kürzeren ziehen würde, weil ich gar keine Meinungen oder Standpunkte hatte, die ich hätte diskutieren können. Ich konnte nur sagen, ich bin ein Künstler, und ich wollte diese historische Bewegung mal durch die Augen ihrer Feinde betrachten. Deswegen habe ich das so gemacht.

Ich bin immer noch mit Gaston Salvatore, einem der Jungrevolutionäre dieser Zeit, befreundet (er arbeitete mit mir in Bochum). Gaston war durch seine enge Beziehung zu Hans Magnus Enzensberger nicht so engstirnig wie viele andere. Ekkehart

Krippendorff war jemand, mit dem ich mich in der Zeit besonders
scharf auseinandersetzte. (S. S. 515)

Ich wiederholte damals ständig: Es ist nicht unsere Sache, im
Theater auf eine nüchterne Weise Probleme zu analysieren. Tut
das doch bitte an der Uni, es gehört dahin. Oder in den Zeitungen.
Aber nicht im Theater. Die Kunst hat nichts mit Analysieren zu
tun, mehr mit Instinkt und Phantasie. In diesen Zusammenhang
gehört auch *Der Pott*, von dem ich zwei Bühnen- und eine TV-Fas-
sung machte.

DER POTT

Nach *Maß für Maß* war ich aus Bremen weggezogen, aber ohne
Ziel. Meine Zigeunerfreundin Roswitha und ich hatten unsere
wichtigsten Habseligkeiten in meinen Citroën gestopft und
waren auf eine Safari durch die deutschen Lande losgefahren.
Erste Station: Stuttgart, wo ich Molières *Geizigen* mit Günter
Lüders in der Hauptrolle inszenierte. Meine zweite Inszenierung
des Stücks. Die erste, die Bremer, mit Helmut Erfurth in einem
wunderbaren Simultanbühnenbild von Wilfried, war unkonven-
tioneller gewesen.

Unter anderem landeten wir dann eines Tages in Wuppertal. In
Wuppertal gab es einen Intendanten, der ein reicher Mann und
neben dem Theater Besitzer einer Bierbrauerei war, Arno
Wüstenhöfer. Er hatte die Begabung, an sein Theater ausgefallene
und aufregende Leute – Regisseure, Autoren, Choreographen – zu
holen und kuriose Ereignisse zu initiieren. Wuppertal ist über-
haupt eine eigenartige Stadt mit ihrer komischen Schwebebahn.
Die Gegend erinnerte mich sehr an die Midlands in England.
Eine düstere Stadt, aber interessant. Später gab es dort ja vor
allem Pina Bausch. Dorst hatte in Wuppertal einen Teil einer alten
Fabrik geerbt. Auch eine komische Sache. Eines Tages rief mich
Arno Wüstenhofer an und sagte: Herr Zadek, ich höre, Sie sind

frei. Ich gebe zu, es ist bis heute eine schöne Erfahrung – wenn ich
mich von einem Theater losgelöst habe und Angebote, Anfragen
und Vorschläge kommen. Ich habe mein Leben lang gedacht, es
ist ja wie ein Wunder, daß es immer wieder weitergeht, daß ich
immer, wenn ich es wollte, meine Phantasien verwirklichen
konnte und daß man mir sogar Geld dafür zahlte. Und hier nun
bot mir Arno Wüstenhöfer ein Stück von O'Casey an, *The Silver
Tassie*, das sehr interessant, aber, wie er meinte, schwierig zu
machen war. Er hatte die Rechte erworben, und der dafür vor-
gesehene Regisseur konnte oder wollte nun nicht. Haben Sie
Lust? fragte er mich. Das Stück war als eines der unspielbaren
Stücke überhaupt bekannt. Der einzige, der es je in Deutschland
inszeniert hatte, war Kortner. Eine ganz berühmte Inszenierung
unter dem Titel *Der Preispokal*. Es ist ein realistisches Stück, das
sich in der Mitte zu einer Art Expressionismus entwickelt – in
dem Akt, der den Krieg (den Ersten Weltkrieg) behandelt.

Ich zeigte es Tankred, weil man es, wenn überhaupt, bearbeiten
mußte. Wir fuhren mal wieder nach Italien, nach Gagnano, und
kamen irgendwann auf den Gedanken, statt des einen Fußballers,
der Hauptfigur des Stückes, eine ganze Fußballmannschaft auftreten zu lassen, die in den Krieg zieht. Heute würde ich sagen, lieber
mehr Fußball und dafür weniger Krieg. Aber damals fiel mir auf,
daß Männer über Fußball redeten wie über Krieg. Tankred machte sich Notizen und fuhr nach München zurück. Ein paar Wochen
oder Monate später rief er an und hatte die erste Fassung vom
Pott. Wir trafen uns wieder, redeten weiter. Mit dem Ergebnis
fuhr ich dann nach Wuppertal, wo man mir eine Besetzung zur
Verfügung stellte, die hauptsächlich aus dem Wuppertaler Ensemble kam. Dazu Ruth Drexel, die dazugeholt wurde. Wenn ich an
ein neues Theater komme, besonders in ein Theater, in dem ich
die Technik nicht kenne, reduziere ich in der Regel die äußeren
Dinge einer Inszenierung so weit wie möglich. Das war zum Beispiel auch 1976 in Hamburg bei *Othello* der Fall und wieder viele
Jahre später, 1990, bei *Ivanov* in Wien. Der *Pott* war ein Stück über

den Ersten Weltkrieg, die Front, Irland und so weiter. Ich dachte, das lasse ich im Bühnenbild am besten alles weg. Den Bühnenbildner Wilfried Sakowitz kannte ich nicht. Ich wünschte mir nur einen Metallbettrahmen und an der Seite der Bühne zwei Bilder, eins davon eine weinende Frau von Roy Lichtenstein, sonst gar

Der Pott in Wuppertal

nichts. Fünfzehn Schauspieler und ein Metallbettrahmen. Der Metallbettrahmen war alles, der Mittagstisch und die Front, und wenn die Soldaten in den Schützengräben lagen, lagen sie unter dem Bett. Roswitha und ich lebten in irgendeinem komischen Boarding-house in einem Pensionszimmer, auch Tankred war oft dort. Die Arbeit war ein Genuß. Ich erinnere mich, ich hatte oft Krach mit Roswitha, weil ich durch die Arbeit ständig überreizt war. Aber auch die Zeitstimmung, was um das Theater herum politisch passierte, machte einen schon ein bißchen nervös. An einem Tag hatte Roswitha mal mit einem Messer nach meinem Kopf geworfen. Tankred war dabei, das Messer flog daneben. Tankred lachte, hob es auf und legte es wieder hin. Ich erinnere mich noch daran, weil ich in dem Augenblick dachte, irgendwann würde meine neue Frau versuchen, mich umzubringen. Sie hat es aber nie versucht.

Es war jetzt eine aufregende, konfuse Zeit, ganz anders als in den Bremer Jahren. In Bremen hatten wir alle zusammen innerhalb des Theaters in einem Rausch von schöpferischem Wahnsinn gesteckt. Jetzt wußte man nicht, was morgen passieren würde. Wir hörten ständig Radionachrichten, wir wollten wissen, was lief, wo gerade wieder ein Aufstand war. Paris? London? Und mitten in dieser Stimmung machte ich ein Anti-Kriegsstück. Ein Amerikaner unter den Schauspielern war ein heftiger Linker, der sich dauernd gegen mich wehrte und mich beschimpfte. Die Hauptrolle des Harry Heegan spielte Christoph Quest, der Sohn von Hans Quest. Ich begegnete Rosel Zech zum ersten Mal, die in allen drei Fassungen des *Pott* die religiöse Susie spielte. Rosel war die Tochter eines Flußschiffers, ein ganz bodenständiges Proletenmädchen. So etwas fand man nicht oft im Theater. Sie war anfangs auch ein verkrampftes und etwas puritanisches Mädchen, das schwer aus sich herauszulocken war – und sie fand plötzlich in mir ihren Befreier und entpuppte sich als großartige Schauspielerin. Die Arbeit in Wuppertal war in erster Linie eine Gruppenarbeit. Meine politische Haltung wurde in der Mitte des Studentenprotestes, der ja nicht meiner war, immer klarer. Es handelte sich dabei weder um den Protest meiner eigenen Generation (ich war ja eine Zwischengeneration, 20 Jahre älter), noch war die politische Lage in Deutschland eigentlich mein Problem. Aber das ist wohl das Schicksal eines jüdischen Wanderers. Man ist immer ein bißchen draußen. Es ist immer nicht ganz mein Problem. Dadurch hat man manchmal vielleicht einen ganz guten, auf jeden Fall anderen Blick auf die Dinge. Mein Engagement zielte auf das Theater, nicht auf die Politik. Es gab damals auch wieder Proteste gegen die Inszenierung. Gar nicht so sehr in Wuppertal als vielmehr in Berlin, denn die Aufführung wurde 1968 zum Theatertreffen eingeladen. (Siehe Zuschauerbrief im Anhang, S. 528) Dort wohnte ich im Parkhotel Zellermeyer direkt gegenüber der Volksbühne, wo das Theatertreffen stattfand. Ich bin gar nicht erst in die Vorstellung gegangen. Ich weiß nur noch, ich wurde spät nachts angerufen, daß ich rüberkommen müßte, weil die Sache langsam nicht mehr zu kontrollieren wäre. Als ich ins Theater kam, war die Vorstellung schon eine Weile zu Ende. Es wurde gebuht, gepfiffen, gebrüllt, geschrien, die Leute fingen an, auf die Bühne zu springen und so weiter. Irgendwann wurde es etwas ruhiger, und Christoph Quest, der die Hauptrolle spielte, trat vor den Vorhang und sagte: »Ja, wir sind ja auch gegen diese Inszenierung.« Ich war nun aber auch da und rief: »Das hättet ihr mir vielleicht vorher sagen können.« – »Das konnten wir ja nicht, da wären wir ja entlassen worden. Wir müssen ja auch an unseren Arbeitsplatz denken.« – »Na ja«, sagte ich. »Dann ist es Ihnen also doch nicht so wichtig.« Daraufhin ging die Hölle los. Die ganze Nacht. Niemand ging nach Hause. Es gab Reden von der Bühne. Ich erinnere mich an Ernst Schröder. Man befindet sich ja bei solchen Konflikten oft in falscher Gesellschaft. Ich höre noch, wie dieser Schauspieler, den ich nie gemocht hatte und den ich reaktionär fand, auf die Bühne sprang und eine flammende Rede für mich hielt. Wie oft in der Politik hat man ungewollt oft die falschen Partner. Das Thema der Diskussion war:

Krieg hat ganz spezifische gesellschaftliche Gründe, die man analysieren und dann verändern kann – und meine Inszenierung

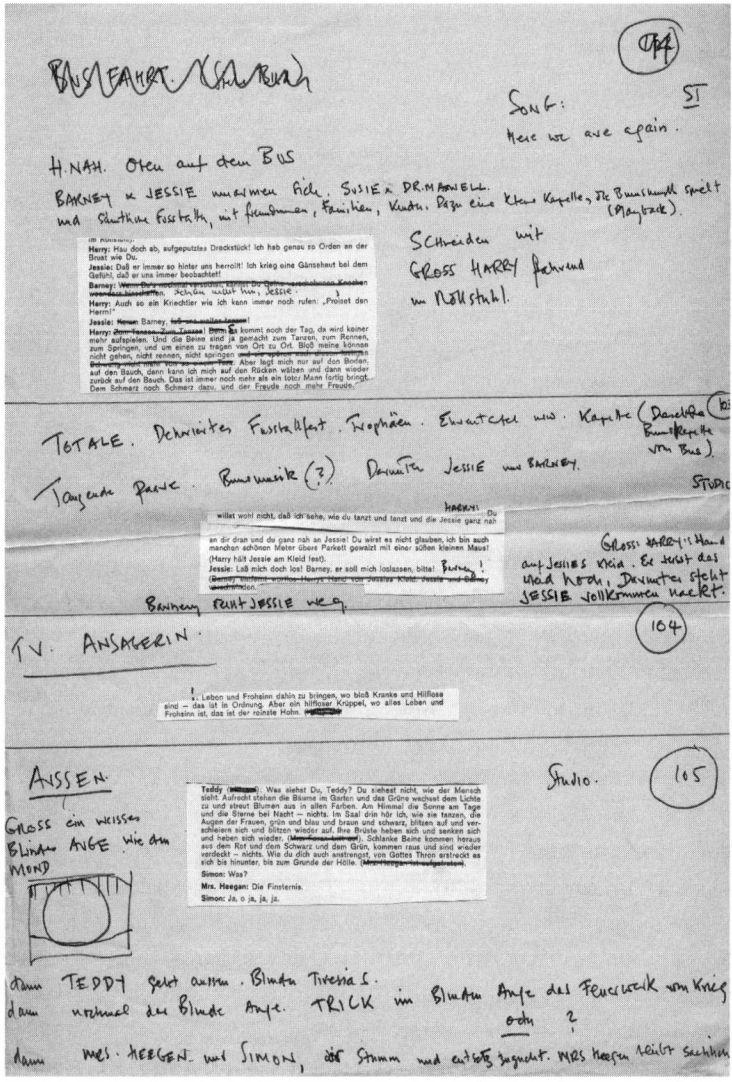

Einstellungen 94 bis 105 aus dem Drehbuch vom *Pott*

machte sich lustig über den Krieg. Ein zynisches Stück über den Krieg. Dabei machte sich das Stück gerade nicht lustig über die Menschen. Es machte sich lustig über Vorgänge, griff den Zynismus an, der zum Krieg führt, vertrat die Haltung der zwei englischen Anti-Kriegs-Dichter Sassoon und Charles Wood: Krieg ist eine Beschäftigungstherapie für Offiziere. Aber das alles ermunterte mich, nun Weiteres mit dem Stück zu planen. Ich ging wieder zu Günter Rohrbach, der auch, wie man es damals nannte, einen starken Linksdrall hatte, und sagte: »Ich habe dieses Stück und würde es gerne für das Fernsehen machen.« Er war einverstanden, zumal ich ihm sagen konnte, daß die Inszenierung eine ganz simple Angelegenheit wäre – ein paar Leute und ein Bett. »Wie schön, das wird ja ganz einfach, unproblematisch.« – »Ich schreibe aber mal«, sagte ich, »ein etwas anderes Drehbuch für das Fernsehen.«

Dazu brauchte ich allerdings einen anderen Bühnenbildner. Ich erinnerte mich an Guy Peelleart. Er war frei und hatte Lust.

Guy Peelleaert war ein berühmter Comic-Zeichner, dessen Bücher *Prawda* und *Jodelle* ich in Bremen gelesen hatte und liebte. Er zeichnete auch für die französische Satire-Zeitschrift *Le Canard enchaîné*, ein belgischer Jude, der die ausgefallensten optischen Einfälle hatte. Als *Prawda* in Deutschland erscheinen sollte, fragte mich Peter Schünemann, der Verleger, über unseren Dramaturgen, ob ich nicht Lust hätte, ein Vorwort dafür zu schreiben, weil es sich herumgesprochen hatte, daß ich Guys Sachen mochte. Wir interessierten uns in Bremen ja sehr für Pop Art, so daß das alles einen Zusammenhang hatte. Ich schrieb ein Vorwort. Dann lernte ich Guy kennen, wir freundeten uns an.

Er stellte mir Daniel Spoerri vor, der bei Ulli Brecht in Düsseldorf gerade ein Experimentier-Stück inszenierte. Ulli Brecht war ein Intendant, der mehr mit Bildender Kunst zu tun hatte als mit Theater und deswegen immer bildende Künstler ans Theater holte. Was Spoerri inszenierte, weiß ich nicht mehr. Ich erinnere mich nur an einen Einfall: Während des Stücks kommen irgendwelche Leute auf die Bühne und malen jeden Abend langsam alles zu. Die Möbel, den Boden, die Wände, auch die Leute. Das war eigentlich der Gag. Es war ein sehr typischer 60er-Jahre-Vorgang, den ich aggressiv und witzig fand.

Guy und ich machten eine Art Storyboard, wie ich es schon mit Wilfried bei *Rotmord* getan hatte. (Es war eine der ersten großen Arbeiten, die ich ohne Wilfried Minks machte. Wilfried inszenierte mittlerweile selbst.) Peelleart zeichnete einen großen Comic-Strip. Und dann ging ich mit einem riesigen neuen Drehbuch und mit diesem herrlichen, komplizierten Storyboard zu Rohrbach. Ein monströser, großer, teurer Film. Eine Besonderheit des ganzen Unternehmens war, daß wir eine Bluebox benutzen wollten – man dreht mit den Schauspielern in einem blau ausgehängten Studio, und anschließend kann man elektronisch in diese Bluebox hinein andere Dekorationen bauen. Im Film hieß das früher Travelling Matt und war ein sehr teurer, komplizierter Vorgang, der im Labor gemacht werden mußte, wo jedes einzelne Frame gezeichnet werden mußte, während Bluebox an sich ein ganz einfacher Vorgang ist. Ich hatte das bisher nur in Shows gesehen und war wohl in Deutschland der erste, der die Technik in einem Fernsehspielfilm benutzte. Roland Freyberger, das technische Genie des WDR, mein wunderbarer Partner von *Kirschgarten* und *Rotmord*, war wieder dabei und von der Idee so begeistert wie ich. Dazu der damalige Tontechniker Friedrich Van der Horst und mein Fernsehassistent, mit dem ich bis heute immer wieder arbeite, obwohl er heute selbständiger Cutter ist, Karsten Hoffmann. Der Aufwand war ungeheuer. Wir drehten im Filmhaus des WDR eine Mischung aus Film und Fernsehen. Die große Kriegsszene wurde auf einem Feld außerhalb von Köln gedreht, auf das wir fünftausend Plastiktulpen pflanzten. Ich wollte eigentlich das Ganze in einem Tulpenfeld in Flandern drehen, und da das nicht ging, pflanzten wir die Tulpen eben selbst. Nachdem wir abgedreht hatten, kamen alle Leute aus der Umgebung, die die Dreharbeiten mitgekriegt hatten, und gingen mit Riesen-Plastik-

tulpensträußen nach Hause. Die Bluebox-Aufnahmen waren
ungeheuer kompliziert, weil wir damit noch zusätzlich experi-
mentierten. Für Spielszenen mit Bluebox brauchte man gleich
zwei Studios. Der WDR war monatelang vom *Pott*-Unternehmen
besetzt. Wir hatten schwierige große Schauspieler – Curt Bois und
Hans Mahnke, um die man sich ständig kümmern mußte. Wir
hatten Rosel Zech und Hannelore Hoger und viele andere großartige Schauspieler. Tilli Breitenbach, die vor langen Jahren in
Ulm meine *Alte Dame* gespielt hatte, holte ich jetzt wieder, um
die alte Mrs. Heegan zu spielen. Ich arbeitete ungeheuer genau,
Bild für Bild, so wie ich es mir vorstellte. Nichts war in diesem
Film mehr improvisiert. Am Ende der Drehzeit hatte ich einen
unendlichen Haufen von Material. Manches auf 16 mm, manches
auf 35 mm. Es gab auch lange Passagen, die nur auf Video vorla-
gen. Der arme Cutter war zuerst aufgeschmissen. Monatelang
besetzten wir die gesamte MAZ des WDR, um den Schnitt zu
machen. Überspielten dann wieder alles, schnitten im Schneideraum alles noch mal und überspielten es zurück. Mittlerweile
arbeitete ich parallel dazu noch in Stuttgart, wo ich den *Pott* auf
der Bühne bei Palitzsch neu inszenierte, weil es mich nun reizte,
mit Peelleart auch eine Bühnenfassung zu machen. Nicht diese
Wuppertaler Null-Fassung, auch wenn sie sehr schön gewesen
war. Parallel dazu schnitten wir aber immer noch in Köln. Irgendwann zog der gesamte Schneideraum nach Stuttgart, und dort
wurde weitergeschnitten. Dann war der Film fertig. Der WDR
schlotterte mittlerweile. Rohrbach hatte größte Schwierigkeiten
bekommen, weil der Film Millionen kostete. Das war veröffentlicht worden, und es gab Forderungen, daß er zurücktreten sollte.
Ein großer Skandal in Köln. Aber Rohrbach stand fest hinter dem
Film. *Rotmord* hatte immerhin den Grimme-Preis gewonnen.
Nachdem der Film fertig war, machte der WDR etwas Einzigar-
tiges – sie stellten im Sender überall Fernsehapparate auf und
luden ganz Köln zum Anlaß der Ausstrahlung des Films zu Freibier
und Fernsehen ein. Es war ungeheuer aufregend, mitzukriegen,

wie die Leute auf so etwas reagierten. Die Kölner sind ja ein lustiger Haufen, der Abend wurde ein Riesenfest im ganzen Vierschei-
benhaus. Heute würde man so etwas schon wegen der Security gar
nicht mehr riskieren. Irgendwelche Leute könnten ja Bomben
legen. Damals hatte wohl trotz Studentenbewegung niemand dieses Problem. Die Einschaltquoten waren übrigens miserabel, auch
bei den Wiederholungen. Aber der *Pott* wird immer wieder gesendet. Zusammen mit *Rotmord* war der *Pott* ein wichtiger
Augenblick im deutschen Fernsehen. Die miesen Einschaltquoten
hingen wohl damit zusammen, daß der erste Akt durch Bluebox
und die ganzen Schnitte gleich der ausgefallenste und schwierigste
war und damit für den Zuschauer den Einstieg nicht gerade leicht
machte. Die Handlung war so sehr schwer zu verstehen.

Der riesige Möbelhaufen auf dem Schlachtfeld war ein regelrechtes Kunstobjekt von Guy Peelleart, in dem die Schauspieler
wunderbar spielen konnten. Sehr kompliziert war der Ton. Die
Szene, in der Lale Andersen für die Truppen singt, ist eine
Gemeinheit, aber eine tolle, witzige Gemeinheit. Sie hat selbst nie
gewußt, wie sehr sie sich exponierte, glaube ich. Das Lazarett, das
wir bauten, sah bewußt aus wie ein Schlachthof. In einem Gang
werden die Gedärme der Toten mit Schrubbern von den Krankenschwestern in die Mitte des Raumes geschoben, danach ist Früh-
stückspause. Dazu reden die Ärzte nur in langen Blablas, eine
Parodie auf den Beruf der Ärzte im Krieg, die sehr wichtig war.
Man darf nicht vergessen, daß die Ideen zum großen Teil von
O'Casey selbst stammen und dann über lange, lange Wege und
Umwege über Dorst und über Peelleart und mich im Film landeten. Viele der tollsten Ideen im Film stehen auch schon im Stück.

Ich erinnere mich noch sehr genau an die Pressekonferenz für den
Pott im WDR. Peter Scholl-Latour und Werner Höfer unterstütz-
ten meine Arbeit, sonst hätte Rohrbach die Sache gar nicht durch-
gekriegt. Während der langen Diskussion verteidigten die beiden
den Film scharf gegen Kritik. Sie mußten es natürlich auch, aber

Mit Guy Peelleart, Charlie Wesseler und Rudi Voss
beim Dreh vom *Pott*

sie taten es mit großem Engagement. 1973, drei Jahre später, als
ich Dorsts *Eiszeit* verfilmt hatte, bekam der WDR einen Tag vor
der Ausstrahlung von den Erben Knut Hamsuns eine Einstweilige
Verfügung gegen die Ausstrahlung des Films, und Höfer sagte da,
dann sollen sie ihn doch ins Gefängnis setzen. »Wir senden auf
meine Verantwortung.« Solches Verhalten ist man gerade in deutschen Organisationen nicht besonders gewöhnt. Heute schon gar
nicht mehr.

Die Studentenbewegung war in full swing. Einige Monate
wohnte ich in Berlin mit Roswitha in dem schon erwähnten Hotel
Zellermeyer, das heute ein Altenheim ist. Roswitha hatte wieder
ihr Labor in einer Ecke und verbrannte damit einmal das halbe
Zimmer. Ihre Schwester war eine aktive linke Studentin und
demonstrierte auf dem Kudamm. Danach kam sie oft mit ihrem

Freund zu uns ins Hotel und gab Prognosen ab, was nun an diesem Tag passieren würde. Ich hatte wilde Auseinandersetzungen mit den jungen Leuten, weil es mir immer mehr auf die Nerven ging. Ich hatte mich auch mit Erich Fried getroffen, der damals ebenfalls in Berlin war, ein enger Freund von Rudi Dutschke. Er sagte mir: »Weißt du, die Berliner Studenten denken, daß sie in der Situation von amerikanischen Schwarzen sind. Aber sie sind keine Schwarzen. Ihnen das klarzumachen, ist eine meiner Aufgaben hier in Berlin.« Damit war ich sehr einverstanden. Ich konnte das Selbstmitleid der deutschen Jugendlichen nicht ertragen, obwohl ich heute, im nachhinein, diese Bewegung verstehe und auch begreife, was da passierte und warum es wahrscheinlich nötig war, den Aufstand gegen die autoritären Väter zu dem Zeitpunkt zu machen. Ich fand es damals zerstörerisch, so wie ich immer den Moment zerstörerisch finde, in dem Gruppierungen sich zu Parteien formieren und sozusagen die Differenziertheit zum Beispiel einer Bewegung töten. Das Engagement wird so stark, daß man das Komplizierte und das Gescheite und das Genaue bewußt ausschließt, um irgend etwas Kollektives zu erreichen. Als Osborne starb, schrieb ich ihm einen Nachruf im *Spiegel* (s. Anhang, S. 543), der sehr viel mit diesen Gedanken zu tun hatte. Ich erinnere mich genau, wie ich das Stück *Blick zurück im Zorn* gesehen hatte und als unangenehm empfand, weil es auf eine bestimmte Weise völlig einspurig war. Es schien mir zu verleugnen, daß es außerhalb der geschilderten Welt des Elends und der Unterdrückung auch eine schöne Welt gab. Statt dessen konzentrierte sich alles auf das kleine Zimmerchen, in dem die ganze Misere der Welt stattfand. Das irritierte mich schon damals und nervte mich an der Verfilmung mit Richard Burton noch mehr. Der Film zeigt diese Welt noch realistischer. Und so denkt man ständig, es stimmt doch nicht, es kann gar nicht stimmen. Es ist nicht wahr. Ich weiß, außerhalb dieses Zimmers ist es nicht so. Ich finde es nur neurotisch. Genau das war auch mein Gefühl, als es im Theater in Deutschland losging. In Bremen war ja irgendwann

Peter Stein als Regisseur angekommen und machte erst *Kabale und Liebe*, eine interessante Inszenierung; und nach meinem *Maß für Maß Tasso* – und dazwischen indoktrinierte er das Ensemble. Er suchte sich die Leute aus, die ihn interessierten, traf sich mit ihnen irgendwo unten im Keller und indoktrinierte sie. Er inszenierte übrigens zu diesem Zeitpunkt auch in München *Gerettet*. Mit einer ganz deutlichen politischen Haltung, die bei allen absolut akzeptabel war. Ich glaube, er hat es sogar vor mir gemacht, so daß meine Inszenierung dann nicht nur anders, sondern sogar eine bewußte Antwort auf seine Inszenierung war, die bis heute sozusagen diametral entgegengesetzte Haltung zu meiner Idee von Theater. Als er aus Bremen wegging, zog er mit dem ganzen Club nach Berlin und machte die Schaubühne.

In Bremen gab es zwischen Stein und mir keinen Konflikt. Die Regisseure, die mich interessierten, waren Fassbinder und Grüber. Später gab es in Berlin ein Gespräch zwischen Stein und mir, das in *Theater heute* abgedruckt wurde (s. Anhang S. 529), moderiert von Rischbieter. Das war schon ein Gespräch, in dem unsere ganz entgegengesetzten Haltungen zur Welt und zum Theater deutlich zum Ausdruck kamen, auch wenn ich es damals noch gar nicht so empfand. Ich bin sicher, daß die Hauptpunkte heute noch dieselben wären. Anfang der 70er Jahre gab es tatsächlich zwei deutsche Arten, Theater zu spielen. Daneben natürlich fünfzig andere Varianten. Aber es gab diese beiden, an denen man sich als Schauspieler schon ein bißchen orientieren konnte. Auch als Kritiker.

Im Jahr 1964 in Bremen zeigte Karl-Heinz Braun, ein Theaterverleger, der den Verlag der Autoren gegründet hatte, mir ein Manuskript von einem gewissen Peter Weiss. »Lesen Sie doch einmal dieses Stück, und rufen Sie mich dann an.« Es war ein aufregendes Stück, und erinnerte mich an Genet und hatte nichts zu tun mit irgendwelchen Modeströmungen der damaligen Zeit. Ich rief Karl-Heinz Braun sofort an und sagte, es würde mich sehr interessieren. Ich zeigte es auch gleich Kurt Hübner. Ich wollte das Stück machen.

Da sagte Braun: »Ja, wir arbeiten noch daran.« – »Warum«, sagte ich, »es ist doch fertig. Ich habe es doch hier. Es ist doch wunderbar.« Und dann arbeiteten sie daran. Wir bekamen es nicht. Als es dann 1968 fertig war, gab es unser Bremer Theater schon nicht mehr. Karl-Heinz Braun hat es dem polnischen Regisseur Swinarski gegeben, der es in Berlin am Schiller Theater inszenierte, und es hatte sich eigenartig verwandelt und sah plötzlich aus wie ein Stück von Brecht, völlig verändert. Das war ein sehr typisches Ereignis für diese Zeit. Karl-Heinz Braun hat viele Autoren beeinflußt – was er alles verdorben hat, kann man gar nicht mehr zurückchecken. Aber vielleicht wäre *Die Verfolgung und Ermordung Jean Paul Marats, dargestellt durch die Schauspielgruppe des Hospizes zu Charenton unter Anleitung des Herrn de Sade* ohne diese Verderbnis nicht so ein großer Erfolg gewesen.

In Bremen gab es regelrechte Straßenschlachten. Es ging um Fahrpreise von Straßenbahnen und Bussen. Schüler hatten die Protestaktionen gestartet. Eines Tages ging ich über den Marktplatz, der plötzlich voller Menschen war. Alles schob und schrie um mich herum. Ich war mit Wolfgang Menge und mit Robert Muller zusammen, mit denen ich gerade am Drehbuch von *Ich bin ein Elefant, Madame* arbeitete. Die beiden fanden es sehr lustig, ich war verängstigt und versuchte, so schnell wie möglich aus dem Haufen herauszukommen. Es war harmlos, niemand wurde beschädigt. Es war nur eine der vielen Demonstrationen der damaligen Zeit. Ich habe einen Horror vor Volksaufläufen. Ich habe überhaupt einen Horror vor Versammlungen mit mehr als zehn oder fünfzehn Menschen. In *Ich bin ein Elefant, Madame* sieht man das.

Ich kapierte natürlich die Proteste gegen die Notstandsgesetze und den Vietnam-Krieg.

Ich fand nur die Form der Proteste falsch. Ich fand die Methode genauso dumm wie die Mißstände, gegen die protestiert wurde. Ich fand sie sinnlos und absurd. Alles, was mit Gewalt zu tun hat, ist mir unerträglich. Ich kann mit Leuten, die bereit sind, Gewalt zu benutzen, nichts anfangen. (Im Fernsehen läuft gerade, während ich das im Februar 1998 schreibe, die Vorbereitung Amerikas für einen zweiten Golfkrieg an.) Die politische Haltung der Berliner Studenten implizierte bereits Gewalt. Sie war latent, eine Art von extrem hysterischer Gewalt. Meine Aversion dagegen liegt vielleicht in meiner Vergangenheit begründet, in meiner jüdischen Herkunft. Alle meine Stücke, die sich mit Krieg beschäftigen, beschäftigen sich ja in Wirklichkeit gar nicht mit Krieg, schon gar nicht mit den Gründen für den Krieg, sondern mit Aggression und Gewalt schlechthin. Wenn ich damals eine Rede von Rudi Dutschke oder anderen APO-Führern hörte, war mir klar, daß es bald in Gewalt ausarten würde. Und es passierte dann ja auch. Und die Gewalt hieß Baader-Meinhof.

Der Bild-Zeitung warf man Gewalttätigkeit vor, aber das war keine Gewalt, es war eine verbreitete Meinung, die, so falsch sie auch ist, in einer demokratischen Gesellschaft erlaubt sein muß. Ich habe nichts dagegen, daß jemand eine Zeitung gegen die Bild-Zeitung verlegt, aber das haben die Linken ja nie geschafft. Rull, die Hauptfigur in *Ich bin ein Elefant, Madame*, ist in konzentrierter Form eine Abbildung von mir selbst in den 68er Jahren geworden. Ein Junge, der zwischen allen Fronten sitzt. Jetzt, nach 1989, sitze ich schon wieder zwischen den Fronten. Anscheinend eine Situation, in der ich mich wohl fühle, sonst würde ich es nicht tun. Es hat eben auch damit zu tun, daß ich mich ungern Gruppen anschließe und auch keine Gruppe finde, der ich mich anschließen wollte. Was vielleicht wieder damit zu tun, daß ich Konzepte an sich bereits für falsch halte. In dem Moment, wo man ein Konzept formuliert, entsteht ja nicht nur auf dialektische Weise sofort auch der Gegengedanke. Auch die ganze Umgebung, der Kontext, die Details, die der notwendigen Allgemeinheit der Gedanken geopfert werden, machen das Konzept sofort zur Lüge. Ich habe in meinem schon erwähnten Nachruf auf John Osborne geschrieben, daß man sicherlich manchmal, um gewisse Ziele zu erreichen, auch einmal auf diese Differenziertheiten verzichten muß, wohl wissend, daß es eine Lüge ist. Ich selbst habe es in meinem Leben aber nie getan und gekonnt. Ich konnte noch nie so tun, als ob ich die Dinge, die ich weiß, nicht wüßte. Ich mußte sie nicht mal unbedingt laut sagen, einen Wahrheitsfimmel habe ich nicht. Aber ich konnte zum Beispiel nicht so tun, als ob zum Beispiel die eine Partei in der Schule in *Ich bin ein Elefant, Madame* recht und die andere unrecht hatte. Das ist – und das wäre – einfach nicht wahr. Der Lehrer, von Palitzsch gespielt, der mit den Schülern endlose Diskussionen über die Nazis und das KZ führte, hatte sicher eine gewisse Berechtigung. Ich fand aber auch, daß der Junge, der da sagt: Wenn Sie noch mal Auschwitz sagen, kriege ich das Kotzen, recht hatte. Ich fand auch, die Jungen, die sagten: Laß uns doch bitte mal endlich etwas lernen, weil wir nämlich Abitur machen müssen, auf ihre Weise recht hatten. Ich finde, daß die Welt für viele Meinungen Platz hat. Solange nicht jede dieser Gruppierungen der Meinung ist, die Alleinberechtigung zu besitzen, finde ich, daß sie sehr wohl nebeneinander stehen und miteinander reden und streiten und sich gegenseitig inspirieren können. Und es ist für mich eine der wichtigsten Funktionen von Kunst, diese Offenheit des Lebens zu zeigen und herzustellen.

Edward Bonds Gerettet

1968 inszenierte ich Edward Bonds *Gerettet* an der Freien Volksbühne in Berlin.

In einer Szene des Stücks wird ein Kinderwagen durch einen Park geschoben, ein paar Rowdys werfen Steine in den Wagen und bringen so das Baby um. Die Szene war mir immer sehr unsympathisch, weil ich dachte, daß sie die Phantasie des Zuschauers zwar anstieß, ihn aber nichts kostet. Eine Art von Voyeurismus, die sehr leicht zu verkraften ist. Deswegen änderte ich die Szene und stilisierte sie, indem ich eine Puppe nahm, die die Jungs aus dem Kinderwagen rissen. Die Puppe war ganz eindeutig als solche zu erkennen, und sie war nackt. Die Jungs banden sie auf einem Stuhl fest und zerstörten sie dann auf dem Stuhl. Ich weiß noch, Heinrich Giskes nahm eine Zigarette und brannte ihr ein Auge aus. Einer der Jungs pinkelte auf sie usw. Hansjörg Utzerath, der Intendant, hatte schon eine Nachtvorstellung daraus gemacht, weil er Angst hatte, daß die Aufführung schiefging, und sie ging auch schief. Das Publikum, hauptsächlich Studenten, stürmte die Bühne. Es war sehr interessant, denn wegen der Direktheit mit der sichtbaren Puppe hatte niemand mehr die Möglichkeit für einen gemütlichen Voyeurismus. Eine Puppe. Eigentlich das Harmloseste, was man sich vorstellen kann. Aber ich glaube, die Zuschauer nahmen mir übel, daß man ihnen zumutete dabeizusein, während es passierte. Und nicht nur in der Phantasie, was noch in Ordnung gewesen wäre. Trotz Puppe. In Hannover bei *Cymbeline* hatte ich »nur« viel Blutketchup auf der Bühne, was man mir auch schon sehr übel nahm. Die Puppe hat das Publikum noch mehr beleidigt. Inszenierte ich heute so eine Szene, würden die Leute wahrscheinlich sagen, wir sehen jeden Tag die armen Leute in Serbien mit ihren abgehackten Armen und blutigen Gesichtern, und jetzt wagt sich der Zyniker Zadek, das hier offen auf der Bühne zu zeigen. Das würde heute passieren.

Die protestierenden Studenten, die die Bühne stürmten, kritisierten, daß bei der Aufführung nicht genügend auf die sozialen Ursachen der Gewalt hingewiesen wurde, aufgrund derer die Halbstarken zu solchen Taten getrieben würden. (Materialien über die Auseinandersetzung im Anhang S. 505ff.) Heute wird ähnlich für die armen Skins argumentiert, die eigentlich Opfer der Gesellschaft sind. Das stimmt zwar, trotzdem müssen sie verhindert werden.

Das Publikum damals war natürlich humorlos. In einer Szene sieht eine Familie fern, und ein Schauspieler spielte den Fernsehapparat. Die anderen gingen zu ihm – es gab noch keine Fernbedienung – und drehten auch mal an seiner Nase, um die Programme zu wechseln. Schon das produzierte bei den Zuschauern große Säuernis (Zadeks Menschenverachtung). Hinzu kam, daß die Aufführung des Stücks ein Vorspiel hatte: ich hatte einen alten, sehr beliebten Berliner Volksschauspieler besetzt, den ich nicht kannte. Bei einem der letzten Durchläufe ohrfeigte Ruth Drexel, die seine Frau spielte, ihn auf der Bühne, und er fiel um und war tot. Er hatte ein schwaches Herz, was er verschwiegen hatte. Wir waren alle entsetzt, und am nächsten Tag trafen wir uns und besprachen, was geschehen sollte. Ich sagte: »Wir besetzen ihn um, wir suchen jemanden, der die Rolle schnell übernehmen kann.« Die meisten Schauspieler waren jedoch der Meinung, man könnte nach so einem Ereignis nicht einfach zur Tagesordnung übergehen. »Das heißt«, sagte ich, »ihr könnt nicht zur Tagesordnung übergehen, und das Theater macht Pleite. Außerdem helfen wir dem Toten nicht dadurch, daß wir das Stück jetzt absetzen.« Ein typischer Streit der 68er-Zeit. Utzerath, der Intendant, war auch für die Umbesetzung. Er zitterte natürlich, aber wir beschlossen, die Rolle mit Axel Bauer, einem wunderbaren bayerischen Schauspieler und Volkskomiker, neu zu besetzen. Und dann passierte etwas, das ich ganz ungeheuerlich und auch typisch für die Zeit fand: die Schauspieler sprachen nicht mit diesem Mann. Er lernte in drei Tagen den langen, schwierigen Text und wurde vom gesamten Ensemble geschnitten. Ein trauriges Verhalten. Die Schauspieler probierten letztlich weiter, weil sie ihre Gage haben wollten – jeder hätte ja auch sagen können, ich spiele nicht, ich verzichte auf meine Gage, tschüs – nein, statt dessen schnitten sie den armen Axel Bauer, der als Helfer in der Not gekommen war. Die Atmosphäre wurde immer schlimmer, die Aggression gegen mich so stark, daß ich mich eine Woche vor der Premiere, wir waren mehr oder weniger fertig, mit Roswitha in ein Flugzeug setzte und nach Spanien flüchtete. Wenn ich in Berlin geblieben wäre, wäre die Aufführung wahrscheinlich geplatzt. Ich saß in Javea am Strand und wartete auf Nachricht von Greiffenhagen, der mich in Berlin vertrat. Und in Javea fing ich an, mit Robert Muller, der mit seiner Frau Billie Whitelaw, der Nanny und seinem kleinen Sohn auch dort war, den »reaktionären« Film *Ich bin ein Elefant, Madame* zu schreiben.

Bei der Premiere von *Gerettet*, das hörte ich dann, solidarisierten sich einige der Schauspieler mit dem protestierenden Publikum. Und Edward Bond protestierte auch. Man hatte ihm die Aufführung beschrieben, und meine Freundin Peggy Ramsay, die ihn in London vertrat, schrieb mir in einem bösen Brief, daß ich eine faschistische Aufführung dieses antifaschistischen Stücks gemacht hätte. Bond würde das nicht dulden. Wir boten an, das Stück abzusetzen, das wollten sie dann aber auch nicht. Ich inszenierte ein Jahr später noch ein Stück von Bond, das aber nicht ankam: *Schmaler Weg in den tiefen Norden.* Eine ganz ausgefallene Inszenierung. Der Ansatz des Stücks erzeugte bei mir eine Art Widerwillen, ähnlich wie bei *Gerettet.* Beide Stücke lösten

Szene aus *Gerettet*

Edith Clever und Martin Lüttge in *Schmaler Weg in den tiefen Norden* von Edward Bond an den Münchner Kammerspielen bei mir einen anarchischen Zynismus aus, ein Hohngelächter, das zweimal zu scharfen Inszenierungen führte. In beiden Fällen hatte ich denselben jungen Bühnenbildner, Olly Heitmüller. Er war der ehemalige Freund von Roswitha, ein Hamburger Maler und ein recht verstörter Mensch mit einer Sauberkeit und Phantasie, die ich ansonsten nirgends gefunden habe. Er hat ganz wenige Bühnenbilder in seinem Leben gemacht, ich weiß gar nicht, wovon er damals lebte. *Schmaler Weg in den tiefen Norden* war die Adaption eines japanischen No-Spiels über jemanden, der in den Norden reist und Abenteuer erlebt. Die Besetzung mit Edith Clever, Hans-Peter Hallwachs und Walter Schmidinger war wunderbar.

Wir machten eine große wilde kabarettistische Horrorstory aus dem Stück, das eine Art kaukasischer Kreidekreis-Imitation war. Für mich war es ein Horrormärchen über die Gräßlichkeit der Menschen. In der Premiere saß Martin Walser und sagte: »Großartig daneben.« Es war aber eine meiner besten Arbeiten.

ICH BIN EIN ELEFANT, MADAME, 1969

Bremen und der Bremer Stil gingen ohne mich weiter bis 1972, bis Kurt Hübner an die Freie Volksbühne nach Berlin ging. Ich hatte aber 1969 noch meine Wohnung in Bremen und drehte dann dort *Elefant, Madame.* 1965 hatten wir ja Valentins Roman *Die Unberatenen* in ein Theaterstück umgebaut. Das Thema: die Auseinandersetzung zwischen Schülern und Nazi-Lehrern im Deutschland der 50er Jahre. Jetzt interessierte mich plötzlich die Zeit, in der wir lebten, und ich dachte, es wäre am spannendsten, genau dieselbe Geschichte zu benutzen, sie aber auf 1968 zu übertragen. Der entscheidende Unterschied zwischen dem Roman und unserer Bühnenfassung war das zentrale Ereignis des Stücks: Im Original malte eine Art Agent provocateur aus der DDR ein Hakenkreuz an die Schulwand, was dann jemand anderem angelastet

wurde, ein sehr komplizierter Vorgang. Ich dachte 1968, beeinflußt von Leo Lehman, daß der Schüler Rull, die Hauptfigur, es
selber machen müßte, um die Lehrer und seine ganze Umwelt zu
provozieren. Muller und Menge fingen also an, den Text umzuschreiben, obwohl ich mich mit Wolfgang Menge eigentlich nie so
richtig einigen konnte. Er schrieb zwar einige schöne Teile des
Buchs, aber am Ende verfaßte ich mit Robert Muller das Drehbuch doch selbst.

Als wir mit dem Film anfingen, war die Studentenbewegung
auf ihrem Höhepunkt. Ursprünglich sollte der Film bezeichnenderweise *Little Luther* heißen. Es war Valentins Vorschlag. Ein
anderer, ebenfalls verworfener Titel: *Der Buhmann*. Hartmut
Gehrke war bei dieser Arbeit als Kontaktperson zwischen mir und
den Schülern und Studenten, um die es ja im Film vor allem geht,
ganz wichtig. Er hatte leichten Zugang zu Leuten, die mir gegenüber aus Altersgründen natürlich großes Mißtrauen hatten. Dabei
stand allerdings auch Hartmut bereits zwischen den Fronten. Er
war nicht für die Studentenbewegung, nicht gegen die Studentenbewegung, aber ihn faszinierte der Vorgang, und er war imstande,
mit den Jungs umzugehen. Auch er war ja auch schon älter als die
älteren Schüler, mit denen wir als Schauspieler und auch reale
Personen in Bremen zu tun hatten. Olly Heitmüller war verantwortlich für das Optische, für die Dekoration, für die Kostüme, für
die Requisiten und so weiter. Ausschlaggebend für die Qualität
des Films war der Kameramann Gerard Vandenberg, mit dem ich
zum ersten Mal zusammenarbeitete. Ernst Liesenhoff, der risiko-
freudige Produzent, hatte ihn mir vorgeschlagen. Gerard war ein
entspannter, witziger Holländer, sein Assistent war Robby Müller,
inzwischen selbst ein weltberühmter Kameramann. Liesenhoff,
ein früherer Kinobesitzer, arbeitete nun für Kirch und leitete eine
seiner vielen Untergesellschaften, die Iduna-Film-Gesellschaft.
Ich kann nicht mehr sagen, wie er auf mich als Regisseur kam,
vielleicht durch die Vermittlung von Rohrbach, da der WDR
der Hauptbeteiligte bei der Produktion dieses Films war. Gerry

Vandenberg war für mich ein wichtiges künstlerisches Erlebnis.
Ich hatte noch nie jemanden kennengelernt, der so entspannt bei
seiner Arbeit und dabei so ernsthaft und besessen war. Wir sprachen Englisch miteinander und fanden einen recht albernen und

Wolfgang Schneider tanzt einen Indianertanz auf dem Bremer
Marktplatz in *Ich bin ein Elefant, Madame*

produktiven Umgangston. Er war großstädtisch, und ich fand in ihm ein Echo auf meine mittlerweile große Sehnsucht nach weniger deutscher Heaviness. In meiner Obsession für das Theater in Bremen war ich sicher auch etwas überernst geworden. Robert Muller und Gerard Vandenberg verhalfen mir zu meinem Humor zurück. Ich sehe uns noch, wie wir uns das erste Mal Motive anschauten. Gerry guckte durch seinen Objektivsucher und merkte sofort, daß meine Erfahrung, Film angehend, absolut Null war, was ihn überhaupt nicht störte. Das beruhigte mich schon mal sehr. Gerade Kameraleute tendieren dazu, wenn sie mit Regisseuren arbeiten, die technisch wenig Erfahrung haben, es sofort auszunutzen. Bei Vacano hatte ich es erlebt, und es störte die Freiheit meiner Phantasie. Am Ende machen sie dann den Film selber. Gerry tat genau das Gegenteil. Er hatte große Lust auf diesen Film, und ich auch. Neben der Vorbereitung in Spanien

Heinz Baumann als Schullehrer diskutiert mit Ehefrau Margot Trooger in *Ich bin ein Elefant, Madame*, ob er wie ein Kiwi aussieht.

setzten Robert Muller und ich uns wochenlang in eine Klasse des Alten Gymnasiums in Bremen, in dem wir dann auch den Film drehten, um Schule und Unterricht der damaligen Zeit kennenzulernen.

Die Schule war sehr kooperativ, und besonders ein Lehrer war wichtig, gewissermaßen der progressive Lehrer schlechthin. Er hatte innerhalb des etwas altmodischen, sehr strengen und akademisch sehr hochwertigen Bremer Gymnasiums die Rolle des relaxten jungen Lehrers, der den modernen Trend mitmachte, zum Beispiel andauernd diskutierte. In seinen Klassen wurde, glaube ich, nicht viel gearbeitet, dafür geraucht und geredet. Ein Lehrer im Film, gespielt von Heinz Baumann, geht ein bißchen auf dieses Modell zurück.

Was uns auffiel, notierten wir uns. Wir hatten einen Produktionsraum in einer Privatwohnung, in dem sich alle, die mit dem Film zu tun hatten, während der Vorbereitungszeit ständig trafen und an die Wand pinnten, was ihnen zum Film durch den Kopf gegangen war. Was sie gelesen hatten oder was sie recherchiert hatten. Eine Art Braintrust-Zimmer. Hartmut Gehrke hat, das weiß ich noch, Tag für Tag lange Texte getippt und Material zusammengestellt, die wie lange Rollen Klopapier an den Wänden hingen. Das Ganze wurde ein bißchen wie eine Redaktion einer Zeitung oder Zeitschrift. Meine Haltung zu dem Film war auch so. Noch während der Dreharbeiten nahmen wir immer wieder neues Material über Ereignisse und Entwicklungen um uns herum mit in den Film hinein. Das paßte in die Zeit, war für mich eine neue Arbeitsweise.

Die Szene, in der im Roman und im Theaterstück jemand ein Hakenkreuz an die Wand der Schule malt, um die Öffentlichkeit aufzuscheuchen und zu zeigen, daß die Schule für ihn weiterhin eine faschistische Institution sei, änderten wir für Rull um: Wir malten heimlich nachts an die Mauer des Senatsgebäudes am Marktplatz ein Hakenkreuz, versteckten überall Kameras und warteten, was bei Tag geschehen würde. Wie man im Film sieht, ging es sofort heftig los, denn der erste, der das Hakenkreuz sah, war ein Besucher aus Israel, ein junger Jude, der einen hysterischen Anfall bekam und schrie: »Sechs Millionen! Sechs Millionen. Und jetzt das. Es geht schon wieder los!« Wir wußten nicht, was wir machen sollten. Wir kamen aus unserem Versteck heraus und beruhigten ihn erst einmal. Er glaubte nicht, daß es sich nur um einen Film handelte, bis wir ihm die Kamera vorführten.

Wir hatten uns darüber hinaus ausgedacht, daß Guido Baumann, der damals ein bekannter Fernsehmoderator war und den ich von viel, viel früher her kannte – er hatte zu meiner großen Enttäuschung das Mädchen, in das ich mich in Köln verliebt hatte, Helga Zeckra, geheiratet –, Leute interviewen sollte, die auf dem Marktplatz standen und sich das Hakenkreuz anguckten. Im Film sieht man, wie ein alter Mann auf die Kamera zukommt und sie dem Kameramann wütend aus der Hand schlägt. Das war geschummelt, weil dieser alte Mann eine ganz andere Kamera angriff, der WDR drehte nämlich bei unseren Dreharbeiten mit. Er schlug auf deren Kamera ein und rief: Geht doch nach drüben, geht doch nach drüben. Für uns natürlich ein Geschenk, das wir in den Film mit einmontierten. Mir paßte es nicht, daß man diese Szenen als dokumentarische Beweisführung betrachtete. Also habe ich auch Schauspieler in die Schwarzweiß-Dokumentarszenen mit eingebaut, so daß man nie genau weiß, ob man sich gerade in Spiel- oder in Dokumentarszenen befindet. Einer unserer jungen Schauspieler, die sehr politisch waren, ging in die Diskussionen auf dem Marktplatz und sagte in seiner Rolle, das Ganze wäre kontrarevolutionär, und plötzlich tauchte der echte Führer der damaligen Bremer Schüler- und Studentenbewegung auf und schimpfte real auf den Film. »Es ist unmöglich, in einem Film beide Seiten des Kampfes zu zeigen, die aufständischen Schüler und Studenten und das reaktionäre Establishment, und keine Partei für die Studentenbewegung zu ergreifen.«

Die Ästhetik der Kamera war für mich nicht ganz neu. Ich hatte 1966 im *Kirschgarten* eine nicht unähnliche Technik verwendet.

Frontalaufnahmen auf eine kuriose Weise geschnitten, kein klassischer Point of view. Die Unterrichtsstunden drehten wir immer von vorne, also vom Standpunkt des Lehrers aus. Und die Lehrer nur von vorne, vom Standpunkt der Klasse aus, das ergab eine gewisse Sturheit, aber auch etwas Bühnenhaftes, als ob es sich um einen Lehrer (Regisseur) und Schüler (Schauspieler) handeln würde.

Ich weiß nicht mehr, wer den wunderbaren Einfall hatte, Freddy Quinns Lied *Wir* am Ende des Films mit einer Bildercollage zu unterlegen. Es war zur damaligen Zeit ein besonders reaktionäres, gruseliges Lied, in dem ein Spießer alles aufzählt, was er haßt. Man könnte vielleicht heute wieder neue Verse dazuschreiben. Was heute die Stimme des deutschen Spießers am besten dazugeben könnte, will ich mir lieber nicht ausmalen. Wir hatten damals große Schwierigkeiten, weil Freddy Quinn sich weigerte, uns das Lied zur Verfügung zu stellen. So haben wir einen hervorragenden Freddy-Quinn-Imitator gefunden, und statt eines bewegten Bildes von Freddy Quinn benutzten wir ein Standfoto von ihm.

Ernst Liesenhoff, der Produzent, war ein großer Enthusiast und hat mit meinen Filmen wirklich einiges riskiert. Ich war im Filmgeschäft ein anstrengender Partner, auch weil ich immer so unentschieden war. Im Gegensatz zum Theater muß ich bei jedem Film wieder ganz von vorne anfangen. Ich bin technisch unbegabt, was bedeutet, ich muß jedesmal von neuem die Objektive lernen, ich muß lernen, was technisch möglich und unmöglich ist. Hinzu kam, daß meine ersten Erfahrungen mit Film in England lagen. Die konventionelle englische Weise, einen Film zu drehen, war kompliziert und aufwendig. Man hat nicht wie bei den deutschen Jungfilmern damals genau auf Schnitt, sondern unsäglich viele Einstellungen gedreht und dann nur einen kleinen Teil davon verwendet.

Ich habe immer große Quantitäten von Material verdreht, und die Produzenten hatten ständig weiße Haare. Es liegt an meiner Arbeitsweise – eine große Auswahl von Möglichkeiten zu haben, sie langsam einzuengen und zu reduzieren, bis ich herausgeholt habe, was ich will. Ich bin nicht jemand, der sich am Schreibtisch eine Einstellung oder im Theater eine Situation ausdenkt und das Ganze dann nur noch umsetzt. Wenn ich denke, ich mache es so, fällt mir sofort ein, man könnte es auch anders machen oder noch mal anders oder noch mal anders, endlos. Wenn ich also eine große Souveränität mit meinem Material habe, komme ich zum Beispiel auch in eine Theaterprobe mit einer großen Offenheit. Ich weiß, daß ich in meinem Hinterkopf vierzig Fassungen einer Szene zur Verfügung habe und daß ich wahrscheinlich die 41. – nämlich die, die der Schauspieler, nachdem er mir alle vorherigen vorgeführt hat, dann noch liefert – in irgendeiner Form mit allen anderen kombiniere, um eine 42. herzustellen. Das hat große Nachteile. Beim Film hat es besonders den Nachteil, daß der Materialverbrauch enorm ist. Ich habe ein paarmal bei Proben von Kortner zugesehen. Einmal in Berlin bei den *Räubern*, ganz früh in den 60er Jahren. Kortner probierte eine Szene, bei der im Off eine Tür durchbrochen werden sollte. Die Schauspieler spielten die Szene, wir hörten, wie die Tür splitterte, Kortner unterbrach und sagte: Der Requisiteur soll bitte auf die Bühne kommen. Er kam, und Kortner erklärte: Das hört sich überhaupt nicht an, als ob eine Tür durchbrochen wird. Es hört sich an, als ob einer auf einen Tisch schlägt. Daraufhin sagte der Requisiteur: Gut, wir versuchen etwas anderes. Und dann versuchte er etwas anderes, aber es war auch noch nicht richtig. Dann versuchte er noch mal was anderes, und dann wurde die ganze technische Vorrichtung auf die Bühne geholt, und es wurden nochmal zwanzig verschiedene Methoden ausprobiert, Türen zu durchbrechen. Am Ende wurde eine Version gefunden, die Kortner befriedigte. Er sagte: Gut, machen wir weiter. Wir fangen mit der Szene noch mal von vorne an. Kurz bevor die Tür durchbrochen wird, ging eine recht laute Musik los, die auch zu der Szene gehörte und auch geplant war, so daß man die Tür gar nicht mehr richtig hörte, weil die Musik viel zu laut war. Der Assistent sagte daher in der nächsten Unterbrechung zu Kortner: Wir wollen vielleicht die Musik leiser machen, damit wir die Tür hören können, die ja jetzt genau richtig klingt. Und Kortner sagte: Nein, nein, ich habe gemerkt, daß die Musik schon alles erzählt. Wir brauchen die Tür gar nicht. Also lassen wir die Tür. Es gab eine etwas betretene Stille, weil nämlich drei Stunden lang das gesamte Team im Schiller Theater stillgestanden hatte, um rauszufinden, wie diese Tür funktionierte. Ich habe mir danach darüber viele Gedanken gemacht und das Ganze auch erst mal als Verschwendung, vor allen Dingen Zeitverschwendung, betrachtet. Im englischen, kommerziellen Theater wäre das undenkbar gewesen. Aber eigentlich ist es genau richtig, was er gemacht hat. Er konnte ja wirklich nicht wissen, ob er dieses Geräusch von einer brechenden Tür oder die Musik haben wollte, bis er wußte, wie sich das Geräusch wirklich anhört. Wenn er nur ungefähr das Geräusch gehabt hätte, hätte er ja nie wissen können, auf was er verzichtete. Also blieb ihm nichts anderes übrig, als das Ganze so weit zu entwickeln, bis er sich wirklich entscheiden konnte. Erst dann kam die nächste Entscheidung. Was will ich nun? Musik oder Geräusch? Natürlich ist ein solcher Vorgang für die Beteiligten, zum Beispiel den Requisiteur, sehr sehr schwer zu kapieren. Man muß wirklich ein großes Kunstempfinden haben, bis man das versteht. Man muß erst etwas tun, um zu wissen, wie es ist. Kunst ist nicht etwas, das im Kopf geplant und dann nur noch umgesetzt zu werden braucht. Erst die Sache, die da ist, sieht man, und dann, wenn man sie sieht, kann man sie streichen oder entwickeln. Das ist etwas, was mich als Filmregisseur fast unbrauchbar macht. Für einen Film verbrauche ich für dreißig Filme Material! Im Theater lasse ich die Schauspieler viel improvisieren. Ich mache Vorschläge und Vorschläge. Ich probiere eine Szene in unendlich vielen Fassungen, und irgendwann entscheide ich mich für das, was ich für richtig halte. Und aus diesen Teilen wird das Ganze gebaut.

Die Theateraufführung des Romans *Die Unberatenen* war viel psychologischer und ausführlicher als der Film. Der Film hatte insofern etwas Minimalistisches, auch Comichaftes. Das heißt, es gab zwar große und aufwendige Szenen, aber es dominierte die Tendenz, die Vorgänge und Dialoge so knapp wie möglich zu halten. Sowie ich das Gefühl hatte, jetzt ist es rübergekommen, habe ich abgebrochen. Meine Technik der schnellen Schnitte hatte sicher auch mit der Unruhe zu tun, die ich Ende der 60er Jahre in meinem Kopf spürte. Wirklich eine sehr große Unruhe. Als der Film herauskam, wurde er zuerst in Bremen gezeigt – es gab nur Pfiffe, Buhs und Protestchöre. In Hamburg war es ähnlich. Zwar ging er zur Berlinale und bekam einen Silbernen Bären, aber zur gleichen Zeit wurde ich von der linken Studentenbewegung mit der Rostigen Filmdose ausgezeichnet, weil es der reaktionärste Film aller Zeiten wäre. Es gab Kämpfe und Diskussionen zwischen mir und dem SDS in Berlin, auch schriftlich, weil mir, während ich den Film machte, irgendwann eingefallen war, einen der Führer der Berliner Studenten, Ekkehart Krippendorff, einzuladen, sich selber im Film zu spielen. Im Film kommt ja ein Berliner Student vor, der in einem weißen Jeep mit einer roten Fahne nach Bremen kommt, die Schüler aufwiegelt und dort dann von den Schülern verarscht wird. Ich wollte für die Rolle einen echten Studentenführer haben, aber es ist mir nicht gelungen. Den Humor konnte man damals von den »Frontkämpfern« nicht verlangen. Peter Hamm schrieb einen Artikel in *konkret* mit der Überschrift: *Ich bin ein Ignorant, Madame*. (Alle Dokumente zum Konflikt s. Anhang S. 498ff.)

Ich weiß noch, wie wir auf den Titel des Films kamen. Wir standen im Büro, Gerry Vandenberg, Robert Muller und andere, und guckten uns den bisherigen Titel *Little Luther* an, der niemandem richtig gefiel, weil er etwas miefig war. *Der Buhmann* war nicht weniger krampfig. Damals beschäftigte ich mich mit Robert nebenbei sehr mit den 20er Jahren, speziell der Musik der Zeit. Und so hörten wir oft Richard Tauber und andere Sänger der damaligen Zeit. Ständig hatten wir beide ein Lied im Kopf, das Richard Tauber gesungen hatte: *Ich küsse Ihre Hand,*

Madame. Wir pfiffen es immer so vor uns hin, es ist ja eine Art Schlager. Und irgendwann blödelte ich rum und sagte: Ich bin ein Elefant, Madame. Und plötzlich dachten wir, so muß der Film heißen. So etwas kann man sich gar nicht ausdenken. Wir bauten den Satz anschließend in den Film ein. Am Anfang des Films sieht man ein Bild des Gymnasiums, und dazu singt Richard Tauber *Ich küsse Ihre Hand, Madame.* Später sind die Jungen und Mädchen am Strand in Cuxhaven, und Rull singt *Ich bin ein Elefant, Madame.* Wir waren alle angetörnt und sangen immer neue skurrile Fassungen dieses Titels. Ich bin ein Penetrant, Madame und so weiter. Es wurde das absolute Blödel-Lied des Titels, und das war gut so, denn der ganze Film hatte auch einen Schuß von Monty Python, obwohl es Monty Python damals noch gar nicht gab. Diese Art von Crazy Humor liebte ich schon sehr, und Robert auch.

Kurt Hübner, Tankred Dorst und Peter Palitzsch haben alle mit großer Lust im *Elefant* mitgespielt. Sicherlich war es mit Palitzsch am kompliziertesten, denn der Unterricht, den er als Lehrer zu geben hatte, war vollständig improvisiert. Peter sollte in einer Unterrichtsstunde über Auschwitz reden, und er hat eineinhalb Stunden doziert und dann mit den Schülern darüber diskutiert. Wir hatten zum Schluß ein Material, aus dem wir einen eigenen Film hätten machen können.

Zur gleichen Zeit kam ein englischer Film heraus, der das Pendant zu *Ich bin ein Elefant, Madame* war, Lindsay Andersons *If.* Ein viel größerer Film und ein Welterfolg, der eine deutlich linke Haltung hatte und ein Angriff auf die englischen Public Schools war. Ein aufregender, aber humorloser Film, gegen den es *Ich bin ein Elefant, Madame* dann in den Kinos schwerhatte.

Heute mag ich *Elefant* immer noch. Ich schaue ihn mir gerne immer mal wieder an und identifiziere mich bis heute mit der Figur des Rull, gespielt damals von Wolfgang Schneider, der auch ein Problem war, weil ihn niemand besonders mochte. Er war sehr nett, aber er war ein Schauspieler, der nichts besonders

konnte, dafür aber eine tolle Haltung hatte und immer sehr prä-
sent war. Er hatte bei mir schon im Theater eine große Rolle
gespielt – in *Maß für Maß* die Puffmutter, die in unserer Fassung
zum Herzog wurde. Und ich war einer der wenigen, die ihn wirklich gut fanden, wobei ich immer kuriose Leute an das Theater
herangezogen habe. Manchmal waren es gar keine großen Schauspieler, manchmal waren sie furchtbar alt, manchmal waren sie
verkrüppelt, manchmal ein bißchen idiotisch. Es hatte zum Teil
damit zu tun, was ich gerade machte, im wesentlichen aber damit,
daß ich Leute wollte, die Outsider waren. Ich konnte nie gut mit
Schauspielern arbeiten, die zu eingegliedert waren. Heute auch
nicht.

Ende des ersten Teils

ANHANG / MATERIALIEN

Inhalt

Alfred Lemm
Der Herr mit der gelben Brille

In der fünften Woche des Krieges trug sich in der Hauptstadt ein Ereignis zu, dessen keine Zeitung, wie auf eine gemeinsame Verabredung hin, Erwähnung tat. Daß die Redaktionen selbst von einem Vorfall, bei dem eine so große Zahl von Menschen, zumal aus den ersten Gesellschaftskreisen der Stadt, zugegen war, nichts erfahren haben sollten, ist höchst unglaubhaft. Eher scheint es, als ob die Redakteure, ja Menschen, die für einen glatten Ablauf des Lebens sind, die Sache zu »bergig«, zu wenig geradlinig, jedenfalls nicht erquicklich fanden und deshalb Unlust hatten, sich mit ihr zu befassen. Sie gingen wohl von der Voraussetzung aus, eine Zeitung hätte nicht die Aufgabe, bei ihren Lesern Anstoß zu erregen, und obwohl sie durchaus nicht mit Sicherheit annahmen, daß der Fall auf das Publikum so wirken werde, so taten sie, als hätten sie keine Nachrichten erhalten, um jedenfalls alle Eventualitäten, wie sie auch immer seien, zu vermeiden.

Es war an einem Sonntag zwischen zwölf und eins unter den Linden. Wie an jedem beschäftigungslosen Tage seit der Kriegserklärung waren unzählige Menschen aus allen Teilen der Stadt nach dieser Straße gezogen, um die Erregung in einen gemeinsamen Kanal zu ergießen. Geöffnet lag die große warmquellende Schlagader der kalkverdeckten Stadt.

Man mußte ja in dieser lastenden Zeit Menschen um sich haben, viele gleichgestimmte Menschen! Und daß man solches Bedürfnis auch bei den anderen sah, befriedigte – mit ein klein wenig Schadenfreude – und brachte einander noch näher. Viele Provinzler waren in die Residenz gekommen, in der das, was in der Welt geschah, doch viel deutlicher zu bemerken war. Sie wollten sich einige Stunden lang nicht nur mit den paar Miteinwohnern ihrer Stadt, sondern mit allen Volksgenossen zusammenhängend fühlen. Eine Anzahl Herren aus Neuental hatte schon verschiedentlich Passanten angesprochen und mit ihnen Freundschaft geschlossen. Einmal war es deren Heimatort Neuenberg, welcher die Anknüpfung leicht vermittelte und sogar humorvoll färbte, ein andermal die gemeinsame Erinnerung an frühere Aufenthalte in der Hauptstadt. Die immer größer werdende Fremdengesellschaft war eben im Zeughaus gewesen und hatte sich die Kanonen aus den Freiheitskriegen angesehen. Am Nachmittag beabsichtigte man in den Dom zum Gottesdienst zu gehen, und abends wollten sie in einer der modernen Bars, die im »Sonntagsboten für Neuental, Stadt und Land« ihre Wiedereröffnung angezeigt hatte, ihre Frauen betrügen.

Hin und her rinnend, mit vielen Furchen, wogte die schwarze Masse. Sie stieß bis an einen Damm, auf dem riesige zischende Autoomnibusse auf langen Gummischuhen heranschlürften, eine springende, greifende Menge hinter sich her schleifend, und rollte wieder zurück. Sie warf sich zur Seite an den Häuserwänden hoch, floß wieder ab, preßte sich nach vorn, nach hinten, erschlaffte wieder. Vor aktuellen Schaufenstern staute sich das bewegliche Element und löste sich in kleine, sich schnell drehende Strudel. Es rauschte über den Hüten von der Fülle hervorgesprudelter Beteuerungen und klatschender Ausrufe.

Nur an einer Stelle, um einen Bogenlampenmast der Mittelpromenade herum, bog sich der Strom auseinander und ließ eine Insel. Dahinter goß er sich wieder zusammen.

Dort stand ein anscheinend junger Mann und sah durch eine dichte gelbe Brille auf die Menschenmassen um sich. Er war an den großen, eisernen Mast gelehnt, die Fußknöchel gekreuzt. Die jünglingshaften Glieder waren von einem vertragenen Stoff bedeckt. Die Menschen wichen seiner sonderbaren Brille aus. Es war eine schwarze Hornbrille mit großen, runden Gläsern von einem trüben Gelb, das in Grün überging. Im Verhältnis zu einigen nur gerade angedeuteten Faltenlinien seines unteren Gesichts wirkte das dunkle Brillengestänge grob. Es schien selbstverständlich, daß die Gemütsstimmung des Herrn die-

selbe grünlich-gelbe Farbe hatte wie seine Gläser. Die Aufmerksamkeit, die er erregte, war ihm wohl unangenehm. Er hatte verschiedene Male den Platz gewechselt, um ganz in der Masse zu
verschwinden, aber es hatte sich stets in wenigen Sekunden wieder eine Insel gebildet. Auf der hin und her schwankenden Men-
schenflut schwammen die großen Brillengläser wie böse grüne
Blasen.

Der Doktor Bretzhold, ein Militärarzt, war, nachdem er einige
Schritte an dem Herrn vorübergegangen war, argwöhnisch umgekehrt und ging nun, seinen kleinen Sohn an der Hand führend,
unausgesetzt an jenem vorbei und wieder zurück, aus dem deutlichen Empfinden heraus: Dieser Mann darf nicht aus dem Auge
gelassen werden.

Doktor Bretzhold hatte sich, obwohl er das dienstpflichtige
Alter schon überschritten hatte, natürlich gleich bei Beginn des
Krieges gemeldet. Sein für das bessere Publikum luxuriös einge-
richtetes Sanatorium hatte er der Militärbehörde in einem Brief
zur Verfügung gestellt, in dem es hieß:

»Unsere verwundeten Helden müssen es besser haben als Gra-
fen und Barone.«

Es war dann dem Kriegsministerium von den Eltern eines dort
verendeten Soldaten die Beschwerde zugegangen, sie seien fest
überzeugt, daß ihr Sohn noch leben würde, wenn der Chefarzt
nicht streng untersagt hätte, ihn des Nachts nach zehn und vor acht
Uhr morgens zu wecken – aber die Behörde konnte unmöglich an
solche vom Schmerz diktierte Anschuldigungen glauben, zumal
hochgestellte Persönlichkeiten, von denen der Doktor täglich
einige zur Besichtigung seiner Anstalt einlud, von dem »orientali-
schen Marmorbrausebad« sowie der »Palmenerfrischungshalle«
eines einfachen Mannschaftslazaretts geradezu entzückt waren.

Auch von der anderen Seite wurde der Jüngling mit der gelben
Brille bereits beobachtet, und zwar von dem bekannten freisinni-
gen Abgeordneten Hildesheimer, der mit dem leisen Fluch:

»Diese jungen Menschen!« stehengeblieben war.

Zu Hildesheimers Reden, die im ganzen Lande stets mit Spannung erwartet wurden, stellte die Fraktion neuerdings eine Anzahl Karten den höheren Lehranstalten zur Verfügung. Von der Sexta an aufwärts wurden die Schüler klassenweise von ihren Lehrern in den Reichstag geführt, um die abgeklärten Anschauungen dieses Mannes von Mund zu Ohr auf die neue Generation wirken zu lassen. Man wollte versuchen, so allmählich einen Ersatz für den Religionsunterricht zu schaffen.

Plötzlich fuhren die hart und lang singenden Trompetenrufe des kaiserlichen Autos, gleich vierzackigen Blitzen, die nur wegen der Mittagshelligkeit nicht zu sehen waren, niedrig über die krabbelnde Erde. Schütternd vor Eile suchten alle Köpfe nach der Schallrichtung und arbeiteten sich nach dem Rand des Dammes durch. Man hatte es ja gewußt, er würde sich heute zeigen! Ein wenig hatten es alle gehofft, als sie hierher gingen. Ihr Schicksal war ja seine Aufgabe, wie seine Väter sich wohl für das Wohl ihrer Väter eingesetzt hatten! Er erst umschloß sie alle, fühlten sie, zur wirklichen Verbundenheit; was war Vaterland ohne ihn? Es war schön, in diesen Zeiten einen Kaiser zu haben.

Während alle vorn am Fahrweg jubelten, konnte man bei dem Herrn mit der gelben Brille, der ihnen im Rücken an seinem Eisenmast einsam stehengeblieben war, eine eigentümliche, ganz unerwartete Bewegung beobachten. Er streckte den Hals und die Brust weit vor und drückte die Schultern hinten fest zusammen. Seine Finger atmeten schnell. Der Mund öffnete sich zu einem saugenden Gefäß, und der Kopf legte sich in den Nacken, so daß die großen grünen Augenscheiben in die Höhe gehoben wurden: es sah aus, wie wenn ein Blinder in den Himmel will.

Als die Menge sich schnell wieder ausbreitete, stand er wie vorher, regungslos den Kopf vielleicht ein wenig tiefer gesenkt, und betrachtete durch seine gelbe Brille die Umgebung.

Eine große Gehobenheit hatte die noch vorhin in Reihen geregelten Massen von oben durcheinandergerührt. Man drängte sich zu Knäueln zusammen, rief sich Freudenworte zu. Staub wirbelte vom sandigen Boden hoch. Viele hakten sich mit den Armen zu langen Ketten ein. Lauter und sicherer erfüllten die Unterhaltungsgeschreie die Luft. Junge Paare faßten sich fester an den Händen und schritten schneller aus. Der Herr mit der gelben Brille fiel in diesem Glück höchst unangenehm auf. Eine Anzahl Leute blieb stehen und sah mit Befremden nach ihm. Andere folgten den Blicken und unterbrachen gleichfalls die Schritte. Die Provinzlergesellschaft, welche durch Einheimische beträchtlich verstärkt war, hatte der Anblick des Monarchen in eine – soweit die schwere Zeit solches überhaupt zuließ – fast übermütige Stimmung gebracht. Sie kamen, die Stöcke schwenkend und gelegentlich auf den Hacken eine Drehung ausführend, auf den Auflauf um den sonderbaren Herrn zu. Unwillig hielten sie an. Einige von ihnen erkannten Hildesheimer von seinen Wahlreden her – in der Gegend von Neuental wohnten seine sichersten Wähler –, man schloß sich erregt ihm an.

Jawohl, man sei schon seit einer ganzen Zeit auf jenen Menschen aufmerksam geworden! Man wüßte wirklich nicht, was man davon denken sollte!

»Na eben«, stimmten alle Damen bei. Es seien hier Vermutungen am Platze, die man lieber nicht laut aussprechen wolle. Jedenfalls könne dem auffälligen Herrn dort nicht dringend genug geraten werden, sich in acht zu nehmen.

Ein Student mit einem scharf geschliffenen Kneifer, der seine ganze freie Zeit mit gemeinnützigen Dingen ausfüllte und auch auf der Straße immer nach solchen ausschaute, schlug mit seinem Spazierstock auf das Pflaster, daß es schallte, und rief:

»Das ist wieder eins von jenen Insekten, welche an dem gesunden Körper unseres Volkes fressen.«

»Ich und meine Partei«, sagte Hildesheimer erregt, »sind gewiß nicht für Ausnahmegesetze – aber in diesem Fall ...«

Der Militärarzt Doktor Bretzhold hatte seinen viereckigen Oberkörper, der über braunen, die Waden fest umschließenden

Lederstulpen noch mächtiger erschien, zu der Ansammlung hin-
übergeschoben. Er hatte eine grimmige Gesichtsbildung aus viel
Knochen und Fleisch, in dem sich kleine, nasse Augen schwarz und
fast lustig vor Lebhaftigkeit bewegten. Er meinte nur:

»Lümmel. Schutzmann holen.«

Der Jüngling mit der gelben Brille schien nicht zu bemerken,
wie drohend die Stimmung um ihn wurde. Seine unteren
Gesichtszüge waren, soweit man dies bei den verdeckten Augen
beurteilen konnte, mit Traurigkeit beschäftigt.

Als der Schutzmann kam, drängte sich alles um ihn.

»Die ganze Zeit«, rief man, »steht er auf demselben Fleck und
glupscht uns durch seine grünen Augen an. Wir sind doch keine
Schuljungen!«

»Schutzmann«, sprach diesen der Abgeordnete Hildesheimer
an, »Sie haben uns aufzuklären, was die Absichten dieses Menschen sind! Dazu hat Sie der Wille des Volkes erwählt!«

»Zuerst hat er etwas weiter unten gestanden. Wir können
bezeugen, daß er erst weiter unten gestanden hat!« schrien
andere.

»Ich verlange, daß der Mann eingesperrt wird«, sagte der Militärarzt fest.

»Meine Damen und Herren« – der Schutzmann wandte den
Kopf hin und her. »Sie wissen alle, wie gern wir Ihnen gefällig
sind und einschreiten. Dazu in einem Fall wie diesem. Aber wir
haben noch nichts Sichtbares. Sehen Sie, meine Herren, für die
Behörde ist das Sichtbare die Hauptsache. Ohne dieses können
wir nicht einschreiten. Doch ich gebe Ihnen den Rat, nach dem
wir stets vorgehen: Aufpassen, bis der Verdächtige etwas Verdäch-
tiges tut! Dann schicken Sie wieder zu mir, und ich schreite mit
Vergnügen ein.«

Der Polizist entfernte sich schnell. Hildesheimer brüllte ihm
nach:

»Ich ersuche Sie um eine Rückäußerung, warum wir, die Bürger, unsere Steuern bezahlen.«

Es war dies die berühmte Sentenz des Abgeordneten, die er auf der Höhe einer jeden Rede, wenn der Sieg ein vollkommener sein sollte, in seine Zuhörerschaft schleuderte. Dieser Satz hatte seine ganze beispiellose politische Laufbahn begründet.

Sofort wuchs die Erbitterung im Publikum bedeutend. Infolge des Erscheinens des Schutzmanns waren die Menschen scharenweise von allen Seiten herbeigelaufen. Eine große empörte Ansammlung stand nun in rund geschlossenem Wall um den Herrn mit der gelben Brille. Der wurde etwas unruhig.

Einige stießen heraus:

»Wir sollen nur immer zahlen, verlangen wir aber einmal, daß der Staat seine Pflicht tut ...«

»Wir haben das Recht auf Schutz vor derartigen Anblicken.«

»Wenn der Staat die vitale Forderung des Volksganzen«, rief der Student, »überhört ...«

»Dann hat der Bürger«, schrie Hildesheimer, »das Recht, sich selbst zu schützen! Ich verweise Sie auf Goethe, der in seinen ›Wanderjahren‹...«

Man rief:

»Sehen Sie sich doch diesen Menschen an! Er bezweckt nichts als Herausforderung! Man wäre ja geradezu verrückt, sich das gefallen zu lassen!« Die Menge rollte sich vor Zorn zusammen und wieder auf. Mühsam verhalten beredete man, was zu beginnen sei.

»Herr Abgeordneter«, der große Militärarzt reichte Hildesheimer über mehreren Köpfen die Hand, »ich gehöre politisch nicht zu den Ihren, aber in dieser Angelegenheit, denke ich, marschieren wir zusammen.«

»Wir werden Barrikaden bauen!« rief Hildesheimer leise, doch fast jauchzend, und stürmte auf einem kleinen Terrain hin und her.

Dichter drang der Menschenwall auf den angelehnten Jüngling ein. Böse Worte fielen. Die unteren Gesichtszüge des sonderbaren Mannes schienen wohl angespannt, aber waren unbewegt.

Daß die gelben Gläser offenbar ganz ruhig in das Gewühl blickten, reizte zur Wut.

»Verdammte melancholische Fratze«, sagte der Student.

»Man muß ihm seine Brille zerklopfen.«

»Haut ihm die Brille herunter!« Die Menschenmassen stießen nach vorn. Die Vordersten konnten sich nicht mehr halten.

»Mit Gott, für König und Vaterland«, sprach der Militärarzt und tat den nötigen Schritt dicht vor den Herrn.

Der Jüngling mit der Brille hob unsicher und wie lauschend das Gesicht höher. Deutlich zeigten sich die zarten Faltenlinien, die sich von der Nase abwärts nach dem geschwungenen Munde bogen. Wie ein fremdländisches Gewächs hafteten unter der Stirn an den schwarzen Hornstengeln die gelbgrünen Gläser, die von den wühlenden Menschenfüßen schon mit Staub überzogen waren.

Der Doktor hob seine Faust und schlug den mächtigen Knochen dem Herrn auf das eine gelbe Auge. Es gab ein sonderbar knirschendes Geräusch, wie wenn man auf ein unter Glas verwahrtes Lebewesen tritt – oder vielleicht auf eine Auster. Mischung aus Geräuschen von entzweigehendem toten und lebendigen Stoff.

In demselben Augenblick brach der Haufen entfesselt auf den Herrn ein. Jeder suchte zuerst nach den gelben Brillengläsern zu schlagen; in dem einen Auge stak noch eine Scherbe. Der Student zog seinen harten Rohrstock unaufhörlich auf dem Herrn über den Kopf. Mit Fäusten, Stiefeln, Stockkrücken, Handtaschen, Paketen warf man sich über ihn.

Ein Bezirksvorsteher, Vorsitzender im Waisenrat, kommandierte seine Bulldogge dem Herrn an die Beine.

Ein Professor, der gerade von seiner »Rede in schwerer Zeit« kam, stach mit dem Schirm seiner Gattin auf ihn ein.

Der breitbackige Junge des Militärarztes säbelte mit seinem Kinderdegen, den ihm sein Vater gleich am Tag der Mobilisation geschenkt hatte, auf alle seiner Größe erreichbaren Teile.

Ein großer, dunkler Strudel wälzte sich auf und um einen saft-blutenden Körper, der immer undeutlicher wurde. Hildesheimer und die Provinzler hatte sich die Jacken ausgezogen und arbeite-ten in Hemdsärmeln.

»Wie Anno 48«, keuchte der Abgeordnete selig. Damen, die nur ein wenig von hinten schoben, riefen:

»Dieses Temperament! Dieses Temperament!« Alle traten, stampften, schlugen, rissen nach der Gegend, wo man den Herrn mit der aufsässigen Brille vermutete. Er wurde zerknäult, zer-quetscht, zerrührt, zerstreut. In wenigen Minuten war nichts mehr von ihm zu sehen.

Die starken Männer standen hochatmend still. Es war ihnen frisch zumute. So gekräftigt fühlten sie sich! – wie nach dem Kegeln.

Doch daß man nun gleich auseinanderginge – dazu war die Begeisterung zu groß. Hatten sich doch viele in der aufregenden Stunde angefreundet und fühlten das Bedürfnis, sich näher ken-nenzulernen. So begab man sich in einen nahen Bierpalast. Dort erging man sich unter dem Vorsitz des bekannten Abgeordneten Hildesheimer noch lange in Erinnerungen wie:

»Haben Sie gesehen, wie ich ihm den Hals herunterbog und den Kopf auf den Sand schlug?«

»Wir hatten doch sofort das gleiche Empfinden diesem Indivi-duum gegenüber.«

»Ich versichere Sie, wo ich hingegriffen habe …«

Schließlich mochte man nicht scheiden, ohne durch ein festes Band zusammengehalten zu werden. Auf den Vorschlag des Mili-tärarztes wollte man jeden Monat einmal am heutigen Tage zusammenkommen und gab der ganz formlosen Gründung – »um Gottes willen keine Vereinsmeierei« – die schlichte Bezeichnung »Geselligkeit 6. IX. 14«.

Als der Schutzmann, etwas unruhig, wie die Sache ausgelaufen sei, an den »Linden« vorbeiging, fand er keine Spuren des Vorfalls mehr. Da es ein Uhr geworden war, stand man allgemein mit dem

Lesen der Mittagszeitung beschäftigt, die eine fesselnde Plaude-
rei über die würdige Anlage von Massengräbern brachte.

»Also alles in Ordnung«, dachte der Schutzmann und sprang
auf einen der vorbeifahrenden Autoomnibusse, deren Verdecke
seit einiger Zeit die Umschrift trugen: »Wer unsere Brüder, die für
uns ihr Blut hingeben, wahrhaft liebhat, sendet ihnen Emmerichs
Kraftkakao.«

aus: Mord, Band II, Versuche. München 1918

Peter Zadek
Der grosse Panini

Er war eine Berühmtheit. Gastgeberinnen stritten sich um seine Anwesenheit bei ihren Partys; und zwar in Begleitung seiner Geige, das verstand sich von selbst. Sein Publikum, zumal junge Mädchen und alte Jungfern, weinten ausgiebig und regelmäßig, wenn die goldenen Klänge seiner Stradivari den Konzertsaal erfüllten. An dem Tag, als er seine Heirat bekanntgab, unternahmen zwei Chormädchen und eine Gräfin mittleren Alters einen Selbstmordversuch, im Wasser, mit dem Strick respektive Gift. Von denen, deren Gewerbe das Anerkennen ist, war er als der große Exponent des bedeutenden modernen Komponisten Geraldo Krotoschinsky, des Erfinders des Dreiundvierzig-Ton-Systems, anerkannt.

Und nun war Panini da! Jede Zeitung, jeder U-Bahnhof verkündete das Konzert, bei dem er Krotoschinskys jüngstes und größtes Werk spielen sollte, »Die Sinfonische Phantasie und Rhapsodie in Gelb« für siebzehn Klaviere, fünf Hörner und Solovioline. Kein Platz blieb unverkauft. Es ging das Gerücht, daß selbst Sir Able Boat, der bekannte Dirigent, gezwungen worden sei, für seine Eintrittskarte zu bezahlen.

Neunzehn Uhr dreißig. Die siebzehn Pianisten spielten »God Save the Queen«. Einem ehrfürchtigen Schweigen folgte ein kurzer, aber heftiger Applaus, als die fünf Hörner auf die Bühne marschierten. Dann ... kam *er*. Für die Zweieinhalb-Shilling-Plätze, die auf dem zweiten Rang wild trampelten und applaudierten, schien sich der Saalboden zu erheben, als die Parkettler Pedro Panini willkommen hießen. Nach fünf Minuten anhaltender Begeisterung hob der Dirigent den Stock.

Zwei Stunden lang schallte nun ununterbrochen das disharmonische Geklimper, Geblase und Gekratze der dreiundzwanzig transpirierenden Musiker. Als der zehnte Satz sich zum Ende neigte, erhob sich im Saal eine leichte Unruhe. Ein Kritiker, der bis dahin eifrig seine Taschenpartitur verfolgt hatte, sprang unvermittelt auf, wodurch er seine untröstliche Freundin grob aus dem Schlaf riß, und stürmte aus dem Saal.

Nach den Anstrengungen der vergangenen Nacht hatte Panini lange geschlafen. Er erwachte bester Laune. Während er in seinem Morgenmantel träge zum Frühstück hinabschlenderte, pfiff er das Thema des zwölften Satzes der »Sinfonischen Phantasie« mit einigen eigenen Variationen, die er insgeheim für eine große Verbesserung des Originals hielt. Gemächlich ließ er sich am Frühstückstisch nieder und griff zur Morgenzeitung, um die Kritik seines Konzerts zu lesen. Sein erstaunter Blick fiel auf die Schlagzeile:

LAPSUS DES BERÜHMTEN GEIGERS
ENTWEIHUNG VON KUNST

Fiebrig überflog er den nachfolgenden dreispaltigen Artikel. Sarkasmus, Ironie und Beschimpfungen wurden über dem armen Pedro ausgegossen. Am Ende des zehnten Satzes, behauptete der Kritiker, habe er in einer Passage für Solovioline statt eines As ein reines A gespielt. Unmöglich! sagte Pedro hektisch bei sich. Statt eines As ein reines A! Niemals! Er hatte jahrelang an der »Sinfonischen Phantasie« gearbeitet und glaubte, jeden einzelnen Ton zu kennen. Er wischte sich den Schweiß von der Stirn und eilte nach oben, schrie nach seinem Chauffeur, kleidete sich an und fuhr zum Haus seines besten Freundes Olaf Oblof, dem bekannten Pianisten, einem Vertrauten des großen Krotoschinsky selbst.

Pedro wurde vom Butler eingelassen und gebeten, noch etwas in der Eingangshalle zu warten. Wenige Augenblicke später schritt Oblof majestätisch die große Treppe von seinem Studio herab. Doch als er Pedro sah, blieb er stehen, rang die Fäuste über dem Kopf und kreischte, vor Wut bebend: »Hinaus! Vandale!«

»Aber mein lieber Ob --«, hub Pedro an. Oblof machte auf dem Absatz kehrt und stob türenschlagend ins Eßzimmer. Wie gelähmt wankte Pedro unsicher zur Tür, murmelte ein vages »Grazie«, als er Hut und Mantel von dem verachtungsvollen Butler entgegennahm, und stieg in seinen Wagen.

Überall, wo er hinkam, war es das gleiche. Man zeigte ihm die kalte Schulter, beleidigte ihn oder empfing ihn erst gar nicht. Als er schließlich wieder zu Hause ankam, schloß er sich in seinem Zimmer ein. Zwei Tage lang sah und hörte man nichts von ihm.

Unterdessen wurde die Presse mit Leserbriefen überschüttet. Der Leiter des Konzertsaals wurde auf der Stelle entlassen; Pedros Frau reichte die Scheidung ein; Straßenjungen kritzelten unanständige Wörter auf seine Plakate. Kein Wort wurde zu seiner Verteidigung gesagt oder in der Presse geschrieben. Er war ein Aussätziger.

Die entscheidende und schändlichste Untat ereignete sich am Morgen des dritten Tages nach dem Konzert. Etliche Studenten versammelten sich vor Pedros Fenster und quälten den armen Geiger, indem sie mit Kinderflöten, Akkordeons, Banjos und anderen Instrumenten zwei Stunden lang denselben Ton spielten – A! Nach dieser Tortur hatte Pedro genug. Er verzweifelte an der Menschheit, packte einen Koffer, nahm den nächsten Zug nach Liverpool, charterte eine Barkasse und floh darin auf eine entlegene Insel vor der irischen Küste.

Die Öffentlichkeit, insbesondere jener Teil davon, der sich mit künstlerischen Dingen beschäftigt, ist erstaunlich unbeständig. Daher legte sich der Sturm ebenso schnell, wie er entstanden war. Neue Sensationen wurden so heiß diskutiert, als hätte das berühmt-berüchtigte Konzert nie stattgefunden; der Leiter des Konzertsaals wurde wieder eingestellt, und die »Affäre Panini« war in die Geschichte eingegangen, als die ganze Sache durch die Ankunft des Komponisten selbst, Geraldo Krotoschinsky, in England wieder unvermittelt ins Bewußtsein der Öffentlichkeit zurückgebracht wurde. Das allein hätte noch nicht eine solche Sensation ausgelöst, wenn unmittelbar nach dessen Eintreffen nicht angekündigt worden wäre, Krotoschinsky werde in einem

Konzert die Solovioline in seiner eigenen »Sinfonischen Phantasie« spielen. Das Ereignis wurde von der gesamten Musikwelt mit
Begeisterung aufgenommen, insbesondere von dem Kritiker B,
welcher der Anlaß von Pedro Paninis Sturz gewesen war.

Erneut ist der Saal gerammelt voll; ohrenbetäubender
Applaus; eine virtuose Leistung; Kritiker und Musiker studieren
ihre Partituren, als ... das Unmögliche geschieht! Krotoschinsky
spielt statt des As das reine A! Wie beim letzten Mal bemerkt diesen Fehler nur der Kritiker B. Nach dem Konzert begibt er sich
zum Zimmer des Künstlers, stellt sich dem Komponisten vor,
erwähnt nach den üblichen Komplimenten mit gebotener
Bescheidenheit, daß wohl ein kleiner Fehler in der ausgedruckten
Partitur vorliegen müsse, und verweist auf das As im zehnten Satz.

»Ein erreur? Non, nein, nein! Eine kleine Improvisation, c'est
tout!«

Als Olaf Oblof am nächsten Tag die Zeitung aufschlägt, liest er
mit großem Interesse die folgende Schlagzeile:

KROTOSCHINSKY SCHREIBT MUSIKGESCHICHTE!
GENIALER STREICH DES MEISTERS!
INSPIRATION DES AUGENBLICKS!

Darunter folgt eine lange Lobrede, die in einem kurzen ent-
schuldigenden Addendum endet, einen gewissen bekannten Geiger betreffend, dessen Aufenthalt bedauerlicherweise nicht
bekannt sei.

Nun ist Oblof ja ein liebenswürdiger Mann, der »Pedrolino«,
wie er seinen Freund nennt, richtig gern hat. Er hat sich schon
beträchtlicher Mühen unterzogen, um Pedros Aufenthaltsort aus-
findig zu machen, und nun, nach dieser neuen Entwicklung in der
Welt der Musik, schreibt er dem Geiger ein paar Zeilen:

»Pedrolino mio,

es ist wahrhaft nötig, daß Sie mir mein törichtes Gebaren bei
unserer letzten Begegnung vergeben. Die gute Öffentlichkeit ist,
wie ich glaube, bereit, Ihnen zu vergeben.

Kommen Sie zurück, mein Genie, und man wird Sie als einen
großen Heroen feiern!

Ich umarme Sie,

OLAF

Mittlerweile war das Ausmaß von Pedros Desillusionierung
nur noch von dem seiner Langeweile erreicht, und als er Olafs
Brief erhält, erfüllt dieser ihn zwar mit einiger Verblüffung, aber
auch mit neuem Leben. Sogleich drahtet er seinem Londoner
Agenten. Letzterer vermutet, daß Pedro nach den jüngsten Entwicklungen wieder willkommen ist, arrangiert ein Konzert, bei
dem die inzwischen populäre »Sinfonische Phantasie« gespielt
werden soll.

Der Geiger trifft am Morgen des Konzerts in London ein und
hält, noch unsicher hinsichtlich seines Empfangs, seinen Aufenthaltsort vor seinen Freunden geheim. Am Abend fährt er zum
Konzertsaal und geht schnurstracks zu seinem Zimmer, ohne
jemandem zu begegnen.

Eine Zeichnung von Ilse Zadek, der Frau des Bruders Douglas

Pedro betritt die Bühne. Zum ersten Mal in seinem Leben ist er aufgeregt, doch der aufbrandende Applaus des Publikums gibt ihm Sicherheit. Die Klaviere spielen die einleitenden Disharmonien. Sechs Takte Pause, während die Hörner das erste Thema ankündigen ... Pedro beginnt zu spielen. Bald verfliegen alle seine Befürchtungen; er merkt, daß er in Hochform ist.

Während einer kurzen Pause zwischen zwei Sätzen sieht er den Komponisten im Parkett und erkennt an seiner Miene, daß seine Interpretation Gefallen findet. Doch nun ... die Tortur ... der zehnte Satz.

Er hat die alptraumartige Vision, daß etwas schiefgeht ... eine Saite reißt ... der Bogen verrutscht ... oder seine Finger steckenbleiben ...

»Diesmal nur kein Fehler«, beruhigt er sich. Dennoch kann er sich nicht der Vision erwehren, was geschähe, wenn er den Fehler seines großen Debakels wiederholte, nämlich das reine A zu spielen, und das auch noch in Gegenwart des Komponisten.

Die Passage rückt näher ... nur noch wenige Takte und ... Erleichterung ... As.

Eine plötzliche Unruhe im Publikum. Krotoschinsky, das Gesicht zorngerötet, die Hände vor Zorn bebend, springt auf die Bühne ... reißt Pedro die Geige aus den Händen ... schleudert sie zu Boden!

»Sie Schurke! Sie Strolch!« brüllt er. »Ich spiele das reine A! Ist gut genug für mich ... Also auch für Sie!«

Deutsch von Eike Schönfeld

P. S. 1998

Es wird von Hitler berichtet, daß er eines Abends während des Krieges eine klassische Melodie pfiff, und als sein Sekretär es wagte, ihm zu sagen, er habe einen falschen Ton in der Melodie gepfiffen, wütete der Führer, er habe gar nichts falsch gemacht, der Komponist habe den Fehler gemacht.

LONDON 1956

Rezensionen zum Gastspiel des Berliner Ensemble

Beim Lesen erschien »Der kaukasische Kreidekreis« viel verwirrter und unaufführbarer als »Cimbeline« (Shakespeare), aber
als Aufführung ist er von tumultarischer Klarheit. Er stellt den
Triumph der Zusammenarbeit eines Theaters dar. Der Eindruck,
den er vermittelt, ist nicht der eines ernsten Experiments noch
eines politischen Auftrages, sondern der eines Spaßes, so ungeheuerlich wie ein Donnerschlag.

The Times, 2. September 1956

Die Schönheit der Brecht'schen Szenerie ist nicht von der blen-
denden Art, die Applaus hervorruft. Es ist die länger anhaltende
Schönheit des Gebrauchs.

Das gleiche gilt auch für die Schauspieler. Sie sehen einfach
und praktisch aus, gewöhnt daran, an der frischen Luft zu leben.

Angelika Hurwicz ist ein kräftiges Mädchen mit einem apfel-
runden Gesicht: unser Theater würde sie, wenn überhaupt, in
Rollen eines plumpen komischen Dienstmädchens besetzen.
Brecht macht sie zu seiner Heldin, der Dienstmagd, die das Gou-
verneurskind rettet, wenn dessen Mutter vor der Palastrevolution
flüchtet. London würde das mit einem tapferen kleinen Waisen-
kind besetzt haben, verhungert und pathetisch: Frau Hurwicz ist
viel zu beschäftigt, um pathetisch zu werden, sie zeigt Verdrieß-
lichkeit, wo wir erwarten, daß sie Schrecken zeigen sollte, und
nimmt auf ihre Schultern, wo andere Schauspielerinnen weinen
würden. Sie verschärft die Situation, indem sie die Verwicklungen
ignoriert: durch das, was sie wegläßt, erkennen wir ihre Darstellung als eine große.

Kenneth Tynan, The Observer, 2. September 1956

Schocktherapie

Brendan Behans »Die Geisel« wird zum
Theaterskandal in der Städtischen Bühne
von Kurt Fried

Mister Brendan Behan ist ein robust-vitaler, whiskyseliger, frappierend zartfühlender (mitunter) und szenenbesessener (immer) Ire von zirka 38 Jahren. Mittels Schocktherapie sucht er seine kräftigen Vorbehalte gegen Tabus und Konventionen aller Arten an den Patienten zu bringen, um diesen – der das meistens gar nicht will – davon zu heilen. Als Sohn der Grünen Insel ist er voll von Aggressionen und Ressentiments gegen seine schon bei James Joyce so übertrieben redseligen und dabei beklemmend tatenlosen, im eigenen Mief pladdernden Landsleute. (Nach dem »Rebell« und nun der »Geisel« fragt man sich, ob wir in Ulm wohl zu I.R.A.-Spezialisten ausgebildet werden sollen oder, wenn man den »Spielverderber« dazu nimmt, zu irgendwelchen Geheimbündlern. Was zu viel ist, ist zuviel. Es gibt doch auch andere Probleme in der Gegenwartsdramatik.) Aber Behan, das sei ihm zugute gehalten, tut noch anderes. Zum Beispiel reißt er Masken ab, hinter denen sich Gespenster verbergen, die auch wir kennen. Er ist, kurz heraus gesagt, ein Moralist (bei allem stinkenden Geschrei), der nicht mit ansehen kann, wie sinnlos gestorben, sinnlos gequält und verlogen gebetet wird. Sein Soldat, der von wirren Freischärlern in das Freudenhaus verschleppt wurde, das ihr makabrer, zahlungskräftiger Zufluchtsort ist, fällt von einer verirrten Kugel, die seinen Häschern galt und nicht ihm. Gleich danach steht er, gespenstisch ins Laken gehüllt, wieder auf und beendet das Spektakel mit einem beißenden Song. In der fatalen Kaschemme gibt es zarte und reine erste Liebe (Teresa) und derben, unangekränkelten Menschenverstand (Meg). Aber als es der Geisel, dem jungen englischen Soldaten, um den Hals geht, versuchen alle, sich hinter beschwichtigenden Trostworten zu verschanzen: Da kann man halt nichts machen. Wird schon nicht so schlimm werden. (Wie gehabt, als bei uns die Juden abgeholt wurden.)

Dieser emotionale Suffdramatiker hat innige Klänge auf seiner Leier. Er kann noch von Liebe hauchen. Aber er ist sich selbst so böse darüber, daß er das im Fuseldunst sofort rabiat wegwischt. Als wenn einer im Tran eine Vase mit Blumen vom Tisch fegt. Aber spürte man, wie eindringlich dadurch das Zarte wurde und hinter dem anhebenden Gelärm als Bild blieb, als Melodie, die nicht auszulöschen ist? Spürte man das? Der wüste Krakeeler und Fi-donc-Dramatiker macht seine Bühnenfiguren zu Menschen, vielschichtig wie Zwiebeln und ebenso scharf duftend, unbändig skurril, mit Dach- und anderen Schäden, makabre Vogelscheuchen, sture Befehlspopanze, Huren, Luden und solche vom anderen Ufer, entlassene Sträflinge und moralisch Abgerutschte: ein Gewühl von Möglichkeiten, ein Hasenstall Gottes, ein verhocktes Häuflein Kreatur. Warum sollte das Ehepaar Annemarie und Heinrich Böll, des Nihilismus unverdächtig, dieses Stück übersetzt haben, wenn nicht, weil es die Moral von der Geschicht' ernst nahm. Und, setzt man hinzu, weil es von der sublimen Milieuzeichnung und den hohen dramatischen Qualitäten angetan war.

Dem Referenten obliegt es, ein gerechter Beurteiler gerade dieses schwierigen Falles zu sein. Er stellte also, sich mit des Dichters Aura zu umgeben, eine volle Whiskyflasche neben sich. Beim ersten Glas wurde ihm klar, daß hier kein lukullisches Schmatztheater für Selbstzufriedene (Bitte nicht stören!) und kein wohliges Eiapopeia für Erholungssuchende vorliegt, wohl aber ein gewichtiges Stück Gegenwartstheater, in der Form realistisch (wenn auch mit musikalisch-mechanistisch-orgiastischen Überhöhungen) und also selber – wie paradox – im Grunde konventionell. Weitab vom Absurditätentheater. Sprachlich logisch und in jedem Wort verständlich.

Aber die Verhöhnung des Nationalen, mein Herr! Wie denn? Ist der alte verkalkte Freischärlerkommandant von dunnemals, ein lebender Leichnam, nicht dennoch liebenswert in seiner noblen menschlichen Haltung dem Gefangenen gegenüber? Ist der frische Londoner Jungdachs in Uniform, der da so sinnlos ins Schlamassel geriet, nicht eine rundum sympathische Figur? Ist nicht selbst der alte, glatzköpfige Lude, der in kriegerischen Erinnerungen schwelt und sein gelähmtes Bein in immer wieder anderen Schlachten verloren haben will, nicht mehr menschlich als etwa böse? Stimmen die demonstrativen Ausfälle gegen die imperiale britische Politik nicht nachdenklich: Zypern, Ägypten. Und ist die Grundsubstanz dieses Stückes wirklich zersetzend (»Wehrkraftzersetzung« Anno Freisler), oder attackiert und attrappiert sein Autor nicht vielmehr nur das Faule und Morschgewordene, zerschlissene Pappkonventionen und löcherige Tabus? Güntergrassisch knallt er seine Verhohnepipelungen über die Rampe. Aber bei allem épatez le bourgeois, aller Verbissenheit, allem Schocken: er will das *Pseudo* treffen, nicht den *Wert*.

Freilich, freilich, das gezeigte Milieu war höchst unfein und nicht für junge Damen geeignet. Und es mußte auch nicht unbedingt der Hohenfriedeberger Marsch sein, der das Besäufnis, die Turbulenz und das Begräbnis des dritten Aktes einleitete. Und, nochmals freilich: eine Type wie die Himmelswachtel und lüsterne Seelenzicke Miss Gilchrist kann gründlich mißverstanden werden. Hört man ihrem Spiritual aber genau zu, das von der falschen Nächstenliebe handelt, dann merkt man: Behan will mit dieser Karikatur keine religiösen Empfindungen verletzen, sondern die egoistische, verlogene (und verlorene) Bigotterie kennzeichnen. Ungeschickt, um nicht zu sagen tölpelhaft, war freilich das peinliche Ausspielen der vom Autor nicht einmal angedeuteten Bettszene. Wie denn überhaupt die Penetranz der zweiten Halbzeit nicht zu entschuldigen ist. Das immer wieder aufs Butterbrot gestrichene Südwindsäuseln – sind wir denn bei Veit Harlan? – mit dem Song an der Treppe und dem Neubau sind freie Erfindungen der Regie. Das war nicht nur unnötig, sondern schmuddlig. Ebenso billig und einfältig der Song von der Mondfummelei.

Lieber Peter Zadek! Der erste Teil Ihrer Inszenierung war
großstädtisches Theater von Format. Blitzend von Einfällen, be-
schwingt und knisternd und austarierend. Warum mußten Sie im
zweiten den Schock so überschocken, daß er tödlich wirkte?
Mußte der Niggergag in die Pause leiten? Mußte das Besäufnis so
ausgebadet werden? Mußte, mußte, mußte ... So jung sind Sie
doch auch nicht mehr, daß Sie nicht endlich aus Ihren Fehlern lernen könnten. Wozu brauchen Sie die Blackouts und Gags, dieses
blödelnde Nichts, wo doch so viel an glänzenden, artistisch, tänze-
risch, gesanglich, kabarettistisch und dramatisch ausgefeilten
Details da stand? Spürten Sie wirklich nicht, daß Krampf und Klamotte, Quatsch und Blabla alles wieder wegnahmen – nicht im
Schocksinne Behans, sondern völlig sinnlos? Der skandalför-
dernde – wenn nicht gar erst erregende – Rauch ist Ihnen hoffentlich so in die Nase gestiegen, daß Sie endlich einmal das ewige
Allzuviel ausniesen, das Sie daran hindert, ein wirklich großer
Regisseur zu sein. (Zwei Gläser Whisky pur brauchte ich zu dieser
Epistel. Allein für Sie, Herr Zadek!) Behan, wäre er, wie in London, am Schluß grölend und steppend an der Rampe gestanden,
hätte den Regisseur umarmt und ihm eine geknallt. Das eine für
die Akribie, das andere für den dämlichen Überquatsch. Wilfried
Minks hatte eine Freudenhöhle eingerichtet, deren Fuseldunst
man sozusagen roch. In liebevoller Kleinarbeit machte er den
Moder an den Wänden sichtbar. Und durch die Zweigeschossig-
keit wurde die klebrige Husch-Atmosphäre, das im Milieu lie-
gende Hin und Her, zum Duktus der Inszenierung. Die Winzig-
keit der Bühne war wieder einmal überlistet. (Warum war dieser
großartige Bühnenbildner nicht auf der Pariser Biennale der
Jugend dabei? Nur weil er eben kein Modell zur Hand hatte?)
Dann das Ensemble, wirklich ein Zusammen, knetbar, mitma-
chend, spürsam auf kleinste Nuancen, präzis, die engen Fachgren-
zen weit überspringend: die Schauspieler tanzten und sangen,
das Ballett mimte und sprach deutsch. Helmut Erfurth spielte sich
mit dem Peachum-Pat und Glatzen-Lude endgültig ins Schau-

spiel ein. Er ist eine Entdeckung, die auch den hochmögenden Herren Friedrich Luft und Wolfgang Drews aufgefallen sein wird. Aber wir halten ihn fest! Und die schmuddlige, geldgierige, maulfertige und ihrem Pat treue Meg der Katharina Tüschen war eine runde Behan-Figur bis zum tollen Boogie-Woogie. Der Autor hätte sie mit einem fülligen Klaps honoriert. Alois Strempels Prinzessin Grazia empfahl sich wärmstens. Hier war die Selbstentäußerung auf die Spitze getrieben. Die Damen und Herren seines Gefolges eiferten ihm mit vollem Erfolg nach. Dem Kirchenkassendieb und Schleicher Muleady gab Hans-H. Hassenstein würdevolle Schmierigkeit. Seine Seelentrösterin Mrs. Gilchrist brachte Sabine Werner mit brechtisch gezügeltem Songton und einer Hysterie, die verhalten genug war, um nicht peinlich zu werden. Friedhelm Ptok, die Geisel, war ganz der harmlose, alles mitnehmende, unverdorbene aber angeberische Sonny Boy. Als er merkt, daß es um Kopf und Kragen geht, erwacht der Mann in ihm. (Nur betrunken mimen konnte er nicht.) Das Kinderspiel der beiden war wunderschön. Manikowskys Palaver auf polnisch mit dem gälisch gegenredenden Musjö Ress ist eine von Zadeks besten Erfindungen. Rudolf Mors durfte nach Herzenslust musikalisch parodieren.

So also wars. Und daß es in Rauch auf- und im Tumult unterging ist schade. Aber es ist – ich bin beim fünften Glas, und schlagt mich ruhig tot – durchaus kein Minus, daß wir endlich, nach über dreißig Jahren, den lang ersehnten Theaterwirbel in Ulm hatten. Damals war es Bronnens »Vatermord«, welcher die Gemüter erregte. Diesmal Brandan Behans Schocktherapie und die überzogene Inszenierung. Warum denn nicht? Ist es denn schlimm, wenn einmal Leben in die Bude kommt, Urlaute erschallen, Urkampf anhebt, Schranken müder Distanz fallen und herausgebuht, herausgepfiffen wird, was heraus will. (»Lange fällig«, wie ein wohlansehnlicher Besucher mir zuzischte. Nur: wenn die Mimen für den Autor und Regisseur büßen sollen, dann werd' ich böse! Und das geschah leider.) Seltsam übrigens, wie sich der

Musentempel in dem Augenblick, da er seiner imaginären Würde
beraubt war, in die Turnhalle verwandelte, die er eigentlich ist.
Man sah: nur die Konvention erhebt ihn über seine krasse Nüch-
ternheit. Ist jemand, der länger als die zehn Sturmminuten
wütend sein will? Der Konsequenzen ziehen, Anträge stellen,
grundsätzlich werden möchte? Ein »drittes Scandalum« sieht? Er
steht auf. Unsere Spalten stehen ihm frei. Ist doch die Hübner-
Bühne auch sonst ein Modellfall an Frische und neuer Form, an
Unkonventionalität und Nonkonformismus, unbequem, fremd,
unheimlich, ärgerlich, unprovinziell, unkonfektioniert.

*aus: KF oder die Geschichte wie in 19 Jahren Theaterkritik aus
zwei Buchstaben ein Zeichen wurde*

Aus einem Gespräch mit Peter Zadek
zu »Rotmord«

Schafft zwei, drei, viele Bildingenieure!
In der Gewohnheit des Zuschauers gilt Fernsehen als Wiedergabe von Realität. Diese Gewohnheit muß man ihm gründlich kaputtmachen, sonst sieht er Fernsehspiele auf die falsche Weise. Ich will vermeiden, daß der Zuschauer einen künstlichen Vorgang ständig an der oberflächlichsten Realität kontrolliert, das ist eine Misere, die wir vom 19. Jahrhundert geerbt haben, sie reduziert unsere Erlebnisfähigkeit und steckt die Phantasie des Zuschauers in eine Zwangsjacke. Das Fernsehen gebraucht die Mittel des 20. Jahrhunderts meistens nur, um Inhalte des 19. Jahrhunderts wiederzugeben.
Das naturalistische Verfahren ist eine Schummelei!
Ich will, daß der Zuschauer eine künstliche, durch Technik verfremdete Welt als solche erkennt. Ich habe schon beim »Kirschgarten« versucht, entsprechende Bildmöglichkeiten zu finden: mittlerweile sind wir weitergekommen. Damals mußten wir noch viel probieren, wir haben schließlich das Bild mit eher simplen Mitteln verfremdet, aber sie haben ausgereicht, um einen solchen Grad von Künstlichkeit zu schaffen, daß der Zuschauer nicht mehr nur den Darsteller sah, sondern dessen Welt erkennen konnte.
Bis heute gibt es zwei Sorten Fernsehspiele:
Die eine Sorte sieht aus wie Theater und die andere wie die Tagesschau.
Bei »Rotmord« sind wir wesentlich weiter gegangen als beim »Kirschgarten«. Das konnten wir tun, weil wir inzwischen mehr gelernt haben: die Kameraleute, die Beleuchter, die Bildingenieure und ich. Die elektronische Aufnahmetechnik ist lange Zeit genauso benutzt worden, als wäre sie eine nur etwas schwerfälligere Filmtechnik. Bei »Rotmord« haben wir die Elektronik als

Elektronik benutzt. Wir haben das Bild so manipuliert, wie wir es haben wollten und wie der Zuschauer es sehen sollte.

MAN SIEHT JETZT EIGENTLICH VIEL GENAUER UND VIEL MEHR ALS BEIM KONKRETEN NORMAL-BILD, WEIL MAN WENIGER SIEHT. Manipuliert wird auch in der naturalistischen Fotografie – durch Einstellungen, durch Schnitte –, bei uns soll der Zuschauer die technische Manipulation merken und nicht durch kunstgewerbliche Späße abgelenkt und betrogen werden. Man könnte sagen, die Bilder in »Rotmord« wollen vortäuschen, sie wären »aus der Zeit«. Das ist ein Irrtum. Ursprünglich haben wir uns gedacht, wenn wir mit der Elektronik richtig vorgehen, wird auf einmal kein Unterschied mehr zum alten Dokumentarmaterial sein. Später mußten wir das Dokumentarmaterial wiederum unserem künstlichen Bild angleichen. Jedes Bild trägt in sich sowohl die Aussage des Moments und der Gesamtwelt des Films.

DIE WIRKUNG VON FORM IM BILD AUF DEN ZUSCHAUER WIRD UNTERSCHÄTZT. ES GIBT UNTERSCHIEDE ZWISCHEN WEISS UND GRAU, DIE KENNT JEDER WERBELEITER, ABER NUR WENIGE FERNSEHLEUTE. Wenn die Elektronik einmal so handlich geworden ist wie die Filmtechnik, werde ich nur noch Elektronik machen. Das sind ganz andere Herstellungsprozesse als beim Film, mit ganz neuen Arbeitsfunktionen. Beim Film spielt der Kameramann eine wahnsinnig wichtige Rolle. Bei der Elektronik habe ich auch mit Kameraleuten zu tun, aber wichtig wird hier ein ganz neuer Mann, nämlich der Bildingenieur. Mit technischer Fantasie stellt er künstlich genau das Bild her, das wir haben wollen, und dieses Bild ist im Moment seines Entstehens auch kontrollierbar. Diese technische und kontrollierbare Herstellung von Bildern, ihre Ausstrahlung an Millionen von Menschen, das Eindringen in die Traumwelt von Menschen, das ist Fernsehen.

FERNSEHEN IST BILD. IM FERNSEHSPIEL IST DER MENSCH TEIL DES BILDES. NICHT EIN ABFOTOGRAFIERTER SCHAUSPIELER.

Die Spannung des Fernsehbildes im Fernsehspiel wird bestimmt durch die genaue, stimmende Relation zwischen dem Verhalten in der Phantasie des Schauspielers auf der einen Seite und der formalen Kraft des Bildes auf der anderen.

Peter Zadek nach Beendigung der Dreharbeiten: »So. Als nächstes möchte ich aber einen Film machen dürfen.« Darf er.

Zur elektronischen Bildgestaltung beim Fernsehspiel »Rotmord«

Die schematische Darstellung zeigt das Grundprinzip eines Verfremdungseffekts, der bei ROTMORD technisch erzeugt wurde. Das normal ausgesteuerte Kamerabild wird in zwei Bildkanäle aufgeteilt. Im linken Kanal läuft das Bild völlig unbeeinflußt durch. Im rechten Kanal wird das normale Kamerabild am Trickmischpult zu einem extrem kontrastreichen Schwarz-Weiß-Bild verformt: im Trickverstärker werden alle Grauwerte ausgestanzt, für die hellen Graustufen wird reines Bildweiß, für die dunklen Graustufen absolutes Bildschwarz eingesetzt. Die mittleren Graustufen jedoch geben dem Trickmischpult kein eindeutiges Signal mehr, ob es an ihrer Stelle Weiß oder Schwarz setzen soll. Es kommt daher in diesem Bereich zu Oszillationsstellen, an denen weiße und schwarze Bildpunkte unregelmäßig und damit abweichend von der ursprünglichen Geometrie der Bildvorlage nebeneinanderliegen. Dieses Oszillieren verursacht im Bild die Grobkörnigkeit und die Auflösung von harten Bildstrukturen. In einem Überblender werden die beiden Bildkanäle im Verhältnis von 30 : 70 addiert. Dadurch erhält das extrem harte Trickbild vor allem in den weißen Stellen wieder eine weiche Zeichnung.

Programmheft Fernsehspiele Westdeutscher Rundfunk, Erstes Halbjahr 1969

PROVOKATION IST IHNEN GENUG THEATER

Schauspieler und Publikum in einer Front
gegen Peter Zadek

In Berlin hat es sich kürzlich begeben, daß Schauspieler sich im
Protest gegen die Inszenierung des Halbstarkenstückes »Gerettet« von Edward Bond durch Peter Zadek mit dem Publikum soli-
darisch erklärt haben. Wir berichteten über jene Inszenierung des
Kontrastprogramms der Freien Volksbühne »Weser-Kurier« vom
19. Juni 1968, wobei wir in der Überschrift vermerkten, daß das
Publikum dem Regisseur, den Schauspielern und dem Autor den
»ordinären« Abend damit heimzahlte, daß es gleichfalls »ordinär«
reagierte; was hätte es wohl Besseres tun können!
  Delegierte aus dem Berliner Publikum und Schauspieler for-
mulierten gemeinsam eine Erklärung, in der es heißt: »Die Inszenierung verzichtet darauf, das Milieu, in dem die Personen des
Stückes leben und durch das ihre Handlungen erklärbar werden,
sichtbar zu machen. Das Stück zerfällt in eine Reihe zusammenhangloser Bilder, deren Sinn für das Publikum nicht mehr einsehbar ist. Die protestarische Situation, in der sich alle Personen des
Stückes befinden, wird so als eine abstrus-exotische vorgestellt.
Als Konsequenz der Ablösung von den wirklichen Verhältnissen
werden die Personen zu bloßen Verkörperungen verschiedener
neurotischer Haltungen, deren Ursachen und deren Entstehung
nicht gezeigt werden. Durch verschiedene Regieeinfälle wird das
Verständnis des Textes und der Vorgänge verhindert. Das Publikum wird z. B. gezwungen, in einer der Szenen zu rätseln, ob
der Schauspieler Axel Bauer einen Fernseher, einen Spiegel oder
den Vater darstellen soll, ob das Baby oder der Untermieter gefüttert wird, ob die mechanischen Schreie der Schauspielerin ihre
Verzweiflung oder das Baby symbolisieren. Zudem wird die
Hauptszene, der Babymord, als pikante sadistische Delikatesse
vorgeführt, so daß darüber die Situation der Jugendlichen, ihr

pervertierter Ausbruchsversuch und ihre, wie Bond sagt, »ödipale atavistische Wut« ganz unwichtig wird. Überdies ist in manchen Szenen, etwa in der Motorradszene, der Text durch Regiegags vollends unverständlich. Die Inszenierung führt solcherart gewalttätige und kriminelle Vorgänge in der gleichen Art vor wie die »Bild-Zeitung, die sie als konsumierbare Sensationen vorführt, ohne die Hintergründe, ohne die Ursachen aufzuzeigen, die die Handlungen nur blindlings unterwerfen; der Zuschauer fände in ihr keinen Ansatz zum inhaltlichen Nachdenken«.

Zadek (und der Dramaturg) gestanden den »terroristischen« Charakter der Inszenierung ein und beriefen sich auf künstlerische Freiheit; fast alle Schauspieler jedoch stimmten mit der Publikumskritik überein: Die Inszenierung sei kein Sonderfall, sondern beispielhaft für die verschleiernde Funktion der Bühne in der gegenwärtigen Gesellschaft.

Zadek, der ja zu den Stiftern des sogenannten Bremer Stils gehört, wurde böse und rettete sich in eine Publikums- und Kollegenbeschimpfung, die ein kaum noch überbietbares Maß an Zynismus, Intoleranz, Überheblichkeit und Anmaßung erkennen läßt. Darin steht: »Was ist passiert? Die Aufführung ›Gerettet‹ provozierte. Es wurde viel diskutiert. Um so besser. Insofern hat die Inszenierung wenigstens das erreicht. Was ist noch passiert? Einige Schauspieler der Aufführung haben sich von ihrer Arbeit distanziert, beriefen sich auf eine Art Befehlsnotstand und solidarisierten sich mit ihrem Publikum. Späte Einsicht? Die Schauspieler waren wohl alle imstande, zu übersehen, wie die Inszenierung aussehen würde (das bringt die Probenarbeit so mit sich). Die männlichen Hauptdarsteller Ulrich Faulhaber und Manfred Fischbeck äußerten während der Arbeit beide ihre Bedenken. Darüber wurde dann auch ausgiebig diskutiert. Zu der von den Schauspielern und ihrem Publikum verfaßten Kritik an der Aufführung: Tendenz und Qualität der Kritik entsprechen dem Urteilsvermögen unseres seligen Reichskulturverwalters Hans Hinkel. Im Ernst. Ich bin nicht bereit, mit meiner Arbeit dem

Publikum Nachhilfeunterricht in Gemeinschaftskunde zu geben. Diese Verbrüderung Schauspieler–Publikum ist unlogisch und sentimental. Daß die Qualität einer Aufführung darunter leidet, ist eine Schweinerei. Daß ein intelligentes Publikum das nicht merkt, ist eigentlich schade – oder manipuliert. Die Schauspieler eroberten die Bühne zurück. Lauter kleine Partisanen. Schöne Grüße an die Berliner Resolutionäre! Beim Besuch einer Theateraufführung sucht Ihr, genau wie das spießige Publikum, das Ihr angreift, die Bestätigung Eurer eigenen Haltung.«

Das ist nun zwar recht schlechtes Deutsch, aber doch deutlich, und das »spießige Publikum« möge sich das alles nur recht genießerisch langsam auf der Zunge zergehen lassen und ja Reue zeigen, denn Zadek beschwört wohl nicht ohne Hintersinn gerade das Gespenst des einstigen Reichskulturverwalters Hans Hinkel. Vielleicht möchte er jene Leute, die die Karten nicht nach seiner Manier mitmischen wollen, am liebsten mit dem jetzt wieder gern gebrauchten Ausdruck »Faschisten« belegen.

Vielleicht auch uns? Da käme er freilich zu spät, denn wir sind eben von der »anderen Richtung« andersherum abgestempelt worden. Gerade unsere keineswegs positive Kritik des Halbstarkenstückes »Gerettet« aus Berlin, in der wir es dem Publikum zugute hielten, daß es »ordinär« auf Ordinäres antwortete, trug uns in der Hannoverschen NPD-Zeitung »Deutsche Nachrichten« (28. Juni) folgende, offenbar von einem superklugen Kopf inspirierte Kennzeichnung ein: »Der Bremer ›Weser-Kurier‹, der es offenbar als eine avantgardistische Aufgabe ansieht, die Produktion der Brecht-Kommunisten wohlwollend zu fördern . . .« Na ja, lassen wir uns, jetzt zur Abwechslung einmal, achselzuckend, für »Faschisten« halten!

Die einwendende Frage, warum die betreffenden Schauspieler nicht früher ihre persönlichen Konsequenzen gezogen hätten, ist genauso hinfällig wie eine Aufforderung ans Publikum, es brauche ja nicht ins Theater zu gehen, wenn ihm die Richtung nicht passe. Diese Schauspieler wollten, ganz abgesehen von ihrer

vertraglichen Bindung, wahrscheinlich eben auch einmal die
Möglichkeit öffentlichen Protestes wahrnehmen und sich nicht
hinter den Kulissen verdrücken. Sie sind zu loben.

Ein Einzelfall? Keineswegs. Wir müssen es uns versagen, hier
auf gewisse Vorgänge in Hamburg und München einzugehen,
aber vor ein paar Tagen wurde aus Stuttgart berichtet, daß der dort
seit langem schwelende Streit zwischen einem großen Teil des
Theaterpublikums und dem 50jährigen Schauspieldirektor und
Brecht-Schüler Peter Palitzsch neuen Auftrieb gewonnen hat.
Palitzsch hatte von der Bühne herab eine agitatorische Publikums-
belehrung in Sachen Notstandsgesetze riskiert; viele Stuttgarter
wollten ihr gutes Geld nicht für solche politische Gemeinschaftskunde ausgegeben haben. In einer Tageszeitung sprang ein in
Stuttgart hochgeachteter Mann dem Publikum recht aktiv bei,
nämlich der Staatsschauspieler Hans-Helmut Dickow, der sich
nach 25jähriger Bühnentätigkeit (davon 13 Jahre in Stuttgart)
beurlauben ließ, weil ihm die Art, wie heute dort Theater gemacht
wird, zuwider ist.

Täglich, schrieb Dickow, gehen Tausende guten Willens ins
Theater, »sie lieben und finanzieren das Theater, sie bezahlen die
Kunst. Diese Menschen zu verachten oder geringzuschätzen,
ihnen immer mehr seelenloses, kaltes Experimentiertheater, las-
zive Absurditäten, falsch angewandte Stiltheorien, verfremdete
und bearbeitete Klassiker vorzusetzen, halte ich für sträflich . . .«
Dickow hält den Stuttgarter Zustand für symptomatisch für die
Situation an mehreren Sprechbühnen der Bundesrepublik, und
damit hat er ja wohl recht. Er ist gegen das modernistische Theater; modernes Theater, schreibt er, heiße nämlich keinesfalls,
»ums Verrecken alles erst einmal zu verwerfen, zu verfälschen, zu
manipulieren und zu bearbeiten. Das ist nur frecher Bluff, wenn
auch ein sehr wirksamer. So kommt man vom Niveau zur Nivellie-
rung.« Dickow nennt diese Modernisten, die außerdem meistens
tun, als sei, was sie da treiben, neu und ihre eigene Erfindung
(in den zwanziger Jahren war man schon viel weiter!) schlicht

»Rampengammler«. Er fordert, sich einig wissend mit vielen seiner Schauspielkollegen, vom Publikum, daß es endlich gegen
»gewisse Zustände« Front mache und sich wieder den lebendigen
Körper des Theaters und nicht bloß »gebleichte Knochen« zeigen
lasse, den Machern und ihrer Mache absage.

Dr. B. / Weser-Kurier vom 20./21. Juli 1968

Erklärung

Bei der Vorstellung von Bonds »Gerettet« am Sonnabend, den 22. 6., kam es zu tulmultartigen Protestkundgebungen. In der Pause wurden der Abbruch der Vorstellung und Diskussion gefordert. Die Diskussion wurde zugesagt. Nach der Pause drohte die Veranstaltung abermals an Unmutsäußerungen zu scheitern. Die Schauspieler baten das Auditorium, ihren vertraglichen Verpflichtungen gemäß, sie zu Ende spielen zu lassen. Bei der anschließenden Diskussion, an der mehr als die Hälfte des Publikums teilnahm, kamen die bis zum Ende Versammelten zu dem Schluß, einige Schauspieler und Delegierte aus dem Publikum zu autorisieren, folgendes Protokoll herauszugeben:

1) Kritik an der Aufführung durch das Publikum – die Inszenierung verzichte darauf, das Milieu, in dem die Personen des Stückes leben und durch das ihre Handlungen erklärbar werden, sichtbar zu machen. Das Stück zerfiele in eine Reihe zusammenhangloser Bilder, deren Sinn für das Publikum nicht mehr einsehbar sei. Die proletarische Situation, in der sich alle Personen des Stücks befinden, werde so als eine abstrus exotische vorgestellt. Als Konsequenz der Ablösung von den wirklichen Verhältnissen würden die Personen zu bloßen Verkörperungen verschiedener neurotischer Haltungen, deren Ursachen und deren Entstehung nicht gezeigt würden. Als Beweis wurde angeführt, daß durch verschiedene Regieeinfälle das Verständnis des Textes und der Vorgänge verhindert werde. Das Publikum werde z. B. gezwungen, in einer der Szenen zu rätseln, ob der Schauspieler Axel Bauer einen Fernseher, einen Spiegel oder den Vater darstellen solle, ob das Baby oder der Untermieter gefüttert werde, ob die mechanischen Schreie der Schauspielerin ihre Verzweiflung oder das Baby symbolisieren. Zudem werde die Hauptszene, der Babymord, als pikante sadistische Delikatesse vorgeführt, so daß darüber die Situation der Jugendlichen, ihr pervertierter Ausbruchsversuch und ihre, wie Bond sage, »ödipale atavistische Wut« ganz

unwichtig werde. Überdies sei in manchen Szenen, etwa in der Motorradszene, der Text durch Regiegags vollends unverständlich. Die Inszenierung führe solcherart gewalttätige und kriminelle Vorgänge in der gleichen Art vor wie die BILD-Zeitung, die sie als konsumierbare Sensationen vorführe, ohne die Hintergründe, ohne die Ursachen aufzuzeigen, die die Handlungen der Menschen bedingen. Der Zuschauer könne sich einer solchen Inszenierung nur blindlings unterwerfen, er fände in ihr keinen Ansatz zum inhaltlichen Nachdenken, sie wirke auf ihn terroristisch.

2) Verteidigund der Aufführung – Der Regieassistent und der anwesende Dramaturg gestanden den »terroristischen« Charakter der Inszenierung zu; zur Verteidigung verwiesen sie auf die künstlerische Freiheit des Regisseurs und darauf, daß die Bühne eine eigene Wirklichkeit darstelle. Der Regisseur habe nicht Stellung beziehen, sondern ein wertfreies ästhetisches Gebilde schaffen wollen, in dem nur die Gesetze der Phantasie galten. (Um uns nicht dem Vorwurf mangelnder Fairneß auszusetzen, boten wir dem Regieassistenten und dem Dramaturgen an, diesen Punkt 2 selbst zu formulieren. Von dieser Möglichkeit machten sie keinen Gebrauch.)

3) Stellungnahme der Anwesenden Schauspieler – Fast alle Schauspieler stimmten mit der Kritik aus dem Publikum überein. Diese Inszenierung sei kein Sonderfall. Sie sei exemplarisch für die verschleiernde Funktion des Theaters in dieser Gesellschaft. – Warum spielen die Schauspieler trotzdem? – Sie können ihrem Beruf nur innerhalb des bestehenden Theaterapparates nachgehen, der ihnen ein Mitspracherecht in einer Inszenierung nicht gewährt. Die Schauspieler gehen an die Probenarbeit, ohne über die Inszenierungskonzeption informiert zu sein. Und wenn sie endlich in der Lage sind, die ganze Inszenierung zu überblikken, ist es zu spät, um auszusteigen, es sei denn, sie nehmen die Konventionalstrafe auf sich. Allein der Protest macht ein Weiterarbeiten auch an anderen Theatern fraglich.

4) Der befreiende Vorgang – Das Publikum machte sich Luft. Die Schauspieler machten sich Luft. Die Fachleute verstummten. Die Schauspieler eroberten die Bühne zurück. Das Publikum machte den Zuschauerraum wieder lebendig. Kommunikation fand statt. Es machte Spaß. Es war fast ein Theaterabend.

5) Vorschläge der Schauspieler – Die Schauspieler bereiten eine Schauspielerorganisation vor, die für Kollektivarbeit, für Mitspracherecht, für nicht entfremdete Arbeit im Theater eintreten will. Gegen das Konkurrenzprinzip wollen sie Solidarität setzen.

6) Reaktion des Publikums – Das Publikum akzeptierte diese Vorschläge. Die Organisierung müsse zwar den Schauspielern selbst überlassen bleiben. Sollten sie jedoch Repressalien ausgesetzt werden, hätte der Betrieb mit solidarischen Aktionen von seiten des Publikums zu rechnen.

Die Schauspieler haben mit der Organisation begonnen! Helft uns!

Klatscht nicht nur! Fordert Diskussionen!

Applaus ist keine Solidarisierung!

Zischt nicht nur! Sondern sagt, was Euch nicht gefällt!

Nur gemeinsam können wir den Zustand ändern, in dem die Schauspieler in Unmündigkeit, die Zuschauer in Sprachlosigkeit gehalten werden!

Verantwortlich: Bauer, Behrmann, Beilfusz, Drexel, Faulhaber, Fischbek, Frigge, Maas, v. Plato, Ploes, Richard.

FVB-THEATERBETRIEBS GMBH. · 1 BERLIN 15 · SCHAPERSTRASSE 24 · TEL. 881 01 71   INTENDANZ

```
Herrn
Peter Zadek
Poste Restante
Javea Costa Blanca
==================
Spanien
```

Lieber Peter!

Letzte GERETTET-Vorstellung war etwas turbulent. Zwei Kripo-Leute
sagten mir vor der Vorstellung, daß sie Informationen hätten, daß
ein Teil der Schauspieler mit einem Teil des Publikums nach der
Pause die Vorstellung abbrechen wollten und stattdessen diskutieren wollten. Gleich bei Beginn waren unheimlich Zwischenrufe, Vorstellung konnte aber bis zur Pause durchgespielt werden. Die Schauspieler wollten nach der Pause, als das Publikum eine Diskussion
verlangte, sofort auf die Bühne um zu diskutieren. Ich habe sie
aber sofort in eine Garderobe geschafft, um eine allgemeine Diskutiererei zu vermeiden. In der Zwischenzeit stürmten 30 Leute die
Bühne und verlangten eine Diskussion. Braun sagte dann, daß nach
der Vorstellung eine Diskussion stattfinden würde. Nach der Pause
ging es mit den Zwischenrufen weiter (doppelt so viele wie bei
der Premiere). Faulhaber unterbrach nach zwei Sätzen und bat um
Ruhe und teilte mit, daß die Schauspieler anschließend diskutieren
würden. Daraufhin ging die Vorstellung reibungslos zu Ende. Qualität
war beschissen. Pam stilisierte ein liebes Mädchen, Bauer sehr gut.
An der Diskussion nahmen teil: Faulhaber, Drexel, Beilfuss und Fischbeck; Braun und ich und Axel Bauer und Ellen. Diskussionsleiter
wurde auf Vorschlag des Publikums Krippendorf, anwesend etwa 400
Leute. Es stellte sich heraus, daß die gesamte SDS-Manschaft angetreten war, die in Berlin im Augenblick einen Hauptfeind hat, nämlich Zadek, aus zwei Gründen

1. in der Inszenierung fehlt der gesellschaftliche Aspekt, es ist
nur eine "allgemein menschliche" Betrachtungsweise da, es fehlt
die Stellungnahme des Regisseurs darüber, was er für gut und
schlecht hält, deshalb verhält sich Zadek wie die BILD-Zeitung, die
auch Vietnam-Bericht und Bardot-Rapport wertfrei nebeneinander
stellt.

2. Zadek gehört zu den autoritären Regisseuren, die eine aktive
Beteiligung und eine Diskussion mit den Schauspielern über Inszenierung ablehnt.

./.

KASSE 881 37 42 · BERLINER BANK, DEPOSITENKASSE 35 KONTO-NR. 71934 · POSTSCHECK: BERLIN WEST 367 17

-2-

Ellen und Bauer sagten fast nichts, die vier Hauptakteure klatschten
Beifall, wenn vom Publikum eine Äußerung kam wie: "Das ganze ist ein
albernes Affentheater".Braun und ich versuchten zumindestens zu zeigen,
daß nicht alle im Hause so dachten (mehr war kaum möglich bei dem Publikum).

Für uns geht es jetzt einfach darum, bei den nächsten Vorstellungen irgend-
etwas zu erfinden, um die allgemeine Diskutiererei und um Zwischenrufe
nach dem Buhmann Zadek zu vermeiden. Eine Sonntagsdiskussion ohne Dich
hat natürlich überhaupt keinen Zweck. Falls Du am 21. Zeit hast (notfalls
wäre auch 14. oder 28. möglich), wäre das für uns die beste Möglichkeit,
um wieder ein Bisschen Ruhe ins Publikum zu bringen. Wir müßten natürlich
möglichst Deine Entscheidung bis Donnerstagabend hier haben. Wahrscheinlich wirst Du nicht allzu große Lust zu der Diskussion haben. Ich finde
sie aber gerade wegen DINGO - neben unseren GERETTET-Interessen - sehr
wichtig. Überlege doch einmal bitte, ob Du nicht doch die fünf Stunden
irgendwo rausschneiden kannst.

Eine Diskussion am Samstag, und um Dingos totzeile sollten abtreten
als um endlich a eine Vorstellung. Bitte überlege doch, ob du dich
mit doch Donnerstag canst.

Samt macht es langdessere alles und etwas Spaß.
Herzlich dein pelly.

Berlin, 25. Juni 1968

Berlin ist furchtbar, aber man müßte es
ändern. Wann macht du den
Theater auf!

IN SACHEN ZADEK

In unserem Artikel »Provokation ist ihnen genug Theater« vom 20./21. Juli 1968, in dem wir über einen Schauspieler-Publikums-Protest gegen die Berliner Inszenierung des Regisseurs Peter Zadek von Bonds »Gerettet« berichteten, war zu lesen: »Zadek (und der Dramaturg) gestanden den ›terroristischen‹ Charakter der Inszenierung ein und beriefen sich auf künstlerische Freiheit.« Herr Peter Zadek hat uns wissen lassen, daß er persönlich eine solche Äußerung nicht getan hat; diese sei vielmehr vom Regieassistenten Braun und dem Dramaturgen Dr. Greiffenhagen gemacht worden. Herr Zadek hat sich zu diesem Zeitpunkt, wie er uns mitteilen ließ, in Spanien befunden.

Des weiteren hat uns Regisseur Peter Zadek einen Vorwurf daraus gemacht, daß wir einige ihm besonders wichtig erscheinende Teile seiner Stellungnahme zu dem gemeinschaftlichen Protest von Publikum und Schauspielern nach der Inszenierung des Stükkes »Gerettet« von Bond in Berlin in unserem Bericht »Provokation ist ihnen genug Theater« vom 20./21. Juli 1968 nicht mitgedruckt haben. Zwar verpflichtet uns wahrlich nichts zu einem vollständigen Abdruck solcher Verlautbarungen (auch andere haben daraus lediglich zitiert), dennoch möchten wir, nachdem uns die Vorwürfe des Herrn Zadek bekanntgeworden sind, dessen vollständige Ausführungen, wie wir sie im »Berliner Extra Dienst« der Westberliner Zeitungsgesellschaft mbH vom 17. Juli 1968 unter dem Titel »Volksbühnen-Revolte: Publikumsbeschimpfung des Regisseurs Zadek« gefunden haben, unseren Lesern nicht vorenthalten.

»Was ist passiert? Die Aufführung ›Gerettet‹ provozierte. Es wurde viel diskutiert. Um so besser. Insofern hat die Inszenierung wenigstens das erreicht.

Was ist noch passiert? Einige Schauspieler der Aufführung haben sich von ihrer Arbeit distanziert, beriefen sich auf eine Art

Befehlsnotstand und solidarisierten sich mit ihrem Publikum.
Späte Einsicht?

Eine kleine Korrektur zum Sachverhalt der abgedruckten Stellungnahme dieser Schauspieler. Sie waren wohl alle imstande, zu übersehen, wie die Inszenierung aussehen würde. (Das bringt die Probenarbeit so mit sich.) Die männlichen Hauptdarsteller, Ullrich Faulhaber und Manfred Fischbeck, äußerten während der Arbeit beide ihre Bedenken. Darüber wurde dann auch ausgiebig diskutiert. Herr Fischbeck ließ es dabei bewenden. Faulhaber dagegen meinte, er könne diese Art der Inszenierung nicht gutheißen. Um ihm und mir weitere Konflikte zu ersparen, bot das Theater ihm die Möglichkeit, aus seinem Vertrag auszusteigen. Er entschloß sich zu bleiben. Mit der Begründung, daß er sich jetzt in der Inszenierung ›wohlfühle‹.

Zu der von den Schauspielern und seinem Publikum verfaßten Kritik an der Aufführung: Tendenz und Qualität der Kritik entsprechen dem Urteilsvermögen unseres seligen Reichskulturverwalters Hans Hinkel. Im Ernst. Ich bin nicht bereit, mit meiner Arbeit dem Publikum Nachhilfeunterricht in Gemeinschaftskunde zu geben; welcher Gesinnung auch immer, ›Gesundes Volksempfinden‹ von BILD geprägt oder APO ist Vorstufe zum Terror. Lächerlich oder gefährlich? Diese Verbrüderung Schauspieler-Publikum ist unlogisch und sentimental. Daß die Qualität einer Aufführung darunter leidet, ist eine Schweinerei. Daß ein intelligentes Publikum das nicht merkt, ist eigentlich schade – oder manipuliert. Die Schauspieler eroberten die Bühne zurück. Lauter kleine Partisanen.

Schöne Grüße an die Berliner Resolutionäre! Beim Besuch einer Theateraufführung sucht Ihr, genau wie das spießige Publikum, das Ihr angreift, die Bestätigung Eurer eigenen Haltung. Es ist nicht Aufgabe der Kunst, Onanie zu fördern. Der Weg von ›nicht gesellschaftlich orientiert‹ zu ›entartet‹ ist kürzer, als man denkt. Dazwischen liegen ca. zwei bis drei solcher Vietnams. (s. o.)«
Weser-Kurier vom 1. September 1968

MARGRET RAMSEY AN PETER ZADEK

22. Juli 1968

Lieber Peter,

GERETTET – Edward Bond

Ich schreibe Ihnen sofort, weil in der »Stage« der letzten Woche ein Artikel über »Gerettet« stand und ich jetzt Edward Bond vertrete, der mich anrief und mir sagte, wie erschreckt und wie erbost er darüber sei, zu hören, daß ein Theater in Berlin eigenmächtig beschließt, seine letzte Szene nicht zu spielen.

Ich habe den Artikel gerade erst bekommen, und weil ich Ihren Namen lese, schreibe ich natürlich an Sie. Auf jeden Fall scheint die Übersetzung sehr ungenau zu sein, und ein Regisseur aus Hamburg ist mit Edward den Text durchgegangen und informiert Suhrkamp, Edwards deutsche Agenten, über die Ungenauigkeiten und Auslassungen.

Ich glaube, Edward erwartet jetzt, wo er weiß, daß ich Sie kenne und Ihnen geschrieben habe, eine Antwort von Ihnen. Ein englischer Autor ist ziemlich hilflos, wenn seine Stücke im Ausland gemacht werden, alles, was er tun kann, ist, darauf zu vertrauen, daß die Leute, die seine Stücke machen wollen, seine Texte respektieren und ihn, falls sie ändern wollen, vorher fragen. Edward spricht unglücklicherweise kein Deutsch, und er wurde sicher nicht über das Weglassen einer Szene informiert, geschweige denn gefragt. Würden Sie mich bitte wissen lassen, wie das passiert ist?

Als Sie DINGO gelesen haben, haben wir Ihnen geschrieben und gesagt, daß Charles Wood bereit ist, alle Änderungsvorschläge, die Sie haben, anzuhören und ihnen zuzustimmen oder auch nicht. Dem armen Edward hat man diese Chance nicht gegeben, weil er außer Suhrkamp keinen Agenten hat.

Weil ich von Ihrer großen Begeisterung für Bond weiß, bin ich sicher, daß es Ihnen lieber ist, daß ich Ihnen in dieser Sache direkt und persönlich schreibe. Ich schicke eine Kopie des Briefes an Edward.

In Eile Ihre M. R.

Peter Hamm

Ich bin ein Ignorant, Madame

Über Peter Zadek, seine Filmerei und einige Lobredner

In einem 1937 publizierten Aufsatz des Titels »Linke Melancholie«, der sich mit Erich Kästner und Publizisten seines Schlages wie Walter Mehring befaßte, stellte Walter Benjamin fest: *»Ihre politische Bedeutung erschöpfte sich mit der Umsetzung revolutionärer Reflexe, soweit sie am Bürgertum auftraten, in Gegenstände der Zerstreuung, des Amüsements, die sich dem Konsum zuführen ließen.«*

Schon manchmal, wenn sogenannte Jungfilmer statt Ira von Fürstenberg oder den Jakob-Sisters APO-Leute auftreten ließen (die natürlich immer von Schauspielern nachgemachte APO-Leute waren), wurde einem die Aktualität dieses Benjamin-Satzes demonstriert; nie zuvor allerdings so drastisch wie angesichts des Films »Ich bin ein Elefant, Madame«, den der Theaterregisseur Peter Zadek präsentierte, weil er offenbar glaubte, er müsse, dem Zug der Zeit folgend, sich nicht nur dem Film zuwenden, sondern daselbst auch APO-Probleme aufgreifen. Nahezu alle Attribute, die Benjamin seinerzeit auf Kästner verwandte, treffen auf diesen Film zu: Auch hier ist jene Art von »linkem Radikalismus« am Werk, *»der überhaupt keiner politischen Aktion mehr entspricht; er steht links nicht von dieser oder jener Richtung, sondern ganz einfach links vom Möglichen überhaupt, denn er hat ja von vornherein nichts anderes im Auge, als in negativistischer Ruhe sich selbst zu genießen«.*

Rull, die Hauptfigur des Films, mit der Zadek sich erklärtermaßen identifiziert, gefällt sich in jener *»sonderbaren Spielart der Verzweiflung«*, die Benjamin treffend als *»gequälte Stupidität«* bezeichnete. Nun sind diese, die bei Zadek (wie bei Kästner) mit einer ebenso elitären wie sorglosen Süffisance im Bunde ist, des Aufhebens nicht wert, wenn sich durch sie bloß in der »Welt«

Helmuth de Haas bestätigt gefühlt hätte – die Begeisterung von de
Haas disqualifiziert sich schon dadurch; daß ihr als der Prädikate
höchstes für diesen Film nur »*Bundesfilmpreis*« einfällt und daß
sie gewissermaßen auf einem Boxer-Ethos basiert (»*wie ein großer Dichter hundert kleine außer Kraft setzt, bringt Zadek zahl-
reiche Kunstversuche der neuen deutschen Produktion unter
die Räder*«).

So selbstverständlich es ist, daß die Springer-Presse applaudiert, wenn Schülerdemonstrationen in einem Film als Indianerspiel gezeigt werden, so wenig selbstverständlich ist es, daß
auch politisch emanzipierte Publizisten wie Urs Jenny oder Dieter E. Zimmer Zadeks Film feiern – und zwar ausdrücklich seiner
politischen Qualitäten wegen. Daß Zimmer und Jenny diese mit
fast denselben Worten charakterisieren wie Helmuth de Haas,
müßte freilich mißtrauisch stimmen. Da wird betont, daß Zadek
die bestehenden Fronten ignoriert, keiner Seite nach dem
Munde redet, daß er als ein »*Einzelgänger – zwischen den Stühlen*« (de Haas) auftritt, als »*einer, der mit Lust in alle Fettnäpf-
chen tritt und sich zwischen alle Stühle setzt*« (Jenny), einer, der
»*einen Film aus jener skeptischen Distanz gemacht (hat), die
keiner der verfeindeten Seiten zupaß kommt und auf keine
Claque zählen kann*« (Zimmer). »*Einzelgänger*«, »*sich zwischen
die Stühle setzen*«, »*skeptische Distanz*«: aus welchem politischen Paradies stammen wohl diese Kategorien? Es kann sich nur
um Kategorien von Leuten handeln, die sich unter den gegebenen
Umständen (sprich: Klassenverhältnissen) solche Kategorien leisten können. Also sicher nicht um Kategorien von Lohnabhängi-
gen. Daß es den Herrschenden lieber ist, wenn einer der von
ihnen ausgehaltenen Kulturproduzenten sich zwischen statt auf
die Stühle setzt, daß ihnen skeptische Distanz angenehmer ist als
aktive Parteinahme (für jene, die diese nötig hätten), versteht sich
und sollte eigentlich bereits genug über diese Kategorien und
ihren grundsätzlichen Gebrauch durch Jenny und Zimmer aus-
sagen.

Sieht man jedoch vom Grundsätzlichen einmal ab und sich Zadeks Film aufs Detail hin an, so fragt man sich verwundert, was an ihm wohl den Gebrauch von so falschen, aber immer noch hehr tönenden Kategorien veranlaßt hat.

Die »*Provokation*«, von der in allen Kritiken so oft die Rede ist, ist da nämlich ganz unauffindbar. Was sich statt dessen findet, ist ein unbegreiflich törichter Primanerfrohsinn, eine Schickeria, die sich auf nichts einlassen mag, was keinen Gag hergibt, kurz: »*Feuerzangenbowle 1969*« (wie ein Kurt Habernoll, der es allerdings positiv meinte, feststellte); man könnte auch sagen: »*Die Lümmels von der letzten Bank*«, aufgedonnert durch den sogenannten Bremer Theaterstil (dementsprechend treten Palitzsch und Dorst statt Rühmann auf).

Zadek wollte bekanntlich mit diesem Film am Beispiel einer Bremer Abiturklasse beweisen, daß beide Seiten, Schüler wie Lehrer, »*programmiert*« sind – und nur einer nicht: Rull, »*ein Junge mit pubertären Albernheiten – aber ein totaler Individualist*« (Zadek). Wie sieht nun das aus, was Zadek mit seinem Rull an Individualismus propagiert? Rull (den Zadek auch manchmal als »*Chaotiker*« bezeichnet) ist ein so großer Individualist und ein so großer Chaotiker, daß er – man staune! – manchmal zu spät in die Schule kommt, keine Aufgaben mitbringt, Desinteresse am Unterricht bekundet, einen Kopfstand im Klassenzimmer macht, sich brennende Kerzen ins Haar steckt, sich in einen zoologischen Schaukasten setzt und von den Lehrern den Nachweis verlangt, daß er kein Kiwi sei, allen erzählt, daß er mit einem bestimmten Mädchen schläft, sein Zimmer mit einer Spritzpistole rot spritzt, bei einer Demonstration als Indianer auftritt, ein riesiges Hakenkreuz an die Schule malt und, als er deswegen von der Schule verwiesen werden soll, seine Mitschüler, die das durch einen Schülerstreik verhindern wollen, brüskiert, indem er behauptet, zu Recht von der Schule verwiesen worden zu sein. Mit bestem Willen ist also an diesem Rull nicht mehr festzustellen, als daß er sich harmlose, seit Jahrhunderten überlieferte Schülerstreiche leistet – während sich seine Mitschüler doch immerhin zusammentun, um ein bestimmtes Programm durchzusetzen. Zadek aber suggeriert, daß diese deshalb »*programmiert*« seien, während Rull noch nicht »*integriert*« sei. Er behauptet: Rull »*flüchtet sich nicht zur Gegenseite, weil er merkt, daß sie nur ein Produkt der anderen Seite ist*«. Zadeks merkwürdige Dialektik läuft in der Konsequenz darauf hinaus, daß man den Sozialismus ablehnen muß, weil er nur ein Produkt des Kapitalismus ist!

Nun sind in diesem Film tatsächlich alle, die auftreten, programmiert. Aber von Zadek selbst. Rätselhaft, warum Zimmer ganz ernsthaft und ausführlich in seiner Rezension die Schüler und Lehrer aus Zadeks Film beschreibt, wo wirkliche Lehrer und Schüler in diesem Film doch gar nicht vorkommen, sondern lediglich Leute, die Lehrer und Schüler nachmachen, die Zadek sich ausgedacht hat. Nun könnten diese Schüler und Lehrer ja auch intelligent und treffend ausgedacht sein, statt dessen entsprechen sie genau den bekannten Lehrer-Schüler-Klischees, sind lauter Abziehbilder, wenngleich farblich aufgefrischt, Karikaturen. Jenny jedoch bestreitet auch noch diesen karikierenden Charakter des Films (den auch Zimmer nicht leugnet). Sollte ihn tatsächlich die Superkarikatur des Klassenprimus nicht gestört haben, der als einziger der Klasse ein weißes Hemd mit Manschetten, eine Krawatte und eine Brille tragen muß, eine häßlich singende Kastratenstimme hat und sich gegen Demonstrationen vor dem Abitur und für Rulls Entlassung ausspricht? Sollte ihn nicht gestört haben, daß die falsche Fortschrittlichkeit des Studienrats Nemitz allein dadurch decouvriert werden soll, daß Nemitz auch mal »Bild« liest, ein Reihenhaus auf Sylt kauft, eine ewig kichernde Frau hat, die in einer Gesellschaft erzählt, daß sie ihren Mann im Kaffee Keese auf der Reeperbahn kennengelernt habe, und im übrigen von »*Führerhauptquartier*« spricht, wenn er das Zentrum der Schülerselbstverwaltung meint? Oder das gesamte Lehrerkollegium, das in den Schulpausen auf der Schulterrasse die Teetassen gleichzeitig zum Munde führt, auf den Rhythmus einer ebenfalls bloß karikierenden Musik: keine Karikaturen? Wenn man alle jene Stellen, die schlechtes Kabarett sind, aufzählen wollte, müßte man fast den gesamten Film nacherzählen.

Zadeks Effekthascherei und Besessenheit nach Eleganz moniert schließlich auch Jenny: »*Wenn etwa der sunil-weiße Jeep eines Berliner SDS-Führers, der die Schülerrevolte in Schwung bringen will, nach Bremen hineinrollt, musikalisch untermalt, als ritte Django, der Rächer, in ein Westernstädtchen ein, oder wenn später dieser provozierende Jeep mit roter Fahne direkt unter einem Halteverbot vor der kostbaren Fassade eines Bremer Patrizierhauses steht – dann siegt die Delikatesse der Formulierung über die Sache.*« Die Sache, was ist das eigentlich? Bei Zadek wird ja nicht einmal angedeutet, warum heute Schüler auf die Straße gehen; nicht nur daß die Bremer Schülerdemonstration, die hier zu sehen ist, keine wirkliche ist, sondern von Zadek auf dem Bremer Markplatz inszeniert wurde, und zwar, wie die Kritiker rühmend hervorheben, »*streng choreographisch*« (es stehen sich je eine Reihe Schüler und Polizisten gegenüber und führen ab und zu ein reizendes Ballett auf, zwei Schritt vor, einen zurück, oder so ähnlich, bis dann Rull als Indianer auftritt und als Metapher für Zadeks Überzeugung, daß solche Demonstrationen eben bloß ein Indianerspiel seien), diese ganze gestellte Ballett-Demonstration ist auch noch von sehr weit oben gefilmt, also aus »*skeptischer Distanz*«; die Kameraperspektive soll bereits alles als buntes Treiben denunzieren.

Es ist bezeichnend, daß Zadek nicht auf die Idee kam, sich an einer tatsächlichen Demonstration filmend zu beteiligen – er hätte ja sonst erfahren müssen, daß für die daran Beteiligten, die alle sehr bald vor einem bundesdeutschen Gericht stehen können, das alles kein Indianerspiel ist. Wiewohl gerade auch das spielerische Element, das natürlich sehr wohl bei Demonstrationen zu beobachten ist (und das Zadek offenbar empört), auch einen Akt der Emanzipation, des Lustgewinns und des Protests gegen den Leistungsfetischismus dieser Gesellschaft darstellt.

Peter Brückner schreibt in dem Band »Die Linke antwortet Jürgen Habermas« (und antwortet damit auch Zadek): »*Im desintegrierten Gestus der Rüpelszene wird Herrschaft vorgehalten, was Inhumanität dem antat, was die Lust des Menschen sein könnte, zugleich eröffnet sich da ein Stück erst noch zu erringender Humanität ... räumt man ein, daß schließlich bloße Lust am Unfug ebenso wie blinde Wut innerhalb der studentischen Linken auch irgendwann einmal vorkommen können, was einzuräumen nicht mehr als rational ist, so wird deutlich, wie schwierig die Aufgabe des Kritikers ist: ohne das ›positive Vorurteil‹ Ernst Blochs, auf das die Gruppe der APO unverbrüchliches Anrecht hat, wird er leicht scheitern.*«

Zadek muß scheitern, weil er nur sein »negatives Vorurteil« (das heißt, die Produkte seiner Absicht, sich in negativistischer Ruhe selbst zu genießen) vor uns ausgebreitet hat und sich auf die tatsächlichen Zwänge und Antagonismen, die diese Gesellschaft beherrschen, nicht eingelassen hat. Ihn interessierte nur das Ästhetische, das Amüsante an den emanzipatorischen Aktionen, so daß er schließlich diese mit dem bloß Ästhetischen verwechseln mußte. Wie sehr Zadek von seinen negativen Vorurteilen okkupiert wird, beweisen drastisch die sogenannten dokumentarischen Szenen des Films, wo angeblich authentische Reaktionen von Bremer Bürgern auf Rulls riesige Hakenkreuzmalerei festgehalten werden; in Wahrheit wird auch hier manipuliert. So ist zum Beispiel deutlich zu erkennen, daß der etwas cholerische ältere Herr, der schließlich in die Kamera schlägt, schon am Weggehen war, aber so lange von Zadek oder seinem Gefolge provoziert wurde, bis er zurückkehrte und ausholte zu jenem Schlag in die Kamera, den Zadek dann zum Schluß des Films noch einmal, fast triumphierend, und auf jeden Fall als einen »Beweis« dafür vorführt, wie nazistisch, faschistoid (oder wie immer Zadek das nennt) diese Generation der Deutschen noch ist. Als ob nicht die Penetranz, mit der Zadek auf dem totalen Individualismus und der totalen Freiheit insistiert, ideologisch viel präziser die

Definition des Begriffs faschistoid erfüllen würde. Wenn einer
den Satz Caudwells bestätigt, wonach für den Bürger *»Freiheit
nicht Einsicht in die Notwendigkeit, sondern deren Unkennt-
nis«* ist, dann der Zadeksche Rull, der einen Gedanken an die
materiellen Voraussetzungen der jeweiligen Freiheit im
Zuschauer erst gar nicht aufkommen läßt.

Besonders verräterisch und absurd, wenn Zadek sich bei alle-
dem auf Godard beruft: *»Man weicht ihm heute nicht aus, das ist
unmöglich – aber ich vermeide seine Intellektualität.«* Zadek
kopiert von Godard Formales, das sich lediglich durch seinen
Inhalt, eben seinen intellektuellen Inhalt legitimieren könnte –
und ohne diesen weniger als ein Gag ist. Daß Zadek daneben
vor allem Karel Reisz und dessen »Morgan« zu kopieren versucht,
ist ebenso fatal, weil dem Primaner-Clown Rull die tatsächlichen Provokationen Morgans, der sich weder dem Produktions-
prozeß noch der bürgerlichen Ehe ausliefern möchte, nie gelingen können.

Überhaupt ist Zadek jede Art von wirklicher Verstörung völlig
fremd. »Nicht versöhnt« könnte man diesen Film unmöglich beti-
teln. Sein ohnehin schon harmloser Titel müßte, da Rull alles
andere als der berühmte Elefant im Porzellanladen ist, richtiger
lauten: »Ich bin ein Porzellanelefant, Madame« – oder einfach:
»Ich bin ein Ignorant, Madame«. Wieder hat Walter Benjamin
recht (mit dem, was er über Kästner schrieb): *»Nie hat man in
einer ungemütlichen Situation sich's gemütlicher eingerichtet.«*

Die Lehrer, die Schüler, die Eltern, die Demonstrationen, die
Vergnügungen, der Freiheits- und Anarchismusbegriff: was immer Zadek hier erfunden hat, es wirkt wie für »twen« erfunden
oder vielmehr wie in »twen« gefunden. Fazit: Ich bin ein »twen«-
Produkt, Madame.

Konkret, 1969

```
Ekkehart Krippendorff
Brandenburgische Str.38
1 Berlin 15                              17 - VII - 68



Herrn
Peter Zadek
Bleicherstr.9
28 Bremen
```

Sehr geehrter Herr Zadek:

        In Ihrem Brief vom 12.Juli boten Sie mir an, eine Rolle
in Ihrem Film "Der Buhmann" zu übernehmen. Sie verstanden dieses
Angebot, wie Sie es ausdrückten, als eine "produktive Fortsetzung"
der Volksbühnen-Diskussion um Ihre Bond-Inszenierung. Natürlich
mußte mich ein solches Angebot zunächst überraschen, da Sie mich
weder persönlich kennen, noch ich irgendwo meine besondere
Befähigung zur Filmschauspielerei unter Beweis gestellt habe.

        Gleichzeitig mit diesem Angebot verfaßten Sie eine soeben
im EXTRA-DIENST erschienene "Gegendarstellung" zur Erklärung der
"Gerettet"-Schauspieler. Es ist nicht meine Sache, mich zu
Ihren Anschuldigungen und Unterstellungen gegenüber Ihren
Mitarbeitern zu äußern; ich will an dieser Stelle auch nicht
auf die von allen Beteiligten mit großer Präzision und
intellektueller Schärfe vorgetragene Kritik an Ihrer Inszenierung
eingehen (allerdings: nicht das Stück hat das Publikum
provoziert - was eine gute Sache gewesen wäre - sondern die
ästhetisch miserable und inhaltlich verfälschende Inszenierung);
es ist auch nicht meine Sache, über das Niveau und die Peinlichkeit
des Stils Ihres Papiers zu rechten - beides spricht für sich
selbst. Wohl aber kann meine Antwort auf Ihr Angebot nicht
ohne direkte Bezugnahme auf ihre "Gegendarstellung" erfolgen.

        Was haben Sie getan? Sie haben in einem Atemzug meine
Freunde und mich als lächerlich, gefährlich, terroristisch und
ignorant diffamiert - und mich, zweifellos stellvertretend,
eingeladen, eine "Rolle" zu spielen in einem Szenarium, das nicht
das unsere ist. Ich kann Sie leider nicht für so naiv halten, als
wüßten Sie nicht, was Sie tun: wir, die Außerparlamentarische
Opposition, die sich neu formierende Linke in der Bundesrepublik
und Westberlin, die kleine aber endlich wehrhafte Minderheit
kämpfender Demokraten sind für Sie nichts anderes als ein
Happening in Ihrem Drehbuch, als ein kommerzialisierbares Thema -
käuflich und verkäuflich.

        "Meinung" über Theater war bisher immer die Meinung
von Berufsrezensenten, über deren Qualifikation man in den meisten
Fällen besser nicht spricht. Hier nun wurde möglicherweise zum
ersten mal der Versuch gemacht, daß ein denkendes Publikum sich
mit einer konkreten Inszenierung und den ebenso denkenden
Schauspielern eines Stückes kritisch auseinandersetzt, ohne die
Vermittlung durch den Berufsvermittler. Leider waren Sie selbst
nicht anwesend; ich glaube aber, Ihnen mitteilen zu wollen, daß
zumindest die beiden anwesenden Herren von der Volksbühne
den Argumenten von Publikum und Schauspielern gleichermaßen
intellektuell in keiner Weise gewachsen waren. Ihre eigene

Reaktion jedoch ist auf ihre Weise genau die, die man vom
– Establishment zu erwarten hat: Zuckerbrot (Filmangebot) und
Peitsche (Beschimpfung).

Was wir Ihnen vorwerfen, ist, daß Sie das Theater
und die Anfälligkeit des unkritischen Publikums für
modernistische Effekthascherei mißbrauchen für Ihre eigene
Selbstbefriedigung. Diese Tatsache macht eine ehrliche
Zusammenarbeit unmöglich.

Ihr *Eberhart Knippendorff*

P.S.: Wegen des grundsätzlichen Charakters dieser relativ
kleinen Kontroverse erlaube ich mir, diesen Brief dem
EXTRA-DIENST zur Verfügung zu stellen.

E.K.

*Das Drehbuch folgt
separat mit gleicher
Post.*

Berlin 7.6.68

" Jeder Soldat ist ei n Arschloch!!!!" Wahrhaftig ei n lapidarer
Ausspruch aus der Provokanten Schnautze eines Berufenen von Shakesperisc
em Format.
Zweieinhalb Millionen Arschlöcher sind demnach angetreten um zu sterbe
damit die Bestie Hitler besiegt wurde.
Tausende von ihren Glaub ensgenossen in Israel sind angetæten zu
sterben um der Agression Nassers ins Meer getrieben und " ausglöcht"
zu werden zu begßnnen. Und da wagen sie es in ihrem präpetenten Arroganz
zu behaupten jeder Soldat ist ein Arschloch. Woher nehmen sie eigentlich
xixx diese unversch ämte Chuzpe !!Nun sind sie ja geschlagen ßi weder
mit einem Gesücht, weder mit einem Antlitz,sondern mit einer Visage
die zu einer täglichen Ohrfeigenattacke herausfordert. Mit einer
Stimme die in ihrer provokanten Präpote nz schon nach den ersten Sätzen
Brechreiz hervorruft. Sie gerade sie haben uns noch gefehlt. Arme
Schauspieler , arme Schauspielerinnen die sie ins Bett zwingen,
welche Demütigungen welche Herabwürdigung im Menschliche n müssen sie
erdulden. Ihre Anwesenheit fürxxi fördert mehr den Antisemitismus
als hundert der verfluchten Stürmernümmern des dritten Reiches.
Sie sind für die Juden ein nationales Unglück.
Gelichter ihres Schlages hat uns den verfluchten Hitler gebracht und
heute bringt ihr uns die rote Couleur. Aber dann seid ihr längst wieder
über alle Berge im Refugium von London oder der Schweiz. Wann wird ein
Retter kommen der mit der Sprachgewalt eines Carl Kraus Buch
hinauspeitscht. " Hinaus mit den Schuften aus dem Land"!!!
Alles an ihrer "Regie" ist aus zweiter und dritter Hand geklaut.
Alles das hat uns Herr Piskator bis zum Erbrechen vor eerxerziert
bis die Weimararax Republik vor die Hunde ging. Heute spuckt ihr
diesem Staat täglich ins Gesicht aber die zwei linken Pfoten habt
ihr für die Wiedergutmachung offen gehhlten. Woher nehmen sie das
Recht so unverschämt an die Köffentlichkeit zu treten?
Sie sind ein politischer Charakterstrolch , eine sogenannte intellektu-
uelle sublime Drecksau!! Pfui Teufel über soviel Verderbtheit.
Mit der ihnen gebührenden Missachtung

WAS KANN MAN MACHEN?

Ein Gespräch über Theater und Theatermachen in diesem Jahr
1968 mit den Regisseuren Peter Stein und Peter Zadek

Wir hatten zu einem Gespräch eingeladen, das eigentlich über
»Jugend und Theater« und über »Theater und Revolte« gehen
sollte. An einem Sonnabend Anfang Juli, nachts elf Uhr bis ein
Uhr, saßen sechs Leute im Probenraum der Berliner Freien
Volksbühne beisammen und sprachen miteinander. Das Ton-
band lief, sechzig Seiten Text ergaben sich beim Abschreiben.
Wir drucken im folgenden etwa ein Viertel des Gesprächs, das
sein Zentrum in der Debatte zwischen den beiden Regisseuren
Peter Stein und Peter Zadek hatte. Sie reflektierten und begrün-
deten ihre Arbeit – und stellten sie selbst in Frage. Ihre Ge-
sprächspartner – der Kritiker Dieter Hildebrandt, der Drama-
turg Martin Wiebel, der Stückeschreiber Jochen Ziem – lieferten
den beiden Regisseuren die Stichworte (vor allem erscheint das
so in der von uns gekürzten Fassung des Gesprächs). Den Text
stellten wir absichtlich an die Spitze dieses Kapitels von »Thea-
ter 1968«: er führt hinein in die schwierige Frage: wie nämlich
Theater in diesem Jahr, angesichts tiefgreifender politischer
und gesellschaftlicher Infragestellungen sich selbst versteht,
verstehen sollte, verstehen könnte ...

ZADEK: ... da wir uns darüber unterhalten, was Theater für die
Jugend bedeutet oder bedeuten sollte oder noch bedeuten
könnte: was mich dabei interessiert, ist, die Jugend andauernd
damit zu konfrontieren, daß es überhaupt so etwas gibt, daß es
etwas gibt, das nicht so leicht auf bestimmte Dinge in der Außen-
welt zu übertragen ist oder damit zu vergleichen ist, sondern das
in sich eine Berechtigung und einen Wert hat und das sogar,
würde ich sagen, einen moralischen Wert hat, weil es zu Erkennt-
nissen führt. Zu meinem eigenen Erstaunen hat auch ein junges
Publikum in Berlin bei zwei Nachtaufführungen »Maß für Maß«

zu einem sehr großen Teil akzeptiert und ich glaube sogar kapiert. Vielleicht hat das mit Phantasie zu tun.

Von der Phantasie und vom Bewußtsein

STEIN: Zadek spricht von Phantasie. Das ist ein sehr alter Begriff, und der ist vor allen Dingen im deutschen Sprachraum determiniert durch den Gebrauch des Wortes »Phantasie«, der in der Romantik formuliert wurde, und ich glaube, daß dieses Hinweisen auf die Phantasie ein bißchen nebulös ist. Phantasie ist nicht etwas, was von oben runterkommt oder von unten nach oben oder von der Seite im Raum schwebt, sondern Phantasie ist ein Ergebnis im Grunde genommen des Bewußtseins, das jeder einzelne sich erworben hat oder zugesteckt oder aufmanipuliert bekommt. Dementsprechend gibt es Möglichkeiten, diesen Phantasiebegriff etwas genauer zu prüfen und zu analysieren. Zadek sagt, daß seine »Maß für Maß«-Aufführung hier bei den jungen Leuten so angekommen ist, wie er es sich erhofft hat. Dazu kann ich nichts sagen, ich war nicht da. Aber ich kenne die Inszenierung auch. Bei mir ist sie nicht in dieser Weise angekommen. Um eines vorwegzuschicken: das, was Zadek macht, ist übertragbar. Die Mittel, die Zadek anwendet, sind keineswegs ausschließlich auf Zadek allein beschränkt. Beim Living Theatre und beim Open Theatre gibt es, was die Sprachbehandlung und das Miteinander von Körper- und Sprachbehandlung betrifft, ganz ähnliche Tendenzen. Sie können durchaus vorbildlich sein, und ich kann von mir aus sagen, daß ich von »Maß für Maß« viel gelernt habe – als Theatermann oder als Theatermacher. Wenn ich mir die Aufführung aber als Ganzes ansehe, also als Zuschauer, dann haben sich diese Phantasien in einer ähnlich nebulösen Form auf mich übertragen, wie auch jetzt diese Formulierungen hier auf mich wirken. Muß nicht ein Vorgang, der auf der Bühne als Gegenrealität oder als autonome Kunstrealität vor sich geht, ganz genau und ganz gezielt wieder zurückwirken, müßte man sich nicht bewußt sein darüber, was für Möglichkeiten der Wirkung und der Reaktion unten vorhanden sind? Aber in Zadeks »Maß für Maß«-Aufführung stehen viele Phantasiemomente einander im Wege, was die Rückwirkung auf die Bewußtseinsbildung nicht nur erschwert, sondern geradezu verhindert und in ganz falsche und von Zadek bestimmt nicht beabsichtigte Richtungen lenkt. Da ist zum Beispiel der Schluß, der auf mich einen ausgesprochen faschistoiden Eindruck macht, völlig konträr zu dem, was Zadek gewollt hat. Macht nicht die allzu ungebändigte oder zügellose oder nicht determinierte Phantasie eben solche Kurzschlüsse, solche falschen Überschneidungen und Indifferenzen möglich? Die Aufführung sollte ja nicht nur auf einen Dialog zwischen Phantasie und Phantasie, sondern weiter auch auf einen Dialog zwischen Bewußtsein und Bewußtsein abzielen. Für mich stellt sich die Frage: welche Möglichkeiten gibt es der direkteren Wirkung von politischen, gesellschaftlichen Komponenten auf mein Bewußtsein und auf das, was ich im Theater, auf dieser Bühne oder Fläche rings um den Zuschauer, produzierend herstelle? Viele Studenten, mit denen ich in Kontakt gekommen bin, kritisieren die Verkleisterung und Einnebelung derjenigen Leute, die Theater machen. Sie begreifen das Postulat der Autonomie des Theaters gegenüber der Realität nur als eine Ausrede. Es ist nicht kunstfeindlich, über solche Einwände nachzudenken. Es muß doch Möglichkeiten geben, das, was an Sprengkraft oder an Bewegung in gesellschaftlichen Entwicklungen drinsteckt, zu artikulieren, zu spiegeln, zu benutzen für das, was man macht auf dem ästhetisch determinierten Karree des Theaters.

ZADEK: Wenn ich bezweifle, daß das, was ich mache, übertragbar ist, so bedeutet das nicht, daß ich nicht von anderen Leuten gelernt habe. Ich meine nur, daß ich bei meiner Arbeit bemerke: sie wird schlechter, je mehr ich mich darum kümmere, was die Wirkung dessen ist, was ich tue. Das bedeutet aber noch lange nicht, daß ich mich nicht mit der Realität beschäftige. Es bedeutet

nur, daß ich das Theater nicht allein dazu benutze. Die Gesellschaft zu kritisieren, das ist bestimmt möglich im Theater. Aber
das ist nicht das Wichtigste, mit dem ich ein junges Publikum konfrontieren möchte.

STEIN: Ich bin in einem ganz ähnlichen Fall. Ich merke auch, daß
ein Impuls, den ich unmittelbar aus der Tagespolitik empfange,
auf die Qualität meiner Arbeit drückt.
Andererseits: der unmittelbare Impuls, der mich trifft, die Wirkung von Vorgängen oder Meinungen, alles das, was sich in meinem Kopf bildet aufgrund der Theatralik der Vorgänge, die mich
umgibt – das alles ist nicht nur von großem Reiz, sondern drängt
aufgrund des brennenden Interesses, das ich an den Vorgängen
habe, zu unmittelbarer Artikulation in meiner Arbeit.

ZADEK: Ich stimme zu, hundertprozentig. Ich habe vor zehn Jahren schon einmal »Maß für Maß« inszeniert, und da sah das sehr
anders aus. Das hat nicht nur damit zu tun, daß ich zehn Jahre
älter bin, sondern daß die Situation, auch die gesellschaftliche
Situation, in der ich lebe, sich verändert hat. Da ich ja innerhalb
der spezifischen gesellschaftlichen Vorgänge existiere, sind die
automatisch dabei. Deswegen gab ich eben das Beispiel von »Maß
für Maß«. Das hätte ich wahrscheinlich vor drei Jahren noch nicht
machen können, weil gewisse Spannungen und Überspannungen
darin sind, die ganz bestimmt etwas mit diesem Jahr und mit diesem Moment zu tun haben.

Von der Ästhetik und von der Wirkung

STEIN: Daß man etwas Wichtigeres machen könnte als Theater,
ahnt – glaube ich – jeder, der heute Theater macht. Aber ich glaube,
dieselbe Ahnung hat jemand, der z. B. die Posteingangsabteilung
einer Versicherung leitet. Der Widerspruch zwischen einer
Demonstration am Schöneberger Rathaus oder einer Kiesinger-

Rede und dem Umstand, daß man die Posteingänge registriert – der ist genauso groß wie der Widerspruch zwischen zehnstündiger Probenarbeit und dieser Demonstration vor dem Schöneberger Rathaus. Die Frage, die gestellt worden ist, lautet: »Soll man Ästhetik weiterhin betreiben oder abschaffen?« Diese Frage betrifft nicht nur die Theaterleute, sondern alle, die sich mit Ästhetik beschäftigen. Sie betrifft Schriftsteller und Maler, Journalisten, Feuilletonisten ... Ich bin der Meinung, daß eine Abschaffung der Ästhetik mit einem riesenhaften Bewußtseinsschwund verbunden wäre. Und das hülfe keiner Seite und nützte niemandem.

HILDEBRANDT: Ästhetik ist kein Zuckerguß. Was Sie gesagt haben, hilft dem Verdacht entgegenwirken, der jedenfalls auf mich jetzt zukam, daß nämlich Sie beiden Regisseure als die Hersteller der vielleicht gesellschaftswirksamsten Aufführungen dieses Berliner Theatertreffens sich wirklich äußerst subjektiv geäußert haben. Wobei ich vielleicht theoretisch etwas ergänzen möchte: daß auf dem Theater die Leute unverständlich gegeneinander sprechen, das ist ja nicht nur beim Living Theatre oder nicht nur Zadeks Erfindung, sondern fängt an bei Strindberg oder bei Tschechow, daß nämlich die Leute sich nichts mehr richtig zu sagen haben. Das ist nun, als eine Art Pantomime oder Geräuschpantomime, auf die Spitze getrieben. Ich glaube, da sehe ich Peter Steins Inszenierung von Brechts »Im Dickicht der Städte« jetzt schon als Gegenpol zu den Zadekschen Inszenierungen an; denn wenn ich Steins Absicht richtig verstehe, ist er doch letztlich einer, der stärker als Zadek oder anders als Zadek hinhört auf das, was noch gesagt werden kann oder was noch in den Dialogen an gesellschaftlicher Mitteilung ist. Mißverstehe ich Sie da, oder fühlen Sie sich dadurch mißverstanden?

STEIN: Nein, es ist nur für mich schwierig, darüber zu sprechen, weil mir gerade an dieser Inszenierung klargeworden ist – es ist

ein ganz langer Plan von mir gewesen, bevor ich überhaupt die
Möglichkeit hatte, am Theater zu arbeiten –, wie wenig konkrete
Möglichkeiten der Bewußtmachung es in diesem Stück gibt, daß
die kulinarische Seite der Veranstaltung eben überwiegt, daß eine
Art ästhetischer Leerlauf eintreten müßte. Das ist bei mir aufgebrochen gerade bei dieser Inszenierung, bei einer Sache, die ich
eigentlich sehr gerne gemacht habe und bei der ich mir zunächst
einmal nichts vorwiegend Kulinarisches versprach. Das hat sich
dann alles völlig verändert. Das einzige, was ich heute noch genau
sagen kann: ich habe mir Gedanken gemacht darüber, wie man
Zitate im Bewußtsein wachrufen kann, bestimmte Vorstellungen
von Gerüchen, vom Aroma der Szenen, Bezüge auf »Bonnie and
Clyde«, auf Gangsterfilme von 1930. Das ist die einzige direkte
Einflußnahme und Bezugnahme auf das Bewußtsein des Publikums. Alles andere beruht auf konventioneller ästhetischer Vermittlung.

ZADEK: Wir sprechen jetzt immer über Bewußtsein, Bewußtseinsbildung, aber überhaupt nicht über das, was mit dem Unbewußten oder Unterbewußten des Publikums und der Schauspieler zu tun hat.

STEIN: Bewußtwerdung ist ein Akt des Wiedererkennens, so
auch auf der Bühne. Wenn man gesellschaftliche Zustände
bewußt macht, gibt man dem Zuschauer die Möglichkeit, sich
wiederzuerkennen. Das kann etwas ganz Emotionelles sein.

Von der Ordnung und der Kontrolle

HILDEBRANDT: Was jetzt an Skepsis von jungen Leuten gegenüber dem Theater geäußert wird – resultiert das nicht aus einer
anderen, aber im Grunde vielleicht noch kategorischeren Ord-
nungsvorstellung? Liegen dem nicht noch viel klarere, und wenn
man böse sein wollte, philisterhaftere Genauigkeitsvorstellungen

zugrunde, wie eine Gesellschaft aussehen müßte, wie sie geordnet sein müßte, was da in ihr nicht herrschen sollte? In dieser Mitte zwischen den Philistern von rechts und den Philistern von links leistet das Theater als Spielraum das, was es eigentlich leisten kann. Mir fällt der Satz von Adorno ein: »Kunst hat die Aufgabe, Chaos in die Ordnung zu bringen.«

RISCHBIETER: Das ist vielleicht der Punkt, wo man noch einmal auf Zadeks Unterbewußtsein kommen müßte. »Maß für Maß« hat doch wohl auch damit zu tun, daß Unbewußtes und Unterbewußtes sich veröffentlicht, daß es allerdings auch formalisiert wird. Spielt das bei Ihren Inszenierungsüberlegungen auch eine Rolle, Herr Stein?

STEIN: Jeder Arbeitsvorgang, jede Probe beinhaltet dieses Problem. Auch in einer ganz schlechten Inszenierung, auch in einer ganz miesen Tätigkeit geht es um den Ausgleich zwischen den weitgehend unbewußten Reaktionen der Schauspieler oder auch der eigenen Vorstellungskraft und der Notwendigkeit, sich mitzuteilen innerhalb der Arbeit – schon um das, was man dann oben sieht, für sich selber zu kontrollieren. Die Frage ist nur, inwieweit man darauf spekuliert bzw. sich darauf verläßt, diese Konfrontation, von der Zadek spricht, diese Mixtur aus Bewußtem und Unbewußtem in formaler Gestaltung sich selbst zu überlassen oder inwieweit man auf eine größere Genauigkeit zielen soll.

ZADEK: Worin besteht denn diese Kontrolle?

STEIN: Die Kontrolle besteht z. B. darin, daß ich mich nicht auf mich allein verlasse, sondern schon während der Arbeit die Kontrolle von Leuten, die ich kenne oder nicht kenne, dazunehme. D. h., daß ich versuche, einen gewissen Grad von Öffentlichkeit zu schaffen schon während der Arbeit.

ZADEK: Und wenn Ihnen dann ganz verschiedene Dinge gesagt werden?

STEIN: Aufgrund der bewußten Mitteilungen, die da erfolgen, der bewußten und rationalen Mitteilungen, habe ich die Möglichkeit, Argumente und Gegenargumente zu setzen und abzuwägen. Zum Teil mache ich das in ganz demokratischer Art und Weise durch Stimmenmehrheit, um abzuwägen, welche Wirkung man (zumindest für einen bestimmten Publikumsausschnitt) als auf jeden Fall erfolgend voraussetzen kann. Das bringt die Möglichkeit der Präzisierung, der Klarlegung, der Ordnung mit sich, nicht nur im formalen Bereich, sondern auch im Wirkungsbereich.

ZADEK: Wie wählen Sie denn die Zuschauer aus, die die Kontrolleure darstellen?

STEIN: Ich habe nicht gesagt, daß ich unparteilich wäre in dem, was ich mache. Selbstverständlich haben die Leute, mit denen ich in dieser Form zusammenarbeite, eine politische und auch eine künstlerische Meinung, die mit der meinen im großen ganzen übereinstimmt.

ZIEM: Das heißt, Sie suchen im Urteil der anderen eine Bestätigung des eigenen Denkens?

STEIN: Nein, ich suche die Prüfung und die Präzisierung der Vorstellungen, die ich habe.

ZADEK: Ich gehe anders vor. Ich kontrolliere zwar auch laufend, aber nur innerhalb der Gruppe, mit der ich arbeite, weil ich meine, daß das Resultat, wenn es überhaupt gelingt, mit der Geschlossenheit der Gruppe und nicht mit ihrer Offenheit zu tun hat.

Vom Straßentheater und vom System

STEIN: Wenn ich Spaß daran habe, dann gehe ich an das Theater, das auf der Straße stattfindet. Nur bin ich nicht der Meinung, daß das Theater, das auf der Straße stattfindet, von mir betätigt werden kann. Das ist nicht möglich.

WIEBEL: Aber es wäre ja schon viel geschafft, wenn wir darüber nachdächten, woher denn diese Idee kommt, daß man eigentlich die Konsequenz ziehen müßte, zum Straßentheater zu gehen. Daß man das eventuell selber nicht kann, ist eine zweite Frage, die mit der Person zusammenhängt. Es wäre doch aber möglich, unter diesen Theaterleuten zusammen zu überlegen: hat das etwas für sich, ist diese Skepsis begründet, womit ist sie begründet, was haben Theaterleute dazu selber zu sagen, und was sagen die anderen dazu? Das wäre also zu begründen.

STEIN: Das ist hundertprozentig begründet.

WIEBEL: Ich bin nicht sicher, ob alle der Meinung sind.

STEIN: Das glaube ich schon; daß diese Skepsis begründet ist, liegt eben an der völligen Verfestigung und Versteinerung des Theatersystems, angefangen von den Theaterbauten bis zu der Art und Weise, wie Intendanten entscheiden und Spielpläne gestalten. Wir sind eben nur sehr früh auf Beispiele gekommen, die, wie z. B. eben die Inszenierung von »Maß für Maß«, innerhalb des Systems hervorgebracht worden sind, erzwungen worden sind, die aber einen Sonderfall darstellen.

WIEBEL: Letztlich, um die Liberalität dieses Systems unter Beweis zu stellen.

STEIN: Obwohl eine solche Veranstaltung wie »Maß für Maß« von

SDS-Leuten wahrscheinlich nicht in derselben Härte attackiert wird wie z. B. eine Unternehmung wie »Floh im Ohr«, so wirkt dennoch eine solche Unternehmung aufgrund der Tatsache, daß sie innerhalb des Instituts und des Systems stattfindet, systemerhaltend – das ist doch ganz klar.

ZADEK: Alles, was wir innerhalb des Systems machen, wirkt ja ganz automatisch so, auch diese Unterhaltung.

STEIN: Da gibt es halt nur die Frage, die ich von Anfang an gerade an Zadek gestellt habe. Nämlich die Frage: Ist die Feststellung, daß das Theater nichts leistet oder daß es überflüssig ist oder auf die Straße gehen sollte, gleichbedeutend mit der Abschaffung der Ästhetik? Ich meine ja, denn Straßentheater ist nichts weiter, als daß einige Leute, die politisch agitieren wollen, ihre in irgendwelchen Instituten gewonnene Erfahrung benutzen, um ihre politische Agitation in ein rosa oder grünes Licht zu setzen oder mit anderen Dingen auszustaffieren, aber in einer völlig dienenden, sich im Agitationszweck auflösenden Funktion.

ZIEM: Aber meinen Sie nicht: die Tatsache, daß es ein Straßentheater gibt und daß darüber diskutiert wird, ob das Theater auf die Straße zu gehen hat – muß sie nicht irgendwelche Rückwirkungen haben auf das etablierte Theater, auf die Theaterinstitutionen, stellt das nicht ganz neue Forderungen an Regisseur und Autor?

WIEBEL: Ja, es hat ja schon Rückwirkungen gehabt; da haben also zwei Regisseure den ganzen Abend begründet, wie man die Theaterarbeit so weit demokratisieren kann, daß man diese Skepsis vieler Leute und eventuell auch der Schauspieler integriert und daraus wieder produktive Arbeit macht. Und einer, Zadek, hat es sogar noch ausgeweitet in Richtung auf das Publikum – mit der Hoffnung, daß das Publikum, vor allem das jüngere, wieder

Zugang zum Theater findet. Letztlich also, um das Theater als Theater zu erhalten.

ZADEK: Nein, nicht um das Theater als Theater zu erhalten, in meinem Fall ganz bestimmt nicht. Mir ging es darum, das, was in dem Moment im Theater von mir gemacht wurde, in irgendeiner Weise verständlicher zu machen, die Möglichkeit eines Verständnisses zu schaffen. Das hat mit der Institution Theater überhaupt nichts zu tun.

STEIN: Das kann ich nicht so leicht nachvollziehen; ich kann meine Arbeit nicht so leicht von der Institution trennen, wie z. B. Zadek das tut, und mit großem Erfolg tut. Für mich ergibt sich die Notwendigkeit, zu überlegen, wie man die Organisation dieses Instituts verändern kann. Ich habe mich ausgiebig in den letzten Monaten damit beschäftigt. Ich habe festgestellt, daß eine Veränderung, eine Umorganisierung der bestehenden Institute nicht möglich ist, daß sie vollkommen unmöglich ist, weil diese Institute eben unmittelbar verquickt sind mit den bürokratischen Auswirkungen und Organisationszwängen der Geldgeber. Es gibt die Möglichkeit, Einzelaktionen zu machen, innerhalb des kapitalistischen Systems wertneutrales, organisations- und bürokratieneutrales Geld zu suchen, möglichst viel, mit dem man dann ein Theater machen kann, an dem sich Leute, die den Drang haben, aus den Instituten rauszugehen, zusammenfinden. Aber das ist natürlich irrsinnig schwer. Sagen Sie mir, wie man dieses Geld bekommt.

WIEBEL: Ich finde ja den Weg von Zadek viel geschickter, das Geld der Geldgeber zu benutzen.

Von der Anarchie, noch einmal vom System und von der Produktivität

RISCHBIETER: Mir scheint der Unterschied der Auffassung damit zusammenzuhängen, daß »Maß für Maß« eine Inszenierung mit einer anarchistischen Botschaft ist und der Anarchismus innerhalb eines Systems praktiziert werden kann, während Stein sich mit einer anarchistischen Botschaft wahrscheinlich nicht zufrieden gibt. Das ist eine These von mir. Stimmt sie?

STEIN: Wenn Zadek zustimmt, daß er Apologet der Anarchie ist, dann würde ich von mir aus sagen, daß ich das keineswegs bin, aber ich glaube, daß das Zadek nicht so ohne weiteres auf sich sitzen lassen wird.

ZADEK: Als Botschaft ganz bestimmt nicht. Daß »Maß für Maß« ein gewisses Maß an anarchistischem Empfinden zugrunde liegt, das trifft zu. Und doch meine ich, daß es möglich ist, auch innerhalb der Institution zu arbeiten, ich tue es schon seit einiger Zeit und manchmal auch mit sehr großer Freude. Es kommt sehr oft darauf an, mit welchen Menschen man zusammenarbeitet. Es scheint mir wichtiger, mit andern zusammen etwas zu machen, nicht aber etwas zu zerstören, damit später etwas zustande kommt. Ich glaube, Theater kann ein Beispiel sein für Produktivität und damit auch eine Art von Produktivität erzeugen bei den Zuschauern. Deshalb benutzte ich am Anfang der Unterhaltung das Wort »moralisch«, das verstehe ich nämlich unter »moralisch«.

STEIN: Das war natürlich eine unfreiwillig politische Argumentation, indem Sie begründet haben, daß etwas vorhanden ist, was Sie nicht zerstören möchten, weil es sinnvoll benutzt bei großer Produktivität einen großen Effekt haben kann und großes Kapital – das ist jetzt überspitzt gesagt – schaffen kann in jeder Richtung.

ZADEK: Nein, ich habe das nicht gesagt. Ich habe gesagt, daß Theater wie jede Form von Kunst davon ausgeht, daß irgendwelche Leute etwas machen, was Qualität hat. Leider beschäftigen sich die paar Leute, die Qualität haben, nicht genug mit den Problemen der Institution, und zwar warum? Weil sie andauernd damit beschäftigt sind, Theater oder Kunst zu produzieren, und für das andere keine Zeit haben. Das finde ich schade. Das merke ich bei mir selbst, daß nur ein gewisser Grad von Energie oder Aktivität möglich ist, wenn man irgend etwas macht, und daß die anderen Dinge dabei sehr oft zu kurz kommen. Aber erst muß die Qualität und die Produktivität dasein. Da ist z. B. das Living Theatre, eine Gruppe von Leuten, von denen eine Reihe eine große Qualität haben und etwas zusammen tun. Deswegen ist etwas entstanden und nur deswegen.

STEIN: Ich finde, daß dieser Titanenstandpunkt von Zadek von sehr wenig Leuten zu teilen ist und von mir überhaupt nicht. Ich habe eben die Beobachtung gemacht, daß ich nur ein kleines Quentchen an Energie zur Verfügung habe und daß diese Energie nicht ausreicht, um innerhalb eines Systems, wie z. B. die Münchner Kammerspiele, für mich Arbeitsbedingungen herzustellen, die mir garantieren, daß ich nicht nur heute, jetzt, sondern vielleicht im Laufe von zwei, drei Jahren eine halbwegs gleichbleibende Qualität in meiner Produktivität halte. Aus diesem Grunde bin ich der Meinung, daß Leute, die nicht unbedingt Titanen sind, sich genau überlegen sollten und damit beschäftigen, wie die Form der Arbeit und der Umkreis der Arbeitsstätte und die Organisation der Arbeitsstätte, an der man sich befindet, aussieht. Aus diesem Grunde ist es für mich ganz klar, daß nur Leute, die entweder blind sind oder die ganz ausgepichte Titanen sind, es sich leisten können, über diese Probleme der Organisation des Theaterbetriebs zur Tagesordnung überzugehen.

WIEBEL: Aber die Organisation des Theaterbetriebs hängt doch immer zusammen mit dem gesellschaftlichen System.

STEIN: Ich meine, daß unser gesellschaftliches System – das hat sich in der letzten Zeit gezeigt, und deshalb sind diese Fragen ja auch so interessant geworden – nicht so homogen ist, sondern daß es Widersprüche gibt, die sich auch in der Formierung unserer Theater widerspiegeln müßten. Es hat in Deutschland noch nie eine so homogene Theaterstruktur gegeben, wie sie sich in der Nachkriegszeit etabliert hat. Das war in den zwanziger Jahren vollständig anders, da hat es ein viel größeres Spektrum von Organisationsformen der Theater gegeben als heute.

ZADEK: Glauben Sie wirklich, daß die Qualität von Theater en gros verbessert werden wird durch die Veränderung der Institution?

STEIN: Ja, das glaube ich, gerade en gros, nicht im einzelnen.

Theater 1968, Chronik und Bilanz eines Bühnenjahres. Herausgegeben von Erhard Friedrich, Henning Rischbieter und Siegfried Melchinger

PETER ZADEK

John Osborne

1929 bis 1994

Jimmy Porter ist tot! Lang lebe Jimmy Porter! Am 8. Mai 1956, genau 11 Jahre nach Kriegsende – also vor fast 40 Jahren –, stand Jimmy auf der Bühne des Royal Court Theatre in London und beschimpfte, wütete, überschüttete die Zuschauer (unter denen auch ich war) mit Galle und Gift, wütete gegen das Establishment, gegen die Klassengesellschaft, die Upper Class, die Middle Class, den Mief und Frust der fünfziger Jahre.

Jimmy, das war der „Angry Young Man", Projektion und Antiheld des Schauspieler-Autors John Osborne, der mit seinem ersten großen Stückerfolg die Phantasie einer Generation, deren Sehnsüchte und Unbehagen traf.

Jimmy entwickelte sich in Sekundenschnelle vom Bühnenhelden zur Kultfigur. Das Stück „Blick zurück im Zorn" wurde zusammen mit Behans „Geisel" und Hochhuths „Stellvertreter" der deutlichste Ausdruck des Mißtrauensvotums einer jungen Generation gegen ihre Väter, die eine schönere, gerechtere Welt nach dem Krieg versprochen hatten und die in Europa (bis heute) nirgends ihr Versprechen einlösten.

Die drei Frontkämpfer für das moderne Theater in England sind jetzt tot. Osborne, der am 24. Dezember starb, Tony Richardson, sein Regisseur, und Kenneth Tynan, der Kritiker. Über „Blick zurück im Zorn" schrieb Tynan sinngemäß: „Ich könnte niemanden lieben, der dieses Stück nicht mag." Unwichtige Nebenbemerkung: Ich mochte das Stück damals überhaupt nicht. Ich fand es unfair, primitiv und unsensibel – womit ich sicherlich recht hatte.

Trotzdem sah ich später ein, daß die Dinge manchmal so sein müssen: daß Engagement nicht immer gelassen und gescheit sein kann, daß das Theater als Propaganda-Ort manchmal soviel wie oder mehr erreichen kann als Politiker – der Kunstfreiraum als „safe haven", aus dem man große Angriffe starten kann, unfair, aber manchmal nötig und gerechtfertigt.

Osborne, dessen Stücke „Der Entertainer" und „Epitaph für George Dillon" großartiges Theater und wichtige Zeitdokumente sind, hatte „the gift of the gab" – das kann man als „Quatschkopf" übersetzen oder als „rhetorische Begabung". Als Schauspieler aus der englischen Provinz, der Agatha Christie sowie Shakespeare als Lehrmeister hatte, verstand er das miefige Leben des „petit bourgeois", und er fand Worte, die es in ein Heldenleben ummünzten.

Die Wucht seines Protests machte aus deprimierenden Themen vitale, fast könnte man sagen, optimistische Aufrufe. Er war ein Vorgänger der 68er. Wie jeder große Dichter schimpfte er über die Vergangenheit und die Gegenwart nur, um dafür zu plädieren, die Zukunft besser zu gestalten.

Später im Leben ließ nicht nur seine Begabung nach, sondern auch seine Hoffnung auf eine gerechtere Welt wurde verdünnt und verschwand bis in das völlige Chaos und den John-Major-Helmut-Kohl-Mief der neunziger Jahre.

Aber mit Jimmy hat Osborne es einmal vorgeführt: Theater kann und muß in den Zuschauerraum überspringen, muß Ereignis sein. Kultur genügt nicht.

Jimmy Porter ist tot! Wir brauchen dringend einen neuen.

Der Spiegel 1/1995

Georg Hensel

Laudatio auf Peter Zadek

Am liebsten, meine Damen und Herren, würde ich Ihnen jetzt erst mal eine Zadek-Geschichte erzählen, eine möglichst witzige, damit meine Chancen größer werden, daß Sie mir in den nächsten zwanzig Minuten mit heiterer Aufmerksamkeit zuhören. Aber ich kenne keine Zadek-Geschichte. Um es gleich zu gestehen: Peter Zadek und ich sind uns nie begegnet. Wir haben uns nicht einmal von weitem zugenickt. Wir kennen uns seit einem Vierteljahrhundert nicht. Vermutlich weiß er erst seit heute, wie ich aussehe.

Daran bin ich schuld, denn ich war immer der Meinung, das einzige Gespräch, das zwischen einem Theatermacher und einem Theaterkritiker stattfinden sollte, sei die Aufführung und sei der Versuch, auf sie zu reagieren. Wer sich von einem Regisseur erklären läßt, was der sich bei seiner Arbeit gedacht hat, der macht es sich zwar bequem, aber er bringt sich dabei um seine Unschuld. So bin ich darauf angewiesen, Zadeks Arbeit ohne Herrschaftswissen von außen zu schildern.

Mich tröstet, daß Zadek offenbar die Rechnungen, die nicht aufgehen, mehr liebt als die Resultate ohne Rest. Mehr als Lösungen liebt er die Einsicht ins Unlösbare. An Thesen fesselt ihn allein ihre Fragwürdigkeit. Eine seiner schönsten Arbeiten bewertete er mit dem kühnen Urteil »perfekt und langweilig«. Er riskiert das Häßliche und das Poetische, das Künstliche und das Chaotische. Er braucht die moderne Chaos-Forschung nicht, um zu wissen, daß ohne Chaos überhaupt nichts läuft: nichts im Kosmos und nichts auf den Bühnen unserer durchs All eiernden Erde. Die Inkonsequenz gehört zu seinem Charme. Es ist unmöglich, den Reichtum seiner Phantasien auf die Armseligkeit einer Gedankenschnur aufzureihen. Wer von ihm redet, der muß von seinen Bildern erzählen.

Auf dem Weg zum Bremer Theater kommt man am Rathaus vorüber. Seine Fassade im Stil der Weser-Renaissance wurde gebaut, als man in England den »Sturm« spielte und das Renaissance-Theater Shakespeares am Ende war. Zu Beginn des 17. Jahrhunderts war er altmodisch geworden. Das Shakespeare-Stück, das Peter Zadek im Jahr 1967 in Kurt Hübners Bremer Haus aufführte, sah so neumodisch aus, daß man den alten Elisabethaner für einen jungen Autor halten konnte. Jung war auch das Publikum. Es saß einen Abend lang im Theater-Café und in den Lokalen in der Nähe des Goethe-Platzes und wartete, das Programmheft auf dem Tisch. »Maß für Maß« begann eine Viertelstunde vor Mitternacht und endete um halb zwei.

Die Bühne war leer, doch begrenzt durch Pop Art von Wilfried Minks, durch einen Schockrahmen aus grellbunten Glühbirnen. Die Bilder in diesem Rahmen wurden von Peter Zadek gebaut aus den Leibern der Schauspieler. Sie erinnerten an Comics, Horrorfilme, Folter und an die Riten der Teenager. Den Text hatte der sprachmächtige Martin Sperr in ein gegenwärtiges Deutsch übertragen. Nicht erfüllt wurden die Zuschauer-Erwartungen, sofern sie aus der Vergangenheit des Lesens und Lernens kamen. Erfüllt aber wurden die Erwartungen der Zuschauer, die ihre eigene Sprache auf der Bühne wahrnehmen wollten, akustisch und optisch.

Das gab es vor einem Vierteljahrhundert in dieser Fülle und Radikalität zum ersten Mal. Peter Zadek prägte es in der Bremer Mitternachtsvorstellung für das folgende Jahrzehnt. »Maß für Maß« war eine Mischung von neuen theatralischen Mitteln, die von nun an auch die Arbeit vieler seiner Regie-Kollegen beherrschten. Er wurde imitiert, variiert und konkurrenziert. Als geheimer Urheber und Vortänzer war er immer dabei.

Hätte er in Bremen nur neuartige Tricks auf die Shakespeare-Bühne gebracht, so müßte davon nicht die Rede sein. Effekte aber sind bei Peter Zadek nie Selbstzweck. So hatten die neuen Methoden bei »Maß für Maß« auch den Sinn, dem Schauspiel einen neuen Sinn zu geben. Zadek ließ in »Maß für Maß« Isabellas Keuschheit nicht rühmen, im Gegenteil, er ließ Isabella tadeln, daß sie zögerte, ihre fragwürdige Reinheit für das Leben ihres

Bruders hinzugeben. Isabella konnte ihren Bruder vorm Tod retten, wenn sie mit dem Statthalter ins Bett ging – warum ging sie nicht endlich?

Ehrenhaft war nicht mehr das sexuelle Reinheitsgebot; ehrenhaft war der hingenommene Beischlaf, wenn er eine Hinrichtung verhindert. Es war, als illustriere die Aufführung einen drastischen Satz des großen Aufklärers Georg Christoph Lichtenberg. Er notierte: »Es ist eine schöne Ehre, die einen halben Zoll vom Arsch abliegt!« Eine aufgeklärte Moral setzte bei Zadek die unmenschliche elisabethanische Moral ins Unrecht.

Peter Zadeks Verfahren machte Theatergeschichte, indem es den jungen Regisseuren alle Türen öffnete – aber auch alle Ausgänge versperrte.

Zum Glück respektiert Zadek nicht einmal Zadek als Gesetzgeber, so daß es ihm leichtfiel, sich selbst alle Ausgänge offenzuhalten. So inszenierte er vor einem Jahr im Pariser Odeon »Maß für Maß« als ein großes, gefährliches, aber auch elegantes Märchen des allgemeinen Verzeihens. In Bremen hatte er den Herzog attackiert, weil er die Menschen einer unmenschlichen Prüfung unterwirft; in Paris führt der prüfende Herzog eine Flasche Champagner unter der Mönchskutte mit sich: sie läßt hoffen auf die Gnade eines Komödienschlusses.

Vielleicht auch hat der Regisseur Zadek im herzoglichen Schicksals-Regisseur sich selbst entdeckt; einem Regisseur muß das skrupellose Ausprobieren von Menschen selbstverständlich verziehen werden. Ob das tatsächlich so ist oder ob es nur so aussieht, das ist im Theater nicht wichtig: dort gibt es zum Sein sowieso keinen anderen Zugang als den Schein.

Unter den jungen Regisseuren, die in den sechziger und den siebziger Jahren das deutsche Theater umkrempelten, war Peter Zadek der älteste: 1926 geboren, am 19. Mai in Berlin, elf Jahre älter als sein strikter Antipode Peter Stein. Seine Eltern waren 1933 nach England emigriert, wo er in Oxford und an der Schauspielschule des Old Vic studierte.

Mit 21 Jahren machte er in London 1947 seine erste Inszenierung, ein Stück von Oscar Wilde: nicht, wie man vermuten sollte, das witzige »Bunbury«, sondern die dekadente »Salome«, die Wilde in französischer Sprache geschrieben hatte. Zadek hatte ein halbes Jahr Probenzeit, und die Premiere wurde ein Desaster. Um etwas zu lernen, ging er in die Provinz, nach Wales. In seinem höchst lesenswerten Theaterbuch »Das wilde Ufer« schildert er den Arbeitsrhythmus, dem er dort unterworfen war: »Dienstag: Probe erster Akt, Mittwoch zweiter Akt, Donnerstag dritter Akt, Freitag ganzes Stück, Samstag ganzes Stück, Sonntag neues Stück vorbereiten, Montag Generalprobe und abends Premiere, Dienstag erster Akt neues Stück, Mittwoch zweiter Akt … und so weiter. 52 Wochen im Jahr.« Das erklärt hinreichend, weshalb sich Zadek in Deutschland etwas mehr Zeit genommen hat. So viel Zeit wie Fritz Kortner freilich nicht: als der seine Inszenierung des »König Lear« vorbereitete, sagte er: »Ich besetze ihn jung. Bis zur Premiere ist er im richtigen Alter.«

Zadek war hingerissen von Franco Zeffirellis »Romeo und Julia«, einer der schönsten Shakespeare-Aufführungen auch meines Lebens – das war eine Art Zadek-Inszenierung vor Zadek. Und im Dauerstreit mit Jean Genet, dessen »Balkon« er 1957 in London inszenierte, erkannte Zadek, was er wollte und was er nicht wollte. Er wollte Realismus, und Genet wollte eine umweglose Ritualisierung. Vom Realismus aber ließ sich Zadek auch von dem Revolver nicht abbringen, mit dem ihn Genet auf der Bühne bedrohte. Zadek war 32 Jahre alt, als er 1958 in die Bundesrepublik ging, und 41 Jahre, als er in Bremen »Maß für Maß« inszenierte: realistisch und hochstilisiert. Nach den Lebensjahren war er damals der älteste; nach der Phantasie und dem Elan seines Aufbruchs gehörte er zu den Jüngsten.

Drei frühe Prägungen brachte er aus England mit: seine Liebe zu Shakespeare; seine Sehnsucht nach dem Boulevard; seine Lust an der aktuellen Provokation. Diese drei Eigenarten lebte er in der Bundesrepublik lustvoll aus, manchmal alle gleichzeitig:

beispielsweise wenn er Shakespeare wie für den Boulevard inszenierte oder ein Boulevard-Stück, als stamme es von einem besonders gutgelaunten Shakespeare. Was er auch immer machte, er
scheute das Vergnügen nicht, und das ist in Deutschland bekanntlich ein Laster.

Auch das Vergnügen an tragischen Gegenständen, das ausge-
rechnet Schiller, einer unserer großen Humorlosen, proklamiert
hat, gehört zu Peter Zadeks Beständen. Shakespeares »König
Lear« (1974) ließ er in einem anachronistischen Witz-Wirbel fast
verschwinden, doch als der Narr auf Lears Knien saß und im
König den unwissenden, ohnmächtigen Narren entdeckte,
kamen tragische Gefühle herunter. Die schwarze Hautfarbe seines »Othello« (1976) war rasselos: sie stammte aus dem Schmink-
kasten. Ulrich Wildgruber färbte ab, als er die nackte Desdemona
der Eva Mattes erwürgte. Es war die Geburt der Tragödie aus dem
Geist der Posse, von der auch Shakespeare mehr verstand, als wir
gewöhnlich zugeben wollen.

Der Hamlet, ein Jahr danach, war zu meinem Schmerz kein
Intellektueller, kein Melancholiker, nicht mal ein Rächer, ach,
wohin war er verschwunden, der erste Held meiner ersten Thea-
terjahre, mein geliebter, auf eine dunkle Weise eleganter Traum-
freund? Bei Zadek war Hamlet der Schauspieler Ulrich Wildgruber, und der war ein Schauspieler und sonst gar nichts. Es war
Theater nicht als Vortäuschung irgendeiner politischen oder
mythischen Realität; es war Theater als vorsätzliches Theater, und
die Welt war ein totales Schauspielhaus. Das konnte ich Zadek so
lange nicht verzeihen, bis ich meinen Kindheits-Hamlet für diesen einen Bochumer Abend beurlaubte und anfing, über Wildgru-
bers Hamlet zu lachen.

Die Komödie »Der Kaufmann von Venedig« war nach dem
Krieg Shakespeares heikelstes Stück. Viele meinten, man dürfe es
in Deutschland nicht mehr aufführen. Der Münchner Theaterkritiker Walther Kiaulehn hatte damals geschrieben: »Es ist so viel
kaputtgegangen, warum soll nicht ein Stück von Shakespeare

dabeisein?« Der Jude Zadek aber wollte sich von den Judenmördern nicht auch noch dieses Stück nehmen lassen. Er inszenierte es schon 1961 in Ulm. Daß er auch vor dem Äußersten nicht zurückscheuen würde, zeigte er in Bochum 1972 schon vor dem Theater. Auf der Fassade des Schauspiels hatte ein haushoher Shylock die Messerspitze auf die Brust Antonios gesetzt. Durch eine Schnur neben dem Eingang des Theaters konnte man – wie bei einem Hampelmann – Shylocks Arm bewegen und ihn zustechen lassen. Es war ein schockierender Do-it-yourself-Shylock. Er zeigte an, daß Zadek dem Shakespeare nichts nehmen und dem Zuschauer nichts schenken wollte.

Der bucklige Hans Mahnke sah aus, als habe ihn ein Antisemit karikiert. Und ihn ließ Zadek zeigen, daß er ein Bestandteil der Gesellschaft ist, die ihn ausnutzen, aber nicht aufnehmen will. Anderswo war Shylock veredelt worden: aus unserem schlechten Gewissen und mit Ernst Deutschs Hilfe. Zadek aber gab ihm ein Menschenrecht zurück: Der Jude darf so böse sein wie die Leute, die ihn verachten, weil sie ihm ähnlich sind.

Diesen Grundgedanken vollendete Zadek erst fünfzehn Jahre danach, 1988 im Wiener Burgtheater. Aus Venedig war New York geworden, aus dem Rialto die Wall Street. Shylocks Welt glich nun unserer Welt mit ihren Börsen, elektronischen Rechnern und skrupellosen Spekulationsmanövern. Die Inszenierung näherte den verachteten Geldverleiher Shylock und den verehrten Kaufmann Antonio so strikt einander an, daß man die beiden miteinander verwechseln konnte. Shylock war ein Jude wie du und ich.

In dieser, seiner wohl besten Shakespeare-Inszenierung war Zadek so nah bei dem Elisabethaner wie nie zuvor. Diese Nähe enthielt Zadeks gesamten Weg, den er nach der Bremer Mitternachts-Schau gegangen war. Was er Shakespeare an Authentizität nimmt, das gibt er ihm an Aktualität zurück.

Zadek war immer bereit, das sogenannte Gebrauchstheater zum eigentlichen Theater zu ernennen. Als die in sich verliebten Regisseure das Publikum vergraulten, holte es Zadek in seine

Trivialstücke, Revuen und Musicals. Und was er in diesen Gattungen zustande brachte, das hatte nicht immer, aber fast immer mehr Kraft, Ernst und Zeitbezug als Experimente, die Zadek zwar angeregt, aber längst hinter sich gelassen hatte.

Schon 1961 hatte Zadek bei seiner Aufbereitung der »Geisel« von Brendan Behan scheinbare Gegensätze ineinander verzahnt: Revue und Realismus, Musical und Tragödie. Zehn Jahre danach machten Zadek und Tankred Dorst aus »Kleiner Mann, was nun«, dem Roman von Hans Fallada, eine Revue. Zwischen Musik, Tanz und Gesangsnummern der zwanziger Jahre vermittelten sie die nüchterne Einsicht, daß in Zeiten der Arbeitslosigkeit die bittersüße Flucht in die Liebe nicht ausreicht.

Abermals zehn Jahre danach, 1981, kam noch eine Fallada-Bearbeitung. »Jeder stirbt für sich allein«: zwischen Albernheiten und Peinlichkeiten gab es ein paar leise Szenen, die erschreckend spüren ließen, was das bedeutet: Feigheit und Verantwortung unter einer Diktatur, und wenn die Hitler-Jugend aufzog mit Liedern, Fackeln und Landsknechtstrommeln und sich jeder Junge plötzlich unter einem Kampf-Schild verbarg, bildeten alle diese Schilde zusammen ein Hitler-Porträt; eine schlagende Revue-Metapher für einen inneren Zustand. Zadeks Durchdringung von Trivialität und bitterem Ernst bereitete ein Meisterstück vor, »Ghetto« von Joshua Sobol, 1984.

Peter Zadek beantwortete alle Fragen, ob man diesen unstatthaften Verschnitt von Tod und Tango, von Massenmord und Musical, diese auf den Tod vergnügte Ghetto-Operette überhaupt spielen dürfe, durch seine Inszenierung: Man darf, wenn man es so kann wie er. Die Revue mag eine kleine Form sein, bei Zadek hat sie immer große Themen. Denn er ist doch kein britischer Entertainer: Revuen genügen ihm nur dann, wenn es in ihnen wie in der klassischen Komödie um Leben und Tod geht.

Und dann gibt es noch den ganz anderen Zadek. Er kann sich einem Text so vollkommen unterordnen, daß seine Handschrift nur noch an der Millimeter-Präzision zu erkennen ist. Er inszenierte Tschechow, 1973 »Die Möwe«, wie einen traurigen, hauchzarten Traum. Er inszenierte 1977 Ibsens »Hedda Gabler«, diese Geschichte *keiner* Ehe, als diskrete Verwandtschaft mit unserer Gegenwart. Und die geheime Komödie, die Zadek aus Ibsens Tragödie heraushörte, sie gab im vorigen Jahr den Ton an, in Ibsens Altmänner-Tragödie »Wenn wir Toten erwachen«. Zadek zeigte mehr den Erzähler als den Erzieher Ibsen; mehr den Dichter als den Richter. Aus einer gallenbitteren Lebensbilanz bezog er eine unbändige Lebenslust.

Nicht ohne Verblüffung konnte man 1984 lesen, Zadek verehre den andalusischen Poeten García Lorca seit je, wer hätte das geahnt oder gar gedacht? Es wurde bestätigt durch seine Inszenierung der »Yerma«. Dem ausweglosen Zusammenstoß eines vorchristlichen Fruchtbarkeitstriebs mit einem sakramentalen Sittengesetz gewann Zadek realistische und symbolische Bilder ab für allgemeine Lebensbedingungen, jenseits der andalusischen Spezialitäten. Diese Yerma war eine Nora, die ihre Kinder nicht verlassen, sondern unter allen Bedingungen auf die Welt bringen will. Ihr Körper revoltiert gegen die in ihrem Kopf sitzenden männlichen Zwänge.

Um die weibliche Unschuld in der Monster-Tragödie »Lulu« zu entdecken, wie das ihr Schöpfer Frank Wedekind verlangt, bediente sich Zadek 1988 der Urfassung, in der Lulu eine Kindfrau und ein Opfer ist. Susanne Lothar, immer auf der Suche nach Liebe, gierte noch als Hure nach Zärtlichkeit. Zadek ließ am Ende die zynische Farce, über die man amüsiert gelacht hatte, umschlagen in eine Tragödie der unmöglichen Liebe. Auch diese Aufführung ließ uns wissen, daß der Mensch doch eher komisch ist, besonders dann, wenn er sich für tragisch hält.

Zadek sagte einmal: »Wenn Leute meinen, bei mir einen Stil zu erkennen, dann frage ich mich, was ich falsch gemacht habe.« An seiner Praxis zerschellen die theoretischen Haarspaltereien. Seine Bilder haben eine prärationale Stoßkraft: sie wirken wie Angriffe ins Unbewußte und holen sich dort ihre Zustimmung. Er mag sich trotzig zum Klaren, Entschiedenen, Übertriebenen, Plakativen bekennen, seine große Kunst beginnt erst, wenn er nicht so ganz klar, entschieden, übertrieben und plakativ ist. Denn mehr als die Ideen liebt Zadek die Schauspieler.

So naht sich beim Rückblick eine Schar schwankender Gestalten. An der Spitze eines imaginären Maskenzuges geht Ulrich Wildgruber, Zadeks Held, gebrochen, doch unzerbrechlich. Er wischt sich mit einem schweißnassen weißen Tuch übers Gesicht. Seine nach oben gerichteten Augen schwenken mit jähem Ruck nach hinten, ihr aufblitzender Laser-Blick geht haarscharf an den Köpfen seiner Kollegen vorbei, triumphal, nicht kontrollierend: ein Koloß mit dem Charme der Komik. Er könnte Shakespeare, aber auch Oscar Wilde spielen, und meist spielt er beide zugleich. Ihm folgt eine dunkelhaarige Knäbin in schwarzem Rock und weißer Bluse. Es ist Rosel Zechs Hedda Gabler. Sie gibt sich gelangweilt ihrem universalen Weltekel hin und spielt mit einer roten Perücke wie mit der etwas lächerlichen Absicht, etwas Männermordendes zu unternehmen.

Shylock geht neben Shylock: der schmerzzerquälte Hans Mahnke im schmutzigen Kaftan neben dem coolen Gert Voss im italienisch blauen Hemd, mit farbigen breiten Hosenträgern. Dieser Herr von der New Yorker Börse parodiert höhnisch den antisemitischen Popanz. Er reißt sein Herz nicht auf, er klagt nicht, er schreit nicht, er lächelt, wenn er sein Unheil ahnt: man wird ihn entfernen aus der Gesellschaft, in die er so gut paßt. In einer schwarzen Uniform mit Davidstern sieht Michael Degen, der kollaborierende Realist im Ghetto, wie die Spottgeburt eines SS-Manns aus, und der SS-Offizier ist Ulrich Tukur, ein gutgelauntes Monstrum: er grinst den Mord herbei.

Unter den Frauen die jüngste, Edith Clevers Isabella, sitzt Angelo im Genick, sie kreischt ihm ins Ohr und rutscht an ihm hinunter, Kopf voran, als müsse sie ihn überall überreden und bewegen. Mißtrauische Distanz von ihr halten Hannelore Hoger, das Lämmchen, und Heinrich Giskes, der Pinneberg, sie sind

zueinander geflohen: unsentimental rührend und unendlich liebenswert. Die Augen voll Fragezeichen hat Barbara Sukowa, die
Hilde des Baumeisters Sollness: mit verlockendem Mund, aber
mit Zähnen, die zum Zubeißen geschaffen sind. Mitten unter den
Frauen eine Nackte, es ist Susanne Lothars kindlich schamlose
Lulu, sie genießt die sexuelle Katzbalgerei, indem sie sich ent-
zieht wie ein Schulmädchen, das Fangen spielt. Eine Kindfrau
ganz anderer Art, barfuß, archaisch fern ist Jutta Hoffmanns
Yerma. Sie fühlt sich wie das eigene Kind, das ihr versagt ist. Sie ist
einem Volkslied näher als dem spanischen Surrealismus. Ilse Ritter führt die vergewaltigte Ruth so zart und fest, aber erbarmungs-
würdig vor, daß sie auch den Stein des Anstoßes erweicht, und
Eva Mattes, ihre Freundin, ist ordinär, wie ein Blatt grün ist: man
kann sie nur lieben oder fürchten.

Am Wegrand hockt Bruno Ganz, der Moritz Stiefel, auf seinem
eigenen Kopf. Er ist tot, aber ungespenstisch, und er ist noch
immer neugierig auf die Lebenden. Am Ende des Zugs schlendert
der hagere Hermann Lause, der junge Schriftsteller Konstantin,
und knackt mit seinen langen Fingern, ein unverdrossener Komiker des Scheiterns. Er spricht Tschechows Vision aus: »Wir müssen das Theater neu erfinden, mit neuen Mitteln, neuen Formen.
Und wenn das nicht geht, dann lieber gar nicht.«

Peter Zadek hat für unsere Gegenwart das Theater neu erfunden. Man kann mit dem Eigenschaftswort »groß« nicht sparsam
genug umgehen, zumal in der superlativischen Welt des Theaters.
Bei Zadek aber ist es angebracht: er ist ein großer Regisseur. So
viel Phantasie und Können, Vitalität und Vielseitigkeit, Gegen-
wartsbewußtsein und Zukunftskühnheit gibt es, vereint in einer
einzigen Theaterperson, nicht noch einmal. Als Regisseur hat
Zadek in Deutschland nicht seinesgleichen. Die Lebenslust, die
er aus Ibsens Lebensfrust bezogen hat, soll ihm erhalten bleiben:
lebenslang.

1992

WERKVERZEICHNIS
PETER ZADEK

THEATERINSZENIERUNGEN

1945
A. A. Milne, *Michael and Mary*, Experimental Drama Club,
London
Jean Jacques Bernard, *The Springtime of Others*,
Experimental Drama Club, London
Bild: Valerie Dietrich

1947
Oscar Wilde, *Salome*, Rudolf Steiner Theatre, London
mit Renee Goddard, Bernice Rubens, Michael Cacoyannis
T. S. Eliot, *Sweeney Agonistes*, Rudolf Steiner Theatre, London
mit Renee Goddard

1949
Blair, *Born again*, Comedy Theatre, London
mit Renee Goddard, Martin Benson, Mary Grew

1950
Norman King, *Storm Tide*, London Gateway Theatre Club,
London
Musik: Peter Ury, Produktion: Bernard Springer
mit Edmund Gray, Antony Eustrel, Gillian Webb

1951
Peter Zadek, *Mexican Fiesta*, Hendon Summer Theatre, London
Bühne und Kostüm: Suzanne Zadek, Musik: Peter Ury,
Choreographie: Ernest Berk, Gitarrist: Archie Slavin
mit Christina Hodgson, Julia Smith, Moira Mannion,
Carmen Chica
Philippa Burrell, *The Brothers*, Watergate Theatre, London
Musik: Peter Ury, Bild: Richard Lake
mit Aubrey Woods, Patricia Plunkett, Arthur Lovegrove

Ken Marshall, *The Golden Grain*, London Gateway Theatre Club,
London
Bild: Peter Hoffer
Sidney Keyes, Dramatic reading of *Minos of Crete*,
The Tamesin P. M. G. Poem and Music Group, London
mit Ernest Milton, Rosalie Crutchley, Josephine Stuart,
Mary Grew
Wynyard Browne, *Dark Summer*, Tournee

1952
Thornton Wilder, *The Happy Journey*, und Oscar Wilde,
The Happy Prince, Hendon Technical College, Theatre Course,
London
Musik: Peter Ury
Parnell Bradbury, *Blue Armour*, The New Torch Theatre, London
mit Aubrey Morris, Derek Sydney
Frank Jackson, *Lady in the Park*, New Group Theatre, London
mit Anne Trego
Federico García Lorca, *Die Frau des Schumachers*,
New Torch Theatre Club, London
Musik: Archie Slavin
mit Renee Goddard
Guiseppe Berto, *The Sky ist Red*,
Irving Theatre Club, London
mit David Spencer, Ann Swift, Ida Whittaker

1952/53
Jean Genet, *Die Zofen* (auf französisch), Mercury Theatre Club,
London
Bild: Edoardo Paolozzi
mit Selma Vas Diaz, Olive Gregg, Betty Stockfield
Jean Genet, *Die Zofen* (auf englisch), Royal Court Theatre Club,
London
Übersetzung: Bernard Frechtman

mit Selma Vas Diaz, Olive Gregg, Betty Stockfield
Jean Genet, *Die Zofen* (auf englisch), New Lindsey Theatre Club,
London
mit Selma Vas Diaz, Hazel Penwarden, Betty Stockfield

1953
Eve Morganti, *Westward Journey*, Her Majesty's Theatre,
Brighton, Tournee
Bild: Derek Francis
mit Valentine Dyall, Elliot Playfair
K. V. Moore, *Vengence is mine*, Bolton Theatre Club, London
Henrik Ibsen, *Ghosts*, New Torch Theatre Club, London
Musik: Peter Ury
mit Selma Vas Diaz

1954/55
Wöchentlich ein neues Stück in Swansea und Pontypridd (Wales)
Wallace Godfrey/Basil Mitchell, *The Perfect Woman*,
Grand Theatre, Swansea
mit Joanne Hilliard, Peter Zadek
u. a.: William Douglas Home, *The Chiltern Hundreds* (23. 5. 55),
Palace Theatre, Swansea
Edward Percy, *The Shop at Sly Corner* (30. 5. 55), Palace Theatre,
Swansea
mit Kenneth Griffith
Emlyn Williams, *Trespass* (6. 6. 55), Palace Theatre, Swansea
mit Kenneth Griffith
Joseph Kesselring, *Arsenic and old Lace* (20. 6. 1955),
Palace Theatre, Swansea
mit Maudie Edwards
Marcelle Maurette, *Anastasia* (4. 7. 55)
Palace Theatre, Swansea

1956
Lena und Maxwell Roberts, *Fear in the Night*,
»Q« Theatre, London
Bild: Richard Lake
Sheila Westall, *A Kiss for Anna*, The Richmond Theatre,
Richmond, Surrey
Bild: Disley Jones

1957
Jean Genet, *Der Balkon*, Art's Theatre Club, London
Übersetzung: Bernard Frechtman
mit Selma Vas Diaz

1958
Jean Vauthier, *Kapitän Bada*, Theater am Dom, Köln
mit Norbert Kappen und Helga Zeckra
Eugène Ionesco, *Die kahle Sängerin*,
Theater am Dom, Köln
mit Helga Zeckra
Die Unterrichtsstunde, Theater am Dom, Köln
mit Fred Maire und Helga Zeckra

1959
Ion Luca Caragiale, *Ein verlorener Brief*, Städtische Bühnen,
Köln
Bühnenbild: Walter Gondolf
mit Michael Degen, Magda Hennings, Karl Friedrich,
Norbert Kappen, Karl Wesseler, Wilhelm Pilgram
Friedrich Dürrenmatt, *Besuch der alten Dame*, Städtische
Bühnen, Ulm
mit Tilli Breidenbach und Willy Ress
Albert Camus, *Die Gerechten*, Städtische Bühnen, Hannover
Bühnenbild: Walter Gondolf
mit Heinz Bennent, Leo Bieber

1960
William Shakespeare, *Maß für Maß*,
Städtische Bühnen, Ulm
Übersetzung: Baudissin, Bild und Kostüme: Wilfried Minks,
Musik: Rudolf Mors
mit Hannelore Hoger, Friedhelm Ptok, Peter Böhlke,
Erika Wackernagel
Leo Lehman, *Der Spielverderber*, Städtische Bühnen, Ulm
Bild und Kostüme: Wilfried Minks
mit Norbert Kappen, Friedhelm Ptok, Kurt Hübner,
Helmut Erfurth, Hannelore Hoger, Peter Böhlke,
Ingrid Lüneburg, Elisabeth Karg
Jean Vauthier, *Kapitän Bada*, Städtische Bühnen, Ulm
Bild und Kostüme: Wilfried Minks
mit Norbert Kappen, Ingrid Lüneburg
Eugène Ionesco, *Die Nashörner*, Städtische Bühnen, Kassel
Bild: Wilfried Minks
mit Karl Meixner, Elisabeth Schwarz
Sean O'Casey, *Der Rebell, der keiner war*,
Städtische Bühnen, Ulm
Bild und Kostüme: Wilfried Minks, Musik: Rudolf Mors
mit Norbert Kappen, Helmut Erfurth, Peter Striebeck,
Elisabeth Orth, Valentin Jeker, Willy Ress
George Abbot, *Wo ist Charley?*, Städtische Bühnen, Ulm
Bearbeitung: Jörg Wehmeier/Peter Zadek, Bild und Kostüme:
Wilfried Minks, Musik: Frank Loesser,
Choreographie: Louis Conrad
mit Helmut Erfurth, Peter Striebeck, Peter Böhlke, Alois Stempel,
Valentin Jeker, Friedhelm Ptok, Jürgen Rose

1961
William Shakespeare, *Der Kaufmann von Venedig*, Städtische
Bühnen, Ulm
Übersetzung: Schlegel, Bearbeitung: Peter Zadek,

Bild und Kostüme: Wilfried Minks, Musik: Rudolf Mors
mit Norbert Kappen, Peter Böhlke, Elisabeth Orth,
Alois Strempel, Peter Striebeck, Friedhelm Ptok, Willy Ress,
Valentin Jeker, Beate Richard
Sean O'Casey, *Der Rebell, der keiner war*, Thalia Theater,
Hamburg
Bild und Kostüme: Wilfried Minks
mit Heinz Bennent, Karl Wesseler, Rolf Nagel, Heinz Klevenow
Brendan Behan, *Die Geisel*, Städtische Bühnen, Ulm
Übersetzung: Heinrich Böll, Songs und Musik: Wesseler/Zadek,
Bild und Kostüme: Wilfried Minks,
Choreographie: Louis Conrad
mit Helmut Erfurth, Katharina Tüschen, Hannelore Hoger,
Friedhelm Ptok, Alois Strempel, Malcolm Chisham,
Elizabeth Paul, Beate Richard, Johannes Schaaf, Sabine Werner
William Shakespeare, *Was ihr wollt*, Städtische Bühnen, Ulm
Übersetzung: Schlegel, Bild und Kostüme: Wilfried Minks
mit Norbert Kappen, Friedhelm Ptok, Georg von Manikowsky,
Helmut Erfurth, Karin Zeckra, Hannelore Hoger, Alois Strempel

1962
Tankred Dorst, *Große Schmährede an der Stadtmauer*,
Werkstatt des Schiller Theaters, Berlin
Bild und Kostüme: Wilfried Minks
mit Gisela Stein, Holger Kepich
William Shakespeare, *Cymbeline*, Städtische Bühnen, Hannover
Übersetzung: Tieck, Bild und Kostüme: Walter Gondolf
mit Johannes Schauer, Gustav Rothe, Alfons Lipp,
Günther Neutze, Evy Gotthardt, Marlen Dieckhoff,
Renate Schroeter, Günther Strack
Alexander Ostrowskij, *Der Wald*, Städtische Bühnen, Ulm
Bild und Kostüme: Wilfried Minks
mit Friedhelm Ptok, Tilli Breidenbach, Hannelore Hoger,
Willy Ress, Helmut Erfurth, Alois Strempel

John Osborne, *Luther*, Theater der Freien Hansestadt, Bremen
Bild und Kostüme: Wilfried Minks
mit Friedhelm Ptok, Hannelore Hoger, Klaus Höhne,
Kurt Hübner, Helmut Erfurth, Johannes Schaaf,
Georg von Manikowsky, Günther Stoll, Günther Neutze
Brendan Behan, *Die Geisel*, Theater der Freien Hansestadt,
Bremen
Besetzung wie in Ulm

1963
Meredith Wilson, *Music Man*, Theater der Freien Hansestadt,
Bremen
Bild und Kostüme: Wilfried Minks
mit Helmut Erfurth, Friedhelm Ptok, Beate Richard
William Shakespeare, *Ein Sommernachtstraum*,
Theater der Freien Hansestadt, Bremen
Übersetzung: Erich Fried, Bild und Kostüme: Wilfried Minks
mit Fred Maire, Hannelore Hoger, Judy Winter, Friedhelm Ptok,
Konstantin Paloff, Christiane Schröder, Helmut Erfurth
Ann Jellicoe, *Was ist an Tolen so sexy?*,
Theater der Freien Hansestadt, Bremen
Übersetzung: Peter Zadek/Peter Doll,
Bild und Kostüme: Wilfried Minks
mit Vadim Glowna, Christiane Schröder, Friedhelm Ptok,
Hans Peter Hallwachs, Konstantin Paloff

1964
William Shakespeare, *Held Henry*,
Theater der Freien Hansestadt, Bremen
Übersetzung: Erich Fried, Bearbeitung: Zadek/Minks,
Bild und Kostüme: Wilfried Minks
mit Friedhelm Ptok, Traugott Buhre, Alfred Kirchner,
Hubert Kronlachner, Katharina Tüschen, Christiane Schröder,
Ellen Esser, Judy Winter, Willy Ress, Rolf Becker, Vadim Glowna,

Wolfgang Schenk, Konstantin Paloff, Christa Witsch,
Hans Peter Hallwachs, Caspar Bröcheler
Brendan Behan, *Der Spaßvogel*, Theater der Freien Hansestadt,
Bremen
Übersetzung: Annemarie und Heinrich Böll, neu eingerichtet
von Peter Zadek/Rolf Becker, Bild und Kostüme: Wilfried Minks
mit Friedhelm Ptok, Traugott Buhre, Bruno Ganz,
Helmut Erfurth, Rolf Becker, Vadim Glowna, Konstantin Paloff,
Wolfgang Schenk, Willy Ress
Oscar Wilde, *Bunbury*, Theater der Freien Hansestadt, Bremen
Übersetzung: Peter Zadek/Rolf Becker, Bild und Kostüme:
Guy Shephard
mit Alois Strempel, Judy Winter, Iris Erdmann, Rolf Becker,
Trudik Daniel, Konstantin Paloff, Charles Lang
Jean-Baptiste Molière, *Der Geizige*,
Theater der Freien Hansestadt, Bremen
Bild und Kostüme: Wilfried Minks
mit Helmut Erfurth, Vadim Glowna, Judy Winter, Birgit Pausch,
Ellen Esser, Hubert Kronlachner, Alois Strempel,
Wolfgang Schenk

1965
Norman und Bart, *Die alten Zeiten sind vorbei*,
Theater der Freien Hansestadt, Bremen
Bearbeitung: Zadek/Wesseler, Bild und Kostüme:
Wilfried Minks, Choreographie: Tutte Lemkow
mit Bruno Ganz, Helmut Erfurth, Michael Paryla,
Konstantin Paloff, Katharina Tüschen, Peter Neubauer
Frank Wedekind, *Frühlings Erwachen*,
Theater der Freien Hansestadt, Bremen
Bild und Kostüme: Wilfried Minks
mit Judy Winter, Iris Erdmann, Bruno Ganz, Vadim Glowna,
Margeret Jahnen, Eberhard von Gagern, Helmut Erfurth,
Hans Peter Hallwachs, Wolfgang Giese, Charles Lang, Knut Koch,

Christiane Schröder, Ellen Esser, Willy Ress,
Hubert Kronlachner, Alois Strempel, Georg Martin Bode,
Wolfgang Schenk, Uwe-Karsten Koch, Kurt Hübner
Thomas Valentin/Robert Muller, *Die Unberatenen*,
Theater der Freien Hansestadt, Bremen
Bild und Kostüme: Wilfried Minks
mit Bruno Ganz, Judy Winter, Walter Schmidinger,
Willy Ress, Hans Peter Hallwachs, Rolf Becker, Konstantin Paloff,
Georg Martin Bode, Knut Koch, Wolfgang Schneider,
Charles Lang, Helmut Erfurth, Katharina Tüschen,
Edith Clever, Hartmut Gehrke, Werner Rehm

1966
Friedrich Schiller, *Die Räuber*, Theater der Freien Hansestadt,
Bremen
Bild und Kostüme: Wilfried Minks
mit Edith Clever, Bruno Ganz, Vadim Glowna, Willy Ress,
Hans Peter Hallwachs, Georg Martin Bode, Uwe-Karsten Koch,
Alois Strempel, Charles Lang, Konstantin Paloff,
Joachim Regelien, Wolfgang Schneider, Klaus Hentschel,
Michael Paryla
John Osborne, *Ein Patriot für mich*,
Theater der Freien Hansestadt, Bremen
Übersetzung: Maximilian Schell, Bild und Kostüme:
Wilfried Minks, Musik: Mandozzi, Fechtszene: Charles Lang
mit Hans Peter Hallwachs, Vadim Glowna, Werner Rehm,
Georg Martin Bode, Joachim Richert, Peter von Wiese,
Edith Clever, Alois Strempel, Marcel André
Frank Wedekind, *Voorjaarsontwaken (Frühlings Erwachen)*,
Koninklijke Schouwburg, Den Haag
Bild: Wilfried Minks
mit Marijke Merckens, Paul Steenbergen, Jaap Wieringa,
Joop Admiraal, Paula Petri

1967
Henrik Ibsen, *Nora*, Theater der Freien Hansestadt, Bremen
Übersetzung: Richard Linder, Bild und Kostüme: Guy Shephard
mit Edith Clever, Hans Peter Hallwachs, Katharina Tüschen,
Rolf Becker
Jean-Baptiste Molière, *Der Geizige*,
Württembergisches Staatstheater, Stuttgart
Übersetzung: Tankred Dorst, Bild: Gerd Richter
mit Günther Lüders, Hannelore Hoger, Peter Roggisch,
Mila Kopp
J. P. Donleavy, *Ein sonderbarer Mann*,
Theater der Freien Hansestadt, Bremen
Bild: Zadek
mit Alois Strempel, Ellen Esser
William Shakespeare, *Maß für Maß*,
Theater der Freien Hansestadt, Bremen
Bearbeitung: Martin Sperr mit Zadek/Mauer,
Bild und Kostüme: Wilfried Minks
mit Edith Clever, Jean Coover, Bruno Ganz, Wolfgang Schneider,
Jutta Lampe, Konstantin Paloff, Klaus Hentschel,
Hans Dieter Jendreyko, Joachim Regelien, Werner Rehm,
Ernst Rottluff, Sieghold Schröder, Georg Martin Bode und
Charles Lang
Sean O'Casey, *Der Pott*, Städtische Bühnen, Wuppertal
Bearbeitung: Tankred Dorst, Bild: Sakowitz
mit Ruth Drexel, Rosel Zech

1968
Anton Tschechow, *Der Kirschgarten*,
Württembergisches Staatstheater, Stuttgart
Übersetzung: Peter Zadek
mit Edith Heerdegen, Hans Mahnke, Günther Lüders,
Peter Roggisch
Edward Bond, *Gerettet*, Theater der Freien Volksbühne, Berlin

Bild und Kostüme: Olly Heitmüller
mit Ruth Drexel, Axel Bauer, Heinrich Giskes, Ilja Richter

1969
Edward Bond, *Schmaler Weg in den tiefen Norden*,
Münchner Kammerspiele, München
Übersetzung: Christian Enzensberger, Bild und Kostüme:
Olly Heitmüller
mit Peter Lühr, Walter Schmidinger, Edith Clever,
Hans Peter Hallwachs, Martin Lüttge, Martin Sperr

1970
Sean O'Casey, *Der Pott*,
Württembergisches Staatstheater, Stuttgart
Bearbeitung: Tankred Dorst, Bild und Kostüme: Guy Peelleaert
mit Hannelore Hoger, Hans Mahnke

1972
Hans Fallada, *Kleiner Mann, was nun?*,
Theater Bochum, Bochum
Bearbeitung: Tankred Dorst, Bild: George Wakjewitsch,
Musik: Erwin Bootz
mit Hannelore Hoger, Heinrich Giskes, Hans Mahnke,
Rosel Zech, Elisabeth Stepanek, Brigitte Mira
William Shakespeare, *Der Kaufmann von Venedig*,
Theater Bochum, Bochum
Übersetzung: Karsten Schälike, Bühne: René Allio,
Kostüme: Christine Laurent, Musik: Peer Raben,
Licht: André Diot
mit Hans Mahnke, Günther Lüders, Rosel Zech, Heinrich Giskes,
Ulrich Wildgruber, Karl-Heinz Vosgerau, Jürgen Prochnow,
Hermann Lause, Elisabeth Stepanek, Brigitte Janner,
Werner Eichhorn

1973
Tankred Dorst/Ursula Ehler, *Eiszeit*, Theater Bochum, Bochum
Bild und Kostüme: Götz Loepelmann, Licht: André Diot
mit O. E. Hasse, Hans Mahnke, Hannelore Hoger,
Werner Dahms, Ulrich Wildgruber, Karl Friedrich,
Peter Kollek, Werner Eichhorn, Ernst Konarek, Beatrice Richter,
Rosel Zech, Hermann Lause, Tana Schanzara, Hans Hirschmüller,
Tamara Kafka, Hans Wehrl
Anton Tschechow, *Die Möwe*, Theater Bochum, Bochum
Bild und Kostüme: Götz Loepelmann, Licht: André Diot
mit Lola Müthel, Rosel Zech, Ulrich Wildgruber, Brigitte Janner,
Wolfgang Feige, Gottfried Heibe, Hans Mahnke, Hermann Lause

1974
William Shakespeare, *König Lear*, Theater Bochum, Bochum
Übersetzung: Karsten Schälike, Bild: Götz Loepelmann,
Fechtszenen: Charles Lang
mit Ulrich Wildgruber, Magdalena Montezuma, Brigitte Janner,
Rosel Zech, Hermann Lause, Fritz Schediwy, Wolfgang Feige,
Hans Mahnke, Karl-Heinz Vosgerau, Hannelore Hoger,
Hans Hirschmüller, Ernst Konarek, Werner Eggenhofer
Tankred Dorst/Ursula Ehler, *Eiszeit*, Freie Volksbühne, Berlin
Bild und Kostüme: Goetz Löpelmann, Licht: André Diot
mit O. E. Hasse, Werner Dahms, Hans Mahnke,
Ulrich Wildgruber, Erika Dannhoff, Klaus Höhne, Walter Riss,
Ernst Konarek
Heinrich Mann, *Professor Unrat*, Theater Bochum, Bochum
Bearbeitung: Gottfried Greiffenhagen/Peter Zadek,
Bild und Kostüme: Daniel Spoerri, Licht: André Diot
mit Günther Lüders, Hannelore Hoger, Tana Schanzara,
Helmut Erfurth

1975
Henrik Ibsen, *Die Wildente*,
Deutsches Schauspielhaus, Hamburg
Übersetzung: Greiffenhagen/Zadek, Bild und Kostüme:
Götz Loepelmann, Licht: André Diot, Musik: Raben/Kuntzsch
mit Werner Hinz, Ulrich Wildgruber, Hans Michael Rehberg,
Christa Berndl, Hans Mahnke, Eva Mattes, Heinz Schubert,
Enzi Fuchs, Wolf-Dietrich Spenger, Timo Wüllner, Karl Meixner,
Gerhard Olschewski
Brendan Behan, *Die Geisel*, Freie Volksbühne, Berlin
Bild: Wilfried Minks
mit Heinrich Giskes, Hannelore Hoger, Elisabeth Stepanek,
Herbert Grönemeyer, Hermann Lause, Karl-Heinz Vosgerau,
Rosel Zech, Klaus Höhne

1976
Brendan Behan, *Die Geisel*, Theater Bochum, Bochum
Besetzung wie Berlin
William Shakespeare, *Othello*,
Deutsches Schauspielhaus, Hamburg
Übersetzung: Erich Fried u. a., Bild und Kostüme:
Peter Pabst, Licht: André Diot
mit Ulrich Wildgruber, Eva Mattes, Heinrich Giskes,
Dietrich Mattausch, Pola Kinski, Christa Berndl
Frank Wedekind, *Frühlings Erwachen*,
Theater Bochum, Bochum
Bild und Kostüme: Peter Pabst, Licht: André Diot,
Musik: Peer Raben
mit Elisabeth Stepanek, Herbert Grönemeyer, Karl-Friedrich
Praetorius, Carola Regnier, Agnes Dünneisen, Wolfgang Feige,
Helmut Erfurth, Christoph Eichhorn, Axel Böhmert,
Till Carriere, Johannes Pump, Gotthard Kuppel,
Hans-Joachim Millies, Ute Cremer, Regine Lamster,
Ingrid Kaiser, Rüdiger Kuhlbrodt, Fritz Schediwy

1977
Henrik Ibsen, *Hedda Gabler*, Theater Bochum, Bochum
Übersetzung: Greiffenhagen/Zadek, Bild: Götz Loepelmann
mit Rosel Zech, Johanna Hofer, Ulrich Wildgruber,
Hermann Lause, Carola Regnier, Fritz Schediwy, Tana Schanzara
William Shakespeare, *Hamlet*, Theater Bochum, Bochum
Übersetzung: Zadek/Greiffenhagen nach Schlegel und
Eschenburg, Bild: Peter Pabst/Zadek, Kostüme: Peter Pabst,
Musik: Jürgen Lemke, Gefecht: Charles Lang
mit Ulrich Wildgruber, Ilse Ritter, Knut Koch,
Magdalena Montezuma, Rosel Zech, Ernst Konarek, Eva Mattes,
Hermann Lause, Karl-Friedrich Praetorius, Carola Regnier,
Johannes Pump, Gottfried Herbe, Rudolf Voss,
Elisabeth Stepanek, Jens Loepelmann, Jan Timmerbeil

1978
Trevor Griffith, *Komiker*, Thalia Theater, Hamburg
Übersetzung: Zadek/Karl Wesseler, Licht: André Diot
mit Heinz Schubert, Ulrich Wildgruber, Boy Gobert,
Uwe Friedrichsen, Hans Peter Hallwachs
William Shakespeare, *Das Wintermärchen*,
Deutsches Schauspielhaus, Hamburg
Übersetzung: Corinna Brocher/Zadek, Bild: Daniel Spoerri,
Kostüme: Daniel Spoerri/Lioba Winterhalter,
Licht: André Diot, Musik: Jürgen Lemke
mit Ulrich Wildgruber, Hermann Lause, Dietrich Mattausch,
Ilse Ritter, Rosel Zech, Christa Berndl, Heinrich Giskes,
Herbert Grönemeyer, Axel Bauer, Camillo Gadiel, Klaus Steiger,
Michael Prelle, Knut Hinz

1979
Udo Lindenberg, *Dröhnland Symphonie*, Bremen
Henrik Ibsen, *Hedda Gabler*,
Deutsches Schauspielhaus, Hamburg

Besetzung wie in Bochum
Alan Ayckbourn, *Spaß beiseite*,
Deutsches Schauspielhaus, Hamburg
Bild: Götz Loepelmann, Licht: André Diot
mit Ulrich Wildgruber, Hermann Lause, Rosel Zech, Ilse Ritter,
Michael Rastl, Andrea Birkin
Hans Magnus Enzensberger (nach Molière), *Der Menschenfeind*,
Freie Volksbühne, Berlin
Bild: Daniel Spoerri, Kostüme: Peter Pabst
mit Ulrich Wildgruber, Rosel Zech, Ilse Ritter,
Dietrich Mattausch, Johannes Pump,
Uwe Friedrichsen/Hermann Lause, Pola Kinski, Jörg Holm

1980
Oscar Wilde, *Bunbury*, Freie Volksbühne, Berlin
Übersetzung: Zadek/Greiffenhagen, Bild: Götz Loepelmann
mit Ulrich Wildgruber, Hermann Lause, Ilse Ritter,
Sona McDonald, Rosel Zech, Heinz Schubert, Nicole Heesters,
Johannes Pump

1981
Hans Fallada, *Jeder stirbt für sich allein*, Schiller Theater, Berlin
Bearbeitung: Greiffenhagen/Zadek, zusätzliche Szenen:
Hartmut Lange, Songtexte: Erwin Bootz/Helmut Ruge/Thomas
Woitkewitsch/Peter Zadek, Revuen: Jérôme Savary,
Bild: Dieter Flimm/Johannes Grützke,
Prospekte: Johannes Grützke, Kostüme: Peter Pabst,
Licht: André Diot, Choreographie: Barry Collins,
Bewegung: Charles Lang, Musik: Erwin Bootz/Peer Raben/
Franz Bartzsch/Dave Kamien/Gerd Laukamp/Gustl Lütjens
mit Bernhard Minetti, Hilmar Thate, Angelika Domröse,
Otto Sander, Erich Schellow, Elisabeth Rath, Ellen Esser,
Walter Gross, Helmut Wildt, Hans Werner Marquardt,
Friedrich W. Bauschulte, Eva Katharina Schultz,

Ulrich Kuhlmann, Wolfgang Pampel, Rolf Schult,
Sabine Sinjen, Ludwig Kaschke, Heinz-Theo Branding,
Liselotte Rau, Lothar Blumhagen, Karin Remsing
William Shakespeare, *Der Widerspenstigen Zähmung*,
Freie Volksbühne, Berlin
Übersetzung: Corinna Brocher/Zadek, Bild und Kostüme:
Horst Sagert, Musik: Peer Raben, Licht: André Diot
mit Eva Mattes, Ulrich Wildgruber, Dietrich Mattausch,
Heinz Schubert

1983
Henrik Ibsen, *Baumeister Sollness*, Residenztheater, München
Übersetzung: Greiffenhagen/Zadek, Bild: Götz Loepelmann,
Kostüme: Peter Pabst, Licht: André Diot, Musik: Peer Raben
mit Hans Michael Rehberg, Barbara Sukowa,
Annemarie Düringer, Paulus Manker, Fritz Strassner, Toni Berger,
Beate Finckh/Susanne Schäfer
Wolfgang Amadeus Mozart, *Die Hochzeit des Figaro*,
Württembergisches Staatstheater, Stuttgart
Übersetzung: Peter Kehr/Zadek, Musikalische Leitung:
Dennis Russell Davies, Bild und Kostüme: Johannes Grützke,
Licht: André Diot
mit Raili Viljakainen, Maria Husmann, Karl Friedrich Dürr,
Michael Ebbecke, Helmut Holzapfel, Roland Bracht,
Milagro Vargas, Freda Herseth

1984
Federico García Lorca, *Yerma*,
Müchner Kammerspiele, München
Übersetzung: Thomas Körner, Bild und Kostüme:
Götz Loepelmann, Musik: Peer Raben, Licht: André Diot,
Bewegung: Charles Lang
mit Jutta Hoffmann, Vitus Zeplichal, Juraj Kukura, Eva Mattes,
Irene Clarin, Doris Schade

Joshua Sobol, *Ghetto*, Freie Volksbühne, Berlin
Übersetzung: Jürgen Landeck, Mitarbeit Regie: Corinna Brocher,
Bild: Johannes Grützke, Kostüme: Barbara Naujok,
Musik: Peer Raben, Klarinettist: Giora Feidman, Choreographie:
Hans Kresnik, Bewegung: Charles Lang, Licht: André Diot
mit Ulrich Tukur, Esther Ofarim, Michael Degen, Ernst Jacobi,
Otto Tausig, Peter Kern, Hans Hirschmüller, Hermann Lause,
Alexandre Guini, Zazie de Paris, Stefan Reck, Werner Eichhorn,
Jürgen Wallraff, Hannes Jaenicke
John Hopkins, *Verlorene Zeit*,
Deutsches Schauspielhaus, Hamburg
Übersetzung: Zadek, Bild: John Gunther, Licht: Andy Phillips,
Musik: Peer Raben
mit Eva Mattes, Ilse Ritter, Ulrich Wildgruber,
Dietrich Mattausch, Uwe Friedrichsen, Christian Redl

1985
Federico García Lorca, *Yerma*,
Deutsches Schauspielhaus, Hamburg
Bild und Kostüme: Götz Loepelmann, Musik: Peer Raben,
Licht: André Diot, Bewegung: Charles Lang
mit Jutta Hoffmann, Juraj Kukura, Christian Redl, Eva Mattes,
Renate Pelster, Angelika Bartsch, Marlen Dieckhoff, Nora Barner,
Uwe Bohm
John Webster, *Die Herzogin von Malfi*,
Deutsches Schauspielhaus, Hamburg
Übersetzung: Elisabeth Plessen, Bild und Kostüme:
Rouben Ter-Arutunian, Licht: André Diot, Musik: Peer Raben,
Bewegung: Charles Lang
mit Jutta Hoffmann, Gert Voss, Ulrich Wildgruber,
Hermann Lause, Christine Kaufmann, Christian Redl,
Juraj Kukura, Matthias Fuchs, Hans Hirschmüller,
Hans-Jörg Frey, Emanuela von Frankenberg, Heinz Schubert,
Alexandre Guini, Philipp Kukura

1986
William Shakespeare, *Wie es euch gefällt*,
Deutsches Schauspielhaus, Hamburg
Übersetzung: Elisabeth Plessen, Bild: Johannes Grützke,
Kostüme: Grützke/Naujok, Musik: Peer Raben,
Bewegung: Charles Lang
mit Eva Mattes, Ulrich Tukur, Ilse Ritter, Heinz Schubert,
Juraj Kukura, Hans Hirschmüller, Uwe Bohm, Anouschka Renzi,
Alexandre Guini, Nora Barner, Gustav-Peter Wöhler,
Marlen Diekhoff, Gerhard Garbers, Hans-Jörg Frey,
Hermann Lause, Renate Pelster

1987
Burkard Driest/Peer Raben/Peter Zadek, *Andi*,
Deutsches Schauspielhaus, Hamburg
Produktions- und Regiemitarbeit: Corinna Brocher,
Bild: Johannes Grützke, Kostüme: Barbara Naujok,
Choreographie: Laurie Booth, Musik: Einstürzende Neubauten/
Peer Raben, Licht: André Diot
mit Susanne Lothar, Uwe Bohm, Jutta Hoffmann,
F. M. Einheit, Heinz Schubert, Eva Mattes, Susanne Schäfer,
Wolfgang Schenk, Hans-Joachim Millies, Grischa Huber,
Martin Pawlowsky, Christian Redl, Andreas Krämer, Nora Barner,
Rüdiger Kuhlbrodt, Renate Pelster, Zazie de Paris

1988
Frank Wedekind, *Lulu*, Deutsches Schauspielhaus, Hamburg
Bild und Kostüme: Johannes Grützke, Bewegung: Roy Bosier,
Lajos Kovacs, Musik: Peer Raben, Licht: André Diot
mit Susanne Lothar, Ulrich Wildgruber, Ulrich Tukur,
Jutta Hoffmann, Heinz Schubert, Matthias Fuchs,
Adolph Spalinger, Grischa Huber, Knut Koch, Christian Redl,
Paulus Manker, Rüdiger Kuhlbrodt, Roswitha Soukup,
Babett Arens, Andreas Krämer, Hans-Jörg Frey, Uwe Bohm

William Shakespeare, *Der Kaufmann von Venedig*,
Burgtheater, Wien
Übersetzung: Elisabeth Plessen, Bild: Wilfried Minks,
Kostüme und Malerei: Johannes Grützke, Musik: Luciano Berio,
Licht: André Diot, Bewegung: Charles Lang
mit Gert Voss, Eva Mattes, Ignaz Kirchner, Julia Stemberger,
Wiebke Frost, Friedrich-Karl Praetorius/Paulus Manker,
Martin Schwab, Pavel Landovský, Uwe Bohm, Urs Hefti,
Heinz Zuber, Christian Fries, Thomas Wolff, Hans Dieter Knebel

1989
Alan Ayckbourn, *Ab jetzt*, Theater am Kurfürstendamm, Berlin
Übersetzung: Corinna Brocher/Zadek, Bild: Götz Loepelmann,
Musik: Peer Raben, Licht: André Diot, Bewegung: Charles Lang
mit Susanne Lothar, Ingrid André, Otto Sander,
Matthias Fuchs, Rüdiger Kuhlbrodt

1990
Anton Tschechow, *Ivanov*, Akademietheater, Wien
Fassung: Elisabeth Plessen nach einer Übersetzung von Ulrike
Zemme, Regie-Mitarbeit: Rosee Riggs, Bild und Kostüme:
Peter Pabst, Musik: Peer Raben, Licht: André Diot
mit Gert Voss, Angela Winkler, Ignaz Kirchner,
Hans Michael Rehberg, Uwe Bohm, Anne Bennent,
Annemarie Düringer, Martin Schwab, Elisabeth Orth,
Therese Affolter, Urs Hefti, Pavel Landovsky, Christian Fries,
Hans Dieter Knebel, Christan Nisselmüller

1991
William Shakespeare, *Maß für Maß*, Théâtre de l'Odéon, Paris
Übersetzung: Jean-Michel Déprats, Bild und Kostüme:
Johannes Grützke, Licht: André Diot, Musik: Peer Raben,
Bewegung: Françoise Grés
mit Isabelle Huppert, Zazie de Paris, Christine Pignet,

Anouschka Renzi, Béatrice Romand, François Marthouret,
André Marcon, Roland Amstutz, Philippe Clévenot,
Heinz Schubert, Pascal Bongard, Thomas Sicker, André Kudella,
Nicola Lembach
Henrik Ibsen, *Wenn wir Toten erwachen*,
Münchner Kammerspiele, München
Übersetzung: Elisabeth Plessen, Bild: Götz Loepelmann,
Kostüme: Peter Pabst, Musik: Peer Raben, Licht: Andy Phillips
mit Gisela Stein, Sunnyi Melles, Ulrich Wildgruber,
Andras Fricsay Kali Son, Peter Dollinger, Daphne Wagner

1992
Heinrich Mann, *Der blaue Engel*, Theater des Westens, Berlin
Bearbeitung: Tankred Dorst, Co-Regie: Jérôme Savary,
Bild: Dieter Flimm, Kostüme: Andrej Woron, Musik:
Peer Raben/Charles Kalman, Choreographie: Allan Johnson/
Jean Moussy, Bewegung: Charles Lang, Licht: André Diot
mit Ute Lemper/Eva Mattes, Ulrich Wildgruber,
Gerhard Olschewski, Wiebke Frost, Horst Frank, Heino Ferch,
Adolph Spalinger, Rüdiger Kuhlbrodt, Martin Wuttke,
Thomas Sicker, André Kudella, Wolfram Teufel, Max Raabe,
Zazie de Paris

1993
Das Wunder von Mailand (nach dem Film von Vittorio de Sica),
Berliner Ensemble, Berlin
Bearbeitung: Peter Zadek, zusätzliche Texte: Peter Dollinger/
Leopoldina Pallotta, Mitarbeit Regie: Rosee Riggs,
Bild: Wilfried Minks, Kostüme: Johannes Grützke,
Licht: André Diot, Musik: Mauro Chechi/Alexander Frey
mit Uwe Bohm, Hermann Beyer, Eva Mattes, Mauro Chechi,
Hermann Lause, Deborah Kaufmann, Gaby Herz, Jaecki Schwarz,
Georg Bonn, Veit Schubert, Hans-Peter Reinecke,
Olaf Steingräber, Patrick Lanagan, Götz Schulte, Nino Sandow,

Eva Maria Böhm, Urs Hefti
Bertolt Brecht, *Der Jasager und der Neinsager*,
Berliner Ensemble, Berlin
Bild und Kostüme: Johannes Grützke
mit Uwe Bohm, Eva Mattes, Hermann Lause, Nicola Lembach,
Georg Bonn, Olaf Steingräber, André Kudella

1994
William Shakespeare, *Der Kaufmann von Venedig*, (Berliner Fassung) Berliner Ensemble, Berlin
Übersetzung, Bild, Kostüme, Malerei, Musik, Licht und Bewegung wie Burgtheater, Wien, 1988
mit Gert Voss, Ignaz Kirchner, Eva Mattes, Paulus Manker, Stefan Lisewski, Götz Schulte, Uwe Bohm, Urs Hefti, Deborah Kaufmann, Jaecki Schwarz, Wiebke Frost
William Shakespeare, *Antonius und Cleopatra*,
Gemeinschaftsproduktion des Berliner Ensembles, Berlin,
und der Wiener Festwochen, Wien
Übersetzung: Elisabeth Plessen, Bild: Wilfried Minks,
Kostüme: Norma Moriceau, künstlerische Beratung:
Johannes Grützke, Licht: André Diot, Musik: Alexander Frey,
Produktion: Dorothee Weyers
mit Eva Mattes, Gert Voss, Hermann Beyer, Deborah Kaufmann,
Gaby Herz, Veit Schubert, Uwe Bohm, Georg Bonn,
Jaecki Schwarz, Urs Hefti, Hans Fleischmann, Thomas Sicker,
Hans-Peter Reinecke, Martin Seifert, Dieter Knaup, Götz Schulte,
Rüdiger Kuhlbrodt, Axel Werner, Patrick Lanagan,
Stefan Lisewski, Nino Sandow

1995
Harold Pinter, *Mondlicht*, Gemeinschaftsproduktion des BE
und des Thalia Theaters, Hamburg
Fassung: Elisabeth Plessen/Peter Zadek, Bild: Karl Kneidl,
Kostüme: Peter Pabst, Licht: André Diot

mit Angela Winkler, Michael Degen, Eva Mattes,
Deborah Kaufmann, Rolf Becker, Dominique Horwitz,
Johannes Silberschneider

1996
Anton Tschechow, *Der Kirschgarten*, Akademietheater, Wien
Fassung: Elisabeth Plessen nach einer Übersetzung von
Ulrike Zemme, Regie-Mitarbeit: Geoffrey Layton,
Bild und Kostüme: Karl Kneidl, Choreographie: Blanca Modra,
Musik: Peer Raben, Licht: André Diot
mit Angela Winkler, Eva Mattes, Theresa Hübchen,
Ulrich Wildgruber, Josef Birchbichler, Sylvester Groth,
Martin Schwab, Annemarie Düringer, Urs Hefti, Regina Stözel,
Hermann Lause, Marcus Bluhm, Gerhard Hänfling,
Benjamin Cabuk, Walter Dosel
Lewis Carroll, *Alice im Wunderland*, Gemeinschaftsproduktion
der Münchner Kammerspiele und der Wiener Festwochen
Übersetzung: Christian Enzensberger, Fassung: Peter Zadek,
Bild: Karl Kneidl/Johannes Grützke,
Kostüme: Johannes Grützke, Musik: Peer Raben,
Choreographie: Verena Weiss, Licht: André Diot
mit Deborah Kaufmann, Tankred Dorst, Axel Milberg,
Lambert Hamel, Christa Berndl, Doris Schade, Jörg Hube,
Thomas Holtzmann, Sibylle Canonica, Claus Eberth,
Paulus Manker, Horst Kotterba, Richard Beek, Michael von Au,
Olaf Danner, Robert Dölle, Peter Herzog, Oliver Nägele,
Ludger Orlok, Theresia Enzensberger

1997
William Shakespeare, *Richard III.*,
Gemeinschaftsproduktion der Münchner Kammerspiele
und der Wiener Festwochen
Übersetzung: Elisabeth Plessen, Bühne: Karl Kneidl,
Kostüme: Titina Maselli, Licht: Max Keller, Kampfszenen:

Charles Lang, Produktionsleitung: Tonia Bison
mit Paulus Manker, Sibylle Canonica, Christa Berndl,
Doris Schade, Deborah Kaufmann, Michael von Au,
Richard Beek, Benjamin Cabuk, Olaf Danner, Robert Dölle,
Nanna Droste, Knut Koch, Sylvester Groth, Thomas Grünholz,
Jens Harzer, Peter Herzog, Horst Kotterba, Axel Milberg,
Oliver Nägele, Luisa Stroux

1998
Kurt Weill/Bertolt Brecht, *Aufstieg und Fall der Stadt
Mahagonny*, Salzburger Festspiele, Salzburg
Musikalische Leitung: Dennis Russell Davies,
Bild: Richard Peduzzi, Kostüme: Norma Moriceau,
Choreographie: Verena Weiss
mit Jerry Hadley, Catherine Malfitano, Gwyneth Jones

FERNSEH-AUFZEICHNUNGEN VON THEATERINSZENIERUNGEN

1964
Der Spaßvogel

1965
Held Henry
Die Unberatenen
Frühlings Erwachen

1967
Maß für Maß

1973
Kleiner Mann, was nun?

1974
Die Möwe

1977
Hedda Gabler

1981
Der Menschenfeind

1983
Baumeister Sollness

1984
Ghetto

1990
Der Kaufmann von Venedig (Co-Regie: George Moorse)
1991
Ivanov

FILM- UND FERNSEHINSZENIERUNGEN

1953
Simon
Buch: Zadek, Kamera: Walter Lassally, Schnitt: Max Benedict
mit den Kindern von Burgess Hill School, Hampstead, London

1954
Der Pier
Buch: James Forsyth
mit Kenneth Griffith, Peter O'Toole, Kika Marcolm

1960
Die Dame in der schwarzen Robe
mit Margot Trooger, Harald Leipnitz

1961
Die Mondvögel
mit Klaus Kinski, Grete Weiser
Die Kurve
mit Klaus Kinski, Helmut Qualtinger, Gernot Duda

1964
Die Stühle
Kamera: Jost Vacano
mit Helmut Erfurth, Sonia Karzau
Der Nebbich
Ausstattung: Minks, Kamera: Jost Vacano
mit Heinz Bennent, Lola Müthel, Klaus Höhne, Karl Wesseler,
Peter Böhlke

1966
Der Kirschgarten
Übersetzung: Zadek, Bild: Minks
mit Margot Trooger, Klaus Höhne, Hans Jaraj, Ilona Grübel,
Marlen Dieckhoff, Ellen Esser, Joachim Richard, Paul Krumm,
Gisela Trowe, Rudolf Forster

1967
Rotmord
Buch: Dorst/Zadek, Ausstattung: Minks,
Technik: Freyberger
mit Gerd Baltus, Ingrid Resch, Walter Riss, Wolfgang Neuss,
Gernot Duda, Siegfried Wischnewski, Rudolf Forster,
Werner Dahms, Harry Wüstenhagen, Hans Schweickart,
Karl Friedrich, Erich Fried

1969
Ich bin ein Elefant, Madame
Buch: Muller/Zadek, Ausstattung: Heitmüller,
Kamera: Vandenberg
mit Günther Lüders, Ingrid Resch, Tankred Dorst,
Peter Palitzsch, Wolfgang Schneider, Heinrich Giskes,
Ilja Richter, Rolf Becker, Werner Dahms

Piggies
Buch: Dorst/Zadek, Kamera: Vandenberg
mit Michael König, Tankred Dorst, Hannelore Hoger,
Robert Muller, Gisela Fischer, Dina Hinz, Anton Diffring,
Dieter Schidor, Henning Rischbieter, Erich Fried

1970
Der Pott
Buch: Dorst/Zadek, Technik: Freyberger,
Ausstattung: Peelleaert, Musik: Karl Wesseler
mit Curt Bois, Hans Mahnke, Hannelore Hoger, Lale Anderson,
Wolfgang Schneider, Günther Lamprecht, Karl-Heinz Vosgerau,
Rosel Zech, Helga Anders, Tilli Breidenbach

1972
Van der Valk und das Mädchen
Buch: Muller/Zadek, Ausstattung: Erich Wonder,
Kamera: Walter Lassally, Schnitt: Max Benedict
mit Frank Finley, Peter Roggisch, Günther Lamprecht,
Pierre Vaneck

1973
Eiszeit
Buch: Dorst/Zadek, Ausstattung: Loepelmann,
Kamera: Vandenberg, Schnitt: Benedict
mit O. E. Hasse, Walter Schmidinger, Heinz Bennent,

Hannelore Hoger, Hans Mahnke, Ulrich Wildgruber,
Karsten Schälike, Helmut Erfurth, Elisabeth Stepanek

1976
Die Geisel
Ausstattung: Minks, Choreographie: Malcolm Goddard,
Musik: Karl Wesseler
mit Heinrich Giskes, Hannelore Hoger, Helmut Erfurth,
Karl-Heinz Vosgerau, Rosel Zech, Hermann Lause, Klaus Höhne,
Elisabeth Stepanek, O. E. Hasse

1984
Die wilden Fünfziger
Buch: Muller, Kamera: Jost Vacano, Schnitt: Benedict
mit Juraj Kukura, Christine Kaufmann, Nora Barner,
Paul Esser, Eva Mattes, Christa Berndl, Sunnyi Melles,
Friedrich-Karl Praetorius, Willi Millowitsch,
Dietrich Mattausch, Peter Kern, Hermann Lause,
Beatrice Richter, Boy Gobert, Klaus Höhne, Ulrich Wildgruber,
Ingrid Carven, Freddy Quinn, Ivan Desny, Guido Baumann,
Dominique Horwitz, Brigitte Mira

1996
Mondlicht (Live-Fersehinszenierung des WDR)
Ausstattung: Kneidl, Technik: Freyberger, Licht: Diot
mit Angela Winkler, Michael Degen, Deborah Kaufmann,
Eva Mattes, Rolf Becker, Dominique Horwitz,
Johannes Silberschneider

REGISTER

BILDNACHWEIS

Peter Zadek
Das wilde Ufer

Ein Theaterbuch
Zusammengestellt von Laszlo Kornitzer
Mit zahlreichen Abbildungen
KiWi 357

Zadeks Texte aus über dreißig Jahren Theaterarbeit sind ein leidenschaftliches Plädoyer für das Theater, diesem einzigartigen, vielleicht letzten kommunikativen Ort. In seinem neuen Nachwort, das 1994 entstanden ist, reflektiert Zadek seine Arbeit in Berlin seit 1992, er schreibt über seine Begegnung mit Jean Louis Barrault und Wilfried Minks.

KiWi Paperbacks
bei Kiepenheuer
& Witsch